SCHÄFFER
POESCHEL

Horváth & Partners (Hrsg.)

Balanced Scorecard umsetzen

4., überarbeitete Auflage

2007
Schäffer-Poeschel Verlag Stuttgart

Herausgeber:

Horváth & Partners, Atlanta, Barcelona, Berlin, Budapest, Bukarest, Düsseldorf, München, Stuttgart, Wien, Zürich

Bibliografische Information der Deutschen Nationalbibliothek
Die Deutsche Nationalbibliothek verzeichnet diese Publikation in der Deutschen Nationalbibliografie; detaillierte bibliografische Daten sind im Internet über < http://dnb.d-nb.de > abrufbar.

Gedruckt auf chlorfrei gebleichtem, säurefreiem und alterungsbeständigem Papier

ISBN: 978-3-7910-2521-6

© 2007 Schäffer-Poeschel Verlag für Wirtschaft · Steuern · Recht GmbH
www.schaeffer-poeschel.de
info@schaeffer-poeschel.de
Einbandgestaltung: Willy Löffelhardt
Satz: Johanna Boy, Brennberg
Druck und Bindung: Ebner & Spiegel GmbH, Ulm
Printed in Germany
September 2007

Schäffer-Poeschel Verlag Stuttgart
Ein Tochterunternehmen der Verlagsgruppe Handelsblatt

Vorwort zur 4. Auflage

Mittlerweile sind fünfzehn Jahre vergangen, seit Kaplan und Norton das Konzept der Balanced Scorecard (BSC) erstmals beschrieben. Ohne Frage hat es sich zwischenzeitlich zum betriebswirtschaftlichen Standard der Strategierealisierung und -kommunikation entwickelt, der in einer großen Zahl von Unternehmen zur Selbstverständlichkeit geworden ist. Und dennoch ist kein Stillstand der Entwicklung zu beobachten. In Wissenschaft und Praxis entstehen weiterhin maßgebliche Veröffentlichungen zur Balanced Scorecard. Unter anderem sind mit den Werken »Strategy Maps« (2004) und »Alignment« (2006) von Kaplan/Norton, die wir für den deutschen Sprachraum übersetzt haben, weitere Schritte für die nachhaltige Anwendung in der Praxis beschrieben worden. Diverse Veröffentlichungen – auch aus unserem Hause –beschreiben zusätzlichen Nutzen durch praxiserprobte Kniffe bei der BSC-Einführung und -Anwendung.

Wie dynamisch sich das Thema auch in den letzten Jahren entwickelt hat, fiel uns auf, als der Verlag uns mitteilte, dass die 3. Auflage von »Balanced Scorecard umsetzen« aus dem Jahr 2004 bereits binnen zwei Jahren vergriffen war und uns um eine Neuauflage bat. Wir gingen davon aus, dass so viele Änderungen am Text nicht nötig seien und stimmten einer Überarbeitung gerne zu. Doch als wir begannen, die Inhalte der dritten Auflage vor dem Hintergrund unserer aktuellen Projektarbeit zu redigieren, wurde uns bewusst, dass wir den Aktualisierungsaufwand deutlich unterschätzt hatten. Aus einigen Wochen der Bearbeitung wurden Monate.

Für uns wurde es Herausforderung und Auftrag, die neuesten Weiterentwicklungen zum Anwendungsstand zu präsentieren. Bestimmte Trends in der Balanced-Scorecard-Anwendung sind in der Praxis deutlich zu erkennen:

➤ Stärkerer Fokus auf eine »saubere« Grundlage für die Balanced-Scorecard-Entwicklung, namentlich klar strukturierte Geschäftsmodelle,

➤ Bedeutung der Strategy Map als emotionaler Ankerpunkt des strategischen Zielsystems und als effektives Instrument zur Strategiekommunikation,

➤ Notwendigkeit der Einrichtung eines »Strategiebüros« zum laufenden Management der Balanced-Scorecard-Anwendung,

➤ Anbindung der Balanced Scorecard an die operativen Steuerungssysteme (Planung, Berichtswesen, laufende Managementdiskussion, strategieorientierte Zielvereinbarungs- und Anreizsysteme, adäquate IT-Lösungen) als unerlässlichen Erfolgsfaktor, und nicht zuletzt

➤ eine deutlich höhere Effizienz in der Erarbeitung von Balanced Scorecards.

Die 4. Auflage greift diese Aspekte auf und liefert neben einer Aktualisierung in vielen Kapiteln auch eine grundsätzliche Überarbeitung unter Berücksichtigung der konzeptionellen Weiterentwicklungen. Grundlage sind Erkenntnisse zur Balanced-Scorecard-Entwicklung basierend auf über 250 BSC-Einführungen, die mit Unterstützung von Horváth & Partners durchgeführt wurden.

Konkret finden Sie, liebe Leserin, lieber Leser in der 4. Auflage folgende Neuerungen:

➤ Straffung und Präzisierung des Einführungskonzeptes für eine Balanced Scorecard,
➤ eine völlige Neugestaltung des Kapitels zur »strategischen Klärung« mit der Vertiefung des Konzeptes des strategischen Rahmens,
➤ ein weitgehend neu gefasstes Kapitel zur strategieorientierten Ausrichtung der Organisation auf Basis des »Alignment«-Gedankens,
➤ neue Impulse zur Anbindung der Balanced Scorecard an die Planung,
➤ eine Integration von BSC-Reporting und zugehörigen IT-Lösungen,
➤ erfahrungsbasierte Weiterentwicklungen der BSC-Anwendung im öffentlichen Bereich,
➤ Ergebnisse der Studien »Balanced Scorecard 2005« und »Best Practice Anreizsysteme 2006«,
➤ Aktualisierung und Ergänzung einer Vielzahl von Praxisbeispielen,
➤ durchgehende Optimierung der grafischen Darstellungen,
➤ Aktualisierung des Literaturverzeichnisses.

Wir erheben nach wie vor den Anspruch mit dem Buch »Balanced Scorecard umsetzen« *den* Praktikerleitfaden im deutschen Sprachraum zur Balanced-Scorecard-Implementierung anzubieten. Um diesem Anspruch gerecht zu werden, ist es erforderlich, breites Erfahrungswissen einzubringen. Dies ist wie immer durch die gute Zusammenarbeit mehrerer Balanced-Scorecard-Experten von Horváth & Partners mit unterschiedlichen Branchen- und Arbeitsschwerpunkten ermöglicht worden.

Wir als Hauptautoren möchten uns deshalb bei folgenden Kolleginnen und Kollegen bedanken, die als Mitautoren und Bearbeiter verschiedener Kapitel einen erheblichen Beitrag zur Praxisrelevanz und Umsetzungsorientierung des Buches geleistet haben: Jens Gräf, Walid Mehanna, Mathias Paul, Prof. Dr. Kerstin Seeger, Stefan Tobias, Barbara Wöhler und Tim Wolf.

Wir danken Susanne Donabauer herzlich für das souveräne Management der Buchredaktion und die inhaltliche und formale Überarbeitung der Manuskripte. Ohne diese substanzielle Mitwirkung hätte dieses Buch nicht entstehen können. Gleicher Dank gilt Isabell Marynik für die akribische und kenntnisreiche Optimierung der Abbildungen. Wir danken darüber hinaus Sebastian Angenendt, Nina Rederer und Sofie Schröder für ihre Mitarbeit bei der Aktualisierung der Grafiken, Studien, Literatur und Verzeichnisse.

Unsere Kunden, über deren Projektbeispiele – größtenteils anonymisiert – im Buch berichtet wird, leisteten einen wichtigen Beitrag zur Authentizität und zum Praxisbezug des Buches. Die gemeinsame Arbeit mit Ihnen ist der Quell der Erfahrungen, die wir an Sie weitergeben können.

Großer Dank gebührt erneut dem Schäffer-Poeschel Verlag für die sehr gute Zusammenarbeit bei dieser Publikation. Frau Marita Mollenhauer war in bewährter Weise die souveräne Gesamtkoordinatorin. Sie gab auch den Anstoß zu dieser 4. Auflage. Für die hervorragende und verständnisvolle Kooperation und Flexibilität bei Terminmanagement, Lektorat und Produktion sind wir Frau Claudia Knapp sowie den beteiligten Kolleginnen und Kollegen in Satz, Grafik und Produktion sehr verbunden.

»Der Star ist das Team« lautet ein bekanntes Zitat aus der Welt des Mannschaftssports. Wir können nur hinzufügen: Allen Beteiligten herzlichen Dank!

Stuttgart, im August 2007

Dr. Bernd Gaiser
Vorstandssprecher der Horváth AG
Dr. Oliver Greiner
Partner, Horváth & Partner GmbH
Leiter Competence Center Strategisches Management & Innovation
Dr. Michael Currle
Principal, Horváth & Partner GmbH
Teamleiter »Strategieoperationalisierung & Wertmanagement«

Vorwort zur 3. Auflage

Als Management-Instrument zur Realisierung von Strategien blickt das 1992 erstmals von Kaplan und Norton beschriebene Konzept der Balanced Scorecard (BSC) auf eine außergewöhnliche Erfolgsgeschichte zurück. Anfangs teilweise als »kurzlebige Management-Mode« eingestuft, hat die Balanced Scorecard heute in Wissenschaft und Praxis den Status eines betriebswirtschaftlichen Standards erreicht.

Seit dem Erscheinen der 2. Auflage von »Balanced Scorecard umsetzen« im Jahre 2001 hat sich die Balanced Scorecard in der Praxis und in der Theorie deutlich weiterentwickelt. Vor allem bei der Anwendung des Ansatzes zur Sicherstellung einer strategiefokussierten Ausrichtung der Unternehmen wurden große Fortschritte erzielt.

Auch die Erweiterung der Ursache-Wirkungs-Beziehungen der strategischen Ziele aus dem klassischen Balanced Scorecard-Modell hin zu sogenannten »Strategy Maps« ist eine wesentliche konzeptionelle Weiterentwicklung der Methode. Mit den »Standards« der Strategy Maps wird eine Überfrachtung bei der Visualisierung der Zusammenhänge zwischen den strategischen Zielen vermieden und es entsteht eine Art Checkliste strategischer Grundfragen. In dem Begriff der Strategy Map sehen wir eine bewusste Abgrenzung zur klassischen Bezeichnung der »Ursache-Wirkungs-Ketten« bzw. »Ursache-Wirkungs-Beziehungen«. Letztere sind Ausdruck eines eher technokratischen Verständnisses, in dem möglichst alle Zielbeziehungen analytisch i.S.v. »wenn – dann« Zusammenhängen ermittelt werden. Im Mittelpunkt einer Strategy Map steht demnach nicht die vollständige und umfassende Beschreibung des Geschäftsmodells, sondern das Fokussieren auf strategische Ziele mit hoher Wettbewerbsrelevanz und hoher Handlungsnotwendigkeit und auf die damit verbundenen strategischen Kernbotschaften. Dies gelingt u.a. dadurch, dass Redundanzen und ursprünglich nicht primär beabsichtigte Zusammenhänge zwischen den strategischen Zielen nicht dargestellt werden, sondern nur diejenigen strategischen Gedankengänge, die im Zielfindungsprozess ausschlaggebend waren.

Kaplan und Norton unterscheiden in ihrem Modell neuerdings zwischen der Strategy Map (Strategische Ziele und deren Zusammenhänge), der Balanced Scorecard (Messgrößen und Zielwerte) und den Strategischen Aktionen. Wir von Horváth & Partners wollen die Bausteine ebenfalls entsprechend differenziert einsetzen, jedoch unter dem Konzept der Balanced Scorecard im weiteren Sinne subsumieren.

Die 3. Auflage stellt nicht nur eine grundsätzliche Überarbeitung dar, sondern enthält neben einer Vielzahl von konzeptionellen Weiterentwicklungen und Praxisberichten auch die Ergebnisse unserer Studie »100 mal Balanced Scorecard«, die den tatsächlichen Anwendungsstand des Konzeptes in der Praxis im Jahre 2003 beschreibt.

Konkret finden Sie, liebe Leser, in der 3. Auflage folgende Erweiterungen:
➤ Nutzung der Strategy Maps im Rahmen der Strategieentwicklung und -klärung,
➤ Ergebnisse der Studie »100 mal Balanced Scorecard" 2003,
➤ Konzept zur Integration der Balanced Scorecard in das Risikomanagement,

➢ Weiterentwicklung der Verbindung von Wertmanagement und Balanced Scorecard,
➢ Weiterentwicklung der Konzeption und Anbindung der Balanced Scorecard an Zielvereinbarungs- und Vergütungssysteme,
➢ überarbeitete und erweiterte Darstellung der Anwendung im öffentlichen Bereich inkl. Praxisfälle,
➢ neue Erkenntnisse zum Thema Anforderungen und Anwendungen zur IT-Unterstützung der Balanced Scorecard,
➢ neue Praxisbeispiele aus Balanced Scorecard-Projekten.

Wir erheben nach wie vor den Anspruch mit »Balanced Scorecard umsetzen« *der* Praktikerleitfaden im deutschen Sprachraum zur Balanced Scorecard-Implementierung zu sein. Um dem Anspruch gerecht zu werden, ist es erforderlich, breites Erfahrungswissen einzubringen. Dies war wieder nur durch die gute Zusammenarbeit mehrerer Balanced Scorecard Experten von Horváth & Partners mit unterschiedlichen Branchen- und Arbeitsschwerpunkten möglich.

Wir als Hauptautoren möchten uns deshalb bei folgenden Kolleginnen und Kollegen bedanken; sie haben als Mitautoren und Bearbeiter verschiedener Kapitel einen erheblichen Beitrag zur Praxisrelevanz und Umsetzungsorientierung des Buches geleistet: Markus Brenner, Dr. Michael Currle, Jens Gräf, Marc-Armand Höhner, Dr. Michael Kieninger, Beate Krugmann, Walid Mehanna, Stephan Oswald, Dr. Andreas Renner, Dr. Kerstin Schwertner, Marc Wiegard, Frank Weise, Barbara Wöhler, Dr. Thomas Wunder.

Oliver Graf leistete Großartiges beim Projektmanagement der 3. Auflage, insbesondere in der Koordination der Beraterkollegen, der inhaltlichen und formalen Überarbeitung von Manuskripten und Abbildungen sowie der Zusammenarbeit mit dem Verlag.

Unsere Ansprechpartner in den Unternehmen, über die im Buch berichtet wird, leisteten mit der Publikation ihrer Beispiele einen wichtigen Beitrag zur Authentizität und zum Praxisbezug des Buches.

Die Brücke unserer Balanced Scorecard-Erfahrung zum Leser bildete wie bewährt der renommierte Fachverlag Schäffer-Poeschel. Mit unserer geschätzten Ansprechpartnerin Frau Marita Mollenhauer und weiteren Verlagsmitarbeiterinnen hatten wir wieder eine sehr gute Zusammenarbeit.

Ihnen allen gilt unser herzliches Dankeschön.

Stuttgart, den 12.07.2004

Dr. Bernd Gaiser
Vorstandssprecher der Horváth AG
Dr. Carmen Andrea Fink
Principal, Horváth & Partner GmbH
Dr. Oliver Greiner
Principal, Horváth & Partner GmbH

Vorwort zur 2. Auflage

Bereits eineinhalb Jahre nach Erscheinen der 1. Auflage von »Balanced Scorecard umsetzen« legen wir die 2. Auflage vor. Eine ungewöhnlich kurze Zeitspanne; vor allem wenn man bedenkt, dass eine Handlungsnotwendigkeit auf den ersten Blick nicht gegeben scheint: Das dem Buch zu Grunde liegende Implementierungskonzept des Horváth & Partner-Modells hat sich – wie uns Leser und Anwender bestätigen – bewährt, die Nachfrage nach der 1. Auflage nimmt nach wie vor zu und auch im Urteil der Fachkritik durfte sich »Balanced Scorecard umsetzen« über prominente Platzierungen genauso freuen wie über positive Resümees.

Und doch sehen wir einen Bedarf zur Aktualisierung. Warum? In den vergangenen eineinhalb Jahren hat sich sehr viel zu unserem Thema getan. Die Verbreitung von Balanced Scorecard in der Praxis ging schneller vonstatten, als wir dies prognostiziert hatten. Laut einer Studie der Katholischen Universität Eichstätt setzen bereits 40% der DAX 100-Unternehmen die Balanced Scorecard ein. Das Beratungsfeld Strategieimplementierung und Strategische Steuerung wuchs innerhalb der gesamten Horváth & Partner Beratungsgruppe am stärksten. Der Erfahrungsschatz bei Horváth & Partner hat nochmals deutlich zugenommen – mittlerweile blicken wir auf mehr als 100 Projekte zur Einführung von Balanced Scorecard zurück. Es ist unser Anliegen, einen Teil dieses Wissens zeitnah weiterzugeben.

Wir freuen uns darüber, dass »Balanced Scorecard umsetzen« Wirkung zeigt. Nicht nur, dass die Verbreitung der Balanced Scorecard zunimmt. Nein, auch als Managementkonzept – und nicht nur als reines Werkzeug der Controller – akzeptiert und anerkennt man die Balanced Scorecard. Eindringliche Hinweise aus der ersten Auflage wie »Wichtiger als Messgrößen ist die Auswahl der strategischen Ziele« oder »Balanced Scorecard ist kein Berichtssystem, es hat neben vielem anderen auch ein Berichtssystem« gehören heute bereits zum Basiswissen.

Welches Nutzenpotenzial in der Balanced Scorecard als Managementkonzept steckt, dokumentieren Robert Kaplan und David Norton eindrücklich in ihrem neuen Buch »The Strategy Focused Organization« (Kaplan/Norton 2000; deutsche Übersetzung von Péter Horváth und Damir Kralj mit dem Titel »Die strategiefokussierte Organisation«, September 2001, Schäffer-Poeschel Verlag, Stuttgart). Die zentrale Forderung der beiden Balanced Scorecard-»Väter« lautet dabei: »Making Strategy Everyone´s Everyday Job«. Sie zeigen auf, wie Organisations-, Planungs-, Führungs-, Anreiz- und Steuerungssysteme konsequent auf die Strategie auszurichten sind. Wir konzentrieren uns auch in der 2. Auflage dieses Buches auf die Umsetzung der Balanced Scorecard – als notwendige Voraussetzung der strategiefokussierten Organisation.

Wesentliche Weiterentwicklungen zur Balanced Scorecard seit Erscheinen der 1. Auflage haben wir in die 2. Auflage zusätzlich aufgenommen:

Auf der Basis weiterer Implementierungsprojekte erfolgte eine Anpassung des Umsetzungskonzepts. Umfängliche Ergänzungen sind vor allem zu den Themen Balanced Scorecard-Roll-out, laufende Nutzung von Balanced Scorecard, Balanced Scorecard-Berichtssystem und zur Verbindung von Balanced Scorecard mit dem Shareholder Value Konzept zu finden.

Erkenntnisse aus der Einbindung von Balanced Scorecard in die strategiefokussierte Organisation, wie von Kaplan und Norton beschrieben, wurden ebenfalls bei der Überarbeitung berücksichtigt.

Zusätzliche Anwendungsfälle und Praxisbeispiele finden sich in der 2. Auflage ebenfalls. Wir haben u.a. ein umfängliches Kapitel zum Einsatz von Balanced Scorecard im Öffentlichen Bereich ergänzt. Weitere zusätzliche Beispiele entstammen aus Industrieunternehmen, dem Energieversorgungsbereich und aus Finanzdienstleistungsunternehmen.

Wir erheben mit »Balanced Scorecard umsetzen« den Anspruch, *der* Praktikerleitfaden im deutschen Sprachraum zur Balanced Scorecard-Implementierung zu sein. Dem gerecht zu werden, macht es erforderlich, breites Erfahrungswissen einzubringen. Wir als Hauptautoren möchten uns deshalb bei folgenden Kolleginnen und Kollegen aus der Horváth & Partner Beratungsgruppe bedanken; sie haben als Mitautoren und Bearbeiter verschiedener Kapitel einen erheblichen Beitrag zur Praxisrelevanz und Umsetzungsorientierung des Buches geleistet: Dr. Ali Arnaout, Dr. Michael Kieninger, Beate Krugmann, Sabine Kogler, Boris Kühnle, Barbara Lomot, Dr. Andreas Renner, Dr. Werner Seidenschwarz, Dr. Dietmar Voggenreiter, Frank Weise und Thomas Wunder.

Barbara Lomot hat neben ihrer Mitautorenschaft dafür gesorgt, dass Beiträge rechtzeitig eintreffen und dass Inhalte und Begriffe möglichst wie aus einer Feder erscheinen.

Boris Kühnle war nicht nur Mitautor in Kapitel 8. Er hat auch in bewährter Weise mit seinem strengen Lektorat und seiner Helikopter-Sicht aus dem Blickwinkel des Lesers die Qualität des Gesamtwerkes entscheidend verbessert und unseren eher sachlichen Stil etwas lebendiger gemacht.

Angelika Baur leistete – mit Unterstützung von Helfern aus den Horváth & Partner Büros – Großes bei der Erstellung des Manuskriptes und der Abbildungen.

Unsere Ansprechpartner in den Unternehmen, über die im Buch berichtet wird, haben durch die Offenheit zur Publikation ihrer Beispiele einen wichtigen Beitrag zur Authentizität und zum Praxisbezug des Buches geleistet.

Marita Mollenhauer vom Schäffer-Poeschel Verlag hat mit viel Geduld und in liebenswürdiger, aber entschlossener Beharrlichkeit auch die 2. Auflage des Buchprojektes vorangetrieben.

Ihnen allen gilt unser herzliches Dankeschön.

Stuttgart, den 24.06.2001

Dr. Bernd Gaiser
Vorstandssprecher der Horváth AG
Oliver Greiner
Leiter Competence Center Strategic Management, Horváth & Partner GmbH
Carmen Andrea Fink
Principal, Horváth & Partner GmbH

Geleitwort zur 1. Auflage

Ten years ago, David Norton and I launched the research that led to the Balanced Scorecard strategic performance measurement and management system. Since that time, companies in North America, Europe, and increasingly in other continents around the world, have enjoyed considerable benefits from the focus and alignment of the Balanced Scorecard. We have seen how it can create a new organizational form, the »strategy-focused organization« by enabling companies to implement strategies rapidly and effectively to bring substantial benefits to shareholders, customers, suppliers, and employees.

In this new book, Horváth & Partner describe the exciting and innovative implementations they have done with dozens of companies in German-speaking countries. They have successfully adapted the scorecard concept to the local environment and culture, and they share these experiences with the readers. The book will inform managers about how to organize the Balanced Scorecard project, build a scorecard linked to their strategy, overcome organizational barriers to implement the new performance management system in their company, and integrate the new system with existing reporting and value-improving initiatives.

The book is richly illustrated with actual company experiences. It represents a major addition to the German management literature. I am very pleased to have this contribution to our knowledge and experience with the Balanced Scorecard.

Boston, Massachusetts, January 2000   *Robert S. Kaplan*
Marvin Bower Professor of
Leadership Development, Harvard Business School; and
Chairman, Balanced Scorecard Collaborative

Vorwort zur 1. Auflage

»Es gibt nichts Gutes, außer man tut es.« – Der Satz von Erich Kästner könnte als Motto für dieses Buch dienen. Wir erleben seit etwa zwei Jahren eine wahre Flut an Veröffentlichungen zu dem Thema Balanced Scorecard in der deutschsprachigen Literatur. Sie lassen sich in ihrer Gesamtheit auf dem Kontinuum einordnen, das von der herablassenden professoralen Stellungnahme bis zum völlig unkritischen Berateraufsatz reicht. Gemeinsames Merkmal so ziemlich aller Publikationen ist der Mangel an konkretem Umsetzungswissen. Man referiert und variiert die bekannten Aufsätze bzw. das Buch von Kaplan und Norton. Der eigene »value added« des jeweiligen Autors ist meist minimal. Ein, zwei vereinfachte Beispiele für eine Balanced Scorecard selbst, einige Einführungshinweise – mehr wird an Implementierungshilfe nicht geboten. Die vielfach beklagte Implementierungslücke lässt sich damit jedenfalls nicht verkleinern!

Die Balanced Scorecard ist eine Managementtechnik, die von Kaplan und Norton zur Lösung der Strategieumsetzungsproblematik konzipiert wurde. Sie stellt in ihrer Grundform ein robustes Hypothesensystem zur Darstellung der Unternehmensziele und ihrer wechselseitigen Beziehungen dar. Die vermuteten Zielbeziehungen werden in der Praxis getestet und zum Gegenstand von Lernprozessen. Die Balanced Scorecard dient gleichzeitig als ein Vorschlag zur Gestaltung des Managementprozesses sowie zum Herunterbrechen und Spezifizieren einer Strategie.

Beide Ausprägungen des Balanced Scorecard-Ansatzes benötigen Erfahrungswissen, um ihre Auswirkungen auf den Managementprozess zu überprüfen und vor allem um Implementierungserfahrungen zu sammeln.

Kaplan und Norton sehen die praktische Erprobung der Balanced Scorecard in einen »Innovation Action Research Cycle« eingebettet, in dem das Konzept durch die Implementierungserfahrungen ständig weiter ausgebaut und verbessert wird. Sie haben deshalb eine Vereinigung zum Erfahrungsaustausch und zur Balanced Scorecard-Weiterentwicklung gegründet, das »Balanced Scorecard Collaborative«.

Das hier vorgelegte Buch präsentiert die Ergebnisse unserer eigenen »Innovation Action Research« bei Horváth & Partner: Ein Umsetzungsleitfaden fundiert mit dem Wissen aus rund 40 Praxisprojekten. Das Autorenteam hat hier Großes geleistet! Besonderer Dank gilt Dr. Bernd Gaiser als Initiator und Koordinator des Projektes.

Unser Ziel ist es, der Praxis einen Vorgehensleitfaden an die Hand zu geben, der unsere Implementierungserfahrungen in komprimierter Form in konkrete Gestaltungserfahrungen transformiert. Der Leser möge unsere Darstellung nicht als etwas Endgültiges ansehen, sondern als den vorläufigen Stand unseres Erfahrungsprozesses. Wir lernen täglich dazu! Zahlreiche Praxisbeispiele aus unseren Projekten sind in das Buch eingeflossen, damit der Wissenstransfer zum Anwender erleichtert wird.

Das Thema »Balanced Scorecard« hat uns gelehrt, dass hinter einem leicht zu verstehenden und plausiblen Ansatz zur Lösung eines wichtigen Managementproblemes zahlreiche gewichtige und komplexe Umsetzungsaufgaben stehen. Nur wenn man in die Lage versetzt wird, die Umsetzungsaufgabe in der Praxis eines realen Unternehmens zu lösen, kann die Balanced Scorecard erfolgversprechend eingesetzt werden. Sie ist dann nach unserer Auffassung und Erfahrung das optimale Werkzeug, um die Strategie mit dem operativen Geschäft durchgängig zu verbinden. Wir hoffen, dass möglichst vielen Lesern diese Erfahrung mit Hilfe unseres Leitfadens noch zuteil wird!

Stuttgart, den 06.01.2000   *Univ.-Prof. Dr. Péter Horváth*

Inhaltsübersicht

Vorworte zur 4.–1. Auflage V
Geleitwort zur 1. Auflage XII
Inhaltsverzeichnis XVII

1   Das Managementsystem Balanced Scorecard.   1

2   Das Horváth & Partners-Modell zur Balanced-Scorecard-Implementierung
     im Überblick 73

3   Den organisatorischen Rahmen für die Implementierung schaffen 87

4   Die strategischen Grundlagen klären 111

5   Eine Balanced Scorecard entwickeln. 155

6   Die Organisation strategieorientiert ausrichten 237

7   Den kontinuierlichen Einsatz der Balanced Scorecard sicherstellen 271

8   Balanced Scorecard umsetzen im Public Management 379

9   Ausblick 419

Glossar 425
Autorenverzeichnis der 4. Auflage 435
Literaturverzeichnis 437
Stichwortregister 447

Inhaltsverzeichnis

Vorworte zur 4.–1. Auflage V
Geleitwort zur 1. Auflage XII
Inhaltsübersicht XV

1 Das Managementsystem Balanced Scorecard. 1
1.1 Die Balanced Scorecard 2
   1.1.1 Balanced Scorecard – ein Überblick 2
   1.1.2 Empirische Forschung zur Balanced Scorecard 10
      1.1.2.1 Überblick über die empirische Forschung 10
      1.1.2.2 Die Balanced-Scorecard-Studie 2005 von Horváth & Partners . . 11
   1.1.3 Die wesentlichen Auslöser und Einführungsgründe
      für die Balanced Scorecard (inkl. empirische Betrachtung) 14
   1.1.4 Probleme bei der Strategieumsetzung und Bedeutung
      der Strategierealisierung (inkl. empirische Betrachtung) 19
   1.1.5 Empirische Angaben zum Nutzen der Balanced Scorecard 23
      1.1.5.1 Wirtschaftlicher Erfolg mit der Balanced Scorecard 23
      1.1.5.2 Erfolg beim Aufbau immaterieller Vermögenswerte 26
      1.1.5.3 Auswirkung auf die Strategierealisierung
         und die Führungssysteme 27
      1.1.5.4 Zufriedenheit und Anwendungsintensität. 30
      1.1.5.5 Finanzielle Investition und Pay-back 32
1.2 Strategieumsetzung mit der Balanced Scorecard 34
   1.2.1 Strategie ist mehr als nur Rendite- und Wachstumsziele 34
   1.2.2 Erfolgsfaktor Strategiedarstellung 38
   1.2.3 Perspektiven der Balanced Scorecard: Voraussetzung für ausgewogenes
      strategisches Denken 40
      1.2.3.1 Die »klassischen« Perspektiven 41
      1.2.3.2 Durch die Perspektiven das grundsätzliche Geschäfts-
         verständnis zum Ausdruck bringen 42
      1.2.3.3 Die Perspektiven der Balanced Scorecard
         und der Stakeholder-Ansatz 43
   1.2.4 Strategische Ziele: Das Herzstück jeder Balanced Scorecard 44
   1.2.5 »Strategy Maps«: Erst die Verknüpfung von Zielen
      erklärt die Strategie vollständig 53

1.2.6   Messgrößen: Sicherstellen der Verfolgbarkeit. 57
1.2.7   Zielwerte: Anspruchsniveau und Steuerung bei Zielkonflikten. 63
1.2.8   Strategische Aktionen: Promotoren der Strategieumsetzung! 65
1.2.9   Erst in ihrer Gesamtheit entfaltet sich die eigentliche Kraft 67

2   Das Horváth & Partners-Modell zur Balanced-Scorecard-Implementierung
       im Überblick 73
2.1   Phase 1: Den organisatorischen Rahmen für die Implementierung schaffen . . . 75
2.2   Phase 2: Die strategischen Grundlagen klären. 79
2.3   Phase 3: Eine Balanced Scorecard entwickeln 80
2.4   Phase 4: Die Organisation strategieorientiert ausrichten. 83
2.5   Phase 5: Den kontinuierlichen Einsatz der Balanced Scorecard sicherstellen . . 84

3   Den organisatorischen Rahmen für die Implementierung schaffen 87
3.1   Zielsetzung 88
3.2   Die Balanced-Scorecard-Architektur bestimmen. 89
3.3   Die Projektorganisation festlegen 93
3.4   Den Projektablauf gestalten 97
3.5   Die Information, Kommunikation und Partizipation sicherstellen 101
3.6   Begriffe und Methoden standardisieren. 103
3.7   Die kritischen Erfolgsfaktoren berücksichtigen 107
3.8   Highlights 109

4   Die strategischen Grundlagen klären 111
4.1   Zielsetzung 112
4.2   Strategie und Balanced Scorecard 114
       4.2.1   Zugrunde liegendes Strategieverständnis. 114
       4.2.2   Strategie-Anatomie: Wettbewerbsarena, strategischer Rahmen
               und Zielsystem 115
       4.2.3   Die Elemente des strategischen Rahmens 117
       4.2.4   Neugestaltung des Strategieprozesses 121
4.3   Ablauf der strategischen Klärung 124
       4.3.1   Umfang der strategischen Klärung 124
       4.3.2   Durchführung eines Strategie-Checks 126
       4.3.3   Das Kundenbegeisterungsmodell als Beispiel umfangreicherer
               strategischer Analysen 130
       4.3.4   Plakative Zusammenfassungen: Die strategischen Stoßrichtungen 137
4.4   Benötigte Inputs aus der strategischen Klärung für den Balanced-Scorecard-
       Prozess 137

4.5   Anforderungen und Entwicklungsperspektiven der Strategieentwicklung
       im Kontext der Balanced Scorecard. 139
4.6   Highlights 141
4.7   Fallstudie »Strategische Grundlagen klären« 141
       4.7.1   Ausgangssituation 142
       4.7.2   Das Unternehmen Prints GmbH 143
       4.7.3   Strategische Klärung bei der Prints GmbH 146
       4.7.4   Wettbewerbsumfeld und strategischer Kern der Prints GmbH 146
       4.7.5   Kundenwahrnehmung und Kundenschnittstelle 149
       4.7.6   Analyse der Wertschöpfungskette. 151
       4.7.7   Analyse des Human Kapitals 152
       4.7.8   Festlegung der strategischen Stoßrichtungen 153

5   Eine Balanced Scorecard entwickeln 155
5.1   Zielsetzung 156
5.2   Strategische Ziele ableiten 156
       5.2.1   Strategische Ziele entwickeln 157
       5.2.2   Strategische Ziele auswählen 162
               5.2.2.1   Instrumente zur Klärung der strategischen Bedeutung 165
               5.2.2.2   Spezifische Fragestellungen bei der Auswahl
                          strategischer Ziele. 173
       5.2.3   Strategische Ziele dokumentieren 176
       5.2.4   Fallstudie »Strategische Ziele ableiten« 177
5.3   Strategy Map aufbauen. 186
       5.3.1   Ursache-Wirkungs-Beziehungen darstellen 187
       5.3.2   Auf strategisch beabsichtigte Beziehungen konzentrieren 190
       5.3.3   »Story of Strategy« formulieren. 195
       5.3.4   Fallstudie »Strategy Map aufbauen« 196
5.4   Messgrößen auswählen 202
       5.4.1   Messgrößenvorschläge erarbeiten 203
       5.4.2   Messgrößen auswählen und Implementierung sicherstellen 207
       5.4.3   Weiterführende Fragen. 208
       5.4.4   Fallstudie »Messgrößen auswählen« 210
5.5   Zielwerte festlegen. 214
       5.5.1   Vergleichsbasis schaffen. . . . . /. 214
       5.5.2   Unterschiedliche Zielwertverläufe berücksichtigen. 217
       5.5.3   Schwellenwerte definieren 218
       5.5.4   Zielwerte dokumentieren 219
       5.5.5   Fallstudie »Zielwerte festlegen«. 220
5.6   Strategische Aktionen bestimmen 222
       5.6.1   Ideen für strategische Aktionen entwickeln 223

5.6.2   Strategische Aktionen budgetieren und priorisieren. 226
5.6.3   Strategische Aktionen dokumentieren. 229
5.6.4   Fallstudie »Strategische Aktionen bestimmen«. 230
5.6.5   Balanced-Scorecard-Typen (empirische Betrachtung) 233
5.7   Highlights 235

6   **Die Organisation strategieorientiert ausrichten** 237
6.1   Zielsetzung 238
6.2   Die Balanced Scorecard unternehmensweit einführen 239
6.2.1   Die Struktur der Kaskadierung festlegen. 241
6.2.2   Die Roll-out-Methode bestimmen 243
6.2.3   Die Balanced Scorecard kaskadieren 248
6.2.4   Ziele, Messgrößen und Aktionen bereichsübergreifend abstimmen. 250
6.3   Fallstudie »Die Organisation strategieorientiert ausrichten« 256
6.3.1   Konzeption des Roll-outs 256
6.3.2   Roll-out Phase 1: Erarbeitung eigenständiger Balanced Scorecards
in den Zentralbereichen. 259
6.3.3   Roll-out Phase 2: Erarbeitung von Balanced Scorecards
für die dezentralen Vertriebseinheiten. 262
6.3.4   Abstimmung und Verdichtung des Gesamtsystems
der Balanced Scorecard 263
6.3.5   Erkenntnisse aus der Roll-out-Phase. 264
6.4   Durchdringungsgrad der Balanced Scorecard in Unternehmen
(empirische Betrachtung) 266
6.5   Highlights 269

7   **Den kontinuierlichen Einsatz der Balanced Scorecard sicherstellen** 271
7.1   Zielsetzung 273
7.2   Die Balanced Scorecard in die Management- und Steuerungssysteme
integrieren – ein Überblick. 275
7.3   Die Balanced Scorecard in das Planungssystem integrieren 284
7.3.1   Balanced Scorecard mit der strategischen Planung verbinden 285
7.3.2   Balanced Scorecard mit der operativen Planung verzahnen. 289
7.3.3   Fallstudie »Die Balanced Scorecard in das Planungssystem integrieren« 298
7.4   Die Mitarbeiter mit Hilfe der Balanced Scorecard führen. 303
7.4.1   Neue Erwartungen der Mitarbeiter berücksichtigen. 303
7.4.2   Mit einem Balanced-Scorecard-basierten Anreizsystem
die Zielerreichung unterstützen 304
7.4.3   Das Vergütungssystem im Rahmen des Balanced-Scorecard-basierten
Anreizsystems. 306

7.4.4   Der Zielvereinbarungs- und Vergütungsprozess im Rahmen
        des Balanced-Scorecard-basierten Anreizsystems. 311

7.4.5   Mit der Balanced Scorecard die Selbststeuerung
        der Mitarbeiter fördern 316

7.4.6   Balanced Scorecard, Zielvereinbarung und variable Vergütung
        (empirische Betrachtung). 318

7.5   Die Balanced Scorecard konzeptionell & technisch in das Berichtssystem
      integrieren 322

7.5.1   Die Kritik an der bestehenden Informationsversorgung aufgreifen 322

7.5.2   Das Berichtssystem mit der Balanced Scorecard neu ausrichten 324

7.5.3   Anforderungen an ein Balanced-Scorecard-basiertes
        Management-Reporting 330

7.5.4   Die Berichtsverantwortung organisatorisch verankern 332

7.5.5   Die Balanced Scorecard durch IT unterstützen 336

7.5.6   Die passende IT-Unterstützung richtig umsetzen. 340

7.5.7   Implementierungstipps für das Aufsetzen eines Balanced-Scorecard-
        Reportings. 346

7.6   Die Balanced Scorecard mit dem Wertmanagement-Ansatz verknüpfen 347

7.6.1   Wertorientierte Unternehmenssteuerung erfolgreich umsetzen. 347

7.6.2   Wertmanagement und Balanced Scorecard als integrierter Ansatz 355

7.7   EFQM-Modell und Balanced Scorecard abgestimmt einsetzen 359

7.8   Die Balanced Scorecard mit Risikomanagement verbinden 366

7.8.1   Risikomanagement und Corporate Governance. 366

7.8.2   Schnittstellen der Balanced Scorecard und des Chancen-
        und Risikomanagements 369

7.8.3   Früherkennung von Chancen und Risiken mit der Balanced Scorecard   371

7.9   Highlights 377

8   Balanced Scorecard umsetzen im Public Management 379

8.1   Steuerungsprobleme im öffentlichen Bereich mit der Balanced Scorecard lösen 380

8.1.1   Wo liegen die Ansatzpunkte für die Balanced Scorecard
        im öffentlichen Bereich?. 380

8.1.2   Leitbilder und Visionen umsetzen 383

8.1.3   Produkte und Kennzahlen managen. 383

8.2   Balanced Scorecard maßschneidern für die öffentliche Verwaltung 384

8.2.1   Allgemeiner Anpassungsbedarf der Balanced Scorecard
        für das Public Management 384

        8.2.1.1   Bedeutung der Strategie für den öffentlichen Bereich verstehen 384

        8.2.1.2   Koordinationsobjekte und -inhalte definieren. 387

8.2.2   Der Balanced-Scorecard-Prozess im öffentlichen Bereich 390

        8.2.2.1   Phase 1: Organisatorischen Rahmen schaffen 393

8.2.2.2   Phase 2: Strategische Grundlagen klären mit Hilfe
der strategischen Analyse 396
8.2.2.3   Phase 3: Balanced Scorecard entwickeln 403
8.2.2.4   Phase 4: Organisation strategieorientiert ausrichten 409
8.2.2.5   Phase 5: Wie kann eine Balanced Scorecard dauerhaft
in der Organisation implementiert werden? 412
8.3   Perspektiven und Erfolgsfaktoren 417

9   Ausblick 419

Glossar 425
Autorenverzeichnis der 4. Auflage 435
Literaturverzeichnis 437
Stichwortregister 447

1 Das Managementsystem Balanced Scorecard

1.1 Die Balanced Scorecard
1.1.1 Balanced Scorecard – ein Überblick
1.1.2 Empirische Forschung zur Balanced Scorecard
1.1.3 Die wesentlichen Auslöser und Einführungsgründe für die Balanced Scorecard (inkl. empirische Betrachtung)
1.1.4 Probleme bei der Strategieumsetzung und Bedeutung der Strategierealisierung (inkl. empirische Betrachtung)
1.1.5 Empirische Angaben zum Nutzen der Balanced Scorecard

1.2 Strategieumsetzung mit der Balanced Scorecard
1.2.1 Strategie ist mehr als nur Rendite- und Wachstumsziele
1.2.2 Erfolgsfaktor Strategiedarstellung
1.2.3 Perspektiven der Balanced Scorecard: Voraussetzung für ausgewogenes strategisches Denken
1.2.4 Strategische Ziele: Das Herzstück jeder Balanced Scorecard
1.2.5 »Strategy Maps«: Erst die Verknüpfung von Zielen erklärt die Strategie vollständig
1.2.6 Messgrößen: Sicherstellen der Verfolgbarkeit
1.2.7 Zielwerte: Anspruchsniveau und Steuerung bei Zielkonflikten
1.2.8 Strategische Aktionen: Promotoren der Strategieumsetzung!
1.2.9 Erst in ihrer Gesamtheit entfaltet sich die eigentliche Kraft

1.1   Die Balanced Scorecard

1.1.1 Balanced Scorecard – ein Überblick

Kaum ein betriebswirtschaftliches Konzept hat in den letzten Jahren so viel Aufmerksamkeit erhalten wie die Balanced Scorecard. Weltweit beschäftigen sich Unternehmen aller Größenklassen und Branchen mit der Implementierung und dem Einsatz dieses Konzeptes. Zum Thema wird noch immer zahlreich publiziert und in vielen verschiedenen Arbeitskreisen debattiert.

Grundsätzlich ist die Balanced Scorecard eine spezielle Art der Konkretisierung, Darstellung und Verfolgung von Strategien. Sie dient dazu, die Umsetzungswahrscheinlichkeit beabsichtigter Strategien zu erhöhen und das Wertschaffungspotenzial eines Unternehmens adäquat beurteilen zu können (vgl. Gaiser/Greiner 2002, S. 199). Entwickelt wurde das Konzept Anfang der 90er-Jahre durch ein Forschungsteam rund um den Harvard Professor Robert S. Kaplan. Kaplan und sein Team nannten das Konzept »Balanced Scorecard«, um zum Ausdruck zu bringen, dass es sich dabei um ein ausgewogenes (»Balanced«) System handelt, welches einen klaren Bezug zur Erfolgsmessung (»Scorecard«) besitzt (vgl. Kaplan/Norton 1996a, Vorwort).

Ausgangspunkt war die Kritik an der starken finanziellen Ausrichtung US-amerikanischer Managementsysteme, bspw. bei der Planung oder dem Berichtswesen. Um die gesamte Wertschaffung eines Unternehmens adäquat beurteilen zu können, sollte diese einseitige monetäre Orientierung relativiert und um ein »ausgewogenes« Set an finanziellen und nicht finanziellen Messgrößen erweitert werden. Dem Konzept lag der Gedanke zugrunde, dass zur Leistungsbewertung (dem »Performance Measurement«) die unterschiedlich relevanten Geschäftsinhalte, wie z. B. Finanzen, Kunden oder Prozesse, in ihrer Gesamtheit berücksichtigt werden müssen.

Doch schon bald zeigte sich, dass die Balanced Scorecard mehr kann: Bei entsprechender Auswahl der Ziele und Messgrößen verdeutlicht sie die strategische Stoßrichtung der Organisation und macht diese zugleich einer Messung zugänglich. Dabei kann sich die Balanced Scorecard den durch die Motivationstheorie belegten Zusammenhang zunutze machen, dass Ziele Verhalten beeinflussen. Bei richtiger Auswahl und Operationalisierung der Ziele kann die Haltung der Organisationsmitglieder mit den strategischen Anforderungen in Einklang gebracht werden. Dadurch erhöht sich deren Realisierungswahrscheinlichkeit.

Durch die Erkenntnis, dass die Balanced Scorecard das Verhalten in Richtung Strategierealisierung beeinflussen kann, erfuhr das ursprüngliche Konzept eine wichtige Schwerpunktverlagerung: Statt einer strukturierten Liste von Messgrößen standen nunmehr die strategischen Ziele und ihre Darstellung im Mittelpunkt des Interesses.

Strategische Ziele leiten sich aus der Vision und der Strategie ab – sie gelten damit als die entscheidenden und erfolgskritischen Ziele des Unternehmens. Um die Zielerreichung planen und verfolgen zu können, werden diesen Zielen entsprechende finanzielle und nicht finanzielle Messgrößen sowie die Soll- und Ist-Werte dieser Messgrößen gegenübergestellt. Strategische Aktionen zu den einzelnen Zielen sollen die Zielerreichung sicherstellen. Jede strategische Aktion erhält Termin- und Budgetvorgaben sowie klar benannte Verantwortliche. Aufgrund der Stringenz des Konzepts bei der Überführung der Vision und der Strategie in strategische Aktionen untertitelten Kaplan und Norton die Balanced Scorecard folgerichtig mit dem Leitsatz »Translating Strategy into Action!«.

Den Balanced-Scorecard-Ansatz zeichnet aus, dass Ziele, Messgrößen und strategische Aktionen jeweils einer konkreten Betrachtungsweise, der sogenannten Perspektive, zugeordnet werden. Die Zuordnung zu den Perspektiven soll einseitiges Denken bei der Ableitung und Verfolgung der Ziele verhindern. Stattdessen werden durch das Denken in und das Verknüpfen von Perspektiven die wesentlichen Zusammenhänge hinsichtlich der Strategieumsetzung dokumentiert.

Auf der Grundlage empirischer Erfahrungen schlagen die Begründer der Balanced Scorecard zunächst vier wesentliche Perspektiven vor: Finanzen, Kunden, interne Geschäftsprozesse sowie Lernen und Wachstum. Diese Perspektiven können allerdings branchen- und unternehmensspezifisch angepasst werden. Wir bezeichnen z. B. die »Lernen und Wachstum«-Perspektive gerne auch als »Potenzial«-Perspektive, da sie die Potenziale für eine erfolgreiche Zukunft benennt. Die gleichgewichtige Berücksichtigung der Perspektiven bei der Ableitung der strategischen Ziele führt zu einem *ausgewogenen Zielsystem* – eben einer »Balanced Scorecard« (vgl. Abb. 1.1).

Wir zeigen im Verlauf dieses Buches, wie strategische Ziele, Messgrößen, Zielwerte und strategische Aktionen für eine Balanced Scorecard auszuwählen sind, um eine erfolgreiche Strategieimplementierung umfassend unterstützen zu können. Dabei werden wir schrittweise eine beispielhafte Balanced Scorecard für die Prints GmbH aufbauen. Die Prints GmbH ist ein fiktives Unternehmen, welches sich mit der Entwicklung, der Herstellung und dem Vertrieb von Kopiergeräten beschäftigt. Die Abbildung 1.2 zeigt auszugsweise das Ergebnis dieses Prozesses.

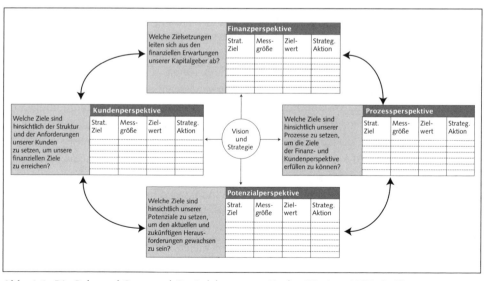

Abb. 1.1: Die Balanced Scorecard (in Anlehnung an Kaplan/Norton 1997, S. 9)

Auszug aus einer Balanced Scorecard	Strategische Ziele	Messgrößen	Zielwerte 2007	Strategische Aktionen
Finanzielle Perspektive: Was für Zielsetzungen leiten sich aus den finanziellen Erwartungen unserer Kapitalgeber ab?	CFROI deutlich steigern	CFROI	18%	In den folgenden Perspektiven definiert
	Konkurrenzfähige Kostenstruktur aufbauen	% Gesamtkosten vom Umsatz % Vertriebs- und Verwaltungskosten	80% 7%	In den folgenden Perspektiven definiert
	Internationales Wachstum vorantreiben	Gesamtumsatz	2 Mrd. EUR 900 Millionen EUR	Marktstudie »Mittel-Ost Europa« Task Force »Pacific«
Kundenperspektive: Welche Ziele sind hinsichtlich Struktur und Anforderungen unserer Kunden zu setzen, zu erreichen?	Einfachgeräte am Markt positionieren	Bewertungsindex Händler	12% 75 Indexpunkte	Marketingoffensive Einrichtung Händlerforum
	Excellence in Copying im Hochpreissegment	Marktanteil im Hochpreissegment Imagewert Zielkunde	16% 88 Indexpunkte	Designstudie Überarbeitung Marketingmaterial
	Funktionssicherheit erhöhen	Anzahl Störfälle	-45%	Technikumstellung RCP Projektgruppe »No excuses«
	Kundenbetreuung aktiver gestalten	Wiederverkaufsquote Besuche/Zielkunde	75% 2 p.a.	Key Account Management aufbauen
Prozessperspektive: Welche Ziele sind notwendig, um die Ziele der Finanz- und Kundenperspektive erfüllen zu können?	Produkte standardisieren	Gleichteilkosten in Relation zu den gesamten Materialkosten	65%	Benchmarking mit Hyoto Baukastenanalyse
	Synergien nutzen	Personalkosten in % vom Umsatz Synergiebericht	8,5% kein Zielwert	Synergieleitfaden erarbeiten Synergiezirkel initiieren
	Fertigungstiefe an Kernkompetenzen anpassen	Kerntechnologiequote	80%	Definition der Kernkompetenzen Anpassung Fertigungslayout
	Interne Kundenorientierung erhöhen	Schnittstellenbefragungsindex	75 Indexpunkte	Synergiezirkel initiieren
Potenzialperspektive: Welche Ziele sind hinsichtlich unserer Potenziale zu setzen, um zukünftigen Herausforderungen gewachsen zu sein?	Entwicklungskompetenz steigern	Assessmentwerte (durch F&E, Vertrieb, Produktion, Management)	80 Indexpunkte	Rekrutierungsoffensive Partnerschaft mit Uni Stuttgart
	Neue Medien nutzen	Bestellvorgänge über Internet	+125%	Neugestaltung Homepage Web Auftritt offensiv bewerben
	Mitarbeitermotivation erhöhen	Austritte von Key Employees Mitarbeiterbefragungswerte	3% 85% Indexwerte	Einführung Mitarbeiterbefragung Feedbacksysteme überarbeiten

Abb. 1.2: Auszüge einer Balanced Scorecard

Strategische Ziele sowie deren Messgrößen, Zielwerte und strategische Aktionen stehen nicht losgelöst nebeneinander. Vielmehr sind sie im Rahmen sogenannter »Strategy Maps«

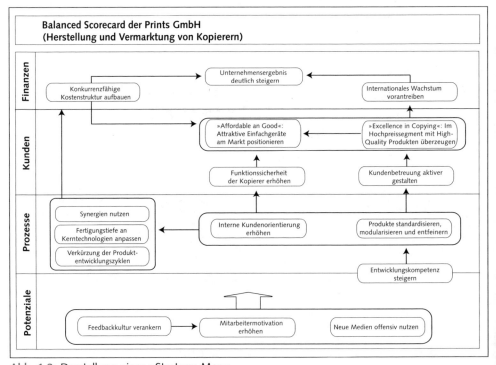

Abb. 1.3: Darstellung einer »Strategy Map«

durch Ursache-Wirkungs-Beziehungen eng miteinander verknüpft. Als Strategy Map bezeichnen Kaplan und Norton die Abbildung von Ursache-Wirkungs-Ketten zwischen den Einzelbestandteilen der Strategie einer Organisation (vgl. Kaplan/Norton 2000, 2004a, siehe auch Kap. 5.3 und 4.2.4). Sie bringen grafisch die Logik der Strategie zum Ausdruck indem sie zeigen, wie die Umsetzung eines strategischen Ziels die Erreichung von anderen Zielen des ausgewogenen Zielsystems fördert. Die Identifikation und Darstellung der strategisch relevanten Beziehungen ist eine wesentliche Leistung des Balanced-Scorecard-Ansatzes. Erst die Verknüpfung der Ziele beschreibt die Strategie vollständig. Abbildung 1.3 zeigt die Strategy Map für das erwähnte Prints-Beispiel.

Im Rahmen ihrer Veröffentlichung »Strategy Maps« beschreiben Kaplan und Norton als »Balanced Scorecard« lediglich die Messgrößen und Zielwerte (vgl. Kaplan/Norton 2004a). Diese trennen sie konzeptionell von den (verbal formulierten) strategischen Zielen sowie der zugehörigen Strategy Map und den strategischen Aktionen (vgl. Abb. 1.4). Aus unserer Sicht wird durch diese Darstellung ein stärkerer Fokus auf die, den Kennzahlen vorgelagerten strategischen Ziele bzw. die Strategy Map sowie die zur Strategierealisierung notwendigen strategischen Aktionen gelegt. Beim Aufbau des vorliegenden Buches haben wir uns jedoch an die bisherige Sichtweise angelehnt, in der als »Balanced Scorecard« ein integratives System aus strategischen Zielen, Strategy Map bzw. Ursache-Wirkungs-Beziehungen, Messgrößen und Zielwerten sowie strategischen Aktionen verstanden wird.

Um die mittlerweile oft diskutierte »strategiefokussierte Organisation« zu verwirklichen, kann die Balanced Scorecard zum Grundpfeiler des modernen strategischen Managementsystems ausgebaut werden, denn die Balanced Scorecard ermöglicht dem Unternehmen und seinen Organisationseinheiten eine ganzheitliche Ausrichtung.

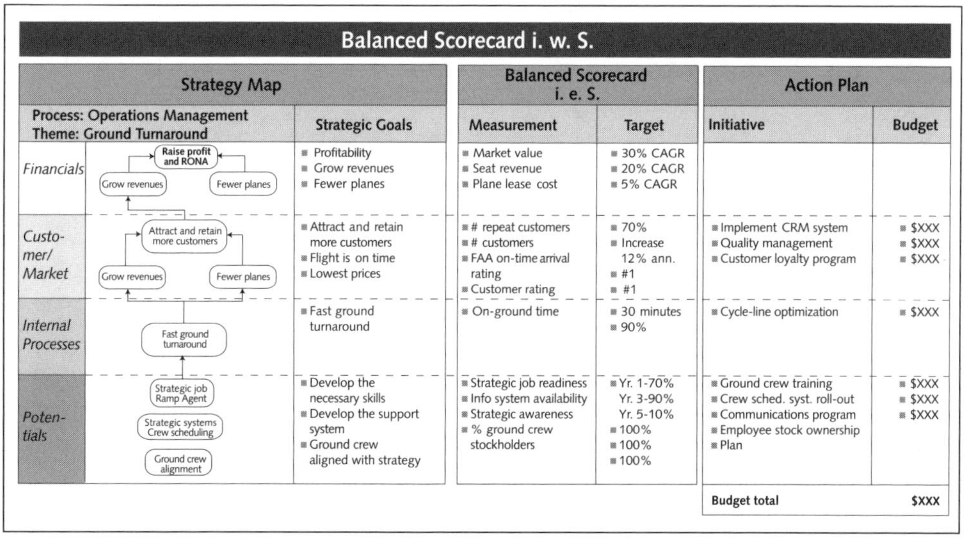

Abb. 1.4: Balanced Scorecard mit Messgrößen und Zielwerten (in Anlehnung an Kaplan/Norton 2004)

Gedanklich lassen sich dabei vier Stufen trennen. Die erste Stufe, »Übersetzen der Vision«, soll dem Management helfen, die richtige Strategie zu identifizieren und diese in ein umsetzungsorientiertes Modell – eben in eine Balanced Scorecard – zu überführen. Auf der zweiten Stufe, »Strategie kommunizieren und weiter konkretisieren«, wird die Strategie an die hierarchisch nachfolgenden Ebenen kommuniziert und dort weiter ausgestaltet. Dabei können bereichsspezifische und individuelle Ziele mit der Strategie abgestimmt werden, um so das Verständnis und die Identifikation aller Beteiligten hinsichtlich der langfristigen Zielsetzungen sicherzustellen. Im Rahmen der dritten Stufe, »Strategie in der Planung verankern«, ermöglicht die Balanced Scorecard eine an der Strategie des Unternehmens orientierte Verteilung der Ressourcen. Die vierte und letzte Stufe, »Lernen und Anpassen«, dient der Analyse und dem Hinterfragen der erreichten Ergebnisse. Damit wird strategisches Lernen weit über rein finanzielle Zielsetzungen und Messgrößen hinaus ermöglicht (vgl. Abb. 1.5).

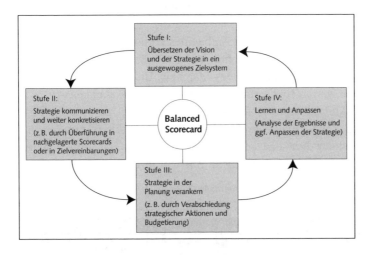

Abb. 1.5: Balanced Scorecard – Ein strategisches Managementsystem (in Anlehnung an Kaplan/Norton 1997, S. 9)

Praxisbeispiel

Balanced Scorecard einer Versicherung

Die vorangegangenen Ausführungen zu den Kernelementen einer Balanced Scorecard lassen sich exemplarisch an der Balanced Scorecard für den Außendienst einer Versicherungsgesellschaft – hier Insurance Europe genannt – darstellen.

Die Versicherungswirtschaft ist europaweit konfrontiert mit großen Konzentrationstendenzen und einer Veränderung des Kundenverhaltens. Die Versicherungsunternehmen reagieren auf diesen Wandel mit dem Ausbau neuer Vertriebswege. Des Weiteren werden die Prozesse der Schadenbearbeitung, der Abwicklung und des Kundenservices optimiert und neu ausgerichtet. Die Unternehmen begreifen Service zunehmend als Produktbestandteil und als Erfolgsfaktor im Wettbewerb. Die Versicherungsunternehmen kreieren mit erhöhter Geschwindigkeit vielfältige neue Produkte. Im Allfinanzbereich geschieht dies durch »Productbundling«, daneben entstehen auch risikoreiche Produkte und ebenso Produkte für das Internet.

Die Insurance Europe hat diese Trends erkannt und sieht es für überlebensnotwendig an, ihre traditionellen Strategien und Strukturen zu verändern. In diesem Zusammenhang setzt das Top-Management ein Balanced-Scorecard-Projekt auf, mit dem Auftrag, insbesondere den Außendienst neu auszurichten. Dem Außendienst kommt eine besonders große strategische Bedeutung zu, weil sich an der Schnittstelle zum Kunden entscheidet, wie die neuen Produkte und Dienstleistungen angenommen werden. Der Außendienst verursacht derzeit sehr hohe Vertriebskosten bei einem nur mäßigen Servicegrad. Die Vorgabe für den Außendienst ist klar: deutliche Erhöhung des Servicegrades und Entwicklung hin zum Allfinanzberater. Damit sollen serviceorientiertere Kunden gewonnen werden, die bereit sind, für mehr Service einen höheren Preis zu akzeptieren.

Als strategische Herausforderungen werden für die Insurance Europe folgende Themen gesehen (vgl. Abb. 1.6).

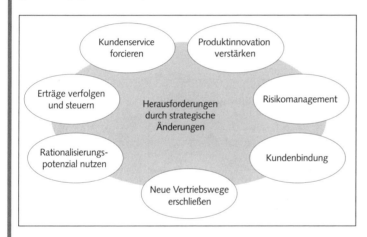

Abb. 1.6: Herausforderungen der Insurance Europe

Im Rahmen der Projektarbeiten werden für die Insurance Europe strategische Stoßrichtungen formuliert, die der Außendienst anschließend konkretisiert (vgl. Abb. 1.7).

Die Servicequalität bei Beratung und Betreuung besitzt Verbesserungspotenzial. Momentan wird der überwiegende Teil der Kunden von nur wenigen Ausschließlichkeitsvermittlern betreut. Eine echte Kundenbeziehung ist daher kaum möglich (Großbestandsinhaber). Bei neuen Mitarbeitern entsteht wegen geringer Geschäftsmöglichkeiten eine hohe Fluktuation (Fluktuationsrate ist größer als 40 % pro Jahr). Auch die Voraussetzungen für die Durchführung einer Mehrvertragskundenstrategie müssen noch optimiert werden. Heute agieren die Außendienstmitarbeiter je nach Ausbildung und persönlichen Schwerpunktsetzungen sehr »spartenverliebt« am Markt.

Ausgehend von einer Vielzahl strategischer Analysen und Überlegungen zur strategischen Positionierung präsentiert sich folgende Balanced Scorecard für den Außendienst. Die Strategy Map veranschaulicht die Strategie im Zusammenhang (vgl. Abb. 1.8).

Abb. 1.7: Strategische Stoßrichtungen der Insurance Europe und daraus abgeleitet
           des Außendienstes

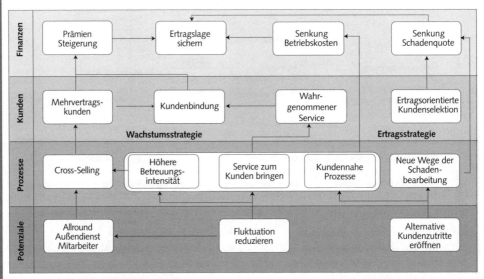

Abb. 1.8: Ursache-/Wirkungs-Beziehungen der Balanced Scorecard von Insurance Europe,
           Außendienst

Wie man an der Darstellung erkennt, verfolgt der Außendienst im Wesentlichen zwei
strategische Stoßrichtungen:
Zum einen strebt man ein qualitatives Wachstum mit Hilfe von Mehrvertragskunden
und Cross-Selling an. Dazu soll die Qualität des Außendienstes verbessert und das Ser-

viceangebot erweitert werden. Insurance Europe will die Kunden längerfristig an das Unternehmen binden und über Prämiensteigerungen einen positiven Beitrag zum RoI (Return on Investment) schaffen.

Zum anderen besteht das Ziel einer Ertragssteigerung auf Basis bestehender Kundenbeziehungen. Dies will man durch alternative Kundenzutritte wie beispielsweise via Internet, durch verbesserte Wege der Schadenbearbeitung und durch kundennahe Prozesse erreichen. Eine ertragsorientierte Kundenselektion soll daneben einen Beitrag zur Senkung der Schadenquote leisten (vgl. Abb. 1.9).

Zu jedem Ziel werden entsprechende Messgrößen ermittelt, Zielwerte festgelegt und strategische Aktionen verabschiedet.

	Strategische Ziele	Messgröße	Zielwert	Strategische Aktionen (Auszug)
Finanzen	Ertragslage sichern	ROE	15%	
	Prämien steigern	Prämienwachstum	12% p.a.	
	Betriebskosten senken	Kostenquote	15%	
	Schadenquote reduzieren	Schadenquote	60%	
Kunden	Kundenbindung verankern	Stornoquote	2,5%	Neues Rabattsystem (Mehrjahresrabatt)
	Mehrvertragskunden gewinnen	Ø Anzahl Risiken/ Kunde	2	Neues Rabattsystem (Mehrvertragsrabatt)
	Servicewahrnehmung intensivieren	Index aus Kundenbefragung	1,2	Marketing Assistance
	Ertragsorientierte Kundenselektion	Deckungsbeitrag/ Kunde	6.000	DV-unterstütztes Scoring-Modell
Prozesse	Cross-Selling leben	Prämienzuwachs bei bestehenden Kunden	+ 20%	Vertriebswettbewerb
	Höhere Betreuungsintensität	Besuche/Kunde	2 FKG 1 PKG	Vertriebswettbewerb
	Service zum Kunden bringen	Index Mystery Shopping	1,8	Ausbildung Telefonpersonal und Außendienst
	Kundennahe Prozesse gestalten	Erledigungen in einem Schritt/Gesamtanzahl	60%	Neue Außendienst Software, Callcenter-Einführung
	Neue Wege in der Schadenbearbeitung wagen	Ø Dauer der Schadenbearbeitung	24 Stunden	Callcenter, aktive Schadenbearbeitung, neue Medien
Potenziale	Allround-Mitarbeiter einsetzen	in Hauptsparten ausgebildete MA/ Gesamt MA	70%	Ausbildung der Mitarbeiter in den Hauptsparten (Ausbildungsführerschein)
	Fluktuation reduzieren	Anzahl Kündigungen/ Mitarbeiter	3%	Gezieltes Personalentwicklungsprogramm, Schaffung selbständiger Unternehmenseinheiten im AD
	Alternative Kundenzutritte eröffnen	Nutzung alternativer Zutritte durch Kunden	30%	Aufbau neuer Medien (z.B. Internet), Callcenter, Marketingprogramm für neue Kundenvertriebswege

Abb. 1.9: Balanced Scorecard für den Außendienst von Insurance Europe

1.1.2 Empirische Forschung zur Balanced Scorecard

1.1.2.1 Überblick über die empirische Forschung

Die Forschung zum Thema Balanced Scorecard bewegt sich auch 15 Jahre nach der Erstveröffentlichung des Konzeptes auf weiterhin hohem Niveau. Inzwischen liegt eine Vielzahl von Veröffentlichungen vor, in welchen der Stand der Implementierung der Balanced Scorecard dargestellt wird. Folgende Tabelle führt einige der wesentlichen Studien zum Thema auf.

Autor (Jahr)	Grundgesamtheit	Inhaltlicher Schwerpunkt
Horváth & Partners (2005)	Balanced-Scorecard-Anwender in Deutschland, Österreich, Schweiz, 120 Teilnehmer	Umfassende Analyse der Ausgestaltung der Balanced Scorecard in der Unternehmenspraxis
Henseler, J., Jonen, A., Lingnau, V. (2004)	Alle in Deutschland notierten Aktiengesellschaften 116 Teilnehmer	Rolle des Controllings bei der Ein- und Weiterführung der Balanced Scorecard
Horváth & Partners (2003)	Balanced-Scorecard-Anwender in Deutschland, Österreich, Schweiz, 110 Teilnehmer	Umfassende Analyse der Ausgestaltung der Balanced Scorecard in der Unternehmenspraxis
Speckbacher, G., Bischof, J. (2003)	DAX 100: 89 Teilnehmer ATX: 42 Teilnehmer 50 größte schweizer Unternehmen: 42 Teilnehmer	Untersuchung des Verbreitungsgrads und der praktischen Ausgestaltung von Balanced Scorecards
Bain & Comp. (laufend)	internationale Großunternehmen, n=708 (im Jahr 2003)	Anwendungsgrad und Zufriedenheit der Anwender mit verschiedenen Managementkonzepten
BankBetriebs Wirtschaft (2002)	163 deutsche Kreditinstitute	Balanced-Scorecard-Verwendungs- und Planungsaktivitäten
Gilles, M. (2002)	70 Balanced-Scorecard-Anwenderunternehmen	Erfolgsfaktoren, Praktikabilität und Effizienz der Balanced Scorecard in der Praxis
Lawson, R., Stratton, W. (2002)	Unternehmen aus den USA, 150 Teilnehmer	Nutzen der Anwendung und Gründe für die Einführung
Price Waterhouse Coopers / Wibera (2002)	88 Verkehrs- und 142 Versorgungsunternehmen	Stand der Balanced-Scorecard-Anwendung in der Versorgungswirtschaft
Wieselhuber & Partner (2002)	78 mittelständische Unternehmen des verarbeitenden Gewerbes in Deutschland	Allgemeine Untersuchung des Anwendungsstands im Mittelstand
Deloitte & Touche (2001)	Internationale Befragung von 1000 Groß- und mittelständischen Unternehmen	Nutzungsrate und Implementierungsrate der Balanced Scorecard

Autor (Jahr)	Grundgesamtheit	Inhaltlicher Schwerpunkt
Horváth & Partners (2001)	Balanced-Scorecard-Anwender in Deutschland, Österreich, Schweiz, 103 Teilnehmer	Umfassende Analyse der Ausgestaltung der Balanced Scorecard in der Unternehmenspraxis
IDS Scheer (2001)	2632 zufällig ausgewählte Unternehmen, 159 Teilnehmer, davon 22 Balanced-Scorecard-Anwender	Untersuchung des Verbreitungsgrads und der praktischen Ausgestaltung von Balanced Scorecards
Price Waterhouse Coopers (2001)	Top 200 Unternehmen in Deutschland nach Umsatz 1998, 59 Teilnehmer	Allgemeine Untersuchung des Anwendungsstands
Bischof, J. (2001)	DAX 100: 89 Teilnehmer	Untersuchung des Verbreitungsgrads und der praktischen Ausgestaltung von Balanced Scorecards
FH Trier (2001)	129 umsatzstärkste Unternehmen in Deutschland	Allgemeine Untersuchung des Anwendungsstands
Günther, T., Grüning, M. (2000)	942 Unternehmen, 181 Teilnehmer, 38 Balanced-Scorecard-Anwender	Performance-Measurement-Systeme im praktischen Einsatz (Verbreitungsgrad der Balanced Scorecard)
Speckbacher, G., Bischof, J. (2000)	DAX 100: 93 Teilnehmer	Untersuchung des Verbreitungsgrads und der praktischen Ausgestaltung von Balanced Scorecards
FH Trier, IDS Scheer AG (2000)	159 Unternehmen in D/A/CH	Balanced-Scorecard-Verwendungs- und Planungsaktivitäten
Towers Perrin (1996)	60 Balanced-Scorecard-Anwender	Anwendungsstand der Balanced Scorecard

Kritisch anzumerken ist, dass verschiedene dieser Forschungsarbeiten eine Reihe von Schwächen aufweisen. Zum einen ist der Teilnehmerkreis in der Regel sehr eingeschränkt. Die meisten Studien basieren auf Angaben von weniger als 100 Unternehmen bzw. beziehen sich ausschließlich auf bestimmte Branchen. Zudem werden die Studien häufig aus einer sehr akademischen Perspektive durchgeführt. Dies führt im Extremfall dazu, dass die gestellten Fragen wirklichkeitsfremd sind und dem Praktiker kaum Antworten auf schwierige Fragen liefern.

1.1.2.2 Die Balanced-Scorecard-Studie 2005 von Horváth & Partners

Um die oben aufgeführte Lücke zu schließen, erforscht Horváth & Partners regelmäßig den Stand der Balanced Scorecard in jenen Unternehmen, die mit dem Konzept arbeiten. Dabei beschäftigt die Frage, inwieweit sich die Implementierung der Balanced Scorecard positiv auf den Erfolg von Unternehmen auswirkt und welche Gestaltungsparameter des Ansatzes sich in der Praxis als erfolgskritisch erweisen.

Empirische Studie

Nach der Studie »100 mal Balanced Scorecard« aus dem Jahre 2001/02 wurde die Studie im Jahre 2003 sowie 2005 wiederholt, um zum einen die Entwicklung des Ansatzes beobachten zu können, andererseits aber auch, um Fragen, die in der vorherigen Studie offen blieben, beantworten zu können. Die wichtigsten Ergebnisse stellen wir in diesem Buch vor, weitere Details finden sie unter www.horvath-partners.com. Im Herbst 2007 wird die Studie erneut durchgeführt.

Teilnehmende Unternehmen und Ansprechpartner

Wie schon bei den ersten beiden Studien nahmen über 100 Unternehmen aus Deutschland, Österreich und der Schweiz teil. Die breitgefächerte Struktur der teilnehmenden Unternehmen (vgl. Abb. 1.10) zeigt, dass die Balanced Scorecard branchenunabhängig von Interesse ist, wenngleich sich bei der letzten Studie ein gewisser Schwerpunkt der Finanzdienstleistungsbranche und des Maschinen-/Anlagenbaus ergab.

Auch in Bezug auf die Unternehmensgröße bestätigt sich, dass die Balanced Scorecard keinen Ansatz darstellt, der nur für große Unternehmen von Nutzen ist. Fast 30 % der teilnehmenden Organisationen hat weniger als 500 Mitarbeiter.

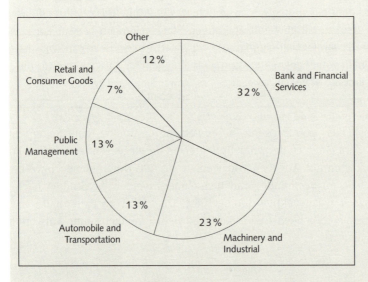

Abb. 1.10: Branchen der Studienteilnehmer (n=120)

Fast drei Viertel der Projektleiter der Balanced-Scorecard-Einführung stammen aus den Bereichen Controlling und Organisationsentwicklung. Jedoch hat der Controllingbereich das Thema nicht allein für sich vereinnahmt, wie Abbildung 1.11 zeigt. Vor allem Mitarbeiter aus den Bereichen Personal und Unternehmensentwicklung sind häufig Treiber des Ansatzes.

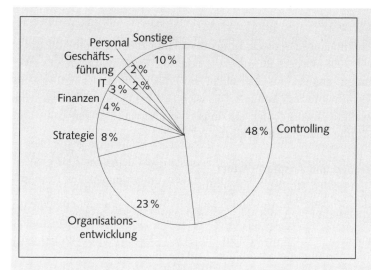

Abb. 1.11: Aufgabenbereiche der Balanced-Scorecard-Verantwortlichen (n=90)

Erstaunlich gering dagegen ist die Anzahl der Verantwortlichen aus dem Bereich Qualitätsmanagement. Offensichtlich wird die Balanced Scorecard nur in sehr geringem Maße als Instrument des Qualitätsmanagements eingesetzt. Dies mag daran liegen, dass die Balanced Scorecard eher ein strategisch ausgerichtetes Instrument ist, während das Qualitätsmanagement tendenziell eher mit operativen Fragestellungen betraut ist. Eine bessere Integration der strategisch geprägten Sicht der Balanced Scorecard mit der eher operativen des Qualitätsmanagements kann aber als wichtige Entwicklung für die Zukunft angesehen werden.

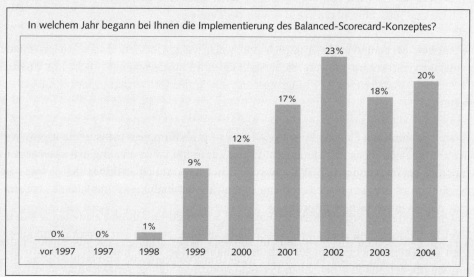

Abb. 1.12: Die Etablierung des Ansatzes: Jahr des Beginns der Balanced-Scorecard-Einführung (n=118)

Viele der befragten Unternehmen haben bereits umfangreiche Erfahrungen mit der Balanced Scorecard gesammelt. Beinahe 40% der Unternehmen führten die Balanced Scorecard in den Jahren von 1998 bis 2001 ein. Dabei war die Wachstumsrate stetig steigend. 2002 stellte mit 23% das Boom-Jahr dar. Ein gutes Drittel der befragten Unternehmen nahm die Einführung in den Jahren 2003 und 2004 vor, wobei nach einem kleinen Einbruch der Wachstumsrate in 2003, 2004 wieder eine Steigerung der Balanced-Scorecard-Einführungen auf 24% erzielt werden konnte.

Im Folgenden wird von einer »sehr hohen Balanced-Scorecard-Erfahrung« gesprochen, wenn die betreffenden Unternehmen die Balanced Scorecard vor dem Jahr 2002 eingeführt haben, »etwas Balanced-Scorecard-Erfahrung« haben Unternehmen, die mit der Balanced-Scorecard-Implementierung im Jahr 2002 begannen, »kaum Balanced-Scorecard-Erfahrung« haben Unternehmen, die seit 2003 mit dem Konzept arbeiten.

1.1.3   Die wesentlichen Auslöser und Einführungsgründe für die Balanced Scorecard (inkl. empirische Betrachtung)

Im Februar 2001 fragt das CFO Magazin Dr. Robert S. Kaplan, Professor an der Harvard Universität und Mitbegründer der Balanced Scorecard, ob er sich bei der Entwicklung des Konzeptes Anfang der 90er-Jahre vorstellen konnte, wie einflussreich der Gedanke sein würde:

CFO Magazine: »When you developed the Balanced Scorecard almost 10 years ago, did you have any idea how pervasive it would become?«

Die Antwort ist bemerkenswert ehrlich und weist auf die beiden großen Zielsetzungen der Balanced Scorecard hin, die Sicherstellung einer ausgewogenen, nicht nur finanzielle Aspekte umfassenden Leistungsmessung sowie die Unterstützung der Strategierealisierung:

Kaplan: »I think not. We really set out to solve a performance measurement problem: Why are financial measures alone unable to capture the value-creating activities of contemporary organizations? (...) What we could not have anticipated was that it was also the solution for a much bigger problem: organizations' inability to implement new strategies and to move to new directions.«

Im Folgenden werden die Managementprobleme näher erläutert, die als Auslöser der Balanced Scorecard gelten können. Da jedes Unternehmen vor unterschiedlichen Herausforderungen und unterschiedlichen Entwicklungsständen seiner Führungssysteme steht, werden auch die folgenden Auslöser für die Balanced Scorecard von unterschiedlicher Bedeutung sein. Wir konnten allerdings in unseren Projekten eine Reihe von Managementproblemen identifizieren, die sich unter die beiden großen von Kaplan erwähnten Themenblöcke einordnen lassen und die die Einführung der Balanced Scorecard auslösen:

◆ Die Strategie ist umzusetzen

Die Strategie in die Realität umsetzen, das ist heute der herausragende Grund, die Balanced Scorecard einzuführen. Das Top-Management eines Unternehmens oder einer Geschäftseinheit hat eine neue Strategie formuliert, welche nun schnell und effektiv implementiert werden soll. Angesichts eines zunehmend komplexen und dynamischen Wettbewerbs, also eines turbulenten Umfelds, ist die Gültigkeitsdauer von Strategien rapide gesunken. Bei stetig verringerter Halbwertszeit der Strategie entscheidet deren schnelle und wirkungsvolle Umsetzung über den Erfolg eines Unternehmens. Eine ausreichende Strategieumsetzungskompetenz stellt die einzig richtige Reaktion auf kurze Halbwertszeiten der Strategien dar. Gleichzeitig aber bereitet die Umsetzung von Strategien in der Unternehmenspraxis die meisten Probleme innerhalb des Strategieprozesses. Zu diesem Ergebnis kommt eine empirische Studie von Al-Laham über Strategieprozesse in deutschen Großunternehmungen (vgl. Al-Laham 1997, S. 458ff.). Unsere Erhebungen zur Strategieumsetzungskompetenz, die wir häufig in frühen Phasen der Balanced-Scorecard-Implementierung in Unternehmen durchführen, bestätigen dies. Zu den wesentlichen Schwierigkeiten gehören dabei:

➢ Die Übersetzung vager strategischer Aussagen in konkrete, messbare Zielformulierungen und Maßnahmen.

➢ Die Verbesserung der Strategiekommunikation: Nur wenn bekannt ist, welche Schwerpunkte zu setzen sind, kann auch entsprechend gehandelt werden.

➢ Die Verbesserung eines gemeinsamen Strategieverständnisses: Gehört ist noch nicht verstanden. Strategiegerechte Koordination kann nur stattfinden, wenn ein gemeinsames Verständnis der Situation und der Lösungswege existiert.

➢ Die Intensivierung des funktionsübergreifenden Denkens: Eine erfolgreiche Strategierealisierung setzt eine gemeinsame Anstrengung voraus. Wenn Logistik nur an Logistik, Vertrieb nur an Vertrieb, Produktion nur an Produktion denkt usw. entstehen Reibungsverluste, die jeder Strategierealisierung im Wege stehen.

➢ Die organisatorische Trennung zwischen Strategiestab und Controlling: Diese in Deutschland übliche Trennung führt häufig zu Schnittstellenproblemen, die aus unklaren Planungsprämissen, widersprüchlichen Informationsgrundlagen und nicht abgestimmten Planungs- und Kontrollprozessen resultieren. Die Konsistenz zwischen strategischer und operativer Planung ist so nur schwer herstellbar.

◆ Die Dominanz finanzieller Steuerungsgrößen ist zu relativieren

Die Kritik an den klassischen Messgrößensystemen war der ursprüngliche Auslöser für die Entwicklung der Balanced Scorecard durch Kaplan und Norton. Die beiden Wissenschaftler haben 1990 bei zwölf US-amerikanischen Großunternehmen eine Studie zum Thema »Performance Measurement« durchgeführt. Ausgangspunkt war die Unzufriedenheit mit den allein auf finanziellen Daten basierenden Steuerungskennzahlen dieser Unternehmen.

»The financial measures tell some, but not all, of the story about past actions and they fail to provide adequate guidance for the actions to be taken today and the day after to create future financial value« (vgl. Kaplan/Norton 1996a, S. 24).

Gerade im deutschen Sprachraum dominiert ein stark rechnungswesenorientiertes Reporting (vgl. Gaiser 1997a). Dies liegt zum einen an den besonders differenzierten Rechnungswesenssystemen, zum anderen an der gelegentlich wenig ausgeprägten Kultur einer kundenfokussierten Unternehmensführung. Die Steuerung auf Basis nicht finanzieller Informationen kann deshalb – anders als mit der Balanced Scorecard – kaum stattfinden. Zwar bedeutet das Bereitstellen von zusätzlichen nicht finanziellen Steuerungsgrößen zunächst Mehraufwand. Dieser wird jedoch kompensiert, da nicht steuerungsrelevante finanzielle Detailinformationen erkannt und nicht mehr ermittelt werden und somit die stärkere Ausrichtung an nicht finanziellen Messgrößen mit einer Verschlankung des internen Rechnungswesens (Controlling) einhergeht.

Wir verwenden für den koordinierten Aufbau nicht finanzieller Steuerungsgrößen – sowohl die aus der Balanced Scorecard für die strategischen Veränderungen als auch die zur operativen Steuerung – den Begriff des »Non Financial Accounting«.

◆ Das Reporting ist zu entwirren

Die Kritik an den klassischen Messgrößensystemen zeigt auch die Unzufriedenheit mit den verwendeten Berichtssystemen. In zahlreichen Unternehmen, die wir kennenlernen konnten, zeigte sich das Management sehr unzufrieden mit dem Berichtswesen. Meist stammten die Informationen aus dem operativen Controlling und wurden lediglich aggregiert. Somit waren die Informationen zu umfangreich, häufig unübersichtlich und von geringer Steuerungsrelevanz. Auf die Schlüsselfrage des Top-Managements: »Wie weit sind wir mit der Strategieumsetzung?«, gab das Berichtswesen nur finanzielle Antworten. Zu den Ursachen dieser Entwicklungen und ihren Folgen für die Umsetzung strategischer Ziele gab das Berichtswesen keine oder nur sehr unklare Auskunft. Ein »strategisches Lernen«, d. h. eine frühzeitige Anpassung der Strategie an die Realitäten des Marktes und des Unternehmens sowie das Vermeiden von Wiederholungsfehlern, ist so nur unzureichend sichergestellt.

◆ Die externe Berichterstattung ist zu verbessern

Die Weiterentwicklung des internen Berichtssystems kann auch für die Verbesserung des externen Berichtssystems genutzt werden. In einer empirischen Studie wurde bei Portfoliomanagern festgestellt, dass etwa ein Drittel der von ihnen verwendeten Informationen bei Entscheidungen bezüglich Investitionen bzw. Desinvestitionen nicht finanzielle Messgrößen sind (vgl. Ernst & Young 1997). Demzufolge verwenden Unternehmen in der Berichterstattung gegenüber Anteilseignern und potenziellen Investoren auch nicht finanzielle Messgrößen als Indikatoren für die finanzielle Leistungsfähigkeit.

◆ **Der Planungsprozess ist zu vereinfachen**

Strategierealisierung setzt ein koordiniertes Vorgehen voraus. Häufig erfüllt der angewendete Planungsprozess aber nicht die an ihn gestellten Erwartungen, da:

➤ der Zeitbedarf von strategischer und operativer Planung zu groß ist, um schnell auf neue Wettbewerbssituationen reagieren zu können,

➤ der Ressourceneinsatz von Planungsstäben und Linienmanagement im Planungsprozess den Nutzen deutlich übersteigt und

➤ die mühevoll erarbeiteten operativen Pläne von den Mitarbeitern und Managern in mittleren Ebenen mehr als administratives Übel denn als Leitfaden zur Ausrichtung des eigenen Handelns gesehen werden.

Die Balanced Scorecard als Teil der strategischen Planung verlängert zwar die Phase der strategischen Planung, ist jedoch in der Lage, die operative Planung zu verkürzen und zu fokussieren. Insgesamt ergibt sich eine Verkürzung und inhaltliche Verbesserung des gesamten Planungsprozesses.

◆ **Die Weiterentwicklung des Zielvereinbarungsprozesses**

Die Verbesserung des Zielvereinbarungsprozesses ist in vielen Unternehmen ein Dauerthema. Gesucht wird nach einer Formel, welche sowohl kurzfristige Ergebnisse als auch den langfristigen Potenzialaufbau honoriert, welche individuell gerecht ist, aber gleichzeitig auf Teamleistung setzt, welche überschaubar aber nicht oberflächlich ist usw. Die Balanced Scorecard bietet eine Fülle von Ansatzpunkten, welche frischen Wind in die Gestaltung von Zielvereinbarungsprozessen bringt.

Empirische Studie

Obwohl die Bedeutung einzelner Einführungsgründe von Unternehmen zu Unternehmen variiert, ist ein empirisch gestützter Nachweis über die Rolle der genannten Einführungsgründe von hohem Interesse. Dieser gelang uns sowohl in unseren Balanced-Scorecard-Studien von 2001/02 und 2003 als auch in der Balanced-Scorecard-Studie 2005 (Einzelheiten zur Studie werden im Folgenden noch näher beschrieben). Die wesentlichen Einführungsgründe sind auf zehn Themenstellungen fokussiert und in die Themenbereiche »Führung« und »Managementinstrumente« unterteilt. Aus den Antworten der 120 teilnehmenden Unternehmen der Balanced-Scorecard-Studie 2005 lässt sich Folgendes schließen:

Die Analyse der Ergebnisse bestätigt zunächst, dass der wesentliche Einführungsgrund für die Balanced Scorecard die Schaffung eines gemeinsamen Strategieverständnisses ist. Dies gibt Grund zur Annahme, dass es sich dabei um eine der großen Herausforderungen der Unternehmenspraxis handelt. Starke Zustimmung findet auch die Erhöhung der Verbindlichkeit von Zielen und die Verbesserung der Strategiekommunikation als Einführungsgrund. Dafür dürfte vor allem die oft zu geringe Konkretisierung der Strategie in transparente, leicht nachvollziehbare Ziele sein.

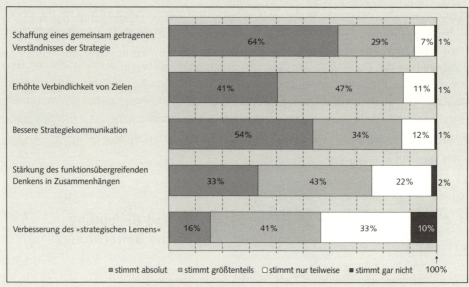

Abb. 1.13: Einführungsgründe der Balanced Scorecard (Verbesserung der Führung)

Die »Verbesserung des strategischen Lernens« ist ein (im Vergleich zu den anderen Aspekten) eher untergeordneter Einführungsgrund. Dies trotz der Tatsache, dass die Fähigkeit der Balanced Scorecard, die Strategieentwicklung kontinuierlich beobachten zu können, zu ihren wesentlichen Stärken gehört.

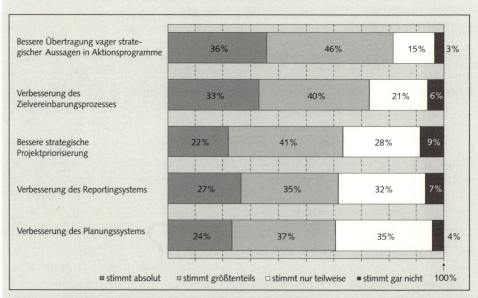

Abb. 1.14: Einführungsgründe der Balanced Scorecard (Verbesserung der Managementinstrumente)

In Bezug auf die Verbesserung der Managementinstrumente zeigt sich, dass die Überführung vager strategischer Aussagen in konkrete Projektpläne zu den wesentlichen Erwartungen an die Balanced Scorecard gehört. Auf der anderen Seite überrascht, wie relativ gering die Erwartung der Balanced-Scorecard-Einführung hinsichtlich der Verbesserung von Planung und strategischer Projektpriorisierung ist. Zwar antwortet die Mehrzahl der Studienteilnehmer, befragt nach den Einführungsgründen »Planungsverbesserung« und »Verbesserung der strategischen Projektpriorisierung«, mit »stimmt größtenteils«, doch weniger als ein Viertel stimmt diesen Einführungsgründen »absolut« zu.

1.1.4 Probleme bei der Strategieumsetzung und Bedeutung der Strategierealisierung (inkl. empirische Betrachtung)

Ein durchgängiger Strategieprozess lässt sich – vereinfacht ausgedrückt – in die Phasen Strategiefindung und Strategieumsetzung unterteilen. Abbildung 1.15 verdeutlicht diesen Zusammenhang. Für die Phase der Strategiefindung wurden in den vergangenen 25 Jahren zahlreiche Hilfsmittel entwickelt. Einige davon haben sich im Instrumentenkasten von Organisationen fest etabliert, so z. B. die Portfoliotechnik. Für die Planung und Steuerung des operativen Geschäftes bestehen ebenfalls Hilfsmittel und bewährte Prozesse

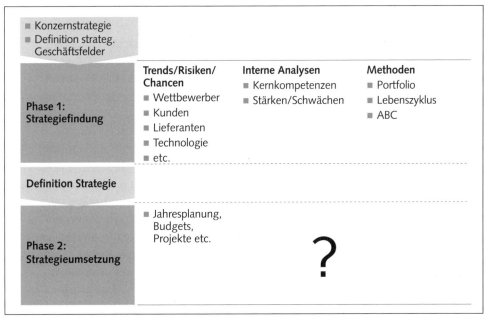

Abb. 1.15: Die Schwierigkeiten im strategischen Management liegen im Übergang der Strategiefindung zur Strategieumsetzung

wie z. B. die Budgetierung. Unklar ist die Verbindung zwischen beiden Phasen, nämlich wie Strategien im operativen Geschäft umgesetzt werden können. Dies ist der wesentliche Ansatzpunkt für eine Balanced-Scorecard-Einführung.

Die Kompetenz, schnell und effektiv Strategien umsetzen zu können, ist bei häufiger Veränderung der Strategie besonders wichtig. Gerade in Branchen, in denen die Rahmenbedingungen für alle Wettbewerber derart ähnlich sind, dass sich auch die Strategien ähneln, bestimmen weniger die Strategien als deren Umsetzung den Wettbewerb. Retailbanken lassen sich als Beleg dafür beispielhaft anführen. Fast alle Unternehmen dieser Branche setzen auf die Verbreiterung der Vertriebskanäle (insbesondere durch das Internet), auf Verlagerung hin zu vermögenden Privatkunden und auf Kostensenkung bei der operativen Geschäftsabwicklung.

Mangelnde Strategieumsetzungskompetenz besteht dann, wenn

➢ das mittlere Management nach der Bekanntgabe der Unternehmensstrategie kein klares Bild davon hat, welche Beiträge es zur Umsetzung der Strategie leisten muss und welche Schwerpunkte in seinen Verantwortungsbereichen zu setzen sind,

➢ die Mitarbeiter nicht wissen, wie man besser als die Konkurrenz werden will und welches die wirklichen Erfolgstreiber des Geschäftes sind,

➢ sich bei einer Modifikation der Strategie die Ressourcenallokation und die operativen Pläne nicht in solcher Weise verändern, dass eindeutig ein Strategiebezug erkennbar ist.

Welches sind nun – aus unserer Sicht – die zentralen Probleme bei der Strategieumsetzung in privatwirtschaftlichen wie in öffentlichen Organisationen?

◆ Strategien werden durch jene, die sie umsetzen müssen, nicht verstanden

Strategieumsetzungsprobleme beginnen häufig bei der Strategie selbst. Dabei stellt sich nicht die Frage, ob die Strategie richtig oder falsch ist – denn bei einer hohen Strategieumsetzungskompetenz wird man konsequenterweise auch eine falsche Strategie exzellent umsetzen. Umsetzungsprobleme entstehen vielmehr dann, wenn die Strategie so formuliert wird, dass unklar bleibt, was überhaupt umgesetzt werden soll. Doch selbst eine klar formulierte Strategie kann scheitern, wenn sie nicht an die kommuniziert wird, die sie umsetzen müssen.

Grundsätzlich ist jedes Unternehmen frei bei der Wahl von Umfang und Art der Strategiedokumentation. Es gibt keine Regeln, kaum Empfehlungen, und selbst in der einschlägigen Fachliteratur finden sich nur wenige Hinweise darauf, wie Strategien zu dokumentieren und wie konkret sie auszuformulieren sind. So treffen in Strategiepapieren oftmals Teile der Vision, konkrete strategische Aktionen, spezifische Zielvorgaben (meist Rendite und Marktanteilsziele), Aussagen über die Werte des Unternehmens und Ähnliches aufeinander. Auch hinsichtlich des Zeithorizontes und der Nachhaltigkeit bieten diese Papiere ein collageartiges Bild. Manches lässt sich in zwei bis drei Jahren umsetzen (z. B. konkrete Qualifikationsoffensive), anderes gehört in die Rubrik »grundlegende Richtungshinweise« (z. B. Wertschätzung der Mitarbeiter).

Diese Strategiepapiere haben ihre Berechtigung als verbale Zusammenfassung der Stoßrichtungen, Schwerpunkte, Werte, Kultur und Leitlinien des Unternehmens. Insofern dienen solche vermeintlichen Strategiedokumente als Merkposten, die immer wieder an die gemeinsamen Ideen und Vorstellungen erinnern. Auch hohe Motivationswirkungen und ein verstärktes Zusammengehörigkeitsgefühl innerhalb des Unternehmens können von solchen Papieren ausgehen. Die Leistungsfähigkeit solcher Strategiepapiere hat gleichwohl ihre Grenzen:

➤ Ob die in der Strategie formulierten Schwerpunkte auch tatsächlich umgesetzt werden, ist in den wenigsten Fällen auf objektive Weise nachprüfbar.

➤ Die Ziele sind zu wenig konkret, um von den Mitarbeitern so verstanden zu werden, dass sie ihr Verhalten konsequent danach ausrichten könnten. Meist enthalten Strategiepapiere zu viele Ziele. Dabei ist der Zusammenhang zwischen den Zielen häufig unklar, ebenso die Verbindung zwischen den Zielen und strategischen Aktionen. Eine Priorisierung der Ziele bleibt verborgen.

➤ Häufig mangelt es an einer Fokussierung auf die wesentlichen strategischen Ziele und strategischen Aktionen. Auch die Konkretisierung der Ziele – Bedingung für die Verfolgung der Zielerreichung und die Delegation von Verantwortung – ist oft mangelhaft. Dadurch fehlt aber die Grundlage für eine strategische Steuerung.

◆ Strategieneutralität der Managementsysteme

Ändert sich die Strategie, bleiben Planungs- und Berichtsinhalte sowie Anreizsysteme oft unverändert. Berichtsinhalte für das Management beschränken sich in der Regel auf operative Plan-Ist-Vergleiche zwischen kurzfristigen finanziellen Größen wie Umsatz, Auftragseingang, Kosten, Deckungsbeiträge oder konzentrieren sich auf wichtige Einzelereignisse wie Personalwechsel – unabhängig von einer Änderung der Strategie.

Ähnliches gilt für die operative Planung. Die Verbindung zwischen Strategie und operativer Planung ist in der Regel zu wenig gegeben, vor allem dann, wenn strategisches Controlling und operatives Controlling organisatorisch getrennt sind (wie oben beschrieben). Strategien – richtig verstanden – sollten vielfach eine massive Ressourcenverlagerung auslösen. Doch die Jahresplanung – in einem bottom-up getriebenen Prozess und ausgerichtet an Vorjahresvergleichen – beschränkt sich meist auf kontinuierliche Verbesserungen im Rahmen der bestehenden Ressourcenverteilung. So bleibt der Zuschnitt und die Funktion von einzelnen Organisationseinheiten in der Regel unverändert.

Ein weiteres Problem bei der Strategieumsetzung tritt auf, wenn die Individualziele und Anreizsysteme nicht mit der Strategie verbunden sind. Individualziele werden zunehmend mit Bonus-Vergütungen verknüpft. Für Unternehmen stellt sich damit die Aufgabe, Individualziele so zu formulieren, dass ihre Erreichung objektiv messbar ist. Nach der vorherrschenden Meinung stellen die finanziellen Messgrößen des internen Rechnungswesens dies am besten sicher. Individualziele werden folglich in Form kurzfristiger Umsatz-, Deckungsbeitragssteigerungen oder Kostensenkungen ausgedrückt. Doch diese Indikatoren sind möglicherweise nur Ausdruck tiefer liegender Probleme, die mit der Strategieumsetzung gelöst werden sollen.

Praxisbeispiel

Nehmen wir ein Beispiel aus unserer Projektarbeit: Ein Unternehmen der elektrotechnischen Industrie arbeitete an der mittelfristigen Umsetzung einer neuen Technologie. Wichtig war in dieser Phase also, den Innovationsprozess zu beschleunigen. Das Anreizsystem jedoch richtete sich am kurzfristigen Umsatzzuwachs und an Deckungsbeiträgen aus. Das Verhalten der Mitarbeiter war dem angepasst. Die schnell zu realisierende Akquisition von Aufträgen mit alter Technologie erschien folglich wichtiger (und lukrativer), als in Innovationsteams an der Marktreife der neuen Technologie mitzuarbeiten. Strategie und Anreizsystem waren ganz offensichtlich nicht kompatibel. Also wurde das bestehende Anreizsystem stillgelegt und alle Zielvereinbarungen daraufhin überprüft, ob sie klare Beiträge zur Strategieumsetzung beinhalten.

Empirische Studie

Wie bedeutsam eine Verbesserung der Strategierealisierungskompetenz ist, zeigt die folgende Abbildung. Fast 40 % der befragten Unternehmen sehen Verbesserungen bei einer besseren Realisierung von beabsichtigten Strategien von über 20 % des operativen Ergebnisses. Da es sich hier bereits um Anwender der Balanced Scorecard handelt, kann spekuliert werden, dass Unternehmen, die keine Balanced Scorecard anwenden, schlechtere Werte aufweisen. Darauf deutet eine Studie von Mercuri International aus dem Jahre 1998 hin. Die Forscher hatten im Rahmen einer Studie gefragt, um welche Prozentzahl sich das Ergebnis in etwa verbessern würde, wenn beabsichtigte Strategien besser realisiert würden. Ausgewertet wurden die Antworten von 692 Top-Managern aus 14 Ländern. Dabei zeigte sich, dass 68 % aller Befragten der Meinung waren, dass sich ihr Ergebnis um mehr als 20 % verbessert hätte, wäre die Strategie 100 %ig umgesetzt worden (vgl. Mercuri International 1998, S. 6).

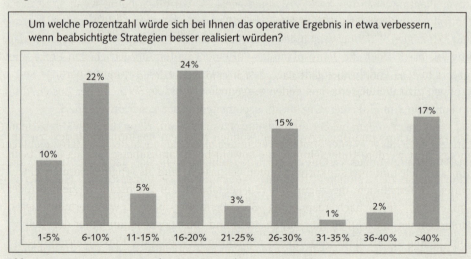

Abb. 1.16: Leistungsreserven der Strategierealisierung (n=99)

1.1.5 Empirische Angaben zum Nutzen der Balanced Scorecard

1.1.5.1 Wirtschaftlicher Erfolg mit der Balanced Scorecard

Empirische Studie

Das positive Ergebnis der Studien aus den Jahren 2001/02 und 2003 wird auch in der aktuellen Studie 2005 bestätigt: Unternehmen, die mit der Balanced Scorecard arbeiten, sehen sich – in Bezug auf Jahresüberschuss und ähnlich hinsichtlich Umsatzwachstum – erfolgreicher als ihre Wettbewerber. Angemerkt sei, dass sich die folgenden Grafiken nur auf privatwirtschaftlich geführte Unternehmen beziehen:

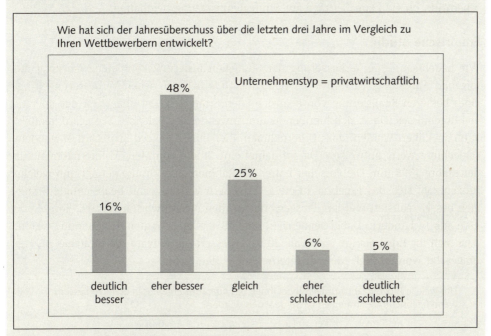

Abb. 1.17: Jahresüberschuss der Balanced-Scorecard-Anwender im Vergleich zu Wettbewerbern in den vergangen drei Jahren (n=79)

Jahresüberschuss und Umsatzwachstum können zu einem »Performance-Index« zusammengeführt werden. Unternehmen, die sowohl beim Jahresüberschuss als auch beim Umsatzwachstum ihre Konkurrenz hinter sich lassen, sind als »High-Performer« einzustufen. Unternehmen, die zugunsten von Rentabilität auf Wachstum verzichten (oder umgekehrt), sind je nach Ausprägung »Good Performer« oder »Low Performer«. Liegen Unternehmen hinsichtlich Jahresüberschuss und Umsatzwachstum hinter der Konkurrenz, gelten sie als »Low Performer«. Abbildung 1.19 zeigt die Klassifizierungslogik.

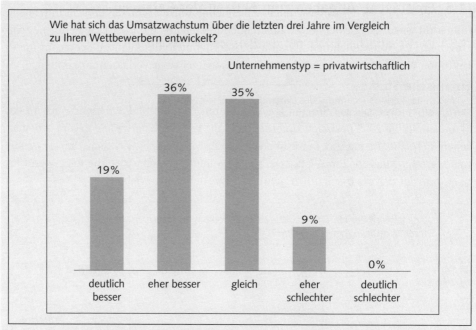

Abb. 1.18: Umsatzwachstum der Balanced-Scorecard-Anwender im Vergleich zu Wettbewerbern in den vergangenen drei Jahren (n=82)

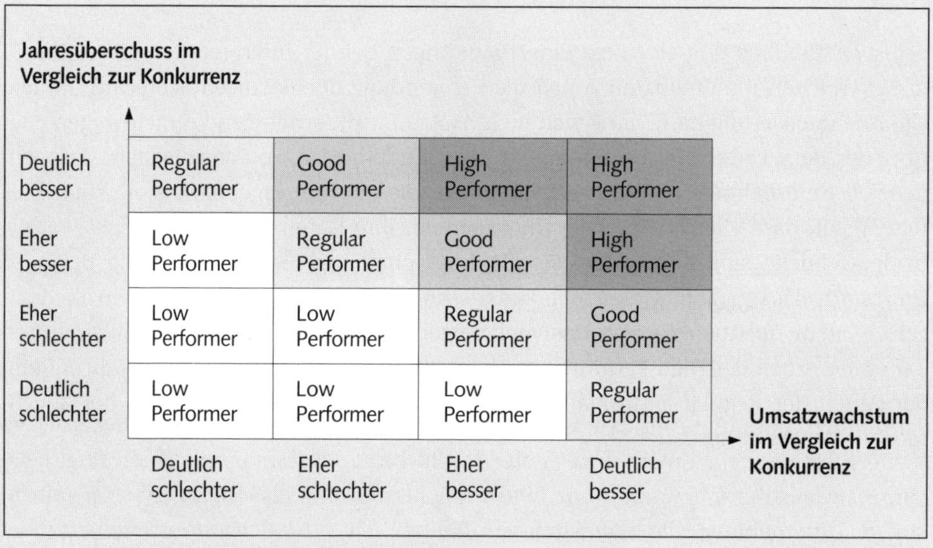

Abb. 1.19: Ermittlung des Performance-Index

Die Performance-Verteilung innerhalb der Studienteilnehmer ist der nachstehenden Abbildung zu entnehmen. Dabei ist deutlich erkennbar: Die Balanced Scorecard ist ein

Instrument erfolgreicher Unternehmen. Allgemeingültigkeit wird dabei nicht unterstellt. Immerhin ist ca. ein Drittel der Studienteilnehmer als Regular oder Low Performer einzuordnen. Es ist anzunehmen, dass diese Unternehmen die Balanced Scorecard in der Hoffnung einsetzen, ein schwächeres Performance-Niveau verlassen zu können.

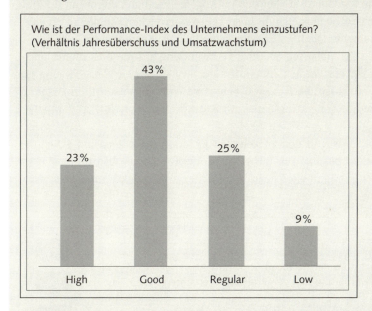

Wie ist der Performance-Index des Unternehmens einzustufen? (Verhältnis Jahresüberschuss und Umsatzwachstum)

43%

23%

25%

9%

High   Good   Regular   Low

Abb. 1.20: Performance-Index der Balanced-Scorecard-Anwender

Selbstverständlich gibt es einige Einschränkungen bei der Interpretation dieser Ergebnisse. Welchen unmittelbaren Anteil die Verwendung der Balanced Scorecard an dem Unternehmenserfolg hatte, lässt sich nicht isolieren. Unternehmen können wegen oder trotz der Balanced Scorecard erfolgreich sein. Zudem ist davon auszugehen, dass tendenziell Unternehmen an Studien teilnehmen, die auf ihre Ergebnisse stolz sind. Dies führt dazu, dass eher erfolgreiche Unternehmen ihre Daten übermittelten.

In der Tendenz sind die Ergebnisse allerdings eindeutig. Es spricht für die Balanced Scorecard, dass gerade erfolgreiche Unternehmen die Balanced Scorecard in ihr Führungssystem einbauen. Zudem lässt sich zeigen, dass mit zunehmender Anwendungsdauer der Anteil der High-Performance-Unternehmen deutlich steigt. Umgekehrt nimmt der Anteil der Regular-Performance- und Low-Performance-Unternehmen bei zunehmender Anwendungsdauer ab.

1.1.5.2 Erfolg beim Aufbau immaterieller Vermögenswerte

Empirische Studie

Positive wirtschaftliche Ergebnisse stellen sich im Allgemeinen dann ein, wenn die Treiber dieses Erfolgs auch zufriedenstellende Ausprägungen erreichen. Zu diesen Treibern gehören bspw. die Elemente Qualität, Kundenzufriedenheit, Kostenniveau usw.

Um die Auswirkungen der Balanced-Scorecard-Anwendung auf diese Elemente angeben zu können, wurden die Studienteilnehmer um ihre subjektive Einschätzung gebeten, auf welche Kennzahlen die Balanced Scorecard einen positiven Einfluss hatte. Die folgenden Angaben beziehen sich dabei auf Antworten aus privatwirtschaftlichen Unternehmen.

Es ist bemerkenswert, dass von den vorgelegten Kriterien die Dimension »Qualität« die höchste Zustimmung bekam. Die Balanced Scorecard scheint also durch die ihr typische Zieldynamik die Mitarbeiter dazu anzutreiben, sich stärker um Qualitätsparameter zu sorgen.

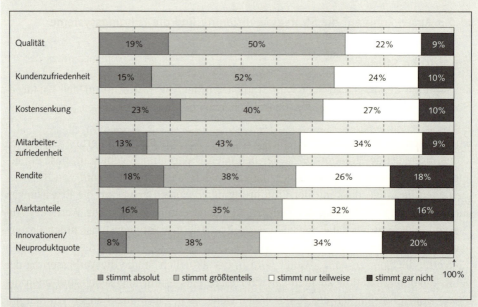

Abb. 1.21: Positive Auswirkungen der Balanced Scorecard auf zentrale Kennzahlen

Auch auf die Dimension Kostensenkung, scheint die Balanced Scorecard einen eindeutig positiven Einfluss zu haben, da sie den höchsten Wert für absolute Zustimmung aufweist. Klare strategisch abgeleitete Ziele hinsichtlich Kostensenkungsmöglichkeiten, inklusive der für die Balanced Scorecard typischen Operationalisierung über Kennzahlen, Zielwerte und Aktionen, scheinen sich also in der Anwendungspraxis zu bewähren. Ähnliches gilt für die Effekte auf Mitarbeiter- und Kundenzufriedenheit. Die bewusste

Formulierung strategischer Ziele, Messgrößen und Aktionen in den Perspektiven »Kunden« und »Potenziale« scheint sich hier ebenfalls bezahlt zu machen.

Aus aggregierter Sicht führen 56 % der befragten Studienteilnehmer positive Entwicklungen der Rendite unter anderem auf die Arbeit mit der Balanced Scorecard zurück. Für den Zugewinn von Marktanteilen sehen 51 % der Studienteilnehmer einen positiven Einfluss durch die Balanced Scorecard.

In Bezug auf die Schaffung von Innovationen bzw. die Neuproduktquote verzeichnet die Balanced Scorecard den geringsten Anteil an positiven Beiträgen in der Auswertung – und selbst dieser beträgt noch 46 %. Kreativität, die für die Schaffung von Innovation gefordert ist, lässt sich über die Balanced Scorecard offensichtlich nur schwer erzeugen. Die Balanced Scorecard ist nicht das zentrale Instrument zur *Schaffung* von Strategien, Innovationen, Produkten usw. Die Balanced Scorecard übernimmt die Funktion, mit ihrem strukturierten Ansatz die Implementierung bzw. Nutzung dieser neuen Elemente zu unterstützen.

1.1.5.3 Auswirkung auf die Strategierealisierung und die Führungssysteme

Empirische Studie

Im Rahmen der Balanced-Scorecard-Studien wurden die Erwartungen der Balanced-Scorecard-Implementierung den tatsächlich eingetretenen Ergebnissen gegenübergestellt.

Für die zentrale Zielsetzung der Balanced Scorecard im Bereich Führung ergibt sich dabei die folgende Situation. 87 % der befragten Unternehmen geben an, dass ein gemeinsames Strategieverständnis geschaffen werden konnte. Weiter wird von 83 % der Befragten bestätigt, dass mit der Einführung der Balanced Scorecard die Erwartungen hinsichtlich einer Erhöhung der Zielverbindlichkeit erfüllt wurden. Die Werte der Studie von 2003 wurden dabei jeweils übertroffen. Die Erwartungen hinsichtlich des gemeinsamen Strategieverständnisses wurden damals zu 75 % erfüllt, die der erhöhten Zielverbindlichkeit zu 64 %. Weiter wird in der aktuellen Studie die Verbesserung der Strategiekommunikation zu mehr als drei Viertel als erfüllt angesehen und auch die Erwartungen hinsichtlich des funktionalen Denkens in Zusammenhängen wurden mit 70 % deutlich bestätigt.

Für die zentrale Zielsetzung der Balanced Scorecard im Bereich der Managementinstrumente ergibt sich dabei die folgende Situation. Mit der Einführung der Balanced Scorecard konnte die Erwartung hinsichtlich einer besseren Übertragung vager strategischer Aussagen in Aktionsprogramme mit 72 % erfüllt werden. Eine Verbesserung des Zielerreichungsprozesses wird zu zwei Dritteln erreicht, ebenso konnte mit 64 % eine Verbesserung des Reportingsystems realisiert werden, wobei diese den größten Wert der absoluten Bestätigung aller abgefragten Kriterien aufweist. Die Verteilung hin-

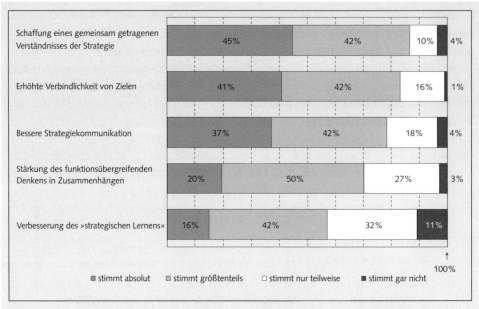

Abb. 1.22a: Erfüllungsgrad der Erwartungen an die Balanced Scorecard (Führung)

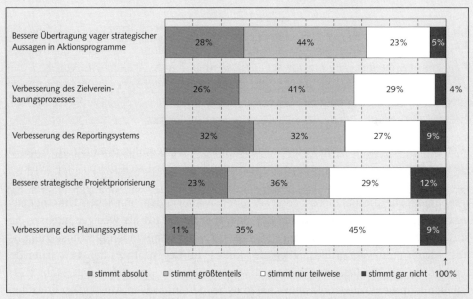

Abb. 1.22b: Erfüllungsgrad der Erwartungen an die Balanced Scorecard
(Managementinstrumente)

sichtlich des Erfüllungsgrads der Zu- bzw. Nicht-Zustimmungen ist in den Abbildungen 1.22a und 1.22b einzusehen.

Die These, dass Balanced Scorecard-Anwender ihre Strategierealisierungskompetenz hoch einschätzen, wird durch das empirische Material bestätigt. Knapp zwei Drittel der Studienteilnehmer empfinden die Strategierealisierungskompetenz subjektiv als »Stärke« des Unternehmens (vgl. Abb. 1.23). Diese Werte sind verglichen mit der Studie 2003 schlechter ausgeprägt.

Abb. 1.23: Strategierealisierungskompetenz und Einsatz der BSC (n=118)

Hier ist bemerkenswert, dass nur eine disziplinierte Anwendung des Instruments auch zu nachhaltigen Erfolgen führt. Wesentlich deutlicher lässt sich die positive Wirkung der Balanced Scorecard auf die Strategierealisierung nachweisen, wenn man jene Unternehmen, die die Balanced Scorecard intensiv anwenden, mit jenen Unternehmen vergleicht, welche die Anwendung der Balanced Scorecard als weniger intensiv einstufen. 89 % der intensiven Balanced-Scorecard-Nutzer empfinden die Umsetzung beabsichtigter Strategien grundsätzlich als Stärke – im Gegensatz zu den 46 % jener Unternehmen, die die Balanced Scorecard weniger intensiv anwenden (vgl. Abb. 1.24). Folglich fällt die positive Selbsteinschätzung bei den intensiven Anwendern etwa doppelt so groß aus im Vergleich zu den weniger intensiven Anwendern.

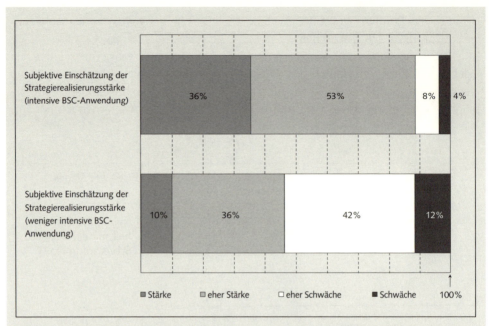

Abb. 1.24: Strategierealisierungskompetenz und Intensität der BSC-Anwendung

1.1.5.4 Zufriedenheit und Anwendungsintensität

Empirische Studie

Die Studienteilnehmer wurden befragt, ob sie mit dem Balanced-Scorecard-Einsatz in ihrem Unternehmen insgesamt zufrieden sind. Die Antwort fällt sehr positiv aus. Nur 20% sind lediglich teilweise zufrieden oder unzufrieden. Auch wenn diese Einschätzungen Verzerrungen zum Positiven unterliegen (es haben nur Anwender der Balanced Scorecard geantwortet – nicht jene Unternehmen, die das Konzept wieder aufgegeben haben!), so ist die Tendenz eindeutig (vgl. Abb. 1.25).

Die insgesamt sehr hohe Zufriedenheit bedeutet nicht, dass es bei den teilnehmenden Unternehmen keine Anwendungsprobleme mit dem Balanced-Scorecard-Ansatz gibt. Dies spiegelt sich in der Anwendungsintensität des Ansatzes in den unterschiedlichen Unternehmen wider. Mehr als die Hälfte der befragten Unternehmen gibt an, dass eine hohe Anwendungsintensität für sie nur teilweise oder eher weniger zutrifft (vgl. Abb. 1.26).

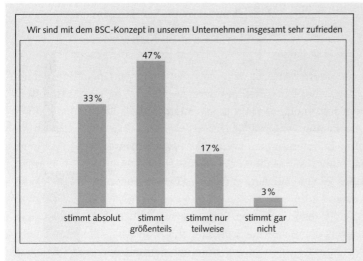

Abb. **1.25:** Zufriedenheit mit der Balanced Scorecard (n=118)

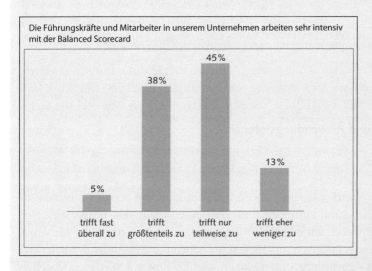

Abb. **1.26:** Intensität der Arbeit mit der Balanced Scorecard (n=119)

Unterschiede in der Anwendungsintensität ergeben sich aus diversen Ursachen, wie z.B. der Dauer der Anwendung (bei Unternehmen, welche die Balanced Scorecard erst vor kurzem eingeführt haben, kann die Anwendungsintensität nicht so hoch sein, wie bei erfahrenen Balanced-Scorecard-Anwendern) oder der Anzahl der im Unternehmen eingeführten Balanced Scorecards.

1.1.5.5 Finanzielle Investition und Pay-back

Empirische Studie

Der Einsatz der Balanced Scorecard setzt eine gewisse Anfangsfinanzierung voraus. Da das Konzept zunächst in der Organisation erlernt werden muss, ist die Unterstützung durch Spezialisten notwendig. Diese können intern ausgebildet und aufgebaut werden oder als externe Berater temporär eingesetzt werden. Üblich ist eine Verbindung beider Formen. Die Erläuterung des Konzeptes bei den Anwendern (Führungskräfte und Mitarbeiter) bindet Kapazitäten, die auch berücksichtigt werden müssen. Darüber hinaus entstehen Kosten für eine mögliche IT-Unterstützung, für die Erstellung eines Leitfadens usw.

Es sollte bei der Bewertung des finanziellen Einsatzes nicht übersehen werden, dass ein Großteil der Arbeit mit der Balanced Scorecard für Aktivitäten eingesetzt wird, die in einem zukunftsorientiert ausgerichteten Unternehmen mit oder ohne Balanced Scorecard anfallen würden: die Definition von Strategien und strategischen Zielen, die Selektion relevanter Kennzahlen, die Bestimmung von Planzahlen oder die Generierung und Priorisierung von Aktionsvorschlägen. Es wäre nicht angemessen, den damit verbundenen Ressourceneinsatz der Balanced Scorecard »anzulasten«, wie es leider häufig geschieht.

Im Rahmen der vorliegenden Studie wurde keine Unterscheidung in die verschiedenen mit der Balanced Scorecard verbundenen Investitionen getätigt. Um ein Gefühl für die Höhe der Investition zu erhalten, wurde allerdings gefragt, wie viel das Unter-

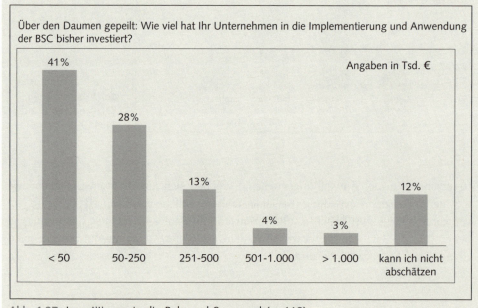

Abb. 1.27: Investitionen in die Balanced Scorecard (n=118)

nehmen bisher in die Implementierung und Anwendung des Konzeptes investiert hat. Wie man sieht, ist die Balanced Scorecard kein »billiges« Konzept, aber die Investition bleibt überschaubar (vgl. Abb. 1.27).

Wesentlicher Treiber der Investitionshöhe ist, wie intuitiv verständlich, die Anzahl der im Unternehmen eingesetzten Balanced Scorecards. So haben 80% der Unternehmen, die eine bis fünf Balanced Scorecards implementiert haben, nicht mehr als höchstens 250.000 € ausgegeben. Dagegen haben die meisten der Unternehmen, die mehr als 20 Balanced Scorecards im Einsatz haben, diese Marke überschritten.

Andere Variablen, welche die Investitionshöhe beeinflussen, sind darüber hinaus die Dauer der Anwendung und der gewählte Balanced-Scorecard-Typ (vollständiges oder unvollständiges Modell). Zudem korreliert die getätigte Investition positiv mit der Intensität der Anwendung.

Lohnt sich die in die Balanced Scorecard getätigte Investition? Fragt man die Studienteilnehmer nach ihrer subjektiven Einschätzung des »Pay-backs«, so ist das Ergebnis klar: Die Balanced Scorecard lohnt sich! Auch wenn diese Einschätzung wie bereits erwähnt einer Verzerrung zum Positiven unterliegt, da nur Anwender der Balanced Scorecard geantwortet haben und nicht jene Unternehmen, die das Konzept wieder aufgegeben haben, so ist die Tendenz doch eindeutig: 88% der Balanced-Scorecard-Anwender empfinden den Pay-back der Balanced Scorecard als positiv, nur 2% der befragten Unternehmen verneinen dies (Abb. 1.28).

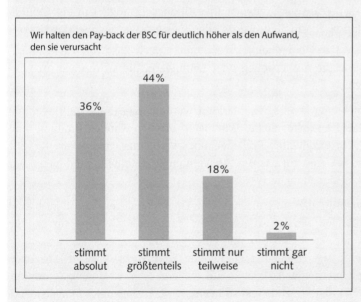

Abb. 1.28: Bewertung des Pay-backs der Balanced Scorecard (n=97)

1.2 Strategieumsetzung mit der Balanced Scorecard

Das Konzept der Balanced Scorecard kombiniert zahlreiche bekannte Elemente der Unternehmensführung – wie z. B. Ziele, Kennzahlen oder Aktionspläne – mit neuen Ansätzen der Strategiedarstellung, des perspektivischen Denkens und der Unterscheidung strategischer und operativer Ziele.

Im Folgenden erläutern wir die einzelnen Bestandteile und heben ihren Nutzen im Rahmen der strategischen Steuerung hervor. Als Einstieg soll dabei zunächst das diesem Buch zugrunde liegende Strategieverständnis dargestellt werden.

Es sei aber schon hier deutlich darauf hingewiesen, dass das Balanced-Scorecard-Konzept seine eigentliche Stärke dadurch entfaltet, dass es eine Plattform bietet, verschiedenste (teilweise bereits verwendete) Führungselemente zu integrieren. Doch wie bei einer guten Speise liegt das Geheimnis nicht nur in der Qualität der Zutaten, sondern auch in der vernünftigen Kombination derselben!

1.2.1 Strategie ist mehr als nur Rendite- und Wachstumsziele

Haben Sie eine Strategie? Natürlich haben Sie eine. Kaum eine Führungskraft wird je das Gegenteil eingestehen. Keine Strategie zu haben, das ruft Assoziationen hervor mit Eigenschaften wie ziellos, planlos oder unprofessionell.

Doch was heißt das eigentlich, eine Strategie zu haben? Kaum ein Begriff wird im Management ebenso begeistert wie uneinheitlich verwendet. Nach ihrer Strategie befragt, antworten viele Führungskräfte mit Visionen oder Leitbildern, die sich zudem in Wort und Form häufig gleichen:

»Wir wollen zur Nummer eins in unseren Märkten werden. Eine hohe Zufriedenheit unserer Kunden steht dabei an erster Stelle. Wir bieten unseren Kunden Produkte und Dienstleistungen mit einem exzellenten Preis-Leistungs-Verhältnis. Qualität ist für uns mehr als eine Worthülse. Bezogen auf das uns zur Verfügung gestellte Kapital bieten wir die höchste Wertsteigerung der Branche.«

Solche Aussagen sind wichtig, aber zu pauschal. Ihre Operationalisierung erfolgt häufig im Zusammenhang mit Zahlen aus der »strategischen Planung« – Zielwerte für Rendite und Wachstum, ergänzt um eine Planbilanz und eine Plan-GuV.

Tatsächlich stellt die schlüssige Festlegung von Rendite- und Wachstumszielen, bezogen sowohl auf das gesamte Unternehmen als auch auf einzelne Marktsegmente (Produkte, Kunden und Regionen), eine der wesentlichen strategischen Leistungen des Managements dar. Allerdings ist mit der Festlegung von Rendite- und Wachstumszielen die Aufgabe der strategischen Steuerung nicht abgeschlossen. Rendite- und Wachstumsziele alleine machen noch keine Strategie! Vielmehr muss eine Strategie Klarheit darüber verschaffen, wie diese Ziele zu erreichen sind. Welche Produkte sind nötig? Welcher Marktzugang wird

gewählt? Passen die Fähigkeiten unserer Mitarbeiter? Haben wir das richtige Kunden-
portfolio gewählt? Sind die Prozesse unserer Wertschöpfungskette auch darauf ausgerichtet?

Solche Fragen lassen sich sinnvollerweise nur unter Berücksichtigung der Wettbewerbssituation beantworten. Ohne in eine allzu akademische Diskussion zu verfallen, wird
diesem Buch ein wettbewerbsorientiertes Verständnis des Begriffes Strategie zugrunde
gelegt. Geht man davon aus, dass Organisationseinheiten (Unternehmen, Geschäftsbereiche, Funktionsbereiche usw.) i.d.R. auf ihre langfristige Existenzsicherung bedacht sind,
so können sie dieses Basisziel im Rahmen der freien Marktwirtschaft nur erreichen, indem sie zu kostendeckenden Preisen genug Abnehmer für ihre Produkte oder Dienstleistungen finden. Konkurriert ein Unternehmen mit anderen um die knappen Ressourcen
der Abnehmer, so muss es gegenüber diesen Konkurrenten spezifische Vorteile aufweisen, die den Abnehmer dazu bewegen, beim betreffenden Unternehmen Produkte oder
Dienstleistungen zu beziehen.

Henderson sieht das so: »Konkurrenten, die auf dieselbe Weise leben, können nicht
koexistieren – in der Wirtschaft ebenso wenig wie in der Natur. Jeder muss verschieden genug sein, um seinen eigenen spezifischen Vorteil zu besitzen. (...) Besitzt ein Unternehmen keinen besonderen Vorteil gegenüber seinen Rivalen, so hat es auch keine
Existenzberechtigung. Bedauerlicherweise konkurrieren viele Unternehmen auf wichtigen Gebieten, auf denen sie sich im Nachteil befinden – oft mit sehr hohen Kosten, bis
sie schließlich und unvermeidbar verdrängt werden.« (vgl. Henderson 1990, S. 5f.) Die
strategische Maxime nach Henderson lautet dementsprechend, ein bestehendes Wettbe-
werbssystem zu stören und zugunsten des eigenen Unternehmens zu verändern. Das
bedeutet: Wettbewerber verdrängen und Marktanteile gewinnen. Strategie ist daher stets
aktiver Wettbewerb.

Andersartigkeit sichert also die Existenz. Diese Andersartigkeit zu gestalten, das sehen
viele Autoren als den eigentlichen Kern von Strategie an: »The essence of business strategy is to do something distinctive« (vgl. Simons 1998, S. 25). Damit ein Unternehmen
erfolgreich sein kann, muss es einzigartige Käufernutzen definieren, die nur von ihm
allein auf einem ausgewählten Markt angeboten werden (vgl. Treacy/Wiersema 1995).

In der Wirtschaft bestehen unzählige Möglichkeiten der Andersartigkeit. »Was wirtschaftliche Konkurrenten voneinander unterscheidet, kann Preis, Verkaufsart, Liefermög-
lichkeit (...) oder räumliche Nähe sein (...). Vielleicht handelt es sich auch bloß um das
Image des Produktes oder seiner Anbieter. (...) Da Unternehmen diese Faktoren auf so
vielfältige Art kombinieren können, gibt es allemal zahlreiche Möglichkeiten für jedes von
ihnen, die Reichweite des eigenen Vorteils dadurch zu erweitern, dass es das ausbaut,
was es speziell von seinen Rivalen abhebt« (vgl. Henderson 1990, S. 6).

Organisationen können nicht alle Möglichkeiten der Differenzierung gleichzeitig ausschöpfen. Dass es »unmöglich ist, in allen Nutzenkategorien die Spitzenposition zu er-
klimmen« (vgl. Treacy/Wiersema 1995, S. 30) haben Treacy/Wiersema in einer dreijäh-
rigen Studie mit 80 Unternehmen in über drei Dutzend Märkten bestätigt. Dafür lassen
sich mehrere Gründe anführen:

➤ Möglichkeiten der Differenzierung können in einem konträren Verhältnis zueinander stehen. »Trade-offs occur when activities are incompatible. Simply put, a trade-off means that more of one thing necessitates less of another« (vgl. Porter 1996a, S. 68). Dies kann technische Fragen betreffen, aber auch Imagefragen.

➤ Der Wettbewerb hat bezüglich eines Merkmals bereits eine so herausragende Stellung erreicht, dass ein Angriff auf dieses Merkmal zu viele Ressourcen binden würde.

➤ Eine unpriorisierte Vorgehensweise nach dem Motto »alles auf einmal« kann die Träger der Organisation überlasten. »Wenn ein Unternehmen all seine Vermögenswerte und Energien sowie seine ungeteilte Aufmerksamkeit auf eine Nutzenstrategie konzentriert, kann es in dieser Kategorie fast immer bessere Leistungen bieten als ein Wettbewerber, der seine Ressourcen auf mehrere Disziplinen verteilt. Marktführer verstehen dies als (...) Merkmal des neuen Wettbewerbsumfelds« (vgl. Treacy/Wiersema 1995, S. 34).

➤ Es besteht die Gefahr, beim Versuch möglichst viele Differenzierungsmerkmale anzubieten, das eigene Profil zu verlieren. Wer versucht, alles für jeden zu sein, bleibt irgendwann nichts für niemanden: »Companies that try to be all things to all customers, risk confusion in the trenches as employees attempt to make day-to-day operating decisions without a clear framework« (vgl. Porter 1996a, S. 69).

Die Notwendigkeit einer fokussierten Auswahl von Differenzierungselementen führt zur Notwendigkeit einer Strategie. Der bekannte Harvard-Professor und Strategiespezialist Michael Porter beschreibt Strategie als »das Schaffen einer einzigartigen und werthaltigen Marktposition unter Einschluss einer Reihe differenzierender Geschäftstätigkeiten« (vgl. Porter 1997, S. 48). Er unterscheidet dabei zwischen betrieblicher Effektivität und Strategie.

Betriebliche Effektivität bedeutet, vergleichbare Tätigkeiten besser auszuführen als die Konkurrenz. Eine ständige Verbesserung der betrieblichen Effektivität ist notwendig, um überdurchschnittlich rentabel zu arbeiten. Gleichwohl reicht das für gewöhnlich nicht aus. Nur wenigen Unternehmen ist es gelungen, sich allein aufgrund ihrer betrieblichen Effektivität über längere Zeit im Wettbewerb erfolgreich durchzusetzen. Das liegt offenbar daran, dass sich beste Verfahrensweisen rapide verbreiten. Mitbewerber können Managementmethoden, neue Techniken oder überragende Formen der Erfüllung von Kundenbedürfnissen schnell kopieren. »Das wechselseitige Nachahmen von Verbesserungen der Qualität, den wiederkehrenden Abläufen oder den Partnerschaften mit Lieferanten endet in einer Angleichung der Geschäftsstrategien. Der Wettbewerb gerät zu Serien von Wettläufen auf identischen Pfaden, die keiner gewinnen kann. (...) Die betriebliche Effektivität ist im vergangenen Jahrzehnt eindrucksvoll gestiegen, aber viele Firmen leiden unter schwindenden Erträgen« (vgl. Porter 1997, S. 42ff.).

Kern einer Strategie sollte dagegen die Bestimmung eines Handlungsmusters (vgl. Mintzberg 1996b, S. 23) sein, welches die strategische Verortung im Porter'schen Sinne einer einzigartigen und werthaltigen Marktposition erlaubt. Dazu müssen im Rahmen der strategischen Führung Erfolgsfaktoren definiert werden, mit denen sich ein Unternehmen (oder Unternehmenseinheiten) gegenüber Konkurrenten erfolgreich durchsetzen wollen.

Wir sprechen in diesem Zusammenhang auch von der Bildung und Förderung von Erfolgspotenzialen bzw. ausgewählten Erfolgsfaktoren im Wettbewerb (vgl. Abb. 1.29). Erfolgspotenziale können sich dadurch ergeben, dass Kompetenzen im Unternehmen genutzt werden, auf die der Konkurrent in dieser Form nicht zurückgreifen kann (ressourcenorientiertes Strategieverständnis), oder indem Marktsegmente bearbeitet werden, die durch den Konkurrenten nicht in ähnlicher Form bearbeitet werden (industrieökonomisches Strategieverständnis) (vgl. Eschenbach/Eschenbach/Kunesch 2003, S. 19).

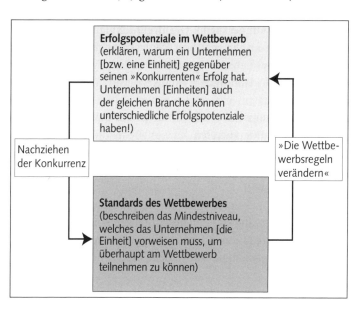

Abb. 1.29: Erfolgspotenziale und Standards des Wettbewerbs

Die Standards des Wettbewerbs bilden das Gegengewicht zu den Erfolgspotenzialen im Wettbewerb. Solche Standards stellen Basisfaktoren oder K.O.-Kriterien dar, die ein Unternehmen beachten und erfüllen muss, um überhaupt am Wettbewerb teilnehmen zu können. Erfolgspotenziale können sich zu Standards entwickeln – etwa wenn die Wettbewerber in diesen Bereichen eine ähnliche Kompetenz ausbilden. Eine Differenzierung ist dann nicht mehr möglich.

Kurfess/Töpfer analysierten diesen Transformationsprozess für den Industriesektor. So war in vielen Sektoren der Industrie bis vor wenigen Jahren die operative Qualität noch – in Übereinstimmung mit dem TQM-Ansatz – ein klar differenzierendes Strategieelement. Mittlerweile hat sich jedoch aufgrund substanzieller Verbesserungen in den meisten Unternehmen ein vergleichbarer Industriestandard herausgebildet. Heute passieren in der Elektronikindustrie bei nahezu allen Unternehmen ungefähr 97 % der Produkte den abschließenden Funktionstest in der Montage im ersten Anlauf fehlerfrei. In der Maschinenbauindustrie sind die Ausschusskosten, die mehr als 1,5 % vom Umsatz ausmachen, ungewöhnlich hoch. Dagegen beträgt in der Automobilzulieferindustrie die durchschnittliche Reklamationsquote der Hersteller heute nur noch ca. 500 Beanstandungen pro eine

Million gelieferter Teile. Noch vor fünf Jahren betrug die durchschnittliche Beanstandungs-quote circa 1200 ppm (= part per million). Inzwischen werden Zulieferer mit mehr als 1000 ppm von den Automobilherstellern bei der Vergabe weiterer Aufträge in der Regel nicht mehr berücksichtigt (vgl. Kurfess/Töpfer 1999, S. 22f.).

Diese knappen Beispiele aus der Unternehmenspraxis zeigen: Erst eine Unterscheidung zwischen Standardanforderungen und Erfolgspotenzialen ermöglicht ein erfolgreiches stra-tegisches Management!

Gelingt die Unterscheidung nicht, gerät das Unternehmen in Gefahr. Der deutsche Ma-schinenbau ist dafür eines der bekanntesten Beispiele. Die Unternehmen erkannten an-fangs der 90er-Jahre erst sehr spät, dass sich ihr zentrales Erfolgspotenzial, nämlich der hohe Qualitätsstandard (»Made in Germany«), in eine Standardanforderung transformierte. Im Laufe der Jahre hatte die ausländische, insbesondere asiatische Konkurrenz in diesem Bereich aufgeholt. Sie erreichte ein Qualitätsniveau, welches aus Sicht des Kunden aus-reichend war. Dadurch wurde der ehemalige Erfolgsgarant zu einem Standard im Wett-bewerb, über den man sich nicht mehr differenzieren konnte. Doch die ausländischen Wettbewerber zogen nicht nur gleich, sie verfügten darüber hinaus über zusätzliche Er-folgspotenziale: günstigere Konditionen, Ausrichtung an Kundenanforderungen und ein Weniger an technischen Möglichkeiten usw.

Zusammenfassend verstehen wir eine Strategie als die beabsichtigte oder sich ergebende grundsätzliche Vorgehensweise (bzw. Verhaltensweise) des Unternehmens und relevan-ter Teilbereiche, um sich von der Konkurrenz zur Verwirklichung der langfristigen Ziele abzuheben. Im Sinne eines aktiven Managements liegt der Schwerpunkt der Betrachtung dabei auf der beabsichtigten Strategie.

Eine Strategie trifft daher Aussagen zu Tätigkeitsbereich, Ressourcen, Wettbewerbs-vorteil und Unternehmensstruktur in Bezug auf Verbundwirkungen bzw. Synergie (vgl. Welge/Al-Laham 1992). Die Existenz von Wettbewerb gehört nach diesem Verständnis zu einem konstitutiven Bestandteil der Strategie. Gäbe es keine Konkurrenz, bräuchte man keine Strategie. Das strategische Handlungsmuster stellt eine spezifische Kombina-tion von möglichen Unterscheidungsmerkmalen dar. Eine Organisationseinheit, die eine klare Strategie besitzt, weiß zweierlei: Erstens, mit welchen Unterscheidungsmerkmalen sie den Wettbewerb aufnimmt, und zweitens, welches die Standards sind, bei denen sie ähnliche Niveaus wie der Wettbewerber halten muss.

1.2.2 Erfolgsfaktor Strategiedarstellung

Wir wissen jetzt, was eine Strategie ist bzw. was sie sein soll. Doch: Wie sieht eine Stra-tegie aus? Die Praxiserfahrung zeigt uns, dass die formale Präsentation einer Strategie von Unternehmen zu Unternehmen extrem variiert. Die Darstellungen reichen von einer Folie mit fünf Schlagworten über dicke Ordner mit Ist- und Soll-Portfolios bis hin zu ei-nem gewichtigen Dokument voller Tabellen mit der Überschrift »Langfristplanung«.

Im Gegensatz zur Situation bei der Präsentation von finanziellen Daten bestehen in puncto Strategie-Darstellung kaum Standards. Wir alle kennen Bilanzen, Gewinn- und Verlustrechnungen oder Budgets. Aber wie werden Strategien präsentiert? Oft geben bereits kurze Testfragen aufschlussreiche Antworten zu diesem Themengebiet: Fokussieren die Strategie-Darstellungen auf die wichtigen Themen? Wird der Weg für die Zukunft klar oder versteckt man sich in wohlklingenden, aber nebulösen Konzepten? Ist die Darstellungsform eingängig und bereichsübergreifend vergleichbar? Sind die Präsentationen zahlen- oder textlastig? Wird schwerpunktmäßig in Kosten- oder Absatzplänen gedacht oder kommen auch kunden-, prozess- und mitarbeiterbezogene Themen ausreichend zur Sprache? Und: Wird im Sinne der Aktionsorientierung klar, was wie in Zukunft gemacht wird?

Die Balanced Scorecard versucht, das Wissen über erfolgreiche Strategieumsetzung in einer schnell verständlichen Darstellungsform zu bündeln. Früher ging man davon aus, dass, soweit der Inhalt der Strategie schlüssig sei, die Darstellungsform eine eher nachgelagerte Bedeutung habe. Diese Denkweise hat sich deutlich verändert. Und zwar in dem Maße, in dem Manager realisieren, dass sich Strategien nur dann erfolgreich umsetzen lassen, wenn sie in der Organisation verstanden und operationalisiert werden. »The formulation of a strategy is an art, and it will always remain so. The description of strategy, however, should not be an art. If we can describe strategy in a more disciplined way, we increase the likelihood of successful implementation« (vgl. Kaplan/Norton 2000).

Unterschätzen Sie nicht: Die Darstellung der Strategie über die Logik der Balanced Scorecard stellt hohe Anforderungen. Nicht nur der stringente perspektivische Aufbau, die Identifikation und Formulierung von Zielen, Messgrößen, Zielwerten und Aktionen sind zu beachten, sondern es sind vor allem Antworten auf folgende entscheidenden Fragen notwendig:

➢ Welches sind die strategierelevanten Ziele?
➢ Welche Messgrößen sind geeignet?
➢ Welche Zielwerte passen, d. h. sind anspruchsvoll aber erreichbar?
➢ Welche strategischen Aktionen außerhalb des Tagesgeschäftes sollen priorisiert werden?
➢ Und wie sind all diese Inhalte zu planen, durchzusetzen und zu kontrollieren?

Die Auseinandersetzung mit diesen Fragen bedeutet echtes strategisches Management. Die Balanced Scorecard fungiert in diesem Zusammenhang als ein wichtiger Katalysator, der den Prozess des strategischen Managements sichert und beschleunigt; sie dient damit als wichtiges Element einer Organisation, die sich ihrer Erfolgspotenziale bewusst ist und diese ausbaut. Kurzum: Sie ermöglicht erst die strategiefokussierte Organisation!

1.2.3 Perspektiven der Balanced Scorecard: Voraussetzung für ausgewogenes strategisches Denken

Ein Strategiemodell kann nur vollständig sein, wenn es zu den wesentlichen Handlungsfeldern des Unternehmens Aussagen macht. So reicht es nicht aus, finanzielle Ziele zu setzen, wenn unklar bleibt, welche Schwerpunkte gesetzt werden müssen, um diese Ziele zu erreichen. Genauso wenig hilfreich ist es, unterschiedliche Ziele isoliert voneinander zu definieren. Dadurch missachtet man deren gegenseitige Implikationen und Wechselwirkungen. Im Rahmen der Strategieentwicklung und -umsetzung müssen alle relevanten Betrachtungsebenen eines Unternehmens einbezogen werden.

Aufgabe der Perspektiven der Balanced Scorecard ist es, bereits vor dem Strategiefindungsprozess ein Denkmodell festzulegen, welches gewährleistet, dass an alle wesentlichen Aspekte des Geschäftes in einem ausgewogenen Verhältnis gedacht wird. Insofern stellen die Perspektiven die relevanten Themenblöcke dar, zu denen die Strategie des betreffenden Bereiches Aussagen treffen muss. Für gewöhnlich verwendet man vier bis fünf Perspektiven; Zahl und Inhalt der Perspektiven gelten i. d. R. für alle Einheiten eines Bereiches als fix. Die Berücksichtung unterschiedlicher Perspektiven bei der Ableitung und Umsetzung einer Strategie gehört zu den konstitutiven Elementen des Balanced-Scorecard-Ansatzes. Die konkrete Auseinandersetzung mit den einzelnen Perspektiven bei der Ableitung von strategischen Zielen, Messgrößen, Zielwerten und strategischen Aktionen soll verhindern, dass bei der Ableitung und Verfolgung der Ziele zu einseitig gedacht wird.

Dieses einseitige Denken bezieht sich im Übrigen nicht immer auf den Bereich der Finanzen. Wir haben eine Reihe von Unternehmen kennengelernt, die zu stark kundenorientiert dachten und dabei ihre wirtschaftlichen Ziele vernachlässigten. Andere Unternehmen waren so sehr auf ihre internen Prozesse fixiert, dass die Marktorientierung litt. Das gleichberechtigte Denken in Perspektiven vermeidet solche Unausgewogenheiten.

Immer wieder sind erfahrene Führungskräfte der Ansicht, dass sie im Rahmen ihrer Führungstätigkeit schon seit jeher Finanzen, Kunden, Prozesse und Mitarbeiter berücksichtigt haben. Die Balanced Scorecard verkaufe daher nur eine Selbstverständlichkeit als große Errungenschaft. Natürlich muss das Management mit oder ohne Balanced Scorecard mehrdimensional denken und die Wechselwirkungen von Entscheidungen berücksichtigen. Und doch greifen Urteile wie dieses zu kurz. Denn die Grundfrage ist nicht, ob Führungskräfte unterschiedliche Perspektiven berücksichtigen, sondern in welcher Art sie diese berücksichtigen. Führungskräfte tendieren dazu, entsprechend ihrem Verantwortungsbereich unterschiedliche Perspektiven unterschiedlich zu gewichten – und sich folglich unterschiedlich intensiv mit ihnen auseinanderzusetzen. Das birgt die Gefahr, dass einzelne Perspektiven zu »Domänen« einzelner Führungskräfte werden. Der Vertriebsleiter konzentriert sich auf die Kundenperspektive, der Finanzchef hat die Finanzperspektive im Visier, der Personalleiter die Potenzialperspektive usw. Darunter leidet aber die ganzheitliche Betrachtung, wenn es um eine gemeinsame Strategieerarbeitung und -umsetzung geht.

Die Balanced Scorecard verhindert eine isolierte Betrachtung und Bearbeitung der Perspektiven, indem sie diese explizit macht und sie als interdependent und gleichgewichtig ansieht. Diese Systematik fordert vom Management, das Geschäft in seiner Mehrdimensionalität nicht nur intuitiv zu verstehen, sondern ausdrücklich (im Wortsinne!) zu beachten. Eine solche gleichzeitige Berücksichtigung der Geschäftsperspektiven hilft bei der Erstellung eines konsistenten Zielsystems. Die Balanced Scorecard bietet dazu ein logisches, auf Anhieb verständliches Raster.

1.2.3.1 Die »klassischen« Perspektiven

Auf der Grundlage ihrer empirischen Arbeiten konnten Kaplan/Norton nachweisen, dass erfolgreiche Unternehmen mindestens vier Betrachtungsebenen in einem ausgewogenen Verhältnis zueinander berücksichtigen (vgl. Kaplan/Norton 1996b): Finanzen, Kunden, Prozesse sowie Potenziale. Die einzelnen Betrachtungsebenen, Perspektiven genannt, setzen sich mit unterschiedlichen Fragestellungen auseinander:

◆ Finanzperspektive

Die Leitfrage der Finanzperspektive lautet:

»Welche Zielsetzungen leiten sich aus den finanziellen Erwartungen unserer Kapitalgeber ab?«

Diese Perspektive stellt – zumindest in ertragsorientierten Unternehmen – die Messlatte für den Erfolg oder Misserfolg einer Strategie dar. Sie enthält jene Ziele und Messgrößen, die das (finanzielle) Ergebnis der Strategieumsetzung messen. Die Finanzperspektive dokumentiert, ob das letztendliche Ziel allen Wirtschaftens – das Erreichen des langfristigen wirtschaftlichen Erfolges – realisiert werden konnte.

◆ Kundenperspektive

Die Leitfrage der Kundenperspektive lautet:

»Welche Ziele sind hinsichtlich Struktur und Anforderungen unserer Kunden zu setzen, um unsere finanziellen Ziele zu erreichen?«

Diese Perspektive konzentriert sich auf Ziele, die den Marktauftritt und die Marktpositionierung betreffen. Das Unternehmen muss klären, welche Kunden man schwerpunktmäßig bedienen und welchen Nutzen man ihnen anbieten will bzw. wie man vom Kunden wahrgenommen werden möchte.

◆ Prozessperspektive

Die Leitfrage der Prozessperspektive lautet:

»Welche Ziele sind hinsichtlich unserer Prozesse zu setzen, um die Ziele der Finanz- und Kundenperspektive erfüllen zu können?«

Die Prozessperspektive definiert die notwendigen Outputs und Leistungsergebnisse von Prozessen, um die Kunden- oder Finanzziele zu erfüllen. Dabei geht es nicht um die Auflistung aller Prozesse im Unternehmen, sondern um eine Fokussierung auf jene Prozesse, die eine herausragende Bedeutung bei der Strategieumsetzung haben.

◆ Potenzialperspektive

Die Leitfrage der Potenzialperspektive lautet:

»Welche Ziele sind hinsichtlich unserer Potenziale zu setzen, um den aktuellen und zukünftigen Herausforderungen gewachsen zu sein?«

Die Ziele der Potenzialperspektive dienen der Entwicklung der strategisch benötigten Infrastruktur. Ressourcen dafür sind unter anderem Mitarbeiter, Wissen, Innovationen, Innovationskraft und Kreativität, Technologie, Information sowie Informationssysteme. Diese Potenziale dienen nicht nur der Umsetzung der aktuellen Strategie, sondern schaffen die Voraussetzungen für die künftige Wandlungs- und Anpassungsfähigkeit. Im Gegensatz zu den Perspektiven Finanzen, Kunden und Prozesse variiert die Bezeichnung der vierten Perspektive deutlich. Kaplan/Norton nennen diese Perspektive »Learning and Growth«, an anderer Stelle wird sie als »Mitarbeiterperspektive«, »Wissensperspektive«, »Innovationsperspektive« oder »Zukunftsperspektive« oder auch mit »Ressourcen« bezeichnet.

Wir bevorzugen den Ausdruck »Potenzialperspektive« – dies aus zwei Gründen: Erstens stellt die Betitelung von Kaplan/Norton (»Lern- und Wachstumsperspektive«) zu wenig den Bezug zur aktuellen Strategie her. Zweitens konzentrieren sich andere Formulierungsvorschläge zu stark auf den Aufbau einzelner Potenziale wie Mitarbeiter, Innovationen oder Wissen. Die Bezeichnung »Potenzialperspektive« stellt sicher, dass bei der Ableitung von Zielen an alle heute und morgen benötigten Potenziale gedacht wird.

1.2.3.2 Durch die Perspektiven das grundsätzliche Geschäftsverständnis zum Ausdruck bringen

Die vier Standard-Perspektiven der Balanced Scorecard stehen nicht losgelöst und zufällig nebeneinander. Vielmehr, und das wird in der Diskussion um die Balanced Scorecard häufig übersehen, bilden sie die grundsätzliche Geschäftslogik des Unternehmens und seiner Organisationseinheiten ab. So ist die Logik des Systems geprägt von der Annahme, dass ein Unternehmen in letzter Instanz seinen Eigentümern Rechenschaft schuldet. Dementsprechend muss ein Unternehmen zunächst deren Ziele befriedigen – und dies sind in aller Regel Rendite- und Wachstumsziele.

Diese Feststellung sollte eine Selbstverständlichkeit sein. Finanzielle Ziele stellen in einer Marktwirtschaft seit jeher die zentralen Erfolgsparameter eines Unternehmens dar. Damit ergibt sich aber unmittelbar die Frage, wie man diese Ziele erreichen kann. Da es die Kunden sind, die die Produkte des Unternehmens abnehmen und damit für die Erlöse sorgen, hat man diejenigen Unternehmensmerkmale zu bestimmen, die die Kunden zum

Kauf bewegen. Finanzziele und Kundenziele wiederum beeinflussen die Arbeitsweise und damit die Prozesse im Unternehmen. Und letztlich muss darauf geachtet werden, dass die Potenziale des Unternehmens, also seine Mitarbeiter, seine Innovationskraft und seine Infrastruktur, nicht nur die aktuellen Ziele unterstützen, sondern zusätzlich dem Unternehmen erlauben, flexibel auf zukünftige Anforderungen einzugehen. Ohne Berücksichtung dieser Potenziale wird das Unternehmen schwerlich »zukunftsfähig« sein können.

Die vorgeschlagenen Perspektiven Finanzen, Kunden, Prozesse und Potenziale sind ein empirisch gestützter und bewährter Vorschlag, der aber als Denkraster benutzt und nicht als Dogma verstanden werden sollte. Ein Automobilhersteller mit einem Zulieferungsanteil von 80 % nimmt sinnvollerweise eine Zulieferperspektive in seine Balanced Scorecard auf – da die ggf. branchenuntypische intensive Zusammenarbeit mit Lieferanten dem grundsätzlichen Geschäftsverständnis entspricht. In der Balanced Scorecard des Kernkraftwerkes eines Energieversorgers ist die Einführung einer zusätzlichen Perspektive »Sicherheit« gut nachvollziehbar.

Auch die Finanzperspektive muss nicht immer die Ausgangsperspektive sein – dies zeigen gerade Unternehmen im öffentlichen Bereich. Bei ihnen geht es nicht um Gewinnmaximierung, sondern um die Maximierung einer gewissen Leistung bzw. Erreichung des politischen Auftrages bei gegebenen Budgets.

1.2.3.3 Die Perspektiven der Balanced Scorecard und der Stakeholder-Ansatz

Häufig vergleicht man die Balanced-Scorecard-Konzeption mit dem Stakeholder-Ansatz. Beim Stakeholder-Ansatz werden in einem ersten Schritt die relevanten Interessengruppen des Unternehmens benannt – Kunden, Lieferanten, Eigentümer, Mitarbeiter aber auch die Öffentlichkeit, Gewerkschaften, der Fiskus usw. Anschließend dokumentiert man die Anforderungen, die jede Gruppe – unabhängig von der anderen – an das Unternehmen stellt. Das Unternehmen hat die Aufgabe, all diese – häufig konfliktären – Erwartungen möglichst optimal zu erfüllen bzw. in Einklang zu bringen.

Die Perspektiven der Balanced Scorecard beachten die Bedürfnisse wichtiger Stakeholder (z. B. Eigentümer, Kunden, Mitarbeiter). Doch ist die Logik, die zur Beachtung der Interessen von Anspruchstellergruppen führt, eine gänzlich andere. Basierend auf einer Ausgangsperspektive (für privatwirtschaftlich orientierte Unternehmen in aller Regel die Finanzperspektive) werden all die wesentlichen Handlungsfelder bzw. Perspektiven identifiziert, die nötig sind, um die Ziele der Ausgangsperspektive zu erreichen. Wichtige Bestandteile eines solchen Erklärungsmodells können interne Abläufe, Mitarbeiter oder Innovationen sein.

Abweichend vom Stakeholder-Ansatz stehen die Perspektiven also in einem logischen, teilweise hierarchischen Erklärungsgeflecht zueinander in Beziehung. Dies führt zur Benennung von Perspektiven, die keinen unmittelbar zielgruppenspezifischen Bezug haben, wie z. B. einer Prozessperspektive, einer Innovationsperspektive oder einer Qualitätsperspektive. Derlei Perspektiven sind dem Stakeholder-Ansatz fremd.

1.2.4 Strategische Ziele: Das Herzstück jeder Balanced Scorecard

So trivial es klingen mag: Wer zielorientiert gestalten will, benötigt zuallererst Ziele. Unter Zielen versteht man wesentliche Leitlinien, die das Handeln sowohl von Führenden als auch von Ausführenden beeinflussen. Die Bildung und Vorgabe solcher Ziele ist vorderste Aufgabe der Führung. So groß der Wunsch nach zielorientierter Führung, so schwierig ist seine Umsetzung. In welcher Detaillierung müssen Ziele vorgegeben werden? Mit welchem Verbindlichkeitsgrad? Wie kommt man überhaupt zu Zielen?

Die konkrete Formulierung von Zielen stellt hohe Ansprüche an das Management. Insofern erfüllt die Balanced Scorecard eine Unterstützungsfunktion: Sie hilft nachhaltig bei der Ableitung klarer Ziele aus der bestehenden Strategie.

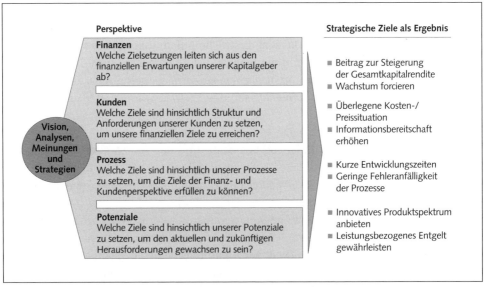

Abb. 1.30: Das Denken in unterschiedlichen Perspektiven hilft, die Strategie in ein ausgewogenes Zielsystem zu überführen

◆ Strategische Gedanken in klare Ziele überführen!

In der Praxis bestehen häufig Schwierigkeiten bei der Fixierung von konkreten Zielen aus Strategieüberlegungen. Denn Strategien sind in der Regel nicht klar formuliert, sondern bestehen aus einer Vielzahl einzelner Meinungen, isolierter Konzepte, umfassender Analysen, wohlklingender Visionen, normativer Appelle und vielem anderen. Der Balanced-Scorecard-Prozess zwingt zur Konkretisierung von Zielen auf Basis der »strategischen Grundmenge« – und zwar, indem diese strategische Grundmenge mit den Fragen der Balanced-Scorecard-Perspektiven konfrontiert wird. Daraus leiten sich die strategischen Ziele ab (vgl. Abb. 1.30).

◆ **Bei der Zielableitung strategisches Denken verankern!**

Eine Balanced Scorecard bildet das strategische Zielsystem der betrachteten Organisationseinheit ab. Dabei geht es im Kern um die Dokumentation von ausgewählten Erfolgsfaktoren, die zum Wettbewerbserfolg des betrachteten Bereiches führen. Zum Wettbewerbserfolg gehört zum einen die Beherrschung gewisser Branchenstandards, aber vor allem auch der Besitz von Erfolgspotenzialen, durch die man sich vom Wettbewerber unterscheidet. Wir wollen dies an folgendem Praxisbeispiel erläutern.

Praxisbeispiel

Die Geschäftsführung eines Einzelhandelsunternehmens analysierte im Rahmen der Überarbeitung der bisherigen strategischen Grundsätze die eigene Wettbewerbsposition. Im Laufe der Diskussion wurden auch Erfolgsfaktoren der Branche diskutiert.

Wie nicht anders zu erwarten war, identifizierte man eine hohe Kundenzufriedenheit als wesentlichen Erfolgsfaktor. Da diese Feststellung den Führungskreis auf der Suche nach der richtigen Strategie nicht weiterbrachte, listeten die beteiligten Geschäftsführer jene Elemente auf, die aus ihrer Sicht die Kundenzufriedenheit ausmachen. Innerhalb kürzester Zeit waren rund 30 Elemente zusammengetragen, unter anderem:

➤ Wettbewerbsfähige Preise,
➤ übersichtliche Raumgestaltung,
➤ freundliches Personal,
➤ saubere Verkaufräume,
➤ umfassendes Sortiment,
➤ hohe Beratungskompetenz,
➤ kulantes Verhalten.

Zunächst herrschte Unsicherheit. Was sollte nun mit dieser Stichwortsammlung angefangen werden? Man einigte sich darauf, die Liste Punkt für Punkt erneut durchzugehen und festzulegen, bei welchen Punkten sich das Unternehmen im Wettbewerb unterscheiden wollte. Beim ersten Punkt, wettbewerbsfähige Preise, bestand Einigkeit. Natürlich vergleicht der Kunde das Preisniveau der diversen Anbieter. Doch, und diesen Punkt hatte man schon öfter diskutiert, der Kunde sollte das Unternehmen nicht besuchen, weil er hier billiger einkaufen könnte. »Wir positionieren uns nicht als der Billigmeier«, betonte der Vorsitzende der Geschäftsführung. »Allerdings dürfen wir auch nicht wesentlich teurer sein als die Konkurrenz«, gab der Vertriebschef zu denken. Kopfnicken bei seinen Kollegen. »In diesem Punkt müssen wir pari mit dem Wettbewerber bleiben, differenzieren werden wir uns über den Preis aber nicht«, fasste der Vorsitzende der Geschäftsführung zusammen.

Kontroverser gestaltete sich die Diskussion beim Punkt »freundliches Personal«. »Das ist doch total wichtig, dass der Kunde bei uns gut bedient wird. Eine schlechte Erfahrung, dann kommt er nicht mehr zu uns. Und seine Bekannten wahrscheinlich genauso wenig«, eiferte sich der für das Filialgeschäft zuständige Geschäftsführer. »Das ist schon richtig«, so der Controller, »aber ist unser Personal denn unfreundlicher als das der Konkurrenz?« »Das kann man so nicht sagen«, antwortete der Filialleiter entrüstet, »das hängt sehr stark von den einzelnen Personen ab«. »Lassen Sie mich anders fragen«, warf der Vorsitzende der Geschäftsführung ein, »glauben wir, dass wir unseren Umsatz deutlich erhöhen können, wenn wir massiv in die Freundlichkeit unserer Mitarbeiter investieren würden? Würde der Kunde zu uns kommen statt zur Konkurrenz?« – »Natürlich ist eine Investition in die Freundlichkeit des Personals sinnvoll«, antwortete nach einer kurzen Denkpause der Filialleiter, »aber grundsätzlich bewegen wir uns, wie auch unsere Konkurrenz, diesbezüglich auf einem recht hohen Niveau. Das zeigen alle Umfragen, die wir in den vergangenen drei Jahren gemacht haben. Es wird schwierig sein, uns deutlich abzusetzen.«

Die Geschäftsführung bemerkte, dass es wichtig war, eine klare Aussage bezüglich der eigenen Wettbewerbsvorteile zu treffen. »Wie können wir uns denn deutlich von unserer Konkurrenz absetzen?«, hakte der Vorsitzende der Geschäftsführung nach. Der Blick des Filialleiters fuhr die Punkteliste entlang. »Wir müssten unseren Namen als Anbieter umfassender und attraktiver Haushaltswarensortimente stärken. Man verbindet unsere Sortimente zu stark mit den Bezeichnungen jung, sportlich, Freizeit. Die Hausfrau, die unter der Woche nur ein paar Handtücher oder eine Tischdecke kaufen will, geht eher zur Konkurrenz. Daher ist unsere Auslastung unter der Woche nicht die beste. Dabei bin ich sicher, wenn die Frau mal bei uns wäre, würde sie auch Bücher für ihre Kinder und weitere Accessoires für ihre Wohnung kaufen.«

Diese These führte zu einer heftigen Diskussion. Doch am Ende der Sitzung einigte sich die Geschäftsführung auf ein klares Ergebnis. Von den ehemals 30 Auflistungspunkten wurden 26 als operative Parameter identifiziert, bei denen man pari mit dem Wettbewerber sein wollte oder musste. Man hatte sich aber auf vier Punkte geeinigt, in die man nun massiv investieren wollte, um eine Kundenzufriedenheit zu erreichen, die gegenüber dem Wettbewerb Vorteile verschafft:

➤ Flächendeckung (schnelle Erreichbarkeit),
➤ helles, elegantes Produktdisplay,
➤ hohe Bedienungskompetenz,
➤ umfassendes Sortiment (Slogan: »Bei uns finden Sie, was Sie suchen«).

Das Praxisbeispiel zeigt: Es gibt Erfolgsfaktoren, die von einem Unternehmen auch im Verhältnis zum Wettbewerber zufriedenstellend umgesetzt werden und daher nicht weiter forciert werden müssen, solange sie nicht im strategischen Fokus stehen. Es handelt sich hier um Grundvoraussetzungen des Geschäftes, z. B. die Sauberkeit der Filialen oder die Erstellung eines korrekten Jahresabschlusses. Sobald die Standards der Wettbewerber erreicht sind, lohnt keine weitere Intensivierung der Anstrengungen. Die Erfüllung von Basiszielen ist nötig, um das laufende Geschäft zu beherrschen, doch führt dies nicht zu einer grundsätzlichen Positionierung im Wettbewerb: »They are not the drivers of competitive success!« (vgl. Kaplan/Norton 1996b, S. 163). Basisziele gehören daher nicht auf die Balanced Scorecard, es sei denn, das Unternehmen verfehlt sie in einem wettbewerbsgefährdenden Ausmaß. Gemessen werden Basisziele mit sogenannten »diagnostischen« Messgrößen – »those measures that monitor whether the business remains in control and can signal when unusual events are occuring that require immediate attention« (vgl. Kaplan/Norton 1996b, S. 163).

Andere Faktoren besitzen dagegen eine richtungsweisende Bedeutung und positionieren das Unternehmen im Verhältnis zum Markt. Dazu gehört z.B. die inhaltliche Positionierung, die Zielgruppenstruktur, die Fähigkeiten der Mitarbeiter; es geht also darum, bereits aufgebaute Differenzierungsmerkmale gegenüber der Konkurrenz zu verteidigen. Solche Faktoren bezeichnen wir als Erfolgspotenziale, die dazugehörigen Zielsetzungen als »strategische Ziele« (vgl. auch Kap. 1.2.1).

Es sind diese Ziele, die die Balanced Scorecard ausmachen bzw. die auf der Balanced Scorecard abgebildet werden! Dadurch gelingt die geforderte Verdeutlichung der strategischen Schwerpunkte, die den Unterschied zur Konkurrenz ausmachen sollen. Wie bereits gesagt: Erst eine Unterscheidung zwischen Standardanforderungen und Erfolgspotenzialen ermöglicht ein erfolgreiches strategisches Management!

Eine Balanced Scorecard enthält nur diejenigen Ziele, die für die erfolgreiche Umsetzung der Strategie von besonderer Relevanz sind (strategische Ziele), und nicht jene, die das Unternehmen operativ zur Aufrechterhaltung des laufenden Geschäftes benötigt. Die Balanced Scorecard bildet ein Strategiemodell ab, nicht das gesamte Unternehmensmodell!

Diese Fokussierung ist gewünscht, führt sie doch dazu, dass praktische Leitlinien im Rahmen der täglichen Entscheidungsfindung zur Verfügung gestellt werden. Wer aber ein Simulationsmodell aufbauen will, der muss die ausgewählten Ziele der Balanced Scorecard um weitere interne und externe Faktoren ergänzen. Die Balanced-Scorecard-Konzeption vermeidet die mathematische Komplexität eines Simulationsmodelles bewusst. Es geht um die Kommunikation und Verfolgung von Schwerpunkten, nicht um die Berechnung von Planwerten!

◆ **Die Macht der Wörter und die Klarheit der Zahlen nutzen!**

Häufig werden Ziele entweder nur verbal beschrieben (»Begeisterung unserer Kunden«) oder als Messgrößen-Zielwert-Kombination bestimmt (»RoI + 20 %«, »Lieferzeit 6 Tage«). Beides hat seine Tücken. Werden Ziele nur verbal vorgegeben, so bergen sie die Gefahr der Unverbindlichkeit und der Interpretationsvielfalt in sich (Was heißt schon »Kundenzufriedenheit«?).

Werden Ziele nur als Messgrößen-Zielwert-Kombination vorgegeben, so besteht die Gefahr, dass die Frage nach dem »Warum« nicht hinreichend geklärt ist. Warum soll eigentlich der Return on Investment um 20 % gesteigert werden? Um das Unternehmen zu retten? Um die Eigentümer zufriedenzustellen? Um die Eigenfinanzierungskraft zu stärken? Und warum soll die Lieferzeit von aktuell 9 Tagen auf 6 Tage reduziert werden? Um Kosten zu sparen? Um der Konkurrenz Paroli zu bieten? Weil der Kunde es fordert? Und warum bemühen wir uns nicht stattdessen darum, den Vertrieb weiter auszubauen? Wer seine Ziele nicht in Worte fassen kann, sondern gleich Messgrößen und Zielwerte auflistet, wird nur schwerlich Herz und Verstand der Mitarbeiter erreichen.

Das Konzept der Balanced Scorecard führt zu einer sequenziellen Methodik, mit der die angesprochenen Gefahren beseitigt werden können: Zunächst ist die verbal ausformulierte Zielsetzung zu klären. Die Strategie und die daraus abgeleiteten Ziele müssen verbal erklärbar sein, um verstanden zu werden! Erst darauf aufbauend lassen sich Messgrößen, Zielwerte und strategische Aktionen als Grundlagen zielorientierter Führung definieren.

◆ Grundsätzliche Zielorientierung mit unmittelbarer Aktionsorientierung kombinieren!

Obwohl die Unterscheidung häufig übersehen wird, sind Zielorientierung und Aktionsorientierung zwei unterschiedliche Themen, die aber nur gemeinsam ihre wirkliche Bedeutung entfalten. Zielorientierung stellt die Ausrichtung auf künftige Zustände als Ergebnis vieler Einzelaktivitäten dar. Aktionsorientierung bedeutet dagegen die Ausrichtung an einzelnen Aktivitäten, unabhängig von grundsätzlichen Zielen. Typische Stoßseufzer aus der Praxis, wie »bei uns werden ständig große Parolen geschwungen, doch es passiert nichts« oder »wir haben vor lauter Aktionismus unsere Ziele verloren«, machen die Defizite einer isolierten Ziel- oder Aktionsorientierung deutlich.

Aus Sicht der Balanced Scorecard wird die konsequente Verknüpfung von Ziel und Aktion zum Prinzip erhoben. Doch so wichtig ein klares Verständnis der Ziele und der zugehörigen Aktionen ist, so sehr vermengt die Praxis oftmals die beiden Begriffe. Wir können uns gut an eine lebhafte Diskussion zweier Führungskräfte erinnern, die darüber debattierten, ob die Einführung einer zweiten Fertigungsstraße ein strategisches Ziel oder eine strategische Aktion sei. Wir werden auf die Unterschiede zwischen langfristig gültigen Zielen und temporären Aktionen noch sehr detailliert eingehen, da sich eine klare Unterscheidung von Ziel und Aktion für die Transparenz von Strategieunterlagen als wichtiges Element erwiesen hat. Bereits an dieser Stelle wollen wir aber festhalten, welcher Weg nicht zum Erfolg führt: »Lassen sie uns mit den Aktionen anfangen, die Ziele fallen uns dann schon wieder ein!«

◆ Die Kunst der Fokussierung: Twenty is Plenty!

Die Beschränkung auf die wirklich strategischen Ziele reduziert insgesamt die Anzahl der benötigten Ziele für eine Balanced Scorecard. Doch wie viele Ziele sollten tatsächlich auf einer Balanced Scorecard stehen? Ein Manager urteilte im persönlichen Gespräch: »Wer mehr als fünf Ziele hat, verläuft sich.« Aus unserer Erfahrung heraus können wir dieses Urteil nur bestätigen: Zu viele Ziele führen eher zu Verwirrung als zu Klarheit. Selbiges gilt aber auch für zu wenige Ziele. Je weniger Ziele gesetzt werden, umso mehr tendieren diese Ziele zu einer gewissen Pauschalität und Finanzlastigkeit.

Ein Kompromiss zwischen zu wenig und zu vielen Zielen stellt unseres Erachtens der Grundsatz »Twenty is Plenty« dar, d.h. im Durchschnitt fünf Ziele je Perspektive. Um die Konzentration und Steuerbarkeit zu gewährleisten, sollten insgesamt maximal 20 Ziele in einer Balanced Scorecard aufgenommen werden. Nach unseren Projekterfahrungen geht der Trend eindeutig hin zu einer weiteren Fokussierung auf 15 oder sogar noch weniger Ziele je Balanced Scorecard, d.h. je Organisationseinheit. Das bedeutet im Übrigen keineswegs, dass eine entsprechende Anzahl Ziele sich in der persönlichen Zielvereinbarung einer Führungskraft wiederfinden sollten – dort müssen es noch deutlich weniger sein. Die Organisationspsychologie spricht davon, dass mehr als sieben Ziele für ein Individuum nicht mehr gleichzeitig verfolgbar sind. Da die Balanced Scorecard jedoch für eine arbeitsteilige Organisationseinheit mit verschiedenen Verantwortlichen gelten soll, ist auch »Twenty is Plenty« unproblematisch.

Zu berücksichtigen ist dabei, dass wir hier von *einer* Balanced Scorecard sprechen, in der Praxis aber Hierarchien an Balanced Scorecards entstehen. Bei einer renommierten Fluglinie mit acht Balanced Scorecards (erste und zweite Ebene) umfasste das gesamte strategische Zielsystem über 100 Einzelziele. Da aber alle Balanced Scorecards nach derselben Logik strukturiert waren, ließ sich diese (letztendlich »real existierende«) Vielfalt gut beherrschen.

Einige Beispiele für Ziele in den einzelnen Perspektiven

Beispiele für strategische Ziele in den einzelnen Perspektiven sind in ihrer Bedeutung – ohne Kenntnis der dazugehörigen Strategie – oftmals nur schwer nachzuvollziehen. Dennoch stellen wir im Folgenden einige solcher Ziele exemplarisch vor, um ein erstes Gefühl für die Art der auf einer Balanced Scorecard verwendeten strategischen Ziele zu vermitteln.

◆ Strategische Ziele der Finanzperspektive

Folgende Ziele können beispielhaft für die Finanzperspektive genannt werden:
- ➢ »Rendite steigern«,
- ➢ »Umsätze verdoppeln«,
- ➢ »hohen Operating Profit erreichen«,
- ➢ »profitablere Aufträge annehmen«,
- ➢ »hohe Kapitalrentabilität erreichen«,
- ➢ »geringe Kapitalbindung durchsetzen«,
- ➢ »Anteil des Fremdkapitals reduzieren«,
- ➢ »Cashflow steigern«,
- ➢ »Shareholder Value erhöhen«.

In der Finanzperspektive finden sich typischerweise strategische Ziele, die Aussagen über die Rendite, die Kostensituation (bzw. die Produktivitätsstrategie) und die Wachstumsstrategie der betrachteten Einheiten treffen.

Praxisbeispiel

Es kann aber durchaus vorkommen, dass man im Rahmen der Balanced Scorecard auf einzelne Rendite- oder Wachstumsziele ganz verzichtet. So hat bspw. ein Finanzdienstleister (Leasing), der Nummer eins in seinem Heimatmarkt werden wollte, dem Wachstumsziel gegenüber dem Ertragsziel den Vorzug eingeräumt. Das Ertragsziel findet sich nicht auf der Balanced Scorecard, das Halten der derzeitigen Ertragssituation wird als operative Zielsetzung interpretiert und vom laufenden Reporting (exception reporting) überwacht. Das Wachstumsziel auf der Balanced Scorecard fungiert dagegen als ein klares Signal an alle Mitarbeiter hinsichtlich der Prioritätensetzung.

Ein anderer Finanzdienstleister (Versicherung), der sich als Marktführer auf einem gesättigten Markt bewegt und im Vergleich ertragsschwach ist, schreibt das Ertragsziel in der Finanzperspektive fest. Die Ertragssteigerung hat eindeutig Vorrang vor dem Wachstum, wenn erforderlich, auch unter Verzicht auf zusätzliches Geschäft, so lautet die klare Aussage. Die Auswirkung einer derartigen Prioritätensetzung muss sich in konkreten Handlungen niederschlagen. So hat diese Versicherung ein Angebot eines großen Kfz-Importeurs abgelehnt, bei einer bundesweiten Aktion von bestimmten »jugendlichen Sportautos« für Abiturienten als Versicherer mitzuwirken. Die Mitwirkung an dieser Aktion hätte sich zwar umsatzfördernd, doch nicht ertragsfördernd ausgewirkt, weil eben diese Kundengruppe ein außerordentlich hohes Risiko aufweist und daher von einer hohen Schadenquote auszugehen war.

◆ Strategische Ziele der Kundenperspektive

Folgende Ziele können beispielhaft für die Kundenperspektive genannt werden:
➢ »Ausbau der Marktposition«,
➢ »Image als Partner der Kunden aufbauen«,
➢ »Kundenzufriedenheit bei Kernprozessen erhöhen«,
➢ »Bekanntheitsgrad steigern«,
➢ »Wiederverkaufsquote steigern«,
➢ »Image als Innovationsführer erlangen«,
➢ »Strategische Neupositionierung weg von Kundensegment A hin zu Kundensegment B«,
➢ »Kunden proaktiv bedienen«,
➢ »Großkundenanteil steigern«,
➢ »Kundenbindung steigern«,
➢ »Serviceanteil des Geschäftes deutlich ausbauen«.

Die Kundenperspektive unterstützt die Marktorientierung der Strategie. Sie enthält grundsätzlich zwei Sichtweisen:
➢ Diejenige des Kunden, d.h. die Frage, wie der Kunde das Unternehmen (vor allem auch in Abgrenzung zu seinen Wettbewerbern) wahrnehmen soll: kurze Lieferzeiten, Anwenderfreundlichkeit des Produkts, Image, Preis-Leistungs-Verhältnis usw.,
➢ diejenige des Unternehmens, d.h. die Frage, welche Kunden man gewinnen möchte: Zielkundensegmente, regionale Wachstumsmärkte usw. Daneben werden in der Kundenperspektive Ziele zu den Vertriebskanälen oder dem anzubietenden Leistungsprogramm definiert.

Die Erreichung der Ziele dieser Perspektive sind ein strategisch wichtiges Indiz dafür, ob die Ziele der Finanzperspektive wie geplant erreicht werden können.

So deutet beispielsweise eine Verfehlung des Zieles »Kundenloyalität ausbauen«, gemessen an der Wiederkaufsquote, darauf hin, dass die Leistungen des Unternehmens nicht den gewünschten positiven Effekt beim Kunden haben. Eine geplante, langfristige Umsatzausweitung (finanzielle Perspektive) wäre ohne Gegensteuerung mit strategischen Aktionen nicht realisierbar.

◆ **Strategische Ziele der Prozessperspektive**

Folgende Ziele können beispielhaft für die Prozessperspektive genannt werden:
➤ »Vertriebseffektivität steigern«,
➤ »Prozessorientierung durchsetzen«,
➤ »Overengineering abschaffen«,
➤ »Automatisierungsgrad aller Prozesse erhöhen«,
➤ »Prozessflexibilität erhöhen«,
➤ »Entwicklungszeiten verkürzen«,
➤ »Angebote schneller erstellen«,
➤ »Zusammenarbeit mit Lieferanten verbessern«,
➤ »Kapazitätenerhöhung erreichen«,
➤ »Gemeinkostenprozesse verschlanken«,
➤ »Netzwerk strategischer Partnerschaften aufbauen«.

Strategische Ziele der Prozessperspektive geben an, welche Prozesse welche Leistung erbringen müssen, um die Kunden- oder Finanzziele zu erreichen. Wird eine Kostensenkungsstrategie forciert, so gehören Ziele wie »Standardisierung vorantreiben« oder »Reibungsverluste deutlich reduzieren« zur Prozessperspektive. Haben zwei Unternehmen vor kurzem fusioniert, so gewinnen Prozessziele wie z. B. »Synergien ausschöpfen« an Bedeutung. Möchte ein Unternehmen dem Kunden individuell konfigurierte Produkte bieten, so ist die »Erhöhung der Flexibilität der Fertigung« ein zentrales Prozessziel.

◆ **Strategische Ziele der Potenzialperspektive**

Folgende Ziele können beispielhaft für die Potenzialperspektive genannt werden:
➤ »Mitarbeiter zielorientiert qualifizieren«,
➤ »Altersstruktur verjüngen«,
➤ »Mitabeitermotivation und Unternehmertum im Werk verbessern«,
➤ »Information und Kommunikation systematisch verbessern«,
➤ »Akzeptierte Beförderungsmodelle entwickeln und implementieren«,
➤ »Entwicklungszeiten neuer Lösungen massiv verkürzen«,
➤ »Wissen verfügbar machen«,
➤ »Built-to-Customer-Kompetenz sicherstellen«,
➤ »Japan-Eroberungskompetenz aufbauen«,
➤ »Internationalisierung der Mitarbeiter verankern«.

Die Ziele der Potenzialperspektive dienen, wie bereits erwähnt, der Entwicklung der strategisch benötigten Infrastruktur. Mitarbeiter, Wissen, Innovationen, Innovationskraft und Kreativität, Technologie, Information und Informationssysteme sind die entsprechenden Ressourcen. Diese Potenziale dienen dabei nicht nur der Umsetzung der aktuellen Strategie, sondern schaffen die Voraussetzung für künftige Wandlungsfähigkeit.

Bei der Ableitung von Zielen in der Kunden- und Prozessperspektive sollte stets diskutiert werden, ob die erforderlichen Fach- und Handlungskompetenzen zur Umsetzung dieser Ziele vorliegen. Wenn diese nicht vorhanden sind, dann gilt es, den Aufbau dieser Fähigkeiten in der Potenzialperspektive festzuschreiben. Für ein Unternehmen, welches eine Globalisierungsstrategie anstrebt, kann beispielsweise das Potenzialziel »Fremdsprachenkenntnisse aufbauen« von herausragender Bedeutung sein.

◆ Gibt es »Referenz-Balanced-Scorecards« für einzelne Branchen?

Aus unserer Sicht sind »Referenz-Balanced-Scorecards« für einzelne Branchen kritisch zu hinterfragen. Da Balanced Scorecards die Strategie des betrachteten Unternehmens (bzw. der betrachteten Unternehmenseinheit) abbilden sollen, implizieren »Referenz-Scorecards«, dass es für eine Branche eine »Referenzstrategie« gibt. Wenn aber alle Unternehmen der Branche die gleiche Marktstrategie verwenden würden, so gäbe es keine Differenzierung zwischen den Unternehmen. Die Ergebnisse unserer empirischen Untersuchung haben nachgewiesen, dass von verschiedenen Wettbewerbern ohnehin oft gleiche oder ähnliche Strategien verfolgt werden.

»Referenz-Balanced-Scorecards« unterstellen zusätzlich, dass alle Unternehmen einer Branche die gleichen Schwerpunkte bei ihren Prozessen und ihren Potenzialen setzen sollten. Auch dies ist eine irrige Annahme, geht sie doch davon aus, dass allen Unternehmen die gleiche interne Problemstellung, die gleiche Führungskultur oder die gleiche Infrastruktur gemeinsam ist.

Wir werden oft gefragt: »Sie haben doch langjährige Beratungserfahrung mit der Balanced Scorecard. Was sind denn die typischen Ziele für unsere Branche?« Unseren obigen Ausführungen folgend, verbietet sich diese Frage, wenn man sich nachhaltig im Wettbewerb differenzieren will. »Referenz-Balanced-Scorecards«, wie sie zum Beispiel von Kaplan/Norton in ihrem Buch »Strategy Maps« beschrieben werden (vgl. Kaplan/Norton 2004a) haben dennoch ihren Sinn. Sie können für Branchen, betriebliche Funktionen etc. als »Prüfmuster« im Erarbeitungsprozess der eigenen Balanced Scorecard verwendet werden. Man darf Fragen »Was steht dort, könntet das ein Zielfeld sein, das wir schlicht in unserer Diskussion übersehen haben?«. Mehr aber auch nicht! Es muss dann immer eine individuelle Entscheidung erfolgen: Das Thema...

➢ ...hat für uns keine Bedeutung.

➢ ...ist zu generisch und führt nicht zu einer Differenzierung.

➢ ...gilt grundsätzlich schon, hat bei uns aber einen anderen Schwerpunkt.

➢ ...haben wir vergessen und müssen es aufnehmen.

1.2.5 »Strategy Maps«: Erst die Verknüpfung von Zielen erklärt die Strategie vollständig

Völlig unabhängige Ziele, deren Zielerreichung nicht in irgendeiner Weise auf andere Ziele wirkt, sind kaum denkbar. Begriffe wie Zielkomplementarität, Zielneutralität und Zielkonflikte gehören zum bekannten betriebswirtschaftlichen Vokabular.

Die Darstellung von Ursache-Wirkungs-Ketten und damit die Berücksichtigung von Interdependenzen zwischen Zielen gewinnen auch in der Praxis zunehmend an Bedeutung. So weisen beispielsweise Gomez/Probst auf die Notwendigkeit hin, Geschehnisse im Unternehmen bzw. in seiner Umwelt nicht isoliert zu betrachten. Vielmehr gelte die Aufmerksamkeit der gegenseitigen Beeinflussung von Ereignissen (vgl. Gomez/Probst 1999, S. 11ff.). Erst das Verständnis dieser Zusammenhänge ermögliche eine erfolgreiche unternehmerische Führung.

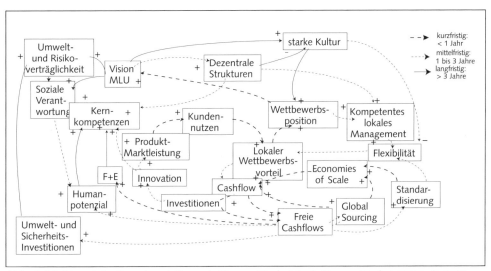

Abb. 1.31: Vernetzte Kausalmodelle nach Gomez/Probst (vgl. Gomez/Probst 1999, S. 107)

Das vernetzte Modell, wie in Abbildung 1.31 dargestellt, dokumentiert positive wie negative Wirkungen der unternehmerischen Faktoren und skaliert ihre Stärke. Dadurch lassen sich, so die modelltheoretische Begründung, die besonders wichtigen Erfolgsfaktoren – also solche, die stark beeinflussen und wenig beeinflusst werden – ermitteln. In der Praxis ist die Anwendung eines solchen Modells aber sehr aufwändig. Zu komplex scheint es in seiner Handhabung zu sein, um es als pragmatisches Tool für das Management zu verwenden.

◆ **Nicht die komplexe Welt, sondern die gewünschte Vorgehensweise kommunizieren!**

Die Balanced Scorecard geht einen anderen Weg: Auch sie arbeitet mit Ursache-Wirkungs-Ketten, unterscheidet sich aber in einigen wesentlichen Punkten von dem St. Gallener Modell nach Probst/Gomez.

Zum einen werden externe Faktoren in den Ursache-Wirkungs-Zusammenhängen der Balanced Scorecard nicht eigens beachtet – sie fließen indirekt ein. Ändert sich das Umfeld eines Unternehmens, macht dies ggf. eine Änderung der Strategie und infolge dessen eine Änderung der Balanced Scorecard nötig. Auf diese Weise beachtet auch die Balanced Scorecard den unternehmensexternen Kontext. Um Entwicklungen der Umwelt allerdings explizit aufzunehmen und zu bewerten, benötigt es eigenständiger Früherkennungssysteme. Diese können an die Balanced Scorecard angekoppelt werden.

Des Weiteren sind in der Balanced Scorecard nur ausgewählte Erfolgsfaktoren des Unternehmens abgebildet, nämlich jene, die eine bestimmte Positionierung am Markt ermöglichen. Da die Basisziele nicht abgebildet werden, bietet die Balanced Scorecard nur einen fragmentarischen Einblick in die Funktionskomponenten des Unternehmens. Diese Beschränkung stellt, wie zuvor begründet, einen wesentlichen Bestandteil des Konzeptes dar – und keine Schwäche. Selbstverständlich müssen Basisziele ständig auf ihre Zielerreichung hin überprüft werden. Aber dies leisten die operativen Controlling-, Produktions- und Qualitätssysteme, nicht die Balanced Scorecard.

Ein weiterer wesentlicher Unterschied zwischen der Balanced-Scorecard-Konzeption und den vernetzten Kausalmodellen besteht in der Logik der Verbindungsdarstellungen. Für das Strategiemodell im Sinne der Balanced Scorecard ist es nicht von Bedeutung, alle denkbaren Wirkungen zwischen den Elementen des Systems abzubilden und in ihrer Stärke zu bewerten. Es geht darum, Klarheit zu schaffen, warum einzelne Ziele erreicht werden sollen. Die Frage lautet nicht, »Auf welche anderen Ziele wirkt das betrachtete Ziel X?«, sondern vielmehr, »Warum wollen wir das Ziel X erreichen?« Beispiel: Bezogen auf ein Ziel »Verkürzung der Lieferzeiten« gibt eine so verstandene Ursache-Wirkungs-Kette keine Antwort auf die Frage: »Auf welche anderen Ziele wirkt die Verkürzung der Lieferzeiten?«, sondern auf die Frage »Warum wollen wir die Lieferzeiten verkürzen?«

◆ **Mit der Strategy Map können Strategien erklärt werden**

In ihrer Gesamtheit ist die Ursache-Wirkungs-Kette nichts anderes als die Darstellung der Strategie selbst, oder, wie Kaplan es treffend nennt, eine »Strategy Map«. Die Logik dieser strategischen Landkarte kann man neben der grafischen Darstellung auch in Form eines Fließtextes erläutern. Dieses zwei bis sechs Seiten umfassende Dokument entspricht dem Strategiepapier, der »Story of Strategy«: »A strategy is a set of hypotheses about cause and effect (...) A properly constructed scorecard should tell the story of the business units strategy through such a chain of cause-and-effect relationships« (vgl. Kaplan/Norton 1996b, S. 149).

◆ **Zusammenhänge explizit machen!**

Neben der Abbildung der Strategie zählt die explizite Darstellung der vermuteten Zusammenhänge und Abhängigkeiten zwischen den strategischen Zielen zu den weiteren Vorteilen dieser Herangehensweise. Durch diese Dokumentation werden die gegenseitigen Effekte bei der Zielerreichung verdeutlicht. Das Bewusstsein über die Zusammenhänge und die Bedeutung der einzelnen Ziele fördert das gemeinsame Verständnis der Strategie und verbessert dadurch die Zusammenarbeit im Management. Bei der Erarbeitung von Zusammenhängen erfolgt ein nochmaliges Hinterfragen des Zielsystems. Einige Ziele verlieren im Lichte der Gesamtzusammenhänge ihre Bedeutung, während andere verstärkt oder neu aufgenommen werden.

Es stellt sich in diesem Zusammenhang immer wieder die Frage, ob sich auf der Grundlage des Zielsystems und vor allem unter Berücksichtigung der Strategy Map ermitteln lässt, wie sich die Zielwerte der einzelnen strategischen Ziele entwickeln müssten, um die strategischen Vorgaben zu erreichen.

Einzelne Veröffentlichungen nähren die Hoffnung, dass sich durch die Beobachtung der Zusammenhänge zwischen strategischen Zielen Gesetzmäßigkeiten ableiten lassen.

Praxisbeispiel

Große Beachtung wurde dem Beispiel des Handelsunternehmen Sears in den USA geschenkt. Sears konnte vor etwa zehn Jahren aufgrund einer neu definierten strategischen Positionierung einen beeindruckenden Turnaround leisten. Die Balanced Scorecard lieferte dazu einen wichtigen Beitrag (vgl. Rucci 1998, S. 89).

Sears untersuchte die Balanced Scorecards der fast 800 Filialen hinsichtlich Korrelationen zwischen den einzelnen Zielen. Dabei ergaben sich aufschlussreiche statistische

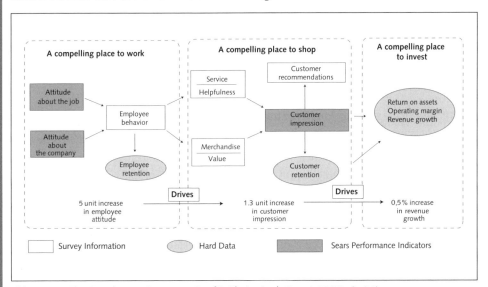

Abb. 1.32: The Employee-Customer-Profit Chain (vgl. Rucci 1998, S. 91)

> Zusammenhänge: So führte im Durchschnitt die Erhöhung der Mitarbeitermotivation um 5 Einheiten zu einer Erhöhung von 1,3 Einheiten beim Kundeneindruck. Diese Verbesserung führte wiederum zu einer Erhöhung des Umsatzes um 0,5 % (vgl. Abb. 1.32).

Die Idee, den Strategieerfolg durch die Beobachtung von Korrelationen zwischen strategischen Zielen zu verfolgen, ist verführerisch. Dennoch raten wir zur Vorsicht: Die Ursache-Wirkungs-Ketten der Balanced Scorecard stellen keine algorithmische Logik wie z. B. im bekannten RoI-Kennzahlenschema dar. Verändert man im RoI-System irgendeinen Wert, so hat das eine sofortige und eindeutige Auswirkung auf alle damit verbundenen Elemente des Systems.

Das System der Balanced-Scorecard-Ziele baut dagegen nicht auf algorithmischen Beziehungen auf: Die Ziele und damit die Messgrößen sind logisch kausal, aber nicht zwingend rechnerisch kausal verknüpft. Verändert sich ein Zielwert, so lässt sich die Beeinflussung eines anderen Wertes des Zielsystems in der Regel nicht genau vorhersagen. Dies liegt in der Systematik der Balanced Scorecard begründet: Die Ursache-Wirkungs-Ketten berücksichtigen eben nicht alle Faktoren, die auf ein Ziel wirken. So bildet das Balanced-Scorecard-Modell weder Umweltfaktoren noch die Entwicklung von operativen Basiszielen ab.

Die Grenzen von Kausalmodellen im Zusammenhang mit der Balanced Scorecard lassen sich ganz pragmatisch aufzeigen: Um stabile, nachweisbare Korrelationen dieser Kausalmodelle nachweisen zu können, werden mehrjährige Zeitreihen von Daten benötigt. Die strategischen Ziele und ihre Zusammenhänge werden in der Balanced-Scorecard-Erarbeitung erstmalig in dieser Form festgelegt und vielfach kommen neue Messgrößen, die bislang nicht verwendet wurden, dazu. Folglich existieren derartige Zeitreihen nicht. Selbst wenn man dann mit dem Aufbau der Zeitreihen beginnt, so wird nach drei bis fünf Jahren die Balanced Scorecard nicht mehr identisch aussehen – das turbulente Umfeld hat sich geändert und die strategischen Ziele mit ihm. Das Beispiel von Sears funktionierte hauptsächlich deshalb gut, weil die BSCs der Filialen und die Kennzahlenverläufe im Wesentlichen identisch sind und das Zielsystem über einen langen Zeitraum konstant gehalten wurde.

Trotz intensiver Forschung wird es vollständige analytische Modelle, mit denen sich die Zukunft vorausberechnen lässt, auch im Angesicht dieser Ansätze in absehbarer Zeit nicht geben. Vorerst also baut die Plausibilität zwischen den gesetzten Zielwerten einer Balanced Scorecard vornehmlich auf Vision, Intuition, Erfahrung und gesundem Menschenverstand des Managements auf. Damit wollen wir keinesfalls die Möglichkeit einer statistischen Überprüfung und Fundierung von strategischen Zielen und Zielwerten bestreiten. Solche Analysen sollten dort, wo es die Thematik zulässt, durchgeführt werden. Allerdings macht die fehlende Vollständigkeit der Einflussfaktoren ein solches Vorgehen bisweilen unmöglich. Dann sollte man eher auf Korrelationsanalysen verzichten, als invalide Informationen in Kauf zu nehmen.

◆ **Strategy Maps: Identifikationsmomente für die Strategie!**

Die emotionale Wirkung der Strategy Map hat einen großen Stellenwert. Der größte Effekt lässt sich dabei mit einer grafischen Darstellung des Zielsystems erreichen. Solche Visualisierungen erhöhen unserer Erfahrung nach die Identifikation mit der Balanced Scorecard erheblich. Die Beschränkung auf wenige Verknüpfungen zwischen den Zielen der Strategy Map macht das Erklärungsmuster der Strategie transparent. Dadurch entstehen übersichtliche »Zielbilder«, die sich gut für die Kommunikation in die Organisation hinein eignen. Dabei ist »weniger oft mehr«!

Wir sehen nicht selten, dass Strategy Maps wie eine »Mona Lisa« der eigenen Strategie an einer zentralen Stelle im Büro aufgehängt werden. So hat man die Strategie im wahrsten Sinne ständig vor Augen. Im weiteren Verlauf des Buches wird das Darstellungsprinzip der Strategy Maps an vielen Beispielen verdeutlicht.

1.2.6 Messgrößen: Sicherstellen der Verfolgbarkeit

Messgrößen spielen eine Schlüsselrolle im Balanced-Scorecard-Ansatz. Ihre Bedeutung resultiert aus der angelsächsisch geprägten Philosophie, wonach ohne Messgrößen ein erfolgreiches Management kaum möglich sei. Bewertet man die Leistung einzelner Personen, einzelner Abteilungen oder ganzer Unternehmen an Messgrößen, so prägt dies das Verhalten hinsichtlich einer Erreichung von Zielwerten: Was gemessen wird, dem wird Aufmerksamkeit geschenkt.

Dies hat durchaus positive Effekte, fördert ein solcher Mechanismus doch das Erreichen der vereinbarten Ziele. Wie wir allerdings aus der Diskussion um den Return on Investment (RoI) wissen, können falsche oder nicht korrekt ausbalancierte Messgrößen auch großen Schaden anrichten. So treibt der Verzicht auf langfristige Investitionen - wie z.B. die Modernisierung von Maschinen, die Schulung von Mitarbeitern, höhere Ausgaben für Forschung und Entwicklung – die Messgröße »RoI« zwar kurzfristig in die Höhe, zerstört aber die langfristigen Erfolgsaussichten des Unternehmens.

Bereits in ihrem Ursprung Anfang der 1990er-Jahre konzipierte man die Balanced Scorecard als einen Weg aus diesem Dilemma. Kaplan und Norton suchten nach einem ausgewogenen Set von Messgrößen, welches – ganzheitlich betrachtet – eine auch langfristig erfolgreiche Steuerung von Unternehmen ermöglichen sollte. Das Konzept, die Zielerreichung synchron zu betrachten und mit Hilfe unterschiedlicher Perspektiven zu steuern, hat sich seitdem erfolgreich bewährt.

Durch den Aufbau eines ausgewogenen Zielsystems entsteht konsequenterweise auch ein ausgewogenes Messgrößensystem. Messgrößen konkretisieren strategische Ziele, oftmals bringen sie diese erst auf den Punkt. »Schwammige« Formulierungen erhalten durch die Messgröße ihre Eindeutigkeit. Unterschiedliche Interpretationen des Zieles werden eingeschränkt.

Praxisbeispiel

Einer unserer Kunden hatte für sich die strategische Notwendigkeit erkannt, seine Innovationskraft zu stärken. Darin gab es große Einigkeit. Der Streit begann bei der Konkretisierung der Messgröße. Sollte eine stärkere Innovationskraft anhand der »Anzahl neuer Patente«, anhand der »Anzahl neuer Produkte« oder anhand des »Umsatzanteils mit Produkten jünger als drei Jahre« gemessen werden? Jede Messgröße hätte das ausformulierte Ziel anders interpretiert. Im ersten Fall wäre es zu einer großen Anzahl neuer Vorschläge gekommen, unabhängig vom Markt- und Produktbezug. Im zweiten Fall hätte es viele neue Produkte gegeben, unabhängig vom »Innovationsgehalt« und der Marktakzeptanz der einzelnen Produkte. Im dritten Fall hätte die Entwicklung stärker marktbezogen stattgefunden, doch die Freiheit, mit grundsätzlich neuen Gedanken zu experimentieren, wäre stark eingeschränkt gewesen. Im konkreten Fall entschloss man sich für die dritte Variante, da angenommen wurde, dass eine starke Auseinandersetzung der Entwickler mit Marktanforderungen auch zu einer stärkeren Innovationskraft führen würde.

◆ **Achtung: Erst Ziele – dann Messgrößen!**

Trotz der grundsätzlichen Bedeutung ausformulierter Zielsetzungen wird die Balanced Scorecard in praktischen wie in akademischen Diskussionen oftmals einseitig als Messgrößen-System interpretiert. Demnach bestünde der Gewinn des Konzeptes darin, dass finanzielle und nicht finanzielle Kenngrößen in einem System zusammengefasst wären, die Bedeutung nicht finanzieller Kenngrößen dadurch gestärkt würde und durch die Zuordnung von Messgrößen zu Perspektiven eine übersichtlichere Strukturierung möglich würde.

Praxisbeispiel

Der Controllingleiter eines Großunternehmens war vom Balanced-Scorecard-Ansatz begeistert, da es aus seiner Sicht damit nun endlich gelingen würde, Struktur in die Messgrößenwelt seines Unternehmens zu bringen. Er zeigte uns mehrere im Unternehmen verwendete Listen mit Messgrößen – unter ihnen auch eine Fülle nicht finanzieller Messgrößen –, die er nun einzeln und Schritt für Schritt den entsprechenden Perspektiven der Balanced Scorecard zuweisen wollte. Im Ergebnis, so war er sich sicher, würde man so die Steuerungsrelevanz einzelner Größen besser begreifen und gleichzeitig die Balanced Scorecard des Unternehmens entwickeln können.

Doch dem ist nicht so. Die Balanced Scorecard dokumentiert die spezifische Strategie eines Unternehmens oder einer Unternehmenseinheit. Die Messgrößen für die Balanced Scorecard ergeben sich nicht aus der Verfügbarkeit von Daten, sondern aus den strategischen Zielen, die mittels geeigneter Messgrößen konkretisiert werden müssen (vgl. Abb. 1.33).

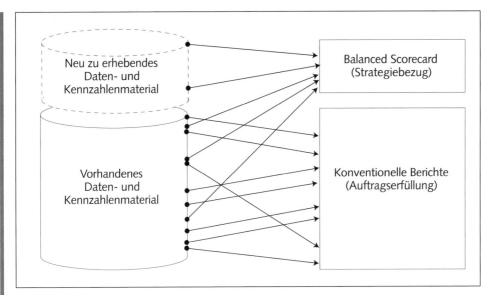

Abb. 1.33: Nur Kennzahlen mit eindeutigem Bezug auf strategische Ziele sind Bestandteil einer Balanced Scorecard

Bei dem oben geschilderten Praxisbeispiel handelt es sich um keinen Einzelfall. Auch bei anderen Unternehmen konnten wir beobachten, wie einzelne, zum größten Teil schon vorhandene Messgrößen um verschiedene Oberkriterien wie »Kunden«, »Prozesse« oder »Finanzen« gruppiert wurden. Das so entstandene Gebilde erhielt sodann den Titel Balanced Scorecard.

Die Vielzahl der – in den meisten Unternehmen vorhandenen – finanziellen und nicht finanziellen Messgrößen kann durch die Verwendung unterschiedlicher Betrachtungsperspektiven in eine Systematik gebracht werden. Damit erhöht sich womöglich auch die Übersichtlichkeit. Doch faktisch – und darin liegt die größte Differenz zur Balanced Scorecard – hat eine solche Übersicht keinen Bezug zur Strategie des Unternehmens. Auch wenn die Strategie wechselt, bliebe ein solches Messgrößen-System unverändert. Eine Kennzahlenübersicht, die durch »Umsortieren« entstanden ist, kann also keine Balanced Scorecard zur wirkungsvollen Unterstützung der Strategieumsetzung sein.

Die Verwendung von Messgrößen soll die im Zielsystem einer Balanced Scorecard verankerte Strategie weiter konkretisieren und einer Messung zugänglich machen. Diese Messgrößen lassen sich aber nur dann identifizieren, wenn Klarheit über die eigentlichen Ziele herrscht. Dadurch wird die Auswahl von Messgrößen zu einer nachgelagerten Fragestellung. Denn die besten Messgrößen helfen nichts, wenn die zugrunde liegenden Ziele die falschen sind!

◆ »Harte« und »weiche« Messgrößen gleichstellen!

Es liegt geradezu in der menschlichen Natur, harten Faktoren, also all jene Größen, die man messen, zählen oder wiegen kann, mehr Glauben und Aufmerksamkeit zu schenken als weichen. Doch selbstverständlich hängt der Geschäftserfolg nicht nur von harten Faktoren wie Forderungsbestand, Marktanteil, Auslastungsgrad oder Durchlaufzeiten ab. Mindestens genauso stark (wenn nicht bisweilen noch stärker) ist der Geschäftserfolg geprägt durch »weiche« Faktoren wie Image, Mitarbeiterzufriedenheit, Nutzbarkeit der IT-Ausstattung, Qualität der Managementsysteme. Es gilt, was uns gegenüber eine Führungskraft betonte: »Streng genommen sind die weichen Faktoren die eigentlich harten!«

In der Managementliteratur (und teilweise im Management-Sprachgebrauch) begegnet einem diese Einstellung bereits seit einiger Zeit: Die intensiven Diskussionen über Kernkompetenzen, immaterielle Werte (»Intangible Assets«) und Ähnliches mögen als Beleg dafür gelten. Und doch wird gezögert, die Grundregeln, die man betriebswirtschaftlich bei »harten Faktoren« anwendet (planen, steuern, kontrollieren), auch bei den weichen Faktoren gelten zu lassen. Dabei lassen sich weiche Faktoren genauso messen! (Natürlich nicht mit Transaktionssystemen, die für Massendaten ausgelegt und zugeschnitten sind.) Ausgewogenheit in Bezug auf Messgrößen heißt nicht nur quantitative, leicht messbare Kenngrößen zu verwenden, sondern auch urteilsbezogene, qualitative Messsysteme zu nutzen!

Kundenzufriedenheit oder Imagewerte werden über Kundenbefragungen erhoben – eine Messung subjektiver Einschätzungen. Wer würde bezweifeln, dass diese Informationen einen entscheidenden Einfluss auf die Unternehmenssteuerung haben? Selbiges gilt für die Erhebung der Stimmung im Unternehmen, für die Bewertung von IT-Systemen, für die qualitätsorientierte Messung der Lieferanten-Kooperation. Neue Medien machen es möglich, dass die Verwendung subjektiver Messsysteme nicht zwangsläufig einen großen Aufwand bedeutet, sondern pragmatisch und kostengünstig bewerkstelligt werden kann.

Sicher, die Messung weicher Faktoren steht noch am Anfang der Wegstrecke. Die Balanced Scorecard verrät nicht, wie sich diese Faktoren messen lassen. Doch die Balanced Scorecard macht uns die Bedeutung einer solchen Messung bewusst; sie erfordert und beschleunigt die Entwicklung.

Praxisbeispiel

Es bestand zu Beginn des Balanced-Scorecard-Projektes bei einer großen Fluglinie die Sorge, dass viele »weiche« Zielsetzungen nicht schlüssig messbar seien. Da man die Messung von weichen Faktoren aber als integralen Bestandteil des Balanced-Scorecard-Konzeptes sah, erfolgte eine Konzentration auf die Entwicklung pragmatischer Bewertungsverfahren für Ziele, deren Zielerreichungsgrade Transaktionssysteme nicht erfassen.

So zeigte sich beispielsweise auf Ebene der Bereichs-Balanced-Scorecards, dass es an verschiedenen Schnittstellen zum Teil schwerwiegende Reibungsverluste gab, welche die strategisch gewünschte Zielerreichung zumindest behinderten. Die »Verringerung der Reibungsverluste« zu anderen Bereichen gehörte daher zu den strategisch relevanten Prozesszielen mehrerer Bereichs-Balanced-Scorecards. Doch wie messen? In diesen Bereichen implementierte man ein Bewertungsmodell, IT-technisch umgesetzt in einer einfachen Microsoft-Excel-Anwendung. Dabei wurde durch die Führungskräfte eines Bereiches quartalsweise im Rahmen der Strategie-Reviews die Situation an der Schnittstelle zu anderen Bereichen beurteilt. Es kamen vier Beurteilungskategorien zur Anwendung:

1. Wie funktioniert die fachliche Zusammenarbeit zwischen den betroffenen Bereichen?
2. Wie hat sich die fachliche Zusammenarbeit im letzten Quartal entwickelt?
3. Wie funktioniert die atmosphärische Zusammenarbeit zwischen den betroffenen Bereichen?
4. Wie hat sich die atmosphärische Zusammenarbeit im letzten Quartal entwickelt?

Ursprünglich sollte eine solche Bewertung nach dem Schulnotensystem erfolgen. Allerdings stellte sich bald heraus, dass man wesentlich genauere Ergebnisse erhielt, wenn als Bewertungsraster Texte (Statements) hinterlegt wurden. So konnte beispielsweise die atmosphärische Zusammenarbeit folgende Ausprägungen einnehmen:

➢ »Die Zusammenarbeit ist sehr angenehm« (blauer Status);
➢ »Die Zusammenarbeit bewegt sich auf professionellem Niveau« (grüner Status);
➢ »Ein besseres Miteinander wäre wünschenswert« (gelber Status);
➢ »Die Stimmung ist eher schlecht« (roter Status).

Wichtig ist, dass im Rahmen einer solchen Bewertung auch gleich lösungsorientiert gedacht wird. Zu jedem gelben und roten Status sollten daher nicht Begründungen, sondern Lösungsansätze erarbeitet werden. Ein solches Konzept funktioniert natürlich

Strategisch relevante Schnittstelle zu ...	Status (fachlich)	Status (atmosphärisch)	Verbesserungs- vorschläge
Bereich	Zusammenarbeit auf der fachlichen Ebene exzellent	Sehr angenehme Zusammenarbeit	
Bereich	Zusammenarbeit auf der fachlichen Ebene gut	Auf professionellem Niveau	
Bereich	Zusammenarbeit auf der fachlichen Ebene ausreichend	Besseres Miteinander wäre wünschenswert	
Bereich	Zusammenarbeit auf der fachlichen Ebene unbefriedigend	Stimmung eher schlecht	

Berücksichtigung der fachlichen und menschlichen Komponente

Schnittstellenindex:

»Wie viel % unserer relevanten Schnittstellen haben einen zufriedenstellenden Status?«

Verankerung konstruktiven Denkens

Abb. 1.34: Aufbau eines »Schnittstellenindexes«

nur, wenn die erarbeiteten Informationen ausgetauscht werden. Für die Bereiche sollte dieses systematisch zur Verfügung gestellte Fremdbild eine wichtige Quelle zur Beurteilung der eigenen Leistung sein. Durch die Verbesserungsvorschläge wurden kontinuierlich Informationen über die Weiterentwicklung der Bereiche ausgetauscht und
diskutiert (vgl. Abb. 1.34).

◆ **Mit »Standard-Messgrößen« arbeiten?**

Insbesondere in Unternehmen, die am Anfang einer Balanced-Scorecard-Einführung stehen, taucht die Frage nach »üblichen« Messgrößen einer Balanced Scorecard auf. Das
Management möchte durch den Einsatz der »richtigen« Messgrößen vermeiden, dass die
Balanced Scorecard das Unternehmen in eine falsche Richtung lenkt oder die Strategie
nicht abbildet.

Es muss klar festgestellt werden: Es gibt keine universell gültigen Messgrößen für Balanced Scorecards!

Measurement Area	Cost Leadership	Innovation	Customer Intimacy
Financial Operational	• ROA • Revenue/employee • Productivity	• ROI • Revenues from new products • Return on R&D dollars	• ROS • Market share • Account share • Revenue dollars/customers
Customer	• % of deals closed • Market share • Perception of price	• Customer value • Acceptance of new products • Speed of migration	• Customer value vs. Competitors • Customer loyalty retention
Product/Service Quality	Price attributes like … • Maintenance costs • Warrants costs	Attributes like … • Innovation • Serviceability	Attributes like … • Reliability • Availability • Responsiveness
People	Satisfaction vis -à-vis • Turnover • Absentism • Productivity	Satisfaction vis -à-vis • Development • Autonomy • Communication	Satisfaction vis -à-vis • Training • Empowerment

Abb. 1.35: Unterschiedliche Strategien erfordern eine differenzierte Messung der Performance
(vgl. Schiemann/Lingle 1999)

Abbildung 1.35 zeigt anhand dreier idealtypischer Strategien, wie stark die Messgrößen
in den einzelnen Perspektiven – determiniert von der gewählten Strategie – variieren.
Das zeigt, dass eine kritiklose und unreflektierte inhaltliche Übernahme einer sogenannten Referenz-Balanced-Scorecard wenig zielführend wäre.

Jede Balanced Scorecard ist unternehmensindividuell und muss es auch sein. Denn sie
bildet die spezifische Strategie des Unternehmens ab – auf Basis der einzigartigen Aus-
gangslage des Unternehmens.

Doch: Es gibt eine Ausnahme von der Individualität der Balanced Scorecards. Nämlich
dann, wenn mehrere Unternehmen nach einer einheitlichen Strategie geführt werden.

Praxisbeispiel

So hat das Controlling eines Maschinenbauunternehmens eine einheitliche Balanced Scorecard für alle Töchter im osteuropäischen Ausland erstellt. Dabei sind ca. zwei Drittel der Ziele für alle Töchter gleich, während das restliche Drittel individuell, in Abhängigkeit von der jeweiligen Marktsituation und dem Entwicklungsgrad der Niederlassung, gestaltet werden darf. Hier nutzt man die Balanced Scorecard, um die einheitliche Strategie durchzusetzen und zu einem homogenen Marktzutritt zu gelangen. Gleichzeitig nimmt das Mutterhaus aber durch die individuellen Zielsetzungen und vor allem durch unterschiedliche Zielerreichungsgrade Rücksicht auf regionale Besonderheiten.

◆ **Auf verbal ausformulierte Ziele zugunsten von Messgrößen ganz verzichten?**
Wenn erst Messgrößen zu einer Eindeutigkeit der formulierten strategischen Ziele führen, so könnte man auf den Gedanken kommen, in der Balanced Scorecard auf verbal ausformulierte Ziele zu verzichten und das Zielsystem lediglich durch Messgrößen und Zielwerte zu beschreiben. Tatsächlich gibt es in der Praxis eine Reihe solcher Balanced Scorecards. Wie bereits dargestellt, müssen solche Zielsysteme aber kritisch betrachtet werden. Zum einen sind diese Balanced Scorecards nicht »sprechend« und daher in ihrer Abstraktheit von den Mitarbeitern nur schwer zu verstehen. Zum anderen verzichten sie auf die informative und emotionale Kraft verbaler Zielsetzungen. So kann das strategische Ziel »Turnaround schaffen« prägnant klären, warum die Messgröße »Cashflow Return on Investment« um 20 % gesteigert werden soll. Und auch reine Messgrößen-Zielwert-Kombinationen wie z. B. »Herstellkosten – 20 %« erhalten durch ein entsprechend formuliertes strategisches Ziel, wie z. B. »Kostenstruktur wettbewerbsorientiert ausrichten«, erst ihren Sinn. Messgrößen-Zielwert-Kombinationen konkretisieren die verbale Zielsetzung, ersetzen sie jedoch nicht.

Der Nutzen verbal formulierter strategischer Ziele wird auch von Auswertungen unserer empirischen Studie gestützt: Bei Anwendern eines vollständigen Balanced-Scorecard-Systems mit verbal formulierten strategischen Zielen, Messgrößen und strategischen Aktionen ist der erreichte Erfolg und die Zufriedenheit mit der Balanced Scorecard im Durchschnitt deutlich höher!

1.2.7 Zielwerte: Anspruchsniveau und Steuerung bei Zielkonflikten

Ohne Zielwerte verlieren Messgrößen für strategische Ziele ihre Steuerungsrelevanz. Die Festlegung von Zielwerten stellt hohe Anforderungen nicht nur im Rahmen der Erarbeitung von Balanced Scorecards. Die grundsätzliche Schwierigkeit bei der Bestimmung von Zielwerten besteht darin, das richtige Anspruchsniveau zu finden. Zu hohe Zielwerte demotivieren, zu niedrige spornen nicht ausreichend an. Welche Hilfestellungen bietet die Balanced Scorecard bei der Ableitung von Zielwerten, die ein anspruchsvolles, aber realistisches Zielniveau aufweisen?

Grundsätzlich stellen Zielwerte ein wichtiges Priorisierungsinstrument dar. Je nachdem, welche Ziele mit anspruchsvolleren Zielwerten belegt werden, kommt es zu einer verstärkten Aufmerksamkeit. Dies spielt insbesondere bei Zielkonflikten eine große Rolle.

Ein klassischer Zielkonflikt besteht beispielsweise zwischen einer hohen Lieferbereitschaft und einem geringen Lagerbestand. Nicht alle Zielkonflikte sind so offensichtlich. So kann es z. B. sein, dass sich das Ziel der Umsatzerhöhung konfliktär mit dem Ziel der Umstellung des Produktprogramms verhält. Denn die Umstellung des Produktprogramms führt in der Regel – durch den Wegfall von Umsatzträgern – zunächst zu einer Senkung des Umsatzes. Die Identifikation solcher Konflikte kann bei der Festlegung des Zielsystems dazu führen, dass auf ein Ziel zugunsten eines anderen ganz verzichtet wird. Häufig aber kommt jedem der konfliktären Ziele seine eigene strategische Bedeutung zu. Von daher ist es oftmals gar nicht möglich, auf die Erreichung einer dieser Zielsetzungen ganz zu verzichten. Ein Ausweg aus dieser Problematik bietet die für die Balanced Scorecard typische Überlegung, dass auch zwischen konfliktären Zielen ein ausgewogenes Verhältnis gefunden werden kann. Die Balance findet sich bei der Einstellung der Zielwerte.

Anhand des bereits erwähnten Zielkonfliktes zwischen einer hohen Lieferbereitschaft und einem geringen Lagerbestand lässt sich dies beispielhaft erläutern:

Praxisbeispiel

Bei der Festlegung der Balanced-Scorecard-Ziele sah es das Management eines Kunden als notwendig an, beide Zielsetzungen – hoher Lieferbestand und geringer Lagerbestand – priorisiert zu behandeln. Zum einen sollte eine hohe Lieferbereitschaft zu einem strategischen Differenzierungsmerkmal ausgebaut werden, andererseits war die Höhe des Lagerbestandes einer der wenigen Hebel, die blieben, um deutlich Kosten senken zu können. Aus Kundensicht wurde ein Zielwert für eine hohe Lieferbereitschaft, gemessen an der Zeit zwischen Bestellungseingang und Auslieferung, mit 3 statt wie bisher 14 Tagen beziffert. Der Zielwert für den Lagerbestand, gemessen an der Stückzahl des betreffenden Produktes, wurde aus finanzieller Sicht mit 500 Stück festgelegt, 30 % weniger als das aktuelle Ist.

Das Management war sich einig darin, dass diese beiden Zielwerte sich nicht parallel erzielen lassen würden. Diskutiert hat man aber nicht die Sinnhaftigkeit und Notwendigkeit der Zielsetzung, sondern die Höhe der Zielwerte. Anders formuliert: Der Zielkonflikt zwischen den beiden Zielen wurde über die Zielwerte ausgetragen! Welche Erhöhung der Lieferbereitschaft war unter Ausschöpfung sämtlicher Möglichkeiten bei welcher Reduzierung der Lagermenge möglich? Nach Abwägung aller Argumente legte das Management neue Zielwerte fest: 6 Tage Lieferzeit bei einer Lagerhaltung von 550 Stück.

Eine Aussage darüber zu treffen, wie man die einzelnen Zielwerte in solchen Kontexten zu wählen hat, damit ein Gesamtoptimum erzielt werden kann, ist schwierig. Doch dabei handelt es sich um kein spezifisches Problem der Balanced Scorecard, sondern um eine generelle Optimierungsfrage. Indem die Balanced Scorecard die strategischen Ziele und deren grundlegende Beziehungen offenlegt, kann sie dabei aber wichtige Hilfestellungen leisten.

1.2.8 Strategische Aktionen: Promotoren der Strategieumsetzung!

Um Ziele erreichen zu können, müssen entsprechende strategische Aktionen durchgeführt werden. Strategische Aktionen stehen als Oberbegriff für all jene Maßnahmen, Projekte, Programme und Initiativen, die zur Umsetzung der strategischen Ziele ergriffen werden. Diese sind beim Aufbau einer Balanced Scorecard festzulegen. In der Praxis zeigt sich mit der Umsetzung der im Prozess definierten strategischen Aktionen das eigentliche Leben der Balanced Scorecard.

Auch ohne Balanced Scorecard werden in Unternehmen strategische Aktionen ersonnen und realisiert. Welchen Vorteil bietet also die Balanced Scorecard bei der Bestimmung und Umsetzung von strategischen Aktionen?

◆ **Klassische Nutzwertanalysen um die systematische Berücksichtigung der strategischen Bedeutung ergänzen!**

Ein Geschäftsführer sagte neulich zu uns: »Durch die Festlegung unserer Balanced Scorecard haben wir keinen einzigen Kunden gewonnen. Aber wir wissen jetzt, wo wir suchen müssen, was wir ihm anbieten wollen und wie wir dies bereitstellen können. Jetzt geht's ums Machen!«

Theoretisch formuliert: Das in der Balanced Scorecard festgelegte Zielsystem ermöglicht ein präzises Hinterfragen der strategischen Aktionen hinsichtlich ihres Beitrages zur Strategieumsetzung. Wir beraten häufig Unternehmen, deren Flexibilität und Steuerungsfähigkeit aufgrund einer Überzahl an Projekten eingeschränkt ist. Der Überblick über die Bedeutung und Sinnhaftigkeit einzelner Projekte ist bei diesen Unternehmen verloren gegangen. Dies hat nicht nur finanzielle Auswirkungen, sondern verhindert zugleich einen effektiven Einsatz der Mitarbeiter-Ressourcen. In der Regel sind es ja immer wieder dieselben Mitarbeiter, die den Projekten zugewiesen werden.

Die Zuordnung von Projekten zu Zielen des Zielsystems schafft Klarheit darüber, ob Projekte einen Beitrag zur Strategierealisation leisten – und wenn ja, welchen. Leisten Projekte keinen oder nur einen geringen Strategiebeitrag, so muss ihre Bedeutung für die Aufrechterhaltung des laufenden Geschäftes, also der Unterstützung von Basiszielen, geprüft werden. Leistet eine strategische Aktion auch hier nicht ausreichend Unterstützung, muss man die Aktivität als solche in Frage stellen.

◆ **Zielorientierte Koordination von Aktionen**

Hierarchien strategischer Aktionen bieten aber noch einen weiteren, keineswegs zu unterschätzenden Vorteil. Viele strategische Aktionen unterstützen nicht nur ein einzelnes, sondern gleich mehrere Ziele. So kann es sein, dass die Marketingabteilung eine große Kundenbefragung initiieren möchte, um den Status der Kundenzufriedenheit zu ermitteln; die Vertriebsabteilung plant dieselbe Aktivität, um »Unique Selling Propositions« zu identifizieren: Damit unterstützt eine strategische Aktion zwei unterschiedliche Ziele. Eine Koordination, um Doppelarbeiten zu vermeiden, ist notwendig. Der strukturierende Ansatz der Balanced Scorecard leistet dazu einen wichtigen Beitrag.

◆ Orientierung, nicht Kommando

Bei der Ableitung von strategischen Aktionen, die zur Umsetzung eines bestimmten Zieles beitragen sollen, stößt man auf einen wichtigen Effekt: Erfolgt die Entwicklung einer Balanced Scorecard auf einer bestimmten Hierarchieebene, so setzen die Führungskräfte und Mitarbeiter dieser Hierarchieebene gewiss einen Teil der festgelegten strategischen Aktionen in eigener Regie um. Andere strategische Aktionen dagegen werden zwar auf dieser Hierarchieebene entwickelt, aber an untere Hierarchieebenen zur Umsetzung delegiert.

Das klassische Management by Objectives geht von der Überlegung aus, dass nur Ziele vorgegeben werden sollen, die Auswahl der Wege, die zur Erreichung dieser Ziele nötig sind, aber den Mitarbeitern zu überlassen ist. Die Balanced Scorecard schränkt durch die Top-down-Vorgabe von Zielen und dazugehörigen strategischen Aktionen den Alternativenspielraum der Beteiligten nicht unwesentlich ein. Ein Nachteil des Konzeptes?

Die Balanced Scorecard ist ein Instrument zur Ausrichtung der unternehmerischen Ressourcen auf die Erreichung strategischer Ziele – das macht ihren stark koordinierenden Charakter aus. Diese Koordinationsfunktion beeinträchtigt zwar mitunter Handlungsfreiheiten, doch zugleich werden damit die Anforderungen an die Organisationseinheiten und Mitarbeiter präzisiert. Diese Präzisierung kann von den Mitarbeitern explizit gewünscht sein. Wir glauben, dass der Stoßseufzer eines Mitarbeiters eines deutschen Chemiekonzerns nicht untypisch ist: »Wenn ich nur wüsste, was man genau von mir erwartet, würde ich dies ja auch gerne machen! Leider erhalte ich immer wieder unklare, oft wechselnde und teilweise widersprüchliche Anweisungen.«

In der stärkeren Detaillierung der strategischen Ziele durch explizite strategische Aktionen steckt noch ein anderer Vorteil: Sie zwingt Führungskräfte dazu, sich intensiver mit den Gegebenheiten des Geschäftes, seinen Möglichkeiten und Beschränkungen auseinanderzusetzen.

Gewiss: Dies ist nicht immer nötig. Eine Geschäftsführung, die sich als Investmentholding versteht, hat nur dafür zu sorgen, dass die Erwartungen des (Kapital-)Marktes bezüglich Rendite und Wachstum von der betreffenden Einheit erfüllt werden. Ganz anders verhält es sich, wenn die Geschäftsführung Rendite- und Wachstumsanforderungen von der Geschäftsseite her – also auf Basis von Marktpotenzialen – definiert. Um dies seriös erfüllen zu können, benötigt man ein fundiertes Marktverständnis und muss vermitteln können, welche Strategie zur Erreichung der Ziele führt. Genau dies leistet die Balanced Scorecard, indem sie allen Beteiligten konkrete Handlungsanleitungen bietet. Der Vorteil der Transparenz kompensiert unserer Erfahrung nach den Nachteil der eingeschränkten Entscheidungsspielräume.

Der vermeintlich zu starke Vorgabecharakter der Balanced Scorecard relativiert sich allerdings, wenn man sich bei der Festlegung von strategischen Aktionen auf einige wenige konzentriert. Einige Geschäftsführer, mit denen wir gearbeitet haben, definierten auf ihrer Balanced Scorecard nur strategische Aktionen, die sie selbst durchzuführen hatten. An die nachfolgende Strategieebene wurde nur das Zielsystem kommuniziert – verbunden mit der Aufforderung, eigene Ziele zur Erreichung dieser übergeordneten Ziele zu definieren. Nachdem die nachgelagerten Einheiten für sich und unter Rücksichtnahme auf die übergeordnete Strategie ihre Balanced Scorecards entwickelt hatten, konnten sie ihre Ziele den Zielen der übergeordneten Ebene zuordnen. Damit wurde deutlich und sogar messbar, wie die einzelnen Abteilungen zur Umsetzung der Strategie beitragen wollten. Über diese Verbindung konnte auf der Grundlage der Balanced Scorecard für dieses Unternehmen ein neues, an den strategischen Zielen ausgerichtetes Steuerungsinstrumentarium entwickelt werden.

1.2.9 Erst in ihrer Gesamtheit entfaltet sich die eigentliche Kraft

Durch das Konzept der Balanced Scorecard werden Ideen im Unternehmen kanalisiert und kreative Denkprozesse angestoßen.

Beide Effekte waren für viele Unternehmen, in denen wir die Balanced Scorecard eingeführt haben, von großer Bedeutung. Oft herrschte eine derartige Vielfalt unterschiedlicher Ideen, Meinungen und Analysen, dass es teilweise zu unkoordinierten Aktionen sowie zu langwierigen und immer wiederkehrenden Grundsatzdiskussionen kam. Die Folge war Frustration bei jenen, deren Ideen nicht umgesetzt wurden. In anderen Unternehmen war die Auseinandersetzung mit Handlungsmöglichkeiten für die Zukunft eher schwach ausgeprägt. Diese Trägheit führte teilweise zu Unzufriedenheiten bei den Führungskräften, teilweise zu Unsicherheiten bei den Mitarbeitern über die Zukunft des Unternehmens. Beides löste eher opportunistische Ad-hoc-Reaktionen aus, die sich im Nachhinein nicht immer als glücklich erwiesen.

◆ Ein Korridor für Denkströme

Die Balanced Scorecard kann durch ihre eingängige, aber wirkungsvolle Strukturierung in beiden Situationen helfen. Über die grundsätzliche Klärung der Strategie, ihre Verdichtung zu strategischen Stoßrichtungen bis hin zur Definition strategischer Ziele, Messgrößen, Zielwerten und strategischen Aktionen werden Gedanken koordiniert aufgenommen, diskutiert und in ein System gebracht.

Liegt eine Ideenvielfalt vor, so erlaubt dieses Vorgehen eine Versachlichung der Diskussionen und der Schwerpunktfindung. In Fällen, bei denen Ideenarmut vorherrscht, kann durch das Denken in Perspektiven mit den dazugehörigen Fragestellungen die Ideengenerierung katalysiert werden. Ursache von Ideenmangel ist seltener die fehlende intellektuelle Kompetenz der Mitarbeiter des Unternehmens, sondern häufiger das Fehlen einer expliziten und systematisch unterstützten Aufforderung, sich über das langfristige Vorgehen im Unternehmen umfassend Gedanken zu machen. Die Systematik der Balanced Scorecard kann eine solche kulturelle Veränderung initiieren.

Wie entwickelt sich die Balanced Scorecard zu einem solchen Korridor von Gedankenströmen? Folgendes Praxisbeispiel soll einen Einblick in die Wirkungsweise geben.

Praxisbeispiel

Ein Unternehmen hatte als Bestandteil seiner strategischen Positionierung folgende Marschrichtung festgeschrieben: »Wir sind ein unabhängiger Lieferant im Weltmarkt und praktizieren eine offene und partnerschaftliche Zusammenarbeit mit Kunden und Lieferanten.« Im Zuge der Erstellung der Balanced Scorecard sollte diese grundsätzliche Aussage konkretisiert werden. Dazu kam der Führungskreis zu mehreren Arbeitstreffen zusammen. Im Rahmen der Diskussion um die Kundenperspektive setzte sich das Management mit der Fragestellung auseinander, was für Ziele zu setzen seien, um zu einer »partnerschaftlichen Zusammenarbeit mit den Kunden« zu kommen (vgl. Abb. 1.36).

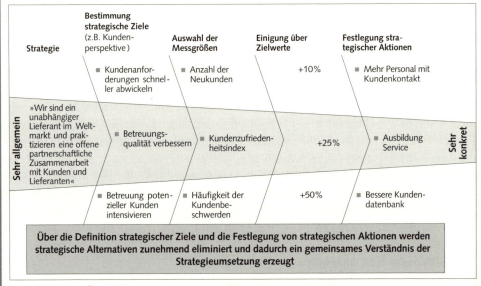

Abb. 1.36: Die Überführung in Aktionen konkretisiert die Strategie

Einer Führungskraft ging es im Rahmen einer partnerschaftlichen Zusammenarbeit darum, Problemlösungen für die Kunden schneller erstellen zu können. Ein nötiges strategisches Ziel sei daher »Kundenanforderungen schneller abwickeln«. Eine zweite Führungskraft sah die Bedeutung einer schnellen Abwicklung von Kundenaufträgen als Element einer partnerschaftlichen Zusammenarbeit als nicht so hoch an. »Natürlich können wir auch auf diesem Gebiet besser werden, doch große Unzufriedenheiten mit unserer Abwicklungsgeschwindigkeit liegen nicht vor. Vielmehr sollten wir die Betreuung potenzieller Kunden intensivieren, da wir uns in der Vergangenheit immer zu sehr auf die bestehenden Partnerschaften konzentriert haben und potenzielle Kunden-Partnerschaften eher vernachlässigt haben«, so ihre Meinung. Eine dritte Führungskraft beurteilte die Situation noch anders. Es ginge darum, grundsätzlich die Betreuungsqualität zu verbessern, egal ob für bestehende oder potenzielle Kunden. »Wir haben auf der einen Seite keinen besonders guten Ruf, was unsere Betreuungsqualität angeht. Auf der anderen Seite könnten wir uns mit einer höheren Betreuungsqualität deutlich vom Markt absetzen.« Nach heftiger, aber klärender Diskussion wurde das Ziel »Betreuungsqualität verbessern« als ein wesentliches strategisches Ziel im Rahmen der partnerschaftlichen Zusammenarbeit mit dem Kunden definiert.

Nur wie dieses Ziel messen? Für die erste Führungskraft war die Antwort klar. Eine bessere Betreuungsqualität würde letztendlich in mehr Neukunden münden. Die anderen beurteilten diese Auffassung kritisch. Immerhin könnten Neukunden auch durch deutliche Preissenkungen gewonnen werden, ohne dass sich die Betreuungsqualität geändert hätte. »Dann sollten wir unser Beschwerdemanagement ausbauen«, meinte eine zweite Führungskraft: »Je besser unsere Betreuungsqualität, umso weniger Beschwerden sollten bei uns eingehen.« »Beschwerden zählen wir doch schon seit Jahren«, warf eine dritte Führungskraft ein, »doch nur wirklich massiv unzufriedene Kunden beschweren sich. Über die Betreuungsqualität, so wie sie von der Mehrheit unserer Kunden wahrgenommen wird, sagen sie nicht wirklich etwas aus. Wir sollten lernen, uns direkt mit der Meinung des Kunden auseinanderzusetzen. Dazu helfen Kundenbefragungen.« Trotz der zu erwartenden zusätzlichen Kosten für systematische Kundenbefragungen wird die Messgröße »Kundenzufriedenheitsindex« angenommen.

Im Rahmen der Diskussion um den Zielwert für den Befragungsindex kamen unterschiedliche Meinungen zutage. »So schlecht sind wir doch gar nicht mit unserer Betreuungsqualität, eine Anhebung um 10 % dürfte reichen«, meinte ein Manager. »Das sehe ich gar nicht so!«, protestierte eine andere Führungskraft. »Wir müssen den Fakten ins Auge schauen. Wir haben das Ziel »Betreuungsqualität verbessern« ja nur deswegen in unser strategisches Zielsystem aufgenommen, weil wir uns durch die Umsetzung des Zieles eine deutliche Abgrenzung im Wettbewerb erhoffen. Also müssen wir unsere Qualität verdoppeln!« Diese beiden extremen Ansichten führten zu einem heftigen Austausch von Meinungen. Letztlich wurde ein Anstieg des Indexes um 25 % als realistisch angesehen.

Aufbauend auf der abgeleiteten Zielsetzung, auf der Messgröße und auf dem Zielwert definierte der Arbeitskreis die strategischen Aktionen. »Eine höhere Betreuungsqualität setzt für mich mehr Personal mit Kundenkontakt voraus«, so eine Meinung aus dem Arbeitskreis. Ein anderer Manager zweifelte an der Wirksamkeit dieser strategischen Aktion. Für ihn gehe es eher um den Aufbau einer Kundendatenbank. Nur so könne man wissen, was der Kunde wirklich wolle, und erfülle damit die Grundvoraussetzung für eine höhere Betreuungsqualität. Auch die Wirksamkeit dieser strategischen Aktion wurde gründlich diskutiert. Letztlich einigte man sich darauf, dass es zur Erhöhung der Betreuungsqualität weder mehr Personal noch größere Investitionen in die Informationstechnologie benötige. Eine Schulungsoffensive beim bestehenden Personal sollte zur erwünschten Zielerreichung führen.

◆ **Strategische Zielsetzungen im gesamten Unternehmen greifbar machen!**

Das vorherige Praxisbeispiel zeigt, wie die Methodik der Balanced Scorecard den Weg zwischen grundsätzlicher Zielvorstellung und operativer Umsetzung findet. Die für das Unternehmen zentrale und doch vage strategische Aussage »partnerschaftliche Zusammenarbeit mit Kunden« führt zu der sehr konkreten strategischen Aktion »Ausbildung im Service«.

Das Beispiel beschränkte sich aber auf die Ableitung von strategischen Aktionen auf einer Balanced-Scorecard-Ebene. Häufig erfordert eine Operationalisierung strategischer Vorstellungen allerdings die Einbindung mehrerer Hierarchieebenen. Es kommt in diesen Fällen zu einer kontinuierlichen Konkretisierung von Strategien über die nachgelagerten Balanced Scorecards. Man kann diese Prozesse der kontinuierlichen Konkretisierung an einem weiteren Praxisbeispiel festmachen.

Praxisbeispiel

Ein Unternehmen hatte sich das strategische Ziel der Kostenführerschaft gesetzt. Das Top-Management überlegte, welche Wege zu gehen seien, um dieses Ziel zu erreichen. Grundsätzlich standen mehrere Möglichkeiten offen, z. B. die Senkung der Einkaufspreise oder die Ausgliederung von Teilen der Wertschöpfungskette. Man beschloss jedoch zunächst, in die Schaffung einer höheren Produktivität zu investieren. Doch wie

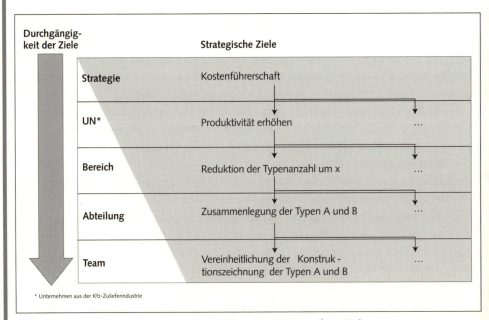

Abb. 1.37: Strategiegetriebenes Konkretisieren von strategischen Zielen

sollte dies geschehen? Die weitere Konkretisierung wurde auf die Bereichsebene übertragen. Auch hier gab es eine Vielzahl von strategischen Alternativen – über den Zukauf neuer Maschinen bis hin zur Auslagerung von Bereichen der Wertschöpfungskette. Als Bereichsziel wurde jedoch zunächst festgehalten, die Typenanzahl zu reduzieren. Doch welche Typen sollten zusammengelegt werden? Auf Abteilungsebene legte man fest, dass die Typen A und B zusammengelegt werden sollten. Ein Team bekam daraufhin den Auftrag, die Konstruktionszeichnungen der beiden Typen zu vereinheitlichen (vgl. Abb. 1.37).

Die abstrakte strategische Aussage »Kostenführerschaft« wurde somit bis auf Teamebene greifbar. Durch diese Konkretisierung erfüllte die Balanced Scorecard ihr Versprechen, Unternehmen von »Strategy to Action« zu führen.

◆ Die Balanced Scorecard als Grundpfeiler des strategischen Managements

Das beschriebene Praxisbeispiel gibt einen Eindruck davon, wie tief die Balanced Scorecard in den Management- und Steuerungsprozess einwirkt. Ohne Überleitung in das Führungssystem ist die Balanced Scorecard geduldiges Papier. Doch richtig verstanden, entwickelt sich die Balanced Scorecard zum zentralen künftigen Führungssystem (vgl. Horváth 2000). Denn sie ist der Motor, welcher Zielplanung, Zielvereinbarungen und Zielverfolgung in Bewegung setzt und voranbringt. Kapitel 7 beschreibt im Detail die Auswirkungen und Nahtstellen zu vielen wichtigen Bestandteilen des Management- und Steuerungssystems. Man darf die Balanced Scorecard nicht als Patentlösung propagieren (sie ist beispielsweise weder ein Analyseinstrument noch ein Instrument zur Berücksichtigung externer Entwicklungen oder ein Marketingtool), doch sie bietet viele Nutzenpotenziale, die es auszuschöpfen gilt.

2 Das Horváth & Partners-Modell zur Balanced-Scorecard-Implementierung im Überblick

2.1   Phase 1: Den organisatorischen Rahmen für die Implementierung schaffen

2.2   Phase 2: Die strategischen Grundlagen klären

2.3   Phase 3: Eine Balanced Scorecard entwickeln

2.4   Phase 4: Die Organisation strategieorientiert ausrichten

2.5   Phase 5: Den kontinuierlichen Einsatz der Balanced Scorecard sicherstellen

Die Wirkung einer Balanced Scorecard hängt von der Qualität ihrer Implementierung ab. Eine gute und gelungene Implementierung wiederum verlangt nach einer ebenso differenzierten wie durchdachten Struktur. Zur Einführung des Managementsystems Balanced Scorecard gehört eben weit mehr, als die drei bis vier klassischen Darstellungen der Balanced Scorecard – strategische Ziele, Messgrößen, Zielwerte und strategischen Aktionen – auf die betroffene Business Unit zu übertragen. Wichtig ist zu wissen und zu akzeptieren: Wer die Balanced Scorecard aufbaut, baut sein Managementsystem um. Bei der Einführung der Balanced Scorecard in mehr als 250 Unternehmen hat sich in unserer Projektarbeit ein Konzept bewährt, das eine Implementierung in fünf Phasen vorsieht (vgl. Abb. 2.1).

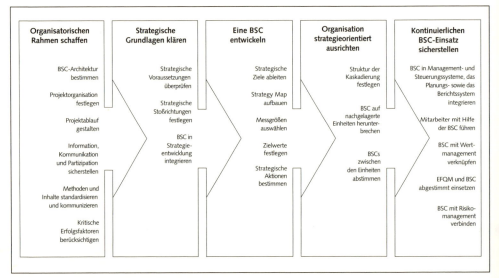

Abb. 2.1: Die 5 Phasen des Horváth & Partners-Modells zur Implementierung einer Balanced Scorecard

Mit der Implementierung der Balanced Scorecard auf Basis der fünf Horváth & Partners-Phasen wird ein Managementkonzept aufgebaut und etabliert, das die erfolgreiche Umsetzung von Strategien sicherstellt. Für jede dieser Phasen geben wir im Folgenden einen Überblick. In den darauf folgenden Kapiteln 3 bis 7 werden die Phasen im Detail und in Form eines Vorgehenshandbuchs beschrieben – ergänzt um zahlreiche Praxisbeispiele.

2.1 Phase 1: Den organisatorischen Rahmen für die Implementierung schaffen

Der organisatorische Rahmen beinhaltet zwei Bedeutungen: Zum einen die Bestimmung konzeptioneller Regeln, die bei allen Einheiten, bei denen die Balanced Scorecard einge-führt werden soll, von Bedeutung sind. Dazu gehören insbesondere die Festlegung der Perspektiven und die Entscheidung, für welche Organisationseinheiten und Unternehmens-ebenen Balanced Scorecards entwickelt werden sollen. Zum anderen gelten für Balan-ced-Scorecard-Implementierungsprojekte selbstverständlich die Regeln eines bewährten Projektmanagements, d. h. Projektorganisation, Projektablauf, Informations- und Kommu-nikationskonzept, Methodenstandards und kritische Erfolgsfaktoren müssen bestimmt und vereinbart sein. Aufgrund der starken Einbindung von Managern unterschiedlicher Fach-funktionen und unterschiedlicher Hierarchieebenen kommt dem Projektmanagement in Balanced-Scorecard-Projekten eine zentrale Bedeutung zu. Besonders wichtige Hinweise zum organisatorischen Rahmen wollen wir bereits an dieser Stelle geben.

Bei der Klärung der Frage, für welche Unternehmenseinheiten Balanced Scorecards entstehen sollen, ist der Leitsatz zu beachten: Je mehr Unternehmenseinheiten mit einer Balanced Scorecard strategisch gesteuert werden, desto besser können wichtige Ziele der oberen Ebene auf die nachfolgenden Ebenen heruntergebrochen werden. So richteten wir bei einer Airline neben einer »Dach«-Balanced-Scorecard für das Gesamtunternehmen auf Vorstandsebene zusätzlich Balanced Scorecards für klassische Bereiche auf der darunter liegenden Hierarchieebene ein – dazu zählten bspw. Vertrieb/Marketing, Produktion oder auch interne Servicefunktionen, wie der Personalbereich. Im Privat- und Firmenkunden-bereich einer internationalen Großbank entstehen Balanced Scorecards bis hinunter auf die Ebene der Hauptfilialen. Ein Produktionsunternehmen der Elektroindustrie wiederum nutzt die Balanced Scorecards für die Werke unterhalb der Geschäftsbereichs-Balanced-Scorecard, um diese besser miteinander vergleichen zu können.

Unabhängig von der Ausgestaltung der Balanced Scorecards im gesamten Unternehmen ist in einer sehr frühen Realisierungsphase die Frage nach einem Pilotprojekt zu klären. Mit einem Pilotbereich auf der zweiten oder dritten Führungsebene lässt sich die Zweck-mäßigkeit des Konzepts generell testen und letztlich bei einem Roll-out eine Erfolgsstory präsentieren. Wir sehen die Einrichtung eines Pilotbereichs jedoch nicht in allen Fällen als zweckmäßig an, wie in Kapitel 3 noch gezeigt wird.

Eine weitere wichtige Aktivität bei der Schaffung des organisatorischen Rahmens stellt die Auswahl der Perspektiven dar. In der Mehrzahl der Fälle im deutschen Sprachraum kommen die an Kaplan/Norton angelehnten Perspektiven – Finanzen, Kunden, Prozesse und Potenziale – zur Anwendung. Diese Perspektiven sind intuitiv verständlich und de-cken alle wesentlichen Belange ab. Wir erkennen jedoch, dass das Selbstbewusstsein zu veränderter Perspektivenwahl mit zunehmender Verbreitung und Akzeptanz des Balan-ced-Scorecard-Ansatzes in der Praxis wächst.

Praxisbeispiel

Es gibt nicht universell richtige Perspektiven, sondern nur die individuell zweckmäßigen. Ein Unternehmen der Elektroindustrie wählte statt der Prozessperspektive die Perspektiven Qualität und Innovation. Ein Energieversorger ging einen noch eigenständigeren Weg, indem er sich für die Perspektiven Sicherheit, Umfeld/Image von Kernenergie, Profitabilität, Prozesse und Human Resources entschied. In einem renommierten Großhandelsunternehmen wurde der besonderen Bedeutung der Lieferantenbeziehungen durch eine eigene Lieferantenperspektive Rechnung getragen.

Die Beispiele zeigen: Eine Beschränkung auf maximal sechs Perspektiven ist ein »Muss« für jede Balanced Scorecard. Ansonsten wird die Komplexität zu hoch, um die Strategie zu verstehen.

»Strategie ist Chefsache!« – dieser Grundsatz wirkt auch auf die Balanced-Scorecard-Implementierung. Denn – und darauf weisen wir in unseren Projekten immer wieder hin – eine gute Balanced Scorecard dokumentiert nichts anderes als die Unternehmensstrategie. Folglich kann die Entwicklung einer Balanced Scorecard nur dann erfolgreich sein, wenn das Top-Management daran mitwirkt. Eine Projektorganisation, die diesen Umstand beachtet, stellt eine notwendige Bedingung für die Effektivität der Balanced-Scorecard-Einführung dar. Denn: Die Balanced Scorecard ist als ein Managementsystem zu positionieren, welches durch das Controlling unterstützt wird, und eben nicht als Controllingsystem, das durch das Management unterstützt wird. Konkret bedeutet dies, dass sich das Top-Management – als interdisziplinäres Managementteam – zumindest in den Schlüsselworkshops zur Auswahl der strategischen Ziele und Aktionen sowie zur Zielwertbestimmung intensiv einbringt. Wird die Integration des Top-Managements aktiv betrieben, gewinnt der Prozess der Balanced-Scorecard-Erstellung – und das stellen wir in fast allen Projekten fest – eine genauso große Relevanz wie das letztlich dokumentierte Ergebnis.

Praxisbeispiel

In einem Großunternehmen aus dem Dienstleistungsbereich erlebten wir ein Beispiel für vorbestimmtes Scheitern: Ein Gruppenleiter der Controlling-Abteilung bat uns, die von ihm erstellte Konzern-Balanced-Scorecard zu analysieren. Das Papier sollte übrigens dem Vorstandsgremium zur Verabschiedung weitergeleitet werden. Tatsächlich aber war die Balanced Scorecard aus der Durchsicht und Priorisierung bestehender nicht finanzieller Messgrößen und der anschließenden Formulierung »passender« Ziele entstanden. Vom eigentlichen Anspruch, dass die Balanced Scorecard die Strategie in strategische Aktionen übersetzt und damit für Wettbewerbsvorteile sorgt, ist somit nicht viel übrig geblieben.

Überzeugung und Begeisterung bei den Betroffenen – dem Top-Management als »Produzenten« und den Mitarbeitern als »Kunden« der Balanced Scorecard – sind Voraussetzungen für eine erfolgreiche Balanced-Scorecard-Implementierung. Deshalb soll zu

Beginn der Balanced-Scorecard-Einführung über das Projekt umfassend und zielgruppenspezifisch informiert werden. So lässt sich das Vorhaben sorgfältig in die Unternehmenslandschaft einbetten. Die Gewissheit, dass das Konzept Balanced Scorecard einen Mehrwert für das Unternehmen bringt, kann geschaffen werden durch:

➤ Vorgespräche mit dem Top-Management:
Vorgespräche, die über die geplante Projektvorgehensweise informieren sowie Erwartungen und Befürchtungen aufnehmen.
Beispiel: In einem Unternehmen im Versorgungsbereich nutzte man das Mittel der Vorgespräche, um den Leiter des jeweiligen Bereiches sowie einen vorher bestimmten BSC-Koordinator über das geplante Projekt zu informieren. In diesem Rahmen wurden die Hintergründe des Projektes besprochen, ein erfolgreiches Pilotprojekt vorgestellt und auch einige methodische Elemente erläutert. Die Führungskräfte hatten Gelegenheit, Antworten auf ihre Fragen und Bedenken in einem kleinen Kreis zu erhalten. Zudem ermöglicht dieses Vorgehen bereits einige erste inhaltliche Impulse für den Prozess zu sammeln.

➤ Informationsveranstaltungen im Top-Management:
Workshops, die über eine Bestandsaufnahme der derzeitigen operativen und strategischen Planung den Handlungsbedarf aufzeigen.
Beispiel: Ein 5000-Mitarbeiter-Unternehmen der elektrotechnischen Industrie informierte und schulte die 18 Geschäftsführer der weltweiten Produktions- und Vertriebstöchter in einem Zwei-Tages-Workshop über die Idee und die konzeptionellen Grundlagen der Balanced Scorecard sowie über das Implementierungsvorgehen.

➤ Eine Analyse der Strategieumsetzungskompetenz mit Hilfe von Fragebögen und strukturierten Interviews:
Beispiel: Ein Finanzdienstleistungsunternehmen erkannte, dass nur 38 % der Mitarbeiter im mittleren Management eine klare Vorstellung über die Strategie des Unternehmens haben und dass 80 % der Mitarbeiter der dritten Führungsebene der Meinung sind, nicht alle im Unternehmen würden an einem Strang ziehen.
Gerade in dieser frühen Phase entscheidet sich also, ob die Balanced Scorecard als Motor die Unternehmensentwicklung mobilisiert oder ob sie als zusätzliches Berichtsblatt in einer Sackgasse zum Stillstand kommt.

Empirische Studie

Alternative Balanced-Scorecard-Bezeichnungen

Über 60 % der befragten Unternehmen nennen ihr System zur Dokumentation und Verfolgung von strategischen Zielen, Messgrößen und Maßnahmen »Balanced Scorecard«, entsprechend der international üblichen Bezeichnung. Auch die Verbindung »Unternehmensname + Scorecard« ist häufiger anzutreffen. In einigen Unternehmen werden dagegen völlig andere Bezeichnungen verwendet, teils um englische Ausdrücke zu vermeiden, teils um nicht in den Verdacht zu geraten, ein »Buzzword« (Unwort) zu verwenden (vgl. Abb. 2.2).

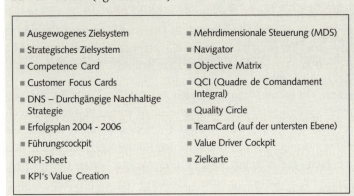

- Ausgewogenes Zielsystem
- Strategisches Zielsystem
- Competence Card
- Customer Focus Cards
- DNS – Durchgängige Nachhaltige Strategie
- Erfolgsplan 2004 - 2006
- Führungscockpit
- KPI-Sheet
- KPI's Value Creation

- Mehrdimensionale Steuerung (MDS)
- Navigator
- Objective Matrix
- QCI (Quadre de Comandament Integral)
- Quality Circle
- TeamCard (auf der untersten Ebene)
- Value Driver Cockpit
- Zielkarte

Abb. 2.2: Alternative Bezeichnungen für die Balanced Scorecard

Bezogen auf die Perspektiven verwenden die meisten Unternehmen vier Dimensionen. 15 % der befragten Unternehmen arbeiten mit fünf Dimensionen, lediglich 2 Unternehmen mit sechs. Mehr als 6 Perspektivenbezeichnungen waren in dieser Untersuchung nicht zu finden. Die ursprünglichen Bezeichnungen von Kaplan/Norton (Finanzen, Kunden, interne Prozesse, Lernen & Wachstum) sind oft zu anzufinden, wobei von dieser Terminologie auch abgewichen wird (vgl. Abb. 2.3).

Perspektive				
Finanzen	**Kunden**	**Prozess**	**Lernen – Wachstum**	**Sonstige**
Aktionär	Best Partner	Arbeitsabläufe	Best Team	Total Quality Management
Best Investment	Customer Enthusiasm	Excellence	Capabilities and Resources	Best Citizen
Ergebnis	Kunde/Markt	Strategische Projekte	Innovation	Gesellschaft
Finanzen und Kapitalgeber	Dienstleistung	Interne Leistungsfähigkeit	Lern- und Wachstums-perspektive	Individual Commitment and Knowledge-based Company
Finanzielle Ergebnisse	Kunden/Bürgerperspektive	Interne Prozesse		Lieferanten
Profitabilty	Kundenzufriedenheit/ Marktausschöpfung	Organisation	Lernen und Entwicklung	Partnership Perspective
Rentabilität	Leistungsauftrag	Process Excellence	Lernen und Innovation	Politisches Umfeld
Results	Market Share	Prozesse/Technologie	Lernen und Zusammenarbeit	Sender und Öffentlichkeit
	Service	Prozesse/Systeme	Mensch	Supply Chain Management
	Stakeholder	Prozessorientierung	Mitarbeiter und Potenziale	Training
	Lieferanten	Strukturen/Prozesse	Mitarbeiter/Mitunter-nehmer	Wirkungsfeld
	Produkt/Markt/Kunde		Potenzial	
			People & Knowledge	
			Mitarbeiter/Ressourcen	
			Fundamentals	

Abb. 2.3: Alternative Bezeichnungen der Perspektiven (Beispiele)

2.2 Phase 2: Die strategischen Grundlagen klären

Die Balanced Scorecard ist zunächst ein Konzept zur Umsetzung von vorhandenen Strategien – nicht zur Entwicklung grundsätzlich neuer Strategien. Gibt sich ein Unternehmen die strategische Stoßrichtung einer Marktoffensive in Osteuropa, so wird diese durch geeignete Kunden-, Prozess- und Potenzialziele sowie entsprechende strategische Aktionen in der Balanced Scorecard konkretisiert und umsetzbar gemacht. Daraus folgt natürlich auch, dass die Balanced Scorecard in der Lage wäre, eine falsche Strategie zu implementieren.

Allerdings: Die Phasen der Strategieentwicklung und Strategieimplementierung müssen differenziert betrachtet werden. Findet die Balanced-Scorecard-Einführung als Bestandteil einer Strategieentwicklung und -implementierung statt, können die rund 20 fokussierten Ziele in den Perspektiven der Balanced Scorecard bereits in der Phase der Strategieentwicklung herausgearbeitet werden. Was die Balanced Scorecard in der Strategieentwicklung und -implementierung eindeutig nicht abdeckt (aber empfohlenerweise voraussetzt), ist:

➢ die strategische Analyse von Chancen/Risiken und Stärken/Schwächen, von Lebenszyklusphasen und kritischen Erfolgsfaktoren,

➢ die Festlegung der grundsätzlichen strategischen Stoßrichtungen auf Basis der strategischen Analyse (so z. B. die oben erwähnte Osteuropaoffensive, die Priorisierung von Produkt-/Marktsegmenten oder die Frage, ob eine Kostenführerschaft oder eine Qualitätsführerschaft der richtige Weg ist).

Diese strategischen Grundlagen sind in Phase 2 zu klären. Über sie muss ein einheitliches Verständnis im Top-Management bestehen.

Ob eine Strategie reif zur Umsetzung ist, lässt sich weniger an der Seitenzahl der dazu dokumentierten Papiere als vielmehr an der Qualität der Strategieanalysen, am einheitlichen Verständnis und an der Verbindlichkeit für die Strategieverantwortlichen erkennen. Wir prüfen dies in unseren Projekten durch einen systematischen Strategiecheck mit strukturierten Interviews und Dokumentenanalysen. Im besten Fall nutzen Unternehmen den Prozess zur Erstellung der Balanced Scorecard jedoch auch selbst um ihre gegebenenfalls bereits entwickelte Strategie auf Validität und Konsistenz zu prüfen.

Unternehmen, die die Balanced Scorecard einführen, gehen zunehmend dazu über, die Balanced-Scorecard-Einführung in ihren jährlichen Strategieprozess einzubetten. Dadurch ist gewährleistet, dass auch aktuelle strategische Überlegungen auf die Inhalte des Balanced-Scorecard-Prozesses Einfluss nehmen. Führungskräfte erhalten damit ohne Zeitverlust im Anschluss an eine Strategieentwicklungsphase ein Instrument zur Umsetzung ihrer Strategie. Während in der ersten Phase der Einführung damit die inhaltliche Auseinandersetzung mit der Strategie im Vordergrund steht, erfolgt in der Regel erst im Nachgang die Ausgestaltung des organisatorischen Rahmens. Hierzu zählt die Anbindung der Balanced Scorecard an Zielvereinbarungen sowie die institutionalisierte Integration in das Berichtswesen. Beide Elemente sind Vorraussetzungen für die Umsetzung einer strategiefokussierten Organisation.

2.3   Phase 3: Eine Balanced Scorecard entwickeln

In Phase 3 entsteht eine Balanced Scorecard für eine in sich abgegrenzte Organisations-einheit. Dies kann ein Gesamtunternehmen, eine Division, eine Geschäftseinheit oder eine interne Serviceeinheit sein. Ausgangspunkte sind:
- ➤ Festlegungen zur Balanced-Scorecard-Grundarchitektur (Perspektiven etc.),
- ➤ ein informiertes und motiviertes Top-Managementteam,
- ➤ klare Abläufe und Methodenstandards (siehe Phase 1; Horváth & Partners-5-Phasen-Modell),
- ➤ die dokumentierte Strategie, die reif ist für die Balanced-Scorecard-Erstellung (siehe Phase 2; Horváth & Partners-5-Phasen-Modell).

Entsprechend dem Aufbau einer Balanced Scorecard durchläuft die betroffene Unternehmenseinheit folgende Schritte (siehe Phase 3; Horváth & Partners-5-Phasen-Modell):
- ➤ Konkretisierung der strategischen Ziele,
- ➤ Verknüpfung der strategischen Ziele durch Ursache-Wirkungs-Ketten und Darstellung in einer Strategy Map.
  Hinweis: Element der Phase 4 ist die Abstimmung der Balanced Scorecards untereinander. Dennoch ist es ratsam bereits in einer frühen Phase der Entstehung der Balanced Scorecards bspw. auf Basis eines ersten Entwicklungsstandes der Strategy Maps eine Abstimmung der Bereiche (Strategy Alignment) herbeizuführen.
- ➤ Auswahl der Messgrößen,
- ➤ Festlegung der Zielwerte,
- ➤ Bestimmung der strategischen Aktionen.

Die Bearbeitung dieser fünf Schritte stellt den Kern einer Balanced-Scorecard-Implementierung dar. Das Ergebnis von Phase 3, dokumentiert in Strategy Maps, Ziel-, Messgrößen- und Maßnahmenbeschreibungen sorgt für ein einheitliches Verständnis der Strategie. Es bildet den Ausgangspunkt für eine Strategiekommunikation und ein kontinuierliches Monitoring der Strategieumsetzung. Doch Vorsicht: Es ist damit noch nicht sichergestellt, dass alle Kräfte im betroffenen Bereich auf die Umsetzung der Strategie ausgerichtet sind.
Erst durch:
- ➤ Kommunikation der Balanced Scorecard in die Organisation und das Herunterbrechen der Ziele auf nachgelagerte Ebenen (siehe Phase 4; Horváth & Partners-5-Phasen-Modell) sowie
- ➤ Einrichtung eines adäquaten Planungs- und Berichtssystems und die Anpassung der Mitarbeiterführungs- und Anreizsysteme (siehe Phase 5; Horváth & Partners-5-Phasen-Modell)

entwickelt sich die Balanced Scorecard zu einem Managementkonzept und erfolgt eine strategiegerechte Ausrichtung der Organisation.

In den fünf Schritten der zentralen Phase 3 gilt es unserer Erfahrung nach besonders Folgendes zu beachten:

Strategische Ziele, nicht deren Messgrößen, bilden den Kern einer Balanced Scorecard. Die besten Messgrößen sind nutzlos, wenn die ihnen zugrunde liegenden Ziele die Strategie, welche zu einem dauerhaften Wettbewerbsvorteil führen soll, nicht richtig beschreiben.

Die in dem Balanced-Scorecard-Konzept verankerte Beschränkung auf insgesamt rund 20 Ziele – nach dem Leitsatz »twenty is plenty« – hält dem Management immer wieder vor Augen, dass Strategie eben auch die Entscheidung über zu unterlassende Aktivitäten bedeutet. Darüber hinaus unterstützt eine fokussierte Anzahl an Zielen deren Umsetzbarkeit, da unserer Erfahrung nach mehr als 20 strategische Ziele in einem Bereich nur schwer realisierbar sind. Balanced-Scorecard-Ziele sind die wenigen entscheidenden Ziele, von denen der Erfolg der Strategie nachhaltig abhängt – sie können auch als die wichtigsten Veränderungsziele bezeichnet werden. Die Fokussierung der Ziele lässt sich als Vorweggriff auch problemlos auf die Priorisierung der Aktionspläne übertragen. In der Mehrheit aller Prozesse werden viele Ideen für Aktionen zur Unterstützung der strategischen Ziele generiert. Um deren Umsetzbarkeit zu ermöglichen, kann es hilfreich sein, über eine Priorisierung die strategischen Top-Aktionen herauszufiltern, um die Aktionspläne umsetzbar zu machen. Die Balanced Scorecard darf und kann nicht die operativen Controllingsysteme ersetzen. Diese sind weiterhin erforderlich, um die Standardfaktoren für einen reibungslosen Betrieb zu steuern.

Im nächsten Schritt, der Verknüpfung der strategischen Ziele, werden die Ursache-Wirkungs-Beziehungen zwischen den Zielen ermittelt und in einer Strategy Map dargestellt. Sie spiegeln die Kausalität der Strategie wider. Implizite Annahmen des Top-Managements werden über Ursache-Wirkungs-Beziehungen transparent gemacht.

Erst durch die Strategy Map entsteht aus einer Ansammlung strategischer Ziele ein Konzept, das die gewünschten Veränderungen und die angepeilten Schwerpunkte beschreibt. Diese »innere Logik« einer Strategy Map ist ein ganz wesentlicher Ansatzpunkt zur Prüfung der Konsistenz einer Strategie. So veranschaulicht die optische Darstellung der strategischen Ziele auf einen Blick, ob die gewählten strategischen Ziele sich gegenseitig unterstützten oder möglicherweise bereits Zielkonflikte aufweisen. Das Vergleichen von Strategy Maps aus verschiedenen Bereichen ermöglicht es zudem auch bereichsübergreifend eine Zielabstimmung vorzunehmen.

Als dritter Schritt in Phase 3 folgt die Auswahl der Messgrößen. Gerade im deutschen Sprachraum gibt es noch viele Manager, die die Balanced Scorecard irrtümlich lediglich als eine Weiterentwicklung des Kennzahlen- oder Berichtssystems verstehen. Herrscht diese Meinung vor, dann reduzieren sich die Implementierungsbemühungen im Wesentlichen auf die Auswahl der Messgrößen. Dabei werden zwei der wichtigsten Leitsätze vergessen: (1) Die Balanced Scorecard ist kein Berichtssystem, die Balanced Scorecard hat ein Berichtssystem. (2) Darüber hinaus ist die Balanced Scorecard ein strategisches Zielsystem und kein strategisches Kennzahlensystem.

Zu den herausragenden Fragen bei der Messgrößenauswahl zählt, ob durch die Messgröße das Verhalten der Mitarbeiter in die strategisch gewünschte Richtung gelenkt wird. Eine weitere Anforderung an Messgrößen besteht darin, dass an ihnen das Erreichen des formulierten Ziels, also der Output, abgelesen werden kann (z. B. Prüfungsergebnisse als Messgröße für das Ziel »Englischkenntnisse verbessern«). Inputorientierte Messgrößen (z. B. Anzahl der Seminartage Sprachschulung Englisch) sind nur im Ausnahmefall zulässig. Selbstverständlich muss außerdem der Aufwand der Messgrößenerhebung in vernünftiger Relation zum Nutzen stehen.

Eine Besonderheit von Schritt 4 stellen sehr ambitioniert gewählte Zielwerte dar. Häufig sind dies Zielwerte, deren Erreichung besondere Anstrengung verlangt. Erfahrungsgemäß sind dies oft Zielwerte, die in einem eher top-down getriebenen Strategiekonkretisierungsprozess der Balanced Scorecard entstehen. Diese sind in der Regel mutiger als jene Zielwerte, die durch viele Filter von »Bewahrern« in mehreren Hierarchieebenen bottom-up zu Stande kommen. Je nach Unternehmenssituation müssen diese Zielwerte entsprechend hinreichend »herausgearbeitet« werden. Hierzu können Benchmarks, Ergebnisse aus Kunden- und Mitarbeiterbefragungen, Vergangenheitsdaten oder unternehmerische Erwartungen (z. B. aus übergeordneten Konzernvorgaben oder Erwartungen der Eigentümer) genutzt werden. Je nach Branche und Art des Ziels liegt der Zeitraum für die Zielerreichung bei einem bis fünf Jahren, z. B. die Verkürzung der Produktentwicklungszeit um 40 % bis zum Jahr 2012. Geht der gesetzte Termin der Zielerreichung über das aktuelle Jahr hinaus, sollten jährliche Etappenziele bestimmt werden. Ein Unternehmen der Elektroindustrie plant die Etappenziele in der Balanced Scorecard sogar auf Quartalsebene. Auch hier sollten jedoch der Planungs- und Verfolgungshorizont in einem sinnvollen Kosten-Nutzen Verhältnis stehen. Die Verfolgung der Entwicklung der »Unternehmenskultur« könnte bspw. auf Quartalsebene wenig Sinn ergeben, da diese auf der einen Seite nur auf längerfristige Sicht beeinflusst werden kann und auf der anderen Seite eine Erhebung sehr aufwändig ist. Eine Neuausrichtung des Produktportfolios kann auf der anderen Seite eine große Dringlichkeit besitzen. Je nach Branche kann hier die Quartalsverfolgung (im Sinne eines Fortschrittsgrades) sehr sinnvoll sein.

Die Zielwerte müssen durch das Top-Managementteam der betroffenen Einheit festgelegt werden. Da die Zielwerte in der Balanced Scorecard dem Management zugleich als Vorgaben für die eigenen Zielvereinbarungen dienen, besitzt diese Phase eine besondere Brisanz. Im Rahmen der Zielvereinbarungen sollten verschiedene Erfolgsfaktoren berücksichtigt werden. Zunächst sollte es sich tatsächlich um Zielvereinbarungen handeln. Nur wenn man die Überzeugung hat, ein Ziel (Zielwert) beeinflussen und auch tatsächlichen erreichen zu können kann man einer Vereinbarung zustimmen. Um diese Zielwerte sollten auf der anderen Seite nicht gehandelt bzw. »gefeilscht« werden. Vielmehr muss es sich um herausfordernde Vereinbarungen handeln. Hier sehen wir eine »Hol-Schuld« des Bereiches, einen angemessen Zielwert herauszuarbeiten. Hierzu gehört bspw. die transparente Darstellung der Historie, der wesentlichen Einflussfaktoren, der Benchmarks, der Best-Practice-Beispiele usw., um den vorgeschlagenen Zielwert auch zu rechtfertigen.

Im letzten Schritt von Phase 3, der Bestimmung der strategischen Aktionen, werden diejenigen strategischen Aktionen und Projekte ausgewählt, die zur Erreichung der Ziele beitragen. Zunächst besteht zwischen den Aktionen und der Erreichung der Zielwerte nur eine indirekte Beziehung. In der Theorie misst die Messgröße perfekt das Erreichen des strategischen Ziels. In diesem Fall wird sich die Wirkung der Maßnahme auch 1:1 in den Ist-Werten (welche gegen die Zielwerte gespiegelt werden) wiederfinden. In vielen Fällen stellen Messgrößen jedoch »nur« sehr gute Indikatoren für ein Ziel dar und decken den Wirkungsgrad der Maßnahme nur unzureichend ab. In diesen Fällen empfehlen wir einen pragmatischen Umgang mit der Balanced Scorecard: (1) Ändern Sie ggf. mit einem Verweis (Kommentar) den Status des Ziels auf Basis der erfolgreich durchgeführten Maßnahme. (2) Überprüfen Sie, ob die Messgröße grundsätzlich noch für das Ziel geeignet ist.

Es kann jedoch auch ein zweiter, sehr häufiger Fall eintreten. Regelmäßig erleben wir bei der Balanced-Scorecard-Implementierung, dass im Zuge der Zuordnung bereits laufender Projekte zu den strategischen Zielen 10 bis 50 % dieser Projekte die Balanced-Scorecard-Ziele nicht unterstützen. Ein Teil dieser Projekte mag zwar aufgrund gesetzlicher oder anderer Vorgaben (z. B. Umweltschutzinvestitionen) notwendig sein. Die anderen aber sind in Frage zu stellen, da in diesen Fällen knappe Ressourcen in Aufgaben gebunden sind, die keine höchste Priorität genießen. Projektabbrüche sollten in solchen Fällen die konsequente Folge sein, um die Ressourcen strategieorientiert zu allokieren. Die Einführung einer Balanced Scorecard kann zumindest einmalig zur Projektpriorisierung genutzt werden. Dieser Prozess sollte jedoch spätestens im Rahmen der jährlichen Überprüfung einer Balanced Scorecard initiiert werden.

Eine im Managementsystem verankerte Balanced Scorecard dient als Filter bei der Genehmigung von Projektanträgen. Unsere Praxiserfahrung zeigt: Ist die Strategie mit Hilfe der Balanced Scorecard kommuniziert und wissen damit alle, in welche Richtung sich das Unternehmen bewegen will, werden Projektanträge außerhalb des strategischen Korridors deutlich seltener eingebracht. Das Balanced-Scorecard-Managementsystem sorgt damit für eine strategisch ausgerichtete und effektive Ressourcenallokation.

Balance in der Balanced Scorecard bedeutet auch, nur machbare Ziele zu vereinbaren. Wir erleben in der Phase der Festlegung strategischer Aktionen immer wieder, dass die Ressourcen im Unternehmen nicht ausreichen, um zuvor euphorisch formulierte Zielwerte zu erreichen. Aufwändiges Nachbessern bei den Zielwerten oder gar bei der Strategie kann die Folge sein.

2.4 Phase 4: Die Organisation strategieorientiert ausrichten

Die Phase der strategieorientierten Ausrichtung der Organisation bedeutet nicht nur, das Vorgehen aus Phase 3 bei mehreren Organisationseinheiten im Unternehmen zu praktizieren – und damit vom Nutzen des einheitlichen Strategieverständnisses und des Monitorings an vielen Stellen zu profitieren. Der Roll-out der Balanced Scorecard führt vielmehr zu einer Qualitätsverbesserung des unternehmensweiten strategischen Managements, denn:

➤ Ziele, Messgrößen und strategische Aktionen aus organisatorisch übergeordneten Einheiten können konsequent in die Balanced Scorecards untergeordneter Organisationseinheiten heruntergebrochen werden – dies wird auch vertikale Zielintegration genannt. Damit steigt die Wahrscheinlichkeit, dass die strategischen Ziele des gesamten Unternehmens oder von strategischen Geschäftseinheiten (z. B. Business Units oder Produktbereichen) sowie den betrieblichen Funktionen (z. B. Personalwesen oder IT-Bereich) erreicht werden.

➤ Ziele, Messgrößen und strategische Aktionen organisatorisch nebeneinanderstehender Einheiten können durch das Führungsinstrument Balanced Scorecard besser aufeinander abgestimmt werden – hier wird von horizontaler Zielintegration gesprochen. In einer Bank, die auf Individual- und Firmenkunden ausgerichtet ist, war es z. B. besonders wichtig, die Balanced Scorecard des IT-Bereichs als internem Servicebereich konsequent an den Balanced Scorecards der hierarchisch gleichgestellten Individual- und Firmenkundenbereiche (Kunden des IT-Bereichs) auszurichten. Umgekehrte Einflüsse i.S.d. Machbarkeit beim Einsatz neuer Informationstechnologien galten entsprechend.

Zur vertikalen und horizontalen Zielabstimmung (auch Strategy Alignment genannt) sowie zum Roll-out über die Führungskaskade einer Organisation bestehen zahlreiche Vorgehensoptionen. Diese sind in Kapitel 6 ausführlich beschrieben.

2.5 Phase 5: Den kontinuierlichen Einsatz der Balanced Scorecard sicherstellen

Würde die Implementierung der Balanced Scorecard mit dem Erarbeiten von strategischen Zielen, Strategy Maps, Messgrößen, Zielwerten und strategischen Aktionen für eine Organisationseinheit enden, wäre nur einmalig eine stärkere Fokussierung auf die Strategie sichergestellt. Übergeordnetes Ziel der Balanced Scorecard ist aber vielmehr die dauerhafte Verankerung einer strategiefokussierten Organisation. Entscheidungen und laufende Verhaltensweisen sollen konsequent auf die aktuelle Strategie ausgerichtet sein. Die Balanced Scorecard eignet sich dazu, die von Kaplan und Norton beschriebene strategiefokussierte Organisation zu verwirklichen (vgl. Kaplan/Norton 2001). Dazu aber muss die Balanced Scorecard in das Management- und Steuerungssystem eingebunden sein. Dies ist keine triviale Aufgabe, denn die Architektur der Strategie – und somit der Balanced Scorecard – präsentiert sich i.d.R. nicht kompatibel zur Architektur des existierenden Managementsystems. Das Managementsystem wird meist an der hierarchischen und funktionalen Struktur der Organisation ausgerichtet. Die Inhalte der Balanced Scorecard hingegen sprechen üblicherweise mehrere Organisationseinheiten zugleich an, so z. B. typische Ziele wie »Beratungsqualität verbessern« oder »Innovationsprozess beschleunigen«. Die Zuordnung von Verantwortlichkeiten für Balanced-Scorecard-Ziele lässt sich nicht einfach aus dem Organigramm ableiten. Zudem sind die Führungs-, Planungs-, Berichts- und Rechnungswesensysteme häufig ausschließlich an der bestehenden Organisationsstruktur ausgerichtet.

Zur Einbindung der Balanced Scorecard in das Management- und Steuerungssystem gehören insbesondere:

➤ Ein Controlling, das die konsequente Umsetzung der strategischen Ziele und Aktionen aus der Balanced Scorecard verfolgt und durch gezielte Steuerungsimpulse die Zielerreichung sicherstellt,

➤ die Integration der Balanced Scorecard in die strategische und operative Planung zur kontinuierlichen Anpassung der Balanced Scorecard an die neue Strategie und zur passgenauen Transformation der operationalen Ziele und strategischen Aktionen in die Jahresplanung und Budgetierung,

➤ die Integration in das Berichtswesen, um ein laufendes Monitoring der Zielerreichung zu erhalten,

➤ die Integration in das System der Mitarbeiterführung zur Verankerung der operationalen Ziele und strategischen Aktionen in persönlichen Zielvereinbarungen.

Das Managementkonzept Balanced Scorecard hat viele Schnittstellen zum Wertmanagement-Ansatz, zum EFQM-Modell (European Foundation of Quality Management) for Business Excellence, zu Anreizsystemen und zum Risikomanagement. Der Balanced Scorecard-Ansatz ergänzt diese Konzepte und in Teilen bestehen Überschneidungen. Bei der kontinuierlichen Nutzung der Balanced Scorecard sind diese Schnittstellen besonders zu beachten. Sie werden in den späteren Kapiteln deshalb vertieft behandelt.

Eine letzte, aber nicht minder wichtige Aufgabe bei der Balanced-Scorecard-Implementierung stellt sich mit der Schaffung einer geeigneten IT-Unterstützung. Die IT-Unterstützung hat gerade in großen Organisationen mit mehreren Balanced Scorecards nach der Ersteinführung die Bedeutung eines kritischen Faktors bei der kontinuierlichen Nutzung. Diese technischen Aspekte werden im Rahmen der Integration des Berichtswesens dargestellt.

Der dauerhafte und systematische Einsatz der Balanced Scorecard im Unternehmen führt zu einer wesentlichen Weiterentwicklung des Managementsystems. Ein Ergebnis der Integration in die Planung kann sein, dass der strategische Planungsteil zwar durch die Erstellung der Balanced Scorecard mehr Zeit benötigt. Zugleich aber wird der operative Planungsteil üblicherweise in weit höherem Maße verkürzt. Auf weitere aus der Balanced Scorecard resultierende Veränderungen gehen wir in Kapitel 7 detailliert ein.

Wichtig bleibt: Erst mit Abschluss von Phase 5 wirkt die Balanced Scorecard als Managementkonzept statt nur als Measurement-Ansatz. Erst dann sind die Voraussetzungen für eine strategiefokussierte Organisation geschaffen.

3 Den organisatorischen Rahmen für die Implementierung schaffen

3.1   Zielsetzung

3.2   Die Balanced-Scorecard-Architektur bestimmen

3.3   Die Projektorganisation festlegen

3.4   Den Projektablauf gestalten

3.5   Die Information, Kommunikation und Partizipation sicherstellen

3.6   Begriffe und Methoden standardisieren

3.7   Die kritischen Erfolgsfaktoren berücksichtigen

3.8   Highlights

3.1 Zielsetzung

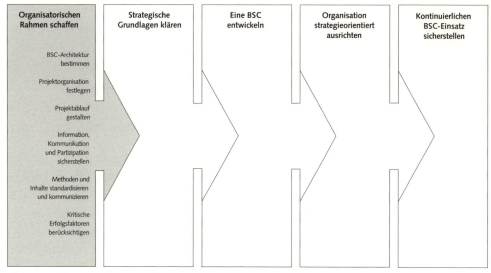

Abb. 3.1: Phase 1 des Horváth & Partners-Modells zur Balanced-Scorecard-Implementierung

Die Balanced Scorecard hat sich in über 15 Jahren inzwischen als weitverbreitetes Managementkonzept etabliert. In einer Vielzahl von unterschiedlichen Implementierungsprozessen hat sich ein organisatorischer Rahmen herausgebildet und kontinuierlich weiterentwickelt. Die Bedeutung dieses Rahmens wird regelmäßig unterschätzt. Denn dieser Rahmen hält das Bild und prägt es zugleich – für die Balanced Scorecard ein passender Vergleich. Obwohl die Grundlogik des Balanced-Scorecard-Konzeptes große Akzeptanz genießt, muss ein Managementkonzept auch in einen adäquaten Rahmen eingefasst werden. Der organisatorische Rahmen sollte damit bei der Einführung einer Balanced Scorecard einige wesentliche Elemente enthalten und darüber hinaus den spezifischen Gegebenheiten eines Unternehmens angepasst werden. Somit stehen der Projektaufbau (Architektur einer Balanced Scorecard), die Projektorganisation (Beteiligte am Balanced-Scorecard-Projekt), der Projektablauf und die zielgruppenorientierte Projektkommunikation im Zentrum einer gelungenen Balanced-Scorecard-Implementierung. Projektorganisation und Projektablauf müssen je nach Ausgangssituation angepasst werden (Wird die Balanced Scorecard nur für eine Einheit eingeführt? Steht eine weitreichende Implementierung in der Organisation bevor? Ist die Strategie im Vorfeld zu aktualisieren?). Die Kommunikation fördert die Akzeptanz und die Effektivität des Projekts – und der Balanced Scorecard. Dieses Kapitel verfolgt folgende Ziele:

➤ Erkennen, welchen Nutzen Vorstudien und Pilotprojekte zur Implementierung einer Balanced Scorecard stiften können.

➤ Verstehen, warum die Kommunikation im Balanced-Scorecard-Prozess aktiv zu gestalten ist, und lernen, wie dies geschieht.

➤ Erfahren, wie die Rollen im Balanced-Scorecard-Prozess verteilt werden.
➤ Wissen, wie ein Balanced-Scorecard-Projekt zeitlich und inhaltlich gegliedert wird.
➤ Sehen, wo die Stolpersteine liegen und wie sie aus dem Weg zu räumen sind.

3.2 Die Balanced-Scorecard-Architektur bestimmen

Die Balanced-Scorecard-Architektur legt fest, welche organisatorischen Einheiten ihre Strategie nach den Prinzipien der Balanced Scorecard gestalten sollen und welche Zusammenhänge zwischen diesen Bereichen bestehen. Eine solche Architektur ist notwendig, da die Anwendungsbereiche der Balanced Scorecard vielfältig sind. Sie lässt sich für jede Art von Unternehmen (bspw. Groß-/Mittel-/Kleinunternehmen, Holding/Tochtergesellschaft, öffentliche Unternehmen/private Unternehmen, Joint Ventures/Allianzen), auf jeder Hierarchiestufe (bspw. Holding, Geschäftsbereiche, Funktionen, Abteilungen, Mitarbeiter) und auch für jeglichen Geschäftsprozess einsetzen. Idealerweise geht der Aufbau der Balanced Scorecard von der Unternehmensspitze aus. Dies hat den Vorteil, dass strategische Entscheidungen an der höchst möglichen Stelle getroffen werden können und damit die strategischen Leitplanken gesetzt werden. Dadurch reduziert sich der Abstimmungsaufwand mit vor- und nachgelagerten Bereichen sowie mit Bereichen auf derselben Ebene. Der Prozess der strategiegerechten Ausrichtung der Organisation (Strategy Alignment) kann von Beginn des Projektes an über diese strategischen Bezugspunkte erfolgen, d. h. die vor- und nachgelagerten Einheiten können sich an diesen strategischen Vorgaben ausrichten. Zudem bekommt das Vorhaben durch einen Top-down-Ansatz innerhalb der Organisation tendenziell einen hohen Stellenwert, was die Umsetzung erleichtert.

Die Erfahrung lehrt jedoch, dass weniger als die Hälfte aller Balanced Scorecards tatsächlich bei der Unternehmensspitze beginnen. Viele hervorragende Balanced-Scorecard-Implementierungen hatten dagegen ihren Ausgangspunkt in einer wichtigen Sparte des Unternehmens oder in einem größeren funktionalen Bereich – dort aber getragen durch das Top-Management des Bereiches. Unabhängig davon, wo der Prozess seinen Ausgangspunkt findet, wird die Balanced-Scorecard-Struktur entsprechend der Führungsstruktur ausgerichtet sein, da die Führungsstruktur i. d. R. der Steuerungsstruktur entspricht. Die Balanced Scorecard spiegelt die Strategie wider, also wird die Balanced Scorecard eines Funktionsbereichs, zum Beispiel des Marketings, die Funktionalstrategie Marketing abbilden, bei einer Spartenorganisation die Strategie der jeweiligen Sparte und bei einer Matrixorganisation die Strategie des jeweiligen Matrixfeldes.

Weichen Führungs- und Steuerungsstruktur voneinander ab, liegt eine »virtuelle« Matrixstruktur vor. Dies ist etwa der Fall, wenn eine Strategie für strategische Geschäftsfelder oder Geschäftsprozesse definiert wird, die sich so nicht in der Organisationsstruktur wiederfinden (z. B. eine Strategie für den Auftragsabwicklungsprozess). Eine solche Strategie wäre einzelnen funktionalen Einheiten nicht überschneidungsfrei zuzuordnen.

Bei der Strukturierung der Balanced Scorecard – verstanden als ein Strategiebestandteil – sind deshalb die Interdependenzen zwischen der Strategie, den Prozessen und Strukturen zu berücksichtigen.

Bei der Auswahl der Einheiten für eine Balanced-Scorecard-Einführung sollte darauf geachtet werden, dass die Führungsstrukturen den Geschäftsprozessen entsprechen, dass sie strategiekonform und relativ stabil sind. Lässt sich diese Forderung nicht erfüllen – zum Beispiel vor oder während eines Business Process Reengineerings oder während des Überganges von Geschäftseinheiten zu einem neuen Eigentümer, dann halten wir es für sinnvoller, zunächst die Führungs- und Organisationsstrukturen und Prozesse anzupassen, bevor die Strategie durch die Balanced Scorecard auf nicht zukunftsfähige Einheiten projiziert wird (vgl. Abb. 3.2). Steht eine Reorganisation auf der Agenda, bietet es sich an, die Balanced Scorecard in den neuen Strukturen abzubilden. Die jeweilige Balanced-Scorecard-Einheit sollte möglichst über eine eigenständige Wertschöpfungskette und Strategie verfügen. Sonst muss bei der Erstellung der Balanced Scorecard mit einem höheren Abstimmungsaufwand an den Schnittstellen zu den anderen Organisationseinheiten gerechnet werden. In diesem Fall kann die Einführung der Balanced Scorecard jedoch zur Klärung der Rollen und Verantwortlichkeiten genutzt werden.

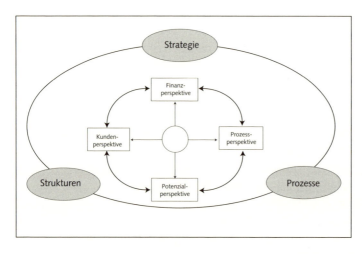

Abb. 3.2: Balanced Scorecard im Kontext von Strategie, Strukturen und Prozessen

Eine Vielzahl der von Horváth & Partners begleiteten Balanced-Scorecard-Einführungen begann mit einer Vorstudie oder Pilotierung. In einzelnen Fällen wurde das Gesamtvorhaben von Beginn an unternehmensweit konzipiert und in mehreren aufeinander folgenden Projektphasen umgesetzt.

Eine Vorstudie dient der besseren Einschätzung der Projektvoraussetzungen und der Durchführungsanforderungen. Solche Vorarbeiten ermöglichen besonders in sehr komplexen Organisationen auch eine bessere Einschätzung der Projektkosten und -risiken. Für die flächendeckende Einführung der Balanced Scorecard in einem internationalen Finanzdienstleistungsunternehmen mit einer Vielzahl von Unternehmensbereichen war es bspw. erforderlich, das Projektvorhaben im Rahmen einer Vorstudie zu konkretisieren.

Die Vorstudie setzte sich in diesem Fall das Ziel, den Nutzen einer Balanced-Scorecard-Einführung zu ermitteln und zu bewerten, alternative Vorgehenskonzepte (bspw. Multiplikatorenkonzepte) zu erarbeiten, für den konzernweiten Roll-out den Ressourcenaufwand zu klären, ihn zu priorisieren und grob zu planen. Im Ergebnis stand dem Management eine Entscheidungsvorlage mit einer Schätzung der Projektkosten, -risiken und -chancen für eine Balanced-Scorecard-Einführung zur Verfügung.

Das Erstellen der Vorstudie umfasste folgende Elemente:
➤ Überprüfen der strategischen, organisatorischen und kulturellen Voraussetzungen,
➤ Priorisieren der Untersuchungseinheiten,
➤ Durchführen einer Machbarkeitsstudie,
➤ Erstellen von quantitativen und qualitativen Wirtschaftlichkeitsüberlegungen,
➤ Klären von Projektressourcen, -umfang und -volumen,
➤ Kalkulation der Projektkosten,
➤ Ermitteln und Bewerten des Balanced-Scorecard-Einführungsnutzens,
➤ Erarbeiten von alternativen Vorgehenskonzepten (bspw. Multiplikatorenkonzept),
➤ Abgleichen mit laufenden Projekten,
➤ Durchführen einer Risikoeinschätzung,
➤ Grobplanen des Roll-out.

Mit Hilfe der Vorstudie konnte die Entscheidung für eine flächendeckende Implementierung der Balanced Scorecard fundiert werden. Außerdem verbesserten sich durch das frühzeitige Aufzeigen von Unwägbarkeiten die Chancen für eine erfolgreiche Projektdurchführung.

Wenn ein Unternehmen nicht den idealtypischen Weg einer Top-down-Einführung der Balanced Scorecard wählen möchte, dann ist es in vielen Fällen hilfreich, mit der Einführung der Balanced Scorecard in einem ausgewählten Pilotbereich zu beginnen. Eine Pilotierung hat unserer Erfahrung nach sechs Vorteile:
1. Aufzeigen schneller Erfolge möglich,
2. bei Erfolg höhere Akzeptanz für eine umfassendere Einführung,
3. bei Misserfolg reduziertes Projektrisiko,
4. schneller Know-how-Transfer in die Organisation,
5. bessere Einschätzung des Nutzens und der Eignung für das Unternehmen,
6. Überprüfung des Projektdesigns.

Die Auswahl einer geeigneten Organisationseinheit für eine Balanced-Scorecard-Pilotentwicklung stellt eine wichtige erste Aufgabe dar. Dabei sollte der Pilotbereich hohen Einfluss auf die wesentlichen Teile der Wertschöpfungskette sowie auf Kunden und Mitarbeiter haben. Idealerweise besitzt die Piloteinheit einen eigenen Vertriebskanal und eigene externe Kunden (vgl. Fink/Grundler 1998, S. 230ff.).

Zudem gilt es, horizontale und vertikale Verflechtungen der Organisationseinheit innerhalb des Unternehmens bei der Auswahl zu berücksichtigen. Kaplan und Norton sehen eine weitere Bedingung: Charakteristische finanzielle Messgrößen sollten leicht zu bilden sein, ohne Komplikationen (und Meinungsverschiedenheiten), die mit Kostenumlagen und

Verrechnungspreisen für Produkte und Dienstleistungen von einer Organisationseinheit zur anderen verbunden sind, hervorzurufen (vgl. Kaplan/Norton 1997, S. 290). Neben diesen eher formalen Anforderungen ist für eine erfolgreiche Durchführung von entscheidender Bedeutung, dass in der Piloteinheit ein großes Eigeninteresse an einer Balanced-Scorecard-Einführung besteht, die Ressourcen zur Durchführung bereitgestellt werden können und die uneingeschränkte Zustimmung des Managements vorliegt.

Praxisbeispiel

Die erfolgreiche Durchführung des Pilotprojekts bei den *fischerwerken* zeigte, dass mit Hilfe der Balanced Scorecard das Gesamtunternehmen *fischerwerke* seine strategischen Ziele besser erreichen könnte. Im Einzelnen ergaben sich im Pilotprojekt folgende Nutzenaspekte durch die Anwendung der Balanced-Scorecard-Methodik (vgl. Fink/Grundler 1998, S. 230ff.):

➤ Verbesserte Verankerung und Operationalisierung der Strategie in der Organisation,
➤ verbesserte Transparenz des Unternehmensgeschehens durch das Arbeiten mit Wirkungszusammenhängen,
➤ verstärkte Förderung des unternehmerischen Denkens und Handelns bei den Mitarbeitern,
➤ frühzeitige Thematisierung und Lösung von Zielkonflikten und Schnittstellenproblemen,
➤ effizientere Koordination und Steuerung der (dezentralen) Geschäftseinheiten durch ein durchgängiges strategisches Zielsystem und durch einen unternehmensweiten Kommunikationsprozess,
➤ Strategieorientierung und Vereinfachung der Budgetierung.

»Hervorzuheben hierbei sind insbesondere die positiven Effekte auf das Zielsystem. Das Zielsystem ist durchgängiger und konsistenter, der Zielbeitrag jedes einzelnen Verantwortlichen ist transparenter, alle Mitarbeiter sind auf das strategische Unternehmensziel ausgerichtet und es besteht breites Einverständnis mit den Zielen. Trotz all der positiven Aspekte besteht bei einer Balanced-Scorecard-Einführung eine große Herausforderung in der unternehmensspezifischen Ausgestaltung der Balanced Scorecard und deren Einbindung in das vorhandene Führungs- und Controllingsystem. Die Balanced Scorecard ist für *fischerwerke* ein wichtiger Baustein des zukünftigen Navigationssystems, das den Anforderungen der turbulenten Märkte, der hohen Unternehmenskomplexität und den rasanten Veränderungen Rechnung trägt« (vgl. Fink/Grundler 1998, S. 230ff.).

Pilotprojekte können aber durchaus auch zum Ergebnis haben, dass eine weitergehende Einführung verschoben oder davon sogar abgesehen wird. Dies kann auf gravierende strategische Veränderungen – durch die Priorisierung von internen Projekten und Aktivitäten –, auf hohe Projektaufwendungen, auf das Fehlen der Managementunterstützung und vieles mehr zurückzuführen sein. In der Mehrzahl der Fälle aber kann man davon ausgehen, dass eine Pilotierung Erfolg zeigt und den Wegbereiter für einen flächendeckenden Roll-out darstellt.

3.3 Die Projektorganisation festlegen

Die Ausgestaltung der Projektorganisation hängt vom Umfang des Vorhabens ab. Der zu wählende Projektorganisationstyp kann in einer Vorphase bestimmt werden. Es lassen sich folgende Projektorganisationstypen unterscheiden:

1. Projektteam für kleinere Projekte mit überschaubarem Umfang und geringer Gesamtkomplexität, bspw. für Vorstudien, Pilotprojekte, abgegrenzte Bereiche,
2. einfache Projektorganisation mit unterschiedlicher Verteilung der Rollen, Aufgaben und Verantwortlichkeiten,
3. komplexe Projektorganisation für umfangreiche Vorhaben.

Die folgenden Ausführungen beziehen sich auf den dritten Fall.

Komplexe Projektorganisationen sind gekennzeichnet durch eine Vielzahl von beteiligten Personen aus den verschiedensten Unternehmenseinheiten. Sie sind bei Projekten anzutreffen, in denen für mehrere Einheiten gleichzeitig die Balanced Scorecard eingeführt wird.

In ein solches Vorhaben sollten die Mitarbeiter des Unternehmens möglichst umfassend einbezogen werden. Das macht eine Projektorganisation notwendig, die Rollen und Zuordnungen exakt definiert. Die Rollenverteilung gestaltet sich je nach Größe des Unternehmens unterschiedlich. In Abbildung 3.3 werden mögliche Rollen, deren Funktionen und beteiligte Personen einer komplexen Projektorganisation dargestellt. Dabei wurde von einem Top-down-Vorgehen ausgehend von der obersten Führungsebene und einem Rollout bis auf die zweite Führungsebene ausgegangen.

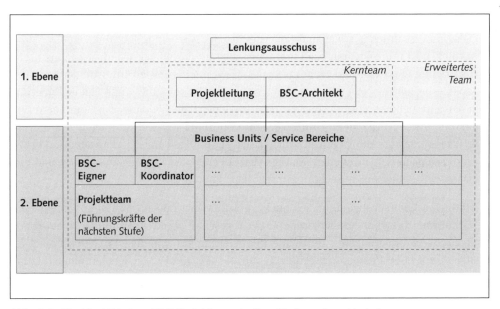

Abb. 3.3: Strukturbild einer BSC-Projektorganisation für komplexe Vorhaben

Ebene	Rollen/ Gremien	Funktion	Beteiligte Personen
1	Lenkungs- Ausschuss	• Träger der Balanced Scorecards, sowie öffentliche Unterstützung der Balanced Scorecards • Kommunikation des Fortschrittes • Leitung der strategischen Trade-off- Entscheidungen • Klärung der strategischen und finanziellen Zielvorgaben, unternehmensübergreifender Fragestellungen und Zielkonflikte	Oberste Entscheidungsträger, Machtpromotoren (i. d. R. Vorstände, Geschäftsführer, Arbeitnehmervertretung, sowie Vertreter der involvierten Balanced-Scorecard-Beratung) Die obersten Entscheidungsträger sind gleichzeitig die Balanced-Scorecard-Eigner auf der 1. Ebene
1	Projektleitung	• Verantwortung für Inhalt sowie Durchführung und Ergebnisse • Planung und Organisation des Projektes (inkl. Administration) • Sicherstellung der Weiterentwicklung gegenüber Balanced-Scorecard-Eignern • Sicherstellung der Qualität und Konsistenz des Balanced-Scorecard-Systems während des Entwicklungsprozesses • Kommunikation über das Projekt	Gemischtes Leitungsteam aus Unternehmensvertretern und internen/externen Methodenexperten, Projektleiter von Seiten des Unternehmensberaters
1	Balanced- Scorecard- Architekten (und -Koordinatoren)	• Prozesstreiber und Methodenverantwortliche für den jeweiligen Bereich • Aktive Mitarbeit an der Balanced-Scorecard-Umsetzung, d. h. Durchführung der Workshops (Vor- und Nacharbeitung, Moderation) • Betreuung der Schnittstellen mit anderen Balanced Scorecards (z. B. vertikale und horizontale Zielabstimmung) • Kommunikation der Weiterentwicklung an Balanced-Scorecard-Eigner und Projektleitung • Sicherstellung der Integration der Balanced Scorecard in das Führungssystem; Voraussetzungen schaffen für Messung und Bericht der Ergebnisse	Zukünftige Prozessverantwortliche der Einheit oder der zentralen Servicefunktionen, wie Controlling, Unternehmensplanung, Unternehmens-, Organisations- oder Personalentwicklung sowie Unterstützung durch einen externen Balanced-Scorecard-Berater. Die Rolle des Koordinators auf der 2. Ebene entspricht in abgeschwächter Form der Rolle des Architekten auf der 1. Ebene. Es kann auch die gleiche Person sein.
1	Kernteam und erweitertes Team	• Alle in der operativen Projektarbeit wesentlich beteiligten Personen	
2	Balanced- Scorecard- Eigner	• Identifizierung und Unterstützung der Balanced-Scorecard-Architekten, -Koordinatoren • Genehmigung des Balanced-Scorecard-Inhaltes • Abstimmung der Schnittstellen mit anderen Balanced Scorecards (z. B. vertikale und horizontale Zielabstimmung) • Vertretung der Balanced Scorecards vor der Geschäftsführung	I.d.R. Leiter der Einheiten auf der 2. Führungsebene, die auch im Kernteam der BSC-Erarbeitung auf der 1. Führungsebene vertreten sein sollten

Ebene	Rollen/ Gremien	Funktion	Beteiligte Personen
2	Balanced-Scorecard-Eigner	• Einführung der Balanced Scorecards im eigenen Verantwortungsbereich • Motivation der Organisation zur kontinuierlichen Anpassung der Balanced Scorecards	
2	Balanced-Scorecard-Koordinatoren (und -Architekten)	• Prozesstreiber und Methodenverantwortliche für den jeweiligen Bereich • Aktive Mitarbeit an der Balanced-Scorecard-Umsetzung, d. h. Durchführung der Workshops (Vor- und Nacharbeitung, Moderation) • Betreuung der Schnittstellen mit anderen Balanced Scorecards • Kommunikation der Weiterentwicklung an Balanced-Scorecard-Eigner und Projektleitung • Sicherstellung der Integration der Balanced Scorecard in das Führungssystem; Voraussetzungen schaffen für Messung und Bericht der Ergebnisse	Zukünftige Umsetzungsverantwortliche der Einheit oder der zentralen Servicefunktionen, wie Controlling, Unternehmensplanung, Unternehmens-, Organisations- oder Personalentwicklung sowie Unterstützung durch einen externen Balanced-Scorecard-Berater. Die Rolle des Koordinators auf der 2. Ebene entspricht in abgeschwächter Form der Rolle des Architekten auf der 1. Ebene. Es kann auch die gleiche Person sein.
2	Balanced-Scorecard-Projektteam	• Projektteam zur Erstellung der Balanced Scorecard • Durch den Balanced-Scorecard-Eigner und ggf. die Projektleitung bestimmte Teilnehmer • Vor- und Nacharbeit zu den einzelnen Workshops zu spezifischen Themenfeldern (Strategy Map, Story of Strategy, Kennzahlensteckbriefe, Maßnahmensteckbriefe)	An den Workshops zur Erstellung der Balanced Scorecard sollten in jedem Fall alle Entscheidungsträger der betrachteten Einheit teilnehmen, z. B. am Aufbau einer Balanced Scorecard für eine Abteilung der Abteilungsleiter und die Gruppenleiter. Es liegt im Ermessen des Leiters der Einheit, inwieweit weitere Erfahrungsträger und Mitarbeiter der Einheit an den Workshops zur Erarbeitung der Balanced Scorecard teilnehmen sollten. Auf eine arbeitsfähige Workshopgröße (8 bis max. 10 Teilnehmer) sollte stets geachtet werden.
2	Controlling, IT	• Sicherstellung der Qualität im Datenbeschaffungsprozess • Lieferung von beständigen Balanced-Scorecard-Berichten • Integration der Balanced Scorecards in andere Datenbeschaffungsprozesse, um Doppelgleisigkeiten zu eliminieren	Vertreter aus dem Controlling und der IT

Abb. 3.4: Beispiel für eine BSC-Projektorganisation für komplexe Vorhaben

Die mit der Strategieumsetzung betrauten Personen und Organisationseinheiten müssen auch in die vorhergehende Phase der Strategieentwicklung involviert sein, um einen fließenden Übergang zwischen Strategieentwicklung und ihrer Konkretisierung in der Balanced Scorecard sicherzustellen. Die Entwicklung der Strategie und der Balanced Scorecard ist in der Regel Aufgabe des Linienverantwortlichen und wird vom Leiter der Organisationseinheit durchgeführt. Unserer Erfahrung nach ist sie im Grunde nicht delegierbar. Den Bereichen Unternehmensplanung und -entwicklung, Personalentwicklung sowie dem Controlling kommen rein unterstützende Funktionen zu. Sie haben die Aufgabe, den Erstellungsprozess zu koordinieren und voranzutreiben, die Qualität der Ergebnisse sicherzustellen und eine sorgfältige Integration der Methodik in das Führungssystem des Unternehmens vorzunehmen.

Empirische Studie

Erstellungsprozess – Zentrale oder dezentrale Erstellung
Der Erstellungsprozess kann nachhaltigen Einfluss auf die Akzeptanz des Ansatzes haben. Wie bei anderen Führungsinstrumenten auch, werden »aufgedrückte« Vorgaben schlechter angenommen als selbst erarbeitete strategische Ziele. Es ist daher erstaunlich, dass rund die Hälfte der Balanced Scorecards überwiegend von zentraler Stelle erstellt und vorgegeben werden.
Ein Problem der zentralen Erstellung und Vorgabe lässt sich empirisch gut belegen: Mit zentral erstellten Balanced Scorecards wird weniger intensiv gearbeitet (vgl. Abb. 3.5, Horváth & Partners 2004a).

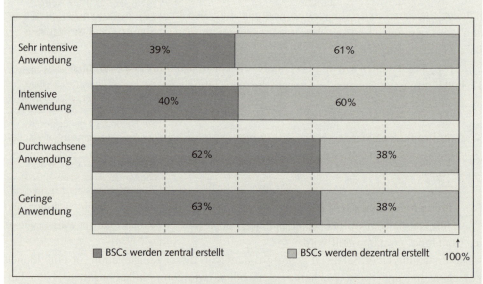

Abb. 3.5: Veränderung der Anwendungsintensität bei zentraler und dezentraler Erstellung

3.4 Den Projektablauf gestalten

Die Laufzeit eines Balanced-Scorecard-Projekts (d. h. für eine organisatorische Einheit ohne Roll-out) kann je nach Aufgabenstellung, Größe und Komplexität einen Bearbeitungszeitraum von einigen Wochen bis zu mehreren Monaten beinhalten. Für einen Roll-out über zwei Ebenen ist in der Regel mit 3 Monaten und mehr zu rechnen. In jedem Fall muss auch bei einem Balanced-Scorecard-Projekt am Anfang aus den Projektanforderungen eine klare und eindeutige – für alle Projektbeteiligten verständliche – Zielfestlegung getroffen werden. Auf dieser Basis ist im nächsten Schritt eine gründliche Ablaufplanung zu erstellen, aus der einzelne Phasen und Arbeitsschritte zu erkennen sind. Die Ablaufplanung wiederum stellt die Managementgrundlage zur Projektsteuerung dar. Die hier geschilderten Maßnahmen erscheinen als Selbstverständlichkeiten eines ordentlichen Projektmanagements, werden in der Praxis jedoch oft nicht gründlich genug durchgeführt. Nach Madauss (vgl. Madauss 2000) gibt es dafür zwei Hauptgründe:

1. Bei kleineren Projekten sind die Verantwortlichen oft der Meinung, dass sich der Projektaufwand nicht lohnt; die betreffenden Mitarbeiter, so die Auffassung, wüssten, was zu tun sei.
2. Bei Großprojekten wird oft die Ansicht vertreten, dass eine gründliche Planung im Frühstadium wegen der vielen noch zu erwartenden Änderungen schwierig sei: Es ändere sich ja doch noch alles.

Unserer Erfahrung nach werden insbesondere die Tragweite und somit der erforderliche Aufwand zu Beginn einer Balanced-Scorecard-Einführung oftmals unterschätzt. Damit die Balance zwischen den Projektanforderungen und den Investitionsmitteln gehalten werden kann, empfehlen wir ein professionelles Projektmanagement für die Einführung der Balanced Scorecard.

Im Folgenden stellen wir die Projektabläufe für drei Einführungsvarianten vor:
1. Erstellung einer Balanced Scorecard für eine Einheit.
2. Erstellung einer Balanced Scorecard inklusive der Aktualisierung der Strategie im Vorfeld.
3. Einführung der Balanced Scorecard in mehreren Einheiten, Zielabstimmung zwischen den Organisationseinheiten (Strategy Alignment) und Integration in das Führungssystem.

Für Unternehmenseinheiten, die über eine fundierte und aktuelle Strategie verfügen, hat sich zum erstmaligen Aufbau einer Balanced Scorecard ein Projektplan bewährt, wie er in Abbildung 3.6 dargestellt wird.

Die Erstellung einer Balanced Scorecard dauert in dieser Konstellation für eine Einheit zwischen drei und zwölf Wochen – je nachdem, wie kommunikationsintensiv der Einführungsprozess gestaltet wird. Unserer Erfahrung nach ist es für den nachhaltigen Erfolg der Balanced Scorecard erforderlich, über intensive und interaktive Kommunikation Akzeptanz zu gewinnen. Dies bedeutet, dass von einer Bearbeitungsdauer von sechs bis

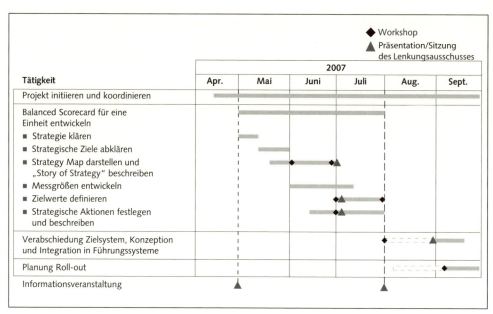

Abb. 3.6: Exemplarischer Projektplan für die Erstellung einer Balanced Scorecard in einer Einheit

zwölf Wochen auszugehen ist – abhängig davon, wie intensiv sich das Management mit der Erstellung auseinandersetzen kann. Wir empfehlen, die Workshops in einem Rhythmus von drei bis vier Wochen in ein- bis zweitägigen Veranstaltungen durchzuführen. Mit dem entsprechenden Projektvor- und -nachbereitungsaufwand ergibt sich eine Dauer von etwa drei bis vier Monaten. Die Projektnachbereitung sollte neben der Auswertung auch die Konzeption der Folgeaktivitäten beinhalten.

Ist die Strategie nicht aktuell und vollständig, muss im Vorfeld der eigentlichen Balanced-Scorecard-Erstellung die Aktualisierung der Strategie erfolgen. Detaillierte Informationen zur Klärung der strategischen Grundlagen geben wir im nächsten Kapitel. Deshalb gehen wir im Folgenden nur auf die wesentlichen Aspekte bei einer Strategieaktualisierung ein.

Steht eine solche Überarbeitung der strategischen Position und Stoßrichtung an, ergänzt sich der Erstellungsprozess der Balanced Scorecard um die Elemente »Ermittlung der strategischen Position« und »Erarbeitung der strategischen Stoßrichtung«.

Zur Ermittlung der strategischen Position ist es zunächst erforderlich, eine ergebnisorientierte Analyse des Wettbewerbsumfeldes zu initiieren. Vor diesem Hintergrund kann dann die Ist-Positionierung der einzelnen Geschäftsfelder bestimmt werden. Liegt keine Definition der strategischen Geschäftsfelder vor, müssen diese zunächst voneinander abgegrenzt und beschrieben werden. Zur Segmentierung der strategischen Geschäftsfelder können zum Beispiel die Dimensionen Region, Produkte und Kunden herangezogen werden. Über eine entsprechende Bewertung nach marktgegebenen Gemeinsamkeiten lassen sich Produkte und Produktgruppen in den verschiedenen Ausprägungen zu strategischen

Geschäftsfeldern zusammenfassen. Marktgegebene Gemeinsamkeiten können sowohl auf Kunden- und Wettbewerbsseite als auch auf Distributions- und Substitutsseite identifiziert werden. Für die Segmentierung sind unserer Erfahrung nach folgende Aspekte zu berücksichtigen:

➤ Als strategische Geschäftsfelder sind nur solche zu definieren, die zukünftig eine besondere strategische Bedeutung besitzen und einen relevanten Umsatzbeitrag erwirtschaften sollen.

➤ Strategische Geschäftsfelder müssen eindeutig definiert und voneinander abgegrenzt werden, um Überschneidungen weitestgehend zu vermeiden.

➤ Die strategischen Geschäftsfelder sind als Planungsdimension abzubilden.

➤ Die strategischen Geschäftsfelder müssen kompatibel mit der (zukünftigen) Führungsstruktur sein.

Nach dieser Segmentierung findet eine Positionsbeschreibung für jedes einzelne strategische Geschäftsfeld statt. Hierfür eignen sich die klassischen SWOT-, Portfolio-, Lebenszyklus-, Kernkompetenzen- und/oder Wertschöpfungsanalysemethoden, wie wir sie ebenfalls ausführlich im Rahmen der Klärung strategischer Grundlagen beschreiben.

Eine mögliche Methode zur Integration zukünftiger Trends in die Strategieentwicklung ist die Szenario-Analyse. Innerhalb dieser Analysen werden verschiedene mögliche Zukunftsbilder erarbeitet und als Szenarien mit ihrer Wirkung auf das Unternehmen dargestellt. Demnach sind die Trends oder Szenarien hinsichtlich ihrer Auswirkungen auf das Unternehmen bzw. auf einzelne strategische Geschäftsfelder und bezüglich der Eintrittswahrscheinlichkeit zu bewerten. Das Unternehmen sollte sich auf ein realistisches Szenario einigen und dieses als Basis für den weiteren Prozess verwenden.

In einem Handelsunternehmen geschah genau dies nicht: Die Unternehmensführung erreichte keinen Konsens über das relevante Szenario. Daraufhin wurde versucht, für alternative Szenarien Handlungsoptionen abzuleiten. Bei einer Fortführung dieses Ansatzes – was noch verhindert werden konnte – hätte dies zu alternativen Strategien und Balanced Scorecards geführt. Ohne die Entscheidung, welcher Weg denn nun tatsächlich gegangen wird, wäre der Nutzen der Balanced Scorecard als Strategieimplementierungshilfe ad absurdum geführt worden. Denn was genau hätte denn implementiert werden sollen?

Ausgehend von den Ergebnissen der Ist-Analyse wird für jedes strategische Geschäftsfeld die Soll-Position bestimmt. Darüber hinaus ist damit die Rolle am Markt sowie im Gesamtportfolio des Unternehmens festgelegt. In diesem Schritt sollten die finanziellen Erwartungen an die Geschäftsfelder formuliert und in einer Gesamtsimulation dargestellt werden.

Die Balanced-Scorecard-Erstellung baut anschließend auf der vereinbarten strategischen Positionierung und Stoßrichtung auf. In der Phase der Strategieaktualisierung reduziert sich bei einer guten Vorbereitung der Analysen und Bewertungen der Interaktionsaufwand auf ca. zwei bis drei Workshop-Tage. Erforderlich ist, dass die Teilnehmer die Ausgangssituation ähnlich bewerten und über eine vergleichbare Vorstellung von Zielbild und Strategie verfügen. Die Konkretisierung und Ausgestaltung der Strategie erfolgt dann unterstützt durch den Balanced-Scorecard-Prozess. Für die Durchführung des gesamten Prozesses werden erfahrungsgemäß ungefähr drei bis fünf Monate benötigt – je nach Verfügbarkeit der Teilnehmer.

Entsprechend dem Horváth & Partners-Modell (vgl. Kap. 2) umfasst die Einführung der Balanced Scorecard nicht nur die Erstellung einer Balanced Scorecard, sondern auch deren Implementierung über alle Unternehmenseinheiten hinweg sowie ihre Integration in das bestehende Führungssystem des Unternehmens. Die Abfolge eines kompletten Balanced-Scorecard-Vorhabens dokumentiert Abbildung 3.7 exemplarisch.

Der Zeitplan einer umfangreichen unternehmensweiten Einführung der Balanced Scorecard in einem größeren Balanced-Scorecard-Vorhaben zeigt, dass mit einer Projektdauer von bis zu einem Jahr zu rechnen ist. Das Balanced-Scorecard-Projekt umfasste in diesem Fall die Aktualisierung der Strategie und die Implementierung der Balanced Scorecard in mehreren Tochtergesellschaften, die Ausdehnung auf die zweite und dritte Führungsebene sowie die Integration in das Führungssystem, insbesondere in die Unternehmensplanung, das Berichtswesen und das Zielvereinbarungssystem.

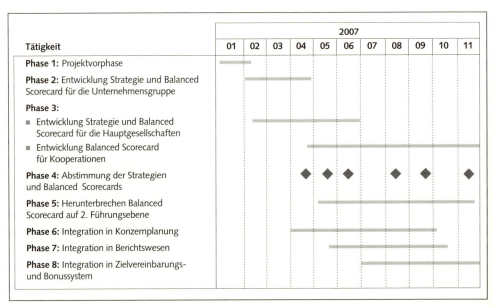

Abb. 3.7: Exemplarischer Projektplan für eine unternehmensweite Einführung der Balanced Scorecard

3.5 Die Information, Kommunikation und Partizipation sicherstellen

Bereits die Einführungsphase der Balanced Scorecard kann sehr tiefgreifende Veränderungen im Unternehmen bewirken, wenn der Prozess der Erstellung das gleiche Gewicht erhält wie das Ergebnis (nämlich die Balanced Scorecard als Ergebnisblatt). Unternehmen nutzen den Prozess der Erstellung, um kulturellen Wandel voranzutreiben. Dies ist insbesondere dann sinnvoll, wenn neben dem Produkt auch die Philosophie der Balanced Scorecard realisiert werden soll: Strategisches und damit unternehmerisches Denken und Handeln auf jeder Führungsebene verankern, interaktive und interdisziplinäre Zusammenarbeit verschiedener Funktionsträger bei der Strategieentwicklung und -implementierung ermöglichen sowie strategische Ziele innerhalb und über die Perspektiven hinweg ausbalancieren.

Folgende prozessorientierte Ziele lassen sich mit Hilfe einer Balanced-Scorecard-Einführung erreichen:

➤ Erhöhte Akzeptanz und Umsetzungswahrscheinlichkeit im Prozess durch gemeinsame Erarbeitung der Strategie und der Balanced Scorecard,

➤ höhere Prozessorientierung im Unternehmen durch wachsendes Verständnis für die Zusammenhänge der Bereiche resultierend aus der funktionsübergreifenden Zusammenarbeit bei der Balanced-Scorecard-Erstellung,

➤ Know-how-Transfer durch Einbeziehung der zentralen Supporteinheiten in das Projekt, wie die Unternehmensentwicklung, das Controlling, die Personalentwicklung oder die Organisation,

➤ Zusammenführung von Einzelansätzen und -projekten der Strategieentwicklung und -implementierung innerhalb einer Unternehmensgruppe zu einem Gesamtkonzept,

➤ auf Dialog ausgerichtete, umfassende Kommunikation der Strategie auf jeder Ebene und zwischen den Entscheidungsebenen.

Jedoch: Sie müssen das Projektdesign entsprechend gestalten! Das betrifft einerseits die einzubeziehenden Personen (vgl. Projektorganisation) und andererseits den Projektablauf insgesamt.

Zu Beginn der Einführung sollte der Schwerpunkt auf die sorgsame Integration des Projekts in das Unternehmen und den Mitarbeiteralltag gesetzt werden. Dafür ist es erforderlich, sowohl eine Kopplung mit der aktuellen Projektlandschaft vorzunehmen als auch das Thema in die Arbeitswelt der Mitarbeiter zu bringen. Hierfür eignen sich neben Informationsveranstaltungen und Dialoggruppen auch sehr gut Workshops. In Workshops lässt sich der aktuelle Stand der strategischen und operativen Planung gemeinsam dokumentieren. Eventuelle Handlungsbedarfe werden dadurch eher wahrgenommen und so ist ein genauerer Abgleich des Projektes mit den operativen Handlungsnotwendigkeiten des Geschäftes möglich. Des Weiteren muss eine Sensibilisierung und Schulung der Beteiligten erfolgen. Das bedeutet konkret: Die verantwortlichen Mitarbeiter sollen erkennen, wo die Herausforderungen im Bereich des strategischen Managements liegen und wo sie jeweils ihren Beitrag leisten können. Die Befragung des Managements, was es sich von einer effizienteren Strategieumsetzung verspricht, wäre eine mögliche Vorgehensweise. Zu testen, wo das Unternehmen bezüglich einer erfolgreichen Strategieumsetzung wirklich steht, ist ein anderer Ansatz zur Sensibilisierung. So werden Handlungsbedarf und unterschiedliche Einschätzungen der Beteiligten und Betroffenen sichtbar.

Akzeptanz und Sensibilität lässt sich auch erlangen, indem erfolgreiche Anwendungsbeispiele mit den Chancen, Gefahren, Möglichkeiten und Grenzen der Balanced Scorecard verglichen werden. Eine umfassende Information über die Zielsetzung, das Vorgehen sowie die erwarteten Ergebnisse des Projekts vervollständigen den Instrumentenkasten.

Ausgesprochen hohe Projektakzeptanz wird durch umfassende Schulungen erreicht. Hierfür empfiehlt es sich, alle Projektbeteiligten und -interessierten in einer zweitägigen Schulung mit der Balanced-Scorecard-Methodik vertraut zu machen sowie die Vorgehensweise bei der Implementierung anhand einer Fallstudie zu trainieren. Wir verwenden in Schulungen sechs Bausteine zur Vermittlung des Basiswissens:

1. Einordnung der Balanced Scorecard (»Was ist die Balanced Scorecard und wozu dient sie?«)
2. Vermittlung der Grundlagen der Balanced Scorecard (Perspektiven, Ausgewogenheit, Grundstrukturen und -prozesse, Denkmodelle)
3. Aufzeigen des schrittweisen Aufbaus einer Balanced Scorecard (Prozess von der Strategie zur Balanced Scorecard)
4. Darstellung von Praxisbeispielen (Beispiele und Erfahrungen anderer Unternehmen)
5. Erstellung einer Fallstudie zur Entwicklung einer Balanced Scorecard (in Gruppenarbeit)
6. Darstellung der Implementierung in das Führungssystem (Planung, Berichtswesen, Zielvereinbarung, Entlohnung etc.).

Zwei Charakteristika prägen ein solches Vorgehen: Auf der einen Seite wird so die verlässliche Zustimmung der Beteiligten und die größtmögliche Nutzung der Balanced Scorecard als Change-Management-Instrument erreicht. Auf der anderen Seite aber müssen ein höherer Aufwand in der Projektkommunikation sowie längere Projektlaufzeiten in Kauf genommen werden.

Dennoch bevorzugen wir einen solchen Projektansatz. Er kann dazu beitragen, dass die Balanced Scorecard durch eine breite Akzeptanz im Unternehmen als dauerhaftes Führungsinstrument zur Wirkung kommt und nicht durch Sparen bei der Implementierung als zusätzliches Berichtsblatt verkümmert. Eine Vielzahl von Projekten hat belegt, dass unabhängig von der späteren Anwendung schon im Prozess der Balanced-Scorecard-Einführung aufgrund der strukturierten Diskussion ein enormer Gewinn liegt.

3.6 Begriffe und Methoden standardisieren

Für eine flächendeckende Einführung müssen die Methoden und Inhalte frühzeitig standardisiert werden, um einen Mehraufwand und Inkompatibilitäten durch Mehrfachentwicklung zu vermeiden. Eine unternehmensweite Standardisierung umfasst das Verständnis der Philosophie, die Ausgestaltung des Einführungsprozesses, die Art und Weise der Dokumentation der Arbeitsergebnisse sowie die verwendeten Begriffe. Nehmen wir ein Beispiel: Für die strategischen Aktionen – also jene Maßnahmen zur Erreichung der Balanced-Scorecard-Ziele – finden sich sowohl in der Literatur als auch in der Praxis die unterschiedlichsten Begriffe: Projekte, Initiativen, Maßnahmen oder eben strategische Aktionen. Auch für Messgrößen gibt es unterschiedliche Bezeichnungen: von Performance-Indikator bis hin zu Kennzahlen und Messgrößen. Diese Begriffe sind noch relativ unproblematisch in der Abgrenzung zueinander. Viel spannender gestaltet sich in den Unternehmen die unterschiedliche Interpretation der Begriffe Vision, Identität, Selbstverständnis, Werte, Mission, Strategie, Ziele, strategische Stoßrichtung, Handlungsoptionen und -felder usw.

Die Definition solcher Begriffe und damit eine projektweit einheitliche Kommunikation ist besonders wichtig im Zusammenhang mit der Informationsübermittlung an Personen, die nicht in den Prozess eingebunden sind. Dies reduziert die Unsicherheit bezüglich der Aktivitäten und verhindert Mutmaßungen über Inhalte und Zielsetzungen.

Methoden zur Strategiekommunikation

Um die Kommunikation zu erleichtern, bietet sich neben der standardisierten Verwendung der Begriffe auch deren Illustration anhand von Beispielen an. Viele Unternehmen erstellen sogenannte Balanced-Scorecard-Guidelines oder -Leitfäden in traditioneller Printform sowie unter Ausnutzung neuer Medien, wie CD-ROM, Intranet, Videos (auch Business TV) für einen unternehmensweiten Einsatz. Dies erleichtert die Verbreitung der Balanced Scorecard durch firmeneigene Multiplikatoren aus den jeweiligen Bereichen. Unabdingbar ist, dass sich die verantwortlichen Eigner der jeweiligen Balanced Scorecard durch persönliche Kommunikation zum einen mit den Inhalten identifizieren und zum anderen ihren Willen zum dauerhaft erfolgreichen Einsatz des Instrumentes Balanced Scorecard dokumentieren. Dies kann über die Präsentation in Betriebsveranstaltungen, über Road Shows an verschiedenen Standorten bis zu einer Integration beteiligter Mitarbeiter in Form eines »Unternehmenstheaters« gehen.

Praxisbeispiel

In einem mittelständischen Unternehmen sollte die Balanced Scorecard allen Führungskräften ständig verfügbar und präsent sein. Man suchte nach einer Möglichkeit, die wesentlichen Inhalte der Strategie auf einen Blick darzustellen. Da die meisten Führungskräfte einen Kalender benutzten, entwickelte man dafür ein spezielles Balanced-Scorecard-Einlagenblatt (vgl. Abb. 3.8).

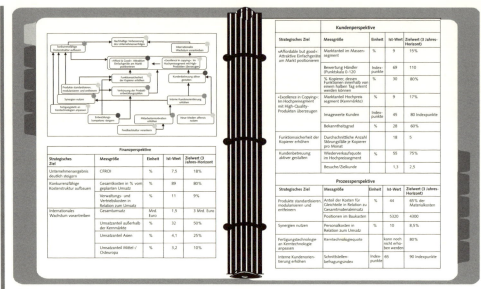

Abb. 3.8: Die Strategie auf einen Blick

Durch den Prozess der Entwicklung und der unternehmensweiten Einführung der Balanced Scorecard wird sich der unternehmerische Alltag verändern. Die Kommunikationsmaßnahmen müssen das Bewusstsein dafür fördern. So hatte in einem größeren Balanced-Scorecard-Projekt die Umsetzung eines Kommunikationskonzepts verschiedene Zielsetzungen:

➢ Die Notwendigkeit/Bedeutung des Projekts wird von allen Mitarbeitern gesehen.
➢ Das Bewusstsein der Mitarbeiter für die Marktrealitäten und Zusammenhänge wird gefördert.
➢ Die Einzelstrategien sind den Mitarbeitern in den einzelnen Gesellschaften bekannt.
➢ Der Strategiebeitrag der jeweiligen Gesellschaft zur Erreichung der Gruppenstrategie ist transparent, abgestimmt und kommuniziert.
➢ Die Transparenz der Strategieerreichung wird akzeptiert und konstruktiv genutzt.
➢ Das Herunterbrechen der Balanced Scorecard auf die zweite und dritte Führungsebene wird eigenständig durchgeführt.
➢ Die Umsetzung der strategischen Aktionen erfolgt engagiert, koordiniert und zielorientiert.
➢ Die Einführung der neuen Messgrößen wird zügig durchgeführt.
➢ Die Neugestaltung des strategischen und operativen Planungsprozesses wird konstruktiv aufgenommen und umgesetzt.
➢ Die sukzessive Einbindung in das Zielvereinbarungs- und Entlohnungssystem wird unterstützt und vorangetrieben.

Abb. 3.9: Beispiele für Kommunikationsmaß-nahmen im Rahmen einer Balanced-Score-card-Einführung

Bei der Zusammenstellung der Kommunikationsmaßnahmen (vgl. Abb. 3.9) sollte besonders darauf geachtet werden, dass die Projektergebnisse offen und entscheidungsnah weitergegeben werden können. Dadurch ist der Projektablauf für die Mitarbeiter transparent. Besonders Kommunikationsmaßnahmen, die eine direkte Ansprache der Mitarbeiter erlauben und ausreichend Zeit und Raum für Diskussionen bieten, sind zu empfehlen.

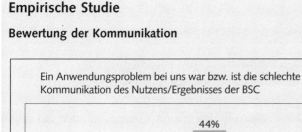

Empirische Studie

Bewertung der Kommunikation

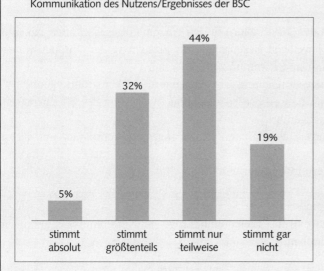

Abb. 3.10: Schlechte Kommunikation von Nutzen und Ergebnis der BSC als Anwendungsproblem (n=113)

Wenn über die Kommunikation der Balanced Scorecard gesprochen wird, so müssen zwei Elemente auseinandergehalten werden. Zum einen die Kommunikation über die Methodik der Balanced Scorecard, zum anderen die Kommunikation der Inhalte, die über die Balanced Scorecard weitergetragen werden sollen: Ziele, Kennzahlen, Zielwerte, Aktionen. Folgende Abbildung zeigt, dass in über einem Drittel der Unternehmen die BSC-Kommunikation als unzureichend bewertet wird (vgl. Abb. 3.10, Horváth & Partners 2005b).

Während eine ausreichende Information der Inhalte und Zielerreichung der Balanced Scorecard im Allgemeinen bejaht wird, so erstaunt es doch, dass fast jedes zweite Unternehmen die ausreichende Information über die Logik und Sinnhaftigkeit der Methodik kritisiert. Der negative Effekt dieser mangelnden Information und Kommunikation: Nur jedes dritte Unternehmen mit diesen mangelnden Voraussetzungen setzt die Balanced Scorcard im Anschluss intensiv ein!

Zur Kommunikation der Balanced Scorecard, sowohl in Bezug auf Inhalte und Ergebnisse als auch in Bezug auf Logik und Sinnhaftigkeit, wird die ganze Bandbreite von internen Kommunikationsmedien verwendet. Auffällig ist dabei allerdings die geringe Verwendung schriftlicher Medien wie z.B. Aushänge oder interne Veröffentlichungen. Dagegen ist die Nutzung von Besprechungen im Rahmen von Managementmeetings als Hauptmedium der Balanced-Scorecard-Kommunikation zu begrüßen. Letztlich soll die Balanced Scorecard ja dazu beitragen, dass im Unternehmen Entscheidungsprozesse durch die Förderung intelligenter Diskussionen unterstützt werden (vgl. Abb. 3.11, Horváth & Partners 2004a).

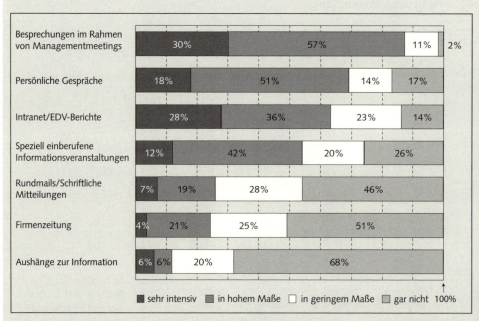

Abb. 3.11: Intensität der Anwendung unterschiedlicher Instrumente zur BSC-Kommunikation

Da die Balanced Scorecard kein Instrument der operativen Steuerung, sondern der Verfolgung der Strategierealisierung ist, sind kurzfristige Besprechungen der Entwicklung der Balanced-Scorecard-Ziele in der Regel nicht nötig. In der Praxis haben sich Quartalstreffen zur Balanced-Scorecard-Diskussion durchgesetzt (vgl. Abb. 3.12, Horváth & Partners 2005b).

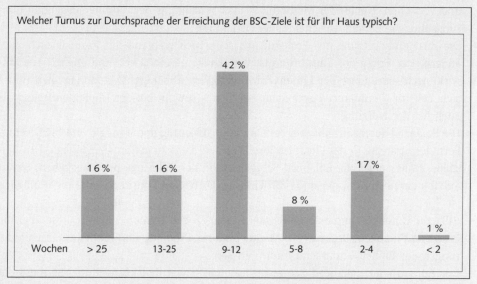

Abb. 3.12: Turnus der Besprechung der BSC-Zielerreichung (n=116)

3.7   Die kritischen Erfolgsfaktoren berücksichtigen

Die sorgfältige Vorbereitung der Balanced-Scorecard-Einführung ist ein bedeutsamer Schritt für die Entwicklung und die spätere Nutzung der Balanced Scorecard als Managementsystem. Bereits in dieser Phase wird das Fundament gelegt und sichergestellt, dass alle am Prozess Beteiligten zielgerichtet die Umsetzung der Strategie vorantreiben. In unseren Projekten konnten wir verschiedene Faktoren identifizieren, die besonders die Einführung und die Nutzung der Balanced Scorecard im Managementalltag be- oder gar verhindern:

➤ Die Entwicklung der Balanced Scorecard wird an Dritte delegiert.
➤ Das Controlling nimmt die inhaltliche Gestaltung der Balanced Scorecard vor.
➤ Das Managementteam ist nur sporadisch in den Erstellungsprozess involviert.
➤ Das Projektteam hat nicht den Rückhalt der Führungsspitze für das Vorhaben.
➤ Die erforderliche Zeit und Beharrlichkeit für die Entwicklung und Implementierung im Alltag fehlt. Zu viele Projekte konkurrieren um die Aufmerksamkeit des Managements.

➤ Die Inhalte der Balanced Scorecards sind voll von Allgemeinplätzen. Die Besonderheiten des Unternehmens und der Branche werden nur unzureichend abgebildet.

Aus unseren Projekterfahrungen heraus haben wir folgende kritische Faktoren einer erfolgreichen Balanced-Scorecard-Einführung abgeleitet:

➤ Die Mitglieder des Projektteams müssen das Konzept der Balanced Scorecard kennen und verstehen. Neben der Methodik ist das Verständnis der dahinter liegenden Führungsphilosophie von entscheidender Bedeutung.

➤ Die Zusammensetzung des Projektteams sollte sich während des Projekts nicht verändern. Der Erfolg der Einführung ist von der kontinuierlichen und engagierten Mitwirkung insbesondere der Linienverantwortlichen abhängig. Das Management muss sich Zeit für die Balanced Scorecard nehmen – sowohl bei der Implementierung als auch bei der Nutzung.

➤ Die Balanced Scorecard hilft bei der Operationalisierung der Strategie und beim Verankern der Strategie in der Organisation: »From strategy to action!« – Strategie ist Chefsache. Daher muss die Balanced Scorecard von der Führungsspitze ausgehen. Sie ist ein Top-down-Ansatz, der ohne Mitwirkung der oberen Führungskräfte nicht möglich ist.

➤ Falls zur Unterstützung externe Berater hinzugezogen werden, müssen diese über die Eckdaten Finanzen, Ressourcen, Markt, Abläufe, Produkte und aktuelle Herausforderungen der Einheit umfassend informiert sein.

➤ Der Aufbau einer Balanced Scorecard ist nicht trivial und kostet Kraft. Es muss daher von Anfang an klar sein, warum die Balanced Scorecard eingeführt und genutzt werden soll, wichtig ist z. B. Klarheit und Konsens über die Strategie zu erhalten, die Etablierung von Change-Programmen, die Einführung von Zielvereinbarungen usw.

➤ Es muss klar sein, wer (bzw. welches Team) als Prozesstreiber (»Architekt«) die Einführung methodisch begleitet und bei laufendem Betrieb Ansprechpartner ist.

➤ Die Balanced Scorecard ist als Managementsystem zu positionieren, welches durch das Controlling unterstützt wird, und nicht als Controllingsystem, welches durch das Management unterstützt wird.

➤ Die Erarbeitung der Scorecard in mehrtägigen Workshops hat sich bewährt. Störungen der Workshops durch das Tagesgeschäft sollten vermieden werden und die Workshop-Sequenzen maximal zwei bis drei Wochen auseinanderliegen. Idealerweise erfolgt die Erarbeitung in einem wöchentlichen Rhythmus. Grundsätzlich gilt, genügend Zeit ist Gold wert.

➤ Der Prozess der Erarbeitung und des Kommunizierens einer Balanced Scorecard ist so wichtig wie die Resultate.

Die Balanced-Scorecard-Methode erscheint zunächst als sehr einfach und pragmatisch und leicht in bestehende Systeme zu integrieren. Das bedeutet allerdings nur, dass das Konzept bestechend schlüssig, logisch und einfach ist, die Kunst aber in einer gelungenen Implementierung liegt.

3.8 Highlights

➤ Arbeiten Sie mit Vorstudien und Pilotprojekten! Dadurch werden die Beteiligten mit der Methode vertraut, der Projektumfang ist abschätzbar und der Nutzen erkennbar.

➤ Wenden Sie ein professionelles Projektmanagement an! Eine ergebnisorientierte, gründliche und ganzheitliche Vorbereitung der Balanced-Scorecard-Implementierung hilft, »keine Zeit«- und »schon wieder ein neues Projekt«-Widerstände zu lösen.

➤ Holen Sie das Top-Management ins Boot! Die Erfahrung zeigt: Der Erfolg einer Balanced-Scorecard-Einführung hängt ganz wesentlich vom Commitment des Managements und dessen aktiver Unterstützung ab.

➤ Reden Sie mit den Beteiligten und mit den Betroffenen! Besonders in umfassenden Einführungen ist es für die Akzeptanz der Balanced Scorecard als neues Führungssystem wichtig, Information, Kommunikation und Partizipation sicherzustellen.

➤ Und letztlich: Gehen Sie bei der Einführung stets top-down vor!

4 Die strategischen Grundlagen klären

4.1   Zielsetzung

4.2   Strategie und Balanced Scorecard
4.2.1   Zugrunde liegendes Strategieverständnis
4.2.2   Strategie-Anatomie: Wettbewerbsarena, strategischer Rahmen und Zielsystem
4.2.3   Die Elemente des strategischen Rahmens
4.2.4   Neugestaltung des Strategieprozesses

4.3   Ablauf der strategischen Klärung
4.3.1   Umfang der strategischen Klärung
4.3.2   Durchführung eines Strategie-Checks
4.3.3   Das Kundenbegeisterungsmodell als Beispiel umfangreicherer strategischer
        Analysen
4.3.4   Plakative Zusammenfassungen: Die strategischen Stoßrichtungen

**4.4   Benötigte Inputs aus der strategischen Klärung für den Balanced-Scorecard-
        Prozess**

**4.5   Anforderungen und Entwicklungsperspektiven der Strategieentwicklung
        im Kontext der Balanced Scorecard**

4.6   Highlights

4.7   Fallstudie »Strategische Grundlagen klären«
4.7.1   Ausgangssituation
4.7.2   Das Unternehmen Prints GmbH
4.7.3   Strategische Klärung bei der Prints GmbH
4.7.4   Wettbewerbsumfeld und strategischer Kern der Prints GmbH
4.7.5   Kundenwahrnehmung und Kundenschnittstelle
4.7.6   Analyse der Wertschöpfungskette
4.7.7   Analyse des Human Kapitals
4.7.8   Festlegung der strategischen Stoßrichtungen

4.1   Zielsetzung

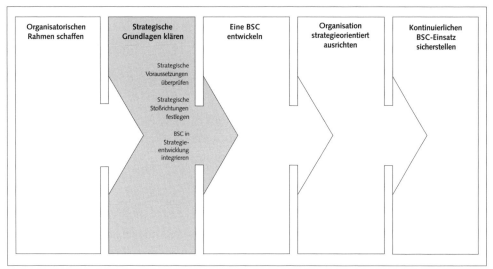

Abb. 4.1: Phase 2 des Horváth & Partners-Modells zur Balanced-Scorecard-Implementierung

In der Praxis sind die Voraussetzungen zu Beginn eines Balanced-Scorecard-Projektes bezüglich der Reife der Strategie sehr unterschiedlich.

Im Idealfall ist die Balanced Scorecard integraler Bestandteil des Strategieprozesses. Auf der Grundlage eines gemeinsamen Verständnisses der wesentlichen Branchenentwicklungen und eines darauf angepassten Geschäftsmodells bilden Strategy Map und Balanced Scorecard das strategische Zielsystem ab. Das Verständnis für diese Idealkonstellation gehört zu den wichtigsten Entwicklungen des Balanced-Scorecard-Konzeptes in den letzten Jahren. Gab es in der Vergangenheit die klare Trennung »erst Strategie, dann Balanced Scorecard« so werden die Ansätze heutzutage wesentlich integrierter behandelt.

In vielen Fällen, gerade auch bei der erstmaligen Einführung des Konzeptes, ist eine solche Idealkonstellation aber nicht gegeben. Eine Vielzahl von BSC-Projekten beginnt doch eher mit der Auseinandersetzung der Ergebnisse eines vorgelagerten Strategieprozesses und operationalisiert dessen Inhalte in der Struktur der Balanced Scorecard.

Noch häufiger ist die Situation anzutreffen, dass kein konsolidiertes Strategiedokument vorliegt, sondern sich »die Strategie« fragmentarisch in einer Fülle von Unterlagen und Dokumenten wiederfindet. Diese Fragmentierung ist häufig der Grund, dass Strategien mehrdeutig sind bzw. von einzelnen Personen im Unternehmen unterschiedlich interpretiert werden. »Wir haben gar keine Strategie« ist dann häufig die emotionale Einschätzung der Situation. Letztlich findet man gerade im Mittelstand die Strategie des Unternehmens lediglich in den Köpfen einzelner Manager oder sogar nur des Geschäftsführers wieder.

Welche Situation vorliegt, lässt sich in vielen Fällen nicht auf Anhieb erkennen. Strategien haben grundsätzlich einen dynamischen Charakter und unterliegen daher kontinuierlicher Anpassung und Weiterentwicklung. Dies spiegelt sich darin wieder, dass, trotz geforderter Treue zu einer einmal eingeschlagenen Richtung, Strategien nicht statisch sind, weshalb man zu Projektbeginn kaum auf eine fertige allgemein akzeptierte Strategie stoßen wird. Die Erfahrung zeigt: In der Praxis besteht »die Strategie« häufig aus einer Ansammlung von einzelnen Meinungen, isolierten Konzepten, umfassenden Analysen, wohlklingenden Visionen etc.

Das Konzept der Balanced Scorecard bildet das strategische Zielsystem als Kernbestandteil einer Strategie ab. Ohne ein solides Verständnis der Richtung, welche das Unternehmen einschlagen will und der zugrunde liegenden Leitplanken (z. B. über das Produktportfolio, Zielmärkte, Vertriebskanäle usw.), lässt sich der erfolgreiche Aufbau der Balanced Scorecard kaum vorstellen. Deshalb ist es notwendig, frühzeitig die strategischen Grundlagen zu klären und ggf. zu schaffen, um eine solide Ausgangsbasis für die Einführung der Balanced Scorecard zu erhalten.

Wichtigstes Anliegen ist es, ein gemeinsames, homogenes Strategieverständnis zu erhalten, auf dessen Grundlage die strategischen Ziele der Balanced Scorecard abgeleitet werden. Je einheitlicher das Verständnis des Managements über die Art und Weise ist, wie man sich im Wettbewerb behaupten will, desto einfacher ist die Erstellung einer Balanced Scorecard. Besteht kein gemeinsam getragenes Strategieverständnis, so kommt es bei der Ableitung der strategischen Ziele und deren Operationalisierung zu mühsamen und teilweise aufreibenden Diskussionen.

Bereits an dieser Stelle wollen wir festhalten: Das Ideal einer vollständig ausgearbeiteten Strategie zählt meist zur Rubrik »Fiktion«. Selbst einzelne »weiße Flecken« entdeckt und bearbeitet man mitunter erst im Rahmen des Balanced-Scorecard-Prozesses – beispielsweise bei der Ableitung der strategischen Ziele oder bei deren Operationalisierung. Es gilt folglich, ein Gleichgewicht zu finden: Nicht alle strategischen Fragen müssen schon im Detail vor einem Balanced Scorecard-Prozess vorliegen, aber wesentliche Grundpositionen sollten abgeklärt sein.

Folgende Ziele stehen daher im Vordergrund dieses Kapitels:

➢ Wissen, welches Strategieverständnis zugrunde gelegt wird,
➢ welche Methoden bei der strategischen Klärung nützlich sind,
➢ sehen, was zum Horváth & Partners-Strategiecheck dazu gehört und wie er funktioniert,
➢ verstehen, wie die Balanced Scorecard in die Strategieentwicklung integriert wird,
➢ nachvollziehen, warum die Balanced Scorecard die Strategieentwicklung verändern wird.

4.2   Strategie und Balanced Scorecard

In der großen Mehrheit von Veröffentlichungen zur Balanced Scorecard wird davon ausgegangen, dass die Balanced Scorecard auf einer bereits entwickelten Strategie aufbaut: »The scorecard process starts with the senior executive management team working together to translate its business strategy into specific strategic objectives« (Kaplan/Norton 1999, S. 10).

Dabei wird schon semantisch unterstellt, dass »Strategie« und »Balanced Scorecard« zwei unterschiedliche Dinge sind. Unsere Projektpraxis hat aber über die Jahre gezeigt, wie schwierig und teilweise künstlich eine solche Trennung ist: Umfasst eine Strategie auch Ziele? Und wenn ja, welche Ziele sind dann Bestandteil der Strategie und welche Teil der Balanced Scorecard? Welche Kennzahlen und Zielwerte sind »Strategie«, welche nicht? Umfasst eine Strategie auch wichtige Aktionen – oder ist dies Teil der Operationalisierung, welche der BSC-Ansatz leistet? Welche strategischen Inhalte werden eigentlich genau in eine Balanced Scorecard »übersetzt« – und welche nicht? Die allgemeine BSC-Literatur gibt zu diesen Fragen wenig Antworten.

Als Lösung aus diesem Dilemma hat sich bei Horváth & Partners ein erweitertes Strategieverständnis entwickelt, welches bei der Strategieumsetzung wirkungsvolle Verbesserungspotenziale bietet. Wir wollen im Folgenden die wesentlichen Grundzüge erläutern.

4.2.1   Zugrunde liegendes Strategieverständnis

Es gibt eine Fülle unterschiedlicher Strategiedefinitionen. Aus unserer Sicht ist eine Strategie *das beabsichtigte oder sich ergebende, über einen längeren Zeitraum konsistente Verhaltensmuster einer Organisation, mit welchem sie ihre grundlegenden Ziele erreichen will* (vgl. Greiner 2004, S. 37).

Das Verständnis einer Strategie als konsistentes Verhaltensmuster betont die Tatsache, dass eine Strategie auf die Ausrichtung einer Vielzahl von Einzelhandlungen wirkt. Der bekannte Strategieexperte Michael Porter spricht in diesem Zusammenhang auch von Strategien als »Aktivitätensysteme«. Ein beabsichtigtes Verhaltensmuster lässt sich rational ableiten und beschreiben – so gesehen sind Strategiedokumente die Willenserklärung, wie sich das zukünftige Handeln darstellen sollte.

Strategien entstehen allerdings nicht nur auf der Grundlage rationaler Planungen, häufig führen Zufälligkeiten, Opportunitäten, Ideen einzelner usw. zu unerwarteten neuen Handlungen, die, wenn erfolgreich, wiederum als beabsichtigtes Verhalten für die Zukunft festgehalten werden können. Häufiger als große, teilweise »über Nacht« beschlossene Strategieveränderungen kommen daher sich kontinuierlich ergebende Strategieentwicklungen vor. Strategieentwicklung findet fortlaufend im Unternehmen statt. Es sind die vielen Einzelentscheidungen, die sich zwar auf Teilaspekte der Strategie beziehen, die in der Summe aber zu einer kontinuierlichen Weiterentwicklung der Gesamtstrategie führen. Diese Entwicklungsform wird in der Literatur als »evolutionär« bzw. »emergent« bezeichnet (vgl. Fry/Killing 1986, S. 26ff.). Gerade solche sich schleichend ergebenden Strategieveränderungen machen eine regelmäßige Beschäftigung mit der Strategie erforderlich. Passt unsere momentane Marschrichtung überhaupt? Was müssen wir deutlich fördern (und sich nicht inkremental weiterentwickeln lassen)? Welche sich ergebenden Strategiemuster passen nicht mehr zu uns und sollten zurückgefahren werden? Grundsätzlich entstehen Strategien also aus einer Kombination geplanter und eher »emergenter«, d. h. unbeabsichtigt entstehender Verhaltensweisen (vgl. Welge/Al-Laham 1999, S. 19; Mintzberg 1987, S. 69).

Entscheidend bei all dem ist, dass das Verhalten in sich über einen längeren Zeitraum schlüssig ist. Die Aneinanderreihung einzelner Handlungen, bei denen kein Zusammenhang, kein Konzept erkennbar ist, wird man schwerlich als Strategie bezeichnen.

Die grundlegenden Ziele von Organisationen können sehr unterschiedlicher Natur sein. In der freien Marktwirtschaft ist die Gewinnerzielung die zentrale Zielsetzung der meisten Unternehmen. Da Gewinne nur erzielt werden können, wenn Kunden auf das eigene Produktangebot zurückgreifen und nicht auf das des Wettbewerbers, ist Differenzierung mit der Strategiegestaltung eng verbunden. Konkurrenten, die auf dieselbe Weise leben, können nicht koexistieren. Besitzt ein Unternehmen keinen besonderen Vorteil gegenüber seinen Rivalen, so hat es auch keine Existenzberechtigung (Henderson 1986, S. 5ff.).

Der Begriff der »Organisation« (nicht der des »Unternehmens«) ist bewusst gewählt. Es geht nicht nur um die Vorgehensweise des Unternehmens als Ganzes (Unternehmensstrategien). Strategien können auf jeder Ebene der Organisation gebildet werden. Dies zeigen Begriffe wie Beschaffungsstrategie, Marketingstrategie, Geschäftsbereichsstrategie, Verhandlungsstrategie usw. Strategien auf nachgelagerten Ebenen der Organisation sollten dabei eine Konkretisierung der Strategien der übergeordneten Ebenen darstellen.

4.2.2 Strategie-Anatomie: Wettbewerbsarena, strategischer Rahmen und Zielsystem

Aus welchen Komponenten besteht eine Strategie? Unsere Projektarbeit hat wiederholt gezeigt, dass es sich lohnt, eine Strategie gedanklich in zwei Teilbereiche zu unterscheiden.

Auf der einen Seite stehen strukturelle Grundsatzentscheidungen, die den **strategischen Rahmen** bilden. Dazu zählen zunächst die grundlegende Zielrichtung (Vision), der Auftrag der Organisation (Mission) und das zugrunde liegende Wertesystem. Von besonderer Bedeutung sind aber auch grundsätzliche Entscheidungen hinsichtlich der möglichen Handlungsparameter, sogenannte »Ja/Nein«-Entscheidungen: Welche Märkte sollen bedient werden, welche nicht? Welche Vertriebskanäle wollen wir nutzen, welche nicht? Welches Image wollen wir, welches nicht? Die Summe solcher »Ja/Nein«-Entscheidungen verstehen wir als Geschäftsmodell. Die Inhalte eines so verstandenen strategischen Rahmens unterliegen in der Regel nur selten kurzfristigen Veränderungen. Veränderungen im strategischen Rahmen sind mit großen strategischen Entscheidungen verbunden, z.B. die Formulierung einer neuen Vision, dem Eintritt in ein neues Geschäftsfeld oder einer umfassenden Neupositionierung (z.B. »Vom Billigmeier zum Qualitätsanbieter«).

Auf der anderen Seite steht das **strategische Zielsystem**, welches darlegt, wie innerhalb des gesetzten Rahmens vorzugehen ist. Zum Zielsystem gehören verbale ausformulierte strategische Ziele und die Klärung ihres Zusammenhanges, Messgrößen, Zielwerte und strategische Aktionen. Der strategische Rahmen steckt dabei das Umfeld ab, in dem das Zielsystem entwickelt werden kann. Dabei unterliegen die Elemente des Zielsystems einer wesentlich höheren Veränderungsrate im Vergleich zu den Elementen des strategischen Rahmens. Wenn man davon spricht, dass sich Strategien heutzutage »sehr schnell verändern«, so sollte entsprechend geklärt werden, von welchen Komponenten der Strategie man spricht.

Eine Strategie – mit ihren Bestandteilen strategischer Rahmen und strategisches Zielsystem – gibt eine Antwort darauf, wie sich die Organisation innerhalb ihres Marktsegmentes erfolgreich behaupten will. Anstatt des Begriffes Marktsegment verwenden wir gerne den dynamischeren Begriff der »**Wettbewerbsarena**«. In ihr entwickeln sich Kundenerwartungen, Wettbewerber, politische Rahmenparameter etc. Auch wenn die Wettbewerbsarena nicht Teil der Strategie ist, so ist eine Strategie ohne Verständnis der konkreten Wettbewerbsarena nicht zu bewerten.

Abbildung 4.2 stellt die beschriebenen Komponenten im Zusammenhang dar.

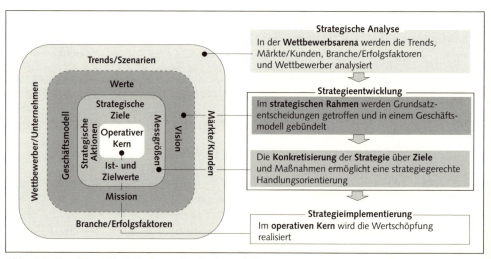

Abb. 4.2: Das Horváth & Partners-Strategiemodell

Eine Differenzierung in einen strategischen Rahmen und ein strategisches Zielsystem ist im ursprünglichen Konzept der Balanced Scorecard (und in der Strategieliteratur im Allgemeinen) nicht explizit vorgesehen – aus unserer Sicht eine relevante konzeptionelle Lücke! Da die Balanced Scorecard auf (messbare) Ziele fokussiert ist, blendet der ursprüngliche Ansatz jene Strategieelemente aus, die nicht als Ziele formuliert werden, sondern Teil des Geschäftsmodells sind. Diese Lücke lässt sich schließen, indem man den strategischen Rahmen bei der Ableitung einer Balanced Scorecard dezidiert und differenziert berücksichtigt.

4.2.3 Die Elemente des strategischen Rahmens

Da der strategische Rahmen für eine gute Balanced Scorecard von großer Bedeutung ist, wollen wir etwas genauer auf dessen einzelne Elemente eingehen. Abbildung 4.3 bietet einen Überblick über die einzelnen Komponenten.

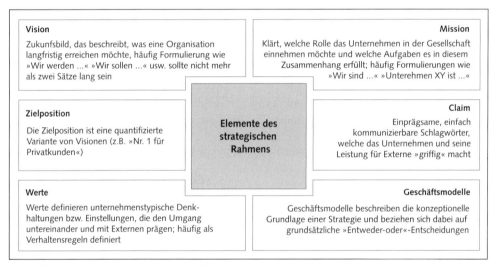

Abb. 4.3: Elemente des strategischen Rahmens

◆ **Vision, Mission und Werte**

Was kommt zuerst? Ein Verständnis dessen, was man langfristig erreicht haben möchte (Vision) oder die Klärung der Frage, für welche Leistung man steht (Mission)? Die Beantwortung der Frage ist müßig, birgt sie doch ein »Henne-Ei-Problem«. Wir sind allerdings der festen Überzeugung, dass gut geführt Organisationseinheiten sowohl eine motivierende Vision besitzen als auch ein trennscharfes Bild, welchen Mehrwert man der Gesellschaft bietet.

Visionen sind Zukunftsbilder, welche beschreiben, was eine Organisation langfristig erreichen will. Gute Visionen geben Organisationen Kraft und Ausrichtung. Viel zitiert aber in seiner Aussagekraft unübertroffen ist in diesem Zusammenhang das Zitat von Antoine de Saint-Exupéry:

»Wenn Du ein Schiff bauen willst, dann trommle nicht die Männer zusammen, um Holz zu beschaffen, Aufgaben zu vergeben und die Arbeit einzuteilen, sondern lehre sie die Sehnsucht nach dem weiten, endlosen Meer«

Leider erfüllen viele Zukunftsbilder diese Anforderung nicht. Viele Visionen erschöpfen sich in »Wir werden zur Nr.1«. Das mag in manchen Fällen gerechtfertigt sein, aber die Motivations- und Ausrichtungskraft ist häufig eher bescheiden. Als Henry Ford sich 1907 gegenüber 30 Automobilherstellern in den USA durchsetzen wollte, gab er nicht die Vision aus: »Wir werden zum führenden Automobilhersteller«. Seine Vision war: »Wir werden ein Auto für die breite Masse bauen. Sein Preis wird so niedrig sein, dass niemand (...) auf seine Anschaffung verzichten muss.« Von Nike wird kolportiert, dass ihr Siegeszug mit der Vision »Beat Adidas« begann (bei Toyota sprach man von »Beat Mercedes« – was sich das Unternehmen offensichtlich sehr zu Herzen genommen hat). Die Deutsche Post verfolgte 2001 die Vision: »Unsere Kunden sehen in uns einen vertrauensvollen und starken Partner. Qualität und Innovation bestimmen unser Denken und Handeln im In- und Ausland.« Zu diesem Zeitpunkt wurde die Post dafür eher etwas belächelt, inzwischen gehört sie zu den weltweit erfolgreichsten Logistikunternehmen.

Eine Vision zu formulieren, welche die Organisation begeistert und ihr Kraft gibt, ist ein lohnenswertes, wenn auch schwieriges Unterfangen. Etwas einfacher und daher häufig als Substitut für Visionen verwendet sind Zielpositionen. Zielpositionen sind nicht so qualitativ formuliert wie eine Vision, sondern legen ihren Fokus eher auf quantifizierte Aussagen, häufig in Relation zum Wettbewerb. Eine Zielposition ist z.B.: »Wir werden bis zum Jahr 2017 zu den führenden Unternehmen im Firmenkundengeschäft mit einem Gesamtumsatz von 800 Mio. Euro«.

Welche Art von Aussage für eine konkrete Organisation besser ist, hängt von vielen Faktoren ab. Für uns ist die Unterscheidung in Vision und Zielposition zunächst eine gedankliche Strukturierung auf der Suche nach einer Kernaussage, wohin sich die Organisation entwickeln möchte. Entspricht diese Aussage eher einer Zielposition, bezeichnen wir sie auch als Vision.

Während Visionen ein Zukunftsbild beschreiben (»Wir wollen...«, »Wir werden ...«), beschreibt eine Mission den Auftrag des Unternehmen für die Gesellschaft. Sprachlich entsprechen Missionen eher der Aussage »Wir sind...«, »Unser Auftrag ist ...«. Walt Disney versteht z.B. seinen Auftrag darin, ein Produzent und Anbieter von Unterhaltung und Information zu sein.

Am Beispiel Walt Disney kann man erkennen, wie stark ein Rahmen ist, den eine Mission vorgibt. Durch das Selbstverständnis, auch ein Anbieter von Information zu sein, öffnet sich Walt Disney z.B. auch der Welt der Fernsehnachrichten und erschließt sich Wachstumspotenziale außerhalb des ursprünglichen Kerns.

Missionen sind in der Regel recht nüchtern artikuliert. Als Marketinginstrument dienen sie daher nicht. Diese Funktion übernehmen sogenannte »Claims«: Griffige, an den Markt gerichtete Formulierungen, die dem Kunden in prägnanter Form erläutern sollen, wofür eine Marke steht (»Positionierungsaussagen«). Einige Beispiele: IKEA (»Wohnst du noch oder lebst du schon?«), Audi (»Vorsprung durch Technik«), Nokia (»Life goes mobile«), Aldi (»Qualität ganz oben, Preis ganz unten«), Dresdner Bank (»Die Beraterbank«), Horváth & Partners (»The Performance Architects«). Entscheidend ist natürlich, dass Mission und Claim im Einklang stehen.

Es ist für viele Strategen ein etwas ungewohnter Gedanke, dass wir die Werte einer Organisation als festen Bestandteil von Strategien ansehen. Folgt man der Auffassung, dass Strategien Verhaltensmuster sind, so wird unmittelbar ersichtlich, warum wir so denken: (Gelebte) Werte bestimmen nachhaltig, wie Organisationsmitglieder denken, welche Prioritäten sie setzen und welchen Entscheidungen sie den Vorrang geben würden.

Werte bestimmen mentale Einstellungen (»Denkhaltungen«), die den Umgang untereinander und mit externen Partnern bestimmen. Kaum ein Unternehmen verzichtet heutzutage auf die Formulierung und Dokumentation ihrer eigenen Werte. Gerade in einem globalen Umfeld, bei der in Organisationen Menschen unterschiedlichster Nationalitäten zusammenarbeiten, ist – neben dem Respekt vor der kulturellen Vielschichtigkeit der Beteiligten – ein Konsens über den gemeinsamen Wertekanon nötig. Dabei sollte unser Meinung nach darauf geachtet werden, dass der Wertekanon nicht zu einer Auflistung von Selbstverständlichkeit führt, sondern insbesondere die Werte hervorhebt, die im Wettbewerb zu Erfolg führen werden. Ein interessanter Ansatz ist dabei, einen »Code of Conduct« zu verfassen, in dem wesentliche Verhaltensregeln festgelegt werden (nicht Betrügen, keine Kinderarbeit, Gleichberechtigung von Mann und Frau usw.) und zusätzlich ein »Value Statement«, welches, befreit von den »Selbstverständlichkeiten«, auf die Kernwerte der unternehmensspezifischen Kultur fokussiert bleibt.

Werte beeinflussen das Verhalten. Es macht einen Unterschied, ob ein Kernwert die »partnerschaftliche Zusammenarbeit mit externen Partnern« hervorhebt oder nicht; oder ob »Premiumorientierung« oder »Kostenbewusstsein« das Handeln prägen.

◆ Das Geschäftsmodell

Der Begriff »Geschäftsmodell« gehört zu jenen Begriffen, mit denen man intuitiv etwas verbindet, die genaue Beschreibung und Abgrenzung aber schwer fällt. Für eine erfolgreiche Strategiearbeit und zur korrekten Positionierung der Balanced Scorecard ist er für uns von entscheidender Bedeutung.

Unser Verständnis von Geschäftsmodellen ist nachhaltig von einer Idee des Strategieexperten Michael Porter geprägt, für den sich Strategien als die bewusste Auswahl eines einzigartigen Aktivitätssystems darstellen, mit dem ein besonderer Nutzen angeboten werden kann. In seinem berühmten Artikel »What is Strategy« im Harvard Business Review (vgl. Porter 1996b, S. 62ff.) stellt er verschiedene Beispiele für seine These dar und wählt dafür eine Darstellung, die wir als »Strategie-Netz« bezeichnen.

Das abgebildete Strategienetz zeigt das »Aktivitätssystem« von IKEA. Die Darstellung zeigt die wesentlichen Strukturmerkmale von IKEA und bringt sie in Zusammenhang. Jede einzelne der abgebildeten Wesensmerkmale von IKEA stellt eine »Ja/Nein«-Entscheidung

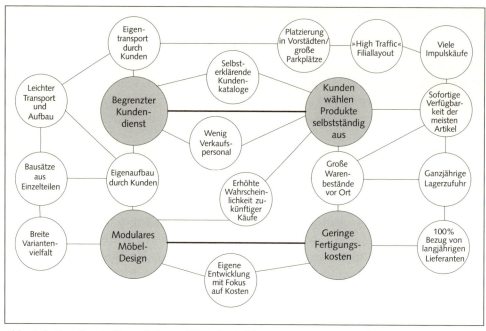

Abb. 4.4: Das Geschäftsmodell von IKEA (in Anlehnung an Porter 1996b, S. 65)

dar. Beispiel: IKEA findet sich immer in den Vorstädten mit großen Parkplätzen. IKEA könnte alternativ dazu auch exklusive IKEA-Boutiquen mit wenigen Parkplätzen in der Innenstadt eröffnen. Das Geschäftsmodell von IKEA wäre dann aber ein völlig anderes! So lässt sich jedes Wesensmerkmal hinterfragen, ob es noch in die heutige Zeit passt und ob eine Veränderung nicht neue Wachstumsperspektiven eröffnen würde.

Besonders auffällig ist aber, dass auf dieser Darstellung keinerlei Ziele von IKEA abgebildet sind! Keine Aussagen zum gewünschten Umsatz und Ergebnis, zur Kunden- und Mitarbeiterzufriedenheit, kein Hinweis auf eine Verbesserung der Effizienz, keine Ziele bzgl. der benötigten Qualitätsentwicklung usw. Sind diese Aussagen für eine Strategie nicht wichtig? Wir denken doch – aber nicht als Bestandteil des strategischen Rahmens.

Aus unserer Sicht stellt das abgebildete Aktivitätensystem von IKEA das *Geschäftmodell* dieses erfolgreichen Unternehmens dar. Damit kommen wir wieder auf unsere Aufteilung des Strategiekonzeptes in strukturellen Rahmenparametern und das strategische Zielsystem zurück. Das Geschäftsmodell gibt (gemeinsam mit Vision, Mission und Werten) den Rahmen vor in dem eine Organisation versucht, ihre Vision zu erreichen und seine Mission zu erfüllen. Welche Ziele im konkreten erreicht werden müssen, damit dies gelingt, ist Inhalt des strategischen Zielsystems.

4.2.4 Neugestaltung des Strategieprozesses

Es stellt sich die Frage, welche prozessualen Anforderungen sich aus dem beschriebenen Strategieverständnis ergeben. Angestrebt ist eine ganzheitliche Sicht des strategischen Managementkonzepts. Dies beinhaltet zum einen Fragen nach Prozessen und Methoden sowie nach der Reihenfolge ihrer Anwendung im Rahmen der Strategieentwicklung und -realisierung. Zum anderen beinhaltet dies Fragen danach, welche Personen und welche Funktionsbereiche in diese Prozesse eingebunden sein sollten. Darüber hinaus bleibt zu bestimmen, wie das Spannungsfeld zwischen den formal-strategischen Planungsmethoden und kreativen strategischen Impulsen in der Organisation zu managen ist.

Die einschlägige Literatur bietet eine Reihe unterschiedlicher formaler Modelle für ein ganzheitliches strategisches Management. Abbildung 4.5 gibt einen Überblick über das bei Horváth & Partners zugrunde gelegte Strategieprozessmodell. Wichtig ist die Anmerkung, dass in der Praxis die Abläufe nicht so streng sequenziell verlaufen, wie es die Darstellung andeutet. Strategiearbeit ist durch iterative Schleifen geprägt.

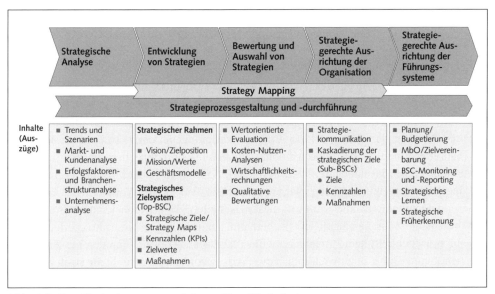

Abb. 4.5: Das Strategieprozessmodell von Horváth & Partners

Im ersten Schritt, der **strategischen Analyse**, werden die Informationen zur Wettbewerbsarena ermittelt. Dies beginnt i.d.R. mit einer Analyse der wesentlichen übergreifenden und branchenspezifischen Trends und deren Zusammenführung in mögliche Zukunftsszenarien. Daneben werden die zu betrachtenden relevanten Märkte definiert und analysiert. Eng damit verbunden ist die systematische Auseinandersetzung mit den Kundenerwartungen. Darüber hinaus ist die eigene Wettbewerbsposition im Vergleich zu aktuellen und potenziellen Wettbewerbern zu betrachten. Dies beinhaltet auch die Einschätzung der eigenen Innovationsfähigkeit auf Basis einer Technologieanalyse. Schließlich gilt es, im Rahmen einer Branchenstrukturanalyse die spezifischen Spielregeln und Erfolgsfaktoren der Branche zu analysieren. Ergebnis der strategischen Analyse ist eine klares Bild über die strategische Ausgangssituation des Unternehmens.

Auf dieser Basis werden anschließend im Schritt der **Strategieentwicklung** mögliche Strategieoptionen ermittelt. Dabei sollte zunächst die weitere Gültigkeit von Vision, Mission und Werten geklärt werden. Im Anschluss folgt die Hinterfragung des Geschäftmodells. Welche grundsätzlichen Veränderungen sind nötig bzw. eröffnen neue Chancen? Innerhalb dieses Rahmens folgt dann die Ableitung der wesentlichen strategischen Zielsetzungen und Aktionen. Für Unternehmen, die mit dem Konzept der Balanced Scorecard arbeiten entspricht dieser Schritt der Erarbeitung der Top-Strategy-Map und -Balanced-Scorecard.

Im Schritt der **Strategiebewertung und Strategieauswahl** werden die ermittelten Optionen sowohl quantitativ (bspw. in Bezug auf die erwarteten Veränderungen von Gewinn und Rendite oder auf den Wertbeitrag) als auch qualitativ (Plausibilität, Konsistenz, Machbarkeit) bewertet. Auf Basis dieser Bewertung werden schließlich die weiter zu verfolgenden Strategieoptionen ausgewählt und in Form von strategischen Stoßrichtungen konsolidiert. Diese stellen richtungsweisende Impulse bezogen auf das Geschäftskonzept dar, die im Unternehmen umgesetzt werden müssen, um auf den strategisch gewünschten Kurs (d. h. von der strategischen Ist- zur Zielposition) zu kommen.

Im Rahmen der strategiegerechten Ausrichtung der Organisation erfolgt dann der Transfer der Grundstrategie auf nachgelagerte Bereiche. Der Schritt ist von großer Bedeutung, denn ohne Verankerung in der Organisation bleibt die Strategie ein Papiertiger. Zur Ausrichtung der Organisation gehört die Kommunikation der Strategie, so dass die Kernbotschaften von jenen, die sie umsetzen sollen verstanden und akzeptiert werden. Daneben ist es nötig, dass die nachgelagerten Bereiche die Strategie weiter konkretisieren, d. h. auf ihr konkretes Umfeld übertragen. Es gehört zu den großen Vorteilen der Balanced Scorecard, dass diese Konkretisierung in der selben Logik erfolgen kann, wie auch die übergeordnete Strategie erstellt wurde. Entsprechend entstehen im Rahmen der Kaskadierung Sub-Balanced-Scorecards, die in einer konsistenten Beziehung zur Top-Balanced-Scorecard stehen. Auf diesen Kaskadierungsprozess wird an späterer Stelle noch ausführlich eingegangen.

Im Rahmen der **strategiegerechten Ausrichtung der Führungssysteme** wird sichergestellt, dass die Strategierealisierung durch interne Steuerungssysteme ausreichend unterstützt wird. Stehen Inhalte des Budgets, der Zielvereinbarung, der Führungsberichte, der Managementagenda usw. im Widerspruch zur Strategie, ist erfolgreiche Strategierealisierung nicht möglich. Insofern müssen Planung, Zielvereinbarung, Monitoring, Managementagenda, Frühwarnsysteme usw. an die Inhalte des strategischen Zielsystems (entspricht der Balanced Scorecard) angepasst werden. Auch auf die dazugehörigen Fragestellungen werden wir noch intensiver eingehen.

In modernen Balanced-Scorecard-Ansätzen spielt die Strategy Map als graphische Abbildung des Zielsystems eine wichtige Rolle. Sie erleichtert die Kommunikation von strategischen Zielsetzungen und ist somit – richtig eingesetzt – eine wirkungsvolle Stütze des vertikalen und horizontalen Strategieabgleiches. Auch im Rahmen des Monitorings ist die Strategy Map ein prägnantes Führungsinstrument, wenn an jedes strategisches Ziel eine »Ampel« angebunden wird. Die unterschiedlichen Möglichkeiten des Strategy-Map-Ansatzes im Rahmen des Strategieprozesses haben wir unter dem Begriff **Strategy Mapping** zusammengefasst, welches die einzelnen Prozessschritte überlagert.

Vor dem Hintergrund der Wettbewerbsdynamik und der sinkenden Halbwertzeiten von Strategien hat sich die systematische Gestaltung von Strategieprozessen unserer Erfahrung nach zu einem wichtigen Wettbewerbsfaktor entwickelt. Dies beinhaltet sowohl die strukturierte Strategieentwicklung und -realisierung als auch die Gestaltung von Rahmenbedingungen zur Identifikation von strategischen Impulsen, die an verschiedenen Stellen im Unternehmen entstehen können. Aus diesem Grund haben wir diesen Aspekt als eigenen flankierenden Schritt in unserem Prozessmodell berücksichtigt (**Gestaltung Strategieprozess**).

In jüngster Zeit erkennt man zunehmend, dass der Weg zur Strategie, also der Erfolg im Strategieprozess, neben den zum Einsatz kommenden formalen Modellen und Methoden auch von organisatorischen, psychologischen und mikropolitischen Aspekten im Unternehmen abhängt. Die folgende Abbildung gibt einen Überblick über die existierenden Forschungsrichtungen (»Denkschulen«) der Strategieentwicklung (vgl. Abb. 4.6).

Denkschulen des strategischen Managements	Kurze Charakterisierung: Strategieentwicklung als ...	Wichtigste Vertreter
Die Designschule	Konzeptioneller Prozess	v.a. Selznick
Die Planungsschule	Formaler Prozess	v.a. Ansoff
Die Positionierungsschule	Analytischer Prozess	v.a. Porter
Die Unternehmerschule	Visionärer Prozess	v.a. Schumpeter
Die kognitive Schule	Mentaler Prozess	v.a. Simon
Die Lernschule	Sich herausbildender Prozess	v.a. Lindblom
Die Machtschule	Verhandlungsprozess	v.a. Allison, Astley
Die Kulturschule	Kollektiver Prozess	v.a. Rhenman, Norman
Die Umweltschule	Reaktiver Prozess	v.a. Hannan, Freeman
Die Konfigurationsschule	Transformationsprozess	v.a. Chandler, McGill-Gr.

Abb. 4.6: Denkschulen des strategischen Managements (vgl. Mintzberg 1999a, S. 1)

Die drei erst genannten Schulen besitzen präskriptiven Charakter, das heißt, sie liefern Muster, Leitfäden und Schrittfolgen dafür, wie Strategien formuliert werden sollten. Sie stellen das formale Gerüst für die Strategieentwicklung bereit, geben aber keine Hinweise darüber, wie sich Strategien in Unternehmen tatsächlich bilden.

Die weiteren Denkschulen besitzen dagegen deskriptiven Charakter, beschreiben also, wie Strategien tatsächlich zustande kommen und konzentrieren sich dabei jeweils auf spezifische Teilbereiche des Strategieentwicklungsprozesses. Sie zielen also auf relevante organisatorische, psychologische und mikropolitische Aspekte bei der Strategieentwicklung ab.

Ein moderner Strategieentwicklungsprozess zeichnet sich durch die Kombination einzelner Elemente der unterschiedlichen Denkschulen aus. Auf der einen Seite sollte er mit formalen Prozessen, effizienten Methoden und Instrumenten ausgestattet sein. Auf der anderen Seite sollten im Rahmen der Strategieentwicklung organisatorische, psychologische und mikropolitische Aspekte ins Kalkül einbezogen werden, um unterschiedliche Machtzentren und Interessenlagen im Unternehmen auszubalancieren und somit eine möglichst erfolgreiche Strategie zu erarbeiten.

4.3   Ablauf der strategischen Klärung

4.3.1 Umfang der strategischen Klärung

Wie intensiv sollte die strategische Klärung vor dem Beginn eines Balanced-Scorecard-Prozesses durchgeführt werden? Wesentliche Parameter der Bewertung sind die inhaltliche Qualität des vorliegenden strategischen Rahmens (insbesondere hinsichtlich Aktualität und Widerspruchsfreiheit im Management) sowie dessen Vollständigkeit. Ist z. B. das Leistungsportfolio aktuell und abgestimmt, die Zielkundensegmente und Vertriebskanäle jedoch unklar, ist die Vollständigkeit des strategischen Rahmens eher gering.

Verallgemeinernd kann man den Intensitätsbedarf der strategischen Klärung vor einer Balanced-Scorecard-Einführung in vier Fälle unterteilen (vgl. Abb. 4.7):

1. Fall: Es liegen fundierte und aktuelle strategische Analysen vor. Auf dieser Grundlage wurde der strategische Rahmen ganzheitlich überarbeitet.
2. Fall: Es liegen teilweise umfangreiche und aktuelle strategische Analysen vor. Einzelne Elemente des strategischen Rahmens wurden im Rahmen der Strategiearbeit nicht thematisiert/aktualisiert.
3. Fall: Es liegen vollständige Aussagen zum strategischen Rahmen vor. Die Überprüfung der Gültigkeit der zugrunde liegenden Annahmen ist aber eher überholt bzw. von Führungskräften in Frage gestellt.
4. Fall: Es liegen nur zu einzelnen Elementen des strategischen Rahmens Aussagen vor. Strategische Analysen dazu sind aber überholt und/oder unvollständig, die Ansichten im Management zu diesen Themen ggf. noch zusätzlich unterschiedlich.

Es ist uns bewusst, dass in der Realität eine Vielfalt von Mischformen zu dieser vorgenommenen Einteilung bestehen. Die Einteilung dient jedoch als erste Orientierungshilfe und als Diskussionsansatz.

Im **ersten Fall** kann mit der Ableitung und Konkretisierung des Zielsystems unmittelbar begonnen werden. Alle wesentlichen Fragen zum strategischen Rahmen sind geklärt, man kann sich mit den Zielen und Aktionen beschäftigten, die innerhalb des gesetzten Rahmens zur Visionserreichung nötig sind. Diese Situation tritt typischerweise dann ein, wenn ein Projekt zur Überarbeitung der Strategie kurz vor dem Start des Balanced-Scorecard-Prozesses abgeschlossen wurde.

Im **zweiten Fall**, der häufiger als der erste Fall eintritt, wurde nicht allzu lange vor dem Balanced-Scorecard-Prozess bzgl. relevanter Elemente des strategischen Rahmens eine Überprüfung durchgeführt. Dennoch weist die Überarbeitung der Strategie weiße Flecken auf. Es muss dann fallweise entschieden werden, welche Klärungen vor dem Balanced-Scorecard-Prozess nötig sind, und welche während bzw. nach der Zielfestlegung angegangen werden sollten. Grundsätzlich gilt festzustellen, dass es eher ein theoretisches Modell ist, dass alle wesentlichen Fragen bzgl. des strategischen Rahmens vor einem Balanced-Scorecard-Prozess geklärt sind. Es macht einen großen Reiz der Balanced-Scorecard-Erstellung aus, über die Auseinandersetzung mit Zielen und Aktionen Wege und Impulse der Überarbeitung des strategischen Rahmens zu finden!

Der **dritte und vierte Fall** sind für eine erfolgreiche Gestaltung der Balanced Scorecard kritisch. Ist der vorliegende strategische Rahmen sowohl hinsichtlich Qualität als auch Vollständigkeit unbefriedigend, sollte unbedingt eine intensive Phase der strategischen Analyse und Abstimmung des strategischen Rahmens erfolgen. Andererseits wird es bei der Ableitung von Zielen und Aktionen ständig zu Grundsatzdiskussionen kommen, die den Prozess lähmen. Ist der strategische Rahmen zwar vollständig vorhanden (idealerweise schriftlich festgehalten) aber ohne eine aktuelle strategische Analyse gestützt, wird es an der Einschätzung der Balanced-Scorecard-Verantwortlichen liegen, zu bewerten,

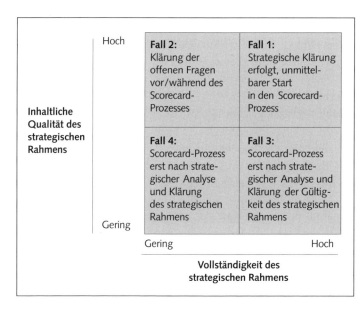

Abb. 4.7: Einschätzung der strategischen Voraussetzungen

ob der vorliegende strategische Rahmen kritischen Fragen aus dem Balanced-Scorecard-Prozess heraus standhalten wird. Unsere Erfahrung zeigt, dass es in diesem Fall immer wieder zu übertrieben positiven Einschätzungen der Strategiequalität kommt, was den späteren Balanced-Scorecard-Prozess behindert. Kommt es zu Schwierigkeiten im Balanced-Scorecard-Prozess aufgrund von Schwächen im strategischen Rahmen, werden diese Schwierigkeiten nicht selten dem Konzept der Balanced Scorecard zugeschoben – ohne zu erkennen, dass das Problem viel tiefer liegt.

4.3.2 Durchführung eines Strategie-Checks

Da die Einschätzungen hinsichtlich der Qualität und der Vollständigkeit der vorliegenden Strategie häufig sehr unterschiedlich sind, lohnt es sich, den tatsächlichen »Gesundheitszustand« der Strategie systematisch zu prüfen – sowohl formal als auch inhaltlich. Wir bezeichnen diese Prüfung als »Strategie-Check.«

Die formale Prüfung beschäftigt sich mit der Frage, welche Strategieelemente überhaupt vorliegen bzw. zu welchen Strategieelementen in welcher Form Aussagen getroffen wurden. Die inhaltliche Prüfung umfasst die Frage, wann die letzte inhaltliche Überprüfung stattfand und ob die Inhalte der Strategie von den Führungskräften geteilt werden. Zur inhaltlichen Analyse gehört aber auch die Frage, ob in Anbetracht der bestehenden Markttrends bzw. der Entwicklung wesentlicher interner Parameter (Rentabilität, Umsatz, Auftragseingang, Kundenstrukturentwicklung, Kundenzufriedenheit, Image usw.) die bestehende Strategie für eine erfolgreiche Zukunft ausreichend ist.

Ein wirksamer Strategie-Check erfolgt in sechs Schritten:
1. Dokumentenanalyse (Protokolle von Strategie-Workshops, Pressemitteilungen, Kundeninformationen, Geschäftsberichte, Branchen- und Kundenanalysen etc.),
2. teilstrukturierte Strategieinterviews mit den Führungskräften,
3. Visualisierung des unterschiedlichen Strategieverständnisses, -bildes,
4. Diskussion der aktuellen strategischen Themen,
5. Konsolidierung der Erkenntnisse,
6. Ableiten und Verabschiedung der strategischen Stoßrichtungen.

Die Dokumentenanalyse stellt den zwingenden ersten Schritt dar. Die Analyse der bestehenden Unterlagen vermeidet Doppelarbeiten und gibt einen schnellen Einblick in den strategischen Status quo. Den Interviews mit Entscheidungsträgern kommt eine besondere Bedeutung zu. Bei kritischer Auseinandersetzung mit den Antworten lassen sich Unterschiede im Strategieverständnis der Führungskräfte frühzeitig dokumentieren, diese können in den Folgeaktivitäten gezielt angesprochen und schließlich in Übereinstimmung gebracht werden. Workshops wiederum haben sich in unserer Projektarbeit bewährt, um unterschiedliche Strategieauffassungen und individuelle Einschätzungen über den Markt und das Unternehmen aneinander zu spiegeln und letztlich zu harmonisieren.

In Bezug auf den **strategischen Rahmen** wird in Form eines Strategie-Checks geprüft,

➢ ob und welche Vision vorliegt,
➢ ob und welche Mission verfolgt wird,
➢ ob und welche Werte zu berücksichtigen sind,
➢ wie das Geschäftsmodell aufgestellt ist.

Zudem wird hinsichtlich all dieser Komponenten geprüft, inwieweit sie aus Sicht des Managements und aus Sicht der Berater Klärungsbedarf aufweisen.

Die schwierigste Fragestellung in Bezug auf den strategischen Rahmen betrifft das Geschäftsmodell. Zur Untersuchung von Geschäftsmodellen gibt es keine anerkannten Verfahren – was schon damit zusammenhängt, dass es keine Einigkeit gibt, aus welchen Bestandteilen ein Geschäftsmodell zusammengesetzt ist.

Auf der Grundlage einer intensiven Auseinandersetzung mit Geschäftsmodellen unterschiedlichster Unternehmen haben wir als unterstützendes Instrument der Analyse, Beschreibung und Weiterentwicklung von Geschäftsmodellen das sogenannte »7-K-Modell« entwickelt, welches branchenübergreifend die wesentlichen Handlungsfelder aufzeigt, in denen Grundsatzentscheidungen über die Funktionsweise einer Organisation getroffen werden (vgl. Abb. 4.8)

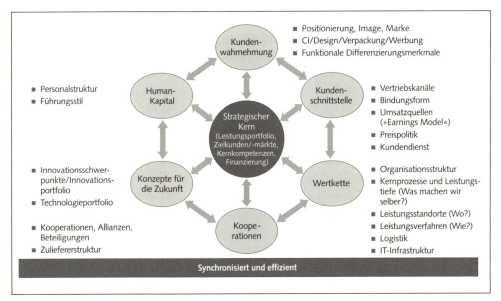

Abb. 4.8: Das 7-K-Modell zur Analyse von Geschäftsmodellen

Das »7-K-Modell« umfasst zunächst 7 wesentliche Kernbestandteile von Geschäftsmodellen. Jedes dieser Kernbestandteile umfasst wiederum wesentliche Handlungsfelder eines Geschäftsmodells:

➤ **Strategischer Kern.** Umfasst die Basisentscheidungen zu Produkten, Zielkunden und Zielmärkten, sowie hinsichtlich Kernkompetenzen und den Finanzierungsmöglichkeiten.

➤ **Kundenwahrnehmung.** Fokussiert auf jene Handlungsfelder, die sich insbesondere im Kopf der Kunden abspielen. Dazu gehören Positionierung und Image genauso wie optische Elemente wie Werbung, Verpackung, Corporate Identitiy. Auch die funktionale Differenzierung gehört zur Kundenwahrnehmung: Nur Differenzierungselemente, die vom Kunden auch als solche *wahrgenommen* werden, sind echte Differenziatoren.

➤ **Kundenschnittstelle.** Betrachtet werden die Elemente, welche die direkte Interaktion mit dem Kunden bestimmen. Dazu zählen die Vertriebskanäle, die Bindungsform (z. B. über Verträge, Bonusprogramme, persönliche Beziehung usw.), das »Earnings-Modell« (also die Klärung, wofür der Kunde überhaupt bereit ist, Geld auszugeben), die Preispolitik und die Gestaltung des Kundendienstes.

➤ **Wertkette.** Hierbei geht es um alle Fragen, welche die Leistungserbringung betreffen. Hinterfragt werden die Organisationsform, die Leistungstiefe, die Leistungsstandorte und -verfahren, das Logistikkonzept und die IT-Infrastruktur.

➤ **Kooperationen.** Sie spielen für das Geschäftsmodell eine zentrale Rolle – man denke nur an die »Star Alliance«, welche die Lufthansa ins Leben gerufen hat. Neben Allianzen sind auch Beteiligungen (bis hin zu M&A-Aktivitäten) und die Zusammenarbeit mit Lieferanten wichtige Punkte in vielen Geschäftsmodellen.

➤ **Konzepte für die Zukunft.** In vielen forschenden Branchen spielt die Innovationspipeline für die Zukunft und Bewertung eines Geschäftsmodells fast eine noch größere Rolle als das bestehende Leistungsspektrum. Auch Zukunftstechnologien, die bedeutenden Einfluss auf die zukünftige Ausgestaltung des Leistungsportfolios und der Prozesse der Wertkette haben werden, gehören in die Betrachtung des Geschäftsmodells.

➤ **Humankapital.** Auch wenn der Begriff (unser Meinung nach völlig zu unrecht) 2004 zum Unwort des Jahres gewählt wurde: Wir denken, dass Geschäftmodelle immer mit den Fähigkeiten und Arbeitsmodellen von Menschen in Einklang gebracht werden müssen. Im Rahmen der Geschäftsmodellanalyse geht es beim Humankapital nicht um Fragen wie Motivation und Weiterentwicklung von Mitarbeitern (diese Themen sind aus unserer Sicht Teil des Zielsystems), sondern um strukturelle Fragen wie z. B. verfügbare Erfahrungen, Verhältnis Teilzeit-Vollzeitkräfte, Know-how-Struktur usw. Auch die (beabsichtigte) Führungskultur umfasst »entweder/oder«-Entscheidungen, und ist somit ein Teil des Geschäftsmodells.

Im Rahmen der Anwendung des 7-K-Modells wird zunächst für jedes Handlungsfeld die Ist-Situation beschrieben (z. B. bzgl. des Leistungsportfolios, des Images, der Vertriebskanäle oder der Forschungsschwerpunkte). Zudem wird hinterfragt, ob es sich vor dem Hintergrund der betreffenden Organisation um ein Wesensmerkmal des Geschäftsmodells handelt oder nicht. Beispielsweise ist »Werbung« ein Wesensmerkmal des Autovermieters Sixt, die »Innovationspipeline« dagegen weniger. Für Dell ist u. a. die »Wertkette« ein Wesensmerkmal, für Hugo Boss das »Image«, für Lufthansa »Allianzen« (Star Alliance).

Wie viele der Handlungsfelder echte Wesensmerkmale sind, hängt von der Komplexität des Geschäftsmodells ab. Nachdem man über die Auseinandersetzung mit dem 7-K-Modell die Wesensmerkmale der Strategie identifiziert hat, kann man sie (wie im IKEA-Beispiel gezeigt) in Form eines Strategienetzes darstellen - oder in einer anderen angemessenen Form. Für Strategen beginnt dann die spannende Aufgabe, die Tragfähigkeit dieses Geschäftsmodells zu prüfen bzw. Optionen zu entwickeln, für welche Strukturelemente wesentliche Veränderungen nötig sind, um erfolgreich zu werden bzw. zu bleiben. Dazu gehören z. B. Fragen wie:

➤ Welche der bestehenden Markt-/Produktsegmente sollen die größte Bedeutung bekommen (strategische Geschäftsfelder)?
➤ Welche neuen Markt-/Produktsegmente sollen die größte Bedeutung bekommen?
➤ Welche bestehenden und neuen Produkte/Services sollen angeboten und welche nicht mehr angeboten werden?
➤ Welche Anforderungen sollen der Entwicklung neuer Produkte zugrunde liegen?
➤ Welche existierenden und neuen Kundengruppen sollen bedient werden?
➤ Welche Faktoren (Preise, Kosten, Qualität, Service etc.) sind für den Kunden wirklich von Bedeutung?
➤ Welche dieser Faktoren stellen einen Wettbewerbsvorteil dar?
➤ Welche Kriterien sollen zur Entwicklung neuer Märkte herangezogen werden?
➤ ...

Im Rahmen des Strategie-Checks wird in Bezug auf das **strategische Zielsystem** geprüft, welche Ziele verfolgt werden und ob sie konsistent zum Geschäftsmodell sind. Dazu gehören:

➤ Welche Erwartungen haben die Eigentümer?
➤ Welche wesentlichen finanziellen Kennzahlen werden verwendet? Welche Ausprägung besitzen sie?
➤ Welche Informationen über die einzelnen Produkt- und Kundensegmente liegen vor, wie bspw. Kundenrentabilitäten, Wachstumsraten, Absatzvolumen?
➤ Wann war die letzte Kunden-/Mitarbeiterbefragung? Welche Ergebnisse haben sie zutage gebracht?
➤ Welche Inputs kommen aus dem Qualitätsmanagement?
➤ Welche Kostensenkungspotenziale bestehen/werden angegangen?
➤ ...

In Bezug auf den **Strategieprozess** wird hinterfragt, wie Impulse für die Strategieentwicklung erarbeitet werden und ob die Art der Prozessgestaltung modernen Erkenntnissen der Strategieforschung entspricht.

➤ Welches Wissen besteht über Wettbewerber? Wie wird das Wissen erhoben (Stichwort »Competitor Intelligence«)?
➤ Wie weit reicht der strategische und operative Planungshorizont (langfristig, mittelfristig, kurzfristig)?

➤ Welche Annahmen über das Umfeld (Regulierungen, Wirtschaft, Ressourcenverfügbarkeit, Technologie, Wettbewerb) liegen der Strategie zugrunde? Wie werden diese Erkenntnisse erarbeitet?

➤ Mit welchen Instrumenten wird gearbeitet? (z. B. SWOT-Analysen, ABC-Analysen, Portfolio-Betrachtungen, Analysen von Werttreiberbäumen, Konkurrenzanalysen, Wertkettenanalysen, Analysen der Kernkompetenzen usw.)

➤ Welche Personen sind wie in den Strategieprozess integriert? Sind zu viele Personen eingebunden (Komplexität und faule Kompromisse) oder zu wenig (keine ausreichend neuen Ideen)?

➤ Wie ist der Strategieprozess zeitlich gestaffelt?

➤ ...

Für einen gut durchgeführten Strategie-Check sollte man ausreichend Zeit einplanen. Wir rechnen in der Regel in Spannbreiten von 20-40 Tagen, wobei es je nach Größe und Komplexität der betrachteten Organisation zu bedeutenden Ausschlägen nach oben kommen kann. Die Zeit ist aber gut investiert: Je klarer die Grundlagen geklärt werden, um so fokussierter und erfolgreicher kann der Balanced-Scorecard-Prozess ablaufen.

Sind strategische Grundlagen nicht oder nur unvollständig verfügbar, so kann der Strategie-Check die Notwendigkeit ergänzender strategischer Analysen aufzeigen. Auffallend häufig stellen sich beispielsweise Fragen zu den Kernkompetenzen, zur Kundensegmentierung oder zur idealen Gestaltung der Wertschöpfungskette ganz neu.

4.3.3 Das Kundenbegeisterungsmodell als Beispiel umfangreicherer strategischer Analysen

Erkennt man im Rahmen eines ersten Strategiechecks, dass wichtige strategische Aussagen fehlen oder strittig sind – etwa über strategische Zielkunden, Geschäftsprozesse, Kooperationen, Kernkompetenzen oder Wertschöpfungstiefen –, kann es erforderlich sein, diese strategischen Lücken vor der Ableitung der eigentlichen strategischen Ziele zu schließen. Die Klärung solcher Fragen setzt systematische Untersuchungsprozesse voraus, die in der Strategiesprache als »strategische Analyse« bezeichnet werden.

Wir wollen an dieser Stelle noch mal betonen, dass es eher ein theoretisches Modell ist, alle wesentlichen Fragen für den strategischen Rahmen vor einem Balanced-Scorecard-Prozess zu klären:

»The process of formulating strategy has often been described as one of matching the internal drivers and capacities of the firm with the opportunities in its environment. The better the match, the higher the firm´s performance potential. Since in reality, a perfect match is elusive, the job of developing and evaluating strategy involves finding a workable balance between diverse and often conflicting considerations. A manager working on a strategic decision must balance a host of opportunities, influences, and contraints« (vgl. Fry/Killing 1986, S. 27).

Man muss daher fallweise abwägen: Sind die strittigen bzw. unklaren Punkte so gravierend, dass der ganze Prozess der Bestimmung des strategischen Zielsystems verschoben werden sollte, oder kann man nach der 80/20-Regel dennoch in den Prozess der Zielableitung einsteigen? Natürlich stellt sich bei vielen Unternehmen diese Fragestellung gar nicht erst: Die strategische Analyse ist fester Bestandteil des Strategieprozesses und wird daher regelmäßig vor der Aktualisierung der Strategie durchgeführt.

Ausgehend von der Entwicklung der SWOT-Analyse in den 50er-Jahren sind in den letzten Jahrzehnten eine Fülle von Instrumenten für die strategische Analyse entwickelt worden: Portfolio-Analysen, Porters »5 Forces« der Branchenanalyse, Wertketten-Analysen, Lebenszyklus-Analysen, ABC-Analysen usw.

Es ist nicht Anspruch dieses Buches, die Instrumente der strategischen Analysen aufzuzeigen und zu erläutern. Dazu sei auf die umfangreiche Strategieliteratur verwiesen.

Ein Instrument der strategischen Analyse wollen wir dennoch herausgreifen und beschreiben, da es unser Erfahrung nach für die Balanced-Scorecard-Erstellung eine nützliche Stütze ist und in der Literatur kaum beschrieben wird: Das Kundenbegeisterungsmodell (auch »Kano-Modell«).

Das Kundenbegeisterungsmodell (vgl. zur ursprünglichen Darstellung Kano 1993, S. 12ff.) setzt sich mit dem Verhältnis von Kundenerwartungen und Kundenzufriedenheit auseinander (vgl. Abb. 4.9). Es unterscheidet die Kundenanforderungen in Basisanforderungen, Leistungsanforderungen und Begeisterungselemente (vgl. Kano 1993).

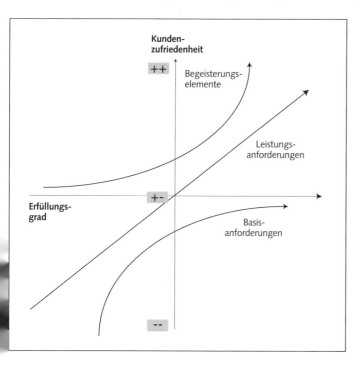

Abb. 4.9: Kundenbegeisterungsmodell (in Anlehnung an Kano 1993)

Die Erfüllung von **Basisanforderungen** an ein Produkt oder eine Dienstleistung werden von Kunden als selbstverständlich vorausgesetzt. Durch ihre Erfüllung lässt sich keine Kundenbegeisterung erreichen. Dagegen führt eine fehlende oder zu geringe Realisation zu massiver Unzufriedenheit. Basisanforderungen sind daher zwar *immer wichtig* (»K.O.-Kriterien«), aber nur dann von strategischer Bedeutung (und somit für die Balanced Scorecard relevant), wenn sie *nachhaltig nicht erfüllt* werden.

Ein vereinfachtes Beispiel: Der Käufer eines Autos erwartet, dass die Tür des Wagens beim Schließen präzise in den Rahmen fällt. Der Kunde kauft kaum ein Auto, das über keine – in diesem Sinne – funktionsfähige Tür verfügt. Andererseits ist es schwer vorstellbar, dass ein Automobilhersteller ausgehend vom bestehenden, inzwischen branchenüblichen Qualitätsniveau dieser Eigenschaft Zusatznutzen verschafft, z.B. durch titanverstärkte Verschraubungen und einem Display im Armaturenbrett, welches die aktuelle Festigkeit der Tür anzeigt.

Leistungsanforderungen werden vom Kunden explizit in seiner Kaufentscheidung berücksichtigt. Die Kundenzufriedenheit steigt in gleichem Maße wie der Erfüllungsgrad der Leistung. Man spricht daher von sogenannten PS-Daten, in Analogie zum Autokäufer, der seine Entscheidung mitunter von der Motorstärke abhängig macht: Je mehr PS, desto besser die Leistungserfüllung und desto zufriedener der Kunde (bei sonst vergleichbaren Eigenschaften, wie z.B. dem Preis). Für die Balanced Scorecard spielen Leistungsanforderungen eine große Rolle. All jene Leistungsanforderungen, mit deren Erfüllung man sich vom Wettbewerb abheben möchte, sind typische Inhalte von strategischen Zielsystemen.

Begeisterungselemente werden vom Kunden im Vorfeld einer Kaufentscheidung nicht explizit berücksichtigt. Sie beeinflussen das subjektive Empfinden bei der Kaufentscheidung. Dazu gehören z.B. Image- oder Designfragen, aber auch das Angebot einer Funktionalität, die der Kunde nicht erwartet hätte. Ähnlich wirksam können kleine Aufmerksamkeiten sein; auch sie führen mitunter zu Begeisterung. Um bei der Autotür zu bleiben: Ein Begeisterungselement wäre eine Tür, die sich auf Zuruf automatisch öffnet, wenn man beide Hände z.B. mit Einkaufstüten voll hat.

Im Rahmen der strategischen Analyse können nun einzelne Leistungen des Unternehmens aus Sicht der Kunden gespiegelt werden. Welche Basisanforderungen erfüllen wir nicht ausreichend? Welche Leistungsanforderungen können wir gegenüber der Konkurrenz nutzenbringend ausbauen? Gibt es Begeisterungselemente, mit denen wir für unseren Kunden mehr machen können, als er eigentlich erwartet hätte?

Aus strategischer Sicht steht ein Unternehmen, das die Basisanforderungen des Marktes und der Kunden erfüllt, aber bei den Leistungsanforderungen und Begeisterungselementen keine Vorteile gegenüber der Konkurrenz aufweisen kann, vor einem Problem. Das Kundenzufriedenheitsmodell eignet sich bestens zum Aufdecken und Offenlegen solcher Schieflagen.

In einem konkreten Fall entschied sich ein Unternehmen zu einem aggressiven Wachstum. Allerdings bestanden Defizite bei einigen Basisfaktoren bezüglich Qualität und Logistik. Da das Unternehmen nicht in der Lage war, den Kunden die erwarteten Basisanforderungen zu bieten, führte die Offensivstrategie sehr schnell im Sinne eines »negativen Leverage« zu einem extremen Wettbewerbsnachteil.

Wie hätte die Strategie eigentlich aussehen müssen? In einem ersten Schritt wäre es für das Unternehmen notwendig gewesen, dauerhaft die Basisanforderungen Qualität und Logistik sicherzustellen. Erst in einem zweiten Schritt hätte dann die Marktoffensive folgen dürfen. Jede strategische Klärung beinhaltet deshalb als Muss-Komponente ein Hinterfragen, ob die Basisanforderungen erfüllt werden. Aus Sicht der SWOT-Analyse betrachtet, heißt das, Basisanforderungen dürfen keine Schwächen sein. Werden sie jedoch als Schwächen identifiziert, dann hat man diese schnellstmöglich und mit oberster Priorität abzustellen. Sonst scheitert jegliche Offensivstrategie!

Natürlich werden Basisanforderungen, Leistungsanforderungen und Begeisterungselemente von Kunden teilweise unterschiedlich wahrgenommen und gewichtet. Solche Unterschiede müssen im Rahmen der strategischen Klärung mit berücksichtigt werden. Dies kann zum Hinterfragen der bestehenden Marktsegmentierung, des Leistungsprogramms und der Produktentstehungsprozesse führen.

Kundenbegeisterung hat häufig Effekte auf das Image der Marke. Im Idealfall werden gewisse begeisternde Eigenschaften automatisch mit dem Markennamen oder dem Namen des Unternehmens verbunden. So assoziierte man Apple unabhängig von seiner jeweiligen wirtschaftlichen Situation mit der Einfachheit und Verständlichkeit der angebotenen Produkte. Eine solche Nachhaltigkeit wird für gewöhnlich eher durch (schwer imitierbare) Dienstleistungsmerkmale als durch (i. d. R. einfacher imitierbare) technische Leistungsmerkmale erreicht. Im Rahmen der strategischen Klärung führt dies entsprechend zu Diskussionen um den Markenwert und den angebotenen Servicewert.

Auch wenn das Kundenbegeisterungsmodell ursprünglich für das Management von Kundenzufriedenheit entwickelt wurde – und daher zunächst für die strategische Klärung im Bezug zur Kundenperspektive von Relevanz ist –, so lassen sich ähnliche Überlegungen für alle anderen Perspektiven ebenso durchführen.

Automobilzulieferer im strategischen Klärungsprozess
Die Klärung der Strategie bei einem Unternehmen der Automobilzulieferer-Branche beinhaltete in einem ersten Schritt die Aufnahme strategierelevanter Gedanken und Informationen, die im Unternehmen an den unterschiedlichsten Stellen vorhanden waren. Zu Beginn wurden bereits vorhandene Strategiedokumente, wie z. B. Analysen des Wettbewerbsumfelds, Produktpläne, technologische und branchenbezogene Trendana-

lysen sowie Analysen bezüglich der Stärken, Schwächen und Werttreiber des Unternehmens gesichtet.

Tatsächlich lagen eine Fülle von Unterlagen vor, mit denen ein erstes Bild des Unternehmens und der Wettbewerbssituation gezeichnet werden konnte. Die Unterlagen waren als »streng vertraulich« klassifiziert worden, hatten aber trotz der vertraulichen Behandlung einen sehr allgemeinen und unverbindlichen Charakter. Eindeutige und allgemein akzeptierte strategische Stoßrichtungen ließen sich nicht unmittelbar ableiten. Es war nicht gewährleistet, dass alle umsetzungsverantwortlichen Führungskräfte diese Unterlagen gleich interpretierten.

Aus diesem Grund war neben der Dokumentenanalyse die Durchführung mehrerer strukturierter Interviews mit Vertretern des Managements unumgänglich. Gerade hier kamen die unterschiedlichen strategischen Themen des Unternehmens sehr schnell zum Vorschein. Während Vision, Mission und Wert noch recht einheitlich geteilt wurden gab es hinsichtlich der Zukunft des Geschäftmodells sehr unterschiedliche Einschätzungen. Die im Rahmen der Dokumentenanalyse und Interviews ermittelten Informationen gaben ein erstes Bild der offiziellen Unternehmensstrategie und des individuellen Strategieverständnisses einzelner Führungskräfte – zwei Sichtweisen, die nicht identisch waren. Die Informationen wurden schließlich aufgearbeitet und dienten als Input für die Strategieklärungs-Workshops.

◆ Was sagt der Markt?

Zu Beginn des ersten Workshops formulierte jeder teilnehmende Manager die aus seiner Sicht fünf bis sechs wesentlichen Ziele der aktuellen Strategie. Die Palette der Antworten reichten von einer »Forcierung der aktiven Kundenbetreuung« über den »Ausbau weltweiter Präsenz« bis hin zum »Einstieg in das Software-Business«. Die Aussagen der Teilnehmer wurden unkommentiert gesammelt und repräsentierten für alle sichtbar die Vielfalt an Strategievorstellungen innerhalb des Teilnehmer-Kreises.

Nach dieser »Warm-up«-Phase waren die Teilnehmer für die Klärung der Strategie sensibilisiert, und es konnte mit den einzelnen Analyseschritten des SWOT-Checks begonnen werden. Für diesen ersten Workshop hatte man sich zunächst vorgenommen, ein einheitliches Bild über (externe) Chancen und Risiken zu erhalten – vor allem in Bezug auf Marktkräfte, Marktpotenziale und Kundenerwartungen.

Die Analyse startete mit einer Untersuchung der Marktkräfte, wobei explizit folgende Elemente im Hinblick auf Marktrisiken und -chancen betrachtet wurden:

➤ Klassische Konkurrenten,
➤ neue Anbieter,
➤ Lieferanten,
➤ Abnehmer,
➤ neue Produkte.

Im Vorfeld des Workshops hatte sich eine Arbeitsgruppe bereits intensiv mit den relevanten Markttrends beschäftigt. Nachdem die Führungskräfte aus ihrer Sicht die we sentlichen Marktchancen und -risiken genannt hatten, wurden diese mit den Ergebnissen der Arbeitsgruppe verglichen. Wie erwartet, gab es nicht nur Übereinstimmung: Die Arbeitsgruppe hatte Chancen und Risiken erkannt, die von den Führungskräften bisher so nicht gesehen wurden. Aber auch für den umgekehrten Fall gab es Beispiele: Chancen und Risiken, die von den Führungskräften, aber nicht von der Arbeitsgruppe gesehen wurden.

Neben den Marktkräften stellte die Analyse der Marktpotenziale einen weiteren Betrachtungsschwerpunkt dar. Hier wurde in einem ersten Schritt der relevante Markt segmentiert, wobei man nicht nur bediente, sondern auch potenziell zu bearbeitende Teilsegmente berücksichtigte. Anschließend bewerteten die Workshop-Teilnehmer die Teilsegmente hinsichtlich der Aspekte »Marktpotenzial« (Umsatz) und »Intensität der Bearbeitung« (Ressourcenfokus) und ordneten sie den entsprechenden Feldern einer Matrix (Produktportfolio) zu. Teilsegmente mit schwachem Marktpotenzial und niedriger Intensität der Marktbearbeitung wurden bspw. mit Hilfe der Frage »Welche Teilsegmente bearbeiten wir bewusst nicht intensiv?« ermittelt und dem entsprechenden Feld der Matrix zugeschrieben. Im dritten Schritt erfolgte eine Klassifikation der Kundenteilsegmente. Hierzu wurde der Markt zunächst in die für die eigene Strategie relevanten Hauptregionen unterteilt. Daneben untergliederte man alle Kundenteilsegmente (aktuell und potenziell) in die dafür relevanten Produktbereiche des eigenen Unternehmens. Für jede Kombination aus Produktbereich und Region bewerteten die Beteiligten nun folgende Aspekte:

➤ Wachstumstendenz,
➤ Marktvolumen in Tausend Euro und Prozent,
➤ Rendite im Vergleich zur aktuellen Durchschnittsrendite.

Neben den Marktkräften und Marktpotenzialen stellten die Kundenerwartungen den dritten Betrachtungsschwerpunkt innerhalb des externen Analysebereiches dar. Hierbei wurden zuerst Kundenerwartungen hinsichtlich der Kriterien Qualität, Pre-Sales-Service, After-Sales-Service, Preis bzw. Kosten und zusätzliche Elemente ermittelt. Anschließend folgte eine Unterteilung dieser Kundenerwartungen in Anforderungsklassen unter Berücksichtigung des Kundenbegeisterungsmodells.

Um den eigenen Standpunkt besser beurteilen zu können, wurde die Leistungserfüllung des eigenen Unternehmens mit den stärksten Konkurrenten verglichen. Unter Berücksichtigung des Kundenbegeisterungsmodells gelang es dabei, nicht nur Erfüllungsgrade von Kundenanforderungen im Vergleich zum Wettbewerb zu berücksichtigen, sondern über die Einteilung in Begeisterungs-, Leistungs- und Basisanforderungen auch deren strategische Bedeutung für das eigene Unternehmen zu ermitteln.

Der Workshop endete mit einer Fülle von Erkenntnissen über die zu erwartenden Marktentwicklungen. Aber es blieben auch eine Reihe von unbeantworteten Fragen. Diese wurden an das Projektteam mit der Bitte um tiefgreifendere Recherche zurückgegeben.

◆ Was schränkt uns ein? – Wo sind wir besser?

Nach der überwiegend extern ausgerichteten Betrachtung ging es im zweiten (2-tägigen) Workshop um die Frage des eigenen Geschäftsmodells und der eigenen Stärken und Schwächen.

Das Projektteam hatte dazu eine Darstellung erarbeitet, welche die Säulen des aktuellen Geschäftmodells beschrieben. Dieser erste Impuls wurde intensiv diskutiert und verfeinert. Während der Diskussion kamen bereits erste Vorschläge hinsichtlich der nötigen Weiterentwicklung des Geschäftsmodells auf.

Um die aufkommenden Fragen intensiver diskutieren zu können, fokussierte sich der Workshop zunächst auf Fragen des Strategischen Kerns und der Kundenwahrnehmung: Nötige Entwicklungen im Leistungsportfolio, des Wachstums in neuen Märkten sowie zu bedienende Zielgruppen wurden diskutiert. Zudem wurde über Fragen der Positionierung, des Images und der Differenzierung zum Wettbewerb debattiert.

Darauf aufbauend wurden zwei Arbeitsgruppen gebildet: Die erste Arbeitsgruppe beschäftigte sich mit zukünftigen Perspektiven der Schnittstelle zum Kunden und den Veränderungsbedarfen in der Wertkette. Die zweite Gruppe lotete nötige Anpassungen hinsichtlich Kooperationen, der Innovationsstrategie sowie den Human Ressourcen aus. Anschließend wurden die Ergebnisse der Arbeitsgruppen präsentiert und in Übereinstimmung gebracht. Auch dieser Workshop förderte neben der Klärung wichtiger Aspekte weitere unbeantwortete Fragen zu Tage, für die im Nachgang an den Workshop Arbeitskreise eingerichtet wurden.

Unsere Erfahrung in diesem Projekt hat gezeigt, dass eine Orientierung an den genannten Dimensionen die Erarbeitung von Stärken und Schwächen erheblich präzisiert. Darüber hinaus wurde gewährleistet, dass im Rahmen der strategischen Klärung kein strategierelevanter Aspekt unberücksichtigt blieb. Neben der Bestandsaufnahme ermöglichte die strukturierte Vorgehensweise bei den Teilnehmern eine intensive Auseinandersetzung mit strategierelevanten Aspekten, was schließlich zur individuellen Klärung des eigenen Strategieverständnisses beitrug.

◆ Verabschiedung des strategischen Rahmens

Aus den Ergebnissen von Dokumentenanalyse, Interviews, Workshops und den Überlegungen der Arbeitskreise ergaben sich eine Reihe von strategischen Optionen zur Weiterentwicklung des strategischen Rahmens.

Basierend auf diesen Handlungsalternativen definierten die Workshop-Teilnehmer in einem dritten Workshop schließlich konkrete strategische Stoßrichtungen. Damit bestand bei allen Beteiligten Klarheit und Konsens bezüglich des zukünftigen Kurses des Unternehmens bzw. der Geschäftseinheit. Auch wenn bezüglich verschiedener Punkte erkannt wurde, dass eine tiefgreifendere strategische Analyse zur Ableitung von Antworten nötig war (und mit deren Klärung Projektteams beauftragt wurden), so bestand doch Konsens darüber, dass die Strategievorstellungen des Managements hinsichtlich wesentlicher Elemente des strategischen Rahmens harmonisiert waren. Damit wurde die grundlegende Voraussetzung für die Entwicklung einer Balanced Scorecard geschaffen.

4.3.4 Plakative Zusammenfassungen: Die strategischen Stoßrichtungen

Als Output der strategischen Klärung liegt ein gemeinsames Verständnis des strategischen Rahmens vor, d. h. über Vision, Mission, Werte und Geschäftsmodell – sowohl im Ist als auch im Soll!

Den zukünftigen Status der Organisation bezeichnen wir häufig als »Soll-Position« (im Gegensatz zur heutigen »Ist-Position«. Die Positionierung beschreibt den Zustand des Unternehmens in drei bis fünf Jahren bezogen auf die jeweiligen Elemente des Geschäftmodells wie Produkte, Märkte oder Kunden.

Als »Arbeitsanleitung« um vom Ist zum Soll zu kommen, werden im Rahmen des Balanced-Scorecard-Prozesses die wesentlichen strategischen Ziele und Maßnahmen abgeleitet. Eine solche Detaillierungsebene liegt nach Abschluss der strategischen Klärung in der Regel nicht vor (sonst bräuchte man ja auch den anschließenden Balanced-Scorecard-Prozess nicht!). Allerdings bilden sich häufig wesentliche Kernaussagen heraus – die strategischen Stoßrichtungen.

Unter der strategischen Stoßrichtung verstehen wir prägnante, in wenige Worte gefasste Aussagen, die die Hauptlinien der zukünftigen Entwicklung skizzieren. Die strategische Stoßrichtung dient dem Unternehmen dazu, Impulse in die Organisation hinein zu geben, um so auf dem strategisch gewünschten Kurs zu steuern. Die strategischen Stoßrichtungen werden durch das strategische Zielsystem der Balanced Scorecard weiter konkretisiert.

Die strategische Stoßrichtung findet sich häufig in Slogans wieder: »Mehr Norm-, weniger Sonderfertigung«, »Vom Bauunternehmer zum Infrastrukturdienstleister«, »Ganzheitliches Auftreten und Cross-Selling«, »Prozessorientierung leben!« In den Worten von Prof. Kaplan: »In our experience, executives almost always separate their strategies into several focused themes. (...) The strategic themes reflect the executives' view of what must be done internally to achieve strategic outcomes« (Kaplan/Norton 2000, S. 154).

Auf den Punkt gebracht: Die strategische Stoßrichtung gibt die Themen vor, die mit Hilfe der Balanced Scorecard ausgestaltet und konkretisiert werden. Insofern schlägt die strategische Stoßrichtung die Brücke zwischen Vision und Zielsystem. Sie sind kein muss, bieten aber eine hilfreiche Orientierung bei der Erstellung von Strategy Maps und Balanced Scorecards.

4.4 Benötigte Inputs aus der strategischen Klärung für den Balanced-Scorecard-Prozess

Die Inhalte des strategischen Rahmen (Vision, Mission, Werte, Geschäftsmodell) sowie die angestrebten Veränderungen (ausgedrückt in strategischen Stoßrichtungen) sind wichtige Inputs für den folgenden Balanced-Scorecard-Prozess.

Allerdings sollten im Rahmen der strategischen Klärung auch jene Unterlagen und Meinungen zusammengetragen werden, die für die Ableitung des strategischen Zielsystems nötig sind. Tatsächlich löst die Erstellung einer Balanced Scorecard einen strategischen Informationsbedarf aus. Die unterschiedlichen Perspektiven benötigen dabei unterschiedliche strategische Informationen. Abbildung 4.10 zeigt, auf welche strategischen Informationen zurückgegriffen werden muss.

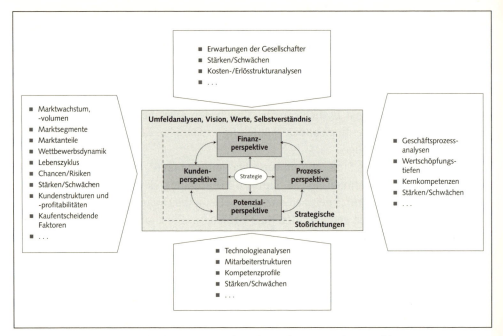

Abb. 4.10: Informationsanforderungen an die Balanced-Scorecard-Entwicklung

Die Finanzperspektive greift auf Informationen aus der traditionellen strategischen Unternehmensplanung zurück. Hier werden i. d. R. Daten über aktuelle Umsätze und Renditen der einzelnen Geschäftsfelder benötigt. Ebenso gehören Kostenstrukturinformationen als Basis mit in den Erstellungsprozess der Balanced Scorecard. Die Kundenperspektive verlangt fundierte Informationen über die einzelnen Marktsegmente wie bspw. Kundenrentabilitäten sowie Kundenzufriedenheiten. Für die Gestaltung der Prozessperspektive benötigt man Informationen bzgl. Kosten/Zeiten/Qualitäten hinsichtlich der Kernprozesse. Für die Potenzialperspektive benötigt man Aussagen zur IT, zur Innovation sowie zu Fähigkeiten und Motivation der Mitarbeiter.

Die Sammlung und Sichtung relevanter Unterlagen zu diesen Themen ist eine wichtige Grundlage der Vorbereitung und Durchführung erfolgreicher Balanced-Scorecard-Workshops. Moderatoren dieses Prozesses brauchen Einblick in alle relevanten Unterlagen, da sonst in den Workshops ständig »um den heißen Brei« herum diskutiert wird – und das ist Zeitverschwendung.

4.5 Anforderungen und Entwicklungsperspektiven der Strategieentwicklung im Kontext der Balanced Scorecard

Aufbauend auf den dargestellten Gedanken und unseren Projekterfahrungen haben wir Anforderungen an eine Balanced-Scorecard-konforme Strategieentwicklung formuliert:

➤ Unterscheiden Sie zwischen strategischer Analyse, strategischem Rahmen und dem strategischen Zielsystem! Stellen Sie sicher, dass sie hinsichtlich Vision, Mission, Werten und Geschäftsmodell zu wesentlichen Parametern Einigkeit in der Führung haben.

➤ Entwickeln Sie den strategischen Rahmen in einer Balance aus Kreativität und Analytik! Das heißt: Der kreative Ideengewinnungsprozess wird durch analytische Erhebungen und Auswertungen unterstützt. Ist der Gesamtprozess zu unstrukturiert, läuft das Unternehmen Gefahr, wesentliche Aspekte unberücksichtigt zu lassen. Läuft der Prozess zu strukturiert ab, fehlt der wirklich kreative Impuls und damit der Kern jeglicher erfolgreicher Strategie. In vielen Unternehmen findet eine sehr finanziell orientierte Strategieentwicklung statt. Das heißt, es wird intensiv und lange über Renditen, Kostenarten und Absatzpläne debattiert, ohne sich ausreichend Zeit für die Implikationen dieser Entscheidungen zu nehmen. Wir sind der Ansicht, dass die inhaltliche Auseinandersetzung mit Geschäftsmodellen Abhilfe schafft.

➤ Prüfen sie ihr »Arsenal« an Instrumenten der strategischen Analyse! Greifen Sie dabei nicht nur auf bewährte strategische Analysemodelle zurück (z. B. PEST-Analyse, Portfoliotechniken, GAP-, Lebenszyklus-, Erfahrungskurven- und Wertschöpfungsanalysen), sondern prüfen sie, welche neueren Instrumente zu ihrer Organisation passen und ihnen neue Erkenntnisse verschaffen würden (z. B. Competitor Intelligence oder das beschriebene »7-K-Modell«)! Die SWOT-Analyse ist ein wichtiges Instrument, stellt im Kern aber lediglich die Zusammenfassung tiefgreifender Analyse dar. In welcher Tiefe und Breite die jeweiligen Analysen durchgeführt werden sollten, ist von der spezifischen Situation abhängig. Ebenso ist bei der Auswahl der Analysemethoden darauf zu achten, dass sie sowohl die Marktseite als auch die Ressourcenseite abdecken (vgl. zum grundsätzlichen Zusammenhang von Produkt-, Markt- und Ressourcenstrategien Baum/Coenenberg/Günther 2007). Eine Balanced-Scorecard-konforme Strategieentwicklung leistet ihren Beitrag dazu, die scheinbaren Gegensätze von marktorientiertem Strategieansatz (wie dominanterweise von Porter (vgl. Porter 1980, 1987, 1997) vertreten) und dem ressourcenorientierten Strategieansatz (wie u. a. von Prahalad und Hamel (1990) vertreten) sich zukünftig integrativ ergänzen (vgl. Osterloh/Frost 2006).

➤ Verwenden Sie Begriffe eindeutig (Vision, Mission, Ziele, Strategie, Geschäftsmodell, strategische Stoßrichtung, strategische/operative Ziele, strategische/operative Aktionen, Handlungsfelder etc.)! Viele Unternehmen verwenden die Begriffe bereits in einem bestimmten Sinn; dann bleibt zu überprüfen, ob die Begriffsverwendung unkritisch ist. Falls die Begriffe nicht eindeutig verwendet werden, muss man – um einer vollkommenen Verwirrung vorzubeugen – sich die Mühe machen und die Begriffe definieren. Dies erleichtert die Kommunikation erheblich.

➢ Berücksichtigen Sie die entsprechende »Flughöhe«, das heißt Hierarchie- und Verantwortungslevel, bei der Strategiediskussion und bei der Strategieerarbeitung! Entsprechend der Führungsphilosophie und des Führungsverständnisses im Unternehmen muss die Erarbeitung der Strategie jeweils auf der entsprechenden Ebene stattfinden. Wir gehen davon aus, dass in vielen Unternehmen die Strategieentwicklung auf jeder Ebene stattfinden soll, jeweils im entsprechenden Bezugsrahmen.

➢ Stellen Sie eine ausgewogene Strategiearbeit sicher! Dazu sind sowohl inhaltliche und finanzielle Dimensionen zu beachten als auch interne und externe Sichtweisen.

➢ Führen Sie einen konsequenten Prozess zur Konsensbildung durch! Nicht alle Fragen zum strategischen Rahmen müssen geklärt sein, aber es sollte Einigkeit über die wesentlichen Säulen des Geschäftsmodells herrschen. Strategiearbeit scheitert häufig an der mangelhaften Konsensbildung im Ablauf. Findet eine kontinuierliche Konsensbildung in der Strategieentwicklung und -implementierung statt, sind die Erfolgsaussichten höher. Es ist leichter, einen Konsens über strategische Ziele zu erreichen, wenn im Vorfeld bereits Einigkeit über Ausgangssituation, Vision, Geschäftsmodell und Stoßrichtung erlangt wurde.

➢ Dokumentieren Sie wesentliche Analyseergebnisse und Prämissen, die den strategischen Stoßrichtungen zugrunde liegen! Dies ist einerseits für die Weiterbearbeitung im Balanced-Scorecard-Prozess zur Festlegung von Zielwerten erforderlich, andererseits aber eine unabdingbare Voraussetzung für den Aufbau eines strategischen Prämissencontrolling-Systems.

Denkt man die Anforderungen an eine Balanced-Scorecard-konforme Strategieentwicklung weiter, so lassen sich verschiedene Hypothesen zur künftigen Form und Gestalt der Strategieentwicklung ableiten. Diese Hypothesen stützen sich auf eine Vielzahl von Balanced-Scorecard-Einführungen:

➢ Die Strategieentwicklung wird sich im Kontext der Balanced Scorecard ändern. Die Aufteilung einer Strategie in einen strategischen Rahmen und das strategische Zielsystem führt zu der Erkenntnis, dass auch die Erstellung einer Balanced Scorecard Teil des Strategieentwicklungsprozesses ist. Da eine fertige Balanced Scorecard gleichzeitig ein Instrument der Strategierealisierung ist, präsentiert sich die Schnittmenge zwischen Strategieentwicklung und -realisierung weit größer als ursprünglich gedacht. Wir sehen es als wichtige Aufgabe an, im Rahmen eines Gesamtmodells zur strategischen Steuerung diese Elemente harmonischer als bisher miteinander zu verbinden.

➢ Hat ein Unternehmen die Balanced Scorecard eingeführt, wird im Rahmen des Managementprozesses eine kontinuierliche Strategiearbeit erfolgen. Unterjährig finden situative strategische Analysen und Diskussionen statt. Das »Double-Loop-Learning«-Konzept (vgl. Kaplan/Norton 1996b) unterstützt diesen strategischen Lernprozess. Strategiearbeit entwickelt sich zu einer kontinuierlichen Aufgabe des Managements und verkümmert nicht zum Jahresritual. Es wird in der strategischen Unternehmensplanung turnusmäßige und ereignisgesteuerte Unterschiede in der Tiefe und Breite der strategischen Analysen geben.

➤ Die Aktualisierung der Strategie erfolgt in Unternehmen, die bereits die Balanced Scorecard eingeführt haben, in einer veränderten Form. Ausgangspunkt der Statusanalyse sind die Ergebnisse in der Balanced Scorecard, ergänzt um aktuelle Ergebnisse der strategischen Analyse bzw. dem strategischen Prämissencontrolling.

➤ Die gesamte Philosophie der Balanced Scorecard – das Perspektivendenken, die Perspektivenbalance sowie die Bedeutung des Konsens- und Kommunikationsprozesses – prägt zukünftig die gesamte Strategiearbeit.

4.6 Highlights

➤ Unterscheiden Sie zwischen strategischer Analyse, strategischem Rahmen und dem strategischen Zielsystem! »Strategie« und »Balanced Scorecard« betrachten keine unterschiedlichen Inhalte, die Balanced Scorecard ist als Ausdruck des strategischen Zielsystems integraler Bestandteil der Strategie! Stellen Sie einen Konsens im Strategieverständnis her!

➤ Seien Sie ehrlich in Sachen Vision, Mission, Werte und Geschäftsmodell! Nur ein aktueller, dokumentierter und weithin akzeptierter strategischer Rahmen bildet die richtige Grundlage für die Erstellung einer Balanced Scorecard. Erst wenn Sie wissen, wo sie hinwollen, können Sie fragen, was zur Realisierung nötig ist.

➤ Haben Sie keine Angst vor dem Strategie-Check! Zur Überprüfung der strategischen Voraussetzungen besteht eine Reihe bewährter Instrumente (Dokumentenanalyse, Tiefeninterviews, Workshops).

Nicht alle Fragestellungen müssen vor der Erstellung des strategischen Zielsystems geklärt sein. Aber stellen Sie sicher, dass mit den wesentlichen Säulen des strategischen Rahmens (insbesondere Vision, Mission, Geschäftsmodell) Einigkeit besteht. Und – wo strategischer Klärungsbedarf besteht – scheuen Sie nicht die Mühe robuster strategischer Analysen! Ungefähr richtig ist nun mal besser als genau falsch.

4.7 Fallstudie »Strategische Grundlagen klären«

Wir wollen im Rahmen dieses Buches die Erläuterungen zu den einzelnen Phasen des Aufbaus einer Balanced Scorecard anhand einer durchgängigen Fallstudie erläutern. Sie spiegelt nicht die Realität eines konkreten Beratungsprojektes wider, sondern führt Praxiserfahrungen aus einer Vielzahl von Balanced-Scorecard-Projekten zusammen. Die Angaben zum Unternehmen und zur Branche sind bewusst fiktiv.

Ausdrücklich sei darauf hingewiesen, dass die Balanced Scorecard im Fallbeispiel nur ein Schema ist und nicht den einzig richtigen Lösungsansatz darstellt. Je nach eigenem Erfahrungshintergrund und Strategieverständnis wird man für das Unternehmen einen eigenen, vielleicht sogar von dem hier vorgestellten Ansatz stark abweichenden Lösungsvorschlag wählen. Auch dies würde zeigen: Die Balanced Scorecard ist ein Denkraster, keine Zwangsjacke.

4.7.1 Ausgangssituation

Die »Prints GmbH« ist eine strategische Geschäftseinheit des Electronics-Konzerns. Sie beschäftigt sich mit der Entwicklung, Herstellung und dem Vertrieb von Kopiergeräten.

Das Mutterunternehmen, der Elektrokonzern Electronics AG, operiert vom Stammhaus Hamburg aus vor allem in Europa und Amerika und beschäftigt weltweit über 45.000 Mitarbeiter. Zum Produkt- und Leistungsprogramm des Konzerns gehören insbesondere die Entwicklung, Produktion und Vermarktung von audiovisueller Hardware (Fernseher, Hi-Fi-Geräte, Beamer usw.), Beleuchtungstechnik, Installations- und Automobiltechnik, Nachrichten- und Sicherungstechnik, Kommunikationstechnik und eine Reihe weiterer verwandter Geschäftsfelder. Das Unternehmen schreibt seit vielen Jahren schwarze Zahlen, allerdings lag die durchschnittliche Verzinsung des Eigenkapitals bei lediglich ca. 4 %.

Nach massivem Druck der Hauptaktionäre, die eine deutlich höhere Verzinsung fordern, löste man die alte Electronics-Geschäftsführung 2000 ab. Norman Starkstrom wurde zum neuen Sprecher der Geschäftsführung ernannt. Er kündigte sofort eine Shareholder-Orientierung an und versprach eine Verbesserung des Cashflow Return on Investment (CFROI).

Die neue Geschäftsführung erkannte schnell, dass ein zentrales Problem der Electronics AG ihre unübersichtliche und schwerfällige Organisationsstruktur war. Das Unternehmen wurde daher 2001 grundlegend restrukturiert. Diese Reorganisation mündete in der Gründung eigenständiger Konzerntöchter, sogenannter »Divisionen«. Aus Konzernsicht ist vorgegeben, dass sich die Divisionen, im Gegensatz zur bisherigen Praxis, konsequent prozessorientiert ausrichten. Die Konzernführung erwartet von der Umstrukturierung und der Prozessorientierung Synergieeffekte, welche die Personalkosten in Relation zum Umsatz deutlich senken.

4.7.2 Das Unternehmen Prints GmbH

Aus dieser Reorganisation ging auch die »Prints GmbH« als eigenständiges Unternehmen im Konzern hervor (vgl. Abb. 4.11).

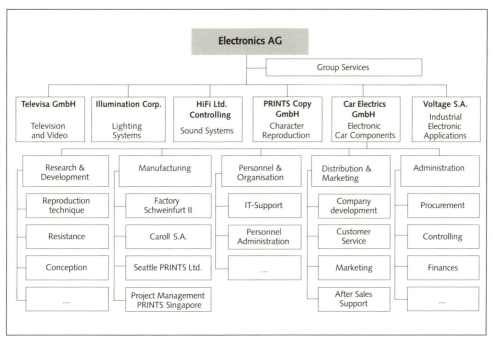

Abb. 4.11: Organigramm der Electronics AG seit 2001 (unter besonderer Berücksichtigung der Prints GmbH)

Die Prints GmbH mit Sitz in München führt alle bisher im Unternehmen verstreuten Aktivitäten der Kopiererentwicklung, -fertigung, und -vermarktung zusammen und hat 2.300 Mitarbeiter. Erstes Geschäftsjahr war 2001. Der Umsatz stieg inzwischen auf ca. 1,5 Milliarden Euro.

Das Produktspektrum der Prints GmbH ist breit gefächert und reicht von Kopierern im Massensegment (z. B. Tischkopierer für Sekretariate) bis hin zu anspruchsvollen Industrieanwendungen (vgl. Abb. 4.12).

Zur sogenannten »Kategorie I« gehören Kopierer für den professionellen Gebrauch im Hochpreissegment. Sie machen ca. 35 % des Prints-Umsatzes aus. Die restlichen 65 % verteilen sich auf Produkte des Massenmarktes, das heißt die Kategorie II.

Die geographische Verteilung der Umsätze der Prints GmbH zeigt Abbildung 4.13.

Der Markt für Kopiergeräte hat in diesen Regionen allerdings eine Sättigungsphase erreicht und wächst insgesamt nur moderat in Korrelation zum Wachstum des Bruttosozialproduktes. Profitable Wachstumschancen sieht man in Asien und Mittel-Osteuropa.

Kopiergeräte

Kategorie I

Super-1000
Digital-Laserkopierer
Automatischer Papiereinzug
Automatisches Lochen
Duplex-Kopien
90 Blatt pro Minute

Super-2000
Digital Laserkopierer
Automatischer Papiereinzug
Automatisches Lochen
Duplex-Kopien
140 Blatt pro Minute

TOP-AS
Digital-Laser-Farbkopierer
Automatischer Papiereinzug
Automatisches Lochen
Automatisches Heften
Duplex-Kopien
90 Blatt pro Minute

Kategorie II

Quickcopy
Schwarz/Weiß-Kopierer
Automatischer Papiereinzug
70 Blatt pro Minute

Strongcopy
Schwarz/Weiß-Kopierer
Automatischer Papiereinzug
50 Blatt pro Minute

Rainbow
Farbkopierer
Duplex-Kopien
50 Blatt pro Minute

Deskcopy
Tischkopierer
Duplex-Kopien
30 Blatt pro Minute

Sowie mehrere Varianten zu jeder dieser Produktgruppen

Abb. 4.12: Produktpalette der Prints GmbH (Auszug)

Produktionsstandorte für Prints-Produkte befinden sich in Deutschland, Frankreich und den USA. Ein neues Werk in Singapur soll ein Startschuss für das Wachstum in der Region Asien-Pazifik sein.

Die finanzielle Situation der Prints GmbH stellt sich wie folgt dar (vgl. Abb. 4.14).

Die Prints GmbH konnte in den vergangenen Jahren Gewinne verzeichnen, wobei die relativ guten Ergebnisse des vergangenen Geschäftsjahres im laufenden Geschäftsjahr nicht gehalten werden konnten.

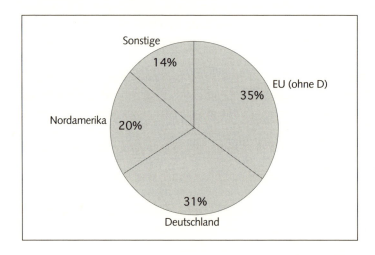

Abb. 4.13: Geographische Umsatzverteilung der Prints GmbH

(alle Angaben in Mio. Euro)

Bilanz PRINTS GmbH	2001	2002	**2003**		2001	2002	**2003**
Sach-AV	104	110	115	Eigenkapital	186	198	217
Finanz-AV	127	127	129	langfristiges Fremdkapital	138	137	127
Umlaufvermögen	237	244	251	kurzfristiges Fremdkapital	145	145	150
	468	480	495		468	480	495

Gewinn- und Verlustrechnung	2001	2002	**2003**
Umsatzerlöse	1401	1470	1502
Herstellungskosten	1258	1311	1345
Verwaltung und Vertrieb	127	129	129
Betriebsergebnis	**16**	**30**	**28**
Finanzerträge	12	13	13
Finanzaufwand	4	4	4
Finanzergebnis	**9**	**9**	**9**
EGT	**25**	**39**	**37**
Steuern	10	15	15
Jahresüberschuss	**15**	**24**	**22**

Abb. 4.14: Finanzanalyse der Prints GmbH

Die unbefriedigende Entwicklung des abgeschlossenen Geschäftsjahres zeigt sich unter anderem in der rückläufigen Tendenz des EGT (Einkommen der gewöhnlichen Geschäftstätigkeit) und des Betriebsergebnisses. Der Hauptgrund für das im Vergleich zu 2003 schlechtere Ergebnis liegt in den gestiegenen Herstellungskosten, wobei vor allem die Kosten in der Beschaffung und Fertigung überproportional gestiegen sind.

Grundsätzlich steht das Unternehmen auf einer gesunden Kapitalbasis. Problematisch erscheint aber die unzureichende Verzinsung des Gesamtkapitals, welche in den vergangenen drei Jahren im Schnitt nur 4,4% betrug. Ebenfalls deutlich hinter den Erwartungen liegt der seit neuestem zur Unternehmenssteuerung herangezogene CFROI. Er betrug 2003 knapp 7,5%. Eine Analyse der finanziellen Situation der Konkurrenten hat ergeben, dass der Marktdurchschnitt des CFROI bei 11,5% liegt, wobei die Hauptkonkurrenten der Prints GmbH durchweg zwischen 12,4% und 15% liegen.

Das Management der Prints GmbH hatte sich seit der Reorganisation ehrgeizige Ziele gesetzt und zeigte sich über die vergangenen Ergebnisse entsprechend enttäuscht. Es herrschte die Meinung vor, dass wesentliche strategische Grundaussagen nicht konsequent umgesetzt wurden. Daher entschied das Management, zur konsequenten Realisierung der strategischen Positionierung und der strategischen Schwerpunkte das Konzept der Balanced Scorecard zu verwenden.

4.7.3 Strategische Klärung bei der Prints GmbH

Im Rahmen der Gründung und Konsolidierung des Unternehmens hatte sich die Geschäftsführung über aus ihrer Sicht wesentliche Fragestellungen der Prints-Strategie geeinigt. Neben detaillierten Umsatzplänen für die einzelnen Produktgruppen hatte man insbesondere eine Ziel-Positionierung für das Unternehmen erarbeitet sowie strategische Schwerpunkte für die kommenden Jahre bestimmt. Diesen wurden teilweise Verantwortlichkeiten, Termine und Budgets zugeordnet.

Die Vision lautete: »Aus Sicht unserer Kunden werden wir der attraktivste Partner für Dokumentenreproduktion durch optische Erkennung. Wir überzeugen durch Innovation, hohe Qualität und Lösungen mit dem besten Preis-Leistungs-Verhältnis. Bezogen auf die Wertsteigerung der uns zur Verfügung gestellten Mittel entwickeln wir uns zum Branchenführer.«

Ausgewählte strategische Schwerpunkte der Prints GmbH waren:
➢ Werk in Singapur aufbauen,
➢ eigenes Vertriebsnetz aufbauen,
➢ Qualität der Kopierer erhöhen,
➢ billiger produzieren,
➢ Kontakte mit der Design-Hochschule Max Mehlendorf zwecks besserer Produktgestaltung knüpfen,
➢ Beschaffungsprobleme abstellen,
➢ Mitarbeiter stärker auf das Unternehmen einschwören.

Die Geschäftsführung ging davon aus, dass die vorhandenen strategischen Grundlagen und strategischen Aussagen reichen müssten, um eine Balanced Scorecard aufbauen zu können. Peter Kart, der zum Projektleiter für den Aufbau der Balanced Scorecard benannt wurde, stand dieser Einschätzung kritisch gegenüber. »Die Balanced Scorecard soll unser strategisches Zielsystem abbilden«, meinte er, »aber ich bin mir nicht sicher, ob wir alle das gleiche Verständnis bzgl. des strategischen Rahmens haben, innerhalb dessen sich die Balanced Scorecard entwickeln soll! Wie soll dann ein gute Ergebnis entstehen?« Nach einem längeren Gespräch entschied daher die Geschäftsführung, dem Balanced-Scorecard-Team die Möglichkeit zur Einsichtnahme in die strategischen Unterlagen und zu persönlichen Interviews zu geben. Zudem wurden Workshop-Termine zur strategischen Klärung vereinbart. Die wesentlichen Erkenntnisse stellen wir im Folgenden dar.

4.7.4 Wettbewerbsumfeld und strategischer Kern der Prints GmbH

Die Abbildung 4.15 zeigt das Wettbewerbsumfeld der Prints GmbH:

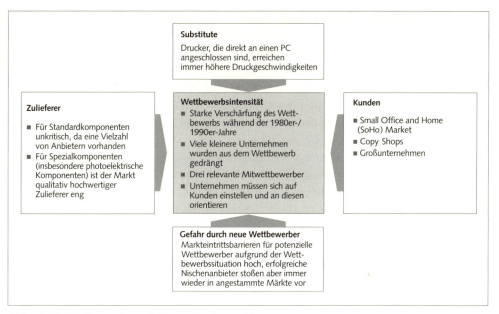

Abb. 4.15: Wettbewerbsumfeld von Prints GmbH

◆ Wettbewerbsintensität

Durch die zunehmende Internationalisierung des Geschäftes hat der Wettbewerb in den vergangenen Jahren stark zugenommen. Man kämpft erbittert, selbst um Nischen. Kleinere Unternehmen werden aufgekauft oder aus dem Markt gedrängt. Der Markt verteilt sich nun auf ca. zehn Hauptanbieter, wobei aus Sicht der Geschäftsführung der Prints GmbH vor allem drei Wettbewerber als ernst zu nehmende Konkurrenz einzuschätzen sind. Der größte Wettbewerber mit einem Marktanteil von 30 % stammt aus den USA, die anderen beiden Konkurrenten mit einem Marktanteil von je 14 % bzw. 18 % kommen aus Südafrika und aus Japan. Die Prints GmbH hält im Massensegment einen Marktanteil von ca. 9 %, im Segment der professionellen Anwendungen ca. 10 %.

◆ Substitutionsprodukte

Zwei wesentliche Entwicklungen wurden im Rahmen der strategischen Klärung noch einmal ausführlich und kontrovers diskutiert. Einerseits existieren Entwicklungen in der EDV-Branche, bei denen Drucker, die direkt an einen PC angeschlossen sind, immer höhere Druckgeschwindigkeiten erreichen. Durch Einscannen von Bildmaterial bieten Konstellationen wie Scanner-PC-Drucker immer stärker ähnliche Funktionalitäten wie eine klassische Kopiermaschine. Andererseits geht eine Reihe von Konkurrenten dazu über, integrierte Geräte anzubieten, die faxen, scannen, drucken und kopieren.

Im Rahmen der strategischen Klärung fiel auf, dass unterschiedliche Meinungen bestanden, wie auf die oben skizzierten Entwicklungen reagiert werden sollte. »Wir müssen uns auf die Kundensegmente konzentrieren, bei denen die klassischen Stärken von Kopierern (hohe Reproduktionsgeschwindigkeit, klare Dokumentenerkennung, Sortierfunktionen etc.) weiterhin gelten. Bei kleineren Anwendungen, z. B. im Sekretariat einer kleinen Rechtsanwaltskanzlei, begeben wir uns in einen ruinösen Wettbewerb, da hier die weiterentwickelten EDV-Drucker uns wirklich den Schneid abkaufen«, meinte der Produktionsleiter. Dagegen verwehrte sich u. a. der Vertriebsleiter. »Kleine Tischkopierer gehen wirklich gut. Viele Kunden wollen autarke Geräte haben, die auch dann funktionieren, wenn mal wieder die EDV ausfällt.«

Dem Projektteam fiel im Rahmen der Diskussion auf, dass über eine andere Entwicklung bisher kaum diskutiert wurde. Ein Teammitglied hatte früher im Papiergroßhandel gearbeitet und wunderte sich, wieso man nicht über die Entwicklung hin zum »papierlosen Büro« sprach. »Über das Thema wird schon seit Jahren diskutiert, geändert hat sich nichts. Selbst wichtige E-Mails werden noch ausgedruckt«, warf der Entwicklungsleiter ein. Der Geschäftsführer, Herr Kämper, war nachdenklicher. »Weniger Papier heißt weniger Kopien«, stellte er fest. »Ich denke nicht, dass wir diesbezüglich momentan akuten Handlungsbedarf haben, aber wir sollten die Entwicklungen stärker als bisher verfolgen.«

◆ Gefahr durch neue Wettbewerber

Die Markteintrittsbarrieren für potenzielle Wettbewerber im klassischen Kopiergeschäft sind aufgrund der starken Wettbewerbssituation hoch. Von neuen Wettbewerbern wird daher momentan nicht ausgegangen. Nicht ausgeschlossen ist dagegen, dass kleinere Anbieter fusionieren und so zu einer gewissen Marktmacht kommen. Im Rahmen der strategischen Klärung diskutierten die Workshop-Teilnehmer darüber, ob man dieser Entwicklung nicht zuvorkommen und selbst akquisitorisch tätig werden sollte. »Auf schnelles Wachstum kommt es in der heutigen Konstellation nicht an«, fasste Herr Kämper die Diskussion zusammen. »Natürlich halten wir unsere Augen offen, ob sich irgendwo am Markt eine gute Möglichkeit zur Akquisition ergibt. Doch dann gehen wir opportunistisch vor. Eine grundsätzliche Wachstumsstrategie über Zukäufe ist nicht unser zentrales Interesse.«

◆ Zulieferer

Zulieferer für Standardkomponenten sind unkritisch, da eine Vielzahl von Lieferanten die nötigen Leistungen anbietet. Eine Ausnahme stellt der Markt für Spezialkomponenten dar (insbesondere photoelektrische Komponenten). Hier gibt sich der Markt qualitativ hochwertiger Zulieferer eng.

◆ Kunden

Prints hat seinen Markt in drei Kundensegmente und zwei Bereiche unterteilt. Für kleinere Büros und für den Hausgebrauch (»Small Office and Home Market«, sogenannter »SoHo Market«) werden insbesondere Kopierer schwacher bis mittlerer Leistungsstärke entwickelt und hergestellt, für die »Copy Shops« (hierunter fällt u. a. auch die Ausstattung von Universitäten und Büchereien mit Kopierern) robuste Geräte mit geringer Funktionalität.

Für das Segment »Großunternehmen« werden leistungsstarke Kopierer mit hoher Funktionalität gefertigt (vgl. Abb. 4.16). Bereich I umfasst die professionellen Anwendungen in Großunternehmen, das sogenannte »Hochpreissegment«, Bereich II das »Massensegment« des SoHo-Marktes und der Copy Shops.

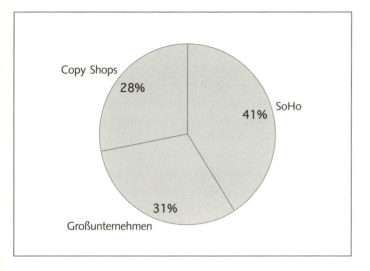

Abb. 4.16: Verteilung der Umsätze auf die Kundensegmente bei Prints GmbH

Intensiv dachte die Workshop-Runde über die zukünftige Bearbeitung der Segmente nach. Vertreter der Konzernmutter hatten angeregt, den SoHo-Markt aufzugeben, da hier ihres Erachtens nach zum einen ein ruinöser Preiskampf zu befürchten sei und andererseits dieses Segment durch die zu erwartende Entwicklung bei Substitutionsprodukten am stärksten betroffen sein würde.

Im Rahmen der strategischen Klärung wurde beschlossen, der Anregung in dieser radikalen Form nicht zu folgen. Allerdings sollten jene Segmente im SoHo-Markt aufgegeben werden, die der unteren Preiskategorie angehören. Stattdessen einigte man sich darauf, einen Produktstandard anzustreben, mit dem man in den jeweiligen Segmenten die Kundengruppen ansprechen kann, die bereit sind, höhere Preise zu zahlen. »Segmentspezifische Hochpreispolitik« nannte der Vertriebsleiter diese Strategie.

4.7.5 Kundenwahrnehmung und Kundenschnittstelle

Im Rahmen der strategischen Klärung erfolgte auch eine Analyse wichtiger Erfolgsfaktoren aus Sicht der Kunden. Dabei kam das Management zu folgenden, teilweise schon bekannten Einsichten:

◆ **Preis**

Bei technologisch gleichwertigen Wettbewerbern wird der Preis zum entscheidenden Kauf-kriterium. Dies wiederum impliziert die Kostenführerschaft als zentrale Voraussetzung für Erfolge im Preiswettbewerb. Von einer Kostenführerschaft ist Prints aber weit entfernt, da gerade bei Kopierern für das Massengeschäft der Preis nur aufgrund massiver Einschnitte bei den Margen konkurrenzfähig gehalten werden kann.

»Wir haben die falsche Strategie«, behauptete der Logistikleiter. »Wir dachten, wir könn-ten uns über technische Features unterscheiden. So haben wir reichlich Overengineering betrieben, was den Preis stark in die Höhe getrieben hat.« Diese Aussage erzeugte heftige Reaktionen bei den Vertretern von Entwicklung und Vertrieb (die »Kostenallianz«, wie der Geschäftsführer ketzerisch behauptete), doch konnte das Controlling mit entsprechen-den Auswertungen die Behauptung des Logistikleiters stützen.

◆ **Funktionssicherheit**

Die Funktionssicherheit der Kopierer stellt einen wesentlichen Erfolgsfaktor am Markt dar. Funktionsprobleme der Kopierer (Papierstaus, Tonerprobleme usw.) verursachen gro-ße Unzufriedenheit bei den Kunden, vor allem, wenn erst der Kundendienst das Problem beheben kann. Prints-Kopierer haben, wie die letzten Kundenbefragungen immer wieder zeigten, in diesem Bereich ein eher mittelmäßiges Image.

◆ **Kopierqualität**

Eine hohe Kopierqualität war früher ein wesentliches Differenzierungsmerkmal, wird heu-te vom Kunden aber als Selbstverständlichkeit vorausgesetzt.

◆ **Funktionalitäten**

Die Entwicklung von Kopieralternativen, die ein Gerät dem Anwender bietet (z. B. Grö-ßenanpassungen, Bearbeitung der Kopiervorlage vor dem Kopieren, Lochen, Heften, Zwi-schenblätter etc.), hat in den letzten Jahren rapide zugenommen. In der Vergangenheit ließen die Prints-Entwickler alle technischen Weiterentwicklungen immer umfassend in die eigenen Produkte einfließen. Erfolge hat man mit diesem Vorgehen im Hochpreisseg-ment nachweisen können. Im SoHo-, aber auch im Copy-Shop-Geschäft werden solche Funktionalitäten nicht immer erwartet. Wie schon bei der Diskussion um einen markt-fähigen Preis bekräftigte der Geschäftsführer, Herr Kämper, seine Meinung: »Wir sind in der Overengineering-Falle!«

◆ **Kundenbindung/After-Sales-Service**

Die aktive Betreuung der wichtigsten Kunden einschließlich regelmäßiger Kundenkontak-te ist nicht nur von unmittelbarem akquisitorischem Interesse. Sie dient zusätzlich als ei-ne wichtige Informationsquelle und bietet Möglichkeiten zur Demonstration der eigenen Leistungsfähigkeit und -bereitschaft. Auch das Image als kundenorientierter Dienstleister verbessert sich, wenn sich der Hersteller nach der Inbetriebnahme weiter als kompeten-ter Berater und Partner präsentiert. Hier hat Prints, auch aus Sicht des Vertriebsleiters, noch dringenden Aufholbedarf, da es weiterhin eine »sell it and leave it«-Mentalität gebe. »Insbesondere das Key Account Management muss systematisch aufgebaut werden«, so der Vertriebsleiter.

4.7.6 Analyse der Wertschöpfungskette

Im Rahmen der strategischen Klärung wurden nicht nur Chancen und Risiken am Markt hinterfragt, sondern auch einzelne Aspekte der Wertschöpfungskette diskutiert. Folgende Ergebnisse verdienen besondere Aufmerksamkeit:

◆ **Entwicklung**

Die Prints-Entwickler bezeichnen sich selbst als sehr kompetent. Mit Sorge wird allerdings gesehen, dass mehrere »alte Hasen« das Unternehmen verlassen und man hochklassigen Nachwuchs eher aus anderen Branchen und von anderen Unternehmen rekrutieren muss.

Bezüglich der Entwicklungskompetenz gibt es aber auch kritische Stimmen. So einer der scheidenden Entwickler: »Wir haben gut und brav entwickelt, waren technisch nie wirklich rückständig, aber mutige Pioniere waren wir auch nicht. Die wirklich großen Ideen, um uns über durchgreifende Weiter- und Neuentwicklungen vom Wettbewerb abheben zu können, fehlen uns einfach.«

Ein wichtiges Ziel, so der Entwicklungsleiter, bleibe die Verkürzung der Produktentwicklungszyklen (»Time-to-Market«) für neue Produkte, da es sich angesichts der hohen Marktdynamik kein Anbieter leisten kann, auf neue Produkte der Konkurrenten nicht innerhalb Jahresfrist zu reagieren.

◆ **Beschaffung**

In der Beschaffung kommt es immer wieder zu Schwierigkeiten, vor allem bei wesentlichen, qualitativ und zeitlich kritischen Komponenten. Es bestehen noch keine adäquaten, aber als dringend notwendig erachteten Partnerschaften und langfristige Bindungen mit Subunternehmen und möglichen Technologiepartnern. Weniger kritische Teile (sogenannte C-Teile), so fand das Projektteam heraus, werden sehr oft zu teuer eingekauft.

◆ **Fertigung**

Vergleichende Analysen – sowohl intern als auch unter Einbeziehung externer Studien – haben erhebliche Einsparpotenziale aufgezeigt, die durch konsequente Standardisierung, Modularisierung und Entfeinerung in beinahe allen Produktgruppen realisiert werden könnten. Überlegungen stärkerer Standardisierung sind zwar nicht neu, doch musste das Management eingestehen, dass die Umsetzung bisher alles andere als befriedigend war.

Seit längerem wird auch die Fertigungstiefe als zu hoch empfunden. Man hat es noch nicht geschafft, sich auf die Kerntechnologien zu konzentrieren, die die höchste Wertschöpfung beinhalten. In diesem Zusammenhang zog man auch die Verlagerung von Produktionskapazitäten in Niedriglohnländer in Erwägung.

◆ Vertrieb/Services

Der Vertrieb nutzt mehrere Vertriebswege zur Kundenakquisition: Neben der eigenen Filialkette mit Centern und Shops kümmert sich der Außendienst um Groß- und Mittelstandskunden.

Darüber hinaus kooperiert die Prints GmbH traditionell mit zahlreichen Fachhändlern bzw. Fachhandelsorganisationen. Da der Margenverlust in diesem Bereich hoch ist, überlegt die Geschäftsführung in harte Verhandlungen mit diesen zu treten oder (auch zur Stärkung der Kundennähe) die Kunden noch stärker über die eigenen Vertriebswege zu akquirieren.

Bedingt durch die alte, funktional ausgerichtete Struktur fällt es dem Vertrieb schwer, sich in eine prozessorientierte Denkweise einzufinden. In einer kürzlich stattgefundenen Sitzung meinte der Produktionsleiter: »Der Vertrieb muss lernen, dass er kein isoliertes Fürstentum ist, sondern mitverantwortlich ist für alles, was wir machen!« Der Kundendienst arbeitet nahe der Kapazitätsgrenze, doch er besitzt gut geschultes Personal.

Vielversprechende Chancen sieht man bei Prints in der Nutzung neuer Medien. Informationen zu den Produkten bis hin zum Vertrieb von Kopierern und Ersatzteilen über Internet wurden im Rahmen der strategischen Klärung heftig diskutiert. Das Projektteam schloss nicht aus, dass sich für Prints in diesem Bereich ein echter Wettbewerbsvorteil ergäbe, da keiner der Anbieter der Branche einen wirklich leistungsstarken Internetauftritt bieten kann.

◆ Allgemein

Gerade im übergreifenden Zusammenspiel der Kernprozesse untereinander läuft nach wie vor nicht alles reibungslos. In dem Zusammenhang wirkt sich erschwerend aus, dass die Anforderungen und besonderen Probleme der internen Kunden oft nicht genügend bekannt sind bzw. nicht verstanden werden. Die Erhöhung der internen Kundenorientierung sei, so der Logistikleiter, von hoher Relevanz, um die Effizienz und Effektivität des gesamten Unternehmensprozesses sicherzustellen und zu erhöhen.

4.7.7 Analyse des Human Kapitals

Im Rahmen der strategischen Klärung wurde der Situation der Mitarbeiter besondere Aufmerksamkeit geschenkt.

Die im Zuge der Umstrukturierung befürchteten Identifikationsprobleme erwiesen sich als größtenteils unbegründet. Auch Schwierigkeiten der Integration von Mitarbeitern hielten sich im Rahmen. Aus Sicht der Mitarbeiter wird aber immer wieder ein Defizit an Feedback über die eigenen Leistungen moniert. Auch die infolge der Verschärfung des

Wettbewerbes an vielen Arbeitsplätzen bestehende Überbelastung trägt unterschwellig zu schwindender Motivation bei. Das Management war sich aber einig, dass gerade das übergreifende Engagement und die Flexibilität der Mitarbeiter einen erfolgskritischen Faktor ausmachen, um unter den vorhandenen komplexen und dynamischen Bedingungen auch langfristig erfolgreich zu sein.

»Diese Statements habe ich schon früher gehört«, warf der Projektleiter provozierend ein. Nach kurzem Stutzen meinte der Geschäftsleiter: »Da haben Sie nicht ganz Unrecht. Aber wenn ich daran denke, wie wir früher Strategien gemacht haben, so haben wir uns um Fragen der Mitarbeiter wenig gekümmert. Wir haben Produkte und Märkte definiert; die damit zusammenhängenden mitarbeiterbezogenen Aspekte haben wir im Verhältnis dazu eher vernachlässigt. Wir werden diesen Fehler beim Aufbau unserer Balanced Scorecard vermeiden!«

4.7.8   Festlegung der strategischen Stoßrichtungen

Auf der Grundlage der diskutierten Strategieelemente fasste das Management die »Strategischen Stoßrichtungen 2008« für Prints zusammen. Dabei wurde die Strategie auf Kundenseite besonders betont.

➤ Ausbau von Prints als ein weltweit erfolgreich operierendes Unternehmen der Dokumentenreproduktion durch optische Erkennung. Schwerpunktmärkte sind die Europäische Union und Nordamerika. Mitteleuropa und den asiatischen Raum sehen wir als unsere Zukunftsmärkte. Alle weiteren Regionen werden nicht offensiv bedient, sondern durch lokale Marktvertreter geführt.

➤ Klares Bekenntnis zu einer Doppelstrategie auf Kundenseite. Wir wollen sowohl mit Kopierern für das Massengeschäft als auch mit Kopierern für das Hochpreissegment erfolgreich sein.

➤ Entwicklung zu höherpreisigen Segmenten. In den Bereichen der Doppelstrategie wollen wir durch strikte Anpassung der Produkte an die Kundenbedürfnisse sowie durch eine Imageverbesserung bezüglich der Funktionssicherheit unserer Kopierer zu einer positiven Entwicklung des Preisniveaus kommen. Im Hochpreissegment wollen wir zum »Mercedes unter den Kopierern werden«, das Massengeschäft wird unsere »A-Klasse«. Aus jenen Märkten, in denen wir mit PC-Lösungen konkurrieren, ziehen wir uns schrittweise zurück.

➤ Im Massengeschäft werden wir zum Kostenführer.

➤ Unsere Prozessorientierung hat Vorbildcharakter.

➤ Prints wächst mit seinen Mitarbeitern und nicht zu ihren Lasten.

Die in den strategischen Stoßrichtungen verankerte Strategie »Segmentspezifische Hochpreispolitik« kommt auch in Abbildung 4.17 zum Ausdruck.

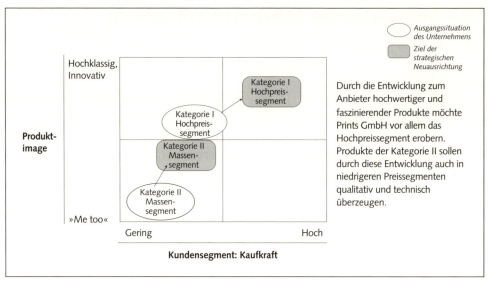

Abb. 4.17: Strategische Neupositionierung der Prints GmbH

Das Management war einstimmig der Meinung, dass durch die Diskussionen im Rahmen der strategischen Klärung die strategische Stoßrichtung des Unternehmens wesentlich besser herausgearbeitet wurde als bisher.

Andererseits war sich das Management darüber einig, dass die strategischen Stoßrichtungen nur einen ersten Einblick in die anstehenden Herausforderungen geben. Die weitere Spezifizierung der Strategie über die strategischen Ziele der Balanced Scorecard schien aus Sicht des Führungskreises der konsequente nächste Schritt. »Wir haben im Rahmen der strategischen Klärung viel Staub aufgewirbelt«, betonte der Geschäftsführer, Herr Kämper, »doch ich bin sicher, dass wir die gewonnenen Erkenntnisse in der nun folgenden Erarbeitung der Balanced Scorecard verwenden können!«

5 Eine Balanced Scorecard entwickeln

5.1 Zielsetzung

5.2 Strategische Ziele ableiten
5.2.1 Strategische Ziele entwickeln
5.2.2 Strategische Ziele auswählen
5.2.3 Strategische Ziele dokumentieren
5.2.4 Fallstudie »Strategische Ziele ableiten«

5.3 Strategy Map aufbauen
5.3.1 Ursache-Wirkungs-Beziehungen darstellen
5.3.2 Auf strategisch beabsichtigte Beziehungen konzentrieren
5.3.3 »Story of Strategy« formulieren
5.3.4 Fallstudie »Strategy Map aufbauen«

5.4 Messgrößen auswählen
5.4.1 Messgrößenvorschläge erarbeiten
5.4.2 Messgrößen auswählen und Implementierung sicherstellen
5.4.3 Weiterführende Fragen
5.4.4 Fallstudie »Messgrößen auswählen«

5.5 Zielwerte festlegen
5.5.1 Vergleichsbasis schaffen
5.5.2 Unterschiedliche Zielwertverläufe berücksichtigen
5.5.3 Schwellenwerte definieren
5.5.4 Zielwerte dokumentieren
5.5.5 Fallstudie »Zielwerte festlegen«

5.6 Strategische Aktionen bestimmen
5.6.1 Ideen für strategische Aktionen entwickeln
5.6.2 Strategische Aktionen budgetieren und priorisieren
5.6.3 Strategische Aktionen dokumentieren
5.6.4 Fallstudie »Strategische Aktionen bestimmen«
5.6.5 Balanced-Scorecard-Typen (empirische Betrachtung)

5.7 Highlights

5.1 Zielsetzung

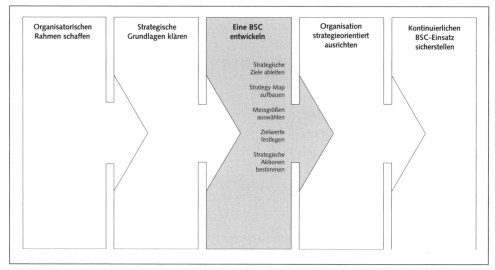

Abb. 5.1: Phase 3 des Horváth & Partners-Modells zur Balanced-Scorecard-Implementierung

Die Entwicklung einer Balanced Scorecard muss geordnet, strukturiert und in sich logisch geschlossen erfolgen. Nur ein stringentes Vorgehen gewährleistet, dass alle Konzept-Spezifika und -Notwendigkeiten beachtet werden. Das erst garantiert den Managementnutzen und die Wirksamkeit der Balanced Scorecard. Auf Basis langjähriger Projektarbeit haben wir eine solche Grundstruktur entwickelt, deren fünf Stufen – strategische Ziele ableiten, Strategy Maps aufbauen, Messgrößen auswählen, Zielwerte festlegen, strategische Aktionen bestimmen – inhaltlich und formal aufeinander aufbauen. Daraus ergibt sich ein Leitfaden, der als konkrete Handlungsanweisung für die Umsetzung der Balanced Scorecard konzipiert ist.

Das Kapitel konzentriert sich auf folgende Zielsetzungen:
➢ wissen, wie eine Balanced Scorecard entwickelt wird – und welche Stufen in welcher Form aufeinander aufbauen,
➢ verstehen, in welchen Stufen der Einsatz welcher methodischer Hilfsmittel sinnvoll ist.

5.2 Strategische Ziele ableiten

Das Ableiten strategischer Ziele dient der Reduktion, Selektion und Konzentration einer Vielzahl möglicher strategischer Ziele auf die strategisch wirklich relevanten Ziele. Durch diesen Prozess wird die Strategie konkretisiert und die einzelnen Perspektiven erhalten

Ziele zugeordnet. Dabei differenziert man zwischen strategischen und operativen Zielen sowie zwischen strategischen Zielen und strategischen Aktionen. Zugleich muss festgelegt werden, für welche organisatorische Ebene das Ziel oder die Aktion gültig ist.

Strategische Ziele im Sinne der Balanced Scorecard zeichnen sich dadurch aus, dass sie

➤ unternehmensspezifisch, individuell und nicht austauschbar sind,
➤ die Strategie in aktionsorientierte Aussagen für die jeweiligen Perspektiven überführen (»Innovationsprozess verkürzen«, »Anwenderfreundlichkeit erhöhen« usw.),
➤ die strategischen Aussagen der Strategie in ihre Bestandteile aufgliedern. So hat z. B. die strategische Grundaussage »Internationale Expansion« finanzielle, kunden-, prozess- und mitarbeiterseitige Elemente, die bei einer erfolgreichen Strategieumsetzung erreicht werden müssen.

Die Bestimmung der strategischen Ziele für jede Perspektive bildet den Ausgangspunkt aller weiteren Aktivitäten bei der Balanced-Scorecard-Erstellung. Die Qualität der strategischen Ziele ist zentral für die Qualität der gesamten Balanced Scorecard und hat einen hohen Einfluss auf den Erfolg der Einführung sowie der Umsetzung der Strategie. Strategische Ziele – und nicht deren Messgrößen – bilden das Herzstück einer Balanced Scorecard!

Die Ableitung der strategischen Ziele erfolgt in mehreren Schritten. Nach unseren Erfahrungen in der Praxis hat sich ein Workshop-Vorgehen bewährt, welches in seiner Grundstruktur im Folgenden beschrieben wird. Dieses Vorgehen stellt kein Dogma dar. Je nach Unternehmenssituation können spezifische Anpassungen nötig sein.

Vorgehensweise im Überblick:

➤ strategische Ziele entwickeln,
➤ strategische Ziele auswählen,
➤ strategische Ziele dokumentieren.

5.2.1 Strategische Ziele entwickeln

Die Erstellung der Balanced Scorecard ist ein interaktiver Prozess, der zu einem gemeinsamen Zielsystem führen soll. Auch wenn über die grundsätzliche strategische Ausrichtung Einigkeit besteht (dies sollte ja bereits in der Phase der strategischen Klärung sichergestellt worden sein), so können bei der Festlegung konkreter Zielsetzungen immer noch unterschiedliche Meinungen und Prioritäten der beteiligten Führungskräfte vorherrschen. Diese Differenzen gilt es offenzulegen, um ein eindeutiges und akzeptiertes Zielsystem zu erhalten.

Die Verwendung der Perspektiven unterstützt diesen Prozess nachhaltig. In den Köpfen der beteiligten Führungskräfte stecken eine Fülle unterschiedlicher Gedanken, Meinungen, Analysen, Erfahrungen und Visionen. Über die Fragestellungen der einzelnen

Balanced-Scorecard-Perspektiven (vgl. Kap. 1.2.3) kann es gelingen, zu einer Zielpriorität und -struktur zu gelangen. Zur Erarbeitung der strategischen Ziele lassen sich verschiedene Vorgehenswege wählen:

◆ Ableitung der Zielvorschläge aus bestehenden Dokumenten und Gedanken

Bei diesem Vorgehen werden Zielvorschläge für die Balanced Scorecard direkt aus den im Rahmen der strategischen Klärung gesichteten Unterlagen und aus den Vorgesprächen abgeleitet. Entscheidend für den Erfolg eines solchen Vorgehens ist, dass das verantwortliche Management die Zielvorschläge intensiv und kritisch diskutiert. Nur so lässt sich das Bewusstsein für das Zielsystem nachhaltig schärfen.

Vorteilhaft erweist sich bei diesem Vorgehen, dass wichtige Vorarbeiten ohne allzu großen zeitlichen Aufwand der Führungskräfte durch interne oder externe Balanced-Scorecard-»Dienstleister« (z. B. Assistenten, Controller, Qualitätsmanager, Berater usw.) wahrgenommen werden können. Anstatt das Rad neu zu erfinden, baut man auf existierenden Dokumenten, Analysen und Gedanken auf. Dadurch lässt sich der Zeitaufwand für Workshops mit den Führungskräften reduzieren.

Kritisch an einem solchen Vorgehen ist, dass man in der Regel in gewohnten Bahnen denkt. Mitunter eine gefährliche Eigenschaft, wenn man sich im Wettbewerb differenzieren möchte! Wenn Führungskräfte gefordert sind, ihre strategischen Positionen in den Perspektiven der Balanced Scorecard ganzheitlich zu überdenken, ist sicherzustellen, dass nicht nur Altbekanntes neu aufgetischt wird.

◆ Ableitung der Zielvorschläge als Workshop-Vorbereitung

Eine zweite Methodik startet damit, dass Führungskräfte vor dem ersten Workshop zur Zieldiskussion eigenständig Zielvorschläge entwickeln. Diese Vorschläge werden dann im größeren Kreis diskutiert.

Der große Vorteil dieser Vorgehensweise besteht darin, dass im Rahmen der Zielableitung genug Zeit im Vorfeld gegeben werden kann, damit die Führungskräfte auf der Grundlage ihres Wissens, ihrer Beobachtungen und der ihnen zur Verfügung stehenden Analysen und Unterlagen fundierte Zielvorschläge einbringen können.

Kritisch an diesem Vorgehen ist die Tatsache, dass sich Führungskräfte erfahrungsgemäß nicht ausreichend (Vorbereitungs-)Zeit nehmen, strategische Ziele (vor allem nicht finanzielle) im Vorfeld eines Workshops konkret genug auszuarbeiten.

◆ Ableitung der Zielvorschläge im Workshop

Nach unseren Erfahrungen in der Praxis hat sich auch folgendes Vorgehen bewährt: Zunächst erhalten die beteiligten Führungskräfte im Workshop die Aufgabe, aus ihrer Sicht die wesentlichen Ziele je Perspektive abzuleiten. Die einzelnen Zielsetzungen sollen die Workshop-Teilnehmer auf jeweils eine Metaplankarte notieren. Obgleich die individuelle Zielableitung im Rahmen eines Workshops einige Zeit benötigt, ist eine Ableitung der strategischen Ziele im Workshop dann gerechtfertigt, wenn sich die Führungskräfte nicht ausreichend Zeit vor dem Workshop nehmen. Alternativ bietet es sich auch an, reihum von den Beteiligten im Workshop Zielvorschläge abzufragen und diese für alle sichtbar direkt im Computer zu erfassen und mittels Projektion darzustellen. Zur Erhöhung der Effizienz in einem solchen Workshop bieten sich dann »Spielregeln« an, z. B.: Jeder darf nur einen Vorschlag nennen, dann ist der nächste an der Reihe. Im Gegensatz zur Metaplantechnik wird dadurch vermieden, dass im Grunde gleichartige Vorschläge in leicht abweichender Formulierung vielfach auftauchen und mühsam gegliedert und aussortiert werden müssen.

Als Ideal kann eine Mischung dieser drei Vorgehensweisen bezeichnet werden: Vorbereitung durch das Balanced-Scorecard-Team und die Führungskräfte, danach ein Übergang auf die Metaplantechnik bzw. direkte Erfassung am Computer im Workshop.

Praxisbeispiel

Zur Ableitung strategischer Ziele passte man bei einem großen deutschen Stadtwerk die Konzeptionen der Handlungsfelder und Handlungsoptionen, wie sie in der Strategieliteratur und -praxis anzutreffen sind, an.

Zunächst wurden aus der Strategiediskussion für jeden organisatorischen Bereich grundsätzliche Handlungsfelder identifiziert. Dabei ergaben sich Themen, wie bspw. der Marktzugang, die Leistungsportfolios, die Preispolitik, die Wertschöpfungskette, die Qualitätspolitik oder die Mitarbeiter. Die benannten Handlungsfelder waren je nach Einheit verschieden. In den meisten Fällen wurden mehr als fünf Handlungsfelder für einen Bereich festgelegt.

Der Einsatz der Handlungsfelder-Konzeption ließ sich zur kreativen Ideensammlung nutzen. Um zu einer einheitlichen Struktur zu kommen, ordnete man die Handlungsfelder den Perspektiven der Balanced Scorecard zu. Die Zuordnung diente der Überprüfung der Vollständigkeit. Das weiterführende Arbeiten über die Balanced-Scorecard-Perspektiven half, die Ausgewogenheit sicherzustellen. Damit nutzten die Projektteilnehmer das einheitliche, logische und sprachliche Raster der Balanced Scorecard, denn die Perspektiven waren für alle Bereiche fix vorgegeben.

Abbildung 5.2 dokumentiert die Zuordnung von Handlungsfeldern zu den Balanced-Scorecard-Perspektiven für das Beispiel des Energieversorgungsunternehmens. Die Perspektiven Potenziale und Mitarbeiter erfüllen eindeutig eine Treiberfunktion. Sie unterstützen die Kooperationsperspektive und im weiteren Verlauf die Prozessperspektive. Die Prozessperspektive wiederum treibt die Kunden- und damit die Finanzperspektive. In einem späteren Prozessschritt wurden die Perspektiven Potenziale und Mitarbeiter miteinander verschmolzen. Die Kooperationsperspektive stellt in diesem Beispiel eine Besonderheit der Managementholding dar. Denn die Holding sieht ihre Aufgabe insbesondere darin, die verschiedenen Tochterunternehmen zu koordinieren und zu steuern. Ein solches Verständnis deckt sich mit den Einschätzungen von Experten und Kennern der Energiewirtschaft, wonach ein Wachstum nur über eine effektive und effiziente Zusammenarbeit auf allen Wertschöpfungsstufen, d. h. Erzeugung, Verteilung, Vertrieb und Handel zu erreichen ist.

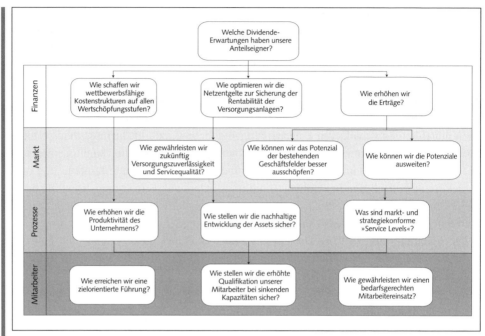

Abb. 5.2: Top-down-Fragestellungen zur Generierung einer Strategy Map (Auszug)

Die Darstellung spricht zwei weitere Aspekte des Denkens in Perspektiven an: Erstens die Unterschiede in der zeitlichen Reichweite und zweitens die Aspekte der Innen- und Außenorientierung der Perspektiven. So widersprüchlich es klingen mag, aber die Finanzperspektive verfügt über die kürzeste und zugleich auch die längste zeitliche Reichweite der Perspektiven. Die kürzeste Reichweite, weil sie die Ergebnisse der Vergangenheit aufzeigt oder auf zukünftige Ergebniserwartung hinweist, ganz konkret bereits für das Folgejahr. Die längste Reichweite, weil die erwirtschafteten Finanzmittel die Voraussetzungen für den Potenzialaufbau der Zukunft darstellen (Selbstfinanzierungskraft). In diesem Sinne mündet die Finanzperspektive wieder in die Potenzialperspektive. Dieser Zusammenhang fiel uns auf, als wir die Entwicklung einer Strategy Map für besagtes Energieversorgungsunternehmen begleitet haben. Abseits der zeitlichen Reichweite kommt der Potenzialperspektive die langfristigste Wirkung zu. Manchmal machen sich erst Jahre später bspw. Ergebnisse einer veränderten Unternehmenskultur bemerkbar.

Der nächste Schritt bei dieser Art der Zielbestimmung bestand darin, zu den einzelnen Handlungsfeldern sogenannte Handlungsoptionen abzuleiten – also Handlungen, die in den jeweiligen Handlungsfeldern als relevant angesehen wurden. Handlungsoptionen zeigen verschiedene Möglichkeiten auf, eine strategische Zielposition zu erreichen. Allerdings, wie der Name sagt, stellen sie zunächst lediglich Optionen dar. Erst die Entscheidung des Managements kann aus einer Option eine gewählte Vorgehensweise machen. Unserer Erfahrung nach sollte – ähnlich dem Vorgehen bei den Handlungsfeldern – eine

Strukturierung und Zuordnung der Handlungsoptionen im Sinne der Balanced Scorecard stattfinden. Werden die Handlungsoptionen in einem kreativen Prozess erarbeitet, dann sind sie i. d. R. unstrukturiert, undifferenziert und unbewertet. Erst nach deren Strukturierung und Zuordnung in die Perspektiven der Balanced Scorecard, nach ihrer Differenzierung in strategische und operative Ziele sowie in strategische Ziele und strategische Aktionen und nach ihrer Relevanzbewertung sind sie für die Balanced Scorecard geeignet. Die Bewertung von Handlungsoptionen, die auf die Phase der Strukturierung folgt, kann mit Hilfe von subjektiven Einschätzungen oder gestützt auf Business-Pläne erfolgen. Wenn aus mehreren Alternativen ausgewählt wurde, ist die gewählte Handlungsoption ein strategisches Ziel im Sinne der Balanced Scorecard. Dabei wird eine Priorisierung derart vorgenommen, dass nur bei hohem Handlungsbedarf zur Erreichung der strategischen Zielposition ein Ziel für die Balanced Scorecard abgeleitet wird. Das folgende Schema dokumentiert beispielhaft diesen Prozess von der strategischen Positionierung über Handlungsfelder und -optionen hin zur Balanced Scorecard (vgl. Abb. 5.3).

Potenzielle Handlungsfelder	Ist-Position (2006)	Handlungsoptionen auf dem Weg zur Zielposition (2010)	Handlungs-bedarf (++ / + / 0)
Finanzen: Senkung Netzentgelte auffangen	▪ Kürzung der Netzentgelte (ca. 10 – 15 %) aufgrund überdurchschnittlicher Gesamtkosten Netz ▪ Erwartung weiterer Kürzung im Rahmen der Anreizregulierung	▪ Optimierung der Netzentgelte ▪ Schaffung von wettbewerbs-fähigen Kostenstrukturen auf allen Wertschöpfungsstufen ▪ Prüfung von Kooperationen	**++**
Markt: Kooperationen prüfen und umsetzen	▪ Keine Kooperationen bei erfolgskritischen Themen ● Beschaffung ● Messung und Abrechnung ● Shared Services ● Regulierungsmanagement ● …	▪ Machbarkeitsstudie für horizontale und vertikale Kooperationen ▪ Je nach Ergebnis der Machbar-keitsstudie(n) Umsetzung der Kooperationen	**+**

Bei sehr hohem (++) oder hohem (+) Handlungsbedarf werden Handlungs-optionen als strategisches Ziel für die Balanced Scorecard identifiziert!

Abb. 5.3: Transformation von Handlungsoptionen in strategische Ziele (Auszug)

◆ Formale Darstellung von strategischen Zielen

Unabhängig davon, welches Vorgehen zur Zielentwicklung gewählt wird, gelten für die Darstellung der möglichen strategischen Ziele folgende (formale) Regeln (vgl. Abb. 5.4).

➤ Nicht mehr als vier bis fünf Ziele je Perspektive darstellen – nur so behält man den Überblick. Eine Balanced Scorecard sollte eher aus 15 als aus 20 Zielen bestehen!

➤ Zunächst die verbalen Ziele in einem kurzen Satz niederschreiben (also nicht »Liefertreue + 10 %« sondern z. B. »Erhöhung unserer Lieferbereitschaft«) – Schlagwortaussagen lassen sich besser kommunizieren und bleiben in Erinnerung.

➢ Fokussiert jene Ziele darstellen, die eine hohe strategische Bedeutung für das Unternehmen haben – dann erst kann die Balanced Scorecard die Differenzierung im Wettbewerb ermöglichen.

➢ Nicht allzu pauschale, sondern möglichst spezifische Ziele nennen – pauschale Ziele nimmt man kaum wahr, spezifische Ziele sind eindeutig.

➢ Aktionsorientierte Formulierungen verwenden (Verwendung von Verben bzw. Substantivierung von Verben) – nicht umsonst sagte man früher zu Verben auch Tunwörter!

➢ Beschreibende Adjektive verwenden, die das Ausmaß des Weges von der Ist- zur Zielposition erläutern – es ist ein erkennbarer und bewusster Unterschied, ob wir von »kontinuierlich weiterentwickeln« oder »massiv steigern« sprechen!

➢ Messbarkeit der Ziele spielt zunächst keine Rolle – letztendlich findet sich stets eine Messmethode, insofern würde die verfrühte Frage nach der Messbarkeit einem Denkverbot gleichkommen.

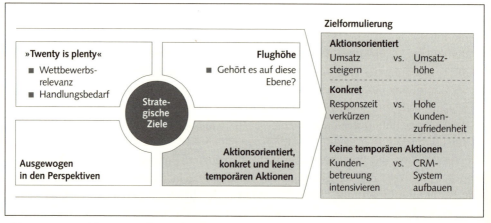

Abb. 5.4: Auswahl strategischer Ziele: Fokussierung – eine herausfordernde Aufgabe

Jede der vorgeschlagenen Vorgehensmöglichkeiten sieht einen Workshop vor, um die erarbeiteten Zielvorschläge zu diskutieren. Wie zuvor bereits beschrieben, erfolgt dies entweder mittels Metaplankarten oder durch unmittelbare Dokumentation und Darstellung der Vorschläge am Computer/Projektion.

5.2.2 Strategische Ziele auswählen

Der Prozess der Zielentwicklung produziert zunächst eine verwirrende Vielfalt an Zielvorschlägen. Eine beispielhafte Rechnung mag dies belegen: Bei sieben Workshop-Teilnehmern und bis zu fünf Vorschlägen je Perspektive hängen bis zu 140 mögliche Zielsetzungen an den Metaplanwänden! Macht ein solches Vorgehen Sinn?

Wir können dies nur ausdrücklich bejahen. Denn auch wenn sich viele der artikulierten Zielsetzungen überschneiden: Die Bandbreite unterschiedlicher Zielformulierungen und -schwerpunkte entspricht der tagtäglich erlebten Realität im Unternehmen! Insofern ist es eine zentrale Aufgabe der Balanced Scorecard, diese real existierende Gedankenvielfalt zu strukturieren und in Übereinstimmung zu bringen.

Natürlich kann eine Balanced Scorecard nicht aus 140 Zielen bestehen, dies würde dem Gedanken der Fokussierung und Schwerpunktsetzung deutlich widersprechen.

Das Unternehmen ABB prägte im Zusammenhang mit der Balanced Scorecard den Leitsatz »Twenty is plenty« und legte damit fest, dass eine eindeutige Darstellung der Strategie der jeweils betrachteten Einheit nicht mehr als 20 Ziele umfassen darf. Verglichen mit unserem vorigen Zahlenbeispiel zeigt dies den für gewöhnlich enormen Reduktions- und Fokussierungsbedarf auf – eines der anspruchsvollsten Vorhaben bei der Balanced-Scorecard-Entwicklung. Trotz der Bedeutung dieser Phase gibt es für den Praktiker bislang wenig Anhaltspunkte in der Literatur, nach welchen Kriterien er konkret vorzugehen hat. Wir schlagen folgende Vorgehensweise zur Auswahl der strategischen Ziele vor:
➤ die inhaltliche Klärung des Zielvorschlags,
➤ die Klärung der strategischen Bedeutung des Zielvorschlags,
➤ die Feststellung des Konkretisierungsgrades des Zielvorschlags,
➤ die Zuordnung des strategischen Ziels zur entsprechenden Perspektive ergänzt um eine Clusterung mit ähnlichen Zielvorschlägen sowie
➤ die Dokumentation der Zielinhalte.

Wichtig ist, dass die Prozessschritte nicht sequenziell, sondern simultan ablaufen. So kann beispielsweise bei der inhaltlichen Klärung einzelner Ziele bereits deren strategische Bedeutung hinterfragt werden. Der Logik der Balanced Scorecard folgend, sollte man bei der Besprechung von Zielen mit der Ausgangsperspektive (in der Regel Finanzperspektive) starten und sich dann entsprechend der in den Perspektiven abgebildeten Geschäftslogik vorarbeiten.

Typischerweise entstehen in dieser Phase heftige Diskussionen, da Bedeutung und Ist-Zustand einzelner Ziele von den Teilnehmern unterschiedlich eingeschätzt werden. So mühsam diese Diskussionen auch sein mögen, machen sie doch den Kern des Balanced-Scorecard-Prozesses aus. Unterschiedliche Ansichten, die auch ohne den Balanced-Scorecard-Prozess im Unternehmen existieren, werden auf diesem Wege offensichtlich und einer sachlichen Diskussion zugänglich gemacht. Zudem zwingt die inhaltliche Auseinandersetzung dazu, sich mit den Meinungen unterschiedlicher Funktionsträger zu beschäftigen.

◆ Inhaltliche Klärung

Nicht alle Zielvorschläge erklären sich auf Anhieb. Bei der inhaltlichen Klärung sollen die Teilnehmer darlegen, was sie unter dem von ihnen identifizierten Ziel verstehen. Und sie sollen begründen, weshalb sie gerade diesem Ziel eine so große Bedeutung beimessen, dass es auf der Balanced Scorecard aufgeführt werden soll.

Steht auf einer Karte bspw. nur »Service«, so ist zu klären, was genau damit gemeint ist. Von welchem Service sprechen wir? Welche Rolle kommt dem Service im Rahmen der strategischen Ausrichtung des Unternehmens und seines Geschäftsmodells zu? Welches Ziel ist zu erreichen? Ähnliches gilt, wenn auf einer Karte »Qualität verbessern« steht. Welche Qualität ist zu verbessern? Verfügt diese Qualität über strategische Relevanz oder stellt sie nur eine Basisanforderung dar? Aufgrund welcher Erfahrungen in der Vergangenheit hat das Ziel nun diesen Stellenwert?

◆ **Klärung der strategischen Bedeutung**
Die Balanced Scorecard muss einen strategischen Charakter erhalten und darf folglich nur strategische Ziele umfassen. Doch, was ist strategisch und was nicht?

Praxisbeispiel

In einem unserer Balanced-Scorecard-Projekte war der Produktionsleiter des Unternehmens davon überzeugt, die »rechtzeitige Zulieferung von Komponenten« sei von hoher strategischer Bedeutung und gehöre deshalb auf die Balanced Scorecard. »Wenn die Teile nicht rechtzeitig kommen, steht bei unserem geringen Lagerbestand innerhalb kürzester Zeit die Produktion still. Und dann hätten wir ein großes Problem, oder?«
Streng genommen hätte das Unternehmen in solch einem Fall zwar ein großes operatives Problem, aber aus Sicht des Unternehmens typischerweise kein strategisches, grundsätzliches Problem. Denn so bedeutsam die rechtzeitige Teilezulieferung auch ist, sie gehört zur Beherrschung des laufenden Geschäftes. Die Balanced Scorecard soll aber helfen, das zukünftige Geschäft zu gestalten. Mit derselben Argumentation wie der Produktionsleiter könnte man Ziele wie »Sicherstellung der Energieversorgung« oder »Rechtzeitige Zahlung von Rechnungen« in einer Balanced Scorecard aufnehmen. Doch das kann nicht Anliegen einer Balanced Scorecard sein; sie ist ein Strategiemodell und keine Stellenbeschreibung!
Natürlich kann aus der Sicht der Buchhaltung ein nicht rechtzeitiges Auszahlen von Rechnungen trotz vorhandener Liquidität zu einem strategischen Thema werden. Definiert man eine Strategie als ein Handlungsmuster, welches den Erfolg im Wettbewerb sichert, so wird klar, dass auch funktionale Bereiche Wettbewerber haben, z. B. externe Dienstleister oder potenziell bessere Stellenbesetzungen. Konsequenterweise brauchen auch funktionale Bereiche eine Strategie, so dass sie sich mit den Ergebnissen ihrer Leistung dem Wettbewerb stellen können. Bestehen im genannten Beispiel Schwierigkeiten mit der rechtzeitigen Zahlung von Lieferungen aufgrund schlecht beherrschter Prozesse, so hat der Bereich aus seiner Sicht ein strategisches Problem: Er wird dem Wettbewerb nicht standhalten können. Die Folge: Outsourcing, Stellenumbesetzungen oder andere Handlungsoptionen. Aus Sicht der Gesamtunternehmung handelt es sich aber eher um ein operatives Detailproblem.
Diesen für das Verständnis der Balanced Scorecard wesentlichen Tatbestand (operative Ziele aus Sicht des Gesamtunternehmens können zu strategischen Zielen aus

Sicht eines funktionalen Bereiches werden) beschreiben wir im Rahmen des Rollouts der Balanced Scorecard, d. h. dem Aufbau nachgelagerter Balanced Scorecards, noch ausführlicher.

Die strategische Bedeutung einzelner Ziele hängt jedoch nicht nur an der jeweiligen (hierarchischen) Betrachtungsebene, sondern natürlich auch am jeweiligen Unternehmenskontext. Ein spezifisches Ziel kann je nach Strategie und Unternehmenskontext einen strategischen oder einen operativen Charakter annehmen. Dies führt dazu, dass es Erfolgsfaktoren gibt, die für ein Unternehmen wesentlicher Bestandteil seiner Balanced Scorecard sind, für ein anderes jedoch nicht.

Das folgende Beispiel erklärt diesen Zusammenhang. Das Ziel »Mitarbeiter im Unternehmen halten«, gemessen an der Fluktuationsrate, gehört sicher für jedes Unternehmen, das keinen Personalabbau betreiben will, zu den erfolgskritischen Faktoren. Doch gehört das Ziel und seine Messgröße (Fluktuationsrate) auf jede Balanced Scorecard?

Wenn ein Unternehmen über Jahre hinweg eine normale Fluktuationsrate hat, dann verfügt dieses Ziel über einen befriedigenden Erreichungsgrad. Eine Verbesserung der Zielerreichung ist nicht angestrebt und eine Verschlechterung des Zielwertes nicht in Sicht: Wir sprechen dann von den typischen Merkmalen eines operativen Ziels. Ob das Ziel »Mitarbeiter im Unternehmen halten« auch in Zukunft erreicht wird, darüber wacht die Personalabteilung. Ein strategischer Impuls in das Unternehmen hinein, um »Mitarbeiter im Unternehmen zu halten«, erscheint verzichtbar; das Ziel sollte in dieser Form nicht auf der Balanced Scorecard des Unternehmens stehen.

Für ein anderes Unternehmen, welches mit dem Problem kämpft, dass sein Wissenskapital in viel zu hohem Maße abwandert, ist die Einordnung des Ziels »Mitarbeiter im Unternehmen halten« eine ganz andere. Das Problem muss bei der Erarbeitung einer Strategie Berücksichtigung finden. Man sollte umfassende und langfristige strategische Aktionen vereinbaren, um den Zielerreichungsgrad zu verbessern. Auf der Balanced Scorecard dieses Unternehmens nimmt das Ziel »Mitarbeiter im Unternehmen halten« einen wichtigen Platz ein.

5.2.2.1 Instrumente zur Klärung der strategischen Bedeutung

Um die strategische Bedeutung der Ziele sicherzustellen, verwenden wir insbesondere zwei Instrumente: den Horváth & Partners-Filter und das Kundenbegeisterungsmodell. Beide Instrumente sind Strukturierungs- und Priorisierungshilfen, an denen man sich nicht sklavisch orientieren sollte, die aber wichtige Diskussionsgrundlagen bieten.

◆ Horváth & Partners-Filter

Der Horváth & Partners-Filter ist ein Instrument zur Differenzierung von Basiszielen und strategischen Zielen. Wir haben ihn im Verlauf zahlreicher Projekte zur Balanced-Scorecard-Implementierung entwickelt und eingesetzt.

Der Filter baut auf zwei Dimensionen auf, die zum einen die »Wettbewerbsrelevanz« und zum anderen den »Handlungsbedarf« zum Ausdruck bringen (vgl. Abb. 5.5). Die Wettbewerbsrelevanz als vertikale Achse dokumentiert die Einflussnahme eines Ziels auf den Markterfolg. Damit beantwortet diese Dimension die Frage, ob die Umsetzung des Ziels wirklich einen wettbewerbsentscheidenden Unterschied zur Konkurrenz ausmachen würde.

Die horizontale Achse zeigt den Handlungsbedarf auf. Ein hoher Handlungsbedarf kann sich aus drei Gründen ergeben:

1. Es bestehen im Unternehmen grundlegende Probleme bei der Umsetzung von Basiszielen. Basisanforderungen, die nicht erfüllt werden, erlangen sofort eine wettbewerbsrelevante Bedeutung (negative Differenzierung). Gegebenenfalls sind tiefgreifende Anstrengungen im Unternehmen notwendig, um die Basisanforderungen künftig zu realisieren. Dazu ein Beispiel: Der Markt erwartet eine hohe Liefertermintreue als Basisanforderung. Benötigt ein Unternehmen zur Erfüllung der Marktanforderungen größere und langfristige Anstrengungen, dann nehmen sowohl Handlungsbedarf als auch Wettbewerbsrelevanz einen hohen Wert an. Das Ziel »Auslieferung zum vereinbarten Zeitpunkt sicherstellen« wäre in solch einem Fall ein Balanced-Scorecard-Ziel.

2. Ziele, die aufgrund der festgelegten Strategie überdurchschnittlich gefördert werden sollen. Diesen Zielen kommt auf Basis der Managemententscheidung ein großer Handlungsbedarf zu. So kann das Ziel »Bekanntheitsgrad steigern« als strategisches Ziel auf der Balanced Scorecard eines Unternehmens aufgenommen werden, welches eine explizite Expansionsstrategie verfolgt, während ein anderes Unternehmen den Handlungsbedarf hinsichtlich des Bekanntheitsgrades als nicht so hoch einstuft.

3. Bereits erreichte Ziele, die wegen aggressiver Konkurrenz oder eigener Defizite evtl. in Zukunft nicht mehr erreicht werden können. Als Beispiel zu Beginn des 21. Jahrhunderts sei der PKW-Bereich – konkret die Marke Mercedes – im DaimlerChrysler-Konzern genannt. DaimlerChrysler konnte aufgrund seines Images einen höheren Preis für seine Automobile verlangen als vergleichbare Konkurrenten. Das Ziel »Image als weltbester Automobilhersteller beibehalten« wäre dann ein Ziel der Balanced Scorecard. Denn die Wettbewerbsrelevanz ist hoch, aber auch der Handlungsbedarf, da die Konkurrenz nichts unversucht lassen wird, um DaimlerChrysler dieses Image streitig zu machen. In der Realität wurde – wie wir heute wissen – DaimlerChrysler in vielen Bereichen von BMW oder Audi überholt.

Zusammenfassend beschreibt der Handlungsbedarf, inwieweit überdurchschnittliche Anstrengungen nötig sind, um einen gewünschten Status quo zu erreichen oder zu verteidigen. Dabei ist es besonders wichtig, dass nicht nur »problemorientiert« gedacht wird, was eine permanent auf negative Nachrichten zugeschnittene Strategiediskussion bedeuten würde. Auf eine Balanced Scorecard gehören auch »Stärken, die bewusst weiter gestärkt werden müssen«, sofern sie in hohem Maße wettbewerbsrelevant sind (vgl. dazu auch die Ausführungen in Kap. 4).

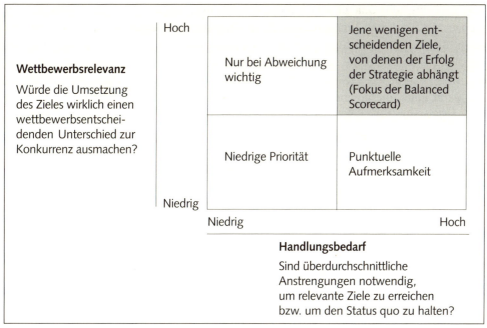

Abb. 5.5: Der Horváth & Partners-Filter zur Ableitung strategischer Ziele

Durch die beschriebene Aufteilung entsteht eine Vier-Felder-Matrix, die wie folgt zu interpretieren ist:

Punktuelle Aufmerksamkeit: Hier geht es um Ziele, die zwar einen hohen Handlungsbedarf aufweisen, aber deren Umsetzung keinen wettbewerbsrelevanten Unterschied ausmachen würde. Als Beispiel sei an den Ausfall einer wichtigen Maschine gedacht. Natürlich entsteht dadurch kurzfristig ein hoher Handlungsbedarf für das Ziel »Maschine in Gang setzen«, doch führt die Umsetzung des Ziels zu keinem wettbewerbsentscheidenden Unterschied. Der wettbewerbsentscheidende Unterschied würde sich bei einer langfristigen Nichtumsetzung des Ziels ergeben. Dann dürfte diesem Ziel nicht nur punktuelle Aufmerksamkeit zukommen.

Niedrige Priorität: Dabei handelt es sich um Ziele, die weder einen großen Handlungsbedarf besitzen noch von hoher Wettbewerbsrelevanz sind. Aus Sicht eines Produktionsunternehmens könnten dies Ziele wie z. B. »Verbesserte Zusammenarbeit mit Spediteuren« oder »Senkung der Rüstzeiten« sein, wenn man diese Ziele schon jetzt zufriedenstellend umsetzt und – darüber hinaus – keine Gefahr besteht, dass durch eine Verschlechterung der Zielerreichung ein wesentlicher strategischer Nachteil entsteht.

Nur bei Abweichung wichtig: Es gibt eine ganze Reihe von Zielen, denen zwar eine hohe Wettbewerbsrelevanz zukommt, die jedoch keinen hohen Handlungsbedarf aufweisen.

Wird z. B. eine hohe Qualität vom Kunden erwartet und von den relevanten Wettbewerbern geboten, so führt eine Nichterfüllung dieses Standards zu deutlichen Wettbewerbsnachteilen. Bietet das Unternehmen aber einen entsprechenden Standard bereits an, so ist der Handlungsbedarf im Sinne zusätzlicher Bemühungen gering. Keinen hohen Handlungsbedarf weisen auch jene Ziele auf, deren Umsetzung zwar theoretisch eine große Wirkung am Markt hätte, die aufgrund der festgelegten Strategie aber nicht überdurchschnittlich gefördert werden sollen, z. B. kürzere Lieferzeiten. Bei diesen Zielen reicht also die aktuelle Zielerreichung, um das Unternehmen auf dem strategisch gewünschten Kurs zu halten. Sie sind für das Management nur von Relevanz, wenn sie sich (auch im Verhältnis zum Wettbewerber) deutlich verschlechtern. Diese Ziele eignen sich daher für ein »Management by Exception« und sollten unbedingt im operativen Controllingsystem verfolgt werden.

Strategische Ziele im Sinne der Balanced Scorecard sind jene wenigen entscheidenden Ziele, von denen der Erfolg der Strategie wirklich abhängt. Sie haben sowohl eine hohe Wettbewerbsrelevanz als auch einen hohen Handlungsbedarf. Sie stellen die Inhalte dar, die eine Balanced Scorecard ausmachen sollten.

◆ **Kundenbegeisterungsmodell**

Das Kundenbegeisterungsmodell setzt sich mit dem Verhältnis von Kundenerwartungen und Kundenzufriedenheit auseinander. Es unterscheidet die Kundenanforderungen in Basisanforderungen, Leistungsanforderungen und Begeisterungselemente (vgl. Kano, 1993). Wir haben die Grundgedanken bereits im Rahmen der strategischen Klärung beschrieben (vgl. Kap. 4.3.3).

Das Kundenbegeisterungsmodell eignet sich nicht nur als Analyseinstrument im Rahmen der strategischen Klärung, sondern auch als Denkraster bei der Beurteilung, ob ein vorgeschlagenes strategisches Ziel in die jeweilige Balanced Scorecard aufgenommen werden sollte:

➢ Ziele, die die Erfüllung von Basisanforderungen betreffen (z. B. »Einhaltung der DIN-Norm«), finden nur dann ihren Platz auf der Balanced Scorecard, wenn sie nicht erfüllt werden und ihre Erfüllung einen besonderen Aufwand erfordert.

➢ Ziele, die Leistungsanforderungen betreffen, sollten dann in der Balanced Scorecard berücksichtigt werden, wenn sie strategisch besonders zu fördern sind.

➢ Begeisterungselemente gehören dann auf eine Balanced Scorecard, wenn sie aus strategischer Sicht zu forcieren sind, also z. B. die Erreichung eines gewissen Images. Dabei geht es aber nicht um die Auflistung einzelner Funktionselemente, die zur Begeisterung führen. Solche Elemente sollten sich nicht auf der Balanced Scorecard wiederfinden, sondern in einer Produktbeschreibung!

➢ Konkretisierungsgrad einstellen: In der praktischen Anwendung der Balanced Scorecard stellt sich die Aufgabe, sowohl allzu pauschale als auch allzu konkrete Ziele zu vermeiden. Der Einstellung des richtigen Konkretisierungsgrades kommt eine zentrale Bedeutung zu.

Meist geraten die ersten Beschreibungen von strategischen Zielen zu pauschal, d. h. es werden Allgemeinplätze verwendet, die auf jede Organisation zutreffen würden. Als Beispiele seien Ziele wie »Kundenzufriedenheit schaffen«, »Prozesse optimieren«, »Top Qualität bieten«, »Gutes Preis-Leistungs-Verhältnis sicherstellen« genannt. Bei extrem pauschal formulierten Zielen bestehen zu viele Interpretationsmöglichkeiten. Zu pauschale Ziele führen zu einer austauschbaren Balanced Scorecard, die dem Unternehmen oder seinen Unternehmenseinheiten wenig neue Impulse für eine erfolgreiche Strategieumsetzung liefern. Häufig stoßen wir auf solche Zielvorschläge, die eher Werte und Selbstverständnisse umschreiben, als wirkliche Ziele darstellen.

Es kommt aber auch vor, dass Ziele bereits in dieser ersten Phase einen zu hohen Konkretisierungsgrad aufweisen, wie z. B. »Key Account Management einführen«, »Trennung vom Lieferanten X«, »Neue Fertigungsstraße beschaffen« oder »Werk in der Ukraine aufbauen«. Häufig fehlt diesen Zielen eine Aussage darüber, welches übergeordnete Ziel eigentlich verfolgt wird.

Praxisbeispiel

Beim Aufbau einer Balanced Scorecard für einen Automobilhersteller forderte der Produktionsleiter, das Ziel »Best-Practice-Produktionsprozesse« in die Balanced Scorecard auf Unternehmensebene aufzunehmen. Offensichtlich waren beide Kriterien des Horváth & Partners-Filters erfüllt: Da andere Unternehmen teilweise eine bessere Produktionsleistung hatten, schien sowohl die Dimension der Wettbewerbsrelevanz als auch der Handlungsbedarf deutlich ausgeprägt.

Dennoch erwies sich die Aufnahme dieses Ziels als Fehler. Denn nun wollte auch der Vertrieb – mit einer ganz ähnlichen Argumentation – das Ziel »Best Practice im Vertrieb« auf der Balanced Scorecard wissen. Die Entwicklung forderte das Ziel »State-of-the-Art-Entwicklungsprozesse«, und die Logistik bestand darauf, »Logistikprozesse optimieren« auf der Balanced Scorecard zu notieren. Das Resultat: Die vorläufige Balanced Scorecard bestand aus einer Unzahl von »Best of ...«-Zielen und verfügte über einen nur geringen Informationswert.

Wie so häufig ergeben sich sehr konkrete Zielausprägungen erst auf der zweiten Ebene, hier also auf Abteilungsebene. Für die BSC des Gesamtunternehmens bleibt entweder nur der allgemeine Platzhalter der »Best-Practice-Prozesse« oder aber eine Konkretisierung.

Was wurde nun besser gemacht? Das pauschale Ziel »Best Practice in der Produktion« musste konkretisiert werden. Wir stellten uns also die Frage, wann eine Produktion denn »Best Practice« ist. Eine Auflistung der möglichen Merkmale führte zu einer Liste von über 25 Parametern, darunter:
➢ geringe Anzahl fehlerhafter Teile,
➢ hoher Output pro Mitarbeiter,
➢ hohe Qualität,
➢ kurze Produktionszeiten,

> hohe Flexibilität,
> geringer Lagerbestand.

Im nächsten Schritt untersuchten wir kritisch jeden einzelnen Parameter, um herauszufinden, wo die strategische Herausforderung tatsächlich lag. Sind die Fehlerraten zu hoch? Muss der Output pro Mitarbeiter erhöht werden? Stimmt die Qualität nicht?
In unserem Fallbeispiel hatte die Produktion ein großes Problem mit ihrer Flexibilität. Die Zahl der Produktvarianten stieg nach einem Strategiewechsel in den vergangenen Jahren stark an; doch diese nachhaltige Änderung der Strategie war in der Produktion nicht ausreichend umgesetzt worden – so verursachte die Vielzahl von Varianten in der Produktion eine enorme Steigerung der Rüstkosten und -zeiten. Das strategische Ziel lautete nach Abschluss der Analysephase »Flexibilität in der Fertigung erhöhen«. Dieses Ziel hatte, bezogen auf die Unternehmensstrategie, einen wesentlich höheren Informationsgehalt als das austauschbare und allgemein gültige Ziel »Best Practice in der Fertigung«.

Ein anderes Ziel, nämlich »Kundenzufriedenheit erhöhen«, begegnet einem immer wieder in seiner pauschalsten Form. Dieses Ziel besitzt scheinbar für jede Strategie und zu jeder Zeit Gültigkeit. Da eine Vielzahl von Faktoren die Kundenzufriedenheit beeinflusst, stellt sich die Frage, welche dieser Determinanten durch die Strategie besonders gefördert werden sollen. Aus dieser Sicht entwickelt sich das Ziel »Kundenzufriedenheit erhöhen« zu einem Ergebnisziel, das durch den Einsatz von zwei, drei wesentlichen Hebeln erreicht werden soll. Wenn wir eine Balanced Scorecard begutachten, die das Ziel »Kundenzufriedenheit erhöhen« explizit nennt, so folgen wir der Ursache-Wirkungs-Kette und versuchen zu erkennen, wie das Unternehmen dieses Ziel erreichen will. Wenn wir auf unserem Weg durch das Strategiemodell die wesentlichen Hebel erkennen, so haben wir eine »gute« Balanced Scorecard vor uns. Wenn nicht, dann verfehlt die Balanced Scorecard ihren Impulscharakter. Mit derselben Analyse kann man auch andere pauschale Ziele untersuchen: Pauschalziele sind nur dort erlaubt, wo sie im Strategiemodell begründet sind und ihre Hebel in den Strategy Maps dokumentiert werden.
   Auch das gegenteilige Problem kann auftreten: allzu konkrete Ziele. In solchen Fällen kommt es in der Regel zu einer Inflation von Zielen oder zu einer mangelhaften Differenzierung zwischen strategischen Zielen und strategischen Aktionen (also der Maßnahmenebene).

Praxisbeispiel

Ein Hersteller elektronischer Komponenten nannte in einer ersten Abfrage unter anderem folgende Ziele:
> Key Account Management einführen,
> Mitarbeiter im Kundenservice schulen,
> Kundendatenbank einführen,

➢ Callcenter einrichten,
➢ Kundenbesuche intensivieren.

In diesem Konkretisierungsgrad ließ sich die strategische Relevanz der einzelnen Punkte nicht erfassen. Dies war erst möglich, als nach dem übergeordneten Problem gefragt wurde: Warum braucht man eine Kundendatenbank? Warum müssen die Mitarbeiter im Kundenservice geschult werden? Wieso will man die kostspielige Besuchsfrequenz erhöhen?
Es stellte sich heraus, dass das Unternehmen zwar über exzellente Produkte verfügte, die Kundenbetreuung aber eine unzureichende Leistung bot. Das strategische Ziel, welches die Horváth & Partners-Filterkriterien erfüllte und dementsprechend einen hohen Handlungsbedarf besaß sowie von hoher strategischer Relevanz war, lautete »Kundenbetreuung als Erfolgsfaktor ausbauen«. Die genannten strategischen Ziele erwiesen sich dagegen als nachgelagerte Maßnahmen des entscheidenden Erfolgsfaktors bzw. übergeordneten Zieles.

◆ **Ziele von Aktionen unterscheiden**
Strategische Ziele, die sich als zu konkret herausstellen, sind häufig strategische Aktionen. Diese Überlegung kann zu Verwirrung führen: Wie kann ein Ziel zu einer Aktion werden? Was ist Ziel und was ist Aktion?

Typischerweise begreift man Aktionen als diejenigen Tätigkeiten, die nötig sind, um ein Ziel zu erreichen. Doch wie schwer fällt es, Ziele und strategische Aktionen auseinanderzuhalten! Ist die »Erhöhung der Liefertermintreue« ein Ziel oder eine Aktion? Oder: »Internationale Marktkompetenz aufbauen« – Ziel oder Aktion?

Ob es sich bei einem Ziel tatsächlich um ein strategisches Ziel oder vielmehr eine strategische Aktion handelt, hängt von der jeweiligen Betrachtungsperspektive ab. Die »Erhöhung der Liefertermintreue« ist eine Maßnahme, um das Ziel »Kundenservice verbessern« zu erreichen. Dieses Ziel wiederum fungiert als eine strategische Aktion für das Ziel »Umsatz erhöhen« usw. Das heißt: Je nach (hierarchischer) Betrachtungsebene kann die Aussage »Kundenservice verbessern« demnach als strategisches Ziel oder als strategische Aktion verstanden werden. Wir sprechen in diesem Zusammenhang von der »Dualität von strategischem Ziel und strategischer Aktion«. Der Bestimmung des richtigen Konkretisierungsgrades – das heißt die Vermeidung zu pauschaler und zu konkreter Ziele – kommt für den erfolgreichen Einsatz einer Balanced Scorecard eine zentrale Bedeutung zu. Wir bezeichnen die Suche nach dem richtigen Konkretisierungsgrad als die Einstellung einer einheitlichen »Flughöhe«. Dank der vorangegangenen Überlegungen kann bei der Besprechung der einzelnen genannten Ziele stets hinterfragt werden, ob das Ziel dem Konkretisierungsanspruch der jeweiligen Balanced Scorecard genügt (vgl. Abb. 5.6).

Zielvorschläge, die man als zu konkret empfindet, ordnet man vorläufig den strategischen Aktionen zu. Dabei sollte aber stets gefragt werden: »Warum wurde dieses Ziel genannt? Was wollen wir damit erreichen?« Diese Fragen führen zur Formulierung der entsprechenden übergeordneten strategischen Zielsetzung. Wird dagegen das Ziel als zu pauschal empfunden, so gilt es, eine Stufe konkreter zu werden. Dabei helfen die Fragen »Wo liegt die eigentliche Chance dieses Ziels?« bzw. »Welches ist das eigentliche Problem, das durch dieses Ziel angesprochen wird?«

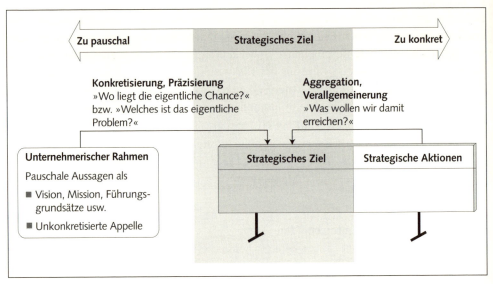

Abb. 5.6: Die richtige »Flughöhe« einstellen

Praxisbeispiel

Während eines Workshops nannten Teilnehmer das Ziel »Fairer Umgang mit Lieferanten«. Die Diskussion zeigte, dass man in der bestehenden Geschäftspraxis nicht unfair mit Lieferanten umging; es bestand also kein Handlungsbedarf. Wichtiger war jedoch die Erkenntnis, dass der faire Umgang mit Lieferanten eine grundsätzliche Geschäftshaltung des Unternehmens darstellte. Faktisch gehören solche Wertvorstellungen aber in den unternehmerischen Rahmen und nicht auf eine Balanced Scorecard.

Die beispielhafte Liste mit Zielen, die sich eher an ethischen Wertvorstellungen orientierte, ließe sich beliebig lang fortsetzen: »Jeder darf, ohne Benachteiligungen fürchten zu müssen, seine Meinung sagen«, »Wir fügen der Umwelt keinen Schaden zu«, »Wir nehmen unsere gesellschaftliche Verantwortung wahr«. Zielsetzungen dieser Art gehören nur dann auf eine Balanced Scorecard, wenn sie den Kriterien Wettbewerbsrelevanz und Handlungsbedarf genügen. So könnte das Ziel »Umweltorientierung stärken« bei einem Versandhaus Teil der Unternehmensphilosophie (und nicht der wettbewerbsorientierten Strategie!) sein, bei einem Chemiekonzern dagegen Teil des Geschäftsmodells und damit der Marktpositionierung und folglich ein tatsächliches strategisches Ziel.

Im konkreten Fall des fairen Umgangs mit Lieferanten war sich das Managementteam aber einig, dass man diese grundsätzlichen Aussagen nicht aus den Augen verlieren dürfe. Man einigte sich darauf, den fairen Umgang mit Lieferanten in eine Art »Präambel« zur Balanced Scorecard aufzunehmen.

◆ Strategische Ziele clustern

Während der Zuordnung von Zielen zu Perspektiven, der inhaltlichen Klärung, der Beurteilung der strategischen Bedeutung sowie der Einstellung des Konkretisierungsgrades wird jeder Zielvorschlag besprochen – und letztlich Zielen oder strategischen Aktionen zugeordnet beziehungsweise ganz aus der Diskussion genommen. Im Ergebnis entstehen Ziel- und strategische Aktionen-Cluster (vgl. Abb. 5.7). Für die Ziel-Cluster gilt es nun, ausdrucksstarke handlungsorientierte Formulierungen zu finden, die als strategische Ziele für die Balanced Scorecard festgehalten werden.

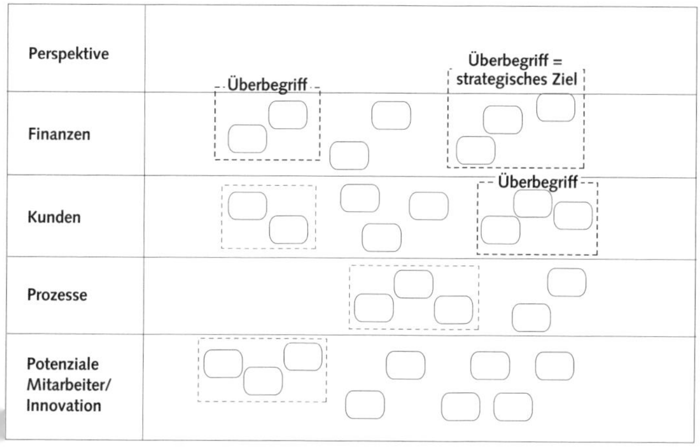

Abb. 5.7: Clusterbildung auf einer Pinnwand

5.2.2.2 Spezifische Fragestellungen bei der Auswahl strategischer Ziele

◆ Berücksichtigung des »Beeinflussbarkeitsdilemmas«

Es existieren Ziele, für die eine Einheit zwar verantwortlich (oder zumindest mitverantwortlich) ist, deren Erreichung die Einheit aber nicht selbstständig sicherstellen kann. Beispielsweise weil sie keinen direkten Durchgriff auf all jene organisatorischen Einheiten (bzw. Ressourcen) besitzt, die zur Zielerreichung notwendig sind. Sollten solche Ziele in der Balanced Scorecard der betreffenden Einheit aufgenommen werden?

Erfahrungsgemäß gibt es diesbezüglich Widerstände. Vor allem besteht die Sorge, dass das Zielsystem der Balanced Scorecard in die individuelle Zielvereinbarung eingeht – obwohl nicht alle Ziele vollständig selbst beeinflusst werden können.

Grundsätzlich empfehlen wir, nur solche Ziele in der Balanced Scorecard aufzunehmen, die auch im Einflussbereich der betreffenden Organisationseinheit liegen. Das kann dazu führen, dass zunächst die Zuständigkeiten und Kompetenzen im Hinblick auf die strategischen Ziele zu klären sind, damit eindeutige Verantwortlichkeiten geschaffen werden.

Wir haben aber auch schon eine Reihe von Fällen erlebt, in denen Ziele auf Balanced Scorecards aufgenommen wurden, die nur zum Teil durch den betreffenden Bereich zu beeinflussen waren. Auch dies ist durchaus sinnvoll, da für wichtige Zielsetzungen zumindest ein Bereich die »Treiberrolle« übernehmen muss, damit überhaupt etwas passiert. Gelegentlich werden solche Ziele mit mehrfachen Abhängigkeiten bzw. Beiträgen auch aus kommunikationspolitischen Gründen aufgenommen – ein ebenfalls legitimer Weg. So kann der Geschäftsleitung signalisiert werden: »Wir möchten zu diesem Thema einen signifikanten Beitrag leisten, das geht aber nur, wenn Abteilung X und Y auch mitwirken«.

Praxisbeispiel

So sollte die Balanced Scorecard einer Marketingeinheit eines Elektronikherstellers das Ziel »Markterfolg mit innovativen Produkten herstellen« umfassen. Zwar war die Marketingeinheit sowohl für die Entwicklungsfinanzierung neuer Produkte zuständig als auch für deren Vermarktung. Doch es lag in der Hand der Entwicklungsabteilung, wie gut das neue Produkt den definierten Anforderungen entsprach. Für den Kundenkontakt zeichnete sich der Vertriebsbereich zuständig. Da die Zielerreichung dadurch wesentlich von der Arbeit der Entwicklung und des Vertriebs abhing, weigerte sich die Marketingeinheit, das betreffende Ziel auf ihre Balanced Scorecard zu nehmen.

Die Vertriebsorganisation dieses Unternehmens konnte die Argumentation nicht nachvollziehen. »Auf unserer Balanced Scorecard steht das Ziel »Umsatzpotenzial ausschöpfen«. Auch dieses Ziel können wir nicht vollständig selbst beeinflussen, letztlich entscheidet der Kunde, ob er unsere Produkte bezieht oder nicht. Und doch strengen wir uns gehörig an und lassen uns eine Reihe von Dingen einfallen, um das Ziel dennoch zu erreichen. Selbiges müsste doch auch für die Marketingabteilung gelten.«

Als der Geschäftsführer von dieser Diskussion hörte, bekräftigte er die Ansicht des Vertriebs. »Ich bin verantwortlich für die Erreichung des Ziels »Gesamtwert des Unternehmens steigern«. Die Erreichung dieses Ziels kann ich nicht allein sicherstellen. Im Gegenteil, ich bin abhängig von einer Vielzahl von Abteilungen, Gremien und Mitarbeitern. Trotzdem unternehme ich alles, diese davon zu überzeugen, im Sinne der Wertsteigerung zu arbeiten. Diesen Effekt möchte ich überall im Unternehmen haben. Im Sinne der Mobilisierung von Kräften macht es für mich durchaus Sinn, dass auch dann Ziele auf Balanced Scorecards aufgenommen werden, die nicht völlig selbstständig zu beeinflussen sind. So können wir gewährleisten, dass die Beteiligten alles versuchen, um das Ziel zu erreichen. Also sollte auch die Marketingabteilung als Mitverantwortliche für die Zielerreichung alles daran setzen, die Entwicklung und den Vertrieb für eine erfolgreiche Entwicklung und Vermarktung der neuer Produkte zu gewinnen.«

◆ **»Hilfe, mein Ziel ist nicht auf der Balanced Scorecard!«**
Erfüllt ein Ziel zum Beispiel die beiden Filterkriterien nicht oder findet aus anderen Grün den keinen Platz auf der Balanced Scorecard, kommt es häufig zu heftigen Diskussionen

»Nicht strategisch« wird von den Beteiligten immer wieder mit »nicht relevant« gleichgesetzt – und damit als zweitrangig verstanden.

Praxisbeispiel

Der Geschäftsführer eines Unternehmens mit hoch qualitativen, aber wenig erfolgreichen Produkten nahm uns nach einem Managementtreffen zur Ableitung der Balanced-Scorecard-Ziele bei Seite. Ihm leuchtete ein, dass der Markt eine noch höhere Qualität preislich nicht belohnen würde. Folgerichtig müsse seiner Meinung nach der Impuls ins Unternehmen hinein »Stärkung der Marktorientierung« und nicht »Hohe Qualität sicherstellen« lauten. Da aber das Ziel »Hohe Qualität sicherstellen« nun nicht auf der Balanced Scorecard verzeichnet sei, prognostiziere er bereits jetzt, dass wegen der vermeintlich zweitrangigen Bedeutung des Ziels das Qualitätsniveau in den nächsten zwei Jahren drastisch sinken werde. »Menschen halten sich an das, was ihnen vorgegeben wird«, so seine Einschätzung. Es sei daher unbedingt notwendig, Qualitäts-Messgrößen auf die Balanced Scorecard aufzunehmen.

Wir waren damit nicht einverstanden. Gibt man das Prinzip auf, nur strategische Ziele mit hoher Wettbewerbsrelevanz und hohem Handlungsbedarf in einer Balanced Scorecard aufzunehmen, dann lässt sich jedes denkbare Ziel in die Balanced Scorecard einbringen: »Bestände gering halten«, »Forderungen regelmäßig analysieren«, »Bereichsübergreifendes Denken fördern«, »Lieferservice kundenorientiert ausrichten«.

Dennoch ist ein Einwand wie der des genannten Geschäftsführers ernst zu nehmen. Die Betonung strategischer Ziele durch die Balanced Scorecard darf nicht dazu führen, dass Basisziele im operativen Controlling vernachlässigt werden. Das würde den Betrieb des laufenden Geschäftes und damit die Existenz des Unternehmens gefährden. Sowohl Basisziele als auch strategische Ziele haben für den unternehmerischen Erfolg eine sehr hohe Bedeutung.

Eine Analogie hilft bei der Erläuterung dieses Zusammenhangs. Ein Schiff auf dem Ozean braucht einen Motor und eine Richtung. Keine der beiden Sphären ist höher zu priorisieren – ohne Motor kein Vorankommen, ohne Richtung kein Ankommen. Basisziele lassen sich mit dem Motor vergleichen, strategische Ziele mit der Richtung.

Die Balanced Scorecard berücksichtigt nur die strategischen Ziele. Die Trennung der strategischen Ziele von den Basiszielen erfolgt dabei nicht, um Dinge höher oder geringer zu werten. Sie erfolgt, um die angestrebte Richtung, ggf. sogar die angestrebte Richtungsänderung, des Unternehmens transparent, kommunizierbar und steuerbar zu machen.

Da sich die Balanced Scorecard auf die strategischen Ziele konzentriert, wird unmittelbar verständlich, dass sie nicht die operativen Controllingsysteme ersetzen kann. Diese sind weiterhin erforderlich, um jene Basisanforderungen zu überwachen, die für einen reibungslosen Betrieb von enormer Wichtigkeit sind.

Fazit: Ziele oder Messgrößen, die nicht auf der Balanced Scorecard stehen, müssen gleichwohl in der operativen Planung, Steuerung und Kontrolle sowie im Rahmen der

Zielvereinbarung Berücksichtigung finden. Doch diese Berücksichtigung erbringen andere operative Controllingsysteme – nicht die Balanced Scorecard. In diesem Sinne müsste im oben dargestellten Beispiel das Qualitätscontrolling die Verfolgung der gesamten Basisziele und -kennzahlen sicherstellen (vgl. hierzu auch Zusammenhang und Abgrenzung von Balanced Scorecard und EFQM-Modell in Kap. 7.7).

◆ **Verfrühte Debatten über Messgrößen und Zielwerte**

Die Ableitung von strategischen Zielen sollte nicht mit einer Diskussion über die Messbarkeit dieser Ziele verknüpft werden. Denn sonst besteht die Gefahr, dass man die Inhalte eines Ziels außer Acht lässt und stattdessen einzig über eine Messgröße debattiert. Daher spielt Messbarkeit bei der Zielableitung zunächst keine Rolle.

Genauso wenig sollte bei der Ableitung des Zielsystems zu früh über Zielwerte diskutiert werden. Denn auch hier zeigt die Erfahrung: Die Diskussion über den Zielwert schiebt sich sonst vor die Diskussion über das Ziel selbst – Befindlichkeiten greifen Raum und der Prozess erhält eine starke politische Komponente.

Nach unserer Erfahrung zeichnet sich die Balanced-Scorecard-Systematik gerade dadurch aus, dass sie sich zunächst auf die Konsensbildung im Hinblick auf das Zielsystem konzentriert – und Ausgestaltungsfragen über Messgrößen und Zielwerte zurückstellt.

◆ **»Zielpaten« festlegen**

In der Literatur trifft man häufig auf die Empfehlung, einzelnen Zielen der Balanced Scorecard klare Verantwortlichkeiten zuzuordnen. Eindeutige Zielverantwortlichkeiten bergen aber die Gefahr fragmentierter Verantwortungen für die Balanced Scorecard. Die Beteiligten fühlen sich nur noch für ihr spezifisches Ziel verantwortlich, nicht mehr aber für das Zielsystem in seiner Gesamtheit. Eine solche Tendenz zur Fragmentierung widerspricht dem integrativen Charakter der Balanced Scorecard.

Positive Erfahrungen gibt es mit dem Ansatz, für einzelne Ziele keine Verantwortlichen, sondern Prozesstreiber, Koordinatoren, Sponsoren oder »Zielpaten« zu bestimmen. In deren Verantwortung liegt es, alle an der Erreichung des Ziels Beteiligten zu koordinieren. Wird das Ziel verfehlt, bedeutet das nicht sogleich die Schuld oder gar das Versagen des Koordinators bzw. des Paten. Vielmehr ist es in solchen Situationen die Aufgabe des Paten, die Gründe, die zur Zielverfehlung führten, zu erläutern und die Suche nach Lösungsansätzen abzustimmen. Im Gegenzug sollte allerdings die Verantwortung für strategische Aktionen eindeutig festgelegt werden!

5.2.3 Strategische Ziele dokumentieren

Strategische Ziele auf einer Strategy Map verlangen eine knappe und prägnante Formulierung. Allerdings bedarf es oftmals einer ausführlicheren Erläuterung, um die Bedeutung und den Hintergrund der einzelnen Ziele auch im Nachklang noch verstehen und kommunizieren zu können. Daher sollte für jedes strategische Ziel ein Kommentar formuliert werden. Wichtig ist vor allem die Begründung, warum man das Ziel als strategisch relevant ansieht. Man beugt so der Gefahr vor, dass nach einigen Wochen wieder Diskussionen darüber beginnen, was mit dem strategischen Ziel bezweckt werden sollte. Die Kommentare können Bestandteil des Workshop-Protokolls sein oder direkt in die Balanced-Scorecard-Dokumentation eingepflegt werden. Eine Ausgestaltung der Kommentare durch die Workshop-Teilnehmer bietet sich an, um deren Commitment zu den Zielen zu verstärken. Ein Muster für die Dokumentation von strategischen Zielen zeigt die Abbildung 5.8.

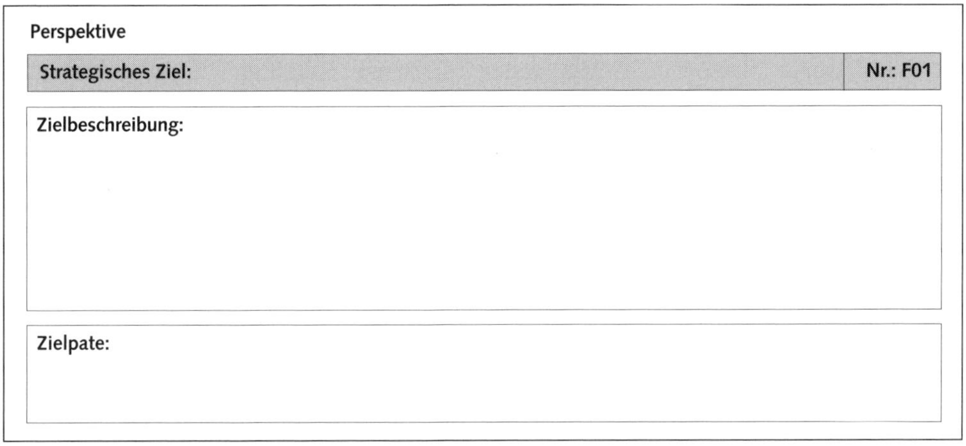

Perspektive	
Strategisches Ziel:	**Nr.: F01**
Zielbeschreibung:	
Zielpate:	

Abb. 5.8: Muster für die Dokumentation von strategischen Zielen

Zu den Inhalten einer vollständigen Dokumentation zählen:
➢ Ziel (gegebenenfalls Nummerierung),
➢ Zielbeschreibung (Kommentar: Was soll erreicht werden?),
➢ Verantwortliche für die (Koordination der) Zielerreichung (Koordinator, Prozesstreiber, Pate).

5.2.4 Fallstudie »Strategische Ziele ableiten«

Nach den Workshops zur strategischen Klärung traf sich das Prints-Management erneut. Diesmal stand die Ableitung des strategischen Zielsystems für die Balanced Scorecard auf der Agenda. Der Projektleiter, Herr Kard, führte zunächst in die Zielsetzungen des Workshops ein und erläuterte die Eigenschaften von strategischen Zielen. Gleich im Anschluss daran leitete jeder der sieben Prints-Geschäftsführer für sich die wesentlichen strategischen Ziele ab. Als Unterstützung verteilte der Projektleiter nochmals die Fragen zu den einzelnen Perspektiven, sowie eine Unterlage zu den »Spielregeln« (Wettbewerbsrelevanz, Handlungsbedarf, aktionsorientierte Zielformulierung mit Substantiv, Verb und beschreibendem Adjektiv).

Die Führungskräfte notierten jeden Zielvorschlag auf einer Metaplankarte. Im Anschluss an das Brainstorming brachte man alle Karten an Pinnwänden an. 135 Zielvorschläge fanden sich dort wieder, darunter:

Finanzperspektive	Kundenperspektive	Prozessperspektive	Potenzialperspektive
Kosten senken	Qualität verbessern	C-Teile günstiger beschaffen	Anschluss an neue Medien nicht verpassen
Liquidität sicherstellen	Kunden begeistern	Standardisierung durchsetzen	Innovative Produkte bieten
Cashflow	Key Account Management aufbauen	Prozesse beschleunigen	Entwicklungszeiten reduzieren
Sicherung der Arbeitsplätze	Hohe Kopierqualität sicherstellen	Trumatic F 27 zur schnelleren Blechbearbeitung beschaffen	Entwicklungs-Know-how verbessern
Wachstum vorantreiben	Anwendungsfreundliche Produkte	Kundeninformationssystem einführen	Mehr Vertriebsmitarbeiter
Ausschuss vermeiden	Fehlfunktionen vermeiden	Bestellung über Internet	Qualifikation erhöhen
Economic Value Added steigern	Marktanteile erhöhen	Interne Kundenorientierung erhöhen	Kontakte mit Universitäten intensivieren
International wachsen	Kundenakquisition intensivieren	Produktion ins Ausland verlagern	Zufriedenheit der Mitarbeiter erhöhen
Synergien ausnutzen	Fokus auf das Hochpreissegment	Verantwortlichkeiten klären	Zielvereinbarungsgespräche verbessern
Günstige Kredite für Wachstum	24 h-Reparaturdienst	Kooperationen mit Lieferanten aufbauen	Ausreichende Liquiditätsreserve
Gute Ergebnisse	Bekanntheitsgrad steigern	Eigenes Vertriebsnetz aufbauen	Benchmarking mit anderen Unternehmen durchführen
Keine Verluste machen	Image verbessern	Durchlaufzeit senken	Strategisches Bewusstsein bei Mitarbeitern erhöhen

Um aus der Fülle an Zielvorschlägen zu einem ausgewogenen Zielsystem mit etwa 20 Zielen zu kommen, sprach man die Zielvorschläge einzeln durch. Dabei klärten die Workshop-Teilnehmer Verständnisfragen, diskutierten die Zuordnung des Ziels zu den Perspektiven, hinterfragten die strategische Bedeutung des Ziels und stellten den Konkretisierungsgrad ein. Schließlich konnten die Zielvorschläge gruppiert und entsprechend dem Konkretisierungsgrad in die folgenden Kategorien unterschieden werden:

➤ »Grundsätzliche Ziele« (falls der Zielvorschlag für die Balanced Scorecard zu pauschal war),

➤ »Strategische Ziele« (für die Ziele, die in die Balanced Scorecard aufgenommen werden sollten),

➤ »mögliche strategische Aktionen« (für Zielvorschläge, die zu konkret erschienen); diese wurden auf eine Merkliste für die spätere Erarbeitung strategischer Aktionen geschrieben,

➤ sowie »Operative Ziele« (für Ziele, die eher der Aufrechterhaltung des laufenden Geschäftes dienten).

Die Diskussionen, die bei der Auswahl strategischer Ziele geführt wurden, stellen wir anhand einiger Beispiele dar. Die Zitate geben typische Bemerkungen wieder, wie sie auch in der tatsächlichen Projektarbeit vorkommen.

Finanzperspektive: Welche Zielsetzungen leiten sich aus den finanziellen Erwartungen unserer Kapitalgeber ab?	
Ausgewählte Zielvorschläge	**Beurteilung des Zielvorschlags**
»Kosten senken«	Der Preis ist im Massengeschäft das entscheidende Vergabekriterium. Um marktfähig zu bleiben, muss Prints die Kosten senken können. Insofern hat das Ziel eine strategische Bedeutung für die Existenz von Prints im Massengeschäft. Problematisch an dem Ziel »Kosten senken« ist der Umstand, dass wirtschaftliches Arbeiten zu jeder Zeit und bei jeder Strategie ein wichtiges Ziel darstellt. Insofern könnte das Ziel als reine Selbstverständlichkeit interpretiert werden. Zudem birgt ein pauschales Ziel wie »Kosten senken« die Gefahr des undifferenzierten Impulses. Sollen überall nach der »Rasenmähermethode« Kosten gesenkt werden, d. h. z. B. überall – 10%? Oder gibt es Bereiche, wie z. B. der Vertrieb oder die Entwicklung, in die eher investiert werden sollte? Grundsätzlich ist in der Finanzperspektive eine Aussage zu Kostenzielen genauso wichtig wie zu Umsatz- und Ertragszielen. In der Finanzperspektive einer Balanced Scorecard müsste die allgemein gültige Formel Gewinn = Umsatz – Kosten in irgendeiner Art und Weise zum Ausdruck kommen. Dabei gibt es zwei Dinge zu beachten. Zum einen sollte bei der Aufnahme eines pauschalen Finanzziels wie »Kosten senken« eine Vorstellung darüber bestehen, mit welchen Zielsetzungen der Kunden-, Prozess- und Potenzialperspektive man die Finanzzielsetzung erreichen will. Diese Beziehung muss über die Strategy Map verdeutlicht werden. Zum anderen sollte geprüft werden, welche Formulierung mit der bestehenden Strategie in Einklang steht. So herrschte bei der Geschäftsführung von Prints Unzufriedenheit mit der Formulierung »Kosten senken«, da sie aus ihrer Sicht zu einem stumpfen Kostensenkungsdenken führen könnte. Das Ziel wurde daher in »Kostenstrukturen wettbewerbsorientiert ausrichten« umbenannt. In dieser Formulierung ordnete man das Ziel den »strategischen Zielen« zu.
»Liquidität sicherstellen«	Der ausreichenden Liquidität kommt für jedes Unternehmen eine relevante Zielbedeutung zu. Für die laufende Geschäftstätigkeit stellt Liquidität eine Basisanforderung dar. »Auf die Liquidität zu achten, gehört in die Finanzabteilung, und ist kein Thema für die Prints-Scorecard!« meinte der Produktionsleiter, Herr Werk, »denn auf die Umsetzung unserer strategischen Vorstellungen hat dieses Ziel keine Auswirkungen!« Entsprechend erfolgte die Zuordnung des Ziels zu den »Basiszielen«.

Finanzperspektive: Welche Zielsetzungen leiten sich aus den finanziellen Erwartungen unserer Kapitalgeber ab?	
Ausgewählte Zielvorschläge	**Beurteilung des Zielvorschlags**
»Cashflow«	»Cashflow« bezeichnet zunächst eine Messgröße und kein Ziel. Zielcharakter erhält der Vorschlag durch eine aktionsorientierte Formulierung, wie z.B. »Cashflow erhöhen«. Der Prints-Finanzleiter stellte sich gegen die Aufnahme dieses Ziels in der Balanced Scorecard. »Wir sollten das Ziel nicht aufnehmen«, so seine Meinung, »denn sonst könnten wir auch noch den EBIT, den ROI, verschiedene Deckungsbeiträge, die Abschreibungen etc. in unserer Balanced Scorecard festschreiben. Wir werden von der Konzernmutter am Cashflow Return on Investment (CFROI) gemessen, also sollten wir diese Größe und nicht eine andere als zentrale Ergebnisgröße berücksichtigen.« Die Geschäftsführung einigte sich darauf, das Ergebnisziel »Unternehmensergebnis deutlich steigern« gemessen am Cashflow Return on Investment als strategisches Ziel in die Balanced Scorecard zu integrieren. Weitere Zielvorschläge wie z.B. Economic Value Added steigern, gute Ergebnisse, keinen Verlust machen usw. werden dieser Zielsetzung angegliedert.
»Wachstum vorantreiben«	Wachstumsziele sind wichtig. Allerdings sollte deutlich sein, welches Wachstum man anstrebt: Marktanteilswachstum, Renditewachstum, Wachstum an Standorten, Umsatzwachstum, Variantenwachstum? Die Prints-Geschäftsführung beschloss, dass das Umsatzwachstum im Vordergrund steht. Denn insbesondere auf internationalen Märkten wie in Asien und in ausgewählten Ländern Mittel- und Osteuropas sah man gute Wachstumsmöglichkeiten. Insofern wurde dieses Ziel den »strategischen Zielen« der Prints-Balanced-Scorecard zugeordnet.
»Ausschuss vermeiden«	Der Zielvorschlag »Ausschuss vermeiden« führte bei der Prints-Geschäftsführung zunächst zu einer Diskussion bezüglich der Zuordnung zur Finanzperspektive. »Das ist doch ein Prozessziel!«, behauptete der Vertriebsleiter, Herr Sale. »Aber wenn wir Ausschüsse vermeiden, sparen wir Kosten, und Kostenersparnis ist doch ein Finanzziel!«, hielt Produktionsleiter Werk dagegen. Man darf bei solchen Diskussionen Ursache und Wirkung nicht verwechseln. Die Vermeidung von Ausschuss zählt auf der Prozessperspektive zu den Ursachen – mit Wirkung auf ein finanzielles Ziel, nämlich »Kosten senken«. Ausschuss vermeiden ist daher ein Prozessziel. Doch kann es wirklich als ein strategisches Ziel im Sinne der Balanced Scorecard verstanden werden? Besteht bei Prints diesbezüglich überhaupt ein großer Handlungsbedarf? »Besser werden kann man immer«, antwortete der Produktionsleiter, »aber eigentlich sind wir bezüglich unseres Ausschusses nicht schlecht.« Der Sprecher der Geschäftsführung, Herr Kämper, brachte die Diskussion auf den Punkt: »Die Senkung der Ausschussquote gehört für mich zum laufenden Geschäft einer Produktionsabteilung. Ich sehe nicht ein, warum das Ziel auf unserer Balanced Scorecard abgebildet werden sollte. Denn weder ist der Handlungsbedarf hoch noch werden wir durch die deutliche Verbesserung der Ausschussquote einen relevanten Wettbewerbsvorteil erzielen.« Der Zielvorschlag wurde daher den »Basiszielen« zugeordnet.

Kundenperspektive:
Welche Ziele sind hinsichtlich Struktur und Anforderungen unserer Kunden zu setzen,
um unsere finanziellen Ziele zu erreichen?

Ausgewählte Zielvorschläge	Beurteilung des Zielvorschlags
»Qualität verbessern«	Das Ziel »Qualität verbessern« gehört zu den pauschalen Zielen, die bei Balanced-Scorecard-Prozessen am häufigsten genannt werden. Wichtig bei der Diskussion um solche Ziele ist eine weiterführende Konkretisierung. Von welcher Qualität sprechen wir? Wo liegen bezüglich der Qualität die strategischen Chancen oder die strategischen Fallstricke? Getrieben durch den Projektleiter setzte sich auch die Prints-Geschäftsführung mit der Konkretisierung des Zielvorschlags auseinander. »Welche Qualität liegt denn bei uns im Argen?«, fragte der Logistikleiter. Man einigte sich nach einiger Diskussion auf zwei Qualitätsmerkmale: die Funktionssicherheit der Kopierer sowie die Qualität der Kundenbetreuung. Während das Ziel »Qualität verbessern« den grundsätzlichen Zielen zugeordnet wurde, fanden sich die Zielsetzungen »Funktionssicherheit der Kopierer erhöhen« sowie »Qualität der Kundenbetreuung verbessern« bei den strategischen Zielen der Balanced Scorecard wieder.
»Kunden begeistern«	Auch »Kunden begeistern« oder »Kunden zufriedenstellen« gehört zu den häufigsten Zielen auf typischen Balanced Scorecards. »Kunden zufriedenzustellen« ist natürlich ein wichtiges Ziel. »Doch das hätte ich auch schon vor der Erstellung der Balanced Scorecard gewusst«, betonte Projektleiter Kard, »wichtiger ist doch, wie wir uns positionieren, damit der Kunde mit uns zufriedener ist als mit der Konkurrenz.« Bei der Prints-Geschäftsführung führte diese Aussage zu einer heftigen Diskussion. Da man aber auf Ergebnisse der strategischen Klärung zurückgreifen konnte, gelang eine klare Aussage zur Positionierung: ➢ Im Massengeschäft will man die Kunden mit funktionalen, robusten, technisch und anwendungsseitig nicht überladenen Kopierern zu vernünftigen Preisen gewinnen. ➢ Im Hochpreissegment will Prints die Kunden mit »High Quality« und innovativen Konzepten überzeugen. Auf einen Preiskampf lässt man sich nicht ein. Als Hauptdifferenzierungsmerkmal für beide Segmente soll die Funktionssicherheit ausgebaut werden. »Hohe Funktionssicherheit anbieten – dieses Ziel soll zum pulsierenden Herzstück unserer Strategie werden«, fasste der Sprecher der Geschäftsleitung die Diskussion zusammen. Das ursprüngliche Ziel »Kunden begeistern« wurde als grundsätzliches Ziel dem Leitbild zugeordnet.
»Marktanteile erhöhen«	Man könnte zunächst die Meinung vertreten, dass dieses Ziel bereits in der Finanzperspektive berücksichtigt wurde – und zwar bei »Internationales Wachstum vorantreiben«. Dort ging es allerdings um den Umsatz, hier stehen die Marktanteile im Mittelpunkt. In vielen Balanced Scorecards werden Umsatzziele und Marktanteilsziele unter einer übergeordneten Zielsetzung, z. B. »Wachstum vorantreiben«, zusammengefasst. Die Prints-Geschäftsführung entschied sich anders. »Umsatz und Marktanteile sind ein unterschiedliches Paar Schuhe«, behauptete der Vertriebsleiter. »Wir sollten die Entwicklung des Umsatzes als eigenes Ziel auf der Finanzperspektive verfolgen, die Entwicklung der Marktanteile in den unterschiedlichen Segmenten mit einem eigenen Ziel in der Kundenperspektive fokussieren.« Das Ziel wurde daher als strategisches Ziel der Kundenperspektive in das vorläufige Zielsystem aufgenommen.

Kundenperspektive:
Welche Ziele sind hinsichtlich Struktur und Anforderungen unserer Kunden zu setzen,
um unsere finanziellen Ziele zu erreichen?

Ausgewählte Zielvorschläge	Beurteilung des Zielvorschlags
»Kunden-akquisition intensivieren«	»Wenn wir wachsen wollen, müssen wir mehr Umsatz machen. Eine Intensivierung unserer Kundenakquisitionsbemühungen wäre daher ein wichtiges Ziel, sowohl bezogen auf die Wettbewerbsrelevanz als auch auf den Handlungsbedarf.« Diese Überlegung des Marketingleiters ist zu relativieren. Akquisitionsbemühungen gehören zum laufenden Geschäft des Vertriebs. Solche grundsätzlichen Aufgaben einzelner Abteilungen gehören nur dann auf die Balanced Scorecard, wenn dieser Aufgabe im Rahmen der gesetzten Strategie eine überdurchschnittliche Bedeutung zukommt. Doch die Prints-Geschäftsführung gab sich hinsichtlich der überdurchschnittlichen Bedeutung kritisch: »Ich denke, wir sollten unsere begrenzten Ressourcen auf unsere strategischen Schwerpunkte konzentrieren, wie z. B. Verbesserung der Kundenbetreuung und Erhöhung der Funktionssicherheit. Auf dieser Grundlage können wir später überdurchschnittliche Akquisitionsbemühungen initiieren. Strategie heißt doch auch, sich auf Dinge zu konzentrieren und nicht alles auf einmal machen zu wollen, oder?«, betonte der Sprecher der Geschäftsführung. Der Zielvorschlag wurde dementsprechend zurückgestellt.
»Image verbessern«	Die Geschäftsführung von Prints glaubte, dass dieses Ziel sich automatisch einstellt, wenn die anderen Ziele umgesetzt sind. Als eigenständige Zielsetzung wurde dieser Zielvorschlag daher zunächst abgelehnt.

Prozessperspektive:
Welche Ziele sind hinsichtlich unserer Prozesse zu setzen, um die Ziele der Finanz- und Kundenperspektive erfüllen zu können?

Ausgewählte Zielvorschläge	Beurteilung des Zielvorschlags
»C-Teile günstiger beschaffen«	Es gehört zu den originären Aufgaben einer Beschaffungseinheit, ständig nach den günstigsten Angeboten für benötigte Komponenten Ausschau zu halten. Erfüllt die Beschaffungseinheit diese – unabhängig von der bestehenden Strategie in ihrer Stellenbeschreibung verankerte – Funktion nicht, so hat das Unternehmen in dieser organisatorischen Einheit ein operatives, aber kein grundsätzlich strategisches Problem. Insofern sollte die Zielsetzung der günstigen Beschaffung in einer entsprechenden Stellenbeschreibung als Basisziel festgehalten werden, aber nicht auf einer übergeordneten Balanced Scorecard. Es gibt eine Reihe von Strategien, bei denen die Einkaufspolitik eine herausragende Bedeutung spielt, man denke an die Einkaufsstrategien von IKEA. In solchen Fällen spielt der Einkauf eine überdurchschnittliche Rolle für die strategische Positionierung des Unternehmens; Einkaufsziele erhalten einen strategischen Charakter und sollten auch auf einer Balanced Scorecard vermerkt werden.
»Standardisierung durchsetzen«	Im Gegensatz zu dem Fall einer veränderten Einkaufspolitik wird Standardisierung als eine wesentliche Möglichkeit zur Senkung von Kosten gesehen. Standardisierung kann zudem die wettbewerbsorientierte Ausrichtung der Kostenstruktur unterstützen. Dementsprechend gehörte sie als strategisches Prozessziel auf die Balanced Scorecard von Prints.
»Prozesse beschleunigen«	Prozesse beschleunigen gehört zu denjenigen Zielen, die immer richtig sind. Kontinuierliche Prozessoptimierungen dienen dazu, den Erreichungsgrad dieses Ziels zu verbessern. Besondere strategische Bedeutung ließ sich für das Unternehmen Prints aber aus den Angaben der strategischen Klärung nicht ableiten, mit Ausnahme der Entwicklungsprozesse.
»Trumatic F 27 zur schnelleren Blechbearbeitung beschaffen«	Rationalisierungsmaßnahmen – wie im vorliegenden Beispiel die Beschaffung einer neuen Maschine – zielen auf eine Verbesserung der wirtschaftlichen Lage. Daneben sollen die Gestaltungsspielräume des Unternehmens vergrößert werden. Rationalisierungsmaßnahmen können auf der Grundlage klassischer Kosten-Nutzen-Bewertungen auch ohne explizite Referenz zur Strategie beurteilt werden. Als Zielsetzungen für eine Balanced Scorecard sind solche isolierten Rationalisierungsmaßnahmen nicht geeignet. Aus Sicht der Strategie muss bei der Beurteilung von Rationalisierungsmaßnahmen entschieden werden, ob die Maßnahme nicht Ressourcen bindet, die an anderer Stelle effektiver eingesetzt werden könnten.
»Kooperationen mit Lieferanten aufbauen«	Der Wunsch der Prints GmbH, Kooperationen mit Lieferanten einzugehen, beruht auf den Schwierigkeiten der Vergangenheit. Bei der Beschaffung wichtiger Komponenten gab es immer wieder Probleme. Aber auch hier gilt: Die Sicherstellung der Komponentenlieferung gehört zu den ureigensten Aufgaben der Beschaffung. Die Erfüllung des Ziels sorgt für die Aufrechterhaltung des laufenden Geschäftes. Solche Basisanforderungen sind unabhängig von der aktuellen Strategie stets gültig. Im Falle von Prints wäre zu fragen, wie grundsätzlich die Schwierigkeiten bei der Sicherstellung der Beschaffung sind. Handelt es sich um kurzfristig behebbare Schwierigkeiten, eignet sich ein solches Ziel – das als Basisanforderung zu gelten hat – nicht für die Balanced Scorecard.

Potenzialperspektive:
Welche Ziele sind hinsichtlich unserer Potenziale zu setzen, um den aktuellen und zukünftigen Herausforderungen gewachsen zu sein?

Ausgewählte Zielvorschläge	Beurteilung des Zielvorschlags
»Entwicklungs-Know-how verbessern«	Im Rahmen der strategischen Klärung wurde mehrmals erwähnt, dass die Entwicklungskompetenz der Prints-Entwickler, im Gegensatz zu ihrem Eigenbild, nicht die beste ist. Gleichzeitig aber sind die Anforderungen an die Entwicklungsabteilung – resultierend aus der Strategie – besonders hoch: Die Standardisierung soll vorangetrieben, die Kopiersicherheit optimiert werden. Insofern scheint es strategisch von großer Bedeutung, in die Fähigkeiten der Entwickler überdurchschnittlich zu investieren. Die Prints-Geschäftsführung entschied, das Ziel in sprachlich etwas veränderter Form (»Entwicklungskompetenz steigern«) als strategisches Ziel auf die Balanced Scorecard zu setzen.
»Mehr Vertriebsmitarbeiter«	Die Zielsetzung »Mehr Vertriebsmitarbeiter« wurde von Vertriebsleiter Sale gefordert. »Mehr Vertriebsmitarbeiter steigern unser Verkaufspotenzial. Dieses Potenzialziel ist sowohl wettbewerbsrelevant als auch von hohem Handlungsbedarf.« Bei der Beurteilung des Zielvorschlags sollte beachtet werden, dass eine Erhöhung der Mitarbeiterzahl zunächst lediglich eine strukturelle Maßnahme und kein strategisches Ziel an sich darstellt. Warum sollen mehr Mitarbeiter eingestellt werden? Welcher Zusammenhang besteht zur Strategie? Im Falle Prints könnten mehr Vertriebsmitarbeiter die Ziele »Internationales Wachstum vorantreiben« und »Betreuungsqualität erhöhen« unterstützen. Allerdings sind »mehr Vertriebsmitarbeiter« nur eine Option unter mehreren zur Umsetzung der entsprechenden Zielsetzungen. Bei Prints entschloss man sich, diese mögliche strategische Aktion zu einem späteren Zeitpunkt mit anderen Handlungsoptionen zu vergleichen.
»Qualifikation erhöhen«	»Qualifikation erhöhen« zählt zu den pauschalsten Zielen, die auf einer Balanced Scorecard denkbar sind. Die Verbesserung der Qualifikation gehört zu den allgemein gültigen Zielen der meisten Unternehmen. Gerade deshalb muss für diesen Zielvorschlag ein Strategiebezug hergestellt werden. Welche Qualifikationen sollen – ausgehend von der Strategie – besonders gefördert werden? Bei Prints ging es dabei insbesondere um die Qualifikation der Entwicklung, was durch das Ziel »Entwicklungskompetenz steigern« zum Ausdruck gebracht wurde.
»Zielvereinbarungsgespräche verbessern«	Auch bezüglich der Verbesserung von Zielvereinbarungsgesprächen stellte man bei Prints zunächst die »Warum«-Frage. Es zeigte sich, dass ein wesentlicher Grund für die Unzufriedenheit der Prints-Mitarbeiter in der schlecht ausgeprägten Feedback-Kultur lag. Das strategische Ziel sollte daher »Verankerung einer Feedback-Kultur« lauten. Die Einführung von Zielvereinbarungsgesprächen wurde als eine mögliche strategische Aktion zur Umsetzung dieses Ziels gesehen.

Nachdem alle Zielvorschläge besprochen wurden, strukturierten die Workshop-Teilnehmer die Ergebnisse. Die Spalte »strategische Ziele« zeigt das vorläufige strategische Zielsystem der Balanced Scorecard bei der Prints GmbH an. Vorläufig deshalb, da durch die Bestimmung der Ursache-Wirkungs-Ketten, der Messgrößen, der Zielwerte sowie der strategischen Aktionen Modifikationen im Zielsystem zu erwarten sind.

Finanzperspektive:

Unternehmerischer Rahmen	Strategische Ziele	Mögliche strategische Aktionen	Operative Basisziele
Sicherung der Arbeitsplätze	Unternehmensergebnis deutlich steigern		Liquidität sicherstellen
Zu marktfähigen Preisen anbieten	Kostenstruktur wettbewerbsorientiert ausrichten		
	Internationales Wachstum vorantreiben	Günstige Kredite für Wachstum aushandeln	

Kundenperspektive:

Unternehmerischer Rahmen	Strategische Ziele	Mögliche strategische Aktionen	Operative Basisziele
Image verbessern	Funktionssicherheit der Kopierer erhöhen		Hohe Kopierqualität sicherstellen
Kunden begeistern	Bekanntheitsgrad steigern		
Anwendungsfreundliche Produkte	Kundenbetreuung aktiver gestalten	24 h-Reparaturdienst, Key Account Management aufbauen, Kundeninformationssystem, mehr Vertriebsmitarbeiter einführen	
	Fokus auf das Hochpreissegment		
	Marktanteile erhöhen		

Prozessperspektive:

Unternehmerischer Rahmen	Strategische Ziele	Mögliche strategische Aktionen	Operative Basisziele
Prozesse beschleunigen, Durchlaufzeit senken	Synergien nutzen		Ausschuss vermeiden
Vertriebsprozesse optimieren	Produkte standardisieren, modularisieren und entfeinern		Kooperationen mit Lieferanten aufbauen, C-Teile günstiger beschaffen
	Fertigungstiefe an Kerntechnologien anpassen	Produktion ins Ausland verlagern	
	Interne Kundenorientierung erhöhen	Verantwortlichkeiten klären	
	Entwicklungszeiten reduzieren		

Potenzialperspektive:

Unternehmerischer Rahmen	Strategische Ziele	Mögliche strategische Aktionen	Operative Basisziele
Innovative Produkte bieten	Neue Medien offensiv nutzen	Bestellung über Internet ermöglichen	
Qualifikation erhöhen	Entwicklungskompetenz steigern	Entwicklungs-Know-how verbessern, Kontakte mit Universitäten intensivieren	
Strategisches Bewusstsein bei Mitarbeitern erhöhen	Zufriedenheit der Mitarbeiter erhöhen		
Wissenstransfer stärken	Feedback-Kultur verankern	Zielvereinbarungsgespräche verbessern	

Folgende Zielvorschläge behandelte man bei Prints abweichend:

Rationalisierungsmaßnahmen: »Trumatic F 27 zur schnelleren Blechbearbeitung beschaffen« – die Prüfung des Einsatzes sollte unabhängig von der Balanced Scorecard erfolgen.

Zielvorschläge, die die Workshop-Teilnehmer in der betrachteten Strategieperiode nicht forcieren wollten: »Kundenakquisition intensivieren«, »Eigenes Vertriebsnetz aufbauen« – Das Management befürchtete, dass eine Realisierung dieser Zielvorschläge die vorhandenen Ressourcen im Unternehmen überbeanspruchen würde.

Übergreifende strategische Aktionen: »Kundenbefragung durchführen«, »Benchmarking mit anderen Unternehmen durchführen« – Diese Vorschläge waren in dieser Form keinen strategischen Zielen zuordenbar. Gleichwohl, darin war man sich einig, leisteten sie einen Beitrag zur Bestimmung von Zielwerten und zur Identifikation von Verbesserungspotenzialen. Also beschloss die Workshop-Runde, diese Vorschläge bis zu ihrer endgültigen Festlegung als vorläufige strategische Aktionen mitzuführen.

Die Dokumentation der einzelnen strategischen Ziele erfolgte nach einem festen Muster (vgl. Abb. 5.9).

Kundenperspektive	
Strategisches Ziel: Funktionssicherheit der Kopierer erhöhen	**Nr.: K08**
Zielbeschreibung:	
Eine Erhöhung der Funktionssicherheit entspricht einer Reduktion der Funktionsprobleme (Papierstaus, Tonerprobleme etc.). Wir sind der Überzeugung, dass wir uns durch eine ausgezeichnete Funktionssicherheit deutlich von unseren Wettbewerbern abheben können. Wir wollen daher die Funktionssicherheit zum Kernstück unserer Strategie ausbauen.	
Zielpate:	
Herr Schmidt	

Abb. 5.9: Dokumentation eines strategischen Ziels

5.3 Strategy Map aufbauen

Das Erarbeiten und Dokumentieren von Ursache-Wirkungs-Beziehungen zwischen den strategischen Zielen stellt eines der zentralen Elemente einer Balanced Scorecard dar. Die entstehenden Strategy Maps spiegeln die Kausalität der strategischen Überlegungen wider. Implizite Annahmen der Führungskräfte über die Ursache-Wirkungs-Zusammenhänge einer Strategie werden explizit gemacht. Dies ermöglicht die Harmonisierung der verschiedenen Vorstellungen über die Wirkungsweise der Strategie. Strategische Ziele stehen nicht losgelöst und unabhängig nebeneinander, sondern sind miteinander verknüpft und beeinflussen sich gegenseitig. Der Erfolg einer Strategie hängt vom Zusammenwirken mehrerer Faktoren ab. Kaplan und Norton, die Begründer der Balanced Scorecard, bezeichnen die Abbildung der Ursache-Wirkungs-Ketten treffend als »Strategy Maps« (vgl. Kaplan/Norton 2000, 2004a, siehe auch Kap. 1.1.1 und 4.2.4).

Strategy Maps

➤ zeigen die Zusammenhänge und Abhängigkeiten zwischen den strategischen Zielen innerhalb einer Perspektive und zwischen den Perspektiven auf,

➤ machen die gegenseitigen Effekte bei der Zielerreichung klar,

➤ schaffen beim Management Bewusstsein über die Zusammenhänge und Bedeutung der verschiedenen Ziele,

➤ fördern das gemeinsame Verständnis der gesamten Strategie,

➤ stellen dar, wie unterschiedliche Bereiche zusammenwirken müssen, um die Strategie umsetzen zu können (funktionsübergreifendes Denken),

➤ fördern dadurch die Zusammenarbeit im Top-Management und zwischen den Bereichen,

➤ verdeutlichen die vorlaufenden Indikatoren (Treiber des Unternehmenserfolgs),

➤ machen die Logik der strategischen Ziele nachvollziehbar und somit sehr gut kommunizierbar,

➤ liefern ein Erklärungsmodell für den strategischen Erfolg (aber sie beschreiben ihn nicht vollständig, da externe Faktoren in der Balanced Scorecard nicht berücksichtigt sind bzw. ein Ziel auch an der mangelnden Ausführung der ihm zugedachten strategischen Aktionen scheitern kann).

Der Aufbau von Strategy Maps erfolgt in drei Schritten:
1. Die Ursache-Wirkungs-Beziehungen darstellen,
2. auf strategisch beabsichtigte Beziehungen konzentrieren,
3. Beziehungen in der Strategy Map dokumentieren und die »Story of Strategy« formulieren.

5.3.1 Ursache-Wirkungs-Beziehungen darstellen

Das Erarbeiten der Ursache-Wirkungs-Beziehungen einer Strategy Map erfordert – ähnlich wie das Ableiten strategischer Ziele – eine intensive Kommunikation. Workshops bilden unserer Erfahrung nach dazu den besten Rahmen. Dabei ist im Vorfeld des Workshops zunächst festzulegen, mit welchen technischen Hilfsmitteln und mit welcher Arbeitsmethodik die Durchführung erfolgt.

Als technische Hilfsmittel bei der Bestimmung von Strategy Maps bieten sich das simultane Arbeiten am PC und die Projektion der Darstellungen mit einem Beamer an. Anfangs entwickelten wir Strategy Maps an Pinnwänden. Das hatte den Vorteil der geringen Vorbereitungsdauer und der Verwendung von »Originalkärtchen« der Teilnehmer. Als problematisch erwies sich dagegen, dass einmal gezeichnete Pfeile nicht mehr entfernt werden können: Ein unübersichtliches »Pfeile-Wirrwarr«, resultierend aus dem Verschieben von Zielkärtchen, waren häufig das Ergebnis. Auf ähnliche Schwierigkeiten stößt man beim Arbeiten mit Overheadfolien.

Mittlerweile verwenden wir zur Unterstützung dieses Arbeitsschrittes ausschließlich Laptop und Beamer. Pfeile und Ziele können beliebig abgeändert und verschoben werden; der Erlebnischarakter bei der Entstehung einer Balanced Scorecard kommt so deutlicher zum Vorschein. Dieses Merkmal ist durchaus von Bedeutung. Denn in vielen unserer Projekte war der Workshop zu den Strategy Maps ein Schlüsselworkshop. Er löste nachhaltig eine Identifikation des Managements mit der Balanced Scorecard aus.

Neben den Instrumenten sind auch die Methoden zur Ableitung von Strategy Maps von Bedeutung. Wir unterscheiden vier methodische Ausprägungen:

1. Ableitung der Strategy Maps ausgehend von den strategischen Zielen der Potenzialperspektive,
2. Ableitung der Strategy Maps ausgehend von einzelnen strategischen Zielen der Finanzperspektive (deduktive Vorgehensweise),
3. Ableitung der Strategy Maps ausgehend von einzelnen strategischen Zielen der Finanzperspektive (induktive Vorgehensweise),
4. Ableitung der Strategy Maps ausgehend von einzelnen strategischen Zielen der Kundenperspektive.

Im Folgenden skizzieren wir die verschiedenen Möglichkeiten kurz. Die besten Erfahrungen haben wir in der Praxis mit der induktiven Vorgehensweise (3) gemacht.

Zu 1: Ableitung ausgehend von den strategischen Zielen der Potenzialperspektive
Bei dieser Variante werden Strategy Maps bottom-up erarbeitet. Dabei verknüpft man die strategischen Ziele von unten nach oben in dieser Reihenfolge: Potenzialziele, Prozessziele, Kundenziele, Finanzziele. Die Erarbeitung startet mit einem strategischen Ziel der Potenzialperspektive. Es folgt ein stufenweises Bottom-up-Vorgehen, wobei immer ein paarweiser Vergleich des betreffenden Ziels mit einem Ziel zunächst der gleichen Ebene, dann mit Zielen der anderen Ebenen vorgenommen wird. Die Kontrollfrage lautet dabei: »Wollen wir das betreffende Ziel erreichen, um damit die Umsetzung dieses anderen Ziels zu unterstützen?«

Diese Methode verbindet alle strategischen Ziele der Perspektiven miteinander und zeigt das Gesamtwirkungsnetz auf. Ein Vorteil dieser Methode liegt darin, dass sie die Rolle der Potenziale als »Wurzel« der Strategie hervorhebt. Zudem wird »in Pfeilrichtung gedacht«: Ausgehend von den Potenzialen des Unternehmens baut sich das Kräftefeld Ziel um Ziel auf.

Zu 2: Aufbau ausgehend von einzelnen strategischen Zielen der Finanzperspektive (deduktive Vorgehensweise)

Die Ableitungslogik dieser Variante ist eine völlig andere als die zuerst geschilderte. Die strategischen Ziele der Finanzperspektive stellen den Ausgangspunkt dar. Dabei verbindet man zunächst die Ziele der Finanzperspektive untereinander, geht vom obersten Finanzziel aus und fragt: »Welche untergeordneten Ziele führen zur Erreichung dieses übergeordneten Ziels?«

In den weiteren Schritten wird jeweils ein Ziel der Finanzperspektive mit den Zielen der Kunden-, Prozess- und Potenzialperspektive verknüpft. Anschließend geht man genauso mit den Zielen der anderen Perspektiven vor. Der große Vorteil dieser Variante liegt in der deduktiven Vorgehensweise. Die Ziele der Ausgangsperspektive (hier der Finanzperspektive) werden in ihre einzelnen Komponenten zerlegt. Gehört eine untergeordnete Zielsetzung zu diesen Komponenten, so wird sie über eine Ursache-Wirkungs-Beziehung mit dem übergeordneten Ziel verbunden. Dadurch kann die Vollständigkeit der abgeleiteten Ziele überprüft werden.

Kritisch ist bei diesem Verfahren allerdings der Drang nach Vollständigkeit. Letztlich entspricht es der Logik klassischer Systeme wie dem DuPont-Kennzahlensystem oder den Werttreiberbäumen des Wertmanagement-Ansatzes. Bei der Balanced Scorecard geht es aber nicht um die Entwicklung eines vollständigen Unternehmensmodells, sondern um die Darstellung eines logischen Strategiemodells, das nur ausgewählte Ziele hervorhebt.

Zu 3: Aufbau ausgehend von einzelnen strategischen Zielen der Finanzperspektive (induktive Vorgehensweise)

Auch bei diesem Verfahren stellen die strategischen Ziele der Finanzperspektive den Ausgangspunkt der Ableitungslogik dar. Dabei steht aber nicht ein übergeordnetes Ziel und seine Beziehung zu einer untergeordneten Zielsetzung im Zentrum, sondern man untersucht die Beziehung des nachgelagerten Ziels Y zu dem übergeordneten (Finanz-)Ziel X. Dabei lautet die Frage: »Ist es die strategische Absicht des Ziels Y, das Ziel X zu unterstützen?« Nach dem gleichen Schema werden alle weiteren Ziele der Finanz-/Kunden-/Prozess- und Potenzialziele verbunden.

Diese scheinbar kleine Veränderung der Ableitungslogik hat große praktische Konsequenzen. Der Schwerpunkt liegt nicht mehr darauf, die Vollständigkeit des Zielsystems deduktiv zu überprüfen. Vielmehr geht es darum, die Rolle jedes einzelnen Ziels im Zielsystem zu hinterfragen. Lässt sich nicht schlüssig darlegen, dass ein Ziel mindestens ein weiteres Ziel des Zielsystems unterstützt, ist die Zugehörigkeit dieses Ziels zur Balanced Scorecard zu überprüfen.

Zu 4: Aufbau ausgehend von einzelnen strategischen Zielen der Kundenperspektive

Bei dieser Variante startet die Erarbeitung von Strategy Maps bei einem strategischen Ziel der Kundenperspektive. Es folgt ein stufenweises Vorgehen, wobei ein paarweiser Vergleich des betreffenden Ziels mit weiteren Zielen der Kundenperspektive, dann mit Zielen der Prozess- und Potenzialperspektive vorgenommen wird. Nehmen wir an, die Zielsetzung

X werde mit einer weiteren Zielsetzung Y verglichen. Die Frage lautet dabei: »Wenn wir das Ziel Y der Kunden-/Potenzial- und Prozessperspektive erreicht haben, ermöglicht dies, dass wir das Ziel X der Kundenperspektive erzielen?«

Danach erfolgt ein Bottom-up-Vergleich des strategischen Ziels der Kundenperspektive mit den strategischen Zielen der Finanzperspektive. Die Frage dazu lautet: »Wenn wir das Ziel X der Kundenperspektive erreicht haben, welche Wirkung erreichen wir für die Ziele der Finanzperspektive?«

Diese Vorgehensweise zeigt, wie bedeutsam die Ziele der Kundenperspektive für den strategischen Erfolg des Unternehmens sind. Zudem wird der Stellenwert der Ziele der Prozess- und Potenzialperspektive bezüglich der Ziele der Kundenperspektive deutlich – und der Ertragscharakter der Finanzperspektive hervorgehoben.

Je nachdem, für welche Unternehmensebene die Strategy Map erarbeitet wird, kann die Vorgehensweise gemäß inhaltlichen Schwerpunkten auch mit einer anderen Perspektive gestartet werden. Nach unserer Erfahrung liegt auf Gesamtunternehmensebene der Schwerpunkt oft in den übergreifend zu definierenden Zielen der Finanz- und Potenzialperspektive. Auf der Ebene strategischer Geschäftseinheiten liegt der Schwerpunkt – und damit auch Unterschiede zwischen den Geschäftseinheiten – in den spezifisch zu gestaltenden Perspektiven Kunden und Prozesse.

Für funktionale Einheiten (z. B. Shared-Services-Funktionen) sind die Inhalte wiederum häufig stark unterschiedlich vom operativen Geschäft: Mangels Erlösen konzentriert sich die Finanzperspektive auf die Kostendimension, es werden interne statt externe Kunden in der Kundenperspektive adressiert und schließlich sind die Prozesse etwa des Personalwesens, der IT bzw. des Bereichs Finanzen/Controlling deutlich unterschiedlich. Hier kann es also Sinn machen, an den Erwartungen interner Kunden bzw. den spezifischen Prozessen als Startpunkt anzusetzen.

5.3.2 Auf strategisch beabsichtigte Beziehungen konzentrieren

Die Erstellung von Strategy Maps gilt für viele als schwierigste Phase im gesamten Balanced-Scorecard-Prozess. Häufig scheitert die Erstellung der Wirkungsbeziehungen an der Vielfältigkeit der Zielbeziehungen. Eine unübersichtliche, weil komplexe Darstellung der Strategy Maps verliert schnell die Aussagekraft.

Dennoch treffen wir immer wieder auf Situationen, in denen versucht wird, alle denkbaren Zielbeziehungen zu analysieren, um aus dieser Analyse Erkenntnisse für ein konsistentes Zielsystem abzuleiten. Diese Überlegungen, die dem Gedanken des Operations Research entspringen, haben für die Balanced Scorecard – anders als häufig dargestellt – nur eingeschränkte Bedeutung.

Die Balanced Scorecard stellt, wie bereits an anderer Stelle angemerkt, nur einen Auszug aus dem gesamten Wirkungsgeflecht des Unternehmens dar; sie berücksichtigt keine Umfeldfaktoren und operative Basisziele. Aussagen zum Wirkungsverhalten sind also mit einem hohen Unsicherheitsfaktor behaftet. Belastbare Ursache-Wirkungs-Berechnungen scheitern zumeist daran, dass ein Korrelationsmodell nur über eine historische Zeitreihe von Daten nachgewiesen werden könnte. In der Regel liegen solche Vergangenheitsdaten nur für einen Bruchteil der BSC-Messgrößen vor. Diese können rechnerisch auch nicht ohne weiteres verknüpft werden, da sie unterschiedliche mathematische bzw. sachlogische Dimensionen haben. Korrelationen der Vergangenheit lassen zudem kaum Schlüsse zu, ob diese in derselben Form und Wirkung auch für die Zukunft gelten. Nach unserer Erfahrung führt auch der Aufbau eines solchen Rechenwerkes zum Zeitpunkt der Erarbeitung von Strategy Maps und Balanced Scorecards nicht zum Ziel. Bis über mehrere Jahre der Zukunft ein Korrelationsmodell verifiziert werden kann, haben sich die strategischen Rahmenbedingungen und damit die BSC-Inhalte meist wieder geändert – man fängt von vorne an mit dem Errechnen potenzieller Ursache-Wirkungs-Beziehungen!

Darüber hinaus führt der Versuch, alle Ursache-Wirkungs-Ketten abzubilden, meist zu komplexen, wenig handhabbaren Matrizen. Solche Darstellungen helfen weder bei der Kommunikation der Strategie noch dienen sie der Unterstützung des Managements. Abbildung 5.10 zeigt eine solche Strategy Map. Sie ist zwar analytisch korrekt, doch für die praktische Anwendung unbrauchbar, weil unübersichtlich und damit kaum aussagekräftig.

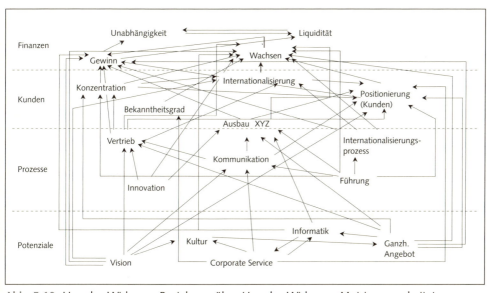

Abb. 5.10: Ursache-Wirkungs-Beziehung über Ursache-Wirkungs-Matrizen erarbeitet

Bessere Ergebnisse erreicht man unserer Erfahrung nach, wenn man nur die strategisch beabsichtigten Ursache-Wirkungs-Ketten darstellt. Hierdurch wird die Aussagefähigkeit erhöht, die Aufmerksamkeit auf die wesentlichen Stellhebel gelenkt und die Transparenz gewährleistet. Diese Strategy Maps dienen unserer Erfahrung nach eher der Strategiekommunikation als der Strategieanalyse – und zur Kommunikation sind sie ein einfaches und wirkungsvolles Instrument.

Wie die Abbildung 5.11 zeigt, kann das strategische Ziel »Vollkundenpolitik« (also das Anbieten eines umfassenden Leistungsangebots) bei einer Versicherung einerseits die Kundenbindung und andererseits auch die Neukundenakquisition stärken. Je nach strategischer Absicht lassen sich entweder beide Beziehungen oder nur eine von beiden grafisch in der Strategy Map darstellen. Wenn die strategische Absicht der Vollkundenpolitik einzig auf Kundenbindung zielt, darf in der Ursache-Wirkungs-Kette auch nur dieser Zusammenhang hergestellt werden. Und dies, obwohl eine Vollkundenpolitik natürlich auch positive Effekte auf die Neukundenakquisition haben kann.

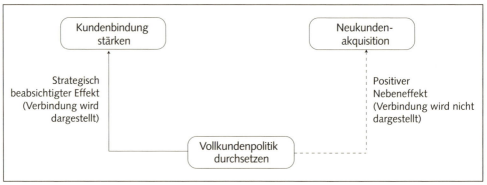

Abb. 5.11: Fokussierung auf strategisch beabsichtigte Ursache-Wirkungs-Ketten

Praxisbeispiel

Zur Illustration dient die Balanced Scorecard der Personalabteilung eines Automobilzulieferers. Als strategisches Ziel hatte die Personalabteilung die Sicherstellung eines höheren Qualifikationsniveaus der Mitarbeiter definiert. Da die Akzeptanz des Betriebsrates für die Umsetzung anstehender Aufgaben von großer Bedeutung war, wurde ein verbessertes Verhältnis zur Arbeitnehmervertretung als weiteres strategisches Ziel bestimmt. Im Rahmen der Diskussion um die Ursache-Wirkungs-Kette erkannte man, dass die Gewährleistung eines höheren Qualifikationsniveaus im Interesse der Arbeitnehmervertretung lag und daher einen positiven Einfluss auf die Akzeptanz der Personalabteilung durch die Arbeitnehmervertretung hätte haben dürfen.

Der Zusammenhang wurde dennoch nicht dargestellt. Denn in erster Linie diente der Aufbau eines höheren Qualifikationsniveaus dazu, neue Arbeitsformen zu ermöglichen. In zweiter Linie galt dieses Ziel der besseren Erfüllung der Kundenanforderungen. Die positive Beeinflussung der Arbeitnehmervertretung wurde als positiver Nebeneffekt identifiziert, aber nicht als das ursprünglich strategisch beabsichtigte Ziel (vgl. Abb. 5.12).

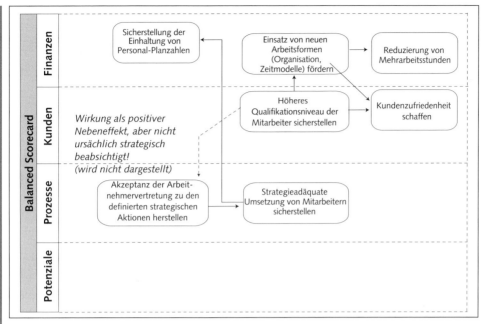

Abb. 5.12: Vermeidung der Darstellung strategisch unbeabsichtigter Ursache-Wirkungs-Ketten

◆ **Redundante Zusammenhänge vermeiden!**

Viele Zusammenhänge auf Balanced Scorecards sind redundant d. h. ohne zusätzliche inhaltliche Information. Abbildung 5.13 zeigt ein vereinfachtes Beispiel. Eine Einheit erhöht ihren Servicegrad, um dadurch ihr Ziel »Kundenzufriedenheit stärken« und »Kundenbindung erhöhen« zu erreichen. Von dem Ziel »Servicegrad verbessern« geht aber nur ein Pfeil aus, da ein höherer Servicegrad zu einer höheren Kundenzufriedenheit und erst dadurch zu einer höheren Kundenbindung führt.

◆ **Es gibt keine »richtigen« Ursache-Wirkungs-Zusammenhänge**

Verlässt man die Welt der monetären Zusammenhänge, so sind viele Ursache-Wirkungs-Zusammenhänge nicht mehr eindeutig mathematisch nachweisbar (siehe auch die Ausführungen eingangs dieses Abschnitts). Inwieweit führt ein besseres Image zu höheren Erträgen? Können wir durch eine bessere Mitarbeiterzufriedenheit die Kaufbereitschaft der Kunden erhöhen? Solche Strategy Maps lassen sich über Korrelationen untersuchen. Dennoch sind viele Ursache-Wirkungs-Zusammenhänge weder wissenschaftlich absicherbar noch quantifizierbar noch (auf andere Unternehmenskontexte) übertragbar. Im nicht monetären Bereich stellen Strategy Maps dementsprechend Hypothesen dar, von denen das Management überzeugt ist, dass sie die gewünschten Wirkungen zeigen. Diese Annahmen können natürlich durch eine Vielzahl von Studien gestützt sein. Im Wesentlichen stellen sie aber das Erfahrungswissen und die Willenserklärung des Managements

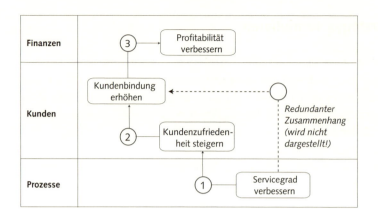

Abb. 5.13: Komplexitätsreduktion durch Vermeidung redundanter Beziehungen

dar. »Richtig« im Sinne der Balanced Scorecard sind Ursache-Wirkungs-Beziehungen entsprechend dann für das Unternehmen, wenn sie den Konsens des Managements darstellen und sich in der Überprüfung mit der Wirklichkeit als konsistent mit den Zielen des Unternehmens herausstellen. Mit den unternehmensspezifischen Ursache-Wirkungs-Zusammenhängen erhält das Management ein Instrument, seine Annahmen transparent darzustellen und in einigen wenigen Fällen auch über Korrelationen der Zielerreichung inhaltlich zu überprüfen und daraus zu lernen.

◆ Konsens vor Scheingenauigkeit

Bei den vorgestellten Methoden geht es nicht um Genauigkeit, da sie aus den bereits angesprochenen Gründen kaum zu erzielen ist. Weitaus mehr zählt die Interaktion des Teams bei der Erstellung von Strategy Maps. Die gewonnenen Erkenntnisse sowie der Austausch der Vorstellungen und Annahmen tragen zur Konsensfindung bei. Vom Konsens über die Ursache-Wirkungs-Beziehungen wiederum hängt der Erfolg der gesamten Balanced Scorecard ab. Grundsätzlich gilt, dass man selbst auf Basis vereinfachender Annahmen Lerneffekte realisieren kann.

◆ Strategy Alignment (Zielabstimmung)

Ergänzend zur Konsensfindung des Management-Teams bei der Erarbeitung einer Strategy Map, wird dieser Prozess bei der Erarbeitung mehrerer Strategy Maps für unterschiedliche Einheiten noch wichtiger. Hier muss im Rahmen eines sogenannten »Strategy Alignment« eine Zielabstimmung vertikal (Gesamtunternehmen – Einheiten) und horizontal (z. B. zwischen strategischen Geschäftseinheiten) erfolgen. Dadurch werden Inkonsistenzen, Widersprüche und Zielkonflikte vermieden (vgl. dazu Kap. 6).

5.3.3 »Story of Strategy« formulieren

Die Dokumentation der Strategy Maps geschieht idealerweise zeitnah zu ihrer Erarbeitung, am besten stichwortartig während der entsprechenden Workshops. Wird auf eine Dokumentation verzichtet, ist es in der Regel nicht ganz einfach, die Einzelgedanken im Zeitablauf noch nachvollziehen zu können. Im Nachgang zum Workshop erläutert man zunächst die einzelnen Zielverbindungen.

Die Dokumentation der Einzelbeziehungen kann folgende Inhalte haben:
➤ Beziehung (Nummerierung, beeinflussendes Ziel, beeinflusstes Ziel) sowie Erläuterung der Beziehung (vgl. Abb. 5.14).
➤ Wie trägt die Veränderung von Ziel A (beeinflussendes Ziel) zur Erreichung bzw. Verfehlung des Ziels B (beeinflusstes Ziel) bei?
➤ Welche zusätzlichen Auswirkungen sind darüber hinaus zu erwarten? (optional)
➤ Welche externen Prämissen liegen der Beziehung zugrunde? (optional)

Dabei kommt der isolierten Erläuterung der einzelnen Zielverbindungen nur eine nachrangige Bedeutung zu. Eine weitaus größere Relevanz besitzt ein anderer Aspekt: Beschreibt man nämlich alle Ziele und Zielverbindungen in einem Fließtext, erhält man eine präzise Erläuterung der angestrebten Strategie, die sogenannte »Story of Strategy«. Das meist vier- bis sechsseitige Dokument ersetzt bestehende Strategiepapiere aufgrund einer höheren Ausgewogenheit und Kohärenz (vgl. Story of Strategy von Prints im Rahmen der Fallstudie, Kap. 5.3.4.).

Ursache (beeinflussendes Ziel)	Wirkung (beeinflusstes Ziel)	Erläuterung
Weitere Stärkung der Eigenverantwortlichkeit	Motivation der Mitarbeiter gewährleisten	Von den Mitarbeitern wurde in der Vergangenheit die geringe Entscheidungskompetenz bemängelt. Eine Erhöhung der Eigenverantwortlichkeit sollte sich daher positiv auf das Engagement der Mitarbeiter auswirken.
Leistungsorientierte Förderung und Entwicklung gewährleisten	Motivation der Mitarbeiter gewährleisten	Wenn bessere Leistung honoriert wird (durch finanzielle und nicht finanzielle Anreize, Finanzierung von Weiterbildungsmaßnahmen usw.) sollte dies zu höherer Motivation bei den entsprechenden Mitarbeitern führen.
Motivation der Mitarbeiter gewährleisten	Aufbau kompetenter Mitarbeiter vorantreiben	Der Erfolg fachlicher Weiterbildung hängt in besonderem Maße von der Bereitschaft des Mitarbeiters zum Lernen ab. Hohe Motivation wird sich positiv auf diese Bereitschaft auswirken.

Abb. 5.14: Schematisches Beispiel der Dokumentation von Ursache-Wirkungs-Ketten

5.3.4 Fallstudie »Strategy Map aufbauen«

Auf der Grundlage der strategischen Ziele erarbeitete die Prints-Geschäftsführung die Strategy Map ihrer Strategie. Im Vorfeld hatte das Projektteam eine Unterlage vorbereitet. Darin waren die Ziele versuchsweise schon so angeordnet, wie dies aus Sicht des Projektteams für den Workshop hätte hilfreich sein können. Bei der Vorbereitung des Workshops wurden auch offene Fragestellungen bezüglich der Strategie identifiziert. Mit Hilfe eines Beamers visualisierte das Projektteam die vorbereitete Darstellung der strategischen Ziele. Zusätzlich hatten alle Workshop-Teilnehmer eine Kopie dieser Abbildung zur Verfügung.

Projektleiter Kard moderierte den Prozess. Er verwendete zur Ableitung der Ursache-Wirkungs-Ketten das induktive Verfahren ausgehend von einzelnen strategischen Zielen der Finanzperspektive. Dementsprechend startete er mit dem Ziel »Konkurrenzfähige Kostenstruktur aufbauen« (vgl. Abb. 5.15). »Warum wollen wir dieses Ziel erreichen?«, lautete seine Frage. Für die Teilnehmer war offensichtlich, dass dieses Ziel mit dem Ziel »Unternehmensgewinn deutlich erhöhen« zusammenhängt. Allerdings sah der Vertriebsleiter noch einen weiteren Zusammenhang. »Wir wollen doch eine konkurrenzfähige Kostenstruktur nicht nur, um unsere Margen und damit um unseren Gewinn zu erhöhen. Wir brauchen dieses Ziel auch, um Preise bieten zu können, zu denen unsere Kunden bereit sind zu kaufen! Also wird uns das Ziel mit Sicherheit dabei helfen, unser Ziel »Fokussierung auf das Hochpreissegment« umzusetzen.« »Genau!«, stimmte der Entwicklungsleiter zu, »und so hilft eine konkurrenzfähige Kostenstruktur auch dabei, Marktanteile zu gewinnen. Und der Gewinn von Marktanteilen wird sich mit Sicherheit positiv auf die Mitarbeiterzufriedenheit auswirken. Wer arbeitet nicht gerne in einer erfolgreichen Firma?« Der Projektleiter trug die entsprechenden Verbindungen ein:

»Wir sollten aufpassen, dass wir den Wald vor lauter Bäumen nicht mehr sehen!«, warnte Geschäftsführer Herr Kämper. »Zunächst erachte ich die Verbindung der konkurrenzfähigen Kostenstruktur zur Erhöhung der Marktanteile als redundant. Denn die Verbindung des Ziels »Konkurrenzfähige Kostenstruktur aufbauen« zu »Internationales Wachstum vorantreiben« läuft über das Ziel »Fokussierung über das Hochpreissegment« – eine direkte Verbindung zwischen »Konkurrenzfähige Kostenstruktur aufbauen« und »Internationales Wachstum vorantreiben« liefert keine neue Information. Darüber hinaus bin ich mit der Darstellung einer Verbindung zwischen Wachstum und Mitarbeiterzufriedenheit nicht glücklich. Natürlich wird ein erfolgreiches Wachstum hoffentlich auch unsere Mitarbeiter begeistern. Aber wir wachsen doch nicht, um unsere Mitarbeiter glücklich zu machen, sondern in erster Linie, um unseren Umsatz zu erhöhen. Die Verbindung von den Marktanteilen zum Wachstum spiegelt unseren strategischen Fokus wider, nicht die Verbindung zu den Mitarbeitern!«

Nach intensiven Diskussionen um die Bedeutung einzelner Verbindungen erarbeitete das Prints-Management dann die Strategy Map (vgl. Abb. 5.16).

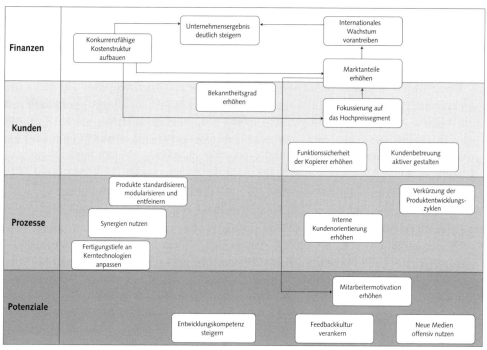

Abb. 5.15: Erste Darstellungen von Ursache-Wirkungs-Beziehungen

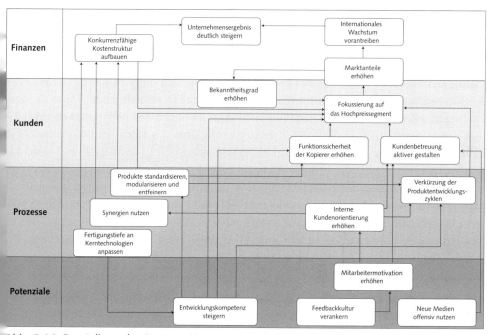

Abb. 5.16: Darstellung der Strategy Map in einer ersten Version

➢ Dank der Diskussion und des nun vorhandenen Ergebnisses wurde das Strategieverständnis bei der Prints GmbH deutlich geschärft – darin war sich die Geschäftsführung nach Abschluss des Workshops einig. Zur Sicherheit glich man das Ursache-Wirkungs-Modell nochmals mit den strategischen Stoßrichtungen ab. »Irgendwie haben wir auf dem Weg etwas vergessen«, stellte der Personalleiter fest, »wir hatten uns zu einer Doppelstrategie verpflichtet: Wir wollen sowohl mit Kopierern für das Massengeschäft erfolgreich sein als auch mit Kopierern für das Hochpreissegment. Wenn wir unsere Balanced Scorecard in dieser Form einem Dritten geben, so wird er diese Strategie daraus nicht ablesen können. Und die Balanced Scorecard soll doch ein Abbild der Strategie sein!« Auch der Logistikleiter hatte Bedenken. »Beim Betrachten der Abbildung fällt mir auf, dass das Ziel »Bekanntheitsgrad erhöhen« etwas in der Luft hängt. Kommt dem Ziel wirklich dieselbe Bedeutung zu wie den anderen? Können wir das nicht irgendwie anders darstellen?«

➢ Die Anregungen führten zu einer erneuten Überprüfung der Ursache-Wirkungs-Kette. Die Ziele in der Kundenperspektive wurden angepasst, die Strategy Map modifiziert: Nun stimmten alle Workshop-Teilnehmer zu.

➢ Auf der Grundlage der erstellten Strategy Map konnte nun die Strategie präzise ausformuliert werden. Dazu bekam jede einzelne Ursache-Wirkungs-Beziehung eine Nummer (vgl. Abb. 5.17), die in einem Fließtext, der »Story of Strategy«, erläutert wurde:

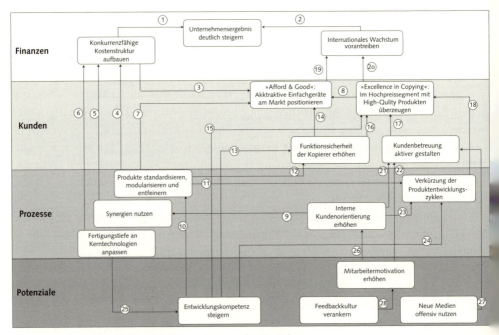

Abb. 5.17: Strategy Map mit Nummerierung der Beziehungen

Die »Story of Strategy« von Prints

◆ **Verpflichtung zur Wertschaffung**

Die Prints-Eigentümer ermöglichen durch ihren Kapitaleinsatz die Aktivitäten des Unternehmens. Im Gegenzug erwarten sie eine angemessene Verzinsung ihres Kapitals. Der Erfolg der Strategieumsetzung wird sich daher in einer deutlichen Steigerung des Unternehmensgewinns niederschlagen. Zwei wesentliche strategische Hebel lösen diese Steigerung aus: Zum einen sollen Kostensenkungen dazu führen, eine wettbewerbsfähige Kostenstruktur aufzubauen (1); zum anderen soll ein forciertes internationales Wachstum in ertragreichen Feldern einer Verbesserung des Divisionsergebnisses dienen (2).

◆ **Schaffung einer konkurrenzfähigen Kostenstruktur**

Der Aufbau einer konkurrenzfähigen Kostenstruktur, als erstem strategischen Hebel, wird durch drei wesentliche Elemente erreicht:
➤ Standardisierung, Modularisierung und Entfeinerung der Produkte (4),
➤ Ausschöpfen der sich ergebenden Synergiepotenziale (5),
➤ Anpassung der Fertigungstiefe auf Kerntechnologien (6).

Standardisierung, Modularisierung und Entfeinerung bedeuten eine erhebliche Reduzierung der verwendeten Einzelteile sowie einen intensiveren Gebrauch von Gleichteilen. Zusätzlich sollen künftig stärker Module definiert und in allen Geräten genutzt werden. Entfeinerung heißt, vor allem für Geräte des Massensegments Funktionalitäten und Produkteigenschaften zu überprüfen, um vergangenes Over-Engineering zu erkennen und zurückzuführen (7).

Die Umstellung des Unternehmens bietet gute Möglichkeiten, Synergiepotenziale durch das Vermeiden von Doppelarbeit zu nutzen. Dazu muss aber die Zusammenarbeit zwischen den Bereichen den Ansprüchen einer prozessorientierten Unternehmung gerecht werden. Dies sollte durch eine stärkere interne Prozessorientierung gewährleistet sein (9).

Eine Anpassung der Fertigung auf Kerntechnologien erlaubt es, Kostenvorteile alternativer Hersteller zu nutzen. Eine genaue Definition dieser Kerntechnologien steht noch aus. Darauf aufbauend muss geprüft werden, ob einzelne Produktionsschritte ins Ausland verlagert werden können.

Eine Konzentration auf Kerntechnologien sollte nicht nur in der Fertigung zu positiven Effekten führen, sondern auch in der Entwicklung. Dadurch wäre eine Fokussierung auf weniger Entwicklungsschwerpunkte als bisher möglich (25).

Ungeachtet der Hervorhebung dieser drei wesentlichen Hebel zur Anpassung unserer Kostenstruktur gilt es aber wie bisher, kontinuierlich Kostensenkungsmöglichkeiten in allen Bereichen auszuloten und umzusetzen.

◆ **Wachstumsstrategie**

Wachstum soll rentabel und mit einer deutlichen Gewinnsteigerung einhergehen. Da ein Wachstum auf den Heimatmärkten nur eingeschränkt möglich ist, wollen wir verstärkt auf internationalen Märkten tätig werden. Vor allem in Asien und in ausgewählten Ländern Mittel- und Osteuropas sehen wir gute Möglichkeiten. Diese Märkte werden momentan nur unzureichend bedient (2).

Auf nationalen wie auch auf internationalen Märkten nehmen wir den Konkurrenzkampf nicht durch ein offensives Preisdumping, sondern durch ein ausgewogeneres Portfolio an Produkten für das Massengeschäft (19) sowie für das Hochpreissegment (20) auf. Während preislich im Massengeschäft mit dem Wettbewerb pari gehalten wird, soll versucht werden, im Hochpreissegment einen Premiumstatus für den Markennamen zu erobern.

Das Massengeschäft wird mit dem Slogan »Affordable and Good« und attraktiven Einfachgeräten angegangen. Das Hochpreissegment wollen wir mit High-Quality-Produkten unter dem Motto »Excellence in Copying« erobern. In beiden Segmenten versuchen wir, jeweils das obere Preisspektrum anzusprechen. Diese Doppelstrategie haben wir bewusst gewählt. Voraussetzung dafür ist allerdings, dass im Massengeschäft eine preisliche Flexibilität aufgebaut wird, um nicht zu sehr von den Billigangeboten der Konkurrenz zu divergieren. Nur so lassen sich die nötigen Stückzahlen für das Massengeschäft halten (3). Für das Massengeschäft erhoffen wir uns positive Imageeffekte aus dem Hochpreissegment (8).

◆ Differenzierungselemente

Kernelement der Strategie stellt eine Differenzierung am Markt über Produkte mit einer hohen Funktionssicherheit dar (14) (16). Die Entwicklungsanstrengungen sollen in diesem Bereich massiv vorangetrieben werden (13). Standardisierungs-, Modularisierungs- und Entfeinerungsbemühungen müssen ebenfalls einen positiven Effekt auf die Funktionssicherheit haben (12).

Die bereits definierten Kostensenkungsmöglichkeiten zielen darauf ab, den sich mitunter ergebenden Bedarf an höherwertigen Materialien zu kompensieren. Eine hohe Funktionssicherheit, auch bei Produkten des Massengeschäftes, wird negative Rückwirkungen des Massensegments auf die Produkte des Hochpreissegments ausschließen (14).

Ein erfolgreicher Auftritt im Hochpreissegment erfordert neben der hohen Funktionssicherheit zugleich eine exzellente Kundenbetreuung und das Angebot technisch interessanter Produkte.

Prints ist für seine Kundenbetreuung noch nicht bekannt. Das soll sich ändern. Maßnahmen zur Gestaltung einer aktiveren Kundenbetreuung sind verstärkt zu entwerfen und umzusetzen (17). Dazu gehört, die Möglichkeiten neuer Medien offensiv zu nutzen (27). Eine aktive Betreuung der externen Kunden gehört jedoch nicht alleine in den Aufgabenbereich des Vertriebs. Um Kundenanfragen im Haus schnell beantworten und umsetzen zu können, brauchen wir eine interne Kundenorientierung (21). Letztendlich soll der Kunde bei allen Kontakten zum Unternehmen spüren können, mit welcher Begeisterung sich die Mitarbeiter für den Kunden und für das Unternehmen engagieren. Ohne eine höhere Mitarbeiterzufriedenheit ist daher eine aktive Kundenbetreuung nicht möglich (22).

Bezogen auf die Funktionalitäten im Hochpreissegment gilt eine »Fast-Follower«-Strategie, um im Markt nicht rückständig zu wirken. Vor allem Schnittstellen zu EDV-Systemen sind stärker auszubauen. Dabei streben wir aber kein Image als Innovationsführer an. Unser Image soll grundsätzlich auf der hohen Funktionssicherheit unserer Produkte basieren.

◆ Forcieren der F&E

Eine zentrale Rolle für die erfolgreiche Umsetzung dieser Strategie spielt der Entwicklungsbereich. Er muss zum einen in der Lage sein, Produkte (auch bestehende) so zu gestalten, dass sie den Ansprüchen des Ziels »Modularisieren, Standardisieren und Entfeinern« genügen (10). Gleichzeitig sind wir für das Hochpreissegment auf neue, hoch qualitative Produkte angewiesen, die im Sinne der »Fast-Follower«-Strategie die Konkurrenz zwar technisch nicht übertreffen, aber aus Sicht der Kunden State of the Art sind (15).

Eine solche »Fast-Follower«-Strategie setzt kurze Entwicklungszeiten voraus (18). Dazu sind die Prozessabläufe im Rahmen der Produktentwicklung innerhalb (24) und außerhalb der Entwicklungsabteilung kontinuierlich zu verbessern. Die Erhöhung der internen Kundenorientierung leistet dazu einen wichtigen Beitrag (23). Verkürzend auf die Entwicklungszeiten muss sich gleichermaßen die Standardisierung, Modularisierung und Entfeinerung auswirken (11).

◆ Interne Kundenorientierung setzt motivierte Mitarbeiter voraus!

Interne Kundenorientierung ist Zeichen einer prozessorientierten Ausrichtung. Daneben dient interne Kundenorientierung als Basis der Synergie-Nutzung (9), der aktiveren Kundenbetreuung (21) und der Verkürzung der Produktentwicklungszeiten (23). All dies hängt von Mitarbeitern ab, die bei allem Verständnis für die eigenen Belange auch bereit sind, sich im Interesse des Gesamtunternehmens einzusetzen. Interne Kundenorientierung lässt sich ohne Mitarbeitermotivation nicht umsetzen (26).

Eine zentrale Herausforderung ergibt sich in diesem Zusammenhang durch die Verankerung einer Feedback-Kultur. Jeder Mitarbeiter soll offen seine Meinung, auch bezüglich seiner Führungskräfte, artikulieren können. Jeder Mitarbeiter soll wissen, welche seiner Leistungen gelobt und welche kritisch gesehen werden (28).

◆ Verdichtete Fassung

Die erarbeitete Strategy Map stellt eine nachvollziehbare Darstellung der Strategie da. Allerdings zeigte sich bei Vorstellungen der Strategy Map, dass diese unter Gesichtspunkten der schnellen Akzeptanz (»das Auge isst mit«), aber auch unter Aspekten der schnellen Verinnerlichung der Botschaft innerhalb der Prints-Mannschaft noch zu umfangreich war. Um die Kommunikation der Strategie zu erleichtern, beschloss das Management daher, eine verdichtete Version der Strategy Map zu erstellen (vgl. Abb. 5.18). Dabei wurde auf die Informationsdichte einzelner Ursache-Wirkungs-Ketten verzichtet, ohne allerdings die Botschaft der Abbildung zu schmälern.

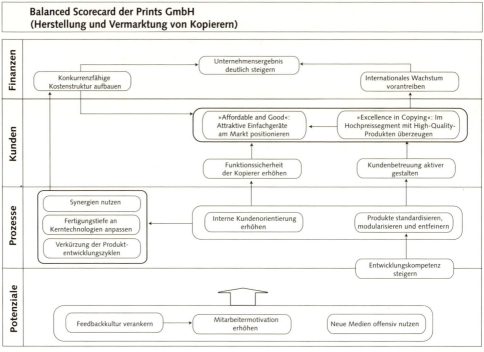

Abb. 5.18: Strategy Map verdichtete Fassung

5.4   Messgrößen auswählen

Messgrößen dienen dazu, strategische Ziele klar und unmissverständlich auszudrücken sowie die Entwicklung der Zielerreichung verfolgen zu können. Über das Messen von strategischen Zielen soll das Verhalten in eine gewünschte Richtung beeinflusst werden. Um die Eindeutigkeit bei der Beurteilung der Zielerreichung zu gewährleisten, sollte man nicht mehr als zwei, in seltenen Fällen drei Messgrößen für jedes strategische Ziel bestimmen.

Eine Übersicht über die bestehenden Messgrößen ermöglicht bereits im Vorfeld der Messgrößenauswahl ein effizientes Arbeiten. So lässt sich früh erkennen, auf welche bestehenden Messgrößen die Balanced Scorecard zurückgreifen kann.

Die Steuerung mit Messgrößen bedarf zunächst der Beschreibung von Messgrößen (Definitionen, Formeln, Parameter). Bei bestehenden Messgrößen gilt es, die Verfügbarkeit zu klären (z. B. Datenquellen, Frequenzen der Erhebung, Verfügbarkeit von Planwerten etc.). Bei nicht vorhandenen Messgrößen müssen die Implementierungsschritte angestoßen werden.

Vorgehensweise im Überblick:

➤ Messgrößenvorschläge erarbeiten,
➤ Messgrößen auswählen,
➤ Messgrößenimplementierung sicherstellen.

5.4.1 Messgrößenvorschläge erarbeiten

Messgrößen präzisieren die strategischen Ziele und sollten den Charakter des betreffenden strategischen Ziels richtig widerspiegeln. Es ist wichtig, dass die Ableitung der Messgrößen durch Personen erfolgt, die die Aussage der strategischen Ziele vollständig verstehen. Daher kann die Ableitung von Messgrößen nicht an Personen delegiert werden, die in den bisherigen Prozess nicht umfassend involviert waren. Idealerweise werden die Messgrößen von denjenigen abgeleitet, die den Balanced-Scorecard-Prozess durchgängig begleitet haben, also den beteiligten Führungskräften.

Methodisch bevorzugen wir Verfahren, bei denen das Management zunächst in individueller Arbeit oder in Kleingruppen Messgrößenvorschläge zu den einzelnen strategischen Zielen entwickelt. Dabei bietet es sich an, dass nicht alle Manager zu allen Zielen Messgrößen ableiten. Vielmehr lassen sich die Aufgaben je nach Fachhintergrund aufteilen, z. B. Finanzmessgrößen werden durch Vertreter des kaufmännischen Bereichs entwickelt, Kundenmessgrößen durch Vertreter des Vertriebs usw.

Bei der Ableitung von Messgrößen sind einige Besonderheiten zu beachten, auf die wir im Folgenden detailliert eingehen.

◆ **Lassen sich alle Ziele messen?**
Bei der Erarbeitung einer Balanced Scorecard wird man immer die Behauptung hören, dass sich das eine oder andere Ziel nicht messen lässt. Nach unseren Erfahrungen lässt sich grundsätzlich jedes Ziel messen – es ist nur eine Frage der Praktikabilität. Was gibt uns Anlass für diese Behauptung?

Ein Ziel beschreibt einen Zustand in der Zukunft, den man erreichen will. Das bedeutet in der Konsequenz, dass eine Zielerreichung immer zu einer Veränderung des heutigen Status führt – und diese Veränderung muss sich in irgendeiner Form äußern.

Ein Beispiel: Ein Unternehmen leitet im Rahmen eines Balanced-Scorecard-Prozesses das Ziel ab: »Die Qualifikation der Mitarbeiter verbessern«. Wie misst man solch ein Ziel? Einer der beteiligten Führungskräfte ist sich sicher: »Das lässt sich gar nicht messen, man müsste ja alle drei Monate die Mitarbeiter ein Prüfungsformular ausfüllen lassen!« Der Ausruf zeigt: Theoretisch lässt sich die Zielerreichung eben doch feststellen. Immerhin wissen wir als ehemalige klausurengeplagte Schüler sehr wohl, dass Lehrer ihr Ziel, die »Qualifikation der Mitarbeiter (= Schüler) erhöhen«, regelmäßig messen – millionenfach!

Wenn sich Ziele nicht messen lassen, so liegt dies nicht am vermeintlichen Problem der theoretischen Messbarkeit, sondern an Problemen der praktischen Umsetzung: Der

Betriebsrat stimmt einer Wissensüberprüfung nicht zu; man kann nicht alle Kunden zu jedem Quartal um Feedback bitten; es ist zu teuer, Experten beurteilen zu lassen, ob das Ziel »Hoher Informationsgehalt der verwendeten Datenbanken« erreicht wird. Häufig scheitert die Ableitung von Messgrößen ganz einfach am dazu nötigen Wissen, an der Kreativität oder der fehlenden Experimentierfreudigkeit.

Bei der Messung finanzieller Größen kann man auf eine lange Tradition und Erfahrung zurückblicken (immerhin wird die doppelte Buchführung seit dem Mittelalter praktiziert). Bezüglich der Messung nicht finanzieller Größen stehen wir in dem traditionell finanziell geprägten Controlling aber erst am Anfang. Dabei besteht in den verschiedensten Disziplinen – von der Psychologie über die Statistik, vom Marketing über die Informatik bis hin zu den Ingenieurwissenschaften – ein reichhaltiger Wissensfundus zu Messmethoden nicht finanzieller Fragestellungen.

So methodisch ausgereift sich die Betriebswirtschaft im »Financial Accounting« präsentieren kann, so viel kann sie im Bereich des »Non Financial Accounting« von Nachbardisziplinen profitieren. Hier bieten sich für die Betriebswirtschaft und das Management zahlreiche Synergiepotenziale – mit Hilfe der Balanced Scorecard gibt es neue Impulse, diese auszuschöpfen.

◆ Je schwammiger das Ziel, desto schwieriger die Messung

Ist das Ziel zu undeutlich und unkonkret, lassen sich Messgrößen oft nur schwer bestimmen. In solchen Fällen muss man das strategische Ziel als solches kritisch prüfen. Ein Beispiel: Das strategische Ziel »Optimale Prozesse aufbauen« kann theoretisch über eine ganze Reihe von Messgrößen operationalisiert werden. Doch welche Prozesse sind gemeint? Und was bedeutet in diesem Kontext »optimal«? Und welche ein oder zwei Messgrößen sind dafür die passenden?

Ein ungenaues, unspezifisches Arbeiten bei der Zielableitung führt bei der Identifikation von Messgrößen zu Problemen: Für allzu pauschale Ziele finden sich keine Messgrößen. Diese Schwierigkeit kann nur behoben werden, indem man das strategische Ziel überarbeitet und stärker konkretisiert. Der Prozess der Erarbeitung der Messgrößen führt über den Diskussionsprozess in diesen Fällen nochmals zur weiteren Konkretisierung des Ziels.

◆ Ein wichtiger semantischer Trick bei der Ableitung von Messgrößen

Im Laufe der Jahre haben wir unsere Methodik bei der Ableitung von Messgrößen verändert. Früher fragten wir: »Wie lässt sich das Ziel messen?« Heute fragen wir: »Woran würden wir erkennen, dass wir das Ziel erreichen?« Dieser kleine semantische Trick führt zu einer deutlich größeren geistigen Flexibilität bei der Ableitung von Messgrößen. Denn die Frage »Woran würden wir erkennen ...« ist bei weitem nicht so stark mit dem Makel des Messens und Kontrollierens behaftet!

◆ Unterschiedliche Kategorien von Messgrößen

Bei der Suche nach der richtigen Messgröße ist es oft hilfreich, sich zunächst zu über legen, welche Messgrößen-Kategorie sich grundsätzlich eignen würde. Bewährt hat sich eine Kategorisierung nach der Herkunft der Messgrößen.

Systembasierte Messgrößen sind in der Regel in den IT-Systemen des Unternehmens ohnehin verfügbar, zum Beispiel aus der Ergebnisrechnung, der Bilanz oder der Produktionssteuerung bzw. dem Qualitätsmanagement. Solche Messgrößen sind »Klassiker«, in der Regel in hoher Messfrequenz und einfach verfügbar.

Grundlage für studienbasierte Messgrößen sind in der Regel eigene oder fremde empirische Erhebungen (Befragungen, Rankings). Großer Vorteil dieser Messgrößen ist es, dass sie kaum manipulierbar sind; von Nachteil ist, dass sie nur in größerem zeitlichen Abstand verfügbar sind und ihre Erhebung oft hohe Kosten verursacht.

Bewertungsbasierte Messgrößen stellen auf eine meist subjektive Bewertung von Sachverhalten durch das Management ab. Sie eignen sich für sehr unternehmensspezifische und damit extern kaum vergleichbare Themenstellungen und finden sich oft in Bezug auf strategische Ziele der Potenzialperspektive.

Aktionsbasierte Messgrößen nutzen die Hypothese, dass strategische Aktionen im Rahmen der Balanced Scorecard zur Erreichung der strategischen Ziele hilfreich sind, also über die erfolgreiche Erledigung dieser Aktionen eine Verbesserung des Ziels gemessen werden kann.

Abbildung 5.19 zeigt einige Beispiele für Messgrößen in diesen vier Kategorien.

Systembasierte Messgrößen	**Studienbasierte Messgrößen**
▪ Ergebnisrechnung: Umsatz, EBIT (Ergebnis v.St.), Margen ▪ Bilanz: Eigenkapital(-quote), Bestände, Lagerzeiten usw. ▪ Statistik: Anzahl Mitarbeiter, Anzahl BU-übergreifender Materialgruppen, Anzahl definierter Stellenprofile usw. ▪ Produktion: Produktionsausschuss (ppm-Rate), Liefertreue usw. ▪ Innovation: Prozentsatz der Umsätze mit Produkten, die nicht älter als drei Jahre sind	▪ Marktanteile ▪ Markenbekanntheitsgrad ▪ Position in Rankings/Studien (z.B. J.D. Powers, »Great Place to Work« (GPTW), European Quality Award (EQA)) ▪ Indizes aus der eigenen Mitarbeiter- bzw. Kundenbefragung
Aktionsbasierte Messgrößen	**Bewertungsbasierte Messgrößen**
▪ Prozentsatz abgeschlossener Projekte aus dem strategischen Aktionsprogramm (Beispiele: a) Modellbaukasten definiert ja/nein, b) mind. 1 Auslandstochter online ja/nein) ▪ Anzahl integrierter Unternehmen/Einheiten (für stark wachsende Unternehmen) ▪ Anzahl Projekte zur Schaffung von Synergien ▪ Anzahl neuer Patente	▪ Anzahl erfolgreicher Produkteinführungen ▪ Bewertung von Management-Fähigkeiten ▪ Strategische Job-Bereitschaft (Abdeckung der Stellenanforderungsprofile in Qualität und Menge) ▪ Bereitschaft des IT-Portfolios ▪ Kollaborations-Index, Risiko-Index Schlüsselmaterialien, Ergebnisse von ABC-Analysen ▪ Selbstbeurteilung bzgl. Qualität der Management-Systeme (Q-Bericht)

Abb. 5.19: Beispiele unterschiedlicher Messgrößen-Kategorien

♦ »Prototyping« als erster Schritt zu neuen Messgrößen

Das Kriterium sollte nicht sein, ob eine Messgröße heute bereits vorhanden ist. Häufig kristallisiert sich in der Diskussion eines strategischen Ziels eine erste Idee heraus was

»wir eigentlich messen müssten«. Oft genug besteht zunächst keine konkrete Vorstellung über das »wie«. Es empfiehlt sich – ganz ähnlich der Produktentwicklung – der Versuch einen geeigneten Prototypen einer passenden Messgröße zu entwickeln. Am Beispiel der regenerativen Energiebranche sei dies kurz erläutert.

Praxisbeispiel

Aktuell boomt die Solarenergie-Branche und ist mit massiven Lieferengpässen bei wichtigen Einsatzmaterialien konfrontiert. Insbesondere gilt das für das Silizium als Grundmaterial für Photovoltaikmodule, aber auch für andere Roh- und Hilfsstoffe. Für das Prozessziel »Wachstum durch strategisches Beschaffungsmanagement sichern« wurde nach einer geeigneten Messgröße gesucht. Zunächst war der Vorschlag, die vertraglich abgesicherten Siliziummengen als Messgröße zu definieren. Dies wurde aber verworfen, weil einerseits bereits in zwei Jahren eine Entspannung der Knappheit vermutet wird und andererseits diverse andere Materialien ähnlich kritisch sind.

Im Rahmen eines Prototyping wurden dann von unternehmensinternen Experten die kritischen Materialien aufgelistet und für alle eine Beurteilung des Beschaffungsrisikos, der Verfügbarkeit getroffen. Dabei erfolgte eine Unterscheidung der heutigen Situation sowie der mittel- und langfristigen Prognose. Aus diesen Kriterien modellierten wir den in Abbildung 5.20 dargestellten »Risiko-Index Schlüsselmaterialien«, der zu einem prozentualen Risikofaktor führt. Wird dieser Faktor im Zeitverlauf verringert, so kommt das Unternehmen seinem Ziel der Wachstumssicherung durch strategisches Beschaffungsmanagement näher.

Risiko-Index Schlüsselmaterialien				Skala
Verfügbarkeits-Skala 1 bis 5				1 Geringes Risiko/sehr hohe Verfügbarkeit
Materialien	Kurzfristig (heute)	Mittelfristig	Langfristig (2012)	... 5 Sehr hohes Risiko/extrem schlechte Verfügbarkeit
Material A	5	4	3	...
Material B	3	3	2	...
Material C	1	1	2	...
...	...	...	...	...
Indexpunkte	9/15	8/15	7/15	...
	24/45 = 53%			

Abb. 5.20: Messgrößen-Prototyping am Beispiel eines »Risiko-Index Schlüsselmaterialien«

5.4.2 Messgrößen auswählen und Implementierung sicherstellen

◆ **Auswahl**

Im Idealfall wird jedes strategische Ziel durch genau eine Messgröße bestimmt. Dies ist aber oft nicht möglich. Um die Komplexität gering zu halten und die Fokussierung zu gewährleisten, sollte die Anzahl der Messgrößen pro strategischem Ziel jedoch auf maximal drei beschränkt werden. Werden mehr Messgrößen benötigt, so ist ggf. das Ziel aufzuspalten. Erfahrungsgemäß werden zu den strategischen Zielen aber eher zu viele als zu wenige Messgrößen ausgewählt. Die folgenden Kriterien dienen einem Eignungstest, der bei der Auswahl der richtigen Messgröße hilft.

➤ Kann an der Messgröße das Erreichen des gewünschten Ziels abgelesen werden?
➤ Wird mit der Messgröße das Verhalten der Mitarbeiter in die gewünschte Richtung beeinflusst?
➤ Wie gut bildet die Messgröße das betreffende Ziel ab?
➤ »Inputgrößen« wie z. B. »Investitionen in Forschung und Entwicklung« für das Ziel »Innovationen stärker an den Markt bringen« sind nur zu verwenden, wenn keine geeignete »Outputgröße«, z. B. »Neuproduktquote«, gefunden wird.
➤ Ist eine eindeutige Interpretation der Messgröße möglich?
➤ Ist eine prinzipielle Erhebbarkeit gewährleistet?
➤ Liegt die Messgröße überwiegend im Einflussbereich des/der Zielverantwortlichen?
➤ Ist die Messgröße kurzfristig (<1 Jahr) oder nur langfristig (>2 Jahre) beeinflussbar?

Abbildung 5.21 zeigt die wesentlichen Anhaltspunkte zur Auswahl von Messgrößen auf. Wir sind jedoch der Meinung, dass die Verhaltensbeeinflussung und eine möglichst präzise Darstellung des Zielerreichungsgrades die entscheidenden Kriterien darstellen.

Besonders wichtig erscheint uns, dass nicht in weiten Teilen nur Messgrößen der operativen Berichterstattung kopiert werden. Dies führt zu Redundanzen und der Mehrwert einer Balanced Scorecard und der strategieorientierten Messung und Verfolgung von Zielen wird nicht erkennbar. Da in aller Regel vor einem BSC-Projekt insbesondere die Ziele der Prozess- und Potenzialperspektive nur selten systematisch verfolgt werden, muss dieser Sachverhalt fast zwangsläufig zu Messgrößen führen, die die bisherige operative Berichterstattung ergänzen.

◆ **Implementierung**

Letztlich muss bei der Definition von Messgrößen stets deren Integrierbarkeit in ein Reportingsystem bedacht werden. Wir haben fünf Kriterien identifiziert, die bei der Messgrößenableitung zunächst eine Nebenrolle spielen, für die Implementierung aber von großer Bedeutung sind. Spätestens bei der endgültigen Entscheidung für oder gegen eine Messgröße muss man diese Kriterien berücksichtigen:

➤ Vorhandensein der Messgröße,
➤ Kosten der Messung,

Formalisierung	Verfügbarkeit	Implementierung (falls Messgröße bisher nicht verfügbar)	Sensibilität (optional)

■ Mathematische Formel
■ Messgrößenbeschreibung (Erläuterungen zur Messgröße)
■ Ergebnisverantwortung
	■ Wird die Messgröße derzeit gemessen?
	■ Aktuelle Daten verfügbar?
	■ Wer ist für die Erhebung verantwortlich?
	■ Welche Datenquelle?
	■ Frequenz der Messung?
	■ Gibt es Vergangenheitswerte (Zeitvergleiche)?
	■ Wird die Messgröße im heutigen Reporting verwendet?
	■ Plandaten verfügbar?
	■ Gibt es Benchmarks?
		■ Macht die Implementierung unter Kosten-Nutzen-Gesichtspunkten Sinn?
		■ Projektplan zur Implementierung inkl.
		  • Verantwortlicher
		  • Zeitlicher Aufwand
		  • Budget
			■ Ist die Entwicklung der Messgröße durch die Zielverantwortlichen maßgeblich beeinflussbar?
			■ Ist die Messgröße kurzfristig (< 1 J.) oder nur langfristig (> 2 J.) beeinflussbar?

Abb. 5.21: Anhaltspunkte zur Messgrößendefinition

➢ Akzeptanz der Messgröße,
➢ Formalisierungsmöglichkeit der Messgröße,
➢ Festlegung der Frequenz, in der die Messgröße erhoben werden soll.

Unsere Projekterfahrung zeigt: Haben Sie Mut zu ungewöhnlichen, aber wirksamen Messgrößen! Ihr Einsatz sollte auch dann intensiv diskutiert werden, wenn der Einführungsaufwand groß ist.

5.4.3 Weiterführende Fragen

◆ **Ist eine Balanced Scorecard anwendbar, auch wenn Messgrößen fehlen?**
Es kommt häufig vor, dass bei der Erarbeitung einer Balanced Scorecard nicht zu allen strategischen Zielen Messgrößen verfügbar sind. Ist eine solche »unvollständige« Balanced Scorecard überhaupt anwendbar?

Wir haben bereits darauf hingewiesen: Die Identifikation der richtigen strategischen Ziele hat oberste Priorität. Die Verwendung entsprechender Messgrößen stellt dagegen ein nachgelagertes Thema dar. Wer glaubt, eine Balanced Scorecard, bei der vier von zwanzig Zielen über keine Messgröße verfügen, sei eine schlechte Balanced Scorecard, irrt sich. Immerhin werden 16 strategische Ziele durch Messgrößen unterstützt, die Balanced Scorecard ist daher grundsätzlich arbeitsfähig. Wir stimmen in diesem Punkt Kaplan/Norton voll und ganz zu, wenn sie feststellen:

»Ein weiterer Ansatz [mit fehlenden Messgrößen umzugehen, Anm. d. R.] besteht darin, immer dann einen Text zu verwenden, wenn Kennzahlen noch nicht entwickelt oder noch nicht verfügbar sind. Nehmen wir an, eine Organisation hat sich zum Ziel gesetzt, die Fähigkeiten ihrer Mitarbeiter zu verbessern, damit die Strategie besser umgesetzt werden kann. Die genaue Bedeutung dieses Ziels ist momentan zu unklar, um sie genau und glaubwürdig zu messen. Jedes Mal (z.B. einmal im Quartal), wenn Manager in einem Strategie-Review ihren Personalentwicklungsprozess betrachten, schreiben sie nach bestem Wissen und Gewissen ein ein- bis zweiseitiges Memo über die ergriffenen Maßnahmen, die erreichten Ergebnisse sowie über die aktuellen Personalpotenziale des Unternehmens. Dieser Text ersetzt Kennzahlen und dient als Basis für die Diskussion über Initiativen und Ergebnisse. Dies ist nicht dasselbe wie bei Kennzahlen und sicherlich langfristig auch kein Ersatz dafür. Der Text dient jedoch als Wegweiser und unterstützt dieselben Ziele wie ein formales Kennzahlensystem« (vgl. Kaplan/Norton, 1997, S. 139f.).

◆ Fortschrittsgrad strategischer Aktionen als Messgröße?

Was tun, wenn die richtige Messgröße vorläufig nicht verfügbar ist oder eine Messgrößenimplementierung aus Gründen einer Aufwand-Nutzen-Betrachtung nicht in Frage kommt? Auch hier gibt es eine vernünftige Lösung:

Im Rahmen der Balanced-Scorecard-Erarbeitung werden strategische Aktionen festgelegt, um die strategischen Ziele zu unterstützen (vgl. Kap. 5.6). Die Annahme des Managements ist also, dass sich die Zielerreichung mit Bearbeitung und erfolgreichem Abschluss strategischer Aktionen verbessern muss. Also lassen sich auch die Fortschrittsgrade der strategischen Aktionen als Messgröße für ein Ziel verwenden, für das ansonsten keine Messgröße gefunden wurde. Dieser »Hilfsweg« wird von vielen Unternehmen erfolgreich eingesetzt, gerade auch in Einheiten, für die eine Messgrößendefinition traditionell eher schwierig ist (z.B. Rechtsabteilung, Öffentlichkeitsarbeit). Dementsprechend haben wir diesen Gesichtspunkt bereits als eigene Messgrößen-Kategorie »Aktionsbasierte Messgrößen« aufgenommen (vgl. Abb. 5.19).

◆ Sinn und Unsinn der Indexbildung

Zur Beschreibung strategischer Ziele verwenden manche Unternehmen deutlich mehr als eine Messgröße. Um dennoch zu einer aggregierten Aussage zu gelangen, werden die verschiedenen Messgrößen nach spezifischen Aggregationsregeln zusammengefasst: Aus mehreren Messgrößen wird (ggf. mit Gewichtungsfaktoren) eine einzige Messgröße konstruiert und errechnet. So besteht z.B. eine Kunden- oder Mitarbeiterbefragung in der Regel aus mehreren Parametern, die man zu einem Spitzenwert zusammenfasst: Kundenzufriedenheit 2,7. Solche Indizes kommen häufig vor. Immerhin wird auch das Anliegen von Abiturienten, studieren zu dürfen, mit einer Indexzahl (der Abiturnote als Durchschnitt mehrerer, völlig unterschiedlicher Fächer) bewertet.

Indizes machen dann Sinn, wenn davon auszugehen ist, dass die verwendeten Parameter zusammenhängen. So zeugt eine sich verbessernde Bewertung der Kundenzufriedenheit von einer tendenziellen Verbesserung der verschiedenen Parameter – wohl wissend, dass sich der Index verbessern kann, obwohl sich ein Parameter deutlich verschlechtert hat. Eine detaillierte Analyse erfordert also die Untersuchung der einzelnen Parameter. Als erste, grundsätzliche Trendaussage reicht der Durchschnitt bzw. die Indexzahl dennoch.

Ob eine zusammengesetzte Größe eine grundsätzliche Trendaussage ermöglicht, muss situativ bewertet werden. Die Grenze der Aggregation nicht mathematisch zusammenhängender Werte lässt sich bildhaft illustrieren: Stellen Sie sich vor, ein Autofahrer erhält eine Steuerungsgröße, in der Geschwindigkeit, Kilometerstand und Reifendruck nicht einzeln gemessen, sondern zusammengefasst angezeigt werden! Wir empfehlen daher, sehr vorsichtig mit der Beurteilung von Zielen auf Grundlage gewichteter und aggregierter Einzelfaktoren umzugehen.

Im Zweifel muss durch Warnmechanismen sichergestellt werden, dass innerhalb eines Index die gravierende Zielverfehlung bei einem der enthaltenen Parameter dennoch erkennbar wird. Dies kann im Rahmen der »ampelgesteuerten« Berichterstattung durch eine einfache Eskalationsregel geschehen: Sobald eine Kennzahl innerhalb des aggregierten Index eine »rote Ampel« zeigt, d. h. eine starke Zielabweichung aufweist, wird im Bericht zu diesem Ziel eine rote Ampel dargestellt. So wird die Diskussion gezielt auf Problembereiche gelenkt und nichts vergessen oder verwässert.

5.4.4 Fallstudie »Messgrößen auswählen«

Auf der Grundlage des erarbeiteten Zielsystems legte die Prints-Geschäftsführung die Messgrößen für die Balanced Scorecard von Prints fest:

Finanzperspektive:		
Strategisches Ziel	**Messgröße**	**Anmerkungen**
Unternehmensergebnis deutlich steigern	CFROI	Die Definition des CFROI wird vom Konzern vorgegeben.
Konkurrenzfähige Kostenstruktur aufbauen	Gesamtkosten in % vom geplanten Umsatz	Die Verwendung des geplanten Umsatzes bietet eine stabile Basis. Im anderen Fall würde die Messgröße trotz Einsparungserfolgen bei einem Umsatzeinbruch steigen. Die Messgröße kann durch eine Reihe von Sonderanalysen, z. B. Entwicklung der Herstellkosten und Verwaltungskosten, gestützt werden.
	Verwaltungs- und Vertriebskosten in Relation zum Umsatz	Die Verwaltungs- und Vertriebskosten werden bei Prints als ein Gradmesser für schlanke Vertriebsstrukturen gesehen.
Internationales Wachstum vorantreiben	Gesamtumsatz	Der Gesamtumsatz wird als Indikator des Wachstums verwendet.

Finanzperspektive:		
Strategisches Ziel	**Messgröße**	**Anmerkungen**
	Umsatzanteil außerhalb der Kernmärkte	Die Erhöhung des Umsatzteils außerhalb der Kernmärkte (EU/USA) zeigt an, inwieweit die Internationalisierungsstrategie greift. Die Umsatzanteile einzelner Länder lassen sich aus den bestehenden Controllingsystemen ermitteln.
	Umsatzanteil Mittel- und Osteuropa	Der Umsatzanteil Mittel- und Osteuropa soll auf der Balanced Scorecard besonders hervorgehoben werden, um die Bedeutung dieses Wachstumsmarktes zu unterstreichen.
	Umsatzanteil Asien	Dito

Kundenperspektive:		
Strategisches Ziel	**Messgröße**	**Anmerkungen**
»Affordable and Good«: Attraktive Einfachgeräte am Markt positionieren	Marktanteil im Massensegment (Kernmärkte)	Die Entwicklung der Marktanteile zeigt an, inwieweit es mit Hilfe der neuen Strategie gelingt, Marktanteile der Konkurrenz einzunehmen. Die Kennzahl wird von den Unternehmensverbänden der einzelnen Länder zur Verfügung gestellt. Der hier dargestellte Wert entspricht einer aggregierten Sichtweise.
	Bewertung durch Händler	Im Rahmen der Außendienstkontakte mit den Händlern soll halbjährlich eine standardisierte Bewertung aus Sicht der Händler eingeholt werden, inwieweit Prints-Produkte von den Endkunden bevorzugt werden.
	% Kopierer, deren Funktionen innerhalb eines halben Tages erlernt werden können	Alle Funktionalitäten für die Produkte dieses Segments müssen vollständig in einem halben Tag erlernbar sein. Dies wird in halbjährlichen Testläufen ermittelt. Ein Produkt, das diesen Testlauf zweimal erfolgreich besteht, wird in späteren Testläufen nicht mehr getestet.
»Excellence in Copying«: Im Hochpreissegment mit High-Quality-Produkten überzeugen	Marktanteil Hochpreissegment (Kernmärkte)	Entspricht der Messgröße »Marktanteil im Massensegment«.
	Imagewerte bei Kunden	Die Marktforschungsgesellschaft »Interknow« soll halbjährlich den Imagewert in den drei größten Vertriebsländern erheben. Zusätzlich werden wechselweise in drei weiteren Ländern Imagewerte im Hochpreissegment ermittelt.

Kundenperspektive:		
Strategisches Ziel	**Messgröße**	**Anmerkungen**
	Bekanntheitsgrad	Parallel zu den Ermittlungen der Imagewerte erfolgt über ein standardisiertes Verfahren die Ermittlung des Bekanntheitsgrades.
Funktionssicherheit der Kopierer erhöhen	Anzahl der Störungsfälle	Es wird ein Chip entwickelt und in jedem Kopierer installiert, der die Störungsfälle automatisch mitzählt. Diese Information kann bei Kundendiensteinsätzen geladen und in einen zentralen Rechner eingespielt werden.
Kundenbetreuung aktiver gestalten	Wiederverkaufsquote im Hochpreissegment	Quote erfolgreicher Angebote bei Kunden, die bereits in nennenswertem (definierten) Umfang Prints-Produkte einsetzen.
	Besuche/ Zielkunde	Jeder Besuch eines Außendienstmitarbeiters bei einem Kunden wird im Rahmen des Vertriebscontrollings festgehalten.

Prozessperspektive:		
Strategisches Ziel	**Messgröße**	**Anmerkungen**
Produkte standardisieren, modularisieren und entfeinern	Anteil der Kosten für Gleichteile in Relation zu Gesamtmaterialeinsatz	Als Gleichteile gelten Teile, die in mindestens drei unterschiedlichen Produkttypen eingesetzt werden und einen Wert von mindestens 5 Euro je Teil besitzen.
	Positionen im Baukasten	Im Baukasten sind alle in der Produktion eingesetzten Bauteile aufgeführt. Ein Modul ist ein Bauteil.
Synergien nutzen	Personalkosten in Relation zum Umsatz	Die Personalkosten ins Verhältnis zum Umsatz gesetzt zeigen an, wie effizient der Einsatz von Personalressourcen erfolgt. Diese Größe ist in den Controllingsystemen vorhanden.
	Synergiebericht	Im Synergiebericht dokumentieren die einzelnen Bereiche, welche Synergien sie im letzten Quartal identifiziert und ggf. genutzt haben. Über die genutzten Synergien ist eine Einsparungseinschätzung abzugeben.
Fertigungstechnologie an Kerntechnologie anpassen	Kerntechnologiequote	Die Kerntechnologiequote beschreibt das Verhältnis von Kosten für Fertigungsprozesse, die Kerntechnologien betreffen, zu sonstigen Fertigungsprozessen. Kerntechnologien sind noch zu bestimmen. Die Messgröße kann daher momentan nicht erhoben werden.

Prozessperspektive:		
Strategisches Ziel	**Messgröße**	**Anmerkungen**
Interne Kundenorientierung erhöhen	Schnittstellenbefragungsindex	Zunächst quartalsweise, später halbjährlich erfolgen standardisierte, anonyme Befragungen bei den Mitarbeitern, wie sich die Zusammenarbeit mit internen Zulieferern und Abnehmern entwickelt. Um eine hohe Rücklaufquote der Fragebögen (Bearbeitungsdauer nicht mehr als 5 Minuten!) zu gewährleisten, bekommen Bereiche mit einer Rücklaufquote von mehr als 85% einen Zuschuss für die Weihnachtskasse von 10,-- EUR je eingereichtem Fragebogen.
Verkürzung der Produktentwicklungszyklen	Anteil der Neuentwicklungen mit weniger als 6 Monaten Entwicklungszeit	Die Entwicklungszeit wird gemessen von der Projektfreigabe bis zur ersten Kundenauslieferung. Als Neuentwicklungen gelten Produkte mit einer neuen Typenbezeichnung.

Potenzialperspektive:		
Strategisches Ziel	**Messgröße**	**Anmerkungen**
Entwicklungskompetenz steigern	Assessmentwerte (F&E, Vertrieb, Produktion, Management)	Die Veränderung der Entwicklungskompetenz wird halbjährlich mit einem Entwicklungs-Assessment vorgenommen. Anhand eines standardisierten Bewertungsschemas – bestehend aus objektiven (z. B. Umsatzanteil Neuprodukte) und subjektiven Kriterien (»Hat sich in ihren Augen die Entwicklungskompetenz in den vergangenen Monaten verbessert?«) – beurteilt man die Entwicklung des Bereiches.
Mitarbeitermotivation erhöhen	Anteil der Austritte von »Key Employees«	Anzahl »Key Employees« , die das Unternehmen verlassen, zu Gesamtzahl der »Key Employees«. »Key Employees« sind Mitarbeiter, die über ein am Markt nur schwer zugängliches Wissen verfügen. Statistik erfolgt über die Personalabteilung; Mitarbeiter, die in Rente gehen, werden nicht dazugezählt.
	Motivationswerte	Motivationswerte werden im Rahmen der regelmäßigen Mitarbeiterbefragung (halbjährlich) erhoben.
Feedback-Kultur verankern	Spezifischer Wert bei Umfrage	Dito
Neue Medien offensiv nutzen	Anzahl der Bestellvorgänge über Internet	Bestellvorgänge werden über die EDV automatisch erfasst.

5.5   Zielwerte festlegen

Erst durch die Festlegung eines Zielwerts ist ein strategisches Ziel vollständig beschrieben. Gute Zielwerte sollten anspruchsvoll, ehrgeizig, aber glaubhaft erreichbar sein. Sie sollten einen Bezug zur Realität haben, d.h. zu dem Ausgangsniveau und zu den erforderlichen Investitionen, um das Niveau zu verändern. Dieser Aspekt gewinnt an Bedeutung hinsichtlich der Verzahnung von strategischer und operativer Planung.

Besonders für die strategischen Ziele der Finanzperspektive liegen oft konkrete Zielvorgaben aus der finanziellen Mehrjahresplanung oder einem Benchmarking vor, die in der Balanced Scorecard übernommen werden müssen. Für andere strategische Ziele sind für die Messgrößen die Zielwerte noch zu bestimmen.

Die Festlegung von Zielwerten kann analytisch über Simulationsinstrumente oder interaktiv im Rahmen einer Managementdiskussion erfolgen. Wo soll eine deutliche Veränderung der Zielwerte erreicht werden, wo nicht?

Sicherzustellen ist in jedem Fall, dass sich die Ausgewogenheit der Ziele in der Ausgewogenheit der Zielwerte widerspiegelt. In vielen Balanced-Scorecard-Projekten haben wir die Zielwerte nicht im Workshop, sondern im Anschluss an diesen in Einzel- oder Gruppengesprächen festgelegt und in einem späteren Workshop nochmals diskutiert und verabschiedet.

Durch die Festlegung auf Zielwerte erreicht man das Commitment der Verantwortlichen für die Ziele und ermöglicht die Übernahme in Controllingsysteme und in das Zielvereinbarungssystem. Ob und wie die Ziele erreicht werden können, ist bei der Vereinbarung strategischer Aktionen zu überprüfen.

Folgende Schritte führen zu einer Bestimmung der Zielwerte:
➢ Vergleichsbasis schaffen,
➢ Zeitverläufe berücksichtigen,
➢ Schwellenwerte definieren,
➢ Zielwerte dokumentieren.

5.5.1   Vergleichsbasis schaffen

Um die Akzeptanz der Zielwerte zu gewährleisten, sollten Vergleichswerte (aktuelle oder Vergangenheitswerte, Benchmarks, Ergebnisse aus Kundenbefragung) präsentiert werden. Wir haben zudem gute Erfahrungen damit gemacht, potenzielle und erreichbare Zielniveaus im Workshop zu diskutieren. Herrscht Konsens über das erforderliche Anspruchsniveau, kann eine genauere Bestimmung des Zielwerts erfolgen.

Beispiel:

Strategisches Ziel	Markt in den USA durchdringen
Aktueller Wert	Marktanteil 5%
Umsatz in den USA	10% vom Gesamtumsatz
Zielniveau	0 – 10% Marktanteil: keinen Einfluss auf den Markt
10% – 30% Marktanteil	Das Unternehmen kann den Markt gestalten
ab 30% Marktanteil	Das Unternehmen nimmt eine dominierende Rolle ein
Zielwert 1. Jahr	10% Marktanteil (kritische Grenze soll erreicht werden)
Zielwert 3. Jahr	20% Marktanteil
Zielwert 5. Jahr	> 30% Marktanteil

Sind viele Messgrößen in der Balanced Scorecard für das Unternehmen neu und stehen kaum Ist-Daten zur Verfügung, kann sich dieser Prozessschritt aufwändig gestalten. Dies gilt insbesondere für Zielwerte der Potenzialperspektive, da diese Messgrößen häufig auf Befragungen aufbauen. Im Folgenden geben wir eine Übersicht über typische Schwierigkeiten.

◆ **Datenmaterial ist häufig nur unzureichend vorhanden**
Wie einfach oder schwierig die Bestimmung von Zielwerten ist, hängt von der Datenqualität der Planung und des operativen Controllings ab. Verfügt ein Unternehmen über eine fundierte Datenbasis, wie wir es bspw. bei Automobilzulieferern und im Maschinenbau häufig antreffen, dann existieren in der Regel auch sehr klare Zielwertvorstellungen. Besitzt das Unternehmen dagegen keine feste, ausgereifte Datengrundlage, gestaltet sich die Zielwertfindung problematisch. Diese Erfahrung haben wir insbesondere bei Energieversorgungsunternehmen gemacht, die in weiten Teilen Markt- und Vertriebsinformationssysteme erst ausbauen. In dieser Situation kann das Arbeiten mit der Balanced Scorecard helfen, die Informationsanforderungen an die Systeme mit zu definieren.

Das Benchmarking stellt einen meist erfolgreichen Weg zur Zielwertfindung dar. Es kann sowohl überbetriebliche als auch innerbetriebliche Vergleiche einzelner Prozesse, Funktionen oder Bereiche umfassen. Der Vorteil des Benchmarkings liegt vor allem in der Erweiterung des Blickfelds auf Leistungsniveaus außerhalb des eigenen Bereiches. Allerdings muss darauf geachtet werden, dass das, was verglichen wird, auch tatsächlich weitgehend vergleichbar ist. Ansonsten gibt man sich Scheingenauigkeiten hin und die Akzeptanz von Benchmark-basierten Zielwerten seitens der Betroffenen ist in Frage gestellt.

◆ **Für einzelne Messgrößen gibt es keine Vergangenheitswerte**
   und keine Benchmarkgrößen
Stehen keinerlei Informationen oder Anhaltspunkte darüber zur Verfügung, welches Zielniveau ehrgeizig und erreichbar zugleich wäre, kann man den Zielwert schätzen. Aller-

dings darf ein Hinweis auf Aktualisierung – sobald erste Ist-Werte vorliegen – nicht fehlen. Generell gilt bei der Erarbeitung von Zielwerten, dass ungenaue Vorstellungen besser sind als gar keine.

Für einige Themen wird auch ein intuitiv ermitteltes Zielniveau durchaus sinnvoll sein. Als Beispiel kann das Ziel »Mitarbeitermotivation weiter steigern« bei einem Versicherungsunternehmen dienen. Anhand der im BSC-Prozess diskutierten Inhalte müsste eigentlich über eine Mitarbeiterbefragung eine Reihe gezielter Fragen beantwortet werden, um ein klares Bild zu bekommen. Zunächst stehen aber nur allgemeine Daten aus dem unternehmensübergreifenden Benchmarking »Great Place to Work« zur Verfügung. So definierte man in einem ersten Schritt, dass bei dieser Befragung ein Platz unter den TOP 20 erreicht werden soll.

◆ **Einige Messgrößen sind noch nicht so weit entwickelt, dass sich eindeutige Werte darstellen lassen**

Sind Messgrößen noch nicht ausgereift, lassen sich auch die entsprechenden Zielwerte nicht glaubhaft festlegen. In solchen Fällen arbeiten wir häufig mit einer Hilfskonstruktion, wie folgendes Beispiel erläutern soll.

Strategisches Ziel: »Zusammenarbeit zwischen Abteilung X und Y verbessern«.

➢ *Frage:* »Wenn Sie die heutige Qualität der Zusammenarbeit [auf einer Skala von 1-6] nach dem Schulnotensystem bewerten müssten, welche Note würden Sie vergeben und warum?«

➢ *Antwort:* »Eine 5, weil statt persönlichem Kontakt alles über das Mailsystem geht, man sich nur dort austauscht, wo es unbedingt erforderlich ist, ...«

➢ *Frage:* »Wie stellen Sie sich die Zusammenarbeit in 5 Jahren vor, wie müsste sie idealerweise sein, also die Note 1 bekommen?«

➢ *Antwort:* »Jeder würde beim Verkauf seiner Produkte versuchen, die Leistungen der anderen Abteilung mit anzubieten, wir würden eng zusammenarbeiten und hätten einen guten persönlichen Kontakt.«

➢ *Frage:* »Was glauben Sie, was bezüglich der Zusammenarbeit nächstes Jahr erreicht werden kann?«

➢ *Antwort:* »Wir müssten unbedingt in einen intensiveren Dialog treten und beginnen, die Barrieren abzubauen.«

➢ *Frage:* »Woran würden Sie merken, dass die Barrieren abgebaut sind und der Dialog intensiver ist?«

➢ *Antwort:* »Wenn wir bspw. Informationen auch unaufgefordert bekommen und gemeinsam Mittagessen gehen.«

Im weiteren Verlauf wurde vereinbart, dass man in drei Jahren mindestens die Note 2 und im nächsten Jahr zumindest die Note 3 erreichen möchte. Auch auf eine Messmethodik einigte man sich. Es wurde vereinbart, zum Jahresende diese Anhaltspunkte in die Diskussion zu bringen und dementsprechend das Ergebnis zu bewerten. Unternehmen haben durch solche Bewertungen im Schulnotensystem die Möglichkeit, subjektive

Einschätzungen heranzuziehen und – in dem einen oder anderen Fall – auf eine harte Messung zu verzichten. Diese subjektive Zielwertbildung bietet sich auch dort an, wo das Arbeiten mit neuen Messgrößen noch Zeit benötigt und die Systeme noch nicht ausgereift sind, um »harte« Daten zu liefern.

◆ **Verhaltenseffekte bei der Kopplung von Zielwerten mit Anreizsystemen**
Die Zielwertdiskussion wird wesentlich davon beeinflusst, inwieweit die Ergebniserreichung gehaltsrelevant ist. Ein Unternehmen der Energieversorgung entwickelte das Bonussystem für leitende Angestellte parallel zur Balanced Scorecard. Ab dem Zeitpunkt, zu dem die Verbindung der Aktivitäten bekannt wurde, war eine Zurückhaltung beim Setzen ehrgeiziger Zielwerte zu beobachten. Das Problem verschärft sich, wenn für die Zielwerte keine Datenbasis zur Verfügung steht und noch kein Vertrauen in die Balanced Scorecard und den Umgang mit dieser gewachsen ist.

Wir empfehlen daher, eine Kopplung der Ziele an das Anreizsystem erst dann vorzunehmen, wenn eine gewisse Stabilität und Gewöhnung an Messgrößen und Zielwerte erfolgt ist. Viele Unternehmen haben auch Erfolge damit erzielt, Zielwerte und Anreizsysteme zunächst in einer »Schattenrechnung« für ein Geschäftsjahr neben den bisherigen Systemen mitzuführen. Dadurch wird für die Betroffenen erkennbar, ob das neue System tatsächlich zu der befürchteten Schlechterstellung führen würde. Im Normalfall ist dies aber nicht zu erwarten.

5.5.2 Unterschiedliche Zielwertverläufe berücksichtigen

Die Zielwerte werden für die einzelnen Jahre festgelegt. Üblicherweise umfasst der zeitliche Horizont der Balanced-Scorecard-Zielwerte analog zur strategischen Planung drei bis fünf Jahre. Da die Umsetzung von Strategien natürlich auch im laufenden Jahr erfolgt, ist es wichtig, dass die Zielwerte des ersten Jahres des strategischen Plans mit den detaillierten Planwerten der operativen Planung des kommenden Jahres identisch sind. Die Festlegung von Zielwerten folgt dem Grundsatz: von der Zukunft in die Vergangenheit. In aller Regel wird also der Zielwert für das Ende des strategischen Zeithorizontes zuerst bestimmt. Im Anschluss daran folgt eine Spezifikation der Zielwerte pro Planungsperiode, meist pro Jahr.

Die Spezifizierungsphase stellt eine besondere Herausforderung dar. Erfahrungsgemäß kann nicht immer von einem linearen Verlauf der Zielwertentwicklung ausgegangen werden, zumal der Zielwertverlauf maßgeblich von den geplanten strategischen Aktionen abhängt. Die Zielwerte bilden ab, inwieweit eine kontinuierliche oder eine sprunghafte Verbesserung beabsichtigt ist.

Wenn sich unterschiedliche Ziele gegenseitig stark beeinflussen, steigert dies die Komplexität der Zielwertbestimmung zusätzlich. Nehmen wir an, ein Unternehmen habe sich als Ziel gesetzt, in den nächsten fünf Jahren den Umsatz um 50% zu steigern. Daneben soll die Produktstruktur verändert werden. Momentan umfasst das Produktportfolio 30 % Schnellläufer (Produktionszeit weniger als zwei Wochen) und 70 % Langsamläufer. Am Ende des Strategiehorizontes erwartet das Unternehmen ein Verhältnis von 70 % Schnellläufern zu 30 % Langsamläufern.

Wie bricht man diese Zielwerte auf jährliche Meilensteine herunter? Kann zunächst der Umsatz auch bei bestehender Produktstruktur erhöht werden? Oder muss das Unternehmen zunächst die Produktstruktur verändern – trotz möglicher Umsatzeinbußen? Oder entwickeln sich die beiden Ziele möglicherweise parallel? Um ein klares Zielbild zu bekommen, empfehlen wir, die Zielwertableitung durch eine Modellierung potenzieller Geschäftsverläufe zu unterstützen. Welcher Weg eingeschlagen wird, hängt aber letztlich vom Strategieverständnis des betroffenen Managements ab. Die Zielwertverläufe spiegeln dieses Verständnis wider (vgl. Abb. 5.22).

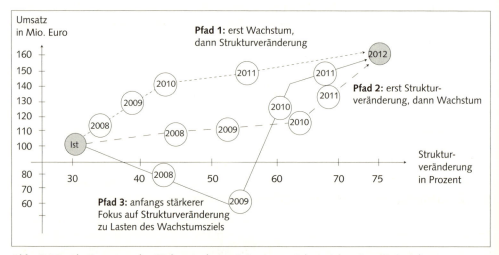

Abb. 5.22: Abstimmung der Zielwerte beim Setzen von Jahreszielwerten (Beispiel)

5.5.3 Schwellenwerte definieren

Die Überprüfung der Zielerreichung soll verhaltenssteuernd wirken. Aus strategischer Sicht kommt der konkreten Zahl dabei weniger Bedeutung zu als vielmehr der tendenziellen Aussage, ob man auf Kurs liegt, aufpassen muss oder eine wesentliche Zielverfehlung zu befürchten ist. In modernen Controllingsystemen erfolgt daher vor der umfassenden Auflistung großer Zahlenkolonnen zunächst eine farbliche Statusanzeige (Ampel). Doch dazu müssen für die Zielwerte Schwellenwerte definiert werden. Wir empfehlen in unseren Projekten eine Beschränkung auf Gruppen von drei bis vier generell möglichen Schwellenwerten – dies reduziert die Komplexität.

Bei einem Medizintechnik-Unternehmen in den USA hat sich beispielsweise folgende Unterscheidung als sinnvoll erwiesen:

➤ **Grüne Ampel**: 100 % Zielerreichung oder Übererfüllung des Zielwertes.
➤ **Rote Ampel**: Drei mögliche Schwellenwerte einer negativen Abweichung (-2 %, -5 %, -10 %) je nach Volatilität der zugrunde liegenden Messgröße.
➤ **Gelbe Ampel**: Erscheint automatisch für alle dazwischen liegenden Werte.

Neben diesen Schwellenwerten musste natürlich auch die Richtung der Abweichung als positiv oder negativ festgelegt werden:
➤ **Positive Veränderungen sind gut**: Der klassische Fall, z. B. bei Umsatz und Ergebnis, Marktanteilen etc.
➤ **Negative Veränderungen sind gut**: Sinkt die Reklamationsrate oder die Gemeinkostenquote, so ist dies ein gutes Zeichen.

Jede Abweichung ist schlecht: Die Zielauslastung der Produktionskapazitäten soll möglichst genau erreicht werden. Sowohl eine Überbeanspruchung als auch eine Unterauslastung sind schlecht.

5.5.4 Zielwerte dokumentieren

Die Dokumentation der Zielwerte vervollständigt die Phase der Zielwertbestimmung und erlaubt eine Integration in das Reportingsystem (vgl. Abb. 5.23).

Dies verlangt eine koordinierte und definierte Überführung der Zielwertdokumentation in die bestehenden Systeme der Unternehmensplanung, des Berichtswesens und ggf. der Zielvereinbarung.

Perspektive 1					
Strategisches Ziel	Messgröße	Einheit	Ist-Wert	Zielwert 2008	Zielwert 2012

Perspektive 2					
Strategisches Ziel	Messgröße	Einheit	Ist-Wert	Zielwert 2008	Zielwert 2012

Abb. 5.23: Dokumentation der Zielwerte

5.5.5 Fallstudie »Zielwerte festlegen«

Die Prints-Geschäftsführung hielt folgende Zielwerte für plausibel und verabschiedete sie dementsprechend:

Finanzperspektive				
Strategisches Ziel	**Messgröße**	**Einheit**	**Ist-Wert**	**Zielwert (3 Jahres-Horizont)**
Unternehmensergebnis deutlich steigern	CFROI	%	7,5	18%
Konkurrenzfähige Kostenstruktur aufbauen	Gesamtkosten in % vom geplanten Umsatz	%	89	80%
	Verwaltungs- und Vertriebskosten in Relation zum Umsatz	%	11	9%
Internationales Wachstum vorantreiben	Gesamtumsatz	Mrd. Euro	1,5	3 Mrd. Euro
	Umsatzanteil außerhalb der Kernmärkte	%	32	50%
	Umsatzanteil Asien	%	4,1	25%
	Umsatzanteil Mittel-/Osteuropa	%	3,2	10%
Kundenperspektive				
Strategisches Ziel	**Messgröße**	**Einheit**	**Ist-Wert**	**Zielwert (3 Jahres-Horizont)**
»Affordable and Good«: Attraktive Einfachgeräte am Markt positionieren	Marktanteil im Massensegment (Kernmärkte)	%	9	15%
	Bewertung durch Händler (Punktskala 0-120)		69	110
	% Kopierer, deren Funktionen innerhalb von einem halben Tag erlernt werden können	%	30	80%
»Excellence in Copying«: Im Hochpreissegment mit High-Quality-Produkten überzeugen	Marktanteil im Hochpreissegment (Kernmärkte)	%	9	17%
	Imagewerte bei Kunden	Indexpunkte	45	80 Indexpunkte
	Bekanntheitsgrad	%	28	60%
Funktionssicherheit der Kopierer erhöhen	Durchschnittliche Anzahl Störungsfälle je Kopierer pro Monat	#	18	5

Kundenbetreuung aktiver gestalten	Wiederverkaufsquote im Hochpreissegment	%	55	75%
	Besuche/Zielkunde		1,3	2,5

Prozessperspektive				
Strategisches Ziel	**Messgröße**	**Einheit**	**Ist-Wert**	**Zielwert (3 Jahres-Horizont)**
Produkte standardisieren, modularisieren und entfeinern	Anteil der Kosten für Gleichteile in Relation zu Gesamtmaterialeinsatz	%	44	65% der Material-kosten
	Positionen im Baukasten		5320	4300
Synergien nutzen	Personalkosten in Relation zum Umsatz	%	10	8,5%
	Synergiebericht		Kein Ziel-wert	Kein Ziel-wert
Fertigungstechnologie an Kerntechnologie anpassen	Kerntechnologiequote	%	kann noch nicht erhoben werden	80%
Interne Kundenorientierung erhöhen	Schnittstellenbefragungsindex	Index-punkte	65	90 Index-punkte
Verkürzung der Produktentwicklungszyklen	Anteil der Neuentwicklungen mit weniger als 6 Monaten Entwicklungszeit	%	52	75%

Potenzialperspektive				
Strategisches Ziel	**Messgröße**	**Einheit**	**Ist-Wert**	**Zielwert (3 Jahres-Horizont)**
Entwicklungskompetenz steigern	Assessmentwerte (F&E, Vertrieb, Produktion, Management)	%	62	80%
Mitarbeitermotivation erhöhen	Anteil der Austritte von »Key Employees«	%	Erhebungssystematik noch nicht erarbeitet	5%
	Motivationswerte (Punktwertung 0-120)	Index-punkte	73	85 Index-punkte
Feedback-Kultur verankern	Spezifischer Wert bei Umfrage		55	95
Neue Medien offensiv nutzen	Anzahl der Bestellvorgänge über Internet		4300	+ 225%

5.6   Strategische Aktionen bestimmen

Erst die Tätigkeiten aller Mitarbeiter im Unternehmen führen zur Umsetzung der gesetzten Ziele. Gewiss: Ein Großteil dieser Tätigkeiten ergibt sich aus den spezifischen operativen Aufgaben der Mitarbeiter (z. B. Stellenbeschreibungen).

Doch in der Regel reichen die sich aus der laufenden Arbeit heraus ergebenden Aktivitäten nicht, um gesetzte strategische Ziele zu erreichen. Daher muss die Umsetzung einzelner strategischer Ziele durch Maßnahmen flankiert werden, die sich nicht aus der Erfüllung des laufenden Geschäfts ergeben. Solche Maßnahmen, die in einem unmittelbaren Zusammenhang mit den Zielen der Balanced Scorecard stehen, nennen wir strategische Aktionen. Strategische Aktionen können interne Projekte, Aktivitäten oder sonstige Tätigkeiten außerhalb des Tagesgeschäfts sein, die wesentliche Ressourcen (bspw. Managementkapazitäten, Fach-Know-how, Finanzmittel) beanspruchen. Dazu gehören z. B. der Erwerb eines bestimmten Unternehmens, die Einführung eines neuen IT-Systems oder die Vorbereitung einer strategischen Allianz mit einem Wettbewerber. Kundenprojekte oder laufende F&E-Projekte sind dagegen in der Regel keine strategischen Aktionen im Sinne der Balanced Scorecard.

Die Balanced Scorecard beginnt unserer Erfahrung nach erst mit der Umsetzung strategischer Aktionen zu leben.

Strategische Aktionen werden direkt den jeweiligen strategischen Zielen zugeordnet und verhindern somit ein »Versanden« einzelner Zielsetzungen oder gar der Balanced Scorecard als Ganzes. Darüber hinaus konkretisieren und operationalisieren strategische Aktionen die Ziele ein weiteres Mal und erfüllen so den Anspruch der Balanced Scorecard: »Translating Strategy into Action!« (Kaplan/Norton, 1996b).

Letztlich bilden die strategischen Aktionen die Grundlage für die Mittelverteilung im Rahmen der Strategieumsetzung. So manche euphorische Balanced-Scorecard-Runde war ernüchtert, nachdem sie den Ressourcenbedarf für einzelne strategische Aktionen zur Zielerreichung erkannte. Das Festlegen strategischer Aktionen beinhaltet einen Abgleich der Zielvorstellungen mit den zur Verfügung stehenden Ressourcen. Dadurch erhält man einen Realitäts- und Machbarkeitscheck der Zielbildung. Dieser kann zu einer Revision der Zielvorstellungen führen.

Kaum ein Unternehmen verfügt über genügend Ressourcen, um alle denkbaren strategischen Aktionen umsetzen zu können. Eine Priorisierung ist daher unerlässlich.

Viele Priorisierungen fokussieren dabei zu eng auf finanzielle Kriterien. Auf der einen Seite werden die finanziellen Aufwendungen für die strategischen Aktionen ermittelt, auf der anderen der erwartete finanzielle Rückfluss. Eine solche Priorisierung hat ihre Tücken. Die Anbindung von Maßnahmen an das strategische Zielsystem ermöglicht dagegen die Bewertung laufender und potenzieller Projekte und Programme nicht nur im Hinblick auf den unmittelbaren finanziellen Rückfluss, sondern auch im Hinblick auf ihren Beitrag zur Strategieumsetzung. Dies erleichtert den Konsens darüber, welche strategischen Aktionen unter Berücksichtigung der vorhandenen Ressourcen sofort angegangen, welche mit eingeschränkten Ressourcen ausgestattet und welche verschoben werden.

Verabschiedete strategische Aktionen dienen auch als Grundlage zur Ermittlung strategischer Budgets. Damit erreicht man zugleich eine Integration von strategischer und operativer Planung (vor allem der Budgetierung). Denn geplante Zielerreichungsgrade der Balanced Scorecard und Kostenabschätzungen für die strategischen Aktionen stellen, wie wir noch näher erläutern werden, die Verbindung zwischen der strategischen Planung und der Budgetierung her (vgl. Kap. 7.3).

Vorgehensweise bei der Bestimmung strategischer Aktionen:
➢ Ideen für strategische Aktionen entwickeln,
➢ strategische Aktionen budgetieren und priorisieren,
➢ strategische Aktionen dokumentieren.

5.6.1 Ideen für strategische Aktionen entwickeln

Bei der Ableitung strategischer Aktionen unterscheiden wir drei Phasen: (1) Der Überblick über laufende Projekte und entsprechend gebundene Ressourcen, (2) die Entwicklung von Ideen für strategische Aktionen und (3) die Strukturierung der genannten Vorschläge.

◆ Einen Überblick über laufende Projekte und Ressourcen schaffen

In jedem Unternehmen werden ständig neue Projekte zu den unterschiedlichsten Themen angestoßen – auch ohne die Balanced Scorecard. Doch in den wenigsten Fällen besteht eine Übersicht darüber – im Sinne eines Multiprojektmanagements –, welche Projekte aktuell aktiv sind, wer mit welchem Aufwand an ihnen mitarbeitet und wann die Projekte beendet werden. Vor allem fehlt häufig das Wissen, welche Aktivitäten welche Ziele unterstützen (sollen). Doch erst ein solcher strukturierter Überblick ermöglicht Aussagen darüber, ob an einzelnen strategischen Zielen ausreichend gearbeitet wird. Erfahrungsgemäß führt man eine Reihe strategierelevanter Maßnahmen nicht als »Projekte« durch, z.B. Schulungen für eine Software im Marketingbereich oder verstärkte Anstrengungen zur Identifizierung alternativer Zulieferer. Auch solche Aktivitäten sollten aufgedeckt werden. Der strukturierte Überblick über die laufenden Maßnahmen und Projekte sollte aber keinesfalls Routinetätigkeiten abbilden.

◆ Ideen für strategische Aktionen entwickeln

Nicht immer reichen die laufenden Maßnahmen und Projekte aus, um die in den Zielen der Balanced Scorecard ausgedrückte Strategie umfassend umzusetzen. Es gilt daher, Vorschläge zu entwickeln, wie die einzelnen strategischen Ziele zusätzlich unterstützt werden können.

Auch hier besteht die Möglichkeit, die inhaltlich für das Zielsystem Verantwortlichen im Vorfeld zu bitten, zusätzliche Aktionen vorzuschlagen, oder diese Vorschläge im Rahmen von gemeinsamen Workshops zu entwickeln. Dabei sollten die Teilnehmer zunächst die Möglichkeit haben, in kleinen Gruppen (z.B. je Perspektive eine Gruppe) mögliche

Maßnahmenalternativen zu diskutieren. Die Ergebnisse können auf Metaplankarten festgehalten, oder in anderer Form – z. B. direkt am Laptop – dokumentiert werden.

Folgende zwei Handlungsempfehlungen geben wir für die Entwicklung von Vorschlägen für strategische Aktionen:

➤ Explizite strategische Aktionen für finanzielle Ziele stellen die Ausnahme dar!

Die Zielerreichung finanzieller Ziele ist das Ergebnis vielfältiger Tätigkeiten strategischer und operativer Natur. Schließlich dienen die strategischen Aktionen der untergeordneten Perspektiven (Kunden, Prozesse, Potenziale) in ihrer Summe der Erreichung der finanziellen Ziele. Insofern haben strategische Aktionen wie z. B. »Kostengünstigere Lieferanten aussuchen« oder »Preise anheben« zwar Auswirkungen auf finanzielle Ziele, doch gehören sie eher zu Zielen der Prozess- bzw. Kundenperspektive. Existieren jedoch strategische Aktionen, die sich direkt einem Finanzziel zuordnen lassen – beispielsweise für das strategische Ziel »Kapitalkostenstruktur verbessern« die strategische Aktion »Umschuldung vornehmen« oder »Eigenkapitalausstattung stärken« –, dann sollte dies direkt in der Finanzperspektive aufgenommen werden. Der Weg über ein Prozess- oder ein Potenzialziel wäre hierfür nicht passend.

➤ Die aktuelle Projektliste nicht zu Beginn der Ableitung strategischer Aktionen verteilen!

Damit Teilnehmer ihre Kreativität entfalten können und nicht in vorstrukturierte Bahnen gelenkt werden, sollte man die aktuelle Projektübersicht nicht zu Beginn des Workshops verteilen. Das würde ein grundsätzliches Durchdenken aller Alternativen einschränken. Erst im Anschluss an diese kreative Phase bietet sich ein Vergleich der erarbeiteten Vorschläge mit der aktuellen Projektliste an. Gibt es laufende Projekte, die bei der Auflistung der Projektalternativen vergessen wurden? Falls ja, sind diese auf der erarbeiteten Liste mit strategischen Aktionen zu ergänzen.

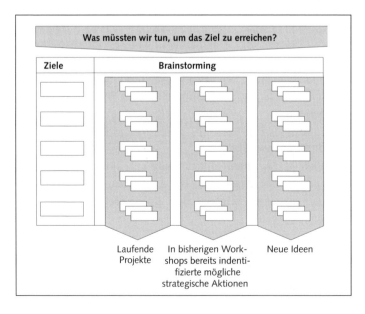

Abb. 5.24: Dokumentation des Brainstormings zu strategischen Aktionen

◆ Strategische Aktionen strukturieren

Nach der Brainstorming-Phase (vgl. Abb. 5.24) ist mit einer großen Zahl an Vorschlägen zu strategischen Aktionen zu rechnen. Bei jeweils nur fünf Vorschlägen zu 20 Zielen ergeben sich 100 mögliche strategische Aktionen! Diese Vielfalt lässt sich aber schnell relativieren:

➤ Einer Reihe strategischer Aktionen kommt bei genauerer Betrachtung lediglich eine unterstützende Funktion zu. Insofern empfiehlt sich ein Clustern der Maßnahmenvorschläge. Solche Cluster werden in der Praxis häufig »strategische Programme« genannt. Um eine Verwirrung zwischen »strategischen Aktionen« und »strategischen Programmen« zu vermeiden, bezeichnen wir solche Cluster im Folgenden weiterhin als »strategische Aktionen«.

➤ Häufig leiten Arbeitsgruppen zu unterschiedlichen Zielen die gleichen strategischen Aktionen ab. Ein Beispiel: Die strategische Aktion »Bestellungen über das Internet

	Strategische Aktionen	Divisionsergebnis verbessern	Umsatz erhöhen	…	Standardprogramm im Markt verankern	Marktpräsenz intensivieren	…	Produktverfügbarkeiten verbessern	Interne Reibungsverluste vermeiden	Strategiegerechte Fertigungsabläufe gestalten	…	Führungskultur aufbauen	Nutzung moderner Medien	Engagement der MA erhöhen
		Finanz-perspektive			Kunden-perspektive			Prozess-perspektive				Potenzial-perspektive		
2	Zielbranchen festlegen	x	x		x	x			x	x				
5	Aktives Marketing	x	x	x	x	x							x	
7	Kriterien für Vorzugsprogramm festlegen	x	x	x	x		x	x	x	x	x			
9	Preise für Vorzugsprogramm definieren	x	x		x					x				
12	Branchenverkäufer schulen	x	x	x	x	x		x	x	x		x		
13	Vervollständigung der CD-ROM	x	x		x	x							x	
15	Innendienstunterstützung aufbauen	x		x		x		x	x	x	x			
18	Klassifizierung von A/B/C-Kunden	x		x			x	x		x		x		
19	Gezielt Single-Source-Projekte erhöhen	x					x		x	x	x			
20	Partnerschaftliche Beziehungen zu Key Accounts aufbauen	x	x	x	x	x		x						
24	Zielvorgaben für Auslandsgesellschaften ausarbeiten und vereinbaren	x	x			x		x	x			x		
27	Sprachschulung, Vertriebsunterstützung	x	x			x	x					x		
30	Überarbeitung der Verantwortlichkeiten/ Tätigkeiten je Org.-Einheit/Stelle	x							x	x	x	x		x
32	Beschreibung von Alternativen für strategiegerechte Fertigungsabläufe	x					x	x	x	x				
33	Definition von Kernkompetenzen der Fertigung (Fertigungstiefe)	x	x					x		x	x			
40	Internetauftritt erarbeiten	x	x	x	x	x							x	
41	Zielvereinbarungsmethodik einführen	x		x					x		x	x		x

Abb. 5.25: Matrix strategischer Ziele und Aktionen

ermöglichen« unterstützt sowohl das Ziel »Reibungslose Abläufe an der Schnittstelle Kunde-Unternehmen« sowie das Ziel »Abwicklung von Kundenaufträgen beschleunigen«. Tatsächlich gibt es eine Fülle von Maßnahmen, die nicht nur die Umsetzung eines Ziels, sondern mehrerer Ziele unterstützen. Um Redundanzen bei den strategischen Aktionen zu vermeiden, gilt es, inhaltlich gleichartige Aktionen zusammenzuführen – unabhängig davon, welchem Ziel sie ursprünglich zugeordnet waren. Eine entsprechende Kennzeichnung der strategischen Maßnahme gewährleistet dabei, dass man stets nachvollziehen kann, von welchem strategischen Ziel eine strategische Aktion abgeleitet wurde.

Erfolgt nun eine Gegenüberstellung strategischer Aktionen und strategischer Ziele, erhält man eine Matrix, auf der abgelesen werden kann, welche strategischen Aktionen welche strategischen Ziele unterstützen (vgl. Abb. 5.25). Für die Dokumentation ziehen wir es aber vor, dass eine Aktion nur einem Ziel zugeordnet wird, trotz der Wirkung auf mehrere Ziele. Dies geht in der Regel problemlos, wenn man die Aktion dem Ziel zuordnet, welches auf der Strategy Map am weitesten unten aufgeführt wird. Denn dieses Ziel beeinflusst ja die übergeordneten Ziele. Insofern sollten auch die diesem Ziel zugeordneten Aktionen die übergeordneten Ziele mittelbar entsprechend beeinflussen.

5.6.2 Strategische Aktionen budgetieren und priorisieren

Die größte Gefahr bei der Umsetzung von strategischen Aktionen ist Verzettelung. Werden zu viele Maßnahmen gleichzeitig angegangen, kommt es zur Überbeanspruchung der dafür nötigen Ressourcen. Im Ergebnis entsteht »nichts Halbes und nichts Ganzes« – mit der dazugehörigen Frustration aller Beteiligten. Nur eine Priorisierung kann dieser Gefahr vorbeugen. Als Entscheidungsgrundlage dient eine Dokumentation, in welcher der Ressourcenaufwand für jedes strategische Ziel aufgeführt wird.

◆ Grobabschätzung des Aufwands für einzelne strategische Aktionen

Nachdem die Vorschläge für strategische Aktionen erarbeitet wurden, gilt es, den dazugehörigen Aufwand zu ermitteln. Eine genaue Aufwandsschätzung braucht eine sorgfältige Planung; sorgfältige Planung wiederum braucht Zeit: Ein Zeitverzug bei der Erstellung der Balanced Scorecard wäre die Folge. Bevor eine Feinabschätzung der Kosten stattfindet, bevorzugen wir daher zunächst eine Grobschätzung. Meist genügt den Projektteilnehmern eine solche Grobschätzung zur Beurteilung, ob eine strategische Aktion überhaupt im weiteren Diskussionsprozess berücksichtigt werden sollte oder nicht.

Mit robusten Grobschätzungen haben wir gute Erfahrungen gemacht. Die am Erstellungsprozess einer Balanced Scorecard beteiligten Führungskräfte kennen in aller Regel ihr Geschäft so gut, dass sie wissen, ob eine strategische Aktion 10.000 Euro, 100.000 Euro oder 1.000.000 Euro Aufwand verursacht.

Die vorgeschlagenen strategischen Aktionen können unter den Teilnehmern aufgeteilt werden, mit der Bitte, folgende Abschätzungen vorzunehmen:
➤ Wer wäre ein geeigneter Prozesstreiber für die strategische Aktion? Gegebenenfalls reicht statt eines Namens die Funktionsbeschreibung/Abteilungsbezeichnung.
➤ Welcher finanzielle Aufwand würde schätzungsweise durch die strategische Aktion verursacht? (Unterscheidung in laufende Aufwendungen und Investitionen)
➤ Wie viele Tage müssten Führungskräfte für die Umsetzung der strategischen Aktion aufbringen?
➤ Wie viele Tage müssten Linienmitarbeiter für die Umsetzung der strategischen Aktion erbringen?

Nach Abschluss dieser Phase stehen somit erste Aufwandsschätzungen für alle Maßnahmenvorschläge zur Verfügung.

Typischerweise erfolgen Priorisierungen auf Basis der Gegenüberstellung von Kosten und Nutzen. Dieses Vorgehen ist sinnvoll, wenn sich der Nutzen finanziell berechnen lässt. Allerdings können nur zu einer eingeschränkten Anzahl von Maßnahmen unmittelbare finanzielle Rückflüsse ermittelt werden. Was bringt eine Marketingoffensive? Lohnt sich die Investition in Schulungen? Sollte eine Kundendatenbank aufgebaut werden?

Liegt im Unternehmen ein Wertmodell nach dem Wertmanagement-Ansatz vor, kann man manche großen Projekte in ihrer Wirkung auf den Unternehmenswert über geeignete Werttreiber beurteilen (vgl. Kap. 7.6).

Wo der Nutzen nicht unmittelbar finanziell zu beurteilen ist, hilft die Bewertung des strategischen Nutzens einer Aktion. Hätte die strategische Aktion einen relevanten Einfluss auf das strategische Zielsystem und damit in letzter Konsequenz auch auf die Erreichung der finanziellen Ziele?

Zunächst also muss geklärt sein, ob die vorgeschlagene strategische Aktion die Erreichung strategischer Ziele tatsächlich wesentlich unterstützt. Anschließend können strategische Aktionen in einer Priorisierungsmatrix nach ihrer Bedeutung für das strategische Zielsystem geordnet werden (vgl. Abb. 5.26).

Eine dezidierte Nutzenbeurteilung wie in der Priorisierungsmatrix mittels Schulnoten ist zwar wünschenswert, aber aufgrund des vorgegebenen Zeitrasters der Balanced-Scorecard-Erstellung nicht immer möglich. In solchen Fällen verwenden wir zur Maßnahmenpriorisierung eine sehr pragmatische, aber wirkungsvolle Methode: Priorisierung über Dringlichkeit.

Wir unterscheiden – unter der Prämisse beschränkter Ressourcenverfügbarkeit – drei Dringlichkeitsstufen: Strategische Aktionen, die
1. sofort und umfassend umgesetzt werden sollten (»wir tun es voll und ganz und mit vollem Mitteleinsatz«),
2. zwar sofort angegangen werden sollten, aber mit eingeschränkter Ressourcenausstattung (»wir tun es, aber mit beschränkten Mitteln«),
3. oder aber erst später angegangen werden sollten (»wir tun es, sobald Ressourcen verfügbar sind«).

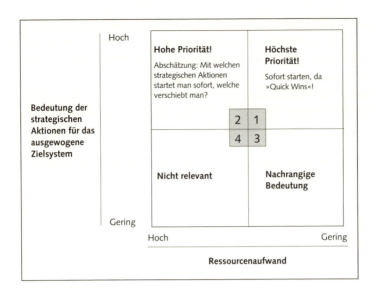

Abb. 5.26: Horváth & Partners-Matrix zur Priorisierung von strategischen Aktionen

Auf der Grundlage der Ressourcen-Grobschätzung ordnen die Führungskräfte die vorgeschlagenen strategischen Aktionen den Dringlichkeitskategorien zu.

Abbildung 5.27 zeigt exemplarisch die Ergebnisse einer solchen Priorisierung aus Sicht einer Managementrunde mit acht Führungskräften. Die Weiterführung der Entwicklung von Produkt XY wird zwar befürwortet, doch ist die Weiterführung nicht den geschätzten Ressourcenaufwand »wert«. Der Verantwortliche für diese strategische Aktion (in diesem Fall Herr Mayer) muss nun prüfen, ob sich die strategische Aktion mit weniger Ressourcenaufwand durchführen lässt. Scheint dies nicht möglich, bleibt zu klären, ob die Maß-

Strategische Aktionen	Vorschlag der Arbeitsgruppe	Umfassend mit Ressourcen ausstatten	Mit eingeschränkten Ressourcen laufen lassen	Angehen, sobald Ressourcen verfügbar!
11 Entwicklung von Produkt XY (Prozesstreiber: Herr Mayer)	■ Bereits laufende strategische Aktion ■ Ressourcenbedarf bis Abschluss (Schätzung) 50.000 EUR 40 Tage Management 360 Tage Mitarbeiter	1	6 ✓	1
12 Neugestaltung Messeauftritt (Prozesstreiber: Herr Müller)	■ Neue strategische Aktion ■ Ressourcenbedarf (Schätzung) 250.000 EUR 20 Tage Management 120 Tage Mitarbeiter	0	3	5
13 Marktforschung für Südamerika anstoßen (Prozesstreiber: Frau Kutschera)	■ Neue strategische Aktion ■ Ressourcenbedarf (Schätzung) 150.000 EUR 10 Tage Management 90 Tage Mitarbeiter	6 ✓	1	1

Abb. 5.27: Priorisierung von Aktionen durch acht Führungskräfte

nahme im vorgeschlagenen Zeitraum weitergeführt wird. Bei Maßnahme 12 tendiert das Management zu einer Verschiebung der Maßnahmendurchführung, d. h. die Priorität wird eher gering eingeschätzt. Dagegen besteht bei Maßnahme 13 (»Marktforschung für Südamerika anstoßen«) große Übereinstimmung über die Dringlichkeit der Maßnahme.

Im Zentrum jeder Entscheidung sollte immer die Frage stehen: »Werden wir es wirklich tun?« Halbherzige Entscheidungen blockieren eher die Maßnahmenumsetzung, als dass sie diese unterstützen.

◆ **Maßnahmenprioritäten, verfügbare Ressourcen, Ziele und Zielwerte abstimmen**
Die Priorisierung dient der Auswahl derjenigen strategischen Aktionen, die mit den verfügbaren Ressourcen umzusetzen sind. Dabei sollte in einer Workshop-Runde nochmals kritisch geprüft werden, ob die ausgewählten strategischen Aktionen genügen, um die strategischen Ziele zu erreichen.

Ist dies nicht der Fall, so kann es zu einem iterativen Prozess kommen, in dem die strategischen Ziele, die Zielwerte, die strategischen Aktionen und die verfügbaren Ressourcen nochmals hinterfragt und angepasst werden müssen. Diese Iterationsphase hat die Aufgabe der Qualitätssicherung und damit eine erfolgskritische Bedeutung für die Konsistenz der gesamten Balanced Scorecard.

5.6.3 Strategische Aktionen dokumentieren

Nach Identifizierung und Priorisierung der strategischen Aktionen erfolgt deren detaillierte Planung durch die Maßnahmenverantwortlichen. Dieses Vorgehen entspricht dem klassischen Projektmanagement. Dabei gilt insbesondere:

➤ Der jeweilige Mitarbeiter muss Verantwortung für die strategische Aktion übernehmen.
➤ Einzelne strategische Aktionen lassen sich zu »Arbeitspaketen« oder »Programmen« mit einheitlicher Leitung zusammenfassen.
➤ Projektteams sind zu bestimmen.
➤ Die Zielsetzung der strategischen Aktion bedarf einer Beschreibung.
➤ Das Zeitraster für die Umsetzung der strategischen Aktion, mit Start- und Endzeitpunkten sowie den wichtigsten Meilensteinen, ist zu definieren.
➤ Die strategische Aktion verlangt nach einer Detaillierung in einzelne Projektschritte, in Phasenkonzepte und Arbeitspläne.
➤ Der Ressourceneinsatz muss detailliert geplant und budgetiert werden.
➤ Jede strategische Aktion benötigt eine Dokumentation.

Auch in der Phase der Feinplanung der strategischen Aktionen kann es zu Iterationsschleifen kommen. Dabei stehen folgende Fragen im Vordergrund: Ist die zeitliche Staffelung so gewählt, dass sich die Aktionen bei der Strategieumsetzung gegenseitig unterstützen oder zumindest nicht behindern? Sind die Ressourcen vorhanden und können sie entsprechend dem Zeitplan und strategietreibend eingesetzt werden?

◆ **Müssen die strategischen Aktionen alle Maßnahmen im Unternehmen umfassen?**
Die Festlegung strategischer Aktionen mündet in ein konkretes, dokumentiertes und akzeptiertes Aktionsprogramm, das der Erreichung strategischer Ziele dient. Es ist bestimmt, wer, was, bis wann, welchen Ressourcen sowohl verantwortet als auch durchführt und welches Ergebnis davon erwartet wird. Im Sinne der Dualität von Ziel und Maßnahme können sich aus dem Aktionsprogramm Zielsetzungen für die nachfolgenden organisatorischen Ebenen ergeben. Grundsätzlich stellt das Aktionsprogramm aber das Arbeitspapier für den Alltag dar und es sollte in regelmäßigen Abständen revidiert werden.

Wir werden häufig gefragt, ob die strategischen Aktionen der Balanced Scorecard das komplette Maßnahmenportfolio eines Unternehmens darstellen sollte oder nicht. Die Antwort fällt differenziert aus: Einerseits fordern wir, dass Projekte, die keinen Strategiebeitrag leisten, gestrichen werden. Andererseits kennen auch wir eine Reihe von Maßnahmen, die zwar nur einen geringen strategischen Charakter haben, aber für das laufende Geschäft von Bedeutung sind. So wurde in einem Unternehmen ein großes Projekt zur Installation eines einheitlichen Personalabrechnungssystems initiiert. Man stufte das Projekt – trotz seiner Zielsetzung, Kosten in nennenswertem Umfang einzusparen, und trotz seiner erheblichen Ressourcenbeanspruchung – nicht als »strategisch« ein. Denn es machte zum einen auch völlig losgelöst von der bestehenden Strategie Sinn und erfüllte zum anderen nicht die Balanced-Scorecard-Kriterien Wettbewerbsrelevanz/Handlungsbedarf (vgl. Kap. 5.2).

Insofern sind viele Rationalisierungsprojekte noch keine Projekte im Sinne der Balanced Scorecard. Rationalisierungsprojekte erhalten erst dann strategischen Charakter, wenn sie einen Beitrag zur Umsetzung einer expliziten Kostenführerschaftsstrategie beisteuern.

Als Fazit ist daher festzuhalten, dass es durchaus Maßnahmen im Unternehmen geben kann, die sich nicht unmittelbar aus der Balanced Scorecard ableiten lassen. Sie müssen aber einen eindeutigen Nutzen im Sinne der operativen Aufgabenerfüllung haben und dürfen zu den strategischen Überlegungen nicht im Widerspruch stehen.

5.6.4 Fallstudie »Strategische Aktionen bestimmen«

Die Geschäftsführung der Prints GmbH erarbeitete zur Umsetzung der strategischen Ziele die aus ihrer Sicht nötigen strategischen Aktionen. Nach erfolgter Ressourcenabschätzung und Priorisierung legte das Management einen Aktionsplan vor (vgl. Abb. 5.28).

Zu jeder einzelnen strategischen Aktion wurde ein eigenes Aktionsformular erarbeitet welches Zuständigkeit, Priorität, Aktionserläuterung und Ressourcenbudget festhält (vgl Abb. 5.29).

Perspektive: Kunden

Strategisches Ziel	Strategische Aktionen	Start-termin	Endtermin	Zuständig	Status
Affordable and Good: Attraktive Einfachgeräte am Markt positionieren	Marketingkampagne »Der Kopierer, der nicht kopiert werden kann« (inkl. neues Informationsmaterial für Händler)	01/2004	05/2004 (Vorlagen) 12/2004 (Kampagne)	Hr. Krug	Genehmigt
	Händlerforum durchführen	03/2004	05/2004	Hr. Kriger	Genehmigt
	Rabattsystem erneuern	01/2004	06/2004	Hr. Kriger	Genehmigt
Excellenz in Copying: Im Hochpreissegment mit High-Quality Produkten überzeugen	Designoffensive	06/2004	06/2005	Hr. Mayer	Genehmigt
	Neues Marketingmaterial »Der Mercedes unter den Kopierern«	03/2004	06/2004	Hr. Krug	In Abstimmung
	Direct Mailing an Zielkunden Anzeigenoffensive in Wirtschaftsmagazinen	06/2004	07/2004	Fr. Silblinger	In Abstimmung
Funktionssicherheit der Kopierer erhöhen	Projektgruppe »No Excuses« einrichten	03/2004	03/2005	Dipl.-Ing. Hoffmann	Genehmigt
	Technikumstellung RCP	01/2004	06/2005	Dipl.-Ing. Huber	In Abstimmung
Kundenbetreuung aktiver gestalten	Key Account Management aufbauen	06/2004	12/2005	Fr. Brommel	Genehmigt
	Vertriebsjahresmeeting unter das Motto »After Sales – our lost opportunitites« stellen.	01/2004	05/2004	Hr. Sale	Genehmigt
	Schulungsoffensive 2000	05/2004	06/2005	Hr. Sale	Genehmigt
	Entlastung des Vertriebes von Innendiensttätigkeiten (siehe »Prints 2003«-Projekt)	07/2003	08/2004	Hr. Sale	Genehmigt (laufendes Projekt)
Produkte standardi-sieren, modularisieren und entfernen	Baukastenanalyse	01/2004	08/2004	Dipl.-Ing. Huber	Genehmigt
	Benchmarking mit Hyoto	03/2004	05/2004	Dipl.-Ing. Huber	Genehmigt

Perspektive: Prozesse

Strategisches Ziel	Strategische Aktionen	Start-termin	End-termin	Zuständig	Status
Synergien nutzen	Prozessoptimierungsprojekt »PRINTS 2003« (Optimierung des Vertriebs, EDV-Optimierung der Verwaltung)	07/2003	06/2005	Hr. Sale Hr. Beit	Genehmigt (laufendes Projekt)
	Synergiezirkel initiieren (in Abstimmung mit »Prints 2003«)	04/2004 (Konzept)	06/2004 (Einführung)	Dr. Varly	Genehmigt
	Leitfaden, wie umgesetzte Synergien im Bereich berichtet werden	03/2004	05/2004	Fr. Mitterer	Genehmigt

Fertigungs-technologie an Kerntechnologie anpassen	Definition der Kerntechnologien	04/2004	12/2004	Hr. Fahringer	Genehmigt
	Outsourcingstrategie entwickeln und umsetzen	01/2004	12/2005	Dr. Richter	Genehmigt (Teambudget)
	Umgestaltung der Produktionsabläufe	06/2004	12/2005	Hr. Fahringer	In Abstimmung
Interne Kunden-orientierung	Schnittstellenanalyse durchführen	05/2004	08/2004	Fr. Trivnek	Genehmigt
	Prozessmanagement einführen (Aufbauend auf»Prints 2003«)	03/2004	01/2005	Hr. Zumder	Genehmigt
Verkürzung der Produktentwicklungs-zyklen	Einführung eines »Standing Committee Entwicklungsgeschwindigkeit«, zur Untersuchung und Umsetzung von strategischen Aktionen durch Verbesserung der Durchlaufzeiten	01/2004	06/2005	Dr. Zeiter	Genehmigt
	Sicherstellung, dass ein Entwickler nicht an mehr als zwei Projekten gleichzeitig arbeitet	01/2004	04/2004	Dr. Zeiter	Genehmigt
	Projektcontrolling einführen	01/2004	09/2004	Dipl.-Kfm. Resch	Genehmigt

Abb. 5.28: Auszüge aus dem Aktionsplan der Prints GmbH

Strategische Aktion	Designoffensive	Verantwortlicher	Hr. Mayer		
Laufende Nr.	K201	Starttermin	06/2004	Endtermin	06/2005
Ursächlich unterstütztes Ziel	Excellence in Copying: Im Hochpreissegment mit High-Quality-Produkten überzeugen	Priorität	4 (Sofort angehen, mit voller Ressourcenausstattung)		
Kommentare/Erläuterungen	Die optische Gestaltung der Kopierer soll derart sein, dass der Kunde Prints-Kopierer sofort als solche erkennt. Das Design soll Funktionalität und Optik harmonisch vereinen. Die Designoffensive gilt zunächst für unsere Hochpreiskopierer. Dazu soll zunächst eine Ausschreibung bei bekannten Industriedesignern initiiert werden. Ein Ausschuss bestehend aus Unternehmensvertretern und externen Kompetenzträgern wählt die Entwürfe für die engere Wahl aus. Die Designalternativen, die in die engere Wahl kommen, werden in Abstimmung mit der Technik auf ihre Umsetzbarkeit hin überprüft. Dies gilt insbesondere im Hinblick auf die angestrebte hohe Funktionssicherheit und die Standardisierungsbemühungen. Gemeinsam mit der Produktion sollen dann entsprechend der Fertigungsstrategie Auswirkungen auf die Fertigungsabläufe überprüft werden. Vor allem soll geprüft werden, ob neue Maschinen angeschafft werden müssen. Die Budgetschätzungen erhalten bereits geschätzte zusätzliche Kosten für notwendige Maschinenanschaffungen. Sie beruhen auf den Erfahrungen vergangener Designgestaltungen.				

	Jahr 1	Jahr 2	Folgende Jahre	Gesamt
Geschätztes Budget in Mio. EUR	1	5		6
Managementkapazität MT	55	30		85
Linienkapazität MT	25	220		245

Abb. 5.29: Beispiel einer Aktionsdokumentation

5.6.5 Balanced-Scorecard-Typen (empirische Betrachtung)

Empirische Studie

In der Praxis der Balanced Scorecard fällt auf, dass das Konzept in einzelnen Unternehmen sehr unterschiedlich angewendet wird, was von der Flexibilität des Konzeptes zeugt. Das »klassische« Modell von Kaplan/Norton baut innerhalb der gewählten Perspektiven auf die Elemente »verbale Ziele«, »Kennzahlen« (mit dazugehörigen Ist- und Zielwerten), sowie ausgewählte »Aktionen« zur Erreichung der strategischen Ziele. In der Praxis sind abweichend von diesem Modell zahlreiche Varianten entstanden: Balanced Scorecard ohne verbale Ziele, ohne Aktionen usw. Die wesentlichen Typen sind in Abbildung 5.30 dargestellt.

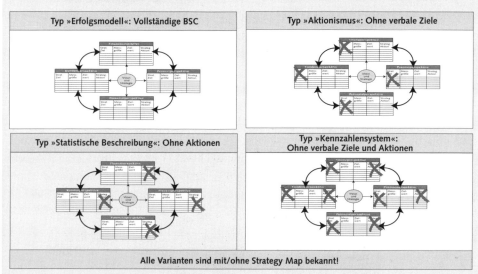

Abb. 5.30: Wesentliche Balanced Scorecard Typen

Es lässt sich auf der Grundlage der ausgewerteten Fragebögen zeigen, dass rund 80 % der Unternehmen dem klassischen »Erfolgsmodell« folgen. Nur zwei Unternehmen haben keine Kennzahlen in ihrer BSC, 18 % der Befragten verzichten dagegen auf verbale Ziele innerhalb der Balanced Scorecard. Die Verwendung von »Strategy Maps« ist nicht durchgehend üblich. Immerhin rund ein Drittel der befragten Unternehmen verzichten auf diese Komponente der Balanced Scorecard. Dadurch gehen diesen Unternehmen die Vorteile dieses wichtigen Bestandteils eines strategischen Zielsystems verloren (vgl. Horváth & Partners 2005b, vgl. Abb. 5.31).

Lohnt sich die Anwendung des vollständigen Modells? Die Ergebnisse der Studie deuten darauf hin. Vergleicht man den Performance Index der Anwender des vollständigen Modells mit jenem der anderen Varianten, so wird deutlich, dass der Anteil der

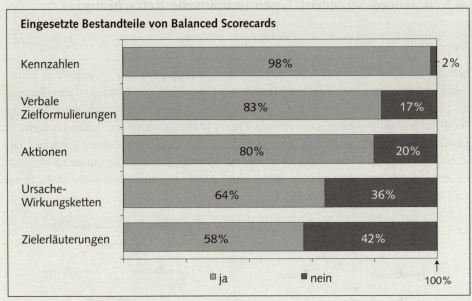

Abb. 5.31: Häufigkeit unterschiedlicher BSC Typen

High-Performer beim vollständigen Modell deutlich höher ist (vgl. Horváth & Partners 2004a, vgl. Abb. 5.32).

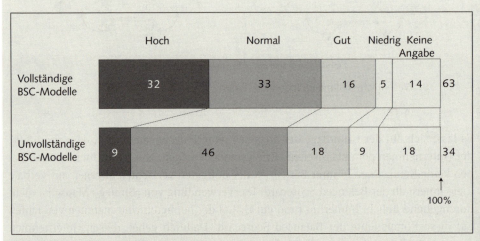

Abb. 5.32: Vergleich des Performance Index (Verhältnis Jahresüberschuss und Umsatzwachstum) unterschiedlicher Balanced-Scorecard-Typen (ohne öffentlich-rechtliche Unternehmen)

5.7   Highlights

➢ Nehmen Sie sich Zeit für das Ableiten strategischer Ziele! In dieser Phase bestimmen Sie die Qualität und die Wirksamkeit der Balanced Scorecard. Sind die Ziele zu wenig konkret oder nicht strategieadäquat, dann kann auch die beste Balanced Scorecard dieses Defizit nicht mehr beheben.

➢ Fokussieren Sie sich auf wenige Ursache-Wirkungs-Beziehungen, welche tatsächlich relevant sind! Strategy Maps stellen das wichtigste Kommunikationsinstrument dar – also müssen sie prägnant, übersichtlich und grafisch anspruchsvoll sein.

➢ Haben Sie Mut beim Entwickeln innovativer Messgrößen! Das Denken muss sich ändern: Keine Messgröße ist für die Ewigkeit geschaffen. Vielmehr prägt die Identifikation und Entwicklung neuer Messgrößen die Qualität der Balanced Scorecard. Der damit verbundene Implementierungsaufwand zahlt sich aus.

➢ Fordern Sie Ihre Mitarbeiter, aber bleiben Sie realistisch! Gute Zielwerte sind diejenigen, nach denen man sich strecken muss, um sie zu erreichen. Aber vermeiden Sie Demotivation durch illusorische Vorgaben.

➢ Nennen Sie den Verantwortlichen! Keine strategische Aktion darf ohne Zuordnung von Verantwortlichkeiten festgelegt werden. Erst damit beeinflussen Sie das Verhalten und machen die strategische Aktion wirksam.

6 Die Organisation strategieorientiert ausrichten

6.1 **Zielsetzung**

6.2 **Die Balanced Scorecard unternehmensweit einführen**
6.2.1 Die Struktur der Kaskadierung festlegen
6.2.2 Die Roll-out-Methode bestimmen
6.2.3 Die Balanced Scorecard kaskadieren
6.2.4 Ziele, Messgrößen und Aktionen bereichsübergreifend abstimmen

6.3 **Fallstudie »Die Organisation strategieorientiert ausrichten«**
6.3.1 Konzeption des Roll-outs
6.3.2 Roll-out Phase 1: Erarbeitung eigenständiger Balanced Scorecards in den Zentralbereichen
6.3.3 Roll-out Phase 2: Erarbeitung von Balanced Scorecards für die dezentralen Vertriebseinheiten
6.3.4 Abstimmung und Verdichtung des Gesamtsystems der Balanced Scorecard
6.3.5 Erkenntnisse aus der Roll-out-Phase

6.4 **Durchdringungsgrad der Balanced Scorecard in Unternehmen (empirische Betrachtung)**

6.5 **Highlights**

6.1   Zielsetzung

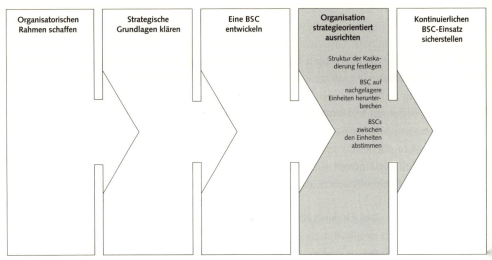

Abb. 6.1: Phase 4 des Horváth & Partners-Modells zur Balanced-Scorecard-Implementierung

Das Herunterbrechen (Kaskadieren) und Auswerten der Balanced Scorecard auf weitere Organisationseinheiten (»Roll-out-Phase«) liefert einen entscheidenden Beitrag, um die gesamte Organisation strategieorientiert auszurichten. Die Abstimmung zwischen Organisationseinheiten wird entscheidend verbessert und damit häufig ein signifikanter Nutzen geschaffen. Darüber hinaus ist das Kaskadieren der Balanced Scorecard Voraussetzung, um auch Planungs-, Budgetierungs-, Berichts- und Zielvereinbarungssysteme strategieorientiert auszurichten. Dies ist nur dann möglich, wenn die Balanced Scorecard in allen relevanten Unternehmensbereichen verankert ist. Erst mit der Kaskadierung kann eine Balanced Scorecard somit ihren vollen Nutzen entfalten.

Mit einem Roll-out gilt es nicht nur eine Balanced Scorecard, sondern ein ganzes System vernetzter Balanced Scorecards auf unterschiedlichen Ebenen zu managen. Diese Herausforderung verlangt ein professionelles Vorgehen unter Rückgriff auf bewährte Methoden. Folgende Zielsetzungen stehen daher in diesem Kapitel im Vordergrund:

➢ Erfahren, wie der Roll-out-Prozess zu gestalten ist,
➢ wissen, wie die Balanced Scorecard kaskadiert wird,
➢ verstehen, wie die vertikale und horizontale Zielabstimmung zwischen den verschiedenen Organisationseinheiten durchgeführt werden kann.

6.2 Die Balanced Scorecard unternehmensweit einführen

Die Existenz einer Balanced Scorecard auf der Ebene des Gesamtunternehmens ist für eine erfolgreiche Strategieumsetzung nur in sehr kleinen Unternehmen hinreichend. In größeren arbeitsteiligen Organisationen besteht die Herausforderung darin, strategische Ziele auch für die nachgeordneten organisatorischen Einheiten zu konkretisieren, da dort der Erfolg der Strategie maßgeblich vorangetrieben wird. Deshalb müssen alle Verantwortlichen zum Beispiel der zweiten und dritten Führungsebene in die Strategieumsetzung und Bearbeitung strategischer Aktionen eingebunden werden.

Nach unseren Erfahrungen lässt sich die Herausforderung gut mit einem Bild aus der Seefahrt beschreiben: Ein großer Tanker ist unbeweglich und kann nur langsam auf die Veränderungen der Umwelt reagieren. Unternehmenseinheiten müssen daher agieren wie eine Flotte von Schnellbooten, die mit hoher Beweglichkeit auf ein gemeinsames Ziel zusteuern.

Eine mangelnde gemeinsame Zielausrichtung und Synchronisation innerhalb der Organisation erweist sich in vielen Fällen als wesentliche Ursache für Misserfolg und mangelnde Zufriedenheit mit dem Balanced-Scorecard-Konzept. Je größer und geografisch verteilter eine Organisation ist, desto mehr trifft dieser Aspekt zu. Auch nach Reorganisationen oder Akquisitionen fördert eine Balanced-Scorecard-Einführung in den Einheiten das gemeinsame Verständnis. Vieles spricht also für eine unternehmensweite Einführung der Balanced Scorecard – und dennoch muss die Komplexität dabei beherrschbar bleiben!

Mit der Projektphase der unternehmensweiten Einführung werden die folgenden konkreten Zielsetzungen verfolgt:
➢ Erarbeitung ausgewogener Teilziele für nachgelagerte Einheiten,
➢ Abbildung des Strategiebeitrages der einzelnen Einheiten,
➢ Delegation von Aufgaben und Verantwortlichkeiten,
➢ sicherstellen, dass die Mitarbeiter sich mit den Unternehmens- und Abteilungszielen identifizieren,
➢ Förderung von strategiebezogenem, eigenverantwortlichem Handeln der Mitarbeiter,
➢ Fokussierung interner Prozesse auf strategisch relevante Zielsetzungen,
➢ Aktionsorientierung durch strategische Steuerung der Ressourcen.

Für eine strategieorientierte Ausrichtung der Organisation muss einerseits eine vertikale Durchdringung der Balanced Scorecard zunächst auf die zweite Führungsebene erfolgen – sie wird als »Herunterbrechen oder »Kaskadierung« bezeichnet. Zum anderen ist die horizontale Ausbreitung und Abstimmung der Balanced Scorecards auf der zweiten Führungsebene sicherzustellen – der sogenannte »Roll-out« (vgl. Abb. 6.2). Später können andere Ebenen hinzukommen.

◆ **Erfolgsfaktoren einer unternehmensweiten BSC-Einführung**
Mit der flächendeckenden Implementierung nimmt die Komplexität und damit auch der Umfang des Vorhabens zu. Um beides möglichst überschaubar zu halten, sollte das Pro-

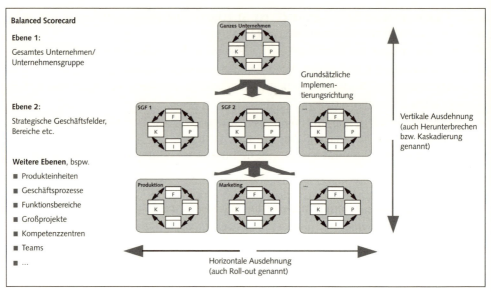

Abb. 6.2: Die strategieorientierte Ausrichtung der Organisation

jektdesign für diese Phase so gestaltet sein, dass mit Hilfe von Multiplikatoren auf Basis klarer Vorgaben und standardisierter Methoden eine relativ reibungslose Einführung möglich wird. In dieser Projektphase der flächendeckenden Einführung ist von entscheidender Bedeutung, dass die unterstützenden Funktionen, wie bspw. das Controlling, die Unternehmensplanung oder -entwicklung sowie die Personalabteilung, umfassend in das Projekt einbezogen werden.

Vor allem aber muss die Unternehmensführung in die Pflicht genommen werden, die Einführung aktiv voranzutreiben. Der unbedingte Wille zur Umsetzung des Balanced-Scorecard-Konzeptes und die Erwartung sichtbarer Ergebnisse muss von oberster Stelle signalisiert werden. Strategische Rahmenvorgaben und Festlegung des Führungs- und Steuerungssystems eines Unternehmens sind nicht delegierbar!

Der Aufwand einer Kaskadierung sollte nicht unterschätzt werden. Es macht einen fundamentalen Unterschied, ob eine Balanced Scorecard in einem sehr überschaubaren Anwendungsbereich eingeführt wird oder unternehmensweit. Für die Kaskadierung ist ein professioneller Methodenbaukasten und ein klares Projektmanagement notwendig, um die Gesamtkoordination aufrechtzuerhalten. Entsprechende Vorgehenshinweise gibt der weitere Verlauf dieses Kapitels.

Das Herunterbrechen der Balanced Scorecard auf die nachfolgenden Unternehmenshierarchien sollte entsprechend der Führungsphilosophie, des Führungsstils sowie der Geschäftserfordernisse erfolgen. Die Frage nach der Einsatztiefe im Unternehmen – ob nur auf die Gesamtunternehmensebene oder über alle Hierarchiestufen hinweg heruntergebrochen wird oder gar bis auf die Ebene von Mitarbeiterteams oder einzelnen Mitarbeitern – kann nur unternehmensspezifisch beurteilt werden.

Die Kommunikation ist ein weiterer wesentlicher Erfolgsfaktor – und zwar vor, während und nach der unternehmensweiten Einführung:

➤ Information über die Einführungsgründe seitens des Managements, das Balanced-Scorecard-Konzept und seinen Nutzen im Vorfeld des Projektes,

➤ Abstimmung des Projektdesigns und Einbindung der zweiten Führungsebene im Rahmen eines Kick-off-Meetings,

➤ projektbegleitende Kommunikation erster Erfolge und des Projektfortschritts,

➤ methodische wie inhaltliche Schulung aller Anwender des BSC-Konzeptes,

➤ Information über die Form der dauerhaften BSC-Anwendung nach Abschluss der Einführungsphase.

◆ **Der Prozess einer unternehmensweiten BSC-Einführung**

Der Prozess der Kaskadierung umfasst sechs Schritte, auf die im Folgenden näher einzugehen ist:

1. Die Struktur der Kaskadierung festlegen.
2. Die Roll-out-Methode für die jeweilige Einheit bestimmen.
3. Die Kaskadierung durchführen.
4. Ergebnisse zwischen den Einheiten abstimmen.
5. Ergebnisse in das Zielvereinbarungs- und Entlohnungssystem integrieren.
6. Ergebnisse in das Controlling strategischer Aktionen, die Planung und das Berichtswesen integrieren.

Die Schritte fünf und sechs werden in Kapitel 7 beschrieben. Die folgenden Ausführungen beziehen sich auf die Ausdehnung der Implementierung im engeren Sinne, das heißt die Schritte eins bis vier.

6.2.1 Die Struktur der Kaskadierung festlegen

Eine entscheidende Frage im Rahmen eines Balanced-Scorecard-Roll-outs ist die Festlegung der Balanced-Scorecard-Architektur, d. h. des konkreten »Bebauungsplans« für die Balanced-Scorecard-Einführung:

➤ Für welche Organisationseinheiten sind Balanced Scorecards zu erarbeiten?

➤ In welcher Reihenfolge erfolgt die Erarbeitung?

➤ Welche Projektphasen werden unterschieden?

In der Regel orientiert sich das Kaskadieren an der Organisationsstruktur des Unternehmens. Dies hat den Vorteil, dass klare Verantwortlichkeiten bestehen und der Durchgriff des Balanced-Scorecard-Verantwortlichen auf den eigenen Organisationsbereich gegeben ist. Einige Unternehmen gehen davon abweichend den Weg, ausgehend von strategischen Geschäftsfeldern und Prozessen die Ziele für nachgelagerte Einheiten abzuleiten. Wenn diese Strukturen sich nicht in den Verantwortungsbereichen widerspiegeln, ergeben sich Zuordnungsschwierigkeiten (sogenannte »virtuelle« Balanced Scorecards). Darauf soll im Weiteren nicht eingegangen werden.

Zunächst stellt sich die Frage, für welche Organisationseinheiten eine Balanced Scorecard eingeführt werden soll. Allgemein lässt sich diese Frage kaum beantworten, hängt sie doch stark von den unternehmensindividuellen Gegebenheiten, wie der konkreten Projektzielsetzung, den Strategieinhalten und der Organisationsstruktur ab.

Allgemein gilt, dass das Herunterbrechen insbesondere in solchen Bereichen erfolgen sollte, die den größten Beitrag zur Strategieumsetzung haben. Bei größeren Unternehmen sind dies in der Regel Bereiche mit eigener Marktverantwortung sowie für das jeweilige Geschäftsmodell wichtige Funktionalbereiche. Strategieneutrale Bereiche, wie etwa die Rechtsabteilung oder die Interne Revision, sollten aus dem Umfang des Roll-outs nach Möglichkeit ausgegrenzt werden, um den Aufwand zu begrenzen und den Fokus nicht zu verwässern.

Bei der Entscheidung, welche Organisationseinheiten einzubeziehen sind, spielen neben der rein inhaltlichen Dimension weitere Entscheidungsparameter eine wichtige Rolle. Mit der Einführung der Balanced Scorecard in einem Bereich wird einerseits die Bedeutung des Bereichs für das Unternehmen betont – andererseits auch die Transparenz für die Unternehmensführung erhöht. Aus diesem Grund ist die Signalwirkung innerhalb der Organisation zu beachten, die von der Festlegung der Organisationseinheiten ausgeht: Es ist deutlich zu kommunizieren, nach welchen Kriterien die Organisationseinheiten für den Roll-out ausgewählt wurden, um Missverständnisse und Widerstände zu Projektbeginn zu vermeiden.

Des Weiteren spielt bei der Festlegung des Roll-out-Umfangs die Projektzielsetzung eine wichtige Rolle. Soll beispielsweise durch die Einführung der Balanced Scorecard die inhaltliche Zielausrichtung zwischen den Organisationseinheiten verbessert werden, so empfiehlt es sich die BSC-Einführung möglichst breit anzulegen. Steht die konkrete Strategieumsetzung im Mittelpunkt, ist eine deutliche Fokussierung auf relevante Bereiche sinnvoller. In der Regel sind das zumindest die am Markt agierenden Geschäftsbereiche.

Neben der Frage der horizontalen Ausdehnung (welche Bereiche auf der zweiten Managementebene sind einzubeziehen?) stellt sich die Frage der vertikalen Ausdehnung (bis zu welcher Managementebene soll die Balanced Scorecard in den einzelnen Bereichen heruntergebrochen werden?). Auch diese Frage lässt sich allgemeingültig nicht abschließend beantworten. Grundsätzlich ist zu entscheiden, ab welcher Ebene der Einsatz von Zielvereinbarungen der Erarbeitung von Balanced Scorecards vorzuziehen ist. Im Allgemeinen sollte ein initialer Roll-out auf die zweite Managementebene beschränkt bleiben, um das Einführungsprojekt steuerbar zu halten. In einer späteren Phase kann ein weiteres Herunterbrechen sinnvoll sein, wenn der Bereich über eine ausreichende Größe verfügt und sich für die Einheiten der dritten Managementebene sinnvolle Teilstrategien formulieren lassen.

Die Reihenfolge des Roll-outs ist ebenfalls eine wichtige zu klärende Fragestellung. In der Regel sollten marktnahe Einheiten (z. B. Geschäftsbereiche) als erste ihre Balanced

Scorecard aus der Balanced Scorecard des Gesamtunternehmens ableiten. Dies sind i. d. R. nicht nur die größten und für die Strategieumsetzung bedeutendsten Einheiten. Vielmehr bedingen die Geschäftsbereichsstrategien häufig auch die Teilstrategien unterstützender Funktionen wie F&E, IT oder Personal. Liegen bereits formulierte Geschäftsbereichsstrategien vor, lassen sich Funktionalstrategien leichter festlegen.

Die konkrete Ausgestaltung der Ausdehnung hängt vom ursprünglichen Projektdesign ab. Sehr oft erfolgt zunächst die Implementierung in einem Pilotbereich. Nach dem Erfolg der Pilotierung wird dann die Implementierung innerhalb der Organisation ausgerollt. Dabei liegt ein konkretes Erfolgsbeispiel als Beweis der Machbarkeit vor und es konnte bereits interne Kompetenz aufgebaut werden.

Andere Unternehmen gehen konsequent von Anfang an den Weg einer umfassenden Implementierung, wie es bspw. ein Energieversorgungsunternehmen getan hat. In einer ersten Projektphase, die fünf Monate dauerte, wurden für die Unternehmensgruppe und die Hauptgesellschaften Produktion, Verteilung und Vermarktung sowie für ein Beteiligungsunternehmen die Strategie aktualisiert, die Balanced Scorecards entwickelt und aufeinander abgestimmt. In einer zweiten Projektphase begann innerhalb der Gesellschaften das Kaskadieren der Balanced Scorecards auf die Bereiche. Weitere Gesellschaften sowie die zentralen Holdingbereiche wurden nun ebenfalls eingebunden. Dies hat den Vorteil, dass die inhaltliche Abstimmung zwischen den Einheiten ermöglicht wird.

Im Rahmen des Roll-outs stellt sich auch häufig die Frage, inwieweit die Perspektiven der Balanced Scorecard für das ganze Unternehmen zu standardisieren sind. Diese Frage stellt sich vor allem im Zusammenhang mit unterstützenden Bereichen (z. B. Personal oder IT), deren oberste Zielsetzung nicht primär finanziell zu sehen ist. Trotz dieser Tatsache, empfiehlt sich die Festlegung von Standardperspektiven, die für alle Scorecards gleichermaßen gelten. Dies erhöht die Verständlichkeit beim Management entscheidend und steigert die Akzeptanz des Gesamtsystems.

6.2.2 Die Roll-out-Methode bestimmen

Für das Herunterbrechen der Balanced Scorecard stehen alternative Methoden zur Verfügung, deren Einsatz sich nach dem Geschäftsmodell des Unternehmens, der Organisationsstruktur sowie dem konkreten Projektziel richtet. Die Wahl der Methode bestimmt wesentlich, welcher Freiheitsgrad zur Formulierung der Balanced-Scorecard-Ziele auf der nachgelagerten Ebene besteht. Gleichzeitig wird die Workshopsequenz für die betreffende Organisationseinheit und der Projektaufwand für den Roll-out insgesamt determiniert.

Wir stellen zunächst die möglichen Methoden vor, um anschließend Auswahlkriterien aufzuzeigen. Die bisherigen Projekterfahrungen haben gezeigt, dass ein gleichzeitiger Einsatz mehrerer Methoden oftmals sinnvoll ist. Die Methoden können sowohl eigenständig als auch in Kombination miteinander zum Einsatz kommen. Um die Komplexität zu begrenzen, empfiehlt es sich, maximal drei verschiedene Methoden anzuwenden.

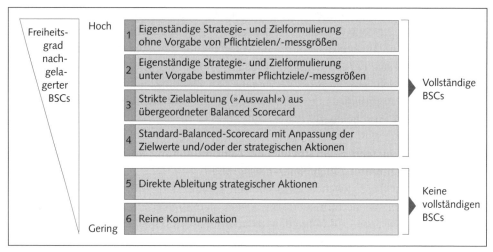

Abb. 6.3: Überblick alternativer Methoden eines BSC-Roll-outs

Grundsätzlich lassen sich zwei Gruppen von Roll-out-Methoden unterscheiden: Bei der ersten Gruppe entstehen auf der nachgelagerten Ebene vollständige Balanced Scorecards, d.h. als Ergebnis liegen strategische Ziele (inkl. Strategy Map), Messgrößen und Aktionsprogramme für die betreffende Organisationseinheit vor. Im zweiten Fall entstehen keine vollständigen Balanced Scorecards auf der nachgelagerten Ebene.

Methode 1: Eigenständige Strategie- und Zielformulierung ohne Vorgabe von Pflichtzielen/-messgrößen

Bei dieser Methode dient die Balanced Scorecard der vorgelagerten Unternehmenseinheit als strategischer Rahmen, innerhalb dessen die nachgelagerte Einheit eine eigenständige Strategie und Balanced Scorecard formuliert. Neben den Anforderungen aus der übergeordneten Strategie und Balanced Scorecard werden auch die spezifischen Chancen, Risiken, Stärken und Schwächen der nachgeordneten Einheit berücksichtigt. Damit erreicht man, dass der jeweilige Bereich eine stark individuelle Balanced Scorecard erhält – unter Berücksichtigung der Belange vorgelagerter Bereiche. Dabei ist entscheidend, dass der Beitrag der Roll-out-Einheit zur übergeordneten Balanced Scorecard deutlich wird und kein Widerspruch entsteht. Es ist allerdings zu berücksichtigen, dass der Prozess des »Strategy Alignment« – also der vertikalen und horizontalen Zielabstimmung – aufwändiger sein wird (vgl. Kap. 6.2.4).

Beispielsweise erhielt der Geschäftskundenbereich Vermarktung eines Energieversorgers die Aufgabe, ein bestimmtes Marktsegment mit integrierten Produkten zu erobern. Dies sollte durch die Bildung von Leistungsbündeln innerhalb der Gruppe erfolgen. Diese Vorgabe ist im Rahmen der Balanced-Scorecard-Erarbeitung auch im Geschäftskundenbereich Vermarktung aufzugreifen und in Zielen, Messgrößen und Maßnahmen abzubilden.

Eine explizite Vorgabe konkreter Zielformulierungen bzw. Messgrößen im Vorfeld der Ableitung der nachgelagerten Balanced Scorecard erfolgt im Rahmen dieser Methode bewusst nicht. Vielmehr wird der Bottom-up-Vorschlag für die Zielformulierung und Messgrößenwahl erst nach der Erarbeitung mit dem Anspruch der vorgelagerten Einheit abgeglichen. Der Verzicht auf die explizite Vorgabe von Zielformulierungen führt dazu, dass unterschiedliche Auffassungen zwischen vorgelagerter und nachgelagerter Einheit transparent und damit entscheidbar werden.

Methode 2: Eigenständige Strategie- und Zielformulierung unter Vorgabe bestimmter Pflichtziele/-messgrößen

Auch im Rahmen dieser zweiten Methode werden vollständige Balanced Scorecards auf der nachgelagerten Ebene formuliert, die sowohl den strategischen Rahmen der übergeordneten Balanced Scorecard aufgreifen als auch bereichsindividuelle Ziele enthalten.

Der Unterschied zur Methode 1 besteht darin, dass von Seiten der vorgelagerten Unternehmenseinheit ein höheres Maß an Vorgaben erfolgt. Es werden nicht nur Themenstellungen zur Ausformulierung auf der nachgelagerten Einheit festgelegt sondern bereits konkrete Zielformulierungen und Messgrößen im Vorfeld der Ableitung definiert, die standardmäßig zu übernehmen sind. Die Pflichtziele finden sich schwerpunktmäßig in der Finanz- und Potenzialperspektive. Gerade Zielsetzungen mit Bezug zur Unternehmenskultur (z. B. die Stärkung des unternehmerischen Handelns der Mitarbeiter), sollten über alle Bereiche standardisiert werden, da am Gelingen dieser Ziele alle Unternehmensbereiche mitwirken müssen.

Im Allgemeinen führt die Anwendung dieser Methode im Vergleich zur Methode 1 zu einer stärkeren Betonung des Top-down-Ansatzes und zu weniger inhaltlicher Abstimmung zwischen den einzelnen Balanced Scorecards. Dies beschleunigt einerseits den Prozess und begrenzt den Aufwand, verdeckt möglicherweise aber latent unterschiedliche Strategieauffassungen zwischen den Unternehmenseinheiten.

Methode 3: Strikte Zielableitung (»Auswahl«) aus übergeordneter Balanced Scorecard

Aus der übergeordneten Balanced Scorecard werden diejenigen Ziele ausgewählt, die der jeweilige Betrachtungsbereich unterstützen kann. Eine Anpassung der Zielformulierung oder der Messgrößen erfolgt in der Regel nicht. Der Schwerpunkt liegt vielmehr auf der Festlegung der individuellen Zielwerte pro Messgröße sowie der Ableitung strategischer Aktionen zur Erreichung der ausgewählten Zielsetzungen.

Mit der Methode der strikten Zielableitung werden die Balanced Scorecards der nachgelagerten Einheiten stark fokussiert. Es erfolgt die volle Konzentration auf die Umsetzung der Themen, die in der übergeordneten Balanced Scorecard definiert werden. Bereichsindividuelle Themen werden aus der Betrachtung ausgeschlossen. Eine solche Konzentration kann insbesondere im Hinblick auf den Erarbeitungsprozess sehr effizient sein. Gleichzeitig birgt sie die Gefahr, dass in den Bereichen zwei Balanced-Scorecard-Versionen entstehen: Eine abgeleitete und eine mit bereichsspezifischen Themen. Dadurch würde eine konsistente Steuerung der Einheit erschwert.

Methode 3 eignet sich in der Regel nur für vergleichbare marktbezogene Aktivitäten. Die Individualität funktionaler Bereichsaufgaben lässt sich damit nicht berücksichtigen. Dies lässt sich am Beispiel der Prozessperspektive gut verdeutlichen. Der Bereich Personalwesen hat in der Regel die Hauptprozesse Personalbeschaffung, Personalentwicklung und Personalverwaltung. Dem gegenüber stehen die Prozesse der IT-Abteilung zum Beispiel Hardwarebetrieb, Softwareentwicklung, User Service und IT-Projekte. Damit müssen in den Prozessperspektiven völlig unterschiedliche Inhalte berücksichtigt werden.

Methode 4: Standard-Balanced-Scorecard mit Anpassung der Zielwerte und/oder der strategischen Aktionen

Bei der Definition einer Standard-Balanced-Scorecard werden die strategischen Ziele und Messgrößen für die nachgelagerten Balanced Scorecards bereits auf übergeordneter Ebene definiert. Das heißt, die abgeleiteten Balanced Scorecards sehen grundsätzlich gleich aus. Zielwerte und/oder strategischen Aktionen werden jedoch individuell festgelegt.

Unternehmen, welche weitgehend homogene Einheiten wie bspw. Vertriebseinheiten für unterschiedliche Regionen haben, nutzen diese Methode, um ein einheitliches Zielsystem aufzubauen. Des Weiteren können die einzelnen Einheiten durch identische Messgrößen einem internen Benchmarking unterzogen werden.

Typisch ist Methode 4 zum Beispiel für Franchisesysteme, etwa in Baumärkten oder Restaurantketten. Die erreichbaren Zielwerte werden variieren, je nachdem ob das Restaurant in der Haupteinkaufsstrasse einer Großstadt oder in ländlicher Gegend liegt. Das Zielsystem als solches bleibt jedoch gleich.

Methode 5: Direkte Ableitung strategischer Aktionen

Die übergeordnete Balanced Scorecard wird auf solche Ziele hin analysiert, die der Betrachtungsbereich unterstützen kann. Darauf aufbauend folgt lediglich eine Definition der strategischen Aktionen, mit denen die jeweilige Einheit zur Erreichung der Ziele beitragen kann. Das Ergebnis ist die Vereinbarung von strategischen Aktionen.

Bei geringer strategischer Autonomie der Bereich kann mit Methode 5 ein sehr schlankes Vorgehen im Balanced-Scorecard-Roll-out sichergestellt werden. Allerdings kommt der inhaltliche Diskussionsprozess zu kurz.

Methode 6: Reine Kommunikation

Die Ausrichtung der Beteiligten auf die Umsetzung der Strategie erfolgt nicht durch die Vereinbarung von Zielen oder strategischen Aktionen, sondern auf Grundlage offener Kommunikation der übergeordneten Balanced Scorecard (Informationsveranstaltungen, Roadshows, Broschüren, Leitfäden usw.). Es entsteht bei dieser Methode folglich kein eigenes Zielsystem.

Methode 6 eignet sich in der Regel nur jenseits der zweiten oder dritten Organisationsebene eines Unternehmens als Ersatz einer weiteren Kaskadierung. Beispielsweise könnten in einem Produktionswerk zwar noch für die einzelnen Betriebe eigene Zielsysteme nach einer der vorigen Methoden aufgebaut werden. Auf Ebene der Meistereien erfolgt aber lediglich die Kommunikation der Inhalte der Betriebs-BSC durch den jeweiligen Betriebsleiter. So kann der Verantwortliche die »richtige Sprache« für seine Leute in der Kommunikation finden, ohne sie mit eigenständiger Erarbeitung eines Zielsystems zu überfordern.

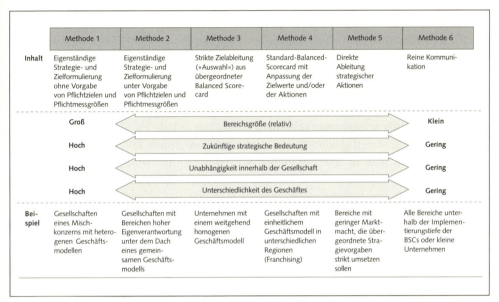

	Methode 1	Methode 2	Methode 3	Methode 4	Methode 5	Methode 6
Inhalt	Eigenständige Strategie- und Zielformulierung ohne Vorgabe von Pflichtzielen und Pflichtmessgrößen	Eigenständige Strategie- und Zielformulierung unter Vorgabe von Pflichtzielen und Pflichtmessgrößen	Strikte Zielableitung (»Auswahl«) aus übergeordneter Balanced Scorecard	Standard-Balanced-Scorecard mit Anpassung der Zielwerte und/oder der Aktionen	Direkte Ableitung strategischer Aktionen	Reine Kommunikation
	Groß		Bereichsgröße (relativ)			Klein
	Hoch		Zukünftige strategische Bedeutung			Gering
	Hoch		Unabhängigkeit innerhalb der Gesellschaft			Gering
	Hoch		Unterschiedlichkeit des Geschäftes			Gering
Bei-spiel	Gesellschaften eines Misch-konzerns mit hetero-genen Geschäfts-modellen	Gesellschaften mit Bereichen hoher Eigenverantwortung unter dem Dach eines gemein-samen Geschäfts-modells	Unternehmen mit einem weitgehend homogenen Geschäftsmodell	Gesellschaften mit einheitlichem Geschäftsmodell in unterschiedlichen Regionen (Franchising)	Bereiche mit geringer Markt-macht, die über-geordnete Stra-tegievorgaben strikt umsetzen sollen	Alle Bereiche unter-halb der Implemen-tierungstiefe der BSCs oder kleine Unternehmen

Abb. 6.4: Entscheidungskriterien zur Auswahl der Methoden

Die Auswahl der konkreten Roll-out-Methode, die für jede Einheit angewandt werden soll, hängt von der spezifischen Situation ab. Es ist die grundlegende Entscheidung zu treffen, ob eine Unternehmenseinheit eine vollständige Balanced Scorecard (Ziele, Strategy Map, Messgrößen und strategische Aktionen) erhalten soll oder nicht. Unternehmenseinheiten sollten einen vollständigen Balanced-Scorecard-Prozess durchlaufen, d. h. eine der Methoden 1-4 anwenden, wenn

➤ die Einheit einen wichtigen Beitrag zur Umsetzung der Gesamtstrategie leistet,
➤ strategische Ziele gemeinsam diskutiert und erarbeitet werden sollen,
➤ es gilt, das Verständnis der übergeordneten Balanced Scorecard zu vertiefen,
➤ die Förderung von strategischem Denken auf der Ebene im Vordergrund steht.

Sind diese Anforderungen nicht gegeben, so erfolgt die Zielkonkretisierung über die Bestimmung von strategischen Aktionen – siehe Methode 5. Dies ermöglicht die Integration der strategischen Aktionen in ein Zielvereinbarungssystem.

Methode 6 lässt die Inhalte der Balanced Scorecard der vorgelagerten für die nachgelagerte Einheit in einem relativ unverbindlichen Raum. Hier muss das Management durch die Führung dafür Sorge tragen, dass auch die nachgelagerten Einheiten strategieorientiert handeln.

Die Methodenvielfalt muss nach unserer Erfahrung auf zwei bis drei Methoden reduziert bleiben, um Verwirrung zu vermeiden. Dabei ist stets darauf zu achten, dass durch die angewandte Methode die notwendige Akzeptanz und Identifikation mit den Ergebnissen in der Roll-out-Einheit gewährleistet wird.

6.2.3 Die Balanced Scorecard kaskadieren

Die ausgewählte Methode bestimmt die Durchführung des Herunterbrechens – die Kaskadierung. Exemplarisch soll im Folgenden das Vorgehen bei der Methode 1 beschrieben werden, da dies die komplexeste Roll-out-Variante ist.

Bei der Ableitung strategischer Ziele in der Roll-out-Einheit wird systematisch überprüft, welchen Beitrag die Roll-out-Einheit zu den übergeordneten Zielen leisten kann. Dabei können verschiedene Fälle auftreten, die in folgender Abbildung 6.5 zusammengefasst sind.

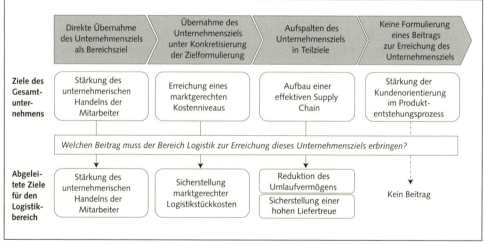

Abb. 6.5: Ableitung von strategischen Zielen auf nachgelagerte Einheiten

Es empfiehlt sich, das Kaskadieren der Balanced Scorecards zu nutzen, um die Zielformulierung so konkret wie möglich auf die jeweilige Organisationseinheit anzupassen. Die naturgemäß eher abstrakten Unternehmensziele sollten in spezifische Bereichsziele übersetzt werden, die den konkreten Strategiebeitrag klar herausstellen. Ziele, die einen Bereich besonders betreffen, sollten beim Kaskadieren in mehrere konkrete Teilziele aufgespalten werden, um die Ableitung von Aktionen zu erleichtern: Ein Unternehmensziel »Sicherstellen einer effektiven Supply Chain« sollte im Logistikbereich des Unternehmens in mindestens zwei bis drei Teilziele heruntergebrochen werden. Ein Unternehmensziel

»Forcieren einer marktgerechten Produktentwicklung« wird im F&E-Bereich mehrere spezifische Teilziele erfordern.

Zusätzlich zu den aus den Unternehmenszielen abgeleiteten Zielen, können sich je nach Roll-out-Methode weitere bereichsspezifische Ziele aus den individuellen Stärken, Schwächen, Chancen und Risiken ergeben.

Für alle abgeleiteten strategischen Ziele sind wiederum Messgrößen mit Zielwerten und strategischen Aktionen festzulegen. Eine Standardisierung der Messgrößen ist sinnvoll, um den Aufwand für Definition und Implementierung der Messgrößen möglichst zu begrenzen und gleichzeitig den Vergleich der Performance verschiedener Bereiche zu erleichtern. Um die Messgrößenauswahl zu optimieren, ist es jedoch häufig sinnvoll, in jedem Bereich zunächst Messgrößenvorschläge zu erarbeiten und diese als Grundlage einer Standardisierung zu nutzen. Zielwerte und Aktionen sind in der Regel nicht standardisierbar und müssen somit bereichsspezifisch festgelegt werden. Gerade bei der Auswahl der Aktionen sollte dem betreffenden Bereich ein hohes Maß an Freiheit eingeräumt werden. Der vorgelagerte Bereich sollte sich auf die Vereinbarung klarer Ziele beschränken.

Abbildung 6.6 zeigt eine bewährte Vorgehensweise zur Erarbeitung von nachgelagerten Balanced Scorecards gemäß Methode 1. Dabei werden gezielt Workshops durchgeführt, um durch Interaktion die Vorteile des gemeinsamen Erarbeitens einer Balanced Scorecard zu realisieren und insbesondere die Akzeptanz der Ergebnisse zu erhöhen. Bei einem mittelständischen weltweit agierenden Unternehmen wurde diese Variante angewendet, um mit Hilfe der Balanced Scorecard internationale Gesellschaften zu steuern.

Strategische Erwartungen klären	Chancen/ Risiken der Weiterentwicklung nutzen	Stärken- und Schwächenprofil erstellen	Strategische Ziele ableiten	Ursache-Wirkungs-Beziehungen erarbeiten	Messgrößen und Zielwerte festlegen	Strategische Aktionen ableiten und konkretisieren
■ Strategische Vorgaben einbinden (Ziele und/ oder strategische Aktionen) ■ Finanzielle Erwartungen aufnehmen	■ Chancen und Risiken im Rahmen der strategischen Weiterentwicklung erarbeiten	■ Stärken und Schwächen gegenüberstellen ■ Anforderungen anderer Projekte abgleichen ■ Strategische Ausrichtung festlegen	■ Ziele aus den vorangegangen Überlegungen ableiten ■ Ziele in Perspektiven integrieren ■ Strategische Aktionen und Ziele zuordnen	■ Strategisch beabsichtigte Beziehungen zwischen den Zielen darstellen ■ Ausgewogenheit der Balanced Scorecard sicherstellen ■ Konsistenz der Ziele überprüfen	■ Größen zur Messung der Zielerreichung erarbeiten ■ Zielwerte für den langfristigen Planungshorizont festlegen ■ Konkrete Zielwertvorstellung für das Folgejahr definieren	■ Strategische Aktionen zur Zielerreichung entwickeln ■ Ressourcenaufwendungen der strategischen Aktionen abschätzen ■ Durchführung von strategischen Aktionen priorisieren ■ Verantwortliche für die Umsetzung festlegen

Abb. 6.6: Beispiel für die Vorgehensweise bei der Entwicklung von eigenständigen Balanced Scorecards für nachgelagerte Einheiten

Im Zeitverlauf betrachtet, benötigten wir für die Arbeitspakete 1, 2 und 3 bis zur Ableitung der strategischen Ziele in der Regel zwischen zwei und drei Wochen, inkl. Vor- und

Nachbereitung durch die Arbeitsgruppen und Diskussion der Ergebnisse im Rahmen eines Workshops. Die Ergebnisse wurden dann mit den vorgelagerten Einheiten abgestimmt. In einem zweiten Workshop erfolgte die Diskussion, Anpassung, Verabschiedung und Genehmigung der vorbereiteten Balanced Scorecard unter Mitwirkung der vorgelagerten Einheit. Im Falle des Energieversorgungsunternehmens fand diese Methode zeitlich versetzt für alle Bereiche der Hauptgesellschaften Anwendung.

6.2.4   Ziele, Messgrößen und Aktionen bereichsübergreifend abstimmen

Das strategieorientierte Ausrichten der Organisation erfordert neben dem Kaskadieren der Balanced Scorecard auf die relevanten Organisationseinheiten vor allem einen klar strukturierten und zielgerichteten Abstimmungsprozess – das sogenannte Strategy Alignment. Nur so kann sichergestellt werden, dass
➢ das Management ein fundiertes gemeinsames Verständnis der Strategie erarbeit,
➢ der Strategiebeitrag jeder Einheit klar herausgearbeitet wird,
➢ die Unternehmensziele durch nachgelagerte Einheiten ausreichend unterstützt werden,
➢ die Teilstrategien auf nachgelagerten Ebenen konsistent und vollständig sind,
➢ im Rahmen der Strategieumsetzung Doppelarbeiten bei Messgrößen und Maßnahmen vermieden werden.

Wir stellen vermehrt fest, dass dieser strukturierte Abstimmungsprozess von den meisten Unternehmen als ganz wesentlicher Nutzen eines Strategieumsetzungsprojektes mit Balanced Scorecards wahrgenommen wird. Häufig gelingt es, Reibungspunkte im Zusammenspiel der Unternehmenseinheiten zu identifizieren und so überfällige Entscheidungen zu fällen. Damit wird viel Energie, die an internen Schnittstellen verloren ging, für die eigentliche Strategieumsetzung freigesetzt.

Praxisbeispiel

Ein mittelständisches Unternehmen hatte durch intensive Akquisitionstätigkeit eine Reihe von Tochtergesellschaften im Ausland erworben. Das internationale Zusammenspiel zwischen Töchtern und Muttergesellschaft sowie zwischen den Töchtergesellschaften war geprägt von zahlreichen Reibungsverlusten aufgrund unterschiedlicher strategischer Ausrichtungen der Einzelgesellschaften.
Das Unternehmen entschied sich, gemeinsam mit dem internationalen Managementteam eine Balanced Scorecard zu erarbeiten und auf die Auslandstöchter auszurollen. Als Ergebnis der Abstimmung der strategischen Zielsysteme der Töchtergesellschaften konnte das Projektteam die bislang diffusen Reibungsverluste im internen Zusammen-

spiel in eine klare, priorisierte Entscheidungsliste überführen, die nach und nach abgearbeitet werden konnte.

Der strukturierte Abstimmungsprozess muss von Anfang an als klarer Meilenstein im Projektplan verankert werden. Eine inhaltliche Abstimmung nachgelagerter Zielsysteme ist allerdings nur dann sinnvoll, wenn im Rahmen der Kaskadierung ausreichend Freiheitsgrade für die Zielformulierung auf der zweiten Ebene bestehen (Einsatz von Roll-out-Methode 1 oder 2, vgl. Kap. 6.2.2).

Für die strategieorientierte Ausrichtung ist es entscheidend, schon beim Erarbeiten der Unternehmens-BSC das gesamte obere Managementteam und nicht nur den Vorstand bzw. die Geschäftsführung einzubeziehen. Nur so kann Akzeptanz und gemeinsames Verständnis für die Unternehmenszielsetzungen geschaffen werden. Es empfiehlt sich alle Unternehmensbereichsleiter, Leiter zentraler Funktionen und ggfs. auch Regionalleiter einzubeziehen. Dies stellt aufgrund der Größe der Gruppe sowie der Bindung von Managementkapazität besondere Herausforderungen an eine sehr intensive Vorbereitung und effektive Durchführung des Workshops durch das Projektteam.

Hinsichtlich der Abstimmungsschleifen kann zwischen einem Single-Loop- und einem Double-Loop-Vorgehen unterschieden werden.

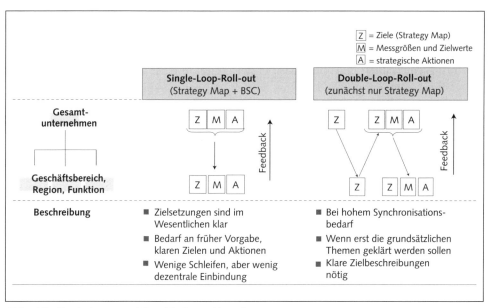

Abb. 6.7: Single-Loop und Double-Loop-Vorgehen

Beim Single-Loop-Vorgehen werden ausgehend von der Unternehmens-BSC auf der zweiten Managementebene vollständige Balanced Scorecards erarbeitet, d. h. neben strategischen Zielen in Form einer Strategy Map bereits Messgrößen und strategische Aktionen festgelegt. Die Abstimmungsschleife erfolgt erst im Anschluss daran. Dieses klassische Vorgehen hat entscheidende Nachteile: Unternehmenseinheiten auf der zweiten Ebene erarbeiten Messgrößen und Maßnahmen bevor die strategischen Zielsetzungen aller Bereiche abgestimmt sind. Zwar ist dieses Vorgehen grundsätzlich schneller. Unter Umständen kommt es aber zu späteren Anpassungen von Messgrößen und Maßnahmen, die nicht nur ressourcenintensiv sind, sondern auch die Akzeptanz bei den Beteiligten senken, indem bereits definierte Ziele erneut hinterfragt werden müssen.

Stellt die Abstimmung der Unternehmenseinheiten ein wichtiges Projektziel dar, empfehlen wir ein zweistufiges Vorgehen (Double Loop). Bei diesem Ansatz wird dezidiert mehr Zeit auf die Abstimmung im Managementteam verwendet. Ausgehend von gemeinsam erarbeiteten Unternehmenszielen werden strategische Zielsysteme in Form von Strategy Maps auf der zweiten Managementebene erarbeitet. Diese Zielsysteme geben eine klare Antwort darauf, wie der jeweilige Bereich die Unternehmensziele unterstützen kann. Was ist der konkrete strategische Beitrag einer Region, um das Unternehmensziel der Stärkung globaler Marken zu unterstützen? Welche Marken sollen in der Region besonders positioniert werden? Welche Marken lassen sich aufgrund lokaler Besonderheiten nicht oder nur schlecht verankern? Welche zusätzlichen lokalen strategischen Zielsetzungen gibt es?

Dieses Zwischenergebnis dient als Basis für einen strukturierten Abgleich der strategischen Ausrichtung aller Unternehmenseinheiten. Er bietet auch die Möglichkeit, auf Basis der Bottom-up-Rückmeldung die Unternehmensziele zu schärfen. Erst wenn im gesamten Managementteam ein klares gemeinsames Verständnis für die strategischen Ziele besteht, wird die Erarbeitung von Messgrößen und Maßnahmen auf der zweiten Managementebene initiiert. Auch diese Ergebnisse werden wiederum in einer zweiten Schleife bereichsübergreifend abgestimmt. Als Ergebnis entsteht ein konsistentes, gemeinsam getragenes System von Balanced Scorecards.

Praxisbeispiel

Große, insbesondere multinationale Unternehmen stehen vor der Herausforderung die Potenziale ihrer Organisation voll zu nutzen. Es gilt, als integriertes Unternehmen mehr Wert zu schaffen als die Summe der Unternehmensteile für sich allein. Einige multinationale Konzerne nutzen das Instrument der Balanced Scorecard und insbesondere Strategy Maps gezielt dazu, die strategieorientierte Ausrichtung aller Teilbereiche (»Strategy Alignment«) sicherzustellen.

Durch starkes generisches Wachstum aber auch durch zahlreiche internationale Akquisitionen hatte sich ein großer Konsumgüterhersteller in den letzten Jahren zu einer weltweit agierenden, multi-lokalen Organisation mit teilweise recht unterschiedlichen Sortimentsschwerpunkten entwickelt. Die zunehmend internationale Ausrichtung wichtiger Handelspartner erfordert aber ein weltweit verfügbares und unter globalen Marken geführtes Sortiment. Aufgrund der starken lokalen Verantwortung konnten Synergien in allen wichtigen Funktionsbereichen (Marketing, Vertrieb, Supply Chain, Produktion, Entwicklung) nicht immer optimal realisiert werden.

Zur Bewältigung dieser Herausforderung wurde die Organisationsstruktur neu ausgerichtet und global koordinierende Zentralfunktionen geschaffen. Die Strategie des Unternehmens wurde mit Hilfe einer Strategy Map klar formuliert und auf alle Einheiten (Regionen, Business Units, Funktionen) heruntergebrochen. In einem zweiten Schritt wurde die strategische Ausrichtung aller Teilbereiche kritisch überprüft und Zielkonflikte transparent gemacht und gelöst (»Strategy Alignment«). So konnte das Managementteam die neue Unternehmensstruktur verankern und die internationale Koordination wesentlich verbessern.

Die Ergebnisse dieser Anstrengung waren nicht nur in Bezug auf den finanziellen Erfolg beeindruckend. Auch die jährliche Führungskräfteumfrage zeigte das klare gemeinsame Verständnis und die Unterstützung des internationalen Managementteams zum eingeschlagenen Pfad. Die Beteiligung an der Umfrage war deutlich höher und in allen abgefragten Themenkomplexen wurden deutlich bessere Ergebnisse erzielt.

Wichtigster Schritt im Rahmen des Abstimmungsprozesses bei der Strategieumsetzung mit Balanced Scorecards ist es, die strategischen Zielsysteme (Strategy Maps) aller Unternehmensbereiche auf die Gesamtstrategie auszurichten und die Konsistenz sicherzustellen. Voraussetzung dafür ist, dass alle Bereiche die bereichsspezifischen Strategy Maps erarbeitet haben. Im Vordergrund des Abgleichs stehen zwei Aspekte: die vertikale und die horizontale Zielabstimmung.

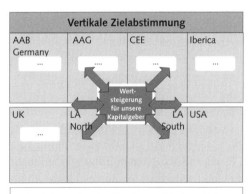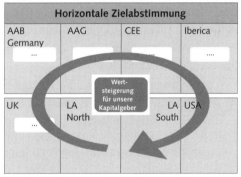

Abb. 6.8: Vertikale und horizontale Zielabstimmung von Balanced Scorecards

Mit Hilfe der vertikalen Synchronisation wird überprüft, ob die Unternehmensstrategie durch die formulierten Teilstrategien ausreichend unterstützt wird: Vorausgesetzt alle Teilstrategien werden erfolgreich umgesetzt: Wäre dies ausreichend um die Unternehmensziele zu erreichen? Haben alle Bereiche ihren möglichen Beitrag formuliert?

Die vertikale Synchronisation erfolgt aber nicht nur top-down. Im Rahmen der Kaskadierung einer Balanced Scorecard auf die zweite Managementebene erfolgen zahlreiche intensive Diskussionen. Die Unternehmens-BSC wird so ganz natürlich einer Qualitätssicherung unterzogen, muss sie doch kritischen Fragen zahlreicher Manager und Mitarbeiter standhalten. Der Synchronisationsprozess sollte auch dafür genutzt werden, wichtige Bottom-up-Rückmeldungen zu bündeln und wo sinnvoll die Top-Balanced-Scorecard weiterzuentwickeln.

Ebenso wichtig wie die vertikale Synchronisation ist es, die erarbeiteten Balanced Scorecards auch horizontal aufeinander abzustimmen: Gibt es zwischen den Zielsetzungen der zweiten Managementebene Konflikte oder Widersprüche? Fehlen strategische Zielsetzungen auf Strategy Maps, obwohl der betreffende Bereich einen Beitrag hierzu erbringen sollte? Diese Frage ist insbesondere auch für die unterstützenden betrieblichen Funktionen zu klären.

In einem Projekt bei einem mittelständischen Maschinenbauer war eines der Unternehmensziele, den Produktentstehungsprozess zu beschleunigen und kundenorientierter auszurichten. Im Rahmen des Balanced-Scorecard-Roll-outs formulierte der F&E-Bereich ausgehend von den Unternehmenszielen auch einen entsprechenden Beitrag. Im Marketingbereich wurde das Thema allerdings nur partiell aufgegriffen. Das vorgeschlagene Marketingzielsystem enthielt kein strategisches Ziel zur Beschleunigung des Produktentstehungsprozesses. Dabei kam es vor allem deshalb häufig zu Verzögerungen, weil im Rahmen eines Entwicklungsprozesses die Spezifikationen von Seiten des Marketings verändert wurden. Der horizontale Synchronisationsprozess brachte diese Inkonsistenz zu Tage und der Marketingbereich ergänzte das eigene Zielsystem entsprechend.

Die bereichsübergreifende Harmonisierung und Standardisierung von Messgrößen ist entscheidend, um die Handhabbarkeit eines Balanced-Scorecard-Systems sicherzustellen. Der Aufwand für die Datenerhebung wird minimiert und es wird vermieden, dass einzelne Verantwortliche aus unterschiedlichen Bereichen ähnliche Datenanfragen erhalten. Für das Management bietet eine Harmonisierung der Messgrößen den Vorteil, dass bereichsspezifische Balanced Scorecards besser vergleichbar und interpretierbar werden. Schließlich ist die Interpretation jeder neuen Kennzahl auch mit einer Lernkurve des Managements verbunden. Nicht zuletzt sorgt die bereichsübergreifende Verpflichtung auf gemeinsame Messgrößen auch für die Reduktion von Interessenskonflikten durch widersprüchliche Kennzahlen.

In einem Projekt bei einem, im Familieneigentum befindlichen mittelständischen Automobilzulieferer wurde die Senkung des Working Capitals als Unternehmensziel formuliert. Als wesentlicher Hebel dazu dient das Forderungsmanagement, mit dem klassischen Zielkonflikt zwischen den Interessen des Vertriebs (Belastung der Kundenbeziehung durch Mahnungen) und den Interessen des Finanz-/Rechnungswesens (konsequente Reduzierung der überfälligen Forderungen). Die Reduzierung der Forderungen wurde konsequenterweise sowohl in der Balanced Scorecard des Vertriebs als auch in der des Finanz-/Rechnungswesens verankert. Zudem wurden gemeinsame Zielwerte (sogenannte Gruppenziele) für die Führungskräfte beider Bereiche in die individuellen Zielvereinbarungen aufgenommen.

Auch strategische Maßnahmen sollten bereichsübergreifend koordiniert werden. Hier empfiehlt sich wiederum eine enge Einbindung des Managements. Im Vordergrund steht die Schaffung von Transparenz für die konkreten geplanten Veränderungen in allen Bereichen. Häufig ergeben sich aus einzelnen Aktivitäten bereichsübergreifende Implikationen, die es zu beachten gilt. Kleine Prozessveränderungen können beispielsweise für den IT-Bereich erhebliche Kosten nach sich ziehen. Durch die bereichsübergreifende Koordination werden diese Auswirkungen transparent und können in die finale Entscheidung, welche Maßnahmen prioritär umzusetzen sind, einbezogen werden.

Die bereichsübergreifende Abstimmung der Maßnahmen führt aber auch dazu, dass Koordinationsbedarf deutlich wird. Im Falle eines global agierenden Konsumgüterherstellers hatten sich viele der insgesamt 30 Regionen vorgenommen den Scoutingprozess für Akquisitionsziele zu professionalisieren und entsprechende Bewertungsraster zu entwickeln. In solchen Fällen ist eine übergreifende Koordination zur Vermeidung von Doppelarbeiten und konzerninterne Standardisierung sinnvoll.

Praxisbeispiel

Bei einem global agierenden, börsennotierten Unternehmen der Medizintechnik stellte die strategieorientierte Ausrichtung der Organisation eine zentrale Projektzielsetzung dar, da zahlreiche bereichsübergreifende Prozesse nicht reibungslos verliefen. Neben einer Strategy Map auf Konzernebene wurden Strategy Maps für drei Geschäftsbereiche und acht global agierende Funktionsbereiche erarbeitet.

Für das Projekt wurde ein Double-Loop-Vorgehen gewählt, d. h. es gab zwei intensive Synchronisationsworkshops im gesamten Managementteam. Im Rahmen der ersten Synchronisation wurden die Strategy Maps aller Bereiche harmonisiert. Der zweite Synchronisationsworkshop zielte auf die Abstimmung der Messgrößen und strategischen Aktionen aller Bereiche. Ausgehend von den Unternehmenszielen wurden fünf strategische Themen identifiziert. In bereichsübergreifenden Arbeitsgruppen wurden die wichtigsten Maßnahmenvorschläge entlang der fünf Themen gruppiert und intensiv abgestimmt. Konflikte, die in der Arbeitsgruppe nicht gelöst werden konnten, wurden als Entscheidungsvorlage an den Vorstand eskaliert.

Als Ergebnis des Prozesses verfügte das gesamte Managementteam über ein klares Bild der konkreten Projektvorschläge aller Bereiche. Konflikte konnten zeitnah identifiziert und gelöst werden. Zudem wurde deutlich, dass einige strategische Schwerpunkte des Unternehmens bislang unzureichend mit Maßnahmen hinterlegt waren. Hier wurden auf Basis der Synchronisation zusätzliche Maßnahmen initiiert.

6.3   Fallstudie »Die Organisation strategieorientiert ausrichten«

6.2.1 Konzeption des Roll-outs

Nach der erfolgreichen Entwicklung der Balanced Scorecard für das Gesamtunternehmen stellt sich für Prints die Frage nach einem weitergehenden Einsatz der Balanced Scorecard. Bereits die erarbeitete Unternehmens-BSC gab dem Unternehmen und seinen Mitarbeitern Transparenz über die Unternehmensstrategie und damit eine Richtungsweisung für das Tagesgeschäft. Das Management traf jedoch unmittelbar nach Fertigstellung des Projektes die Entscheidung, die Balanced Scorecard in größerem Umfang innerhalb des Unternehmens anzuwenden. Für das Management waren hierfür zwei Gründe ausschlaggebend:

➢ Die Balanced Scorecard soll in den einzelnen Funktionseinheiten als Basis einer Strategiediskussion und -erarbeitung dienen.

➢ Verbesserte Umsetzung der Unternehmensstrategie durch Herunterbrechen der strategischen Ziele des Gesamtunternehmens auf die Funktionaleinheiten.

Die Geschäftsführung sah einen wesentlichen Erfolgsbaustein in einer möglichst breit angelegten Strategiediskussion innerhalb des Unternehmens. Deshalb wurde bzgl. der Struktur des Roll-outs beschlossen, je Funktionalbereich eine eigenständige Strategie und dementsprechend jeweils eine eigene Balanced Scorecard zu entwickeln. Darüber hinaus wurde eine Balanced-Scorecard-Erarbeitung auf Funktionalbereichsebene als Voraussetzung gesehen, um die mittels der Balanced Scorecard dargestellte Unternehmensgesamtstrategie durchgängig umzusetzen. Ausschlaggebend für die Entscheidung des Managements war, dass der Nutzen für die zweite Führungsebene allein durch den Erarbeitungsprozess der Balanced Scorecards erheblich ist. Man erwartete dadurch ein vertieftes Verständnis für die Strategie und für die Balanced Scorecard von Prints sowie eine intensivere Auseinandersetzung mit dem Zielbeitrag des eigenen Bereiches. Intensiv wurde darüber diskutiert, dass durch das Erarbeiten von funktionalen Balanced Scorecards die Notwendigkeit der Abstimmung zwischen den Funktionsbereichen besteht und damit der Aufwand erhöht wird. Immerhin: Das Management sah in dieser Abstimmung auch einen positiven Effekt – nämlich den eines intensiveren bereichsübergreifenden Dialogs.

Einen weiteren Diskussionspunkt innerhalb des Managementteams stellte die Frage bzgl. eines Roll-outs nach Prozessen anstatt nach Funktionaleinheiten dar. Die Prozessorientierung stellt bei der Prints GmbH die gewollte Ausrichtung dar, jedoch war diese in der Organisation derzeit noch nicht ausreichend implementiert. Nach wie vor stellten die funktionalen Einheiten die vorrangige Ausrichtung dar. Ein Mitglied der Geschäftsführung argumentierte dafür, durch Balanced Scorecards für Prozesse das Prozessmanagement dauerhaft im Unternehmen zu verankern. Nach intensiver Evaluierung der Vor- und Nachteile und der Einholung von Erfahrungen aus vergleichbaren Unternehmen beschloss die Geschäftsführung jedoch einstimmig, den Roll-out gemäß den Funktionen durchzuführen, da als vorrangiges Ziel die Strategieumsetzung gesehen wurde. Eine Balanced-Scorecard-Erstellung bezogen auf Prozesse wurde solange zurückgestellt, bis die Prozessorientierung organisatorisch verankert und insbesondere gelebt wurde. Auf diese Weise wollte man die Strategieumsetzung nicht an der mangelnden Akzeptanz der prozessorientierten Ausrichtung scheitern lassen.

Das Management von Prints entschied sich, den Roll-out in die Organisation unverzüglich zu starten. Es wurde ein Projektteam installiert, welches zunächst das Grobdesign des Roll-outs definierte. In einem ersten Schritt wurden die Organisationseinheiten festgelegt, für welche jeweils eigenständige strategische Überlegungen und Scorecards aufzubauen waren. Die wesentliche Entscheidung bestand in der Wahl der Roll-out-Methodik. Prinzipiell standen hier, wie in Kapitel 6.2.2 dargestellt, verschiedene Möglichkeiten zur Verfügung.

Zur Festlegung der Methodik untersuchte das Team in einem ersten Schritt je Organisationseinheit die Eignung der jeweiligen Roll-out-Methodik. Als Ergebnis konnte bei den zentralen Funktionaleinheiten (Vertrieb & Marketing, Logistik, Einkauf, Produktion, Forschung & Entwicklung und Organisation/Verwaltung) auf Grund der Eigenständigkeit und der Bereichsgrößen durchgängig die Notwendigkeit nach einer eigenständigen Strategiediskussion ohne eine Eingrenzung durch zu strenge Vorgaben festgestellt werden. Dagegen wurde für die regionalen Vertriebszentren, welche in Größe, Struktur und Aufgabenbereich vergleichbar waren, eine stärkere Vorgabefunktion sowie die Notwendigkeit nach einer einheitlichen Strategiedarstellung gesehen. Als Ergebnis dieser Überlegungen wurden im nächsten Schritt die Methoden bestimmt, welche die Projektteams beim Roll-out auf die zweite Führungsebene anwenden sollten. Es wurde beschlossen, für die zentralen Funktionalbereiche jeweils eigenständige Balanced Scorecards unter Berücksichtigung des strategischen Handlungsrahmens und der konkreten Vorgaben durch die Unternehmens-BSC von Prints zu erstellen (Methodik 1). Neben einer Konkretisierung der strategischen Ziele des Gesamtunternehmens durch die jeweilige Einheit sollte auch die Möglichkeit zur Definition von neuen strategischen Zielen gegeben sein. Dieses Vorgehen bedeutete für jeden der Bereiche eine Workshopsequenz von vier eintägigen Workshops, verteilt über fünf Wochen (vgl. Abb. 6.9).

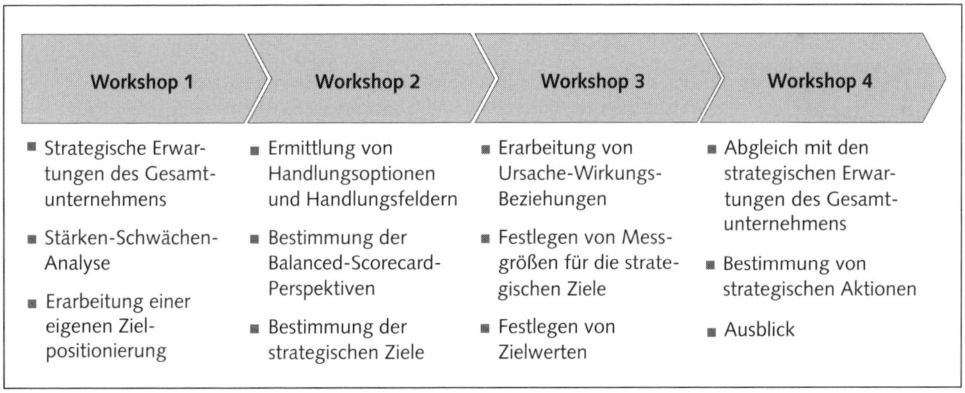

Workshop 1	Workshop 2	Workshop 3	Workshop 4
▪ Strategische Erwartungen des Gesamtunternehmens	▪ Ermittlung von Handlungsoptionen und Handlungsfeldern	▪ Erarbeitung von Ursache-Wirkungs-Beziehungen	▪ Abgleich mit den strategischen Erwartungen des Gesamtunternehmens
▪ Stärken-Schwächen-Analyse	▪ Bestimmung der Balanced-Scorecard-Perspektiven	▪ Festlegen von Messgrößen für die strategischen Ziele	▪ Bestimmung von strategischen Aktionen
▪ Erarbeitung einer eigenen Zielpositionierung	▪ Bestimmung der strategischen Ziele	▪ Festlegen von Zielwerten	▪ Ausblick

Abb. 6.9: Workshopsequenz beim Roll-out in den zentralen Funktionalbereichen

Für die regionalen Vertriebszentren sollte dagegen eine einheitliche Balanced Scorecard mit Standardzielen definiert werden, welche von der jeweiligen Einheit durch Zielwerte und Aktionen zu spezifizieren ist. Diese Balanced-Scorecard-Vorlage für die Vertriebszentren stellt dabei eine Konkretisierung der Balanced Scorecard des Gesamtunternehmens sowie der Scorecard des zentralen Funktionalbereichs Vertrieb & Marketing dar. Neben den Standardzielen sollte für das jeweilige Vertriebszentrum ebenfalls die Möglichkeit bestehen, die Balanced Scorecard um individuelle Ziele, welche für die organisatorische Einheit von strategischer Bedeutung sind, zu ergänzen (Methodik 4). Hierzu wurde im Vergleich zur kompletten Erstellung der Balanced Scorecard wie bei den Funktionalbereichen eine reduzierte Workshopfrequenz bestehend aus drei Workshops festgelegt, welche je Vertriebszentrum über drei Wochen verteilt durchzuführen war.

Als nächstes erfolgte das Feindesign des Roll-out-Projekts (vgl. Abb. 6.10).

Es wurde bspw. festgelegt, dass innerhalb der zwei Folgemonate der Bereich Logistik sowie der Zentralbereich Vertrieb & Marketing mit der Erarbeitung ihrer Balanced Scorecards starten und – um einen Monat zeitlich versetzt – die Bereiche Personal/Organisation, Einkauf, Produktion und Forschung & Entwicklung folgen sollten. Nach Fertigstellung der Balanced Scorecard für den Zentralbereich Vertrieb sollte mit der Erarbeitung der Balanced-Scorecard-Vorlage für die Vertriebszentren begonnen werden.

Abb. 6.10: Vorgehensweise Projektdesign Roll-out bei Prints

Die Prints-Geschäftsführung hatte zur Moderation der Workshops und zur Qualitätssicherung des Gesamtprozesses eine Unternehmensberatung beauftragt. Im Projektkoordinationsteam koordinierte das zentrale Controlling in Zusammenarbeit mit der Projektleiterin der Beratung den Roll-out.

Fest vereinbart wurden Abstimmungspunkte zwischen den Bereichsleitern und der Geschäftsführung zur Diskussion und Abnahme der jeweiligen Ergebnisse. Der erste Abstimmungspunkt erfolgte nach dem Erarbeiten der strategischen Ziele, der zweite nach Festlegung der Zielwerte. Der Fertigstellung der jeweiligen Bereichs-Balanced-Scorecards schloss sich der Genehmigungsprozess durch die Geschäftsführung an.

Abbildung 6.11 zeigt, dass für die Erstellung der einzelnen Bereichs-Balanced-Scorecards jeweils ein Workshop-Team zusammengestellt wurde, das die inhaltliche Erarbeitung vornahm. Neben der für den jeweiligen Bereich verantwortlichen Führungskraft waren weitere Bereichsvertreter und Methodenexperten dem jeweiligen Team zugeordnet. Im Lenkungsausschuss, der durch die Geschäftsleitung und einen Vertreter des Beratungsunternehmens besetzt war, wurden die Ergebnisse abgenommen und im Konfliktfall geschlichtet.

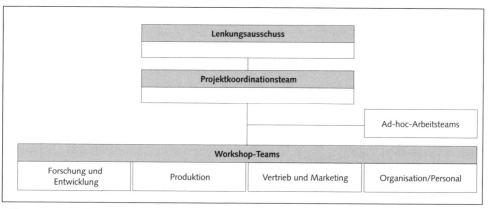

Abb. 6.11: Projektorganisation des Roll-outs bei Prints

6.3.2 Roll-out Phase 1: Erarbeitung eigenständiger Balanced Scorecards in den Zentralbereichen

Der Roll-out wurde zunächst in den zentralen Funktionalbereichen von Prints durchgeführt. Gemäß der Variante 1 stellt hierzu die Balanced Scorecard des Gesamtunternehmens (im Folgenden als »Top-BSC« bezeichnet) den Ausgangspunkt dar. Eigene strategische Überlegungen der jeweiligen Einheit stellen ebenfalls eine wesentliche Grundlage dar. Aber auch weitere Funktionalstrategien können Anforderungen an die Strategie des jeweiligen Bereiches haben, welche zu berücksichtigen sind. Aus diesen strategischen Überlegungen und Vorgaben ergeben sich die Anforderungen an die Strategie und damit an die Balanced Scorecard der jeweiligen Einheit (vgl. Abb. 6.12).

Im Folgenden soll das Vorgehen am Beispiel des Zentralbereichs Logistik dargestellt werden. In einem ersten Schritt wurden die Beiträge der Funktionaleinheiten zu den strategischen Zielen der Top-BSC festgestellt. Hierzu erfolgte eine systematische Überprüfung

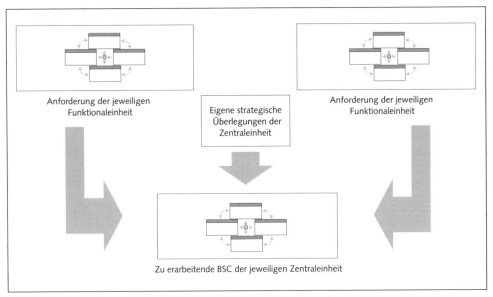

Abb. 6.12: Anforderungen an Strategie und Balanced Scorecard

jedes strategischen Ziels der Top-BSC bzgl. etwaiger Anforderungen an den Logistikbereich. Diese Anforderungen stellen den notwendigen Beitrag zur Erreichung der Ziele auf Gesamtunternehmensebene dar. In Abbildung 6.13 ist beispielhaft ein Auszug dieser Evaluierung für den Bereich Logistik dargestellt.

Das Workshop-Team für diesen Funktionalbereich prüfte zu jedem Ziel der Top-BSC eine etwaige Anforderung an die Logistik. Das Team stellte z. B. fest, dass zum Aufbau einer konkurrenzfähigen Kostenstruktur für das Gesamtunternehmen ein wesentlicher Beitrag durch die Logistik zu leisten ist.

Die auf diese Weise festgestellten Anforderungen stellen noch nicht die endgültigen strategischen Ziele für den Logistikbereich dar. Bevor mit der eigentlichen Definition der strategischen Ziele und der Erstellung der Strategy Map begonnen wurde, wurden in einem weiteren Schritt die Anforderungen der übrigen Bereiche an die Logistik erhoben.

Strategische Ziele der Top-BSC »Prints«	Anforderungen an den Logistikbereich zur Zielerreichung auf Gesamtunternehmensebene
▪ Konkurrenzfähige Kostenstruktur aufbauen	▪ Reduzierung der Logistikkosten
▪ Kundenbetreuung aktiver gestalten	▪ Servicegrad erhöhen
▪ Synergien nutzen	▪ Einheitliche IT-Systeme in der Logistik
▪ Interne Kundenorientierung erhöhen	▪ Kundenorientierung in der Logistik erhöhen
▪ ...	▪ ...

Abb. 6.13: Überprüfung der Anforderungen an den Zentralbereich Logistik zur Erreichung der strategischen Ziele der Top-BSC

Hierzu erfolgte je Bereich eine Abfrage von Anforderungen an weitere Einheiten. Der Vertrieb nannte als Anforderung bspw. die Notwendigkeit, Logistikleistungen offensiv zu vermarkten. Nach Einschätzung des Vertriebs sei hierdurch gegenüber den Kunden ein deutlicher Wettbewerbsvorteil zu erzielen. Nach Diskussion mit dem Bereichsleiter Logistik wurde dieser der Logistik bisher unbekannte Aspekt als wertvolle Anregung für die Strategiediskussion aufgenommen.

Eine einmalige Erhebung von bereichsspezifischen Anforderungen wird in den meisten Fällen nicht ausreichend sein. So kann sich im Verlauf der Spezifizierung der jeweiligen Bereichsstrategien weiterer Diskussionsbedarf bzgl. bereichsübergreifender Anforderungen ergeben. Ein wesentlicher Erfolgsfaktor für diese Abstimmungen stellt ein klar definiertes Prozessdesign mit entsprechenden Abstimmungspunkten zwischen den einzelnen Einheiten untereinander sowie zwischen den Einheiten und der Geschäftsführung dar.

Mit der Kenntnis der Anforderungen aus Sicht des Gesamtunternehmens und der jeweiligen Bereiche lagen für das Workshop-Team des Logistikbereichs die wesentlichen Anforderungen vor, welche bei der Definition der Strategie unbedingt zu berücksichtigen waren. Ergänzt wurde diese Vorgabe durch eine eigenständige Strategieklärung für die Logistik. Schließlich wurde die eigentliche Balanced Scorecard erarbeitet. Hierzu wurde das Vorgehen analog zur Erarbeitung der Balanced Scorecard des Gesamtunternehmens angewendet (vgl. Kap. 5). Es wurde dabei der vollständige Erstellungsprozess durchlaufen, so dass als Ergebnis eine Balanced Scorecard entsprechend der Top-BSC erarbeitet wurde. Die erarbeitete Strategy Map für die Logistik ist in Abbildung 6.14 dargestellt.

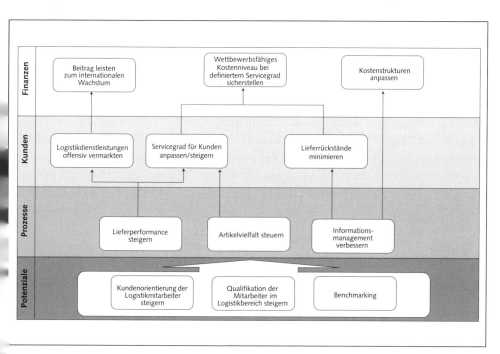

Abb. 6.14: Strategy Map des Zentralbereichs Logistik

Entsprechend dieser Methodik haben die Workshop-Teams die jeweiligen bereichsspezifischen Scorecards erarbeitet. Somit konnte nach Verabschiedung durch die Geschäftsführung der Roll-out für die Zentralbereiche (Phase 1) abgeschlossen werden.

6.3.3 Roll-out Phase 2: Erarbeitung von Balanced Scorecards für die dezentralen Vertriebseinheiten

Um den Roll-out in die dezentralen Vertriebseinheiten durchzuführen, war zunächst die Erarbeitung einer entsprechenden Balanced-Scorecard-Vorlage notwendig. Ausgehend von den Balanced Scorecards des Gesamtunternehmens und des zentralen Vertriebs wurde zunächst durch das BSC-Team ein Grobentwurf der Balanced Scorecard für die Vertriebseinheiten erstellt. Anschließend wurde in einem Workshop mit der Geschäftsführung, der Bereichsleitung Vertrieb/Marketing sowie dem Leiter des Vertriebszentrums 3 dieser Grobentwurf finalisiert. Entsprechend der Roll-out-Methodik 4 entstand eine Balanced-Scorecard-Vorlage mit Standardzielen, welche von allen drei Vertriebszentren anzuwenden war (vgl. Abb. 6.15). Zusätzlich zu den zentral definierten Zielen wurde den jeweiligen Einheiten aber auch Freiraum gelassen, die Scorecard um weitere Vertriebszentren-spezifische Ziele zu ergänzen

Diese möglichen Individualziele wurden in die Vorlage für die Strategy Map integriert. Neben den strategischen Zielen und der Strategy Map wurden durch das Workshop-Team

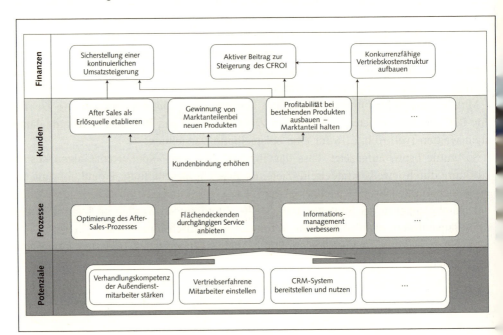

Abb. 6.15: Balanced-Scorecard-Vorlage – Strategy Map für die Vertriebszentren

des Weiteren für die definierten Ziele die entsprechenden Messgrößen erarbeitet. Durch diese Konvergenz über die Scorecards hinweg sollte sichergestellt werden, dass zum einen einheitliche Zielwerte für die Vertriebszentren vorgegeben werden konnten. Zum anderen konnte auf diese Weise der Erhebungsaufwand für die Ist-Werte der Indikatoren reduziert werden. Neben den Individualzielen und den dazugehörigen Messgrößen, Zielwerten und Aktionen umfassten die flexiblen Zonen der Scorecards für die Vertriebszentren somit ebenfalls die individuell zu definierenden Aktionen für die Standardziele.

Diese Balanced-Scorecard-Vorlage war die Grundlage für den Roll-out in den Vertriebs-zentren. Die Workshop-Teams nutzten dabei intensiv die Möglichkeit, Individualziele zu definieren. Schließlich konnte nach Verabschiedung durch die Geschäftsführung auch diese Roll-out-Phase abgeschlossen werden.

6.3.4 Abstimmung und Verdichtung des Gesamtsystems der Balanced Scorecard

Nach der Verabschiedung sämtlicher Balanced Scorecards durch die Geschäftsführung be-gann die finale Abstimmungsphase der strategischen Ziele. Da bereits während der beiden Roll-out-Phasen die jeweiligen Ziele der Scorecards untereinander abgestimmt wurden, umfasste diese Phase vorrangig die Überprüfung, inwieweit die Bereichsziele auf die Zie-le der Top-BSC ausgerichtet sind. Zunächst wurden alle bereichsspezifischen Scorecards in ein von dem Beratungsunternehmen bereitgestelltes Tool auf der Basis von MS-Excel integriert. Von entscheidender Bedeutung war dabei die Verdichtung, d. h. Verknüpfung der strategischen Ziele des jeweiligen Bereichs mit den entsprechenden Zielen der Score-card des Gesamtunternehmens. Hierzu erfolgte für jedes strategische Ziel der jeweiligen Einheit eine Zuordnung auf dasjenige übergeordnete Ziel der Top-BSC, für welches ein Beitrag zur Zielerfüllung geleistet wurde.

Mittels einer Verdichtungsfunktionalität konnten dann für jedes strategische Ziel der Top-BSC die zugeordneten strategischen Ziele der jeweiligen Bereichs-Scorecards darge-stellt werden (vgl. Abb. 6.16 für eine beispielhafte Darstellung).

So wurde bspw. aufgezeigt, dass das Top-BSC-Ziel einer »Konkurrenzfähigen Kosten-struktur« durch jeweils strategische Ziele der Bereiche Beschaffung, Produktion und Lo-gistik sichergestellt wird. Gleichzeitig war diese Verdichtung eine abschließende Prüfung der Durchgängigkeit der Strategie. Dargestellte Zuordnungen wurden im Team diskutiert und plausibilisiert, etwaige fehlende Verbindungen kritisch hinterfragt.

Als Ergebnis konnte schließlich ein durchgängiges strategisches Zielsystem verabschie-det werden.

Balanced Scorecard Viewer			
Filter Unternehmensziele		**Unternehmensperspektive**	
Konkurrenzfähige Kostenstruktur aufbauen		Finanzen	
	Doppelklicken Sie auf einen Wert, um diesen zu bearbeiten.		
Bereich	**Strategisches Ziel**	**Status**	**Perspektive**
Prints GmbH	Konkurrenzfähige Kostenstruktur aufbauen	~	Finanzen
Beschaffung	Einsparpotenzial durch neu verhandelte Rahmenverträge	+	Finanzen
Beschaffung	Nutzung Gesamtkostenvorteile internationaler Märkte	+	Finanzen
Beschaffung	Bündelung der Nachfrage mit Tochtergesellschaften	~	Kunden
Produktion	Kostenführerschaft in der Produktion erreichen	~	Finanzen
Produktion	Erhöhung der Produktionsproduktivität	-	Prozesse
Logistik	Kostenstrukturen anpassen	~	Finanzen
Logistik	Wettbewerbsfähiges Kostenniveau bei definiertem Servicegrad sicherstellen	+	Finanzen

Abb. 6.16: Verdichtung und Abstimmung des Gesamtsystems der Balanced Scorecard

6.3.5 Erkenntnisse aus der Roll-out-Phase

Die Durchführung des Roll-outs verlief für alle überraschend reibungslos. Dies führten die Beteiligten insbesondere auf das ausgereifte Kommunikationskonzept zurück, das neben vielen schriftlichen Informationen über die bisherigen Projektergebnisse und den geplanten Roll-out auch umfangreiche Schulungen zu Beginn des Roll-outs beinhaltete. Das Konzept kann Abbildung 6.17 entnommen werden.

Zu den wichtigsten Erkenntnissen methodischer Art gehörte, dass die Bedeutung der Abstimmungspunkte höher war als erwartet. In künftigen Vorhaben, so vereinbarte man bei Prints, soll deshalb eine stärkere Formalisierung und Verbindlichkeit erfolgen. In einem Bereich lag der Fall vor, dass die Arbeitsgruppe zur Erfüllung ihrer eigenen Ziele in der Balanced Scorecard Rahmenbedingungen definierte, die von der Geschäftsführung Prints erfüllt werden sollten. In diesem Bereich fand die Diskussion aus Zeitgründen erst nach Fertigstellung der Balanced Scorecard im Lenkungsausschuss statt, so dass sich der Feedback- und Feedforward-Prozess nicht optimal gestalten ließ. Zwar führte dies nicht zu Problemen, da die Geschäftsführung keine Schwierigkeiten in der Erfüllung der Anforderungen sah. Doch in einer anderen Situation hätten diese abschließenden Interaktionen zu einer erheblichen Projektverlängerung führen können.

Insgesamt wurden die angewandten Methoden, der gesamte Projektverlauf und die Ergebnisse der Workshop-Teams im Rahmen einer Feedback-Veranstaltung als sehr positiv, lehrreich und wertvoll beurteilt. Allerdings bewerteten einige Teilnehmer die Zeitintensität des Prozesses und das Fehlen vieler Messgrößen in dem Bereich Vertrieb & Marketing als kritisch (vgl. Abb. 6.18).

	Balanced-Scorecard-Methodenschulung für Experten	Balanced-Scorecard-Vorstellung für weitere Projektbeteiligte
Zielsetzung	■ Befähigung zur aktiven Mitwirkung als Balanced-Scorecard-Architekt und Sicherstellung des Know-how-Transfers für die Integration der Balanced Scorecard in das Führungssystem	■ Generelle Informationen über das Projekt und über die Methode ■ Vorbereitung auf die folgenden Workshops
Zielgruppe	Zentrales/dezentrales Controlling, Unternehmensentwicklung und Projektkoordinatoren der einzelnen Gesellschaften	2. und 3. Führungsebene der Gesellschaften und Zentralbereiche
Dauer der Veranstaltung	2 Tage	0,5 – 1 Tag
Inhaltliche Schwerpunkte	■ Grundaufbau der Balanced Scorecard ■ Ablauf der Balanced-Scorecard-Erstellung ■ Training anhand einer Fallstudie	■ Projekt im Überblick ■ Balanced-Scorecard-Methodik im Überblick ■ Vorbereitung der nächsten Schritte

Abb. 6.17: Balanced-Scorecard-Schulung im Rahmen des Roll-outs bei Prints

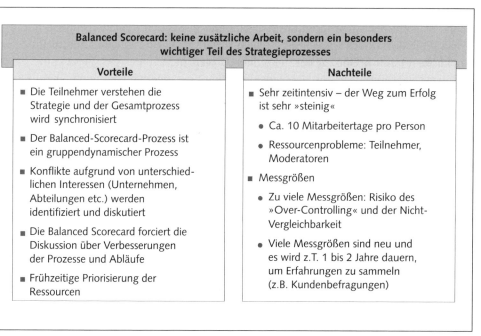

Abb. 6.18: Ergebnisse Feedback-Runde im Bereich Vertrieb & Marketing

Die Mitarbeiter aus Forschung & Entwicklung kamen zu einem anderen Ergebnis. Diesem Bereich erschien die dafür aufgewandte Zeit als zu gering. Sie wünschten sich für die Folgeaktivitäten mehr Zeit für den gesamten Balanced-Scorecard-Prozess. Die Feedback-Runde beim Roll-out-Team Forschung & Entwicklung ergab folgende Empfehlungen für die zukünftige Projektarbeit:

➢ Workshops nicht überfrachten,
➢ Sommerpause als solche nutzen/realistische Projektplanung durchführen,
➢ mehr Prozess- statt Ergebnisorientierung leben,
➢ mehr top-down planen,
➢ Prozess mit der vorhandenen Projektlandschaft verzahnen,
➢ mehr Mut zum Nein aufbringen,
➢ höheren Projektaufwand als erwartet einkalkulieren,
➢ kritische Ressourcen (= dezentrale Controller) einbinden,
➢ Ressourcen zielgerichtet planen,
➢ mehr Zeit für den Prozess nehmen (Lernen in der Organisation).

Diese unterschiedliche subjektive Einschätzung des Erarbeitungsaufwandes in einem kommunikationsorientierten Balanced-Scorecard-Erstellungsprozess spiegelt auch unsere Erfahrungen wider. Ein Unternehmen muss sich von Beginn an über den Aufwand und den Nutzen einer kommunikationsorientierten Balanced-Scorecard-Einführung klar sein. Manche Unternehmen wünschen eine stark ausgeprägte kommunikative und prozessorientierte Einführung. Andere Unternehmen hingegen versuchen, den Abstimmungsaufwand so gering wie möglich zu halten. Beides hat seine Berechtigung und muss unter Berücksichtigung der jeweiligen Firmen- und Führungskultur beurteilt werden.

Wir empfehlen, grundsätzlich die Chance eines kommunikationsorientierten Prozesses zu nutzen. Unsere Erfahrung hat uns gelehrt, dass Unternehmen den Prozess der Balanced-Scorecard-Erarbeitung im Nachhinein als besonders wertvoll erachten. Diese Effekte sind nur sehr schwer messbar, gleichwohl aber spürbar: Das strategische Verständnis erhöht sich, das strategische Denken wird umfassender praktiziert und die Kräfte werden auf ein abgestimmtes, gemeinsames Ziel hin ausgerichtet.

6.4   Durchdringungsgrad der Balanced Scorecard in Unternehmen (empirische Betrachtung)

Empirische Studie

Die Erstellung einer einzelnen Balanced Scorecard macht nur in jenen Fällen Sinn, in denen es sich um kleine Unternehmen mit wenigen Mitarbeitern handelt. Sobald die Unternehmen größer werden, werden die anstehenden Aufgaben immer stärker durch spezialisierte Einheiten im Unternehmen wahrgenommen (z. B. Geschäftseinheiten oder Funktionalbereiche), die, eingebettet in eine Gesamtstrategie, ihre eigenen Substrategien formulieren – und damit die Voraussetzung für eine eigene Balanced Scorecard erfüllen.

Zudem soll das Konzept dabei helfen, die Strategierealisierung im Unternehmen sicherzustellen. Dies setzt das Auffächern der Gesamtstrategie auf die spezifischen Fragestellungen unterschiedlichster Organisationseinheiten voraus.

In der Praxis arbeiten daher viele Unternehmen mit einem System von Balanced Scorecards. Dies bestätigt die vorliegende Studie (vgl. Horváth & Partners 2005b): Knapp zwei Drittel aller Unternehmen haben mehr als fünf Balanced Scorecards im Einsatz, fast ein Viertel sogar mehr als 20 (vgl. Abb. 6.19).

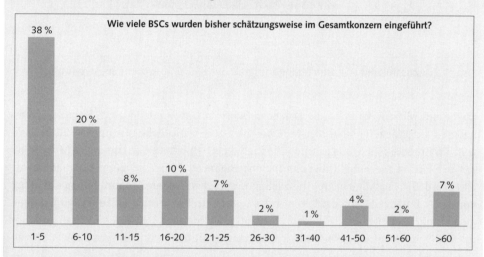

Abb. 6.19: Anzahl eingesetzter BSCs bei den teilnehmenden Unternehmen (n=84)

Eine unmittelbare Beziehung zwischen dem Einführungsjahr und der Anzahl der Balanced Scorecards konnte nicht bestätigt werden. Die naheliegende Vermutung, dass ab dem dritten Jahr nach der Einführung der Durchdringungsgrad zunimmt – also weitere z. B. funktionale BSCs hinzukommen – weisen die Ergebnisse jedoch nach (vgl. Abb. 6.20).

Eine andere Determinante der Anzahl der eingesetzten Balanced Scorecards ist die Unternehmensgröße. Der intuitiv einsichtige Zusammenhang konnte bestätigt werden: Je größer das Unternehmen, desto größer die Anzahl eingesetzter Balanced Scorecards (vgl. Abb. 6.21).

Von Interesse ist auch, auf welchen Unternehmensebenen die Balanced Scorecard implementiert wird. Eine »Ausgangs-Balanced-Scorecard« auf Gesamtunternehmensebene wird mit 75 % erstaunlich häufig erstellt. Auch auf Ebene der Geschäftsbereiche haben über die Hälfte der befragten Unternehmen Balanced Scorecards im Einsatz. Bis auf

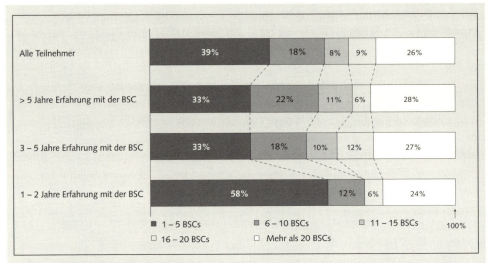

Abb. 6.20: Zusammenhang Durchdringungsgrad der BSC und Anwendungserfahrung

Ebene der Mitarbeiter wird die Balanced Scorecard aber nur in ganz wenigen Unternehmen aufgefächert. Allerdings bestehen hier unterschiedliche semantische Auffassungen. Während einige Unternehmen die Zielvereinbarung auf der Ebene der Mitarbeiter auf der Grundlage einer (übergeordneten) Balanced Scorecard bereits als »Balanced Scorecard für die Mitarbeiter« bezeichnen, sprechen andere Unternehmen nur dann von einer Balanced Scorecard, wenn der komplette Prozess durchlaufen wird: Strategiebildung, Zielableitung, Festlegung spezifischer Messgrößen, eigene »Strategy Map« usw. Dies für jeden einzelnen Mitarbeiter durchzuführen wäre aufgrund der induzier-

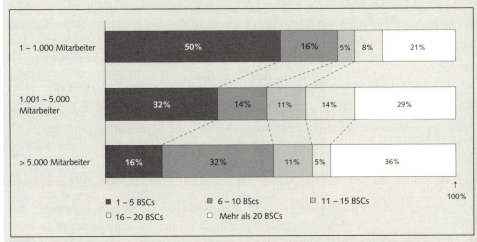

Abb. 6.21: Zusammenhang Anzahl eingesetzter BSCs und Unternehmensgröße

ten Komplexität kaum sinnvoll. Zudem ist die Zweckmäßigkeit von »mitarbeiterbezogenen« Strategien kritisch zu hinterfragen (vgl. Abb. 6.22).

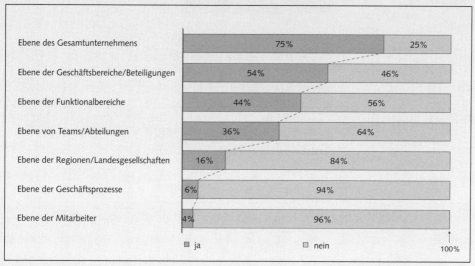

Abb. 6.22: Ebenen der Balanced-Scorecard-Einführung

6.5 Highlights

➤ Finden Sie die passende Form der strategieorientierten Ausrichtung der Organisation! Die vertikale und horizontale Ausdehnung einer Balanced Scorecard kann auf zahlreiche verschiedene Arten erfolgen. Entscheidend ist die Akzeptanz im Unternehmen.

➤ Multiplizieren Sie das Know-how! In der Projektpraxis haben sich Multiplikatorenkonzepte bewährt: Mitarbeiter aus diversen Unternehmenseinheiten sind an der Erstellung einer Pilot-Balanced-Scorecard beteiligt. Beim Roll-out im Gesamtunternehmen kann dieses breite Fachwissen genutzt werden.

➤ Dokumentieren Sie die Ergebnisse! Nur wenn die Begründung für einzelne Entscheidungen – sei es die Definition von Messgrößen oder die Bestimmung von strategischen Zielen – nachvollziehbar bleibt, ist die Akzeptanz bei der Verbreitung der Balanced Scorecard gesichert.

➤ Und letztlich: Sichern Sie die Qualität der Balanced Scorecard! Klar definierte Vorgaben, ein strukturierter Zeitplan, permanente Abstimmung zwischen den Roll-out-Teams und Leitfäden helfen dabei.

7 Den kontinuierlichen Einsatz der Balanced Scorecard sicherstellen

7.1 Zielsetzung

7.2 Die Balanced Scorecard in die Management- und Steuerungssysteme integrieren – ein Überblick

7.3 Die Balanced Scorecard in das Planungssystem integrieren
7.3.1 Balanced Scorecard mit der strategischen Planung verbinden
7.3.2 Balanced Scorecard mit der operativen Planung verzahnen
7.3.3 Fallstudie »Die Balanced Scorecard in das Planungssystem integrieren«

7.4 Die Mitarbeiter mit Hilfe der Balanced Scorecard führen
7.4.1 Neue Erwartungen der Mitarbeiter berücksichtigen
7.4.2 Mit einem Balanced-Scorecard-basierten Anreizsystem die Zielerreichung unterstützen
7.4.3 Das Vergütungssystem im Rahmen des Balanced-Scorecard-basierten Anreizsystems
7.4.4 Der Zielvereinbarungs- und Vergütungsprozess im Rahmen des Balanced-Scorecard-basierten Anreizsystems
7.4.5 Mit der Balanced Scorecard die Selbststeuerung der Mitarbeiter fördern
7.4.6 Balanced Scorecard, Zielvereinbarung und variable Vergütung (empirische Betrachtung)

7.5 Die Balanced Scorecard konzeptionell & technisch in das Berichtssystem integrieren
7.5.1 Die Kritik an der bestehenden Informationsversorgung aufgreifen
7.5.2 Das Berichtssystem mit der Balanced Scorecard neu ausrichten
7.5.3 Anforderungen an ein Balanced-Scorecard-basiertes Management-Reporting
7.5.4 Die Berichtsverantwortung organisatorisch verankern
7.5.5 Die Balanced Scorecard durch IT unterstützen
7.5.6 Die passende IT-Unterstützung richtig umsetzen
7.5.7 Implementierungstipps für das Aufsetzen eines Balanced-Scorecard-Reportings

7.6 Die Balanced Scorecard mit dem Wertmanagement-Ansatz verknüpfen
7.6.1 Wertorientierte Unternehmenssteuerung erfolgreich umsetzen

7.6.2   Wertmanagement und Balanced Scorecard als integrierter Ansatz

7.7   EFQM-Modell und Balanced Scorecard abgestimmt einsetzen

7.8   Die Balanced Scorecard mit Risikomanagement verbinden
7.8.1   Risikomanagement und Corporate Governance
7.8.2   Schnittstellen der Balanced Scorecard und des Chancen- und
         Risikomanagements
7.8.3   Früherkennung von Chancen und Risiken mit der Balanced Scorecard

7.9   Highlights

7.1 Zielsetzung

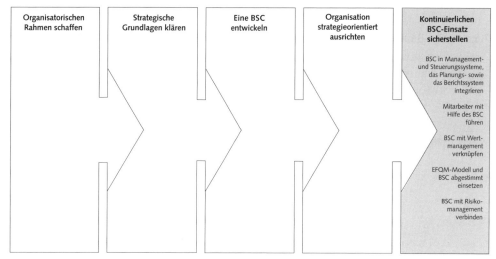

| Organisatorischen Rahmen schaffen | Strategische Grundlagen klären | Eine BSC entwickeln | Organisation strategieorientiert ausrichten | Kontinuierlichen BSC-Einsatz sicherstellen |

BSC in Management- und Steuerungssysteme, das Planungs- sowie das Berichtssystem integrieren

Mitarbeiter mit Hilfe des BSC führen

BSC mit Wert- management verknüpfen

EFQM-Modell und BSC abgestimmt einsetzen

BSC mit Risiko- management verbinden

Abb. 7.1: Phase 5 des Horváth & Partners-Modells zur Balanced-Scorecard-Implementierung

Eine Balanced Scorecard will gelebt sein. Das heißt, man muss den kontinuierlichen Einsatz gewährleisten. Durch die laufende Anwendung entfaltet die Balanced Scorecard ihren Nutzen im und für den Managementprozess. Nahtstellen gibt es viele – zur Planung, zur Mitarbeiterführung mit Anreizsystemen, zum IT-gestützten Berichtswesen, zum Wertmanagement, zu dem EFQM (European Foundation for Quality Management)-Modell für Business Excellence und zum Risikomanagement.

Das Kapitel konzentriert sich auf folgende Zielsetzungen:

➤ Erfahren, wie man die Balanced Scorecard mit dem Planungssystem im Unternehmen verzahnt.

➤ Verstehen, wie sich Balanced Scorecard und Mitarbeiterführung sowie Anreizsysteme verknüpfen lassen.

➤ Sehen, wo Softwarelösungen ein IT-gestütztes Berichtswesen auf Basis der Balanced Scorecard unterstützen können.

➤ Wissen, welche Integrationsmöglichkeiten in Konzepte wie dem EFQM-Modell für Business Excellence oder dem Wertmanagement-Ansatz bestehen.

➤ Erkennen, welche Elemente des Risikomanagements durch die Balanced Scorecard verbunden werden.

Empirische Studie

Die Anwendung der Balanced Scorecard ist nicht trivial und kann dementsprechend auch zu Problemen führen, welche die Akzeptanz der Grundidee gefährden. Wesentliche Anwendungsprobleme liegen im Bereich des kontinuierlichen Einsatzes der Balanced Scorecard im Unternehmen und in der, in diesem Kapitel beschriebenen, Anbindung an die Management- und Steuerungssysteme. 43% der Studienteilnehmer bestätigen »absolut« oder »größtenteils« Akzeptanzprobleme der Balanced Scorecard bei Führungskräften und Mitarbeitern (vgl. Abb. 7.2) (vgl. Horváth & Partners 2005b).

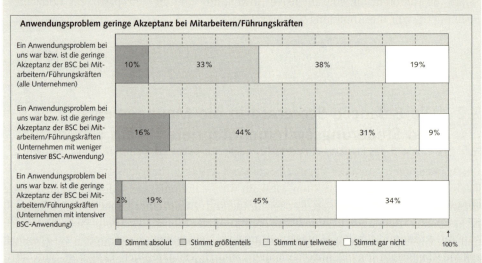

Abb. 7.2:   Mangelnde Akzeptanz der Balanced Scorecard bei Mitarbeitern/Führungskräften als Anwendungsproblem

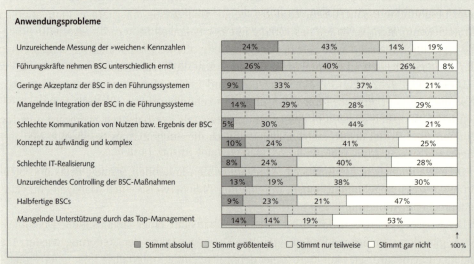

Abb. 7.3: Anwendungsprobleme der Balanced Scorecard

Die mangelnde Akzeptanz des Ansatzes hat verständlicherweise Auswirkungen auf die Intensität der Nutzung des Konzeptes: Während nur 20% der Unternehmen, in denen die BSC intensiv verwendet wird, größere Probleme mit der Akzeptanz hatten, steigt dieser Wert auf über 60% bei den Unternehmen, in denen die Balanced Scorecard weniger intensiv genutzt wird. Umgekehrt führt eine intensive Nutzung der Balanced Scorecard und ihre Verankerung in den Management- und Steuerungssystemen zu einer besseren Gewöhnung im Umgang mit dem Instrument und damit auch zu geringeren Anwendungsproblemen.

Über die Faktoren, die eine intensive Anwendung und die Akzeptanz des Konzeptes behindern, gibt die Abbildung 7.3 Aufschlüsse.

7.2 Die Balanced Scorecard in die Management- und Steuerungssysteme integrieren – ein Überblick

Das Managementsystem der Balanced Scorecard will Unternehmensstrategien operationalisieren und zur Umsetzung führen. Deshalb wäre ein einmaliger Aufbau für eine einzige Organisationseinheit (siehe Kap. 5) oder für mehrere Organisationseinheiten (siehe Kap. 6) nicht effektiv. Das Ergebnis würde vor dem Kreis der Führungskräfte präsentiert werden und dann wieder von der Managementagenda verschwinden, wie es in den vergangenen Jahren vielfach beim Reengineering von Geschäftsprozessen geschehen ist. Doch die Balanced Scorecard eignet sich nicht für die Schublade!

Eine auf die Erstellung und Kommunikation der Strategy Map und des Messgrößensystems beschränkte Balanced Scorecard löst lediglich kurzfristig eine stärkere Motivation zu strategiekonformem Verhalten aus. Ob die in einer Balanced Scorecard dargestellte Strategie tatsächlich realisiert wird, bleibt dagegen völlig offen. Eine nachhaltige Verbesserung der Strategieumsetzungskompetenz in der Organisation erreicht man genauso wenig.

Dies gelingt erst, wenn die Balanced Scorecard in die Management- und Steuerungssysteme integriert wird. Unserer Erfahrung nach schöpfen Einmalaktionen, wie oben beschrieben, lediglich ein Drittel des Leistungspotenzials der Balanced Scorecard aus. Die übrigen zwei Drittel des Nutzens entstehen durch die Integration in bestehende Management- und Steuerungssysteme.

Organisationen, die die Balanced Scorecard in den laufenden Management- und Steuerungsprozess eingebunden haben, durchlaufen üblicherweise einen Managementzyklus entsprechend Abbildung 7.4.

Die Kreise beschreiben das vollständige Geschäftsjahr einer Organisation. Der innere Kreis gibt den naheliegenden und typischen Grundgedanken der Steuerung wieder: Die Balanced Scorecard setzt konkrete Ziele, deren Erreichung unterjährig inkl. einer Prognose verfolgt wird. Bei negativen Abweichungen werden strategische Aktionen erarbeitet,

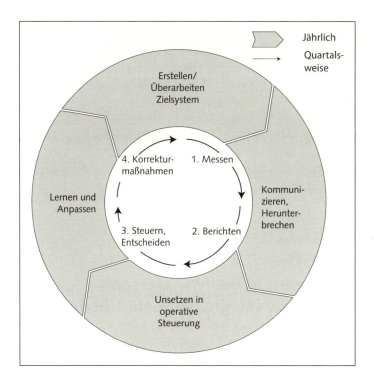

Abb. 7.4: Strategischer Managementprozess mit der Balanced Scorecard

um das Ziel zum Jahresende zu erreichen. Diesen klassischen Handlungsgang des Controllings nennt man »unterjähriges Lernen« (auch: Single Loop Learning).

Der äußere Kreis zeigt den von Kaplan und Norton beschriebenen vierstufigen Prozess, den das Management mit der Balanced Scorecard als Instrument durchläuft (vgl. Kaplan/ Norton 1996a). In der ersten Stufe wird die Vision und Strategie in eine Balanced Scorecard überführt. In der zweiten Stufe kommuniziert man die Balanced Scorecard im Unternehmen und stellt die strategiegerechte Ausrichtung der Organisation durch Kaskadierung von Balanced Scorecards sicher (siehe Kap. 6). Schließlich wird das Anreizsystem an die Erreichung der Balanced-Scorecard-Ziele geknüpft. Die Gesamt- und Teilstrategien sind damit fixiert, aufeinander abgestimmt und Verantwortlichkeiten inkl. Anreizen definiert. Die ersten beiden Stufen werden üblicherweise zur Hälfte oder nach zwei Dritteln des Geschäftsjahres abgeschlossen.

In der dritten Stufe – der klassischen operativen Steuerung – folgt die Ableitung der Jahresziele, die Budgetierung und die Vereinbarung von Zielen in Mitarbeitergesprächen sowie die Kontrolle der Zielerreichung. Damit sichert man eine strategieorientierte Fokussierung der Ressourcen für das folgende Geschäftsjahr.

Die vierte Stufe, das Lernen und Anpassen, ist in hohem Maße innovativ und effektiv. Durch die stetige Dokumentation des Zielerreichungsgrades lässt sich zugleich überprüfen, ob die strategischen Annahmen tatsächlich zutreffen.

Ein Beispiel: Für ein Unternehmen stellte sich die Frage, ob eine deutlich verbesserte After-Sales-Betreuung zu einem größeren Marktanteil im gehobenen Kundensegment führte. Wird das Ziel einer verbesserten After-Sales-Betreuung nun erreicht oder gar übertroffen, stagniert aber dennoch der Marktanteil, es stellt sich heraus, dass diese Teilstrategie unter Berücksichtigung entsprechender Rahmenbedingungen falsch war. Noch deutlicher stellten sich solche Lerneffekte bei einem Unternehmen ein, das alle Teilziele der Potenzial-, Prozess- und Kundenperspektive bravourös erreicht hatte, aber die Finanzziele verfehlte. Das Unternehmen musste erkennen, dass die Strategie falsch war. Entweder waren die gesetzten Zielwerte zu wenig herausfordernd, wurden die falschen Prämissen zugrunde gelegt oder die falschen Schwerpunkte in der Balanced Scorecard gesetzt. Die Balanced Scorecard sorgt in diesen Fällen für ein frühes Erkennen falscher Strategien. Lernen in diesem Sinne bedeutet mehr als das bloße Feststellen, dass man gesetzte Ziele nicht erreicht hat. Lernen heißt, die Ziele selbst in Frage zu stellen. Derartiges Lernen, das die Strategie und deren Anpassung mit einbezieht, wird »strategisches Lernen« (auch: Double Loop Learning) genannt.

Über alle Stufen im strategischen Managementprozess hinweg bedarf es eines Umsetzungscontrollings derjenigen strategischen Aktionen, die in der Balanced Scorecard formuliert sind. Dafür ist im Wesentlichen ein gut funktionierendes Projektcontrolling erforderlich.

Die Balanced Scorecard dient als Antrieb und Gefährt beim Durchlaufen des beschriebenen Managementprozesses. Eine effektive Gestaltung dieses Prozesses ist nur möglich, wenn man das Balanced-Scorecard-Konzept in die herkömmlichen Management- und Steuerungssysteme integriert. Dazu werden eindeutige Antworten auf folgende Fragen benötigt:

➤ Werden die strategischen Ziele und strategischen Aktionen der Balanced Scorecard in der operativen Planung (inkl. Budgetierung) berücksichtigt?
➤ Werden die strategischen Aktionen aus der Balanced Scorecard mit der Projektsteuerung im Unternehmen sinnvoll verzahnt?
➤ Wird der Fortschritt der Strategieimplementierung regelmäßig in Managementmeetings anhand der Balanced Scorecard verfolgt?
➤ Gehen strategische Ziele und strategische Aktionen der Balanced Scorecard über persönliche Zielvereinbarungen in das Anreizsystem ein?
➤ Liefert das Berichtswesen alle nötigen Informationen zu den strategischen Zielen, Messgrößen und strategischen Aktionen?
➤ Wird die Nutzung der Balanced Scorecard durch geeignete IT-Tools unterstützt?

Setzen Unternehmen bereits ein Wertmanagement-Konzept (Shareholder Value Management) oder ein umfassendes Qualitätsmanagementsystem (z. B. EFQM-Modell für Business Excellence) ein, so zeigt sich in der Praxis immer wieder, dass sich Schnittmengen mit dem Balanced-Scorecard-Konzept ergeben können. Unserer Erfahrung nach ergänzt die Balanced Scorecard diese Konzepte ausgezeichnet, wenn die Nahtstellen zur Balanced Scorecard klar definiert sind.

Abbildung 7.5 zeigt die Verbindungen der Balanced Scorecard zu den relevanten Management- und Steuerungskonzepten. In den nachfolgenden Abschnitten gehen wir im Detail auf die Nahtstellen, auf die erforderlichen Anpassungen der Konzepte und deren Wechselwirkungen bei der Implementierung der Balanced Scorecard ein. Das Ausmaß der notwendigen Modifikationen hängt dabei von der jeweiligen Ausgangsbasis des vorhandenen Steuerungssystems im Unternehmen ab. Mitunter genügen kleinere Veränderungen, bisweilen können aber völlig neu zu schaffende Komponenten (bspw. IT-Datenbasis) nötig sein.

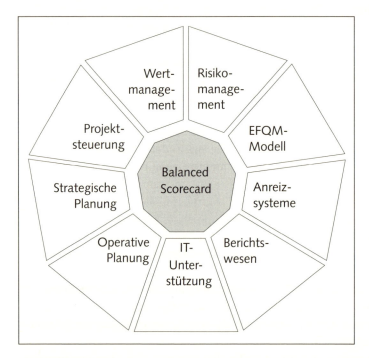

Abb. 7.5: Integration der Balanced Scorecard in die Management- und Steuerungssysteme

Beste Voraussetzungen für eine wirksame strategische Steuerung liegen vor, wenn die Konzepte Balanced Scorecard, Wertmanagement, strategische und operative Planung, Berichtswesen und Anreizsystem im Unternehmen verankert und aufeinander abgestimmt sind. Darüber hinaus bedarf die strategische Steuerung einer geeigneten Datenbasis aus den finanziellen Rechnungswesensystemen, die sich an internationalen Kapitalmarktstandards orientieren, sowie aus Messsystemen für die wichtigsten nicht finanziellen Performancegrößen.

Praxisbeispiel

Unternehmen, die die Balanced Scorecard einsetzen, erkennen schnell, wie wichtig der Schritt vom einmaligen Aufbau hin zur dauerhaften Anwendung des Managementsystems ist. Man könnte von einer Scharnierfunktion sprechen – hier die Balanced Scorecard, dort bestehende Steuerungsinstrumente: Die Haustür braucht eben einen Rahmen, der sie hält. Was heißt das in der Praxis? Um die Aspekte einer Balanced-Scorecard-Umsetzung möglichst facettenreich darzustellen, dokumentieren wir ein solches Projekt bei der Wuppertaler Stadtwerke (WSW) AG. Das Praxisbeispiel enthält nur einige Systemelemente zum kontinuierlichen Einsatz der Balanced Scorecard (auf das gesamte Instrumentenbündel gehen wir in den folgenden Kapitelabschnitten vertiefend ein) und zeigt doch: Entwicklung benötigt Einbettung.

◆ Die Konzernstruktur

Die Wuppertaler Stadtwerke AG ist ein typisches Querverbundunternehmen: Öffentlicher Personennahverkehr (ÖPNV), Versorgung und Entsorgung zählen zu den Bereichen, in denen sich die WSW engagieren. Eine integrierte Holding steuert diese Sparten sowie mehrere Beteiligungsgesellschaften. Charakteristisch für Querverbundunternehmen sind die extremen Ertragskraftunterschiede. Während der Verkehrsbereich (Bus und Schwebebahn) in 2000 rund 49 Mio. Euro Verlust verursachte, erwirtschaftete der Ver-/Entsorgungsbereich bei ca. 409 Mio. Euro Umsatz soviel Gewinn, dass sich die Verluste im Verkehrsbereich ausgleichen ließen. Der in Deutschland einzigartige Betrieb einer Schwebebahn in einem topographisch sehr schwierigen Gebiet beeinflusst das Ergebnis im Verkehrsunternehmen der WSW erheblich; insofern fällt ein Vergleich mit anderen ÖPNV-Unternehmen mitunter schwer.

◆ Der Projekthintergrund

Der Vorstand beschloss die Einführung der Balanced Scorecard aufgrund folgender Rahmenbedingungen:

➤ In der Unternehmensprognose 2005 (strategischer Planungshorizont) zeichnete sich ab, dass die Gewinne im Versorgungsbereich nicht zur Deckung der Verluste im Verkehrsbereich ausreichen würden. Daher galt es, neue strategische Impulse zu finden und konsequent umzusetzen.

➤ Zugleich musste man die vielfältigen laufenden Projekte und Einzelmaßnahmen auf ihre Strategierelevanz, Dringlichkeit und Machbarkeit hin untersuchen, um die knappen Ressourcen optimal einsetzen zu können.

➤ Die Ausarbeitung neuer strategischer Ziele stellte eine dritte Erwartung an den Balanced-Scorecard-Prozess dar. Dies umfasste die Auswahl und Festlegung von Messgrößen, Zielwerten und strategischen Aktionen. Klare Zielvereinbarungen zwischen Vorstand und Centerleitern komplettierten die Projektziele.

Die vorgegebene Projektlaufzeit von etwa sechs Wochen stellte hohe Anforderungen an das Projektteam und die Disziplin der maßgeblichen Führungskräfte. So gelang es, in nur vier Workshoprunden mit dem Gesamtvorstand

➤ das Leitbild des Konzerns,

➤ die strategischen Ziele auf den Ebenen Holding, Versorgung/Entsorgung und Verkehr,

➤ die Strategy Map als »Landkarte« der strategischen Ziele,
➤ 90 % der erforderlichen Messgrößen,
➤ und ca. 60 % der erforderlichen Zielwerte und Maßnahmen,

zu erarbeiten und verbindlich abzustimmen.

◆ **Die Ableitung strategischer Ziele für nachgelagerte Bereiche:**
   Besonderheiten der Holding-Struktur beachten!

Der meist zeitaufreibende Prozess, ein konzernweit gültiges und vor allem aussage-
kräftiges Leitbild zu entwickeln, konnte bei den WSW in erstaunlich kurzer Zeit abgeschlossen werden:

»Wir schaffen als Multi-Utility-Anbieter mit Energie, Entsorgung, Mobilität und innovativen, kundenorientierten Dienstleistungen aus einer Hand Lebensqualität für Privatkunden und Problemlösungen für Industrie und Gewerbe.«

Das Leitbild kommunizierte in einem Satz alle wesentlichen Elemente der Konzernstrategie (Produktstrategie, Regionalausrichtung und Kundengruppenorientierung) – häufig
kein leichtes Unterfangen!

Die Sicht einer Management-Holding ist eine integrativ-zusammenfassende. Diese Erwartung zu erfüllen, gestaltet sich gerade bei der Steuerung eines sehr heterogenen
Geschäftsfeld-Portfolios überaus komplex. Denn für die Balanced Scorecard besteht
dadurch die Gefahr, dass man strategische Ziele und Messgrößen in einer eher allgemeinen Form erarbeitet. Dies erschwert das »Herunterbrechen« auf die nächste Führungsebene grundsätzlich. Das Projektteam hat auf der Ebene der Holding folgenden
Kompromiss gefunden:

Übergreifende, konzernweit gültige Einzelziele wurden detailliert beschrieben. Diese
Einzelziele besaßen einen Vorgabecharakter: Sie sollten unmittelbar und unverändert
umgesetzt werden. Hierzu zählten z. B. Rahmenzielsetzungen wie: »Entwicklung neuer
profitabler Geschäftsfelder im Stammgebiet«, »Ausbau der IT-Infrastruktur«, »Mitarbeiterqualifikation bedarfsgerecht verbessern«.

Strategische Ziele, die sich auf Holding-Ebene nur allgemein formulieren lassen, muss
der jeweilige Unternehmensbereich aufgreifen und konkretisieren. So konkretisiert sich
z. B. die allgemeine Formulierung in der Holding-Balanced-Scorecard »Wettbewerbsfähige
Kostenstrukturen schaffen« im Bereich Versorgung/Entwässerung in der Zielformulierung
»Produktions- und Beschaffungskosten reduzieren«, während man im Verkehrsbereich
das Ziel »Fahrbetriebskosten auf Wettbewerbsniveau senken« ableitete.

Die Strategy Map der WSW-Holding, wie sie Abbildung 7.6 zeigt, verdeutlicht diesen
Zusammenhang. Die beiden wesentlichen Stoßrichtungen des Konzerns – »laufendes
Kostenmanagement« und »profitables Wachstum« – erhielten eine optisch-grafische Be-
tonung.

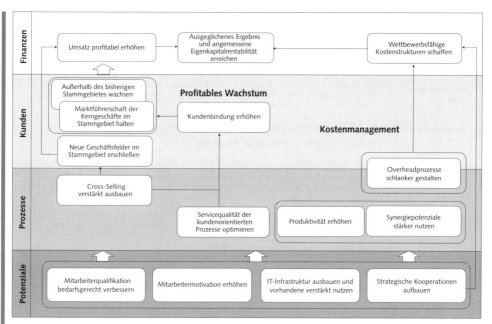

Abb. 7.6: Die Strategy Map mit den strategischen Zielen für WSW gesamt (Holding)

◆ **Definition von Messgrößen und Festlegung von Zielwerten: Pragmatismus beweisen!**

Die WSW bildeten bei der Definition von Messgrößen keine Ausnahme von der Regel: Auch hier gab es einige strategische Ziele, für die noch keine Messgrößen standardmäßig vorlagen. Dadurch ließen sich vereinzelt auch keine sinnvollen Zielwerte für den avisierten Zeitraum von drei bzw. fünf Jahren abstimmen und vorgeben.

Um nicht unnötig Zeit im Projekt zu verlieren, entschied man sich daher für ein sehr pragmatisches Vorgehen: Das Projektteam dokumentierte alle Zahlen, die der Balanced Scorecard zur Verfügung standen, und leitete Sollwerte aus den vorliegenden Planungen ab. Fehlte ein Ist-Wert, wurde entweder eine robuste Annahme getroffen oder die Erhebung auf einen späteren Zeitpunkt verschoben.

Wichtiger als die reinen Zahlenwerte waren die ausführlichen Dokumentationen und Beschreibungen der Balanced-Scorecard-Ziele. So ließ sich gewährleisten, dass alle Mitarbeiter im Unternehmen die strategischen Ziele kannten und gleich verstanden.

◆ **Zielvereinbarung zwischen Vorstand und Centerleitern: Klar kommunizieren und auswählen!**

Die Wuppertaler Stadtwerke hatten sich schon lange vor der Liberalisierung im Energiesektor für innovative Steuerungskonzepte und dezentrale Verantwortungsregelungen entschieden. So gilt die WSW AG hinsichtlich der Einführung einer flächendeckenden Centersteuerung als ein Referenzbeispiel der Branche. Das Übersetzen von Balanced-Scorecard-Zielen in konkrete Zielvereinbarungen für Mitarbeiter der Führungsebenen

Perspektive Potenziale	
Strategisches Ziel	**Erläuterungen**
Mitarbeiter-qualifikation bedarfsgerecht verbessern	Verbesserte Personalplanung in Verbindung mit einer strategischen Ausrichtung unter Berücksichtigung von Altersteilzeit, Vorruhestand und zu erwartender Fluktuation. Ableitung des Qualifikationsbedarfs aus der Personalplanung. Schaffung von Wissens-/Knowledge-Management. Qualifikation mit besonderen Zielsetzungen für Führungs- und Nichtführungskräfte: 1. Kundenorientierung, 2. Steigerung der Veränderungsbereitschaft, 3. Orientierung an technologischem Wandel.
Mitarbeiter-motivation erhöhen	Stärkere Bindung des Mitarbeiters an das Unternehmen durch gezielte Maßnahmen wie Schaffung eines Anreiz- bzw. leistungsbezogenen Systems, gezielte Förderung von Führungsnachwuchskräften, Stärkung der Identifikation mit dem Unternehmen.
Strategische Kooperationen aufbauen	Wir kooperieren auf allen Stufen der Wertschöpfungskette in zweckmäßigen Rechtsformen, um Kosten zu senken oder Nutzen für unsere regionalen Kunden zu schaffen. Jedes Ergebniscenter (EC) definiert und schafft die internen Voraussetzungen dafür und sucht sowie analysiert geeignete Partner.
IT-Infrastruktur ausbauen und vorhandene verstärkt nutzen	Wir unterstützen insbesondere die Prozesse der am Markt operierenden Ergebniscenter (EC) durch vereinbarte Innovationen, Technologien und Ausbau der Kompetenzen.

Abb. 7.7: Dokumentation der strategischen Ziele am Beispiel der Potenzialperspektive

war somit ein konsequenter Schritt. Er wurde nach Verabschiedung der Holding-Balanced Scorecard vollzogen.

Akzeptanz und Umsetzungsgeschwindigkeit eines solches Vorgehens hängen von zwei Faktoren ab: Einerseits braucht es eine klare Kommunikation der Ziele seitens des Vorstands. Andererseits muss man eine klare Auswahl derjenigen Ziele, Messgrößen und strategischen Aktionen treffen, die der Centerleiter aktiv beeinflussen kann. Die WSW AG wählte ein zweistufiges Verfahren, das Abbildung 7.8 und Abbildung 7.9 illustrieren.

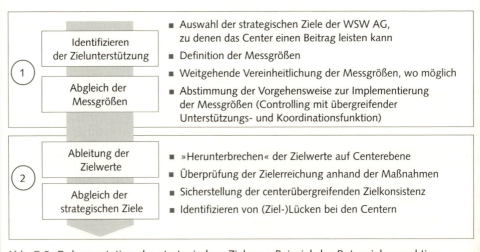

Abb. 7.8: Dokumentation der strategischen Ziele am Beispiel der Potenzialperspektive

Zielvereinbarung Jahr 200x Organisationseinheit: ÖPNV Systemmanagement								
Nr.	Strategisches Ziel	Perspektive	Messgröße	Einheit	Ist-Wert t-1 Ist-Wert t	Zielwert t+1	Zielwert	Zielwert t+5
1	Marktanteile im Mobilitätsmarkt halten	Kunde/ Markt	Modal Split		27,3			27,3
		Kunde/ Markt	Kundenzufrieden-heitsindex	Note	2,5	2,4	2,3	2,2
2	Bindung der Stammkunden erhöhen und Kunden-segmente ausbauen	Kunde/ Markt	Zeitkarten im Abo	Stk.	11/1			
3	Regieleistungen für weitere Aufgabenträger in der Region wahrnehmen	Kunde/ Markt	Umsatz Regie-leistungen für externe Aufgaben/ Träger	TEuro	300	300		
4	Ausbau produktbegleitender Geschäftsfelder (Car Sharing)	Kunde/ Markt	Ergebnis Car Sharing	TEuro	200	200		
5	Qualität der Serviceprozesse verbessern	Prozesse	Telefonische Erreichbarkeit	Service Level	–	70/20	80/20	80/20

Abb. 7.9: Ausschnitt einer Zielvereinbarung zwischen Vorstand und Centerleitung

◆ **Herunterbrechen der Balanced-Scorecard-Ziele, Einführung des Balanced-Scorecard-Reportings und Anpassung des Anreizsystems: Integrativ vorgehen!**

Unmittelbar im Anschluss an den ersten Zielvereinbarungsprozess zwischen Vorstand und Centerleitung begann das Projektteam damit, weitere Balanced Scorecards auf Centerebene zu erarbeiten und umzusetzen. Das Controlling stand dabei als Methodenlieferant und Moderator beratend zur Verfügung.

Parallel zum Roll-out der Balanced Scorecards auf Center-Ebene startete man mit dem Aufbau eines pragmatischen Berichtswesens zur laufenden Verfolgung der Balanced-Scorecard-Ziele. Am Ende dieser Projektphase sollte ein abgestimmter und geschlossener Regelkreis zwischen strategischen Unternehmenszielen und abgeleiteten Zielvereinbarungen im Sinne eines mehrstufigen Plan-Ist-Vergleiches stehen.

Nach einer einjährigen »Probezeit«, um einen Überblick über die Datenqualität zu erhalten, wurde bei der WSW AG vereinbart, die strategischen Ziele und Messgrößen der Balanced Scorecards als Basis für ein neues Anreizsystem zu nutzen. Dieses sieht variable Vergütungskomponenten auch in der 2. Führungsebene vor.

◆ **Lessons learned: Zusammenfassung der kritischen Erfolgsfaktoren für die Wuppertaler Stadtwerke AG**

Die Einführung der Balanced Scorecard bei der Wuppertaler Stadtwerke AG bestätigte drei kritische Erfolgsfaktoren, die wir an anderer Stelle in diesem Buch auch schon betont haben:

➢ Führungskräfte müssen die Balanced Scorecard leben. Sprich: Die Balanced Scorecard sollte Teil des Managementalltags sein. Dies lässt sich erreichen, wenn man die Balanced Scorecard mit den Instrumenten »Zielvereinbarung« und »Berichtswesen« eng verzahnt.

➢ Bei der ersten Einführung der Balanced Scorecard sollte man auf den Zwang zur Perfektion verzichten.

> ➤ Bei der Auswahl der Messgrößen sollte kritisch der jeweilige Aufwand für die Ermittlung der Daten berücksichtigt und dem erwarteten Nutzen gegenübergestellt werden.

7.3 Die Balanced Scorecard in das Planungssystem integrieren

Von größter Bedeutung in jedem Planungssystem ist die Anforderung, die operative Planung konsistent zur strategischen Planung zu entwickeln. Nachhaltiger Erfolg einer Organisation erfordert, dass die operative Jahresplanung schlüssig und erkennbar das Etappenziel »erstes Jahr auf dem Weg der Strategierealisierung« aufzeigt. Sind Strategie und operativer Jahresplan inkonsistent – in der Praxis durchaus keine Seltenheit – braucht man sich über Schwierigkeiten in der Strategierealisierung nicht zu wundern (vgl. Horváth & Partners 2004b).

Die Schnittstelle zwischen strategischer und operativer Planung ist nicht unproblematisch. In vielen Unternehmen besteht ein Bruch zwischen der »operativen« Einperiodenplanung und der »strategischen« Mehrperiodenplanung. Die Probleme sind unterschiedlicher Art. Sie beginnen damit, dass in vielen Unternehmen das »Jahr 1« der strategischen Planung nicht mit den Werten der anstehenden Einperiodenplanung übereinstimmt. In anderen Unternehmen wird dagegen penibel darauf geachtet, dass die Spitzenkennzahlen des »Jahres 1« der strategischen Planung mit den Werten der anstehenden Einperiodenplanung übereinstimmen, doch ist mit der Angleichung der quantitativen Planung (Mengen- und Budgetplanung) nicht sichergestellt, dass im Jahr 1 tatsächlich die materiellen und immateriellen Voraussetzungen für die ehrgeizigen Ziele der Folgejahre geschaffen werden. Die planerische Zurückhaltung in den ersten Jahren bei optimistischer Planung der Folgejahre drückt sich in den bekannten Hockeystick-Planungen aus. Dazu ein kurzer Exkurs: Die schillerndsten Beispiele für Hockeystick-Pläne lieferte die Boomphase der New Economy Ende der 1990er-Jahre, als in Business-Plänen große Verluste in den bevorstehenden ein bis drei Jahren (Schlagfläche des Hockeyschlägers) mit steil ansteigendem, lang anhaltendem Gewinnzuwachs der Folgejahre (Stock des Schlägers) gerechtfertigt wurden. So wurden Hockeysticks Teil der Wirtschaftsgeschichte.

Die Inkonsistenz strategischer und operativer Pläne hängt u. a. damit zusammen, dass einzelne Planungssegmente

➤ von unterschiedlichen Personen

➤ zu unterschiedlichen Zeiten

➤ auf der Grundlage unterschiedlicher Informationen

durchgeführt werden.

Beispielsweise werden strategische Pläne häufig von strategischen Planungsstäben erarbeitet, während die detaillierte Einperiodenplanung von Spezialisten aus der Linie erstellt wird. Die Festlegung von strategischen Plänen erfolgt häufig im Frühjahr, die Einperiodenplanung im Herbst/Winter. Die strategische Planung orientiert sich an erwarteten Umfeldveränderungen, die Einperiodenplanung hauptsächlich an den Erfahrungen des letzten Jahres.

Um die Konsistenz zwischen strategischer und operativer Planung zu erhöhen, wurden in vielen Organisationen die personellen Verflechtungen zwischen strategischen und operativen Planern erhöht oder die Zeiträume der Planung gestrafft. Trotzdem bleibt vielfach eine Kluft zwischen der operativen und der strategischen Planung, denn Strategen und operativen Planern fehlt häufig ein wirksames Kommunikationsmedium der Strategie und ein Prozess der Koppelung von Strategie und operativer Planung. Insbesondere diese Lücken füllt die Balanced Scorecard.

Der Gedanke, die Balanced Scorecard zur Verbesserung der Planung zu nutzen, wurde von den Entwicklern der Balanced Scorecard schon früh formuliert: »Manager sollten ihre Balanced Scorecard nutzen, um einen integrierten Strategie- und Budgetierungsprozess durchzuführen« (vgl. Kaplan/Norton 1997). In der inzwischen sehr umfangreichen Literatur zur Balanced Scorecard wurde der Gedanke der Verwendung der Balanced Scorecard im Rahmen der Planung aber bisher kaum ausgearbeitet. Die meisten Veröffentlichungen reduzieren die Balanced Scorecard auf ein reines »Performance-Measurement«-System und beschäftigen sich folglich insbesondere mit Fragen der Auswahl und Darstellung von Kennzahlen und ihrer Anwendung im Rahmen der Zielvereinbarung und Leistungsbewertung, aber nur in geringem Umfang mit der konkreten Anbindung an die Planung (vgl. Pfaff 2000; Banker 2000; Lipe 2000).

Vor diesem Hintergrund gilt es, bei der Integration der Balanced Scorecard in das Planungssystem verschiedene Aspekte auszuleuchten. Zum einen müssen die angestrebten Zielwerte der Balanced Scorecard, die man typischerweise in einem ersten Schritt nicht allzu detailliert, sondern lediglich als Richtungsgröße festlegt, durch eine Feinplanung fundiert werden. Zum anderen muss man die zur Strategieumsetzung nötigen Aktionen unter Zugrundelegung der verfügbaren Mittel festlegen und ausplanen. Auf operativer Ebene gehört dazu die Ermittlung von Budgets, Meilensteinen und Prioritäten für die einzelnen Maßnahmen und Projekte sowie die Überprüfung der gegenseitigen Abhängigkeiten. Dank der Konkretisierung der Zielwerte und der Aktionen im Rahmen der Planung lässt sich somit aus der Balanced Scorecard ein dezidiertes »Strategieumsetzungsprogramm« ableiten.

7.3.1 Balanced Scorecard mit der strategischen Planung verbinden

Die strategische Planung legt die grundsätzliche Richtung der Unternehmensentwicklung für mehrere Jahre fest. Dabei gilt es, Mission- und Vision-Statements sowie nötige Veränderungen im Geschäftsmodell intensiv zu diskutieren. Das bestätigt, was wir bereits in den vorangegangenen Kapiteln immer wieder betont haben: Die Klärung der strategischen Grundlagen stellt einen elementaren und notwendigen Input für die Erstellung der Balanced Scorecard dar.

Je nach Ausbaustand der strategischen Planung hat die Verwendung des Balanced-Scorecard-Ansatzes vornehmlich zwei Effekte:

➤ In Unternehmen, die bereits über eine gut ausgebaute strategische Planung verfügen, führt die Integration der Balanced Scorecard zu einer Präzisierung und Fokussierung der Strategiefestlegung sowie zu einer verstärkten Strategieumsetzung unter Einbindung nachgelagerter Hierarchieebenen.

➤ Unternehmen ohne explizite strategische Planung kann die Balanced Scorecard als Anlass dienen, Ansätze einer strategischen Planung neu zu entwickeln und dabei diese Planung, bereits abgestimmt auf die jeweiligen Balanced-Scorecard-Perspektiven, durchzuführen.

Grundsätzlich kann die Balanced Scorecard einen gehaltvollen Beitrag zu einer verbesserten strategischen Planung leisten. Ausgehend von der aktuellen Ist-Situation und bei kritischer Würdigung der finanziellen Ziele sowie der dahinter liegenden Treiber kann eine »strategische Planungslücke« mit Hilfe der Balanced Scorecard erkannt werden. Die Aktionen, die zum Schließen einer solchen Ziellücke entwickelt werden, sind ein wesentlicher Baustein der strategischen Planung. Sie müssen hinsichtlich ihres Zielbeitrages, ihrer Handlungsnotwendigkeit und ihres Ressourcenbedarfs analysiert werden (vgl. Kap. 5.6.2, Abb. 5.3.2).

Die Analyse kann sich auf Simulationen stützen, um die Ergebniswirksamkeit strategischer Aktionen zu prognostizieren. Strategische Aktionen, die keinen oder nur einen kurzfristigen Wettbewerbsvorteil bringen sowie kein oder nur geringes Potenzial zur Erfüllung der Strategie haben, werden bereits zu diesem Zeitpunkt eliminiert. Aus diesem Selektionsprozess resultieren strategische Aktionen, die über den größten Hebel zur Schließung der Planungslücke verfügen und von wesentlicher Bedeutung für die langfristige Zielerreichung sind.

Die Darstellung der Ergebnisse des strategischen Planungsprozesses unter Verwendung der Balanced Scorecard ermöglicht eine größere Transparenz und Nachvollziehbarkeit für die nachfolgenden Planungsebenen und trägt dadurch zur besseren Kommunikation der Strategie bei. Durch den mehrperspektivischen Detaillierungsgrad des Ansatzes gelingt es zudem, frühzeitig unterschiedliche Sichtweisen der beteiligten Führungskräfte aufzuzeigen. So wird vermieden, dass pauschale, inhaltsarme Kompromisse zustande kommen (mit der Folge einer wirkungslosen, weil »zahnlosen« Balanced Scorecard) oder unabgestimmte Einzelziele, die Einzelinteressen widerspiegeln.

Unsere Erfahrung zeigt, dass die Aufforderung zur Darstellung der Strategie im Sinne der Balanced Scorecard dazu führt, dass sich inhaltliche Qualität, Effektivität und Konkretisierung der strategischen Planung steigern. Ihre wahre Stärke entfaltet die Balanced Scorecard jedoch vor allem als Transportmedium von Inhalten der strategischen Planung.

Koppelung von Planung und Balanced Scorecard im Zuge des Vorhabens zur nachhaltigen Unternehmenswertsteigerung bei der VA TECHNOLOGIE AG

Die VA TECH war – bis zu ihrer weitgehenden Integration in die Siemens AG im Jahre 2005 – mit knapp 17.000 Mitarbeitern und über 4 Mrd. Euro Umsatz der größte Industriekonzern Österreichs. In den Unternehmensbereichen metallurgischer Anlagenbau, Energieerzeugung sowie Hochspannungsenergieübertragung und -verteilung zählte VA TECH zu den globalen Marktführern, im elektromechanischen Infrastruktur-Engineering nahm der Konzern eine führende Marktposition ein.

Um eine nachhaltig wertsteigernde Unternehmensentwicklung weiter zu fördern sowie darüber hinaus die Vorhersehbarkeit der Unternehmensentwicklung für den Kapitalmarkt zu verstärken, wurde das bestehende Planungs- und Steuerungssystem in Richtung Strategieorientierung und Frühindikation erweitert. Neben einer verstärkten inhaltlichen Fokussierung und der Einführung der Balanced Scorecard als zentralem Steuerungsansatz wurde insbesondere der Prozess der Planung und des Reportings um neue Elemente ergänzt.

Bereits vor der Implementierung der Balanced Scorecard bewegte sich der Planungsprozess der VA TECH auf sehr hohem Niveau: Den Start der Planung gab die Aussendung des Planungsbriefes im Juni des jeweiligen Jahres. Der Planungsbrief bildete den zeitlichen und inhaltlichen Rahmen zur Erstellung der Planung und wurde vom zentralen Controlling an die Unternehmensbereiche ausgesendet. Die im Planungsbrief festgelegten Inhalte umfassten eine Reihe von erfolgskritischen Planungserfordernissen bezüglich Markt und Marktposition, Markttrends, eine Stärken-Schwächen-Analyse, Wettbewerbstreiber, Technologieportfolio, Innovationen sowie eine Vielzahl quantitativer Planungspositionen, insbesondere Bilanz- und GuV-Positionen, Investitionen, Mitarbeiterentwicklung etc. Der Planungsprozess erstreckte sich vom Planungsbrief im Juni über die eigentliche Planung in den Sommermonaten bis hin zur Planungskonsolidierung im Herbst des jeweiligen Jahres. Die Planung endete mit einer »Vorkonsolidierung und Knetphase« auf Ebene der Unternehmensbereiche und wurde – nach Abstimmung innerhalb der Unternehmensbereiche und Zusammenführung zur Konzern-Gesamtplanung – im Rahmen einer Planungsklausur vom gesamten Konzernvorstand im Oktober des jeweiligen Jahres beschlossen.

Setup und Durchführung der Planung in der VA TECH verlief in hohem Maße professionell und mit höchster Disziplin der beteiligten Einheiten. Dennoch erwartete die VA TECH von der Ergänzung um den Balanced-Scorecard-Ansatz folgende Verbesserungen:

➢ **Verstärkung der strategischen Leitliniensetzung.** Der Forderung nach einer verstärkten inhaltlichen Leitlinienvorgabe für die Planung wird mit der Erweiterung um die Balanced Scorecard nachgekommen. Mit der Vereinbarung der Balanced Scorecard als fokussierende Darstellung der erfolgskritischen Veränderungsschwerpunkte erfolgt eine klare inhaltliche Ausrichtung. Nach wie vor wird damit zwar kein vollständiges Unternehmensmodell der Entwicklung jedes Bereiches abgebildet – die Balanced Scorecard stellt systemimmanent ja den Veränderungsbedarf, nicht das Gesamtunternehmensmodell dar – die für Planung und Steuerung maßgebliche Frage nach den zu steuernden Kernerfolgsfaktoren wird damit aber hinreichend beantwortet.

➤ **Verstärkung des Top-down-Charakters durch Planungsstart mit Strategie-/Balanced-Scorecard-Review.** Die Balanced-Scorecard-Ziele werden jährlich vor Beginn des Planungsprozesses hinsichtlich ihrer Gültigkeit überprüft und ggf. überarbeitet. Die operative Planung – früher in Teilbereichen durch eine Bottom-up-Ermittlung geprägt – setzt auf den Rahmenvorgaben auf und orientiert sich an der Schwerpunktsetzung der jeweiligen Balanced Scorecard.

➤ **Konzentration auf Planung von Wachstums- und Ergebnistreibern zur Sicherung einer nachhaltigen Wertgenerierung.** Die Wachstums- und Ergebnistreiber finden ihren Niederschlag in den Balanced-Scorecard-Zielen sowie den dazugehörigen Erfolgsmessgrößen der einzelnen Balanced Scorecards der VA TECH. Durch eine konsequente hierarchische Schichtung der Balanced Scorecards – die Wachstums- und Ergebnistreiber wurden für die unterschiedlichen Ebenen konkretisiert, die Förderung der Oberziele ist durch eine klare Zieldurchgängigkeit gewährleistet – ist sichergestellt, dass die Unternehmensentwicklung nicht durch »windfall profits«, sondern nachhaltig durch Umsetzungserfolge in den strategisch relevanten Kernbereichen vorangetrieben wird.

➤ **Verbesserung der Frühindikation von Entwicklungen durch Ausplanung der Wachstums- und Ergebnistreiber in der Mittelfrist-Perspektive.** Eine konsequente Ausplanung der den Balanced-Scorecard-Zielen zugeordneten Erfolgsmessgrößen erhöht die Qualität der Planergebnisse und Vorhersehbarkeit der Zielerreichung. Auf Basis eines periodischen Reviews der (Monats-/Quartals-/Halbjahres-)Zielerreichung sind Abweichungen frühzeitig erkenn- und behandelbar, die in der VA TECH auszuplanenden 3-Jahres-Werte folgen einer plausiblen Anlaufkurve. Die Frühindikation wird darüber hinaus – im Gegensatz zu den traditionell finanzorientierten Lagging Indicators – durch die Balanced-Scorecard-Ziele selbst verbessert, die ja neben den nachlaufenden Zielen in der Finanzperspektive insbesondere in der Kunden- und Potenzialperspektive Handlungsfelder adressiert, welche die zukünftigen Erfolgspotenziale der Unternehmensentwicklung umfassen und damit per se die maßgeblichen Frühindikatoren darstellen.

➤ **Gezieltere Steuerung des internen Plan-Anpassungsgrads.** Die Fokussierung der Balanced Scorecard auf die maßgeblichen Wachstums- und Ergebnistreiber ermöglicht die selektive Vorgabe von individuellen Anspannungsgraden, ohne die quantitative Gesamtzielsetzung des Unternehmens in unrealistische Höhen zu treiben. Unternehmensintern wird damit ein hohes Maß an Steuerungs- und Gestaltungsspielraum geschaffen, dessen Vorteile vor allem bei Koppelung an Ziel- und Entlohnungssysteme spürbar zum Tragen kommen.

➤ **Weiter verstärkte strategische Diskussion bei der Planungsabnahme durch den Konzernvorstand.** Planungsdurchsprachen im Konzern- und Bereichsvorstand finden unter Anwendung der Balanced-Scorecard-Logik statt. Als wesentlichste Erweiterung in diesem Zusammenhang ist die Intensivierung der Diskussion über inhaltliche Wachstums- und Ergebnistreiber zu sehen, wodurch eine allzu starke Konzentration auf rein quantitative Größen vermieden werden kann.

➢ **Integration in das periodische Reporting.** Das periodische Reporting innerhalb von Geschäftsbereichen und dem Konzern sowie an den Aufsichtsrat wurde an der Balanced-Scorecard-Struktur ausgerichtet und damit »diskutabel« gestaltet. Das Reporting-Booklet umfasst neben der Darstellung der Strategy Map – also den strategischen Zielen und ihrer Zusammenhänge sowie der Zielerreichung – einen Executive Summary über die Ziel(über/unter)erreichung sowie Details zu einzelnen Zielen, Maßnahmen oder Umfeldentwicklungen im Sinne eines Exception Reportings.

Insgesamt gesehen führte die Koppelung von Planung und Balanced Scorecard bei der VA TECH zu einer deutlichen Verstärkung der konsequenten strategischen Ausrichtung im Rahmen der Planung sowie zu einer Verstärkung des konsequenten strategischen Handelns im Tagesgeschäft. Durch die Integration der wesentlichen strategischen Veränderungserfordernisse in Planung und Steuerung wurde – abseits des laufenden Geschäfts – der Managementfokus auf die erfolgskritischen, hochprioritären Handlungsfelder gelegt. Der von der VA TECH angestrebte Nutzen der Erzielung einer nachhaltig wertsteigernden Unternehmensentwicklung konnte mit dem modifizierten Planungs- und Steuerungsprozess maßgeblich gefördert werden.

7.3.2 Balanced Scorecard mit der operativen Planung verzahnen

Die Balanced Scorecard als »Abbild« des strategischen Zielsystems stellt einen guten Ausgangspunkt für eine effektive und effiziente operative Planung dar. Finanzielle und nicht finanzielle Eckwerte aus der Balanced Scorecard gehen (top-down) direkt in die operative Planung bzw. Budgetierung ein. Darüber hinaus fließen die aus den strategischen Aktionen abgeleiteten Maßnahmen und Projekte in die operative Planung ein. Im Kern bietet die Balanced Scorecard folgende Vorteile für die Verknüpfung der jahresbezogenen Planung und der Strategie (vgl. Greiner 2004, S. 245ff.):

Transparenz der Ziele
Die Balanced Scorecard bietet eine eingängige, methodisch transparente Darstellungsform der im Rahmen der operativen Planung zu berücksichtigenden strategischen Ziele. Sie verhindert dadurch Verwirrung bei der Berücksichtigung von Zielen. Diese kann eintreten, wenn Strategiedokumente unklar strukturiert sind und die wesentlichen Impulse für die Budgetierung erst »zusammengesucht« werden müssen.

Dagegen stellt die Balanced Scorecard, richtig erarbeitet, eine verdichtete, leicht verständliche und aktionsorientierte Darstellung der strategischen Planung dar. Balanced

Scorecards gelingt es, auf wenigen Seiten zu erklären, worauf es bei der Budgetierung aus Sicht der Strategie im Wesentlichen ankommt, sie sind deshalb prägnanter als seitenlange Strategiedokumente, bei denen häufig Aussagen zum Wettbewerbsumfeld, zu den strategischen Prämissen und zum strategischen Zielsystem durcheinander gewürfelt sind.

Zur Transparenz gehört auch, dass über die Balanced Scorecard auch mittel- bis langfristige Zielwerte für nicht monetäre Ziele bestimmt werden. Während es üblich ist, kurzfristige monetäre Eckwerte vor der operativen Detailplanung festzulegen, so werden kurz- und mittelfristige Zielwerte für qualitative Ziele, wie die Erhöhung der Kundenzufriedenheit oder die Verkürzung der Durchlaufzeit, nicht immer erarbeitet. Die Angabe auch kurz- und mittelfristiger Zielwerte für nicht monetäre Ziele ist für die Balanced Scorecard charakteristisch. Aus dieser Sicht kann die Balanced Scorecard als eine Erweiterung klassischer operativer Planungsprozesse verstanden werden. Die kurzfristige monetäre Planung bleibt weiterhin wichtig, aber die ausgewogene Berücksichtigung anderer Perspektiven neben der Finanzperspektive führt dazu, dass die kurz- und mittelfristige Entwicklung nicht monetärer Ziele ausreichend geplant wird. Dies erleichtert die Berücksichtigung dieser Zielsetzungen im Rahmen der Budgetierung (vgl. Kaplan/Norton 1996a).

In diesem Zusammenhang sei noch auf eine Beobachtung in der Projektarbeit hingewiesen: Zielwerte, die sich konsequent an der – in einer Balanced Scorecard formulierten – Strategie orientieren, sind meist herausfordernder als Zielwerte, die sich – wie häufig in der Unternehmenspraxis – vor allem aus Vergangenheitszahlen ableiten.

Strategiegerechte Ressourcenallokation

Die Balanced Scorecard stellt eine Logik zur Verfügung, mit der eine verbesserte Zuordnung von Ressourcen auf einzelne Zielsetzungen möglich ist. Budgets für bedeutende strategierelevante Aktivitäten werden differenziert von »Routinebudgets« für das laufende Geschäft betrachtet. Damit entsteht ein strategischer Fokus bei der operativen Planung und Budgetierung.

Die Unterscheidung von Routinetätigkeiten und strategischen Aktionen ist von hoher Bedeutung. Denn es darf nicht vergessen werden, dass die Aufrechterhaltung des laufenden Geschäftes die meisten Ressourcen bindet: Die Beantwortung von Kundenanfragen, das Erstellen von Angeboten, die arbeitsplangerechte Produktion und vieles andere mehr. Kaplan/Norton schätzen, dass Unternehmen 90 % des Gesamtbudgets für bestehende Abläufe des Tagesgeschäfts einsetzen. Lediglich 10 % eines Gesamtbudgets sind für strategische Projekte frei verfügbar (vgl. Kaplan/Norton 2000). Um diese knappen Mittel möglichst nutzbringend einzusetzen, kommt der strategieorientierten Priorisierung des Mitteleinsatzes eine überragende Bedeutung zu.

Werden Ziele ausdrücklich auf Balanced Scorecards vermerkt, so wird dadurch zum Ausdruck gebracht, dass die betreffenden Ziele im Mittelpunkt des Interesses des Managements stehen und in der Regel auch wesentliche Veränderungen des Status quo angestrebt werden. Diese Information ist für eine strategiegerechte operative Planung wichtig: Es wird durch diese Sichtweise deutlich, für welche Kundengruppen, für welche Alleinstellungsmerkmalen, für welche Prozesse usw. in Zukunft mehr Mittel eingesetzt werden müssen (vgl. Kaplan/Norton 2000). Doch auch der Umkehrschluss gilt: Sind Ziele auf einer Balanced Scroecard nicht vermerkt, so kann davon ausgegangen werden, dass diesbezüglich keine wesentlichen Veränderungen angestrebt werden und daher im Hinblick auf diese Ziele auf der Grundlage der bekannten Budgetstruktur geplant werden kann, z. B. unter Verwendung des analytischen Ansatzes der Prozesskostenrechnung. Dasselbe gilt für Ziele, die zwar auf der Balanced Scorecard vermerkt sind, denen jedoch keine wesentlichen Aktionen zugeordnet wurden oder deren Zielwerte keine wesentlichen Steigerungen/Senkungen beinhalten. Ein solches Vorgehen bringt zum Ausdruck, dass die jeweiligen Ziele zwar als strategisch wichtig angesehen werden, der aktuelle Status quo jedoch zufriedenstellend ist und daher auch hier keine wesentliche Veränderung angestrebt wird. Auch hier kann im Rahmen der Budgetierung auf inkrementale Veränderungen zurückgegriffen werden.

Konsequent angewendet, beeinflusst die Balanced Scorecard auf diese Weise frühzeitig die Einperiodenplanung und trägt zur Vermeidung einer fortschreibungsorientierten Denkweise bei der Ressourcenallokation bei.

Horizontale Abstimmung

Während die bisherigen Überlegungen vertikale Verknüpfungen zwischen strategischer und operativer Planung betrafen, spielt in der Praxis auch die horizontale Koordination der Planwerte, also die Abstimmung zwischen Organisationseinheiten, eine wichtige Rolle. Es gilt, Interdependenzen von Handlungen transparent zu machen und die Kommunikation zwischen den Einheiten zu fördern (vgl. auch Kap. 6).

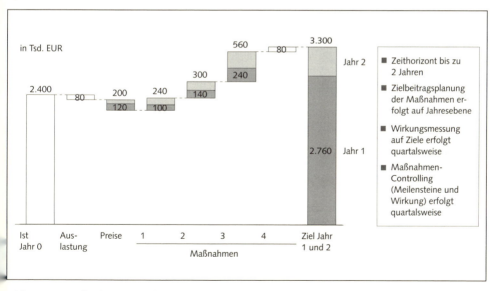

Abb. 7.10: Maßnahmen- und Zielbeitragsplanung

Zur Ermittlung von Kosteninterdependenzen leistet die Balanced Scorecard keinen praktischen Beitrag, da sie keine analytische Rechenlogik zur Verfügung stellt. Dagegen spielt sie für die Transparenz von Handlungsinterdependenzen und damit für die Kommunikation zwischen Einheiten eine große Rolle.

In der Regel arbeiten verschiedene Einheiten an der Umsetzung einzelner strategischer Ziele. Ordnen die einzelnen Einheiten ihre Ziele, Messgrößen und Aktionen entsprechenden übergeordneten Zielsetzungen zu, so lässt sich für jede dieser übergeordneten Zielsetzungen der bereichsübergreifende Zusammenhang der nachgelagerten Ziele, Messgrößen und Aktionen darstellen.

Auf dieser Grundlage kann im Rahmen von Managementmeetings themenfokussiert die Strategie durchgesprochen werden – und nicht, wie üblich, rein funktionsfokussiert. Wir sprechen in diesem Zusammenhang von einer »themenorientierten Führung« (vgl. Gaiser/Greiner 2002). Abbildung 7.11 zeigt die beschriebene Grundlogik in Bezug auf das übergeordnete Ziel »Kundenbetreuung«. Während die Abbildung bereichsübergreifend die zugehörigen Zielsetzungen mit ihrem jeweiligen Status zeigt, sind ähnliche Auswertungen auch für Messgrößen und Aktionen möglich. Die Transparenz, die sich durch diese Art der Informationsaufbereitung ergibt, fördert die Kommunikation, schärft prozessorientiertes Denken und wirkt sich dadurch letztlich positiv, wenn auch indirekt, auf die

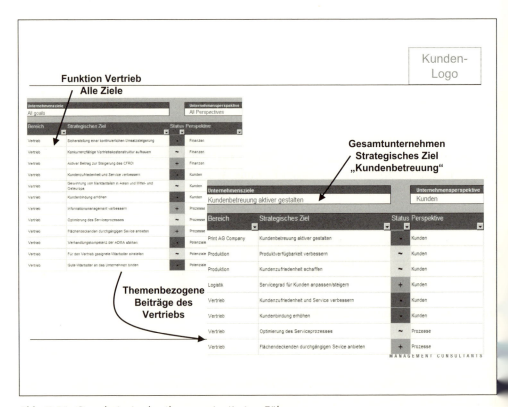

Abb. 7.11: Grundprinzip der themenorientierten Führung

Budgetierung aus. Denn durch ein gemeinsames Verständnis, wo in der Prozesskette zur Erreichung spezifischer strategischer Ziele die besonderen Herausforderungen liegen, wird die Zuordnung von Ressourcen erleichtert.

Organisatorische Integration

Eine wichtige Voraussetzung für eine erfolgreiche Integration der strategischen und der operativen Planung ist, dass die Beteiligten der Einperiodenplanung ausreichend in den Strategieentwicklungsprozess einbezogen oder zumindest intensiv in die speziellen Anforderungen der beabsichtigten Strategie eingewiesen werden. Das daraus resultierende Verständnis für strategische Zielsetzungen führt dazu, dass Entscheidungen im Rahmen der operativen Planung nicht losgelöst vom beabsichtigten Strategiemuster getroffen werden.

Das Konzept der Balanced Scorecard kann zur Umsetzung dieser Empfehlung beitragen. Typischerweise werden Balanced Scorecards von den für die Strategie verantwortlichen Managern unter Mitwirkung von Wissensträgern der jeweiligen Perspektiven (z. B. Vertriebsleiter, Personalleiter) erstellt, was dazu führt, dass der Kreis der an der Strategieentwicklung und -konkretisierung beteiligten Personen erweitert wird. Aus Komplexitätsgründen wird es bei der Erweiterung des Teilnehmerkreises zur Strategieentwicklung aber natürliche Grenzen geben.

Insofern wird es notwendig sein, Teilprozesse zur Konkretisierung strategischer Zielsetzungen zu delegieren. Das Konzept der Balanced Scorecard systematisiert diesen Schritt, indem es im Rahmen der »Kaskadierung« der Zielsetzungen dazu führt, dass nachgelagerte Einheiten die Strategie in der gleichen Logik von Perspektiven, Zielen, Messgrößen, Zielwerten und Aktionen konkretisieren. Dabei sollte es zu einer intensiven Auseinandersetzung mit den übergeordneten Zielsetzungen kommen. Wo möglich sind die einzelnen Zielsetzungen der Subeinheit mit den Zielen der übergeordneten Einheit zu verbinden, wie bereits im Rahmen der »themenorientierten Führung« beschrieben. Diese intensive Auseinandersetzung mit übergeordneten Zielen und der Konkretisierung auf das eigene Umfeld trägt im Prozess der operativen Planung wesentlich zu einer Verteilung der Ressourcen entsprechend den strategischen Anforderungen bei. Denn sie erleichtert nachgelagerten Einheiten die Bestimmung, zu welchen Zielen der Gesamtstrategie sie beitragen können und welche Ressourcenanforderungen sich daraus ableiten. Ohne diese Argumentationsgrundlage bestünde die Gefahr, dass im Rahmen von operativen Planungen zu stark über absolute Budgethöhen und weniger über zugrunde liegende strategiegerechte Aktivitäten diskutiert wird (vgl. Niven 2006).

Verkürzung des Planungskalenders

In einigen Publikationen wird auf die Möglichkeit hingewiesen, mit der Balanced Scorecard eine Verkürzung des gesamten Planungsprozesses erreichen – bei einer gleichzeitig erhöhten Konsistenz der Planung (vgl. Horváth/Kaufmann 1998).

Hauptgrund für diese Zeitverkürzung ist eine Intensivierung der Phase der Strategiekonkretisierung als Bestandteil der strategischen Planung. Die Verlängerung dieser Anfangsphase der Planung führt dazu, dass die wesentlichen Ziele und Projekte frühzeitig festgelegt werden. Der operative Planungsprozess gestaltet sich deutlich effizienter, da der Diskussions- und Abstimmungsaufwand in der operativen Planung reduziert wird.

Ein solches Vorgehen entspricht, in der Planungssprache ausgedrückt, einer Stärkung der Top-down-Komponente im Gegenstromverfahren. Beim Gegenstromverfahren gibt die Unternehmensspitze zunächst Top-down-Eckziele bekannt, an die sich die planenden Stellen im anschließenden Bottom-up-Rücklauf halten sollen. Gelingt es, sich frühzeitig auf monetäre und nicht monetäre Eckwerte zu einigen – und die Balanced Scorecard stellt dafür ein gutes Transportmittel dar –, so gelingt es in der Regel, unnötige Korrektur- oder Abstimmungsschleifen zu vermeiden. Die frei gewordenen Planungskapazitäten können in den strategischen, für die aktuellen Herausforderungen wichtigen Bereich verlagert werden.

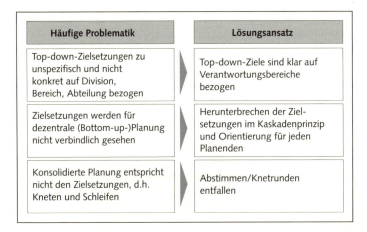

Abb. 7.12: Verstärkte Top-down-Komponente

Abbildung 7.13 verdeutlicht, wie der operative Planungsprozess bei Vorschaltung des Balanced-Scorecard-Prozesses auf allen Ebenen im Top-down-Verlauf reibungslos und ohne Schleifen ablaufen kann.

Dabei nimmt man in Kauf, dass die Top-down-Eröffnung länger dauert, denn auf den einzelnen Planungsebenen findet ein intensiver Diskussions- und Verhandlungsprozess statt. Zudem sind Inhalte einzubeziehen, die über rein finanzielle Größen hinausgehen. Der Nutzen besteht aber in einer anschließenden, reibungsloseren Durchführung der Bottom-up-Planung.

Durch die Anwendung der Balanced Scorecard verändert sich der Planungskalender. Abbildung 7.15 verdeutlicht dies, indem sie – vereinfacht – einen Planungsprozess traditioneller Art dem Planungsprozess auf Basis der Balanced Scorecard gegenüberstellt. Dabei wird deutlich, dass es zu einer Verlagerung der Aktivitäten im Bereich der strategischen Planung und des Balanced-Scorecard-Prozesses, zu einer Reduktion des Aufwandes in der operativen Planung und insgesamt zu einer Verkürzung des Planungsprozesses kommt. Außerdem nimmt die Aktualität der Planung zu, da der Planungsprozess mit der Balan-

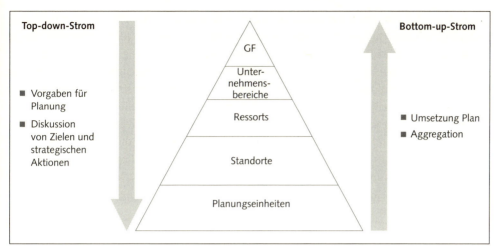

Abb. 7.13: Optimierter operativer Planungsprozess

ced Scorecard in der Regel später starten kann. Zudem kann in vielen Unternehmen der Zwischenschritt einer Mittelfristplanung entfallen, da die Balanced Scorecard die Brückenfunktion zwischen strategischer und operativer Planung besser erfüllt.

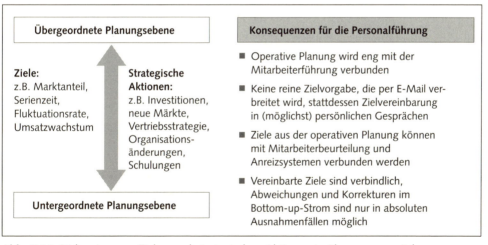

Abb. 7.14: Diskussion von Zielen und strategischen Aktionen in Planungsgesprächen

Zusammenfassend kann festgehalten werden, dass die Integration der Balanced Scorecard in die Unternehmensplanung einen guten Anlass bietet, den Planungsprozess grundsätzlich zu überdenken. Die Balanced Scorecard, in einem ganzheitlichen Führungskonzept integriert, kann einen wichtigen Beitrag zur Verbesserung der Planung liefern. Vor allem als Transportmedium von Inhalten der strategischen Planung in die jahresbezogene Bud-

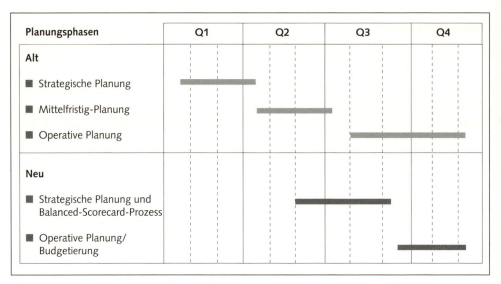

Abb. 7.15: Gegenüberstellung alter und neuer Planungsprozess im Planungskalender

getierung kann die Balanced Scorecard eine kaum zu unterschätzende Rolle übernehmen. Den unter Verwendung der Balanced Scorecard neu gestalteten operativen Planungsprozess zeichnet eine verstärkte Ziel- und Zukunftsorientierung und damit eine Abkehr von der Fortschreibungsmentalität aus. Wie die Balanced Scorecard die Lücke zwischen strategischer und operativer Planung schließt, beschreibt Abbildung 7.16.

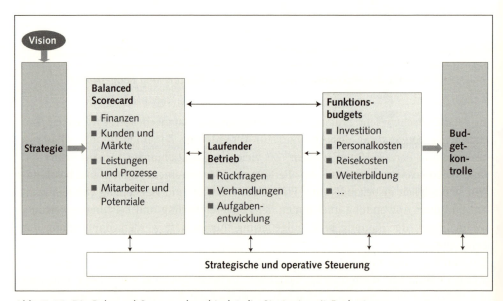

Abb. 7.16: Die Balanced Scorecard verbindet die Strategie mit Budgets

Empirische Studie

Die Problematik einer ausreichenden inhaltlichen Verknüpfung von Strategie und Planung wird noch immer intensiv diskutiert. In der Literatur lässt sich eine Fülle von Studien und Praktikerberichten finden, die die mangelnde Verknüpfung dieser betrieblichen Sachverhalte kritisieren.

Auch im Rahmen der Studie (vgl. Horváth & Partners 2005b) lässt sich diese Problematik empirisch belegen. Immerhin 39 % der Studienteilnehmer empfinden die Verknüpfung von strategischer Planung und Budgetierung zumindest »eher als Schwäche«. Der Wert steigert sich auf über 50 %, wenn nur jene Unternehmen betrachtet werden, die die Balanced Scorecard »weniger intensiv« anwenden. Wenn davon ausgegangen wird, dass auch in diesen Unternehmen die Balanced Scorecard zumindest teilweise zu einer Abfederung der Problematik beigetragen haben könnte, so wird deutlich, dass in der Praxis der »Nicht-Balanced-Scorecard«-Unternehmen die Kritik an der Verbindung dieser Planungsebenen noch schärfer ausfallen könnte (vgl. Abb. 7.17).

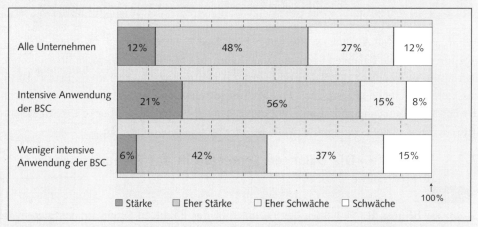

Abb. 7.17: Qualität der Verknüpfung von strategischer Planung und Budgetierung

In der inzwischen sehr umfangreichen Literatur zur Balanced Scorecard ist der Gedanke der Verwendung des Ansatzes zur Veränderung der Budgetierung allerdings bisher kaum berücksichtigt worden. Zu viele Veröffentlichungen reduzieren die Balanced Scorecard weiterhin auf ein »Performance-Measurement«-System und beschäftigen sich folglich insbesondere mit Fragen der Auswahl und Darstellung von Kennzahlen und ihrer Anwendung im Rahmen der Zielvereinbarung und Leistungsbewertung. Wenn Fragen der Planung und Budgetierung thematisiert werden, dann häufig nur sehr oberflächlich.

Ein ähnliches Bild ergibt die Auseinandersetzung der Praxis mit diesen Fragen – sie werden traditionell stiefmütterlich behandelt. Dementsprechend sehen zwar immerhin die Hälfte der Befragten eine inhaltliche Verbesserung der operativen Jahresplanung, jedoch werden hinsichtlich Planungsdauer und Verbesserung der Budgetierung überwiegend keine positiven Effekte wahrgenommen. Hier besteht ganz offensichtlich weiterhin Nachholbedarf (vgl. Abb. 7.18).

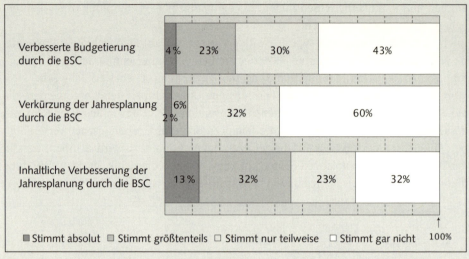

Abb. 7.18: Auswirkung der Balanced Scorecard auf die Jahresplanung und Budgetierung

7.3.3 Fallstudie »Die Balanced Scorecard in das Planungssystem integrieren«

Schon zu Beginn des Projektes der Einführung der Balanced Scorecard verfolgten die Prints-Verantwortlichen das Ziel, mit der Balanced Scorecard langjährige Probleme bei der strategischen und operativen Planung anzugehen.

Die wesentlichen Probleme bei der Planung bei der Prints GmbH waren:

➤ Die Jahresplanung dauerte von Mitte August bis wenige Tage vor Weihnachten – verbunden mit einem sehr hohen Ressourceneinsatz der Controller und der planenden Manager. Die letzten beiden Jahre zog sich – nach Unstimmigkeiten in der Unternehmensleitung – die Planung sogar bis in den Februar des Planjahres hin. Gab es im Herbst besondere Ereignisse, wie z. B. einen Zusammenschluss von Wettbewerbern, konnte in der Planung nicht mehr oder nur unzureichend darauf reagiert werden, da die Planung schon zu weit fortgeschritten war.

➤ Eine Führungskräftebefragung ergab, dass die operative Planung eher als administratives Übel denn als motivierend und verhaltensbeeinflussend galt.

➤ Zwischen den Zielen, die in Zielvereinbarungen festgelegt wurden, und den Zielen aus der operativen und strategischen Planung bestand nur ein loser Zusammenhang.

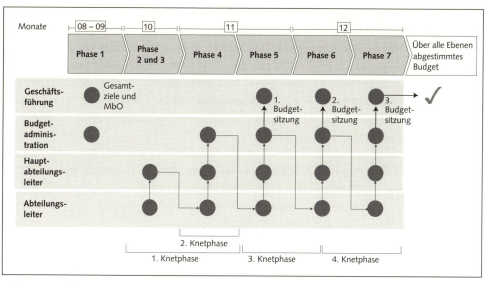

Abb. 7.19: Schematische Darstellung des operativen Planungsprozesses vor der Neugestaltung

Abbildung 7.19 skizziert den bisherigen operativen Planungsprozess bei Prints.

Im früheren operativen Planungsprozess verabschiedete die Geschäftsführung im Top-down-Vorlauf des Gegenstromverfahrens sehr grundsätzliche, teilweise vage Vorgaben an die Führungskräfte mehrerer Hierarchieebenen. Auf dieser Basis legten die Abteilungs-leiter den Hauptabteilungsleitern einen ersten Entwurf der Detailplanung vor, der meist verworfen wurde. War die Detailplanung überarbeitet und hatte der Hauptabteilungsleiter seine Zustimmung gegeben, scheiterte der neue Entwurf häufig an den Controllern. Das lag daran, dass die Vorgaben der Geschäftsführung vom Controlling anders interpretiert wurden als von den Hauptabteilungsleitern. Diese Mehrfachschleifen im Planungsprozess hatten negative Auswirkungen in dreifacher Hinsicht:

➤ die Durchlaufzeit der Planung verlängerte sich teilweise drastisch,
➤ die Ressourcenbindung nahm überdurchschnittliche Ausmaße an,
➤ die mit der Planung befassten Mitarbeiter waren demotiviert.

Den Verantwortlichen von Prints war schon sehr frühzeitig klar, dass ohne klare strate-gische Prioritäten eine deutliche Veränderung kaum möglich wäre. Denn ohne ein klares Verständnis, was in Zukunft wichtig sein würde und welche Veränderungen anstünden, bliebe den (operativen) Planungsverantwortlichen nicht viel anderes übrig, als die Ver-gangenheit in die Zukunft fortzuschreiben. Diese Fortschreibungsorientierung würde, wie bisher üblich, nur durch wenige Parameter durchbrochen. Dazu gehörten natürlich die kurzfristigen Absatzprognosen für die einzelnen Produkte und Produktgruppen. Einzelne Vorhaben, z.B. der Kauf einer effizienteren Anlage, wurde auch bisher schon bei der Bud-getierung berücksichtigt, indem z.B. geringere Materialeinsatzmengen oder höhere Produktivitäten angenommen wurden. Alles in allem blieb die punktuelle Berücksichtigung solcher Einzelmaßnahmen aber unbefriedigend. Viele langfristige Überlegungen, die nicht mit einfachen Rechenalgorithmen in die operative Planung überführt werden konnten, hatten kaum nachvollziehbare Effekte auf das Budget. Je nach politischem Handlungsgeschick der Budgetverantwortlichen gab es entsprechende Zu- oder Abschläge. Alles in allem war aber der Prozess der Berücksichtigung zukünftiger Entwicklungen im Rahmen der Budgetierung von Politik, Aktionismus, pauschalen Budgetveränderungen und Zahlenschieberei bestimmt.

Es galt also, die operative Planung systematischer an die strategisch definierte Zukunft anzupassen. Der Schwerpunkt musste dabei nicht nur auf der Prognose der erwarteten Absatzzahlen für einzelne Produkte und deren Produktionsfunktionen liegen. Vielmehr brauchte man je Budgetierungsbereich eine klare strategische Aussage, welche alle für die zukünftigen Entwicklungen wichtigen Parameter beinhaltete.

Mit der Einführung der Balanced Scorecard als Teil der strategischen Planungsphase veränderte sich die Planung wesentlich (vgl. Abb. 7.20): Die Hauptabteilungen erhielten neben den finanziellen Zielwerten zusätzlich auch nicht finanzielle Top-down-Vorgaben aus der Balanced Scorecard.

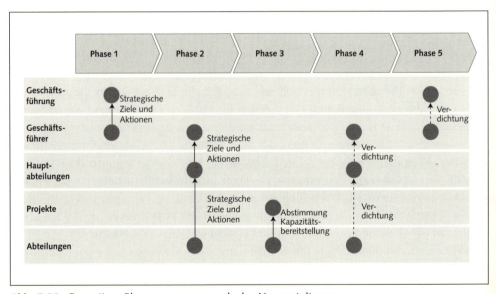

Abb. 7.20: Operativer Planungsprozess nach der Neugestaltung

Im neuen operativen Planungsprozess konnten durch den klaren Handlungsrahmen und durch die Operationalisierung der Ziele in der Balanced Scorecard eindeutige Vorgaben im Top-down-Verlauf gemacht werden. In Zielvereinbarungsgesprächen vereinbarte die jeweils übergeordnete Führungskraft bereits in dieser Phase die Ziele mit der nachgeordneten Ebene. Dadurch entstand bei Prints ein gefestigtes Commitment für die Eckziele.

Der Bottom-up-Rücklauf diente nunmehr lediglich der detaillierten Ausplanung bereits fixierter Ziele bzw. Aktionen und bildete in Folge die Grundlage für die Kostenarten- und Kostenstellenplanung. Zeitaufwändige Schleifen wie im früheren Planungsablauf wurden damit weitestgehend vermieden.

Zur Operationalisierung dieser Ziele wurden folgende Kennzahlen und Zielwerte festgelegt (Auszug der Finanz- und Kundenperspektive):

Prints GmbH

Perspektive	Strategisches Ziel/Messgröße	Zielwert Planjahr	Einheit	Aktueller Status
Finanzen				
	CFROI deutlich steigern			
	CFROI	12%	%	+
	Konkurrenzfähige Kostenstruktur aufbauen			
	% Gesamtkosten vom Umsatz	76%	%	~
	% Vertriebs- und Verwaltungskosten	29%	%	~
	Internationales Wachstum vorantreiben			
	Gesamtumsatz	1,4	Mrd. €	+
	% Umsatz nicht EU/nicht USA	30	%	+
Kunden				
	Einfachgeräte am Markt positionieren			
	Marktanteil im Massensegment	33	%	~
	Bewertungsindex Händler	75	Punkte	–
	Exzellence in Copying im Hochpreissegement			
	Marktanteil im Hochpreissegment	22	%	+
	Imagewerte Zielkunden	84	Punkte	~
	Funktionssicherheit erhöhen			
	Anzahl Störfälle	2,3	%	~
	Kundenbetreuung aktiver gestalten			

Abb. 7.21: Zielwerte für das Planjahr (Auszug)

Als weitere Konkretisierung der Strategie waren die Bereiche im Rahmen ihrer Planung aufgefordert, die wesentlichen Projekte zu nennen, die über die üblichen, routinemäßigen Aktivitäten hinaus zur Erreichung der strategischen Ziele beitragen sollen. Die Budgetierung dieser Maßnahmen auf der Kostenseite erlaubt eine Zweiteilung der Bereichsbudgets in ein »Basisbudget« und ein »Projektbudget«. Dieses »Projektbudget« geht über das übliche »Investitionsbudget« hinaus, bei dem in der Vergangenheit insbesondere die Ausgaben für Anschaffungen benannt wurden.

Der folgende Auszug aus der Kundenperspektive des Geschäftsbereichs Endverbraucher zeigt die Logik des verwendeten Projektbudgets.

Zunächst fällt auf, dass die Balanced-Scorecard-Logik beibehalten wird, d. h. es besteht eine klare Zuordnung der wesentlichen Initiativen zu Perspektiven und (verbal formulierten) strategischen Zielen. Wenn Initiativen mehrere Ziele unterstützen, werden sie dem Ziel zugewiesen, bei dem es die stärkste Auswirkung hat (d. h. keine Doppelnennung von strategischen Aktionen).

Ebenso fällt auf, dass auf Angaben hinsichtlich der Erlösseite der einzelnen Vorhaben und somit auf die Angabe von Barwerten, internen Zinsfüßen o. Ä. bei dieser budgetie-

Prints GmbH							
Perspektive	Strategisches Ziel/strategische Initiative	Starttermin	Endtermin	Kapazität bestehende Mannschaft (MJ)	Zusätzlich benötigte Kapazität (MJ)	Weitere Ausgaben	Mittel zusätzl. zum Basisbudget
Finanzen							
	Internationales Wachstum vorantreiben						
	Marktstudie »Mittel-Ost-Europa«	Januar 04	Juni 04	3	0	125.000 €	125.000 €
	Task Force »Pacific«	Februar 04	März 05	2	2	255.000 €	420.000 €
Kunden							
	Einfachgeräte am Markt positionieren						
	Marketingoffensive	Januar 04	Dezember 04	3	1	340.000 €	600.000 €
	Einrichtung Händlerforum	März 04	März 05	2	0	210.000 €	210.000 €
	Exzellence in Copying im Hochpreissegment						
	Designstudie	Januar 04	Juni 04	0	1	80.000 €	180.000 €
	Überarbeitung Marketingmaterial	März 04	Juni 04	1,5	0	90.000 €	90.000 €
	Funktionssicherheit erhöhen						
	Technikumstellung RCP	Januar 04	Juni 04	3	2	380.000 €	520.000 €
	Projektgruppe »No excuses«	März 04	März 05	4	1	170.000 €	280.000 €
	Kundenbetreuung aktiver gestalten						
	Einrichtung Key Account Management	Juni 04	Dezember 05	2	0,5	80.000 €	140.000 €

Abb. 7.22: Budgetierung der strategischen Initiativen (Auszug: Cash-wirksame Zusatzausgaben)

rungsrelevanten Übersicht verzichtet wird. Die zugrunde liegende Logik: Erreicht werden müssen die vereinbarten Zielwerte der Balanced Scorecard, nicht individuelle Rentabilitäten einzelner Maßnahmen. Mit welchem Mix an Aktivitäten die Zielerreichung geleistet wird und wie die dazu nötigen Ressourcen auf einzelne Vorhaben verteilt werden, schlägt der Geschäftsbereich vor. Solange die Bereiche die Erreichung der in den Balanced-Scorecard-Zielen fixierten Zielwerte zusichern, liegt es in ihrer Macht, Projekte zu bestimmen und im Bereich selber die entsprechenden Kosten-Nutzen-Überlegungen anzustellen. Andererseits: Werden Mittel für strategisch relevante Projekte nicht genehmigt, so haben die Bereiche auch das Recht, die Zielwerte der Balanced Scorecard in Frage zu stellen. Die (teilweise kontroverse) Diskussion um Budgetmittel wird durch diese Form der Budgetierung also nicht vermieden. Doch sie wird auf klare Ziele und Maßnahmenpakete fokussiert und verliert sich nicht in Allgemeinplätzen.

Im oben dargestellten Auszug wird eine Unterscheidung des Projektaufwandes in bestehende Kapazitäten, neu benötigte Kapazitäten und finanzielle Mittel vorgenommen. Durch die Benennung der Projekteinlastung bestehender Kapazitäten wird eine Unterscheidung von »Basiskapazitäten/Basisbudget« (Ressourcen für die Bewältigung von Routinetätigkeiten) und »Projektkapazitäten/Projektbudget« (Ressourcen für die Bewältigung von relevanten Einzelvorhaben) erreicht. Diese Information erlaubt eine genauere Kapazitätsplanung über die Jahre hinweg. Zudem wird die Ermittlung von Prozesskosten im Bereich genauer, da nur jene Kapazitäten in die Berechnung einbezogen werden, die auch wirklich unmittelbar an der Auftragsabwicklung arbeiten.

Der hier gezeigte Auszug zeigt nur cash-wirksame Zusatzausgaben. Entsprechend der verwendeten Rechnungslegung werden diese Angaben unterschiedlich im Gesamtbudget zugeordnet (z. B. in einer Übersicht für Investitionen in Sachmittel) und aktiviert (z. B. der Kauf eines Unternehmens oder Entwicklungsausgaben). Die nötigen Angaben liefern detailliertere Formulare je strategische Aktivität.

Zusammenfassend kann festgestellt werden, dass die Balanced Scorecard als Transmissionsriemen zwischen Strategie und operativer Planung inkl. Budgetierung verwendet wird: Aus der definierten Anpassung an Markt- und Wettbewerbsentwicklungen werden wesentliche Ziele formuliert. Anschließend werden Eckwerte dieser Ziele für das Planjahr (und, hier nicht dargestellt, für die Folgejahre) bestimmt. Diese Eckwerte sind planungsrelevant. Durch die den Zielen zugeordneten Maßnahmenbudgets wird die Kostenposition bestimmt.

Dies alles stellt den strategischen Input in die »klassische« operative Planung dar. Diese konzentriert sich auch weiterhin auf die Erfüllung von »Basisaufgaben«. Im Rahmen der operativen Planung werden über mathematische Modelle, Erfahrungswerte der Vergangenheit oder durch Benchmarks die Mittel zur Erfüllung operativer Tätigkeiten festgelegt. Doch durch die vorgeschalteten Aktivitäten der Balanced Scorecard ist gewährleistet, dass die strategische Planung einen systematischen Eingang in die Ermittlung des Gesamtbudgets pro Kostenstelle, Geschäftsbereich und letztlich des Gesamtunternehmens findet.

7.4 Die Mitarbeiter mit Hilfe der Balanced Scorecard führen

7.4.1 Neue Erwartungen der Mitarbeiter berücksichtigen

Das Verständnis von Mitarbeiterführung hat sich in den vergangenen Jahren massiv verändert. Hierarchische Strukturen und Führungsmodelle werden in praktisch allen Branchen – den öffentlichen Bereich mit eingeschlossen – in Frage gestellt. Dafür sind vor allem zwei Faktoren verantwortlich:
1. Die zunehmende Turbulenz im Unternehmensumfeld, bedingt durch Globalisierung, Deregulierung, leichteren Informationszugang, verändertes Kundenverhalten etc.
2. Das veränderte Anspruchsverhalten der Mitarbeiter an den »Arbeitgeber«.

Ersteres stellt sich in den Unternehmen je nach Branche unterschiedlich dar. Manche Branchen wurden förmlich von der Turbulenz überrascht, andere wiederum erleben eine evolutionäre Übergangsphase. Die starren, innovationshemmenden Hierarchiestrukturen funktionieren nicht mehr, wenn es darum geht, sich schnell an die Marktbedürfnisse anzupassen, im harten Wettbewerb den Kunden rasch und flexibel zu bedienen oder neue Chancen und Innovationen zu erkennen. Zahlreiche Firmen verstehen den Mitarbeiter deshalb nicht mehr als Befehlsempfänger und -ausführer. Vielmehr bewerten sie den Beitrag des Einzelnen zur Unternehmenskultur, zur Innovation und zum Gesamtunternehmenserfolg neu.

Ein Beispiel dafür sind einige Versicherungen: Diese geben ihrem Außendienst starre Regeln vor und geraten so ins Hintertreffen. Sie verlieren Marktanteile gegenüber jenen Wettbewerbern, die Systeme und Prozesse geschaffen haben, mit denen der Außendienst seine Kunden flexibel vor Ort bedienen und ihnen Sonderwünsche erfüllen kann.

Die Privatisierung großer Unternehmen in den vergangenen Jahren beweist, welche Kraft eine neue Unternehmenskultur bzw. eine neue Managementphilosophie entfalten kann: Verstaatlichte, traditionell hierarchisch organisierte Unternehmen – zumeist permanente Verlustbringer – entwickelten sich auch mit Hilfe eines Wandels in der Mitarbeiterführung zu Gewinngaranten und attraktiven Arbeitgebern. Das Image des attraktiven Arbeitgebers wiederum bedeutet Wettbewerbsvorteile im Kampf um die besten Mitarbeiter – die sogenannten High Potentials.

Was macht aber ein Unternehmen für einen Mitarbeiter attraktiv, was sind die veränderten Anforderungen der Mitarbeiter? »Im Informationszeitalter verdrängt Selbstverwirklichung das Pflichtbewusstsein, Lustorientierung die Disziplin und Materialismus die einstige religiöse Grundhaltung«, so der Trendforscher Matthias Horx (vgl. Horx 1998).

Aus diesem Einstellungswandel resultiert eine geänderte Erwartungshaltung an das Berufsleben: Nämlich der Wunsch, Kompetenzen zu entwickeln, Verantwortung zu übernehmen, Sinngebung in der Arbeit zu erfahren, Teamorientierung und Freiräume zu erleben.

Es besteht kein Mangel an Leistungswillen. In den Unternehmen, in denen wir den Zusammenhang zwischen der Mitarbeiterzufriedenheit und dem Zielvereinbarungssystem untersucht haben, konnten wir feststellen, dass sich ein gutes, straffes Zielvereinbarungssystem positiv auf die Mitarbeiterzufriedenheit auswirkt. Zu demselben Ergebnis kommt auch Simon (1998) in seiner Untersuchung über erfolgreiche deutsche mittelständische Unternehmen: »Wir haben immer mehr Arbeit als Köpfe. [...] Dies ist nicht nur gut für die Produktivität, sondern es macht die Mitarbeiter tatsächlich auch zufriedener« (vgl. Simon 1998, S. 229).

Welchen Beitrag die Balanced Scorecard zur Mitarbeiterführung leistet, wird erst ersichtlich, wenn die folgenden, zentralen Fragen beantwortet sind:
➢ Hilft die Balanced Scorecard, die geänderten Erwartungshaltungen zu befriedigen?
➢ Unterstützt die Balanced Scorecard bei der Führung mit Zielen?
➢ Spornt die Balanced Scorecard die Mitarbeiter zur Leistung an?

7.4.2 Mit einem Balanced-Scorecard-basierten Anreizsystem die Zielerreichung unterstützen

Je wichtiger die Mitarbeiter sind, um die Strategie zu realisieren, desto bedeutender ist die Verbindung der Balanced Scorecard mit den Mitarbeiterführungssystemen. In den meisten Unternehmen sind die Mitarbeiter der Erfolgsfaktor bei der Strategieumsetzung. Nicht das Aufbringen neuen Kapitals oder der Zukauf von Technologie, sondern das Handeln der Mitarbeiter entscheidet über Erfolg oder Misserfolg bei der Umsetzung der Strategie.

Mit der Konkretisierung der Strategie des Unternehmens in einer Balanced Scorecard ist die Grundlage geschaffen, die Strategie sowie die strategischen Ziele an die Mitarbeiter zu kommunizieren. Durch die Kommunikation der Ziele kann ein gemeinsames Verständnis der Strategie aufgebaut werden. Hiermit wird jedoch noch nicht sichergestellt, dass die Mitarbeiter die Erreichung der Ziele anstreben, was sich durch folgenden Wirkungszusammenhang erklärt: Durch die Kommunikation der strategischen Ziele wird ein gemeinsames Verständnis der Strategie geschaffen und somit das Risiko vermindert, dass Mitarbeiter aus ungenügender Kenntnis der Strategie ihre Handlungen nicht an den strategischen Zielen ausrichten. Allerdings zeigen praktische Erfahrungen, dass oft keine unmittelbaren Verbindungen zwischen den strategischen Unternehmenszielen und den Tätigkeiten des einzelnen Mitarbeiters erkennbar sind. Mitarbeitern ist daher trotz Kenntnis der Strategie oftmals nicht bekannt, durch welche Tätigkeiten und Aktivitäten sie zur Erreichung der strategischen Ziele beitragen können. Zudem werden den Mitarbeitern durch die Kommunikation der Ziele allein nur unzureichende Anreize geboten, Anstrengungen zur Zielerreichung zu unternehmen. Ziele bedürfen also einer Konkretisierung auf der Ebene der Mitarbeiter, die einen engen Bezug zur Tätigkeit herstellt; gleichzeitig sind Anreize erforderlich, die zielgerichtete Aktivitäten nachhaltig fokussieren.

Diesen Herausforderungen kann begegnet werden, indem die strategischen Ziele so weit detailliert werden, dass sie in einem erkennbaren Bezug zu den Tätigkeiten der Mitarbeiter stehen. Die Detaillierung erfolgt durch Kaskadierung der Balanced Scorecard über mehrere Ebenen hinweg und eine sich anschließende Konkretisierung in individuellen Zielvereinbarungen für die Mitarbeiter. Dabei werden mit den Mitarbeitern hauptsächlich solche Ziele vereinbart, die unmittelbar zur Erreichung der strategischen Unternehmensziele beitragen. Damit wird dem Mitarbeiter die Richtung vorgegeben, an der sich seine Tätigkeiten orientieren soll.

Zur Fokussierung der Tätigkeiten der Mitarbeiter auf diese Ziele sind weiterführende Anreize einsetzbar: Bei Zielerreichung werden definierte Vergütungsbestandteile als Belohnung vereinbart. Wesentliche Voraussetzungen für die Wirksamkeit solcher Zielvereinbarungen sind

➤ die realistische Erreichbarkeit der Ziele aus der Sicht des Mitarbeiters sowie
➤ das als interessant empfundene Verhältnis zwischen erwarteter Vergütung und zu erbringender Leistung.

Über diesen Wirkungszusammenhang, der das Verhalten der Mitarbeiter auf ihre (aus den Unternehmenszielen abgeleiteten) Ziele ausrichtet, wird die Zielerreichung durch ein BSC-basiertes Anreizsystem gefördert: Die Mitarbeiter kennen die strategischen Ziele des Unternehmens, wissen, durch welche Aktivitäten sie die Erreichung der Unternehmensziele unterstützen können, und sind motiviert, diese Aktivitäten umzusetzen.

Grundstruktur des Balanced-Scorecard-basierten Anreizsystems

Aufbauend auf diesen Überlegungen besteht das BSC-basierte Anreizsystem aus zwei Elementen: Dem Zielvereinbarungssystem und einer darauf abgestimmten monetären und nicht monetären Vergütung.

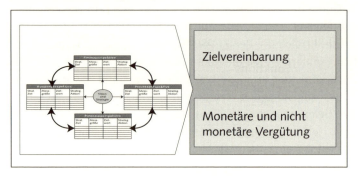

Abb. 7.23: Das BSC-basierte Anreizsystem umfasst zwei Elemente

Um die Funktionsfähigkeit dieses BSC-basierten Anreizsystems zu gewährleisten, müssen einige grundsätzliche Anforderungen erfüllt sein:

➤ Praktikabilität: Die praktische Durchführbarkeit ist durch konsistente Prozesse und überschaubare Komplexität sicherzustellen.

➤ Transparenz: Das Anreizsystem kann nur dann seine Wirkung entfalten, wenn die Zielvereinbarungen, Bewertungen und Vergütungen für die Mitarbeiter nachvollziehbar sind.

➤ Wirtschaftlichkeit: Die Wirtschaftlichkeit als Grundvoraussetzung zur Einführung eines neuen Anreizsystems hängt maßgeblich davon ab, dass zwischen der auf Basis der Zielerreichung ausgezahlten Vergütung und der Zielerreichung ein ausgewogenes Verhältnis besteht.

➤ Legitimität: Ein BSC-basiertes Anreizsystem kann nur dann implementiert werden, wenn die rechtlichen Rahmenbedingungen frühzeitig in die Konzeption einbezogen werden.

Bei der Konzeption eines BSC-basierten Anreizsystems sind eine Reihe von Parametern zu definieren, die in einem mehrstufigen Vorgehensmodell abgeleitet werden (vgl. Abb. 7.25). Im ersten Schritt wird dazu das Konzept für das Vergütungssystem definiert. Darauf aufbauend wird im zweiten Schritt das Zielvereinbarungssystem konzipiert. Im dritten und letzten Schritt werden der Prozess der Zielvereinbarung und Vergütung sowie die erforderlichen Formulare zur Dokumentation der Zielvereinbarung entworfen.

7.4.3 Das Vergütungssystem im Rahmen des Balanced-Scorecard-basierten Anreizsystems

Der erste Schritt zum Aufbau eines BSC-basierten Anreizsystems ist die Konzeption des Vergütungssystems. Basis hierfür sind Entscheidungen des Managements für den grundsätzlichen Aufbau und den Wirkungsradius des Anreizsystems. Als erster Gestaltungspa-

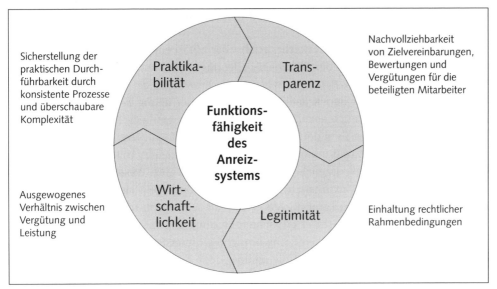

Abb. 7.24: Die generellen Anforderungen an Anreizsysteme sichern seine Funktionsfähigkeit

Abb. 7.25: Vorgehens-modell zur Erarbeitung des Anreizsystems

rameter sind die Inhalte zu definieren, auf die sich das Anreizsystem beziehen soll. Als mögliche Säulen kommen kollektive Ebenen, wie die Konzernebene, die Unternehmens-ebene, die Bereichsebene, die Abteilungsebene, die Teamebene, oder die Mitarbeiterebe-ne in Betracht. Dabei haben die kollektiven Ziele grundsätzlich den Vorteil der einfachen Messung der Zielerreichung sowie des höheren Einflusses auf die Unternehmensziele. Als in den meisten Fällen gewähltes Beispiel sei hier die Abhängigkeit variabler Vergütungs-bestandteile vom Unternehmens- oder Bereichsergebnis, bestimmten Umsatzzielen etc. genannt. Demgegenüber steht das Problem der unklaren Verantwortlichkeiten sowie der nur mittelbaren Beeinflussbarkeit der Zielerreichung. Aus diesem Grund bietet sich eine Kombination individueller und kollektiver Säulen an. Dabei kommen i.d.R. nicht mehr als drei Säulen zu Anwendung, um die Transparenz des Systems nicht zu gefährden.

In den einzelnen Säulen werden jeweils Ziele definiert: Für die kollektiven Säulen wer-den sie durch Entscheidungen des Managements vorgegeben. Im Rahmen des BSC-ba-sierten Anreizsystems leiten sich diese Ziele sowie ihre Zielwerte unmittelbar aus den entsprechenden Balanced Scorecards ab. Für die individuelle Säule werden im Rahmen einer Zielvereinbarung zwischen Vorgesetztem und Mitarbeiter für jeden Mitarbeiter spezifische Ziele vereinbart.

Werden die definierten Ziele erreicht, erfährt der Mitarbeiter eine intrinsische Motivation. Erfahrungsgemäß wird der Mitarbeiter allerdings nur dann bereit sein, sich auf die Erfüllung der Ziele zu konzentrieren, wenn er die Erreichung als realistisch einstuft. Zu hoch gesteckte Ziele, bei denen keine Chance auf Zielerfüllung besteht, verfehlen ihre Anreizwirkung. Die intrinsischen Anreize können durch extrinsische verstärkt werden, indem eine Vergütung im Falle der Erreichung der Ziele erfolgt. Vergütung wird hier definiert als alle materiellen und immateriellen Bestandteile, die das Unternehmen dem Mitarbeiter aufgrund arbeitsvertraglicher Verpflichtungen gewährt. Wesentlich dabei ist, dass die Vergütung nur dann (extrinsisch) motivierend wirkt, wenn sie für den Mitarbeiter einen Anreiz darstellt. Dies kann nur dann der Fall sein, wenn nach seiner subjektiven Einschätzung die Vergütung seiner erbrachten Leistung angemessen ist.

Dazu ist es erforderlich, die Vergütung hinsichtlich ihrer Struktur und Form angemessen auszugestalten. Im Hinblick auf die relative Höhe des variablen Vergütungsbestandteils im Verhältnis zur Gesamtvergütung wirken dabei grundsätzlich zwei gegensätzliche Parameter: die Anreizwirkung und die Akzeptanz. Bei steigendem Anteil der variablen Vergütung an der Gesamtvergütung steigt tendenziell die Anreizwirkung, während die Akzeptanz abnehmend ist.

Abhängig von der angestrebten Anreizwirkung ist die Lohnkurve linear, progressiv, degressiv oder stufenförmig zu gestalten. Dabei können jeweils sowohl Ober- als auch Untergrenzen eingeführt werden. Obergrenzen erhöhen auf der einen Seite die Genauigkeit der Planung der Personalkosten des Unternehmens, bieten auf der anderen Seite allerdings keinen Anreiz, die Ziele noch weiter zu übertreffen. Untergrenzen zielen darauf ab, zu geringe Zielerreichungen nicht zu belohnen. Dabei dürfen sie jedoch nicht so hoch gesetzt sein, dass ihre Erreichung für den Mitarbeiter unrealistisch erscheint. Auch die Wahl der Auszahlungsfrequenz hat Einfluss auf die Anreizwirkung: Eine Auszahlung in längeren Abständen hat zur Folge, dass die Anreizwirkung aufgrund des größeren Betrages steigt, jedoch nur ein einmaliger Anreizeffekt auftritt. Die am weitesten verbreitete Auszahlungsfrequenz der variablen Vergütung in den Unternehmen ist ein Jahr. Kürzere Zeiträume finden nur selten Anwendung. Daneben ist die Vergütungsform zu gestalten: Es kommen die monetäre Vergütung – in Form der Auszahlung von Geld – aber auch eine Vielzahl nicht monetärer Vergütungsformen (wie zusätzliche Urlaubstage, Weiterbildungsveranstaltungen oder Waren-/Freizeit-Gutscheine) als Belohnung für die Zielerreichung in Betracht.

Das Zielvereinbarungssystem im Rahmen des Balanced-Scorecard-basierten Anreizsystems

Während die Ziele für die kollektiven Säulen häufig unmittelbar aus der BSC abgeleitet werden können, bietet sich für die individuelle Säule der Einsatz von Zielvereinbarungen an. Im Rahmen einer Zielvereinbarung werden im persönlichen Gespräch zwischen Vorgesetztem und Mitarbeiter individuelle Ziele für den Mitarbeiter vereinbart, die dieser unmittelbar beeinflussen kann. Auch hier wird ein Bezug zu den strategischen Zielen in der BSC angestrebt.

Mögliche individuelle Ziele im Rahmen eines BSC-basierten Anreizsystems sind

➢ strategische Ziele und Maßnahmen, die sich aus der Finanz-, Kunden- und Prozessperspektive ableiten,

➢ individuelle Entwicklungsziele und Maßnahmen, die sich aus der Potenzialperspektive ableiten und

➢ operative und sonstige persönliche Ziele, die sich aus den alltäglichen Anforderungen ergeben.

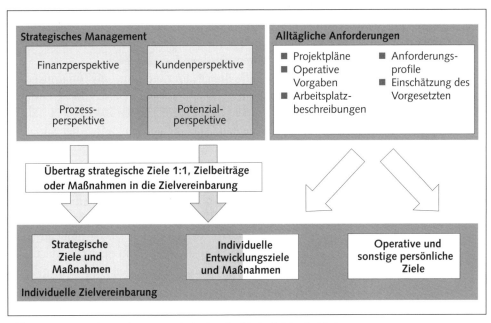

Abb. 7.26: Die Balanced Scorecard als Quelle für individuelle Ziele

Nach der Definition der Ziele wird im nächsten Schritt die Messung der Zielerreichung definiert. Dabei können zur Bewertung der Ziele unterschiedliche Bewertungsverfahren – nominal, ordinal oder kardinal – zum Einsatz kommen.

In der Praxis finden ordinale Bewertungsskalen mit einer geraden Anzahl an Stufen, die keine Bewertung mit einem Mittelwert zulassen, häufige Verwendung. Soll die Zielerreichung differenzierter ermittelt werden, kommen vielfach prozentuale Bewertungen der Zielerreichung zum Einsatz. Die einzelnen Ziele können dabei gleich gewichtet sein oder eine unterschiedliche Gewichtung erfahren – abhängig von ihrer Bedeutung und dem erforderlichen Arbeitseinsatz.

Ziel eines BSC-basierten Anreizsystems ist es, das Verhalten von Tausenden von Mitarbeitern aller Ebenen auf die Unternehmensziele zu synchronisieren. Ein Beispiel dazu aus der Unternehmenspraxis zeigt Abbildung 7.28.

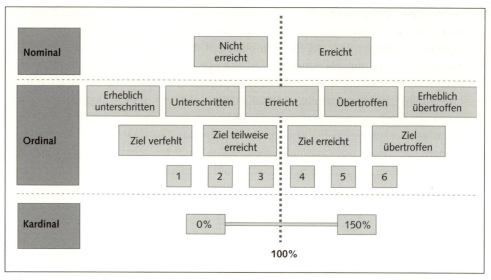

Abb. 7.27: Beispiel für unterschiedliche Bewertungsverfahren

Praxisbeispiel

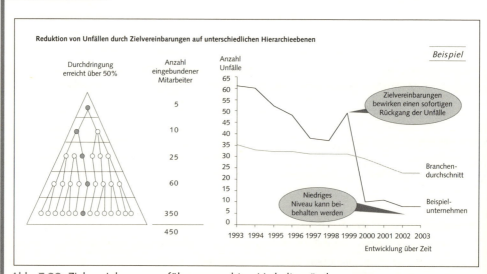

Abb. 7.28: Zielvereinbarungen führen zu echten Verhaltensänderungen

In einem Unternehmen der chemischen Industrie – in der die Anzahl der Arbeitsunfälle einen erfolgskritischen Faktor darstellt – hat nach Einführung eines Zielvereinbarungssystems der Sicherheitsbeauftragte des Werkes das Ziel »Senkung der Arbeitsunfälle« in seinen Zielkatalog aufgenommen. In der Folge sank die Zahl der Arbeitsunfälle leicht. Der Effekt ließ aber rasch wieder nach: Denn ein einzelner Mitarbeiter – auch wenn er der Sicherheitsbeauftragte war – konnte Arbeitsunfälle nicht allein verhindern. Der Grund liegt darin, dass viele Personen daran beteiligt sind, Gefahrenpotenziale entstehen zu lassen oder zu vermeiden. Daraufhin gehörte das Ziel den Zielvereinbarungen all jener Mitarbeiter an, die durch ihr Verhalten direkt oder indirekt das Auftreten von Arbeitsunfällen beeinflussen konnten. Dadurch sank die Zahl der Arbeitsunfälle drastisch bis unter den Branchendurchschnitt und verblieb auf diesem niedrigen Niveau.

Dieses Beispiel zeigt, welche Erfolge durch eine Zielvereinbarung mit individualisierten Zielen in weiten Teilen des Unternehmens möglich sind. Das oben genannte Unternehmen hat das Zielvereinbarungssystem zudem mit einem ehrgeizigen Vergütungssystem verknüpft.

7.4.4 Der Zielvereinbarungs- und Vergütungsprozess im Rahmen des Balanced-Scorecard-basierten Anreizsystems

Im dritten Schritt ist der prozessuale Ablauf der Zielvereinbarung und der Vergütung zu gestalten. Ausgangspunkte sind die Strategiefindung und die anschließende Erarbeitung und Aktualisierung der Ziele und Zielwerte in der Balanced Scorecard. Sind diese definiert und über die vorgesehenen Ebenen kaskadiert, können die Zielvereinbarungsgespräche zwischen Vorgesetztem und Mitarbeiter geführt werden. Im Rahmen dieser Gespräche werden die Ziele in den definierten Kategorien (z.B. strategische Ziele, individuelle Entwicklungsziele, operative Ziele) sowie ggf. ihre Gewichtung vereinbart und terminiert. Die Ergebnisse des Prozesses werden in standardisierten Formularen dokumentiert.

Name des Mitarbeiters					Personalnummer		
Unterstütztes BSC-Ziel	Ziel	Ziel-Wert	Gewichtung	Ist-Wert	Zielerreichung	Bemerkungen	
Strategische Ziele (abgeleitet aus der Finanz-, Kunden- und Prozessperspektive der BSC)							
Individuelle Entwicklungsziele (z.T. abgeleitet aus der Potenzialperspektive der BSC)							
Operative und sonstige persönliche Ziele							
					Individuelle Zielerreichung		

Abb. 7.29: Beispiel für ein Zielvereinbarungs-Formular

Im Laufe des Jahres erfolgt i. d. R. ein Review, der einen Überblick über den Stand der Zielerreichung zu diesem Zeitpunkt sowie ggf. notwendige Anpassungen geben soll. Zum Ende des Jahres erfolgt die Bewertung der Zielerreichung in einem Zielerreichungsgespräch zwischen Vorgesetztem und Mitarbeiter. Die Bewertung als Ergebnis aus diesem Gespräch ist der Ausgangspunkt für die zu ermittelnde variable Vergütung. Ist die variable Vergütung für alle Säulen ermittelt, wird sie an die Mitarbeiter ausgezahlt.

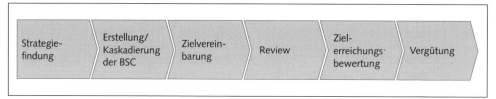

Abb. 7.30: Der Ablauf des Zielvereinbarungs- und Vergütungsprozesses

Im Vergleich zu Zielvereinbarungssystemen, die nicht mit der Strategie des Unternehmens verbunden sind, unterstützt ein BSC-basiertes Anreizsystem eine umfassende Erreichung der Unternehmensziele: Die Ziele der Mitarbeiter werden aus der Balanced Scorecard abgeleitet und haben somit einen unmittelbaren Bezug zu den Unternehmenszielen. Darüber hinaus werden den Mitarbeitern Anreize geboten, ihre Tätigkeiten auf diese Ziele auszurichten – so dass sie gleichzeitig die Erreichung der Unternehmensziele unterstützen.

Dies zeigt auch das folgende Beispiel aus der Praxis, das die Wirkungsweisen von Zielvereinbarungssystemen in zwei Unternehmen darstellt: In einem Fall basieren die Zielvereinbarungen auf der Balanced Scorecard, im anderen Fall werden die Ziele unabhängig von der Strategie vereinbart.

Praxisbeispiel

Anhand einer von uns im Jahr 1998 durchgeführten vergleichenden Untersuchung zweier Tochterunternehmen eines großen Industriekonzerns lässt sich die Wirkungsweise zielorientierter Führung auf Mitarbeiter, deren Freiräume und Motivation gut darstellen.

Firma 1 hatte Ende der 1980er-Jahre einen massiven Umsatzeinbruch zu verkraften und musste ein umfangreiches Turnaround-Programm starten. Als Teil dieses Programms führte das Unternehmen ein kennzahlenbasiertes Zielvereinbarungssystem ein, wobei die Auswahl der Ziele auf Basis der Firmenstrategie (Balanced-Scorecard-Ansatz) erfolgte. Nachdem sich das Unternehmen – geprägt von verlustreichen Jahren – konsequent neu ausgerichtet hatte, stieg es zu einem der wichtigsten Ergebnisbringer innerhalb des Konzerns auf. Internationale Benchmarks bestätigen, dass es der Firma gelungen ist, in allen Belangen zu den besten 25 % europaweit aufzurücken.

Firma 2 agiert in einer verwandten Branche und hat etwa gleich viele Mitarbeiter. Die Branche hatte in den vergangenen Jahren keine starken Friktionen bei Umsatz bzw.

Ertrag zu verkraften. Ein Zielvereinbarungssystem wurde bereits vor einigen Jahren eingeführt. Aber erst 1998 begann das Unternehmen damit, konkrete Strategien zu erarbeiten.

Die folgenden Auswertungen beziehen sich auf eine Fragebogenaktion, die unter den Mitarbeitern der ersten drei Führungsebenen beider Unternehmen durchgeführt wurde. Zweck dieser Befragung war eine Analyse zum Stand des Führungssystems und die Identifikation von Verbesserungsmöglichkeiten. In den Abbildungsbeschreibungen findet sich die jeweilige Frage an die Führungskräfte der Firmen 1 und 2.

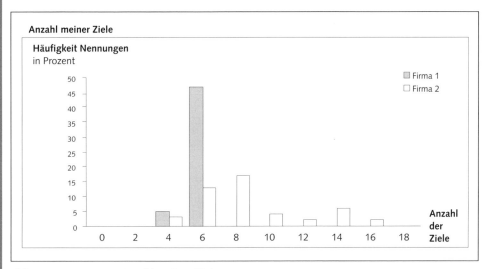

Abb. 7.31: Frage 1: »Anzahl meiner Ziele«

Abbildung 7.31 zeigt, wie unterschiedlich das Zielvereinbarungssystem in beiden Unternehmen gehandhabt wird. Bei Firma 2 ist davon auszugehen, dass mehr als 50 % der Mitarbeiter aufgrund der hohen Zahl an Zielen nicht mehr fokussiert agieren können. Damit steigt die Gefahr drastisch an, dass Ziele verwässert werden.

In der Auswertung zu Frage 2 (vgl. Abb. 7.32) zeigt sich der Unterschied im Prozess der Zielvereinbarung: Während bei Firma 1 fast 80 % eher nicht der Meinung sind, dass die Ziele vorgegeben werden, sind dies bei Firma 2 nur etwas über 50 %. Die Balanced Scorecard, wie sie Unternehmen 1 anwendet, wirkt hier in zweifacher Hinsicht positiv auf den Prozess der Zielvereinbarung:

➤ Durch den Prozess der Balanced-Scorecard-Erstellung werden die Ziele gemeinsam erarbeitet und die Zielwerte gemeinsam festgelegt; beim Herunterbrechen und Konkretisieren der Balanced Scorecard wiederholt sich dieser Prozess, wodurch eine Einbeziehung und eine Akzeptanz seitens der an diesem Prozess Beteiligten gegeben ist.

➤ Durch die Ableitung persönlicher Ziele aus den Balanced-Scorecard-Zielen und den damit erkennbaren Bezug der Individualziele zu den Unternehmenszielen wird eine höhere Akzeptanz erreicht. Denn man sieht und versteht die Individualziele als Beitrag zum Unternehmenserfolg – und nicht als mehr oder minder willkürliche Vorgaben des Vorgesetzten.

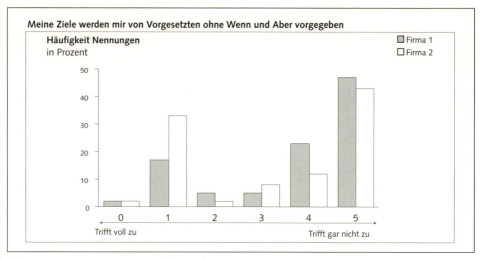

Abb. 7.32: Frage 2: »Meine Ziele werden mir von Vorgesetzten ohne Wenn und Aber vorgegeben«

Bei der Auswertung zur Frage der Abbildung 7.33 fällt auf, wie einig sich die Manager beider Unternehmen sind: Das (zumindest in Firma 1) stringente Zielsystem behindert ihrer Meinung nach nicht, beziehungsweise kaum, die Flexibilität oder neue Ideen. Insofern lässt sich der Einwand, Zielvereinbarungssysteme behindern Kreativität und schränken Freiräume ein, relativieren.

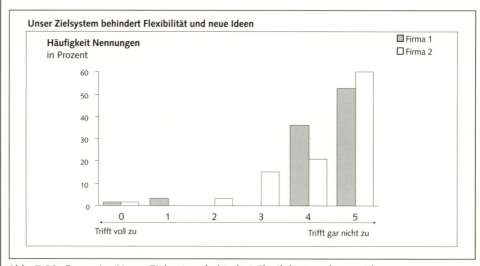

Abb. 7.33: Frage 4: »Unser Zielsystem behindert Flexibilität und neue Ideen«

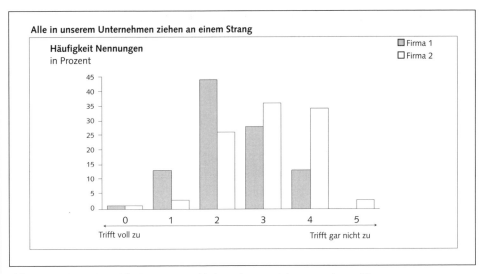

Abb. 7.34: Frage 5: »Alle in unserem Unternehmen ziehen an einem Strang«

Der wesentliche Nutzen der Balanced Scorecard liegt darin, dass Mitarbeiter ihr Verhalten konsequent an individuellen Zielen ausrichten – und dadurch das Erreichen der Unternehmensziele gewährleistet ist. »Alignment«, das Ausrichten aller Kräfte im Hinblick auf ein gemeinsames Ziel, zählt zu den Schlüsselfaktoren – gerade in einem sich schnell ändernden Umfeld. Ein BSC-basiertes Anreizsystem kann genau diese Wandlungsfähigkeit gewährleisten. Durch die Balanced Scorecard werden die Veränderungsziele konkretisiert und heruntergebrochen, das Anreizsystem fördert die konsequente Ausrichtung aller Kräfte an den Zielen des Unternehmens (vgl. die Auswertung zu Frage 5, Abb. 7.34).

Ein gelebtes Zielsystem stärkt deutlich die gemeinsame Zielausrichtung und das Gefühl, »in einem Boot zu sitzen«. Dies wirkt sich auch auf sogenannte weiche Faktoren positiv aus. So stellten wir in unserer Untersuchung fest, dass in Firma 1 ein deutlich besseres Vertrauensklima als in Firma 2 herrscht. In Unternehmen 2 stehen zudem die Individualinteressen stärker im Vordergrund. Die Manager von Firma 1 empfinden ihr Unternehmen eher als netzwerkartig denn als hierarchisch geführtes Unternehmen. Dies liegt an den Zielen und Steuerungsmechanismen, wodurch viele selbststeuernde Regelkreise geschaffen wurden. Eingriffe von Führungskräften ließen sich somit auf ein notwendiges Maß zurückschrauben; die Mitarbeiter erhielten mehr Verantwortung.

7.4.5 Mit der Balanced Scorecard die Selbststeuerung der Mitarbeiter fördern

Selbststeuernde Systeme sind nicht überall anwendbar. Aber dort, wo sie sich anwenden lassen, steigen Leistung und Motivation deutlich. Selbststeuernde Systeme verfügen zumindest über folgende Eigenschaften:

➤ Sie geben den Akteuren unmittelbares (reflexartiges) Feedback über die Ergebnisse ihres Handelns.

➤ Sie stellen den Bezug zwischen dem gewünschten und dem erzielten Ergebnis her.

➤ Die Akteure haben die Möglichkeit, ihr eigenes Verhalten zu verändern und die Auswirkung auf die Ergebnisse zu überprüfen.

➤ Die gemeinsamen Ziele sind den Beteiligten bekannt, die Wege dorthin werden selbstständig gefunden.

➤ Die Akteure tauschen keine Informationen über den Prozess aus, sondern beobachten gegenseitig die Effekte, die ihre Aktionen in der Umwelt auslösen.

➤ Komplexe Aufgaben werden auf eine Vielzahl von Akteuren verteilt, die sich im Sinne des gemeinsamen Zieles selbst steuern.

Im Rahmen der Unternehmenssteuerung bieten die Prinzipien selbststeuernder Systeme folgende Vorteile:

➤ Dem Mitarbeiter sind seine persönlichen Ziele klar, und der Zusammenhang mit den Unternehmenszielen ist nachvollziehbar.

➤ Eingriffe des Vorgesetzten werden auf ein notwendiges Minimum reduziert, was den Mitarbeiter stärker motiviert und das Management weniger belastet.

➤ Strategische Aktionen, die nicht vorgeschrieben sind, sondern auf Eigeninitiative beruhen, werden erfahrungsgemäß rasch und mit dauerhaftem Erfolg umgesetzt.

➤ Die Mitarbeiter sind für die erforderliche Flexibilität im Tagesgeschäft – hinsichtlich Kundenerwartungen und veränderter Rahmenbedingungen – eigenverantwortlich. Dies gewährleistet ein hohes Maß an Wandlungsfähigkeit bei den Mitarbeitern.

Balanced Scorecards bieten eine gute Ausgangsbasis für selbststeuernde Systeme, da sie allen Beteiligten die gemeinsamen Ziele verdeutlichen. Damit man daraus tatsächlich ein selbststeuerndes System entwickeln kann, braucht es Feedbacksysteme. Diese stellen – laufend und unmittelbar – die Effekte des eigenen Handelns und damit den Beitrag zur Gesamtzielerreichung dar. In der Regel werden solche Feedbacksysteme aufgebaut, nachdem eine Balanced Scorecard erstellt ist.

Im Praxisbeispiel illustrieren wir die Wirkungsweise und Anwendung eines selbststeuernden Systems auf Basis einer Balanced Scorecard.

Praxisbeispiel

Die Austria Mineralöl GmbH ist eine 100%ige Tochter der österreichischen Mineralölgesellschaft OMV und für den Vertrieb von Heizöl zuständig. Sie verkauft und liefert

Heizöl an Endverbraucher (Private, Gewerbe und Industrie) über fünf Niederlassungen in Österreich.

Privatkunden bestellen Heizöl überwiegend telefonisch. Die Kunden kontaktieren typischerweise mehrere Lieferanten und treffen ihre Entscheidung dann auf Basis des Preises sowie einzelner Qualitätskriterien. Ein wesentliches strategisches Ziel der Austria Mineralöl GmbH (im Rahmen der Balanced-Scorecard-Erstellung festgelegt) ist es daher, die Abschlussquote anzuheben. Dazu gehört einerseits eine wettbewerbsnahe Preispolitik, andererseits ein professionelles Verkaufsverhalten am Telefon.

Die Austria Mineralöl GmbH definierte als eine wichtige Balanced-Scorecard-Messgröße die Abschlussquote (Verhältnis Abschlüsse/eingehende Anrufe), über die – gemeinsam mit allen anderen Balanced-Scorecard-Messgrößen – vierteljährlich berichtet wird. Diese Messgröße zeigt an, ob es der Austria Mineralöl GmbH gelingt, erfolgreich am Markt zu agieren und die Effektivität des Verkaufs – neben der Logistik der wesentliche Kostenblock – nachhaltig zu steigern.

Der vierteljährliche Bericht über diese Messgröße genügt naturgemäß nicht für die laufende operative Steuerung und Verhaltensbeeinflussung der Mitarbeiter. Deshalb identifizierte die Austria Mineralöl GmbH – im Anschluss an die Balanced-Scorecard-Erstellung – zwei wesentliche Faktoren, die die Abschlussquote zum Zeitpunkt des Anrufes beeinflussen:
➤ das Verhalten der Mitarbeiter am Telefon (unabhängig vom Preis) und
➤ den Preis (im Verhältnis zum Preis der Mitbewerber).

Damit waren die Forderungen an ein Berichtswesen, das die Selbststeuerung unterstützt, formuliert: Im Reporting mussten sich Informationen sowohl zur Effektivität des Verkaufsgesprächs als auch zur flexiblen Anpassung des Heizölpreises finden. Beide Parameter erfordern eine möglichst rasche Steuerung und Anpassung, um ein Absinken der Quote und die damit einhergehenden Deckungsbeitragsverluste aufzufangen.

Die Lösung bestand in einem Online-Reporting der Abschlussquote für alle Standorte und für das gesamte Unternehmen. Die technische Realisierung gelang durch die Verbindung einer modernen Telefonanlage (Callcenter-Technologie) mit einer PC-gestützten Software.

Empfänger dieser Information sind dabei die Verkaufsniederlassungen, der Verkaufsleiter und die preisgestaltenden Stellen. Dadurch konnte ein selbststeuerndes System mit folgenden Effekten geschaffen werden:
➤ Verhaltensbeeinflussung der Mitarbeiter: Die Verkaufsmitarbeiter sehen anhand der Abschlussquoten ihrer Verkaufsniederlassung, ob sie (bei gleichen Preisen) bessere oder schlechtere Leistung erbringen. Niederlassungen mit einer schlechteren Performance haben bereits kurze Zeit nach Einführung des Systems begonnen, bei Niederlassungen mit besseren Quoten nachzufragen und die Unterschiede im Verkaufsverhalten festzustellen, um die eigene Leistung zu steigern. Dies ist nachweislich erst im Zuge der Selbststeuerung gelungen, obwohl bereits vor Einführung des Systems standardisierende und leistungssteigernde strategische Aktionen wie Mystery Shopping und Leitfäden für Verkaufsgespräche eingeführt worden waren.

➤ Preisfestlegung anhand von Informationen aus dem Markt: Durch die laufende Information über die Abschlussquoten in ganz Österreich konnten die preisfestsetzenden Stellen in die Lage versetzt werden, rasch auf den Markt zu reagieren. Bei Überschreiten einer gewissen Abschlussquote wird der Preis entsprechend angehoben, da man offenbar zu günstig liegt, bei Unterschreiten wird der Preis gesenkt. Dadurch kann der Markt optimal ausgeschöpft werden.

Dieses Beispiel zeigt, wie die Balanced Scorecard und deren Messgrößen als Startpunkt für die Einführung selbststeuernder Systeme genutzt werden kann. Eine wesentliche Herausforderung der Unternehmenssteuerung liegt in der Einrichtung von »intelligent-control«-Systemen. Diese intelligenten, selbststeuernden Systeme haben einen überdurchschnittlich hohen Wirkungsgrad und sind gegenüber Umweltänderungen und bei zunehmender Dynamik anpassungsfähiger als »law-and-order«-Systeme. Durch die klare und quantifizierte Vorgabe von Zielen – an denen sich selbststeuernde Systeme orientieren müssen – bietet sich eine Verknüpfung mit der Balanced Scorecard an.

7.4.6 Balanced Scorecard, Zielvereinbarung und variable Vergütung (empirische Betrachtung)

Empirische Studie

Schon früh wurde das Potenzial der Balanced Scorecard zur Verbesserung der Zielvereinbarungen erkannt. Immerhin enthalten Balanced Scorecards wichtige Parameter jeglicher Zielvereinbarung: verbal formulierte strategische Ziele, Messgrößen und Zielwerte, sowie strategische Aktionen.

Zielvereinbarungen, die auf der Balanced Scorecard basieren, sind wesentlicher Bestandteil BSC-basierter Anreizsysteme. Diese werden mit variablen Vergütungsbestandteilen verbunden, die zur Erreichung der Ziele motivieren sollen. Unternehmen sehen eine hohe Relevanz dieser Anreize zur Umsetzung von Strategien. Dies ist das Ergebnis der Horváth & Partners-Studie »Best Practice Anreizsysteme«, an der sich 63 Unternehmen aller Branchen aus Deutschland, Österreich und der Schweiz beteiligt haben (vgl. Horváth & Partners 2006a). Zudem wird der Partizipation der Mitarbeiter im strategischen Prozess eine sehr hohe Bedeutung beigemessen. Diese wird im Rahmen des Entstehungsprozesses einer BSC sowie durch die Zielvereinbarungsgespräche garantiert (vgl. Abb. 7.35).

Die Unternehmen messen Zielvereinbarungen die höchste Relevanz aller Anreizinstrumente bei der Umsetzung von Strategien bei. Begründet liegt dies in dem Nutzen, der sich durch den Einsatz von Zielvereinbarungssystemen ergibt.

So hat sich eine Verbesserung der Strategierealisierung durch die Zielvereinbarungen bei 86% der Unternehmen eingestellt, einen positiven Einfluss auf die Strategiekom-

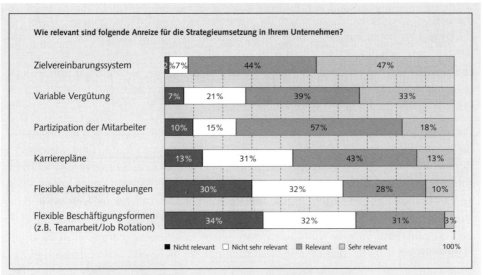

Abb. 7.35: Relevanz der Anreize für die Strategieumsetzung (n = 63)

munikation sehen 71% der Befragten. Die Strategiekommunikation spielt eine bedeutende Rolle für die Umsetzung von Strategien. Erfolgt die Kommunikation der Strategie nur unzureichend, wird die Umsetzung dadurch erschwert. Zielvereinbarungen stellen hier ein sehr gutes Kommunikationsmedium dar. Wenn strategische Ziele in diesen berücksichtigt werden, werden die Mitarbeiter zum einen über die Strategie und deren Umsetzungsmaßnahmen informiert und zum anderen aktiver in den Realisierungsprozess eingebunden (vgl. Abb. 7.36).

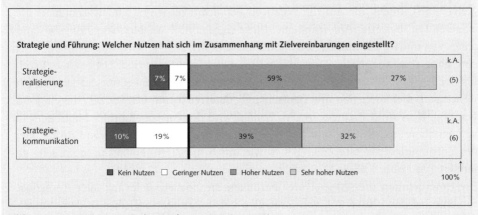

Abb. 7.36: Nutzen von Zielvereinbarungen (n = 63)

Der Nutzen BSC-basierter Anreizsysteme wird eindrucksvoll belegt, wenn der Erfolg der Unternehmen betrachtet wird: Eine erfolgreiche Strategieumsetzung wirkt sich positiv auf den Unternehmenserfolg aus. Nutzer BSC-basierter Anreizsysteme sind dementsprechend in Bezug auf Jahresüberschuss, Umsatzwachstum und Rentabilität größtenteils erfolgreicher als ihre Wettbewerber. Besonders offensichtlich wird dies im Vergleich zu Unternehmen, die andere Anreizsysteme einsetzen (vgl. Abb. 7.37).

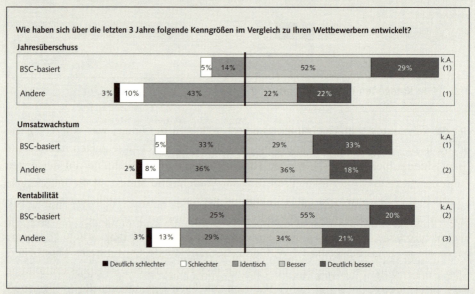

Abb. 7.37: Erfolg der Unternehmen (n_1 = 22, n_2 = 41)

Neben dem Nutzen BSC-basierter Anreizsysteme kommt im nächsten Schritt ihrer Ausgestaltung besondere Bedeutung zu. Ein entscheidendes Gestaltungskriterium sind die Kategorien von Zielen, die für die verschiedenen Mitarbeiterebenen Bestandteile der Zielvereinbarungen sind. Ziele, die explizit aus der Unternehmensstrategie abgeleitet werden, sind beim Großteil der Unternehmen fester Bestandteil der Zielvereinbarungen. Dabei zeigt sich: Strategie ist »Chefsache«. Strategische Ziele haben auf der ersten Ebene eine durchschnittliche Gewichtung von 50 %. Auf den anderen Ebenen nimmt die Gewichtung sukzessive von 34 % bis auf 15 % ab. Die operativen Ziele sowie die individuellen Entwicklungsziele verhalten sich gegenläufig (vgl. Abb. 7.38).
Durch die Vereinbarung von Zielen für jeden Mitarbeiter werden die strategischen Ziele des Unternehmens auf Mitarbeiterebene konkretisiert. Durch die Verbindung der Zielvereinbarung mit einer variablen Vergütung werden Anreize für die Mitarbeiter geschaffen, auf die Erreichung der Ziele hinzuarbeiten. Um das volle Potenzial beider Instrumente zu nutzen, verbinden fast alle befragten Unternehmen (94 %) die Zielvereinbarung mit einer variablen Vergütung.

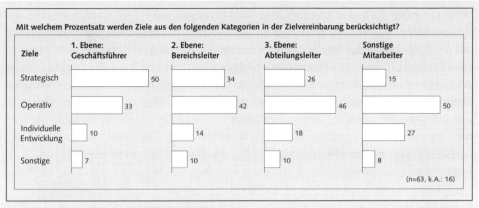

Abb. 7.38: Kategorien der Zielvereinbarung

Bei der Gestaltung von Vergütungssystemen stellt sich die Frage, was eine geeignete Bezugsbasis für die variable Vergütung ist. Die Studienergebnisse zeigen interessante Unterschiede über die verschiedenen Hierarchieebenen auf. Während auf der ersten Führungsebene die Unternehmensleistung im Vordergrund steht und die individuelle Mitarbeiterleistung etwas in den Hintergrund gedrängt wird, so steht mit abnehmender Führungsebene zunehmend die individuelle Leistung im Vordergrund. Die Leistung der jeweiligen Organisationseinheit dient vor allem der zweiten bzw. dritten Führungsebene als wichtige Bezugsbasis. Während die individuelle Leistung des Mitarbeiters zwar offensichtlich in dessen Einflussbereich liegt, so wird eine alleinige Entlohnung nach dieser Bezugsbasis mit hoher Wahrscheinlichkeit sogenannten Ressortegoismus bewirken – übergreifende Ziele werden in den Hintergrund gedrängt und haben eine Verfehlung des Gesamtoptimums des Unternehmens zur Folge. Auf der anderen Seite verhindern unternehmens- oder bereichsbezogene Ziele zwar den Ressortegoismus, implizieren jedoch bei zu starker Überbetonung das Risiko des Trittbrettfahrerverhaltens,

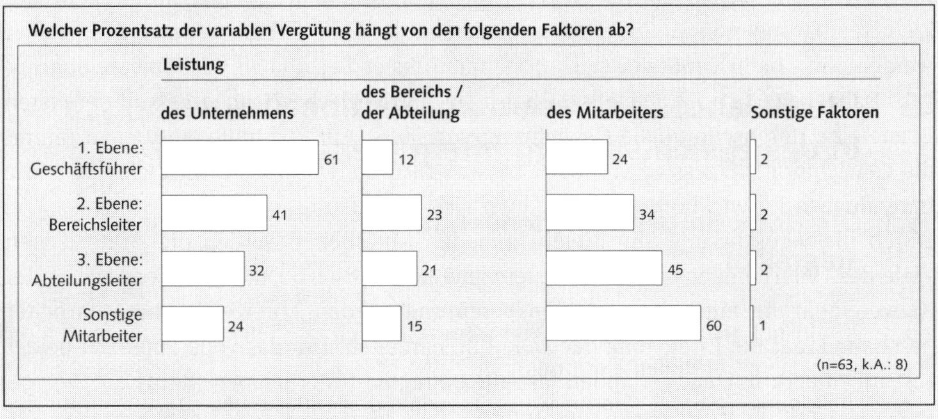

Abb. 7.39: Gewichtung der Säulen

wenn Leistungen nicht individuell zurechenbar sind. Entsprechend nutzt ein Großteil der Studienteilnehmer als Bezugsbasis eine Mischform aus individueller Leistung gepaart mit der Leistung anderer, übergeordneter Organisationseinheiten, um die genannten negativen Effekte zu vermeiden (vgl. Abb. 7.39).

Aus Sicht der Unternehmen geht in Zukunft der Trend eindeutig in Richtung variable Vergütung: 86% gehen davon aus, dass auch Nicht-Führungskräfte verstärkt leistungsorientiert vergütet werden. 79% prognostizieren, dass der Anteil der variablen Vergütung an der Gesamtvergütung zunehmen wird. Und auch die Strategieorientierung der Vergütung wird in Zukunft zunehmen: 84% der Unternehmen erwarten eine stärkere Anbindung der Zielvereinbarungen an die Unternehmensstrategie (vgl. Abb. 7.40).

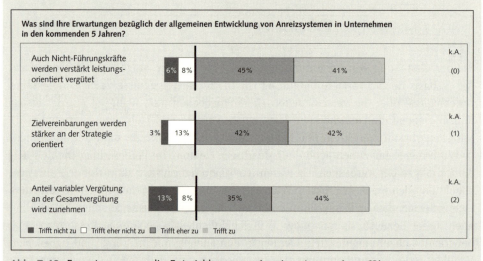

Abb. 7.40: Erwartungen an die Entwicklung von Anreizsystemen (n = 63)

7.5   Die Balanced Scorecard konzeptionell & technisch in das Berichtssystem integrieren

7.5.1 Die Kritik an der bestehenden Informationsversorgung aufgreifen

Unserer Erfahrung nach gleichen sich die Schwachstellen der betrieblichen Informationsversorgungssysteme in vielen Unternehmen:

➢ »Wir bekommen zu viel und zu wenig Information« (Zitat einer Führungskraft eines großen deutschen Reifenherstellers).

Das bedeutet: Einerseits haben die bereitgestellten Berichte und Informationen einen zu großen Umfang und Detaillierungsgrad. Andererseits beinhalten sie nicht all jene Informationen, die zur Steuerung des jeweiligen Verantwortungsbereichs notwendig sind (vgl. Abb. 7.41).

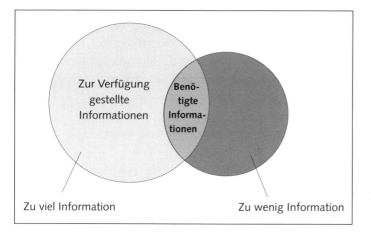

Abb. 7.41: Das Informationsdilemma der Führungskräfte

➤ »Wir erhalten im Wesentlichen nur finanzielle Kenngrößen, die uns sagen, wie erfolgreich wir in der Vergangenheit waren. Informationen über zukunftsgerichtete Potenziale und den Erfolg bei der Umsetzung unserer Strategie stehen uns nicht zur Verfügung« (Zitat einer Führungskraft einer internationalen Großbank).

Die Berichte konzentrieren sich auf aggregierte finanzielle Informationen. Messgrößen zur operativen Steuerung und zum kurzfristigen Feedback auf Management- bzw. Mitarbeiterebene fehlen meist oder haben keinen erkennbaren Bezug zu den Unternehmenszielen. Wer derartige Messgrößen wünscht, muss diese meist selbst in Form von Individualerhebungen und -auswertungen erarbeiten. Diese Messgrößen sind häufig nicht finanzieller Art.
➤ »Ich würde mir vom Controlling eine Voranalyse der Zahlenflut wünschen« (Zitat Vorstandsvorsitzender eines europäischen Kunststoffherstellers).

Zahlen und Berichte werden isoliert dargestellt – ohne inhaltlichen Bezug zur betrieblichen Realität, zu den Projekten und Vorhaben bzw. zu den Strategien und Zielen. Eine Analyse der Berichte im Lichte der dahinter liegenden Vorgänge oder hinsichtlich der Auswirkungen auf Unternehmensziele bzw. die Ziele anderer Bereiche bedeutet erheblichen Zusatzaufwand.
➤ Die in der Strategie definierten Ziele werden in der operativen Steuerung nur selten abgebildet (vgl. Abb. 7.42).

Dazu ein Beispiel: Ein Unternehmen möchte sich statt über Preisführerschaft durch verstärkte Kundenorientierung differenzieren. Die quartalsweise berichteten Umsätze der verschiedenen Verkaufsgebiete geben aber keine Aussage über die Entwicklung der Kundenorientierung des Vertriebs. Also kann nicht nachvollzogen werden, ob alle Verkaufsgebiete die kommunizierte Strategie auch tatsächlich umsetzen.

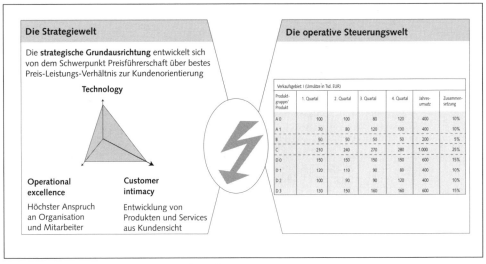

Abb. 7.42: Die zwei »getrennten Welten des Managements«

➤ »Durch die große Vielfalt und Granularität der Reports zeigt das Controlling dem internen Kunden das technisch Machbare« (Fazit aus der Analyse des Berichtsportfolios einer international tätigen Großbank).

Wie in diesem Unternehmen festgestellt wurde, führt das Controlling in zu geringem Umfang eine Priorisierung der Informationen unter dem Gesichtspunkt der Steuerungsrelevanz durch. Dies führt zu einer geringen Managementorientierung der Berichte. Statt der Analyse von Daten dominiert die Deskription von Zahlen. Interne Benchmarks bezieht man überhaupt nicht mit ein, externe Benchmarks nur in geringem Umfang.

7.5.2 Das Berichtssystem mit der Balanced Scorecard neu ausrichten

Die Balanced Scorecard trägt wesentlich dazu bei, die klassischen Berichtssysteme zu optimieren. Dabei stellen sich zwei grundlegende Fragen:
1. Wird das Berichtswesen durch Einführung einer Balanced Scorecard noch umfangreicher als bisher?
2. Sind zusätzliche, Balanced-Scorecard-spezifische Berichte notwendig?

In diesem Zusammenhang betonen wir eine Differenzierung, die in der aktuellen Diskussion über Reportingsysteme regelmäßig übersehen wird: Es muss stets zwischen der Verfügbarkeit und der Berichterstattung von Daten unterschieden werden.

Mit zunehmender Automatisierung der Informationsbeschaffung, -speicherung und -verarbeitung gelingt es, die Datenverfügbarkeiten stetig zu erhöhen. Allerdings hat sich die Gewohnheit der Datenberichterstattung aus früheren Tagen bis in unsere Zeit fortgesetzt: Alles, was verfügbar ist, wird auch berichtet – möglichst auf Papier und möglichst regelmäßig. Das hat eine vorprogrammierte Folge: Informationsüberflutung.

Ein neues Denken ist folglich notwendig. Die Frage lautet aufgrund von sinkenden Kosten für die Datenverfügbarkeit nicht mehr: »Müssen wir alles erheben?«, sondern aufgrund steigender – und unnötiger – Bindung von Managementressourcen »Müssen wir alles detailliert und regelmäßig berichten«? »Managers«, so stellt Professor Simons fest, »focus a disproportionate amount of attention on any variable that is measured« (vgl. Simons 1998, S. 71).

Die Kunst besteht in der Art des Umgangs mit Information. Dabei unterscheiden wir zwischen drei Ebenen (vgl. auch Abb. 7.43):

➢ Analytische Informationen zur situativen Entscheidungsfindung: Diese Informationen werden ad hoc erhoben und analysiert, um daraus z. B. Entscheidungen zu Preissteigerungen oder Kostensenkungen abzuleiten. Auf vorformatierte Berichte kann verzichtet werden; doch sollte die Information schnell verfügbar sein, wenn sie gebraucht wird.

➢ Operative Informationen zur Aufrechterhaltung und Steuerung des laufenden Geschäftes: Hierbei handelt es sich um diagnostische Experten-Informationen, die, solange sie sich in definierten Toleranzgrenzen bewegen, nur ausgewählte Spezialisten interessieren sollten. Beispiele hierfür sind: Liquiditätshöhe, Forderungsbestände, Umsätze pro Produkt, Verkaufsgebiet bzw. Vertriebsweg, Zinsentwicklungen etc. Werden die Toleranzgrenzen durchbrochen, geht die Information im Sinne eines Management by Exception an das betreffende Management weiter. Vorformatierte Berichte (egal ob ausgedruckt oder am Bildschirm angezeigt) sorgen für einen effizienten Prozess der Datenüberprüfung. Sie müssen regelmäßig jedoch nur einem kleinen Empfängerkreis zur Verfügung gestellt werden.

➢ Strategische Informationen zur Stärkung der Wettbewerbskraft: Dies sind die wenigen wichtigen Informationen, die regelmäßig und interaktiv durch das Management diskutiert werden sollten. Diese Informationen geben wesentliche Auskünfte über die Weiterentwicklung oder die Eigenschaften der Organisation, und werden auf der Balanced Scorecard abgebildet. Auch hier sorgen vorformatierte Berichte (egal ob ausgedruckt oder am Bildschirm angezeigt) für einen effizienten Prozess der Datenüberprüfung. Der Grundsatz lautet jedoch: »Impuls vor Genauigkeit!« – keine angenehme Sichtweise für all diejenigen, die meinen, nur die Zahl, die auch im Nachkommabereich korrekt ist, dürfe für das Management relevant sein.

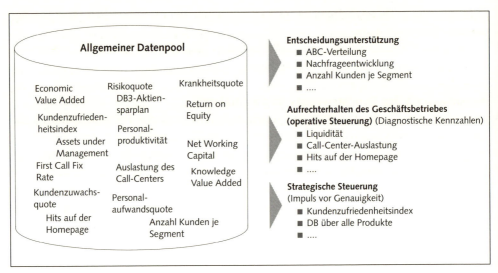

Abb. 7.43: Ebenen zur Unterscheidung der Informationsbereitstellung

Legt man diese Unterscheidung in drei Ebenen der Information zugrunde, ergeben sich eindeutige Kriterien für den Umfang des Berichtswesens.

Eine hohe Informationsverfügbarkeit stellt eine Waffe im Wettbewerb dar. Die Balanced Scorecard führt nicht zu einer Reduktion der Grundmenge an Informationen. Diese bleibt konstant, egal wie sich später das Berichtswesen gestaltet. Stattdessen stößt die Balanced Scorecard ein Denken und eine Diskussion darüber an, wie man Informationen verwendet. Strategieinformationen werden regelmäßig, aber (zunächst) nicht detailliert berichtet. Diagnostische Informationen, die nur bei Durchbrechen von Grenzwerten interessieren (sollten), gibt man an einige wenige »Revisoren« weiter. Details zur Entscheidungsfindung (z. B. bei kritischer Entwicklung von strategischen oder diagnostischen Kennzahlen) stehen dann zur Verfügung, wenn sie auch tatsächlich benötigt werden.

Das bedeutet: Nur wenn die bestehende Systematik des Berichtswesens unverändert bleibt, führt die Einführung einer Balanced Scorecard zu einem größeren Umfang des Berichtswesens. Dies ist meist in den frühen Phasen der Balanced-Scorecard-Einführung der Fall. Denn in den seltensten Fällen besteht der Mut, ein bestehendes Berichtssystem – so unzufrieden man damit sein mag – schlagartig durch ein neues zu ersetzen. Das hat zur Folge, dass Balanced-Scorecard-Berichte in diesen ersten, für das System sehr kritischen Phasen parallel zum traditionellen, bereits bestehenden Berichtswesen existieren. Dies wiederum verursacht einen entsprechend hohen Aufwand.

Doch in ihrer letztendlichen Ausbaustufe besitzt die Balanced Scorecard eine vorformatierte Berichtsgestalt. Die Daten werden weitgehend automatisiert übernommen und – wo eine automatische Datenschnittstelle technisch nicht möglich oder nicht wirtschaftlich ist – manuell ergänzt. Der Balanced-Scorecard-Bericht dient als Grundlage für ein i. d. R. quartalsweises Führungsgespräch zur Verfolgung und Weiterentwicklung der Strategieumsetzung. Dieses Berichtsformat existiert neben dem traditionellen (eher diagnostischen) Berichtssystem.

Eine solche Neuausrichtung des Berichtswesens im Zuge der Balanced-Scorecard-Einführung ermöglicht eine Reihe von Verbesserungen:

◆ Anpassung des Berichtswesens an die Strategie

Abgeleitet aus der Strategie werden unterschiedliche kritische Erfolgsindikatoren (Balanced-Scorecard-Messgrößen) identifiziert. Durch die Hervorhebung der strategischen Messgrößen in der Balanced Scorecard lenkt das Berichtswesen die Aufmerksamkeit des Managements auf aktuelle Schwerpunkte. Bei einer Überarbeitung des Berichtswesens infolge von Strategieveränderungen werden neue Messgrößen eingeführt und alte adaptiert. Der Umfang des Balanced-Scorecard-basierten Berichtswesens bleibt aber über die Jahre hinweg unverändert.

Dies vermeidet:

➤ ein kontinuierliches Anwachsen des Berichtumfanges, da immer wieder neue Informationen aufgrund von subjektivem Informationsbedarf aufgenommen werden. Diese neuen Informationen ergänzen lediglich, ersetzen aber keine vorhandenen Informationen. Änderungen von Strategien und Zielsetzungen finden somit häufig keinen entsprechenden Niederschlag im Berichtswesen.

◆ Managementakzeptanz des Berichtswesens

Durch den Prozess der gemeinsamen Balanced-Scorecard-Erstellung entsteht eine hohe Identifikation des Managements mit den Messgrößen der Balanced Scorecard. Diese werden als die entscheidenden Kennziffern zur Beurteilung des eigenen Erfolgs akzeptiert. Hinsichtlich der Berechnung und Definition der Messgrößen liegen Standards vor.

Dies vermeidet:

➤ eine inkonsistente und nicht aufeinander abgestimmte Steuerung der Bereiche. Jeder Bereichsleiter steuert seinen Bereich nach den ihm selbst wesentlich erscheinenden Kennzahlen – eine Unterscheidung in strategisch relevante Messgrößen und Informationen zur Aufrechterhaltung des laufenden Geschäftes findet nicht statt. Das von der Konzern-/Geschäftsleitung vorgegebene Berichtswesen, auf Basis dessen die Ziele vereinbart werden, beschränkt sich meist auf für alle Bereiche gültige Messgrößen (Umsatz, Rendite oder Cashflow) und eignet sich daher nur eingeschränkt zur erfolgreichen Strategieumsetzung;

➤ abweichende Berechnungsarten für die Messgrößen der einzelnen Bereiche.

◆ Entfeinerung/Eindämmung der Datenflut – Konzentration auf das Wesentliche

Durch die stringente Ableitung der Messgrößen lenkt man den Fokus auf wenige, unmittelbar steuerungsrelevante Informationen. Andere Messgrößen/Informationen werden nur bei akutem Handlungsbedarf (z. B. bei Über-/Unterschreiten gewisser Schwellenwerte) an das Management berichtet. Die Konzentration auf einige wenige, i. d. R. höher aggregierte Messgrößen schafft die Voraussetzungen zur Entfeinerung des Berichtswesens.

Dies vermeidet:

➤ umfangreiche Berichte, die Informationen ungewichtet und unabhängig von der tatsächlichen Bedeutung für die Steuerung strategischer Aktionen ausweisen;

➤ einen zu hohen Detaillierungsgrad in den Berichten, die traditionell oder aufgrund früherer, spezifischer Probleme gewachsen sind.

◆ Angemessene Periodizität des Berichtswesens

Durch die Trennung zwischen strategischen Messgrößen, die man typischerweise im Quartalsrhythmus berichtet, und operativen Steuerungsgrößen, die monatlich, oft sogar täglich verfolgt werden, ist die Periodizität des Berichtswesens dem zugrunde liegenden Zweck angepasst. Der Blick der Führungskräfte richtet sich dadurch in definierten und regelmäßigen Abständen auf die strategisch relevanten Messgrößen.

Dies vermeidet:

➤ die permanente Verfolgung aller Messgrößen ohne Unterscheidung; die undifferenzierte Analyse des Fortschritts in der Strategieumsetzung sowie akut auftretender operativer Probleme;

➤ isolierte und »abgehobene« Strategiediskussionen. Die Gespräche zum Fortgang der Strategieumsetzung finden nur anlässlich von Strategieklausuren statt – dann allerdings ohne Beachtung der operativen Berichte.

◆ Klarer Zielbezug der Berichte

Durch die explizite Verbindung zwischen Messgröße und strategischem Ziel bleibt die Rolle der verwendeten Messgrößen transparent. Dies ermöglicht u. a. eine Überprüfung, ob und in welchem Umfang die richtigen Größen zur Messung der Zielerreichung eingesetzt wurden. Darüber hinaus ermöglicht der Zielbezug die persönliche Identifikation des für die Zielerreichung verantwortlichen Mitarbeiters.

Dies vermeidet:

➤ eine Sammlung von Informationen, die sich über die Jahre entwickelt hat, und deren Relevanz für die Unternehmenssteuerung oft nicht mehr erkennbar ist.

◆ Berichts-Messgrößen als Ausgangspunkt zur Erklärung von Abweichungen

Das Balanced-Scorecard-Berichtswesen bietet den (Top-down-)Einstieg in die Analyse. Es stellt das »big picture« des Status und der Weiterentwicklung der Organisationseinheit bzw. des Gesamtunternehmens dar.

Dies vermeidet:

➤ Berichte und Messgrößen, die isoliert nebeneinander stehen und deren inhaltliche Zusammenhänge nicht unmittelbar ersichtlich sind.

◆ Verknüpfung der Messgrößen und Maßnahmen

Die strategisch beabsichtigten Ursache-Wirkungs-Beziehungen zwischen den Zielen sind auch auf die Messgrößen und Maßnahmen übertragbar. Sie unterstützen die Analyse der Messgrößen und das Setzen strategiefördernder Maßnahmen. »Die Ursache-Wirkungs-Ketten unterstützen bei der Definition und Priorisierung der Maßnahmen. Wenn mir gesagt wird, wie die Ziele aufeinander wirken, kann ich leichter Maßnahmen zurückstellen, da ich weiß, dass andere Maßnahmen auch auf dieses Ziel indirekt wirken« (Zitat Abteilungsleiter einer Universalbank).

Dies vermeidet:

➢ traditionelle Berichte, die typischerweise keine Wirkungszusammenhänge dokumentieren (mit Ausnahme von finanziellen Messgrößenpyramiden, wie dem DuPont-Schema). Die Informationen werden isoliert betrachtet, inhaltliche Zusammenhänge (bspw. bei der Abweichungsanalyse) lassen sich nur durch entsprechende verbale Kommentare herstellen.

◆ **Balance der Messgrößen**

Die Berichte enthalten Kennzahlen, die sich gegenseitig ergänzen und ein umfassendes Bild der Strategie darstellen. In einer guten Scorecard liegt eine Balance hinsichtlich mehrerer Aspekte vor: Finanzielle und nicht finanzielle Messgrößen, kurzfristig und langfristig beeinflussbare Messgrößen, Input- und Outputgrößen, Ergebnisse und Ergebnistreiber, vergangenheitsbezogene und zukunftsorientierte Messgrößen, traditionelle und neue Steuerungsgrößen halten sich die Waage.

Dies vermeidet:

➢ die einseitige Konzentration des Berichtswesens auf finanzielle und vergangenheitsbezogene Kennzahlen (z.B. Umsatz und Kosten) oder auf kurzfristige Leistungskennzahlen.

Praxisbeispiel

Eine besonders große Herausforderung bei der Einführung der Balanced Scorecards bei Austrian Airlines bestand in der Unterscheidung zwischen operativen und strategischen Steuerungsgrößen (vgl. Nittel/Greiner 2000):

So wurden z.B. im Rahmen der operativen Streckensteuerung Durchschnittserträge je Passagier und Strecke erhoben. Die Durchschnittserträge je Passagier und Strecke sind ein wichtiges Kriterium zur Beurteilung des Streckenerfolgs – und damit letztendlich zur Beurteilung, ob eine Strecke ausgebaut, zurückgenommen oder konstant gehalten werden soll. Für die operative Steuerung macht die Summierung der Durchschnittserträge aller Strecken keinen Sinn, da dadurch die Steuerungsinformationen bezüglich einzelner Strecken verloren gehen (ein guter und ein schlechter Durchschnittsertrag können sich aufheben usw.).

Aus einer strategischen Perspektive stellte sich aber die Frage, ob sich das Balanced-Scorecard-Ziel »Gewinnorientiertes Streckennetz anbieten« nicht doch mit einer kumulierten Messgröße »Durchschnittserträge je Passagier über alle Strecken« beurteilen ließe.

Zur Erläuterung sei der (vereinfachende) Vergleich zum Gesamtumsatz angeführt. Die Entwicklung des Gesamtumsatzes stellt zweifelsohne eine wichtige strategische Steuerungsgröße dar. Sie hilft bei der Beurteilung, ob sich das Unternehmen positiv entwickelt oder nicht. Aber natürlich repräsentiert der Gesamtumsatz auch nur eine Aggregation vieler Einzelumsätze je Region, Kunde oder Produkt. Diese Einzelumsätze können im Rahmen der operativen Steuerung bis ins Detail analysiert werden. Ähnlich verhält es sich mit den Durchschnittserträgen: Für die operative Steuerung hat die differenzierte Aufsplittung der Durchschnittserträge eine große Bedeutung, für die strategische Steuerung reicht das Wissen, ob sich die Durchschnittserträge in der Gesamtsicht grundsätzlich positiv oder negativ entwickeln.

Insofern sah man die kumulierte Information »Durchschnittserträge je Passagier über alle Strecken« als erste Trendaussage für das Balanced-Scorecard-Ziel »Gewinnorientiertes Streckennetz anbieten« als ausreichend an. Benötigen Führungskräfte darüber hinaus eine Auflistung der Durchschnittserträge je Strecke, so lässt sich diese Information sofort mittels MIS (Management Information System) bereitstellen.

7.5.3 Anforderungen an ein Balanced-Scorecard-basiertes Management-Reporting

Die Neuausrichtung des Berichtswesens auf Basis der Balanced Scorecard verfolgt demnach das Ziel, steuerungsrelevante Informationen in angemessenem Detaillierungsgrad zur richtigen Zeit und in verständlicher Form für das Management bereitzustellen. In der praktischen Umsetzung ergeben sich daraus zwei wichtige Fragestellungen:

1. Welchen Inhalt und Detaillierungsgrad sollte das Management-Reporting haben?

Bei der Erstellung der Balanced Scorecard werden die für die Steuerung der Geschäftseinheit wesentlichen strategischen Ziele, Messgrößen und Maßnahmen definiert. Fraglich ist nun, welche dieser Informationen in welchem Detaillierungsgrad dem Management übermittelt werden.

2. Wie lassen sich diese Informationen so aufbereiten, dass sie das Management ansprechen?

Die einfache und attraktive Darstellung der Informationen ist eine wesentliche Voraussetzung dafür, dass Manager die Balanced Scorecard langfristig in ihrem Führungs- und Steuerungsverhalten beachten. Gerade in puncto Reporting wird in der Praxis immer wieder der Fehler gemacht, ein kundenorientiertes Layout in seiner Bedeutung niedriger einzustufen als die Inhalte. Dabei sollte beispielsweise ein vierteljährliches Top-Management-Reporting über den Status der Strategieumsetzung ein anderes Format besitzen als die wöchentliche Verkaufsstatistik.

Die Balanced Scorecard ist ein Managementinstrument zur Umsetzung von Strategien. Dieses Wesen der Balanced Scorecard bestimmt folglich die Inhalte des Balanced-Scorecard-Reportings. Die Abgrenzung strategischer Informationen zu analytischen und operativen Informationen wurde bereits im letzten Kapitel intensiv diskutiert. Das Balanced-Scorecard-Reporting muss folglich Antworten auf die Kernfragen des Managements zur Steuerung und Weiterentwicklung der Strategieumsetzung geben:

➤ **Strategie:** Welche Prämissen liegen unserer Strategie zugrunde? Zu welcher Strategie haben wir uns verpflichtet? Welche Ziele haben wir uns gesetzt? Wie passen neue Aufträge/Ideen in die derzeitige Strategie – welche Auswirkungen haben sie auf die bisherige Strategie? Welche Maßnahmen haben absolute Priorität? Sind die wichtigsten Veränderungsziele sinnvoll delegiert (Zielvereinbarungen)?

➤ **Analyse:** Wie erfolgreich sind wir in der Umsetzung der strategischen Ziele? Welche Ursachen gibt es für die Zielabweichungen? Wie ist der aktuelle Stand der Maßnahmenumsetzung? Wo bestehen Abweichungen in nachgelagerten Einheiten, die zur Zielabweichung in meiner Einheit führen?

➤ **Strategie-Review:** Führt meine Strategie zum gewünschten Erfolg? Wo muss ich die Strategie verändern? Welche Maßnahmen haben nicht den gewünschten Erfolg gebracht? Können die strategisch beabsichtigten Ursache-Wirkungs-Beziehungen zwischen den Zielen belegt werden? Spiegeln die gewählten Messgrößen den Erfolg in der Zielerreichung realitätsnah wider? Welche Auswirkungen haben Veränderungen der Rahmenbedingungen (z.B. Fusionen, neue Wettbewerber, schlechte Konjunktur) auf meine strategischen Ziele?

Abgeleitet aus den Kernfragen zur Strategieumsetzung lassen sich zwei Kategorien von Balanced-Scorecard-Reports unterscheiden:

1. Dokumentation der Strategie des Bereichs:

Darstellung der strategischen Grundlagen, die zur Definition der strategischen Ziele, Messgrößen und Maßnahmen im Rahmen des Balanced-Scorecard-Prozesses führten. Dokumentation der Basiswerte und der daraus geplanten Zielwerte, welche die Etappen der Strategieumsetzung definieren.

Dieser Teil des Reportings sollte nur bei der jährlich anfallenden Aktualisierung der Balanced Scorecard angepasst werden. Er bietet dem Management einen Überblick über die Strategie und ermöglicht detaillierte Aussagen über die zugrunde liegenden Prämissen und Definitionen. Er dient als eine wesentliche Grundlage zur einheitlichen Kommunikation der Strategie an die Mitarbeiter, an den übergeordneten Leiter, an andere Unternehmensbereiche und ggf. an externe Interessenten (z.B. Kunden, Lieferanten).

2. Reporting zum Stand der Strategieumsetzung:

Der Balanced-Scorecard-basierte Management-Report sollte in der Lage sein, dem Manager einen Überblick über den aktuellen Status der Strategieumsetzung seiner Geschäftseinheit in weniger als einer halben Stunde zu geben. Der Report wird in der Regel quartalsweise erstellt und sollte mindestens folgende Inhalte abdecken:

➤ strategische Ziele mit Status im Ursache-Wirkungs-Kontext,
➤ strategische Ziele mit Status, Trend und ggf. Kommentierung,

➢ Messgrößen mit Basis-, Ziel- und Ist-Wert, Zielerreichung und Trend,
➢ Überblick über den aktuellen Status der Maßnahmen und Kennzeichnung der kritischen Maßnahmen sowie Dokumentation der vorgesehenen Gegensteuerungsmaßnahmen,
➢ ganzheitliche Analyse und inhaltliche Kommentierung der signifikanten Entwicklungen zur Ableitung konkreter Aktionen.

Beide Berichtsarten bilden die wesentliche Basis für den jährlichen Strategie-Review.

Die regelmäßige Auseinandersetzung mit strategischen Fragestellungen fördert die Fokussierung des Managements auf wesentliche, strategisch relevante Themen. Ein Manager beschreibt seine Erfahrungen in der laufenden Nutzung der Balanced Scorecard so:
➢ »Die Balanced Scorecard ermöglicht es, geordnet und strukturiert an den Themen gleichbleibend zu arbeiten. Das ist in dem Chaos, das uns täglich begegnet, ein großer Erfolg.«
➢ »Ich brauche für die Dinge jetzt nicht weniger Zeit, mache sie aber effektiver, d. h. mit besseren Ergebnissen.«

Das Balanced-Scorecard-Reporting hilft, die Handlungsfelder zu identifizieren, Maßnahmen abzuleiten, sie zu vereinbaren und zwingt zur Umsetzung. Es unterstützt damit – ersetzt jedoch nicht – die Durchsetzungskompetenz der Führungskraft.

7.5.4 Die Berichtsverantwortung organisatorisch verankern

Für die erfolgreiche Neuausrichtung des Berichtswesens auf Basis der Balanced Scorecard ist es notwendig, die Verantwortung für die Berichterstellung eindeutig zuzuordnen. Die Balanced Scorecard ist ein Managementinstrument, das den Erfolg der Strategieumsetzung messbar macht. Folglich bestehen Aufgaben, die vom Management wahrgenommen werden, und es gibt Tätigkeiten, für die das Controlling verantwortlich ist. Die Erstellung eines Balanced-Scorecard-Berichts umfasst dabei folgende Schritte:
➢ *Zusammentragen der notwendigen Daten und Zahlen.* Die Messgrößen werden aufgrund ihrer Eignung für ein strategisches Ziel ausgewählt. Die Kernfrage lautet: »Woran merkt man, dass man das betrachtete strategische Ziel erreicht hat?« Da sich die Auswahl der Messgrößen nicht an der vorhandenen IT-Landschaft ausrichtet, stammen die benötigten Daten aus diversen Systemen und bedürfen in Einzelfällen einer manuellen Aufbereitung. Es gibt mittlerweile leistungsstarke Balanced-Scorecard-Software, die eine Datenübernahme aller in anderen Systemen bereitgestellten Daten ermöglicht und damit die systemübergreifende Datenkonsistenz sicherstellt (vgl. auch Kap. 7.5.5). Aber auch weiterhin werden Messgrößen existieren, die sich nur dezentral ermitteln lassen und manuell erfasst werden (z. B. Kundenzufriedenheit, Erfüllungsgrad der Service-Level-Agreements etc.). Sie sind entweder nicht elektronisch verfügbar oder nur für bestimmte Geschäftsbereiche in separaten Anwendungen vorhanden.

➤ *Aufbereitung der Daten zu Informationen:* Die ermittelten Ist-Werte werden den Plan-Werten gegenübergestellt. Auf Basis vorab definierter Toleranzgrenzen berechnet man den jeweiligen Status für die Messgrößen und Ziele. Diese Aufgabe fällt klassischer-weise dem Controlling zu und kann teilweise elektronisch erfolgen.

➤ *Bestimmung des Status von Maßnahmen:* Die einzelnen Maßnahmenverantwortlichen definieren den Status ihrer Maßnahme hinsichtlich Einhaltung des Zeitplanes, des Budgets und des Umsetzungsgrades. Bei erfolgskritischen Abweichungen vom Plan werden die Ursachen analysiert und Gegensteuerungsmaßnahmen aufgeführt. Hierbei handelt es sich um operative Managementinformationen, die nur von den Maßnah-menverantwortlichen bereitgestellt werden können.

➤ *Analyse zum Stand der Strategieumsetzung:* Auf Basis der Informationen zu den stra-tegischen Zielen (Ist-Wert, Status) kann der Erfolg bei der Strategieumsetzung im Gesamtzusammenhang analysiert werden. Welche Auswirkungen haben bestimmte Abweichungen vom Ziel-Wert? Welche Maßnahmen soll man setzen? Welche Auswir-kungen haben aktuelle Entwicklungen auf den Fortschritt der Strategieumsetzung? Diese Analyse und Maßnahmenableitung kann nur vom Leiter der Geschäfteinheit selbst oder in enger Zusammenarbeit mit ihm geschehen.

Die Erfahrung in einer Vielzahl von Unternehmen zeigt, dass es einen »Kümmerer« – oder formeller ausgedrückt: Einen Koordinator – geben muss, der das Zusammenspiel aller Beteiligten abstimmt, die termingerechte Bereitstellung der Informationen steuert und eine Qualitätssicherungsfunktion für die Berichte übernimmt. Er ist verantwortlich für den Prozess der Berichterstellung und für die Datenqualität – nicht aber für die in-haltliche Kommentierung. Die ganzheitliche Analyse und die Ableitung von Gegensteue-rungsmaßnahmen zählt zu den Aufgaben des Managements.

Bei einem Roll-out steht die Klärung der Frage an, wo man die Berichtsverantwortung organisatorisch anordnet. Die folgende Übersicht zeigt Vor- und Nachteile einer zentralen bzw. dezentralen Verankerung auf und gibt jeweils eine Anwendungsempfehlung:

Zentrale Berichtsverantwortung	Dezentrale Berichtsverantwortung
Bessere Sicherstellung einheitlicher Qualitätsstan-dards des Reportings.	Stärkere Identifizierung und tiefer gehendes Ver-ständnis für die Daten, da sie auf eigenen Erhebun-gen basieren.
Sicherstellung einheitlicher Definitionen für gleiche Messgrößen in verschiedenen Bereichen.	Größere Nähe zum verantwortlichen Management.
Konzentrierter Know-how-Aufbau für die Datenab-frage und -aufbereitung.	Breitere Verankerung des Balanced-Scorecard-Ver-ständnisses im Unternehmen.
	Höherer Schulungs- und Koordinationsaufwand der vielen Berichtsverantwortlichen.
Geeignet für eine begrenzte Anzahl von Balanced Scorecards, oft bei einem rein horizontalen Roll-out.	Geeignet bei einem unternehmensweiten Einsatz der Balanced Scorecard auf mehreren Hierarchie-ebenen (horizontaler und vertikaler Roll-out).

Praxisbeispiel

Ein Unternehmen aus der Finanzdienstleistungsbranche nutzt die Balanced Scorecard als Managementinstrument zur Strategieumsetzung. Die konzernweite, schrittweise Implementierung der Balanced Scorecard umfasst sowohl einen horizontalen Roll-out als auch ein vertikales Herunterbrechen der Balanced Scorecard über vorerst drei Führungsebenen.

Jede Einheit, die eine Balanced Scorecard entwickelt, muss auch einen Berichtsstab benennen. Der Berichtsstab wird frühzeitig benannt und nimmt am Workshop zur Definition der Messgrößen teil. Nach der erstmaligen Erstellung der Balanced Scorecard ist er für die regelmäßige Berichterstattung dieser Geschäfteinheit verantwortlich (vgl. Abb. 7.44). Zu seinen Aufgaben zählen:

➢ Dezentrale Messgrößen für das Monitoring monatlich zu erfassen,
➢ die zeitgerechte Lieferung der Werte durch den Datenverantwortlichen zu koordinieren,
➢ die Kommentierung der Zielerreichung durch den Zielverantwortlichen sicherzustellen,
➢ die Kommentierung der Maßnahmenumsetzung durch den Maßnahmenverantwortlichen sicherzustellen,
➢ den monatlichen Balanced-Scorecard-Bericht für den Leiter der Geschäftseinheit zu erstellen und diesem vorzulegen.

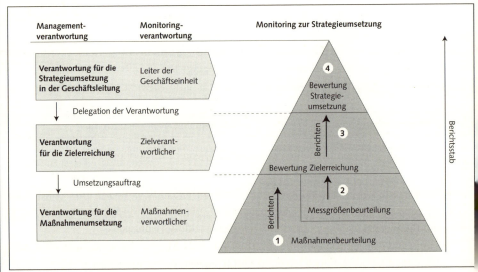

Abb. 7.44: Der Berichtsstab als dezentraler Balanced-Scorecard-Berichtsverantwortlicher

Die gezielte Ausbildung der Berichtsstäbe und der Einsatz einer konzerneinheitlichen Balanced-Scorecard-Software stellen die Berichtsqualität sicher.

Das zentrale Projektteam hat gemeinsam mit Pilotanwendern die spezifischen Standards des Balanced-Scorecard-Reportings entwickelt. Im ersten Schritt wurden diese Berichte in Microsoft Excel entwickelt und dargestellt. Die steigende Zahl an Balanced Scorecards erforderte in der zweiten Ausbaustufe den Einsatz einer professionellen Balanced-Scorecard-Software.

Um die Eigensteuerung der Geschäftseinheiten zu betonen, spricht man in dem Unternehmen bewusst nicht vom Balanced-Scorecard-Reporting, sondern vom Monitoring. Der Begriff »Reporting« assoziiert das Berichten an die nächsthöhere Führungsebene. Das Balanced-Scorecard-Monitoring dagegen beschreibt eine Führungskraft wie folgt: »Die Balanced Scorecard wirkt als Instrument zur Selbststeuerung. Man hat die wichtigsten Themen immer im Überblick und setzt sich in regelmäßigen Abständen damit auseinander.«

Das quartalsweise durchgeführte Balanced-Scorecard-Monitoring besteht aus folgenden Teilen (vgl. Abb. 7.45):

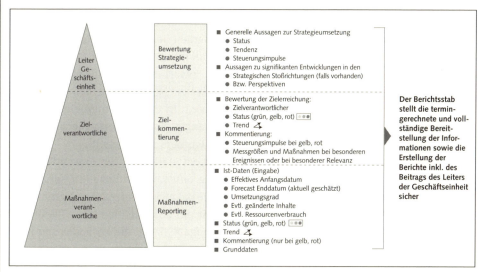

Abb. 7.45: Beispiel von Elementen des Balanced-Scorecard-Monitoring

➤ Bewertung der Strategieumsetzung: Die Führungskraft gibt eine kurze und prägnante Aussage zum Status der Strategieumsetzung. Diese Aussage fußt auf einer ganzheitlichen Analyse der Ziele im Ursache-Wirkungs-Kontext.

➤ Ziel- und Messgrößenkommentierung: Für jede Messgröße wird, basierend auf dem aktuellen Ist-Wert, vom Zielverantwortlichen ein Commitment für den Forecast (Prognosewert) abgegeben. Für jedes strategische Ziel und die dazugehörigen Messgrößen ermittelt man den Status und Trend. Signifikante Entwicklungen werden kommentiert.

➤ Maßnahmenreporting: Für alle Maßnahmen erfolgt eine Erhebung des aktuellen Status und des Trends. Kommentare sind nur bei kritischen Entwicklungen (Status zeigt gelbes oder rotes Signal) notwendig.

7.5.5 Die Balanced Scorecard durch IT unterstützen

Braucht die Entwicklung und Anwendung einer Balanced Scorecard eine leistungsfähige Software und wenn ja, wie soll die IT-Unterstützung für ein solches Berichtswesen und die Prozesse dahinter aussehen? Bei Unternehmen, die die Balanced Scorecard einführen oder bereits nutzen, wird diese Frage intensiv diskutiert. Gleichwohl sollte nicht übersehen werden, dass die IT auch in diesem Fall nicht dem Selbstzweck dient, sondern ein unterstützendes Instrument darstellt. Auch ohne eine große, ausgefeilte IT-Lösung kann man die Balanced Scorecard erfolgreich etablieren. Dies ist möglich, da sich die Balanced Scorecard auf ein fokussiertes Zielsystem mit einer begrenzten Anzahl an Messgrößen konzentriert.

Die betriebliche Praxis zeigt jedoch, dass die Umsetzung des Konzepts nur bei einem kleinen Anwenderkreis ohne die Softwareunterstützung auskommt. Sobald mehrere Scorecards zum Einsatz kommen und eine Arbeitsteilung bei der Erstellung und Aktualisierung notwendig wird, sind die Vorteile einer informationstechnischen Unterstützung zu nutzen.

Ein Grund für das Zögern von Unternehmen, frühzeitig eine leistungsfähige Balanced-Scorecard-Software einzuführen, liegt in der Unsicherheit bezüglich der Konzeptakzeptanz begründet. Denn was nützt die eleganteste Softwarelösung, wenn das Management die Balanced Scorecard nicht lebt? Es gilt daher stets, zwischen der Balanced Scorecard als Managementsystem und deren Umsetzung als IT-System zu unterscheiden – eine Forderung die in der Praxis sonst nicht immer erfüllt wird. In einigen Unternehmen versteht man die Umsetzung der Balanced Scorecard vorrangig als informationstechnische Herausforderung. Diese Ansicht wird von Horváth & Partners nicht geteilt.

Welche Rolle eine solche Softwarelösung spielt, ist stark von der Anwendungsphase abhängig: Es gilt danach zu differenzieren, ob die Software die Erstellungsphase, erste Pilotanwendungen oder die dauerhafte Nutzung der Balanced Scorecard unterstützen soll. In der Erstellungsphase kommt dem IT-Tool primär ein dokumentierender Charakter zu. Bei der laufenden Nutzung besteht dagegen die Aufgabe darin, die Kaskadierung der Balanced Scorecard über mehrere Unternehmensebenen zu ermöglichen und zu verwalten. Damit wird gewährleistet, dass die Balanced Scorecard flächendeckend im Unternehmen verfügbar ist und auch technisch in die Arbeitsprozesse der Anwender eingebettet ist. Ein weiterer Schwerpunkt liegt in der Aufbereitung und Bereitstellung von Daten aus den unterschiedlichsten betrieblichen Systemen für Analysezwecke (vgl. Abb. 7.46).

Für die erste Integrationsstufe eignen sich Standard-Office-Produkte wie Excel und Access als Basis für unternehmensindividuelle Lösungen. Durch das niedrige Investitionsrisiko können die Grundanforderungen abgedeckt und erste Erfahrungen bei der Anwendung des Konzepts und dessen technischen Implikationen gewonnen werden.

Wie die Ergebnisse unserer Balanced-Scorecard-Studie zeigen, verwendet ein Großteil der BSC-Anwender auch dauerhaft nur diese Lösungen. Der Übergang zu einer professionellen BSC-Softwarelösung, die den weiteren Projektfortschritt umfassender unterstützt, bleibt oftmals aus. Damit vernachlässigt die Praxis bislang weitgehend die Möglichkeiten, die sich für die weiteren Integrationsstufen bieten.

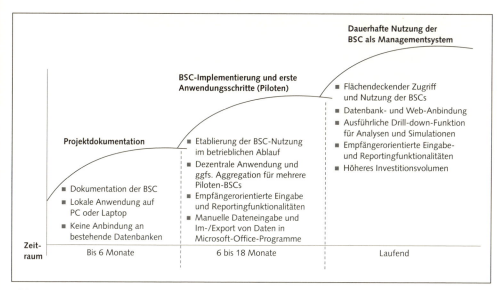

Dauerhafte Nutzung der BSC als Managementsystem

BSC-Implementierung und erste Anwendungsschritte (Piloten)

- Flächendeckender Zugriff und Nutzung der BSCs
- Datenbank- und Web-Anbindung
- Ausführliche Drill-down-Funktion für Analysen und Simulationen
- Empfängerorientierte Eingabe- und Reportingfunktionalitäten
- Höheres Investitionsvolumen

Projektdokumentation

- Etablierung der BSC-Nutzung im betrieblichen Ablauf
- Dezentrale Anwendung und ggfs. Aggregation für mehrere Piloten-BSCs
- Empfängerorientierte Eingabe und Reportingfunktionalitäten
- Manuelle Dateneingabe und Im-/Export von Daten in Microsoft-Office-Programme

- Dokumentation der BSC
- Lokale Anwendung auf PC oder Laptop
- Keine Anbindung an bestehende Datenbanken

Zeitraum | Bis 6 Monate | 6 bis 18 Monate | Laufend

Abb. 7.46: Integrationsstufen einer IT-Unterstützung der Balanced Scorecard

Diese nicht zu unterschätzenden Hilfestellungen bei der Entwicklung und Anwendung von Balanced Scorecards lassen sich aus unserer Sicht in vier wesentliche Gruppen von inhaltlichen Funktionalitäten zusammenfassen:

1. Mit der Software sollten die inhaltlichen Ergebnisse dokumentiert und der Erstellungsprozess gesteuert werden.
2. Balanced-Scorecard-relevante Erkenntnisse sollten dezentral und in einer managementorientierten Art verfügbar sein.
3. Eine manuelle und automatisierte Datensammlung im Rahmen der Planung und des Berichtswesens sollte sichergestellt sein.
4. Es sollten Auswertungen und Berichte erstellbar sein, mit denen der Fortschritt der Zielerreichung von den Verantwortlichen verfolgt werden kann.

Abbildung 7.47 führt einige der zentralen Balanced-Scorecard-spezifischen Anforderungen an eine Softwareunterstützung auf.

Die Vielzahl der möglichen Anforderungen zeigt bereits, dass eine pauschale Aussage über die Eignung bestimmter am Markt verfügbarer Softwarelösungen nicht sinnvoll ist. Insofern sind auch Zertifizierungen nur als eine erste Indikation über K.o.-Kriterien zu verstehen, reichen aber für die Beurteilung in keinem Fall aus. Es ist eine umfassende Analyse zu empfehlen, die unternehmensspezifische Rahmenbedingungen würdigt.

Nehmen wir zum Beispiel Organisationen der öffentlichen Hand, die sich in den vergangenen Jahren auf breiter Front dem Instrument Balanced Scorecard zugewandt haben. In diesem Umfeld ist eine Softwarelösung, die ganz oder in Teilen (z. B. der Hilfefunktion) nur englischsprachig verfügbar ist, keine adäquate Lösung. Unternehmen, die

Inhaltliche Dokumentation	Verfügbarkeit für das Management	Datensammlung automatisch/manuell	Auswertungen und Berichte
■ Freie Wahl der BSC-Perspektiven	■ Stand-alone-Funktionalität	■ Manuelle Datenerfassung direkt im Tool möglich	■ Abweichungsverfolgung von den Zielen bis zu den Ursachen innerhalb einer BSC
■ Verbale Ziele und Zielerläuterungen	■ Intranet-/Web-Funktionalität	■ Verteilte Dateneingabe	■ Automatischer Drill-down von übergeordneten auf untergeordnete BSC zur Abweichungsanalyse
■ Freie Messgrößenwahl und -dimensionierung	■ Benutzerverwaltung und Berechtigungskonzept	■ Freie Gestaltung der Eingabemasken	
■ Erfassung von Ist- und Zielwerten für mehrere Perioden	■ Individuell gestaltbare Management-Cockpits	■ Menü-unterstützte Eingabe	■ Projektfortschrittsanalysen bei Aktionen/Maßnahmen
■ Erfassung von strategischen Aktionen	■ Einfache Navigation in Ansichten und zwischen Berichten für den Nutzer	■ Drag & Drop	■ Skalierbare Berichte für unterschiedliche Druckfunktionalitäten
■ Setzen automatischer und manueller Status	■ Anspruchsvolle Grafikfunktionalität (»MS-Office Look and Feel«)	■ Upload aus Office-Programmen (z.B. Excel)	■ Beamer-optimierte Berichte für Online-Präsentationen
■ Abbildung von Strategy Maps für jede BSC	■ Mehrsprachige Verfügbarkeit	■ Automatische Datenbereitstellung über Data Warehouse möglich	■ Individuell konfigurierbare Berichte und Analysen
		■ Standard-Schnittstellen zu gängigen Datenformaten	■ Themenorientierte Führung über die ges. BSC-Kaskade
		■ Änderungsmanagement	

Abb. 7.47: Anforderungen an eine Softwareunterstützung zur Balanced Scorecard

bereits Komponenten einer bestimmten Corporate-Performance-Management-Lösung im Einsatz haben, werden naheliegenderweise versuchen, in der gleichen Architektur möglichst schnittstellenoptimal ihre Balanced Scorecard abzubilden. Der Vorteil dieses »Fit« zur vorhandenen IT-Architektur mag in einzelnen anderen Funktionalitäten auch Abstriche rechtfertigen. Ein mittelständisches Stammhaus, das die Balanced Scorecard nur auf Geschäftsführungsebene einsetzt, mag sehr gut mit einer allein lokal funktionsfähigen Lösung auskommen. Der internationale Konzern wird eine intranetbasierte verteilte Lösung unbedingt benötigen.

Empirische Studie

Viele IT-Anbieter haben das allgemeine Marktinteresse an der Balanced Scorecard erkannt und mit großem Engagement eigenständige Lösungen entwickelt. Offensichtlich wurden dabei die spezifischen Herausforderungen der Balanced Scorecard nicht erkannt, am Markt vorbei entwickelt oder die Vorzüge nicht überzeugend kommuniziert: 74% der befragten Unternehmen arbeiten mit selbst erstellten Excel- oder Access-Lösungen (vgl. Horváth & Partners 2005b)!

Doch lediglich rund die Hälfte der Studienteilnehmer halten die aktuelle Lösung für geeignet. Der Nachholbedarf auf Seiten der IT-Anbieter ist also deutlich. Bei dem Interesse an guten IT-Lösungen für den Balanced-Scorecard-Einsatz dürfte sich dieses Investment – kunden- und konzeptgerechter durchgeführt – durchaus lohnen.

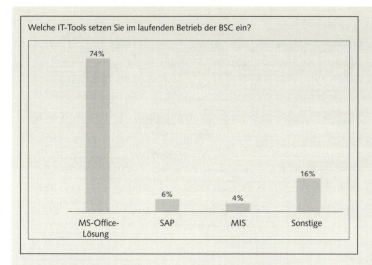

Welche IT-Tools setzen Sie im laufenden Betrieb der BSC ein?

Abb. 7.48: Welche IT-Tools setzen Sie im laufenden Betrieb der BSC ein? (n=96)

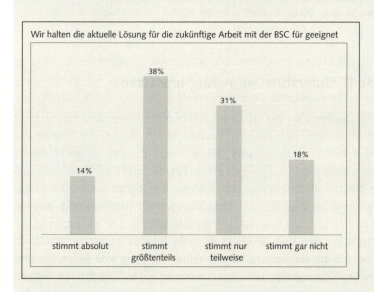

Wir halten die aktuelle Lösung für die zukünftige Arbeit mit der BSC für geeignet

Abb 7.49: Wir halten die aktuelle IT-Lösung für die zukünftige Arbeit mit der BSC für geeignet (n=108)

Einen ersten Anhaltspunkt für die relevanten Faktoren gibt eine Studie der Ludwig-Maximilians-Universität München, die in Kooperation mit Horváth & Partners durchgeführt wurde (vgl. Samtleben et al. 2005, S. 400ff.). Demnach stehen vor allem die Funktionalität, die Kommunikations- und die Analysemöglichkeiten im Fokus der Anwender (vgl. Abb. 7.50). Hohes Gewicht haben aber auch die technischen Voraussetzungen und – für ein Managementsystem ein erfolgskritischer Faktor – die Benutzerschnittstelle.

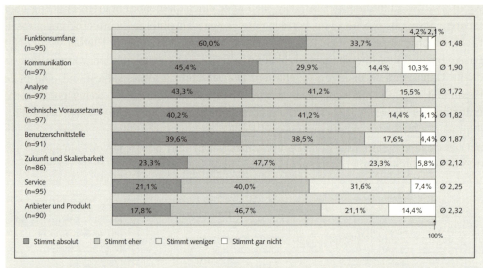

Abb. 7.50: Bedeutung einzelner Faktoren für die BSC-Softwareunterstützung (vgl. Samtleben et al. 2005, S. 400ff.)

7.5.6 Die passende IT-Unterstützung richtig umsetzen

Die Verfügbarkeit von IT-Lösungen für die Balanced Scorecard auf dem deutschen Markt hat sich in den letzten Jahren nachdrücklich verbessert. Mit zunehmender Verbreitung der Balanced Scorecard haben Softwareanbieter diesen Markt für sich entdeckt. Heute findet man ein vielfältiges Angebot vor, das eine große Palette verschiedenster Anforderungen abdeckt. Diese prinzipiell erfreuliche Entwicklung hat jedoch auch eine Schattenseite, da für eine optimale Lösungsauswahl viele Alternativen berücksichtigt werden müssen. Einen ersten Einblick ermöglichen daher vergleichende Studien wie bspw. Marr/ Neely 2003 für den internationalen und Bange et al. 2004 für den deutschen BSC-Softwaremarkt. Durch die detaillierte Darstellung der einzelnen Anbieter und deren Produkte wird eine erste Vorauswahl geeigneter Lösungen ermöglicht. Darüber hinaus können diese Publikationen als Informationsquelle für die konkreten Auswahlgespräche mit den Anbietern dienen. Ein erster Überblick der Produkte kann auch über eine Kategorisierung der Applikationen erlangt werden. Die Abbildung 7.51 stellt einen möglichen Ansatz dar und nennt exemplarisch einige Anbieter.

Den wohl umfassendsten Ansatz verfolgen die Anbieter von Corporate-Performance-Management (CPM)-Softwarepaketen. Diese umfangreichen Applikationen (oder Applikationsfamilien) bündeln mehrere betriebswirtschaftliche Konzepte, wie bspw. Planung, Budgetierung, Konsolidierung und die Balanced Scorecard in einem Management-Regelkreis. Dezidierte BSC-Lösungen konzentrieren sich dagegen ausschließlich auf die Abbildung des Konzepts Balanced Scorecard. Dies ist vor allem bei speziellen Anforderungen, wie bspw. der Abbildung der Strategy Map oder einer themenorientierten Führung über mehrere Scorecard-Ebenen von Vorteil. Eine größere Flexibilität für unternehmensspezifische Anforderungen ermöglichen sogenannte MIS/OLAP-Lösungen. Hierbei werden auf Basis von Business-Intelligence-Applikationen und bereits existierenden Vorlagen individuelle Unternehmenslösungen geschaffen. Die Stärken dieses Ansatzes sind eine hohe Flexibilität und umfangreiche Analysefunktionalitäten. Einen Schritt weiter gehen reine Individualentwicklungen: Hier wird die komplette Applikation auf die gegebenen Anforderungen zugeschnitten, entworfen und implementiert. Dem hohen »Passgrad« stehen aber auch längere Anlaufzeiten, Entwicklungsrisiken und höhere Investitionskosten für die Softwareimplementierung gegenüber.

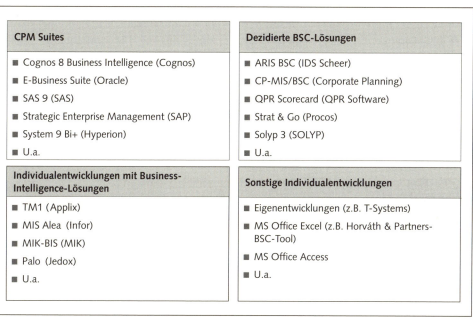

Abb. 7.51: Kategorisierung von BSC-Softwarelösungen

Welche dieser Varianten zum Einsatz kommt, ist stark von den jeweiligen unternehmensspezifischen Anforderungen abhängig. Im Folgenden werden kurz zwei Beispielimplementierungen aus unserer Beratungspraxis dargestellt: Das Horváth & Partners-BSC-Tool und das Führungssystem BalPlan des VfB Stuttgart.

Praxisbeispiel

Das **Horváth & Partners-BSC-Tool** ist ein schlanker und spezialisierter Lösungsansatz auf Basis von Microsoft Excel. Hintergrund dieser Anwendung waren unsere Erfahrungen in Projekten: In den frühen Phasen der BSC-Erstellung ist meist noch keine Entscheidung bezüglich der endgültigen Softwareunterstützung gefallen und es wird eine große Flexibilität in Bezug auf die zukünftige Implementierung gefordert. Dennoch wird eine strukturierte Dokumentationsmöglichkeit der ersten Ergebnisse benötigt. Um ein einheitliches Format zu wahren und die Überführung in eine professionelle BSC-Softwarelösung vorzubereiten, wurde eine eigene Applikation entwickelt. Dieses BSC-Tool ermöglicht eine inhaltliche Dokumentation der Workshop-Ergebnisse und bietet umfassende Möglichkeiten für einen schnellen Einstieg in ein Balanced-Scorecard-Reporting. Die Benutzerführung ist weitgehend intuitiv und orientiert sich an den Arbeitsschritten Dateneingabe, Berichte und Präsentation.

Nach der mehrmaligen Umsetzung in Projekten wurde die Applikation auch um weitergehende Funktionen wie die Abbildung von Balanced-Scorecard-Hierarchien über mehrere Ebenen und Mehrsprachigkeit erweitert. Somit steht uns heute mit dieser Anwendung – die wir lediglich in unseren Projekten einsetzen – eine an einer schnellen BSC-Verankerung ausgerichtete IT-Lösung zur Verfügung. Die Funktionalität ist sehr eng an der Logik der Balanced Scorecard orientiert und deckt prinzipiell die erste und zweite Integrationsstufe der IT-Unterstützung ab (vgl. Abb. 7.52).

Aber auch diese Anwendung beinhaltet natürlich den größten Nachteil einer »Spreadsheet«-Applikation: Der verteilte Einsatz im Unternehmen erfordert eine hohe Prozessdisziplin, damit überall die aktuellste Version der Scorecard verfügbar ist. Daher ist bei einem umfangreichen Roll-out im Unternehmen auch hier der Wechsel auf eine umfassendere BSC-Lösung zu empfehlen.

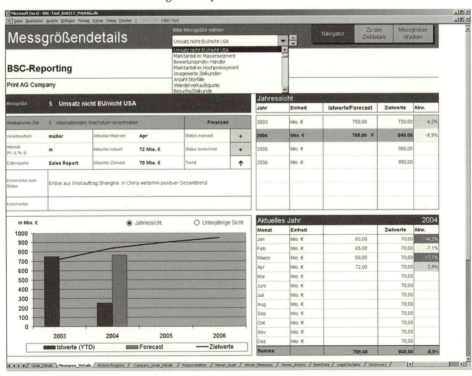

Abb. 7.52: Horváth & Partners-BSC-Tool: Detailsicht einer Messgröße

Auch in zunächst exotisch erscheinenden Wirtschaftsfeldern wie dem kommerziellen Vereinssport – hier am Beispiel des **VfB Stuttgart** – kann die Balanced Scorecard mit IT-Unterstützung wertvolle Dienste leisten.

Das Ziel des VfB Stuttgart war es, sportlichen Erfolg durch wirtschaftlichen Erfolg nachhaltig zu sichern – und das im turbulenten und schwer vorhersehbaren Umfeld des Profi-Fußballs. Für die Einbeziehung aller für den nachhaltigen Erfolg relevanten Faktoren hatte sich der Verein entschlossen, das Konzept der Balanced Scorecard zu nutzen. Mit dem aktiven Angehen dieser Überlegungen sollte der Verein auch im Planungs- und Steuerungsbereich eine Vorreiterrolle im bezahlten Fußball einnehmen und damit den Weg des Übergangs von einem »eingetragenen Verein alter Prägung« hin zu einem modernen mittelständischen Unternehmen bereiten.

Gemeinsam mit Horváth & Partners hat der Bundesligist eine IT-gestützte Balanced-Scorecard-Lösung entwickelt und eingeführt, die ihn beim Erreichen dieses Ziels unterstützen sollte. Der Name des Systems lautet BalPlan (Balanced Scorecard Planning System).

Insgesamt hat der VfB etwa 130 Kennzahlen identifiziert, die zum Erreichen der gesetzten Ziele wesentlich sind. Diese wurden den vier Perspektiven Sportlicher Erfolg, Finanzen, Kunden und Mitarbeiter/Prozesse zugeordnet. Der Vorstand erhält regelmäßig eine Übersicht über ausgewählte Kennzahlen, die mit einer Ampelfunktion versehen ist und der aktuellen Situation jeweils angepasst werden kann.

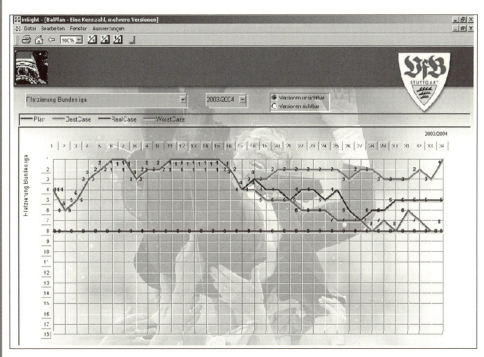

Abb. 7.53: Ansicht der Messgröße »Bundesligaplatzierung« in BalPlan

Die Vorgabe an die IT-Lösung war es, neben der Abbildung der Kennzahlen (siehe bei-spielhaft Abb. 7.53), eine komfortable Dateneingabe und eine sehr benutzerfreundliche Oberfläche zu gewährleisten. Zusätzlich sollten die Auswertungsmöglichkeiten auch ein Benchmarking über die anderen Bundesligisten und ein aussagefähiges Berichts-wesen gewährleisten. Mit der Zielrichtung auf eine zukünftige Erweiterungsfähigkeit und Skalierbarkeit sowie Entwicklungs- und Wartungseffizienz wurde der Einsatz von Standardwerkzeugen bevorzugt. Um die spezifischen Anforderungen zu erfüllen, fiel die Entscheidung zugunsten einer Individualentwicklung auf Basis von zwei Business-Intelligence-Anwendungen.

Der Nutzen von BalPlan lässt sich wie folgt zusammenfassen:

➢ Alle steuerungsrelevanten Informationen sind auf Knopfdruck verfügbar. Die Ver-einsführung kann zeitnah und flexibel auf Veränderungen des Marktes reagieren.

➢ Szenarienbildung und Simulationen (z. B. Auswirkungen von Sieg und Niederlage) sind in Echtzeit durchführbar.

➢ Vielfältige Analyse- und Auswertungsmöglichkeiten.

➢ Zusammensetzung und Berechnung der Kennzahlen ist nachvollziehbar und ein-heitlich.

➢ Transparenz über alle Informationen und deren Zusammenhänge. Die Steuerung des Vereins kann über Ziele und gemeinsam definierte Zielwerte erfolgen.

Bei der Auswahl von Softwarelösungen für eine bestimmte Aufgabenstellung stehen üb-licherweise die technischen Produkteigenschaften und Funktionalitäten im Vordergrund. Diese müssen jeweils unternehmensspezifisch formuliert und gewichtet werden – dies erfolgt im Rahmen eines strukturierten Auswahlprozesses. Selbstverständlich sind auch Informationen über den Anbieter der Softwarelösung, wie z. B. Konditionen, Referenzen und Unternehmenscharakteristika wichtig.

Für das hier diskutierte Thema der Balanced Scorecard muss indessen ein anderes Kri-terium an erster Stelle stehen: Hat die Softwarelösung die inhaltliche Logik des Manage-mentsystems Balanced Scorecard aufgegriffen oder nicht?

Eine Balanced Scorecard ist kein Kennzahlenbogen, der über Algorithmen aus vorhan-denen Datenbanksystemen befüllt wird. Sie ist ebenso wenig ein »etwas anders« ausse-hender Monatsbericht für das Top-Management. Vielmehr ist die Balanced Scorecard an-fänglich als Instrument zur strukturierten Beschreibung und Sammlung von strategischen Zielen und deren Zusammenhängen zu verstehen. Das Zahlenwerk kommt als unerläss-licher Bestandteil dazu – aber eben erst im zweiten Schritt.

Die Integration in weitere betriebliche Teilbereiche wie Planung und Budgetierung, das Projektmanagement oder das wertorientierte Management ist ebenfalls ein wichtiger Fak-tor. Die neuen Balanced-Scorecard-Lösungen haben umfangreiche Schnittstellen zu ande-ren technischen Systemen. Dadurch wird ein »Closed Loop« ermöglicht: Die Erkenntnisse aus dem strategischen BSC-System können teils automatisiert in die operativen ERP-Sys-teme wie bspw. SAP R/3 eingehen. Aber auch hier gilt: Die Konzepte determinieren die notwendigen Technologien und deren Zusammenspiel. Die Balanced Scorecard muss als

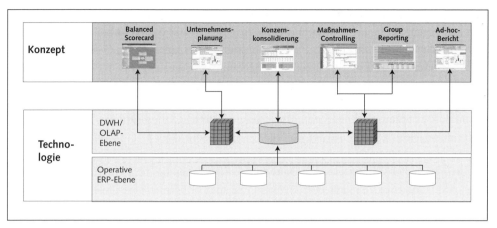

Abb. 7.54: Die Konzepte determinieren die notwendigen Technologien

Teil des kompletten Managementsystems gesehen werden und sowohl prozessual, als auch technisch entsprechend eingebettet werden.

Speziell für die Auswahl der IT-Lösung zur Balanced Scorecard sollte analog zu der Unternehmensorganisation gelten: »Structure follows Strategy«! Nicht selten erhalten wir Anfragen aus IT-Abteilungen von Unternehmen, bei denen noch nicht einmal über die Einführung der Balanced Scorecard entschieden wurde, geschweige denn, dass die Facetten der unternehmensspezifischen Verankerung des Konzeptes bekannt wären. Man möchte sich sicherheitshalber vorab bereits auf die richtige IT-Lösung einstellen, heißt es dann. Dieses Vorgehen – das zwangsläufig ein technik-dominiertes Berichtswesenverständnis impliziert – kann nur in die Irre führen!

Für die Begleitung des Auswahlprozesses empfehlen wir stets die Einschaltung der internen BSC-Experten und ggf. einer externen methodischen Unterstützung. Bewährt hat sich ein Vorgehen, das die folgenden Elemente einschließt:

➢ Ist-Aufnahme und Klärung geplanter Ausbaustufen der Balanced Scorecard,
➢ Vorauswahl der Anbieter (»Short List«),
➢ Erstellung eines detaillierten Lastenhefts,
➢ Erstellung eines repräsentativen, unternehmensspezifischen Beispiels (»Showcase«),
➢ Aufbau von kundenspezifischen Prototypen,
➢ Endauswahl eines Anbieters und eines Software-Produkts.

In unserer Beratungspraxis hat sich ein allgemeines zehnstufiges Vorgehen etabliert, das in unserer Veröffentlichung »Beyond Budgeting umsetzen« detailliert beschrieben wird (vgl. Horváth & Partners 2004b, S. 218ff.). Ein wichtiger Punkt für die BSC-spezifische Fragestellung ist jedoch die anfängliche Ist-Aufnahme und ein Überblick der langfristig anvisierten Nutzung der Balanced Scorecard.

Im Anschluss an die Auswahl sollte auch eine betriebswirtschaftliche Begleitung des Einführungsprozesses der Software inklusive eines Quality Checks nicht fehlen. Ein IT-

Projektmanagement kann in größerem Umfang dann erforderlich sein, wenn mehrere Anbieter gemeinsam eine kundenindividuelle Lösung oder die Balanced Scorecards realisieren. In solchen Fällen ist z. B. eine reibungslose Koordination von Datenbankanbieter, Frontend-Spezialisten und der eigenen IT-Abteilung ein wesentlicher Erfolgsfaktor.

Nicht selten wird dem Kommunikations- und Schulungskonzept rund um die IT-Lösung und laufende Anwendung der Balanced Scorecard zu wenig Bedeutung beigemessen. Die traditionelle Trennung – Konzeptschulung über die Personalentwicklung, IT-Schulung über den Softwarelieferanten – ist bei der Balanced Scorecard nicht der vielversprechendste Ansatz. Es geht vielmehr darum herauszuarbeiten, wie Führungskräfte die strategische Steuerung des Unternehmens mit dem BSC-Konzept leisten können und warum dazu diese oder jene Funktionalität der IT-Lösung die ideale Hilfestellung bietet. Dass es dabei um die Unterscheidung von lesenden und schreibenden Anwendern sowie den Systemadministratoren geht und diese Nutzergruppen jeweils unterschiedliche Schulungsbedarfe haben, sei hier nur der Vollständigkeit halber erwähnt.

7.5.7 Implementierungstipps für das Aufsetzen eines Balanced-Scorecard-Reportings

Wir haben in einer Vielzahl von Projekten die Umsetzung des Balanced-Scorecard-Reportings begleitet – eine Erfahrung machten wir dabei immer wieder: Die Bedeutung des Reportings und der IT-technischen Umsetzung für den kontinuierlichen Einsatz der Balanced Scorecard wird von den Unternehmen vielfach unterschätzt. Folgende Anregungen ließen sich daraus ableiten:

➤ Das Balanced-Scorecard-Reporting sollte in das existierende Berichtswesen integriert werden: Damit wird der Ablehnung eines gesonderten Balanced-Scorecard-Berichtes, durch die von der ohnehin schon vorhandenen Informationsflut ausgelasteten Manager vorgebeugt.

➤ Das Management muss sich freiwillig mit der Balanced Scorecard und ihrer Strategie auseinandersetzen: Dies setzt Reports in einer benutzerfreundlichen Form voraus. Die relevanten Informationen sollten sofort erkennbar oder ohne großen Aufwand auswertbar sein.

➤ Die Reports sollten sich an der Nomenklatur und Steuerungsstruktur des Managements orientieren. Dabei sollte die Sprache des Managements verwendet werden. Spezialterminologie, wie sie z. B. nur dem Controlling bekannt ist, ist zu vermeiden.

➤ Die Berichte sollten nicht zu viele Informationen vermitteln. Dabei ist zwischen dem permanenten Informationsbedarf des Managements und einmaligen, detaillierten Ad-hoc-Analysen konsequent zu unterscheiden. Mut zur Vereinfachung kann hier sehr hilfreich sein.

➤ Die Darstellung der Informationen erfolgt IT-getrieben: Die Entwicklung und Gestaltung von Reports wird bestimmt von den Möglichkeiten und Funktionalitäten der zur

Verfügung stehenden Software. Dabei hat nicht das technisch Machbare, sondern der Informationsbedarf und die Sichtweise des Managements im Vordergrund zu stehen.

➢ Basis- und/oder Zielwerte für einzelne Messgrößen sollten über mehrere Berichtsperioden hinweg zur Verfügung stehen: Eine transparente Dokumentation der Erfolge und Misserfolge bei den betroffenen strategischen Zielen muss gegeben sein. Sonst besteht die Gefahr, dass die Bedeutung und Verbindlichkeit dieser Ziele abnimmt.

➢ Die Verantwortung für die Erstellung des Balanced-Scorecard-Reportings ist eindeutig zu verankern: Die Zuständigkeiten für das Zusammentragen der Informationen müssen klar geklärt sein. Dies sollte gewährleisten, dass das Management über die notwendige Datenbasis für eine inhaltliche Analyse und Kommentierung der Entwicklungen verfügt.

7.6 Die Balanced Scorecard mit dem Wertmanagement-Ansatz verknüpfen

7.6.1 Wertorientierte Unternehmenssteuerung erfolgreich umsetzen

Wertorientierung dient nicht ausschließlich zur Befriedigung der Interessen der Kapitalgeber, sondern ist ein ganzheitliches Konzept zur Planung und Steuerung der nachhaltigen Steigerung des Unternehmenswertes mit konkreten Auswirkungen und Möglichkeiten der Einflussnahme für alle Mitarbeiter des Unternehmens (vgl. zu allen folgenden Ausführungen auch Horváth & Partners 2006b, S. 224ff.).

Vor diesem Hintergrund entwickelt sich Wertorientierung für viele Unternehmen zu einem bestimmenden Thema – in Bezug auf die extern orientierte Informationspolitik und die interne Anpassung der Unternehmenssteuerung. Auslöser hierfür sind:

➢ Die zunehmende Globalisierung der Kapitalmärkte, die einen ansteigenden Wettbewerb um Investitionskapital auslöst und damit den Druck auf die Unternehmen, im internationalen Vergleich eine angemessene Rendite zu erwirtschaften, anwachsen lässt,

➢ Wertsteigerung als »Auswahlkriterium« für institutionelle Investoren (bei einer gleichzeitigen Zunahme der Anzahl der institutionellen Investoren in den letzten Jahren),

➢ Anstieg der Unternehmensübernahmen (»Fusionswelle«) in den letzten Jahren,

➢ Trennung von Management und Eigentum (Manager handeln anhand von geeigneten Anreizmodellen im Sinne der Eigentümer),

➢ Generationswechsel bei Familienunternehmen und Umstrukturierungen im Mittelstand sorgen für ein zunehmendes »Going Public«, wodurch eine zusätzliche Dynamik auf den Kapitalmärkten entsteht,

➢ Unternehmen aus dem deutschen Sprachraum notieren vermehrt an ausländischen Börsen und stellen sich deren Anforderungen,

➤ Nachteil der »traditionellen« gewinnorientierten Steuerungsgrößen im Nachweis der Rendite auf das eingesetzte Kapital.

Als Konsequenz für alle mittleren und großen Unternehmen ergibt sich daraus eine wachsende Notwendigkeit, die Aktivitäten an den Interessen der – vornehmlich institutionellen – Kapitalgeber auszurichten. Dies macht eine wertorientierte Unternehmensführung notwendig. Analysten und Kapitalgeber verlangen Transparenz, eindeutige Informationen über die Unternehmensentwicklung sowie eine angemessene und konkurrenzfähige Rendite-Performance. Erst damit wird beziehungsweise bleibt ein Unternehmen als Anlageobjekt interessant. Die Konsequenz aus diesen Forderungen: Unternehmen sind nach denjenigen Größen zu steuern, nach denen man sie extern bewertet. Die Steuerungsgröße »Unternehmenswert« findet zunehmend als oberste Zielgröße Verwendung.

Gleichzeitig hat sich die Balanced Scorecard in zahlreichen Unternehmen als Methode und Instrument zur Verankerung von Strategien durchgesetzt. In vielen Unternehmen werden die Finanzziel-orientierten operativen Steuerungssysteme dahingehend verändert, dass zukünftig wertorientierte Spitzenkennzahlen traditionelle Spitzenkennzahlen (Umsatzrendite, EK-Rendite usw.) ersetzen. Genau hier treffen die Konzepte Balanced Scorecard und Wertmanagement aufeinander. Beide Konzepte können bereits für sich alleine dem Unternehmen Vorteile bringen. Wir sind jedoch der Meinung, dass es sich bei Wertorientierung und Balanced Scorecard um zwei komplementäre Ansätze handelt, die in ihrer Verbindung die Effektivität der strategischen Steuerung deutlich steigern.

Doch die Realität in vielen Unternehmen sieht anders aus. Der Umsetzungsstand der Wertorientierung und die Durchdringung der gesamten Organisation bleibt häufig hinter den Erwartungen zurück. Meist hat der Gedanke der Wertorientierung lediglich in den obersten Führungsetagen Einzug gehalten und wird dort als Maßstab verfolgt. Dabei verharren die Unternehmen oft auf der Stufe der wertorientierten Performance-Rechnung mit den einschlägigen Spitzenkennzahlen. Ein Herunterbrechen dieser – für operative Manager – zu abstrakten Finanzgrößen in Werttreiber des täglichen Geschäftes und konsequente Anpassung von Planung/Zielsetzung, Berichtswesen und Anreizsystemen machen erst ein Wert-»Management« aus, das seinen Namen verdient. An der Unternehmensbasis, wo letztlich ein Großteil der Werterzeugung stattfindet, kommt der Gedanke der Wertsteigerung also vielfach gar nicht an oder weckt – aufgrund falscher Vorstellungen – Ängste und Widerstände. Die Ursache hierfür sind möglicherweise ein fehlendes Grundverständnis über Wertorientierung bzw. die Frage nach der erfolgreichen Implementierung einer wertorientierten Planung und Steuerung im Unternehmen.

◆ Zugrunde gelegtes Wertmanagementverständnis

Wertorientierung bedeutet die konsequente Ausrichtung der Planung und Steuerung des Unternehmens an der kontinuierlichen Steigerung des Unternehmenswertes. Der Unternehmenswert ist Ausdruck der Bewertung der ökonomischen Erfolgsaussichten des Unternehmens aus Sicht der Investoren.

Die ökonomischen Erfolgsaussichten beruhen auf Potenzialen (neue Produkte, Kundenkontakte, Wissen der Mitarbeiter), die vom Unternehmen zukünftig genutzt werden, um Leistungen zu erbringen, die höherwertig sind als die eingebrachten Ressourcen (»Added Value«). Durch die Entwicklung und Umsetzung von Strategien zur systematischen Erschließung und Weiterentwicklung dieser Potenziale entsteht Wertsteigerung.

Eigenkapitalgeber gehen gegenüber den Banken ein deutlich höheres Risiko ein. Während die Banken aufgrund ihrer Gläubigerposition einen vertraglich garantierten – und im Konkursfalle bevorrechtigten – Anspruch auf Verzinsung und Kapitalrückzahlung haben, gilt dies für Gesellschafter oder Aktionäre nicht. Sie verlieren im schlechtesten Fall ihren gesamten Kapitaleinsatz und erhalten eine Verzinsung bzw. Dividende nur im Falle eines Gewinns. Folglich ist aufgrund des höheren Risikos auch ihre Verzinsungserwartung höher – Eigenkapital ist teurer als Fremdkapital. Gegen die Verwendung der in vielen Unternehmen häufig eingesetzten Spitzenkennzahl Gewinn spricht besonders die Nichtbeachtung der Kosten des eingesetzten Eigenkapitals in der erforderlichen Höhe. Diese Schwäche findet sich dementsprechend auch in Kennzahlen, die auf dem Gewinn aufbauen, bspw. der Gesamtkapitalrendite (Return on Investment (ROI)). Ein »Mindestgewinn« aus Sicht der Eigenkapitalgeber wird dort nicht betrachtet. Zudem wird die gesamte Bilanzlänge für die Renditeberechnung herangezogen. Vernachlässigt wird, dass Teile der Passiva in der Bilanz nicht verzinslich sind, z. B. kurzfristige Rückstellungen oder Verbindlichkeiten aus Lieferung und Leistung.

Der entscheidende Vorteil der Wertorientierung gegenüber traditionellen Steuerungsgrößen liegt in der Berücksichtigung der Kapitalkosten (Eigen- und Fremdkapitalkosten). Da die Eigenkapitalkosten keinen Ausweis in der Gewinn- und Verlustrechnung erfahren, ist die berühmte »schwarze Null« keineswegs genug (vgl. Abb. 7.55).

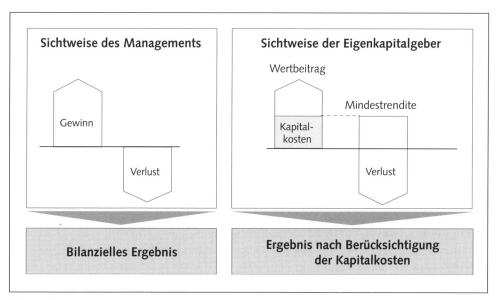

Abb. 7.55: Berücksichtigung der Kapitalkosten in der Wertorientierung

◆ **Strategiebewertung und -wahl mit dem Wertmanagement-Ansatz**

Investoren beurteilen wertorientierte Strategien, um Investitionsentscheidungen zu treffen. Grundlage ihrer Entscheidung ist die zu erwartende Rendite ihrer Investition in Relation zu den Opportunitätskosten, die sich aus dem Kapitalmarkt ableiten. Damit wird auf den ersten Blick ausschließlich das Interesse der Eigenkapitalgeber in den Vordergrund gestellt. Gelingt es einem Unternehmen nicht, die erwarteten Verzinsungsansprüche seiner Kapitalgeber aus seinem Ergebnis zu erfüllen, schwindet langfristig die Bereitschaft zur Bereitstellung von (Risiko-)Kapital mit negativen Folgen für alle weiteren »Stakeholder« des Unternehmens, da erforderliche Finanzierungsmittel nicht zur Verfügung stehen. Der dadurch entstehende Wettbewerbsnachteil kann bewirken, dass Unternehmen ihre Potenziale nicht in Wachstum verwandeln können, bis hin zur Gefährdung der nachhaltigen Existenz der Unternehmung und der damit verbundenen Arbeitsplätze.

Ausgehend von den formulierten Strategiealternativen stellt sich im Rahmen der Strategiebewertung und -wahl die Frage, welchen wirtschaftlichen Erfolg ein Unternehmen langfristig mit den Alternativen erreichen könnte. Besonders mittelständische Unternehmen müssen verstärkt langfristige Investitionen tätigen, was jedoch zeitlich vorgelagerte hohe Investitionsvolumina erfordert, die den Periodengewinn um ein Vielfaches übersteigen können. Auch der Mittelstand hat diese Unzulänglichkeit der reinen Gewinnorientierung erkannt und wendet sich vermehrt der wertorientierten Unternehmenssteuerung zu. Wertorientierung bedeutet hierbei, dass ein Unternehmen in der Lage sein muss, ausgehend von operativen Erfolgen unter Berücksichtigung der zu tätigenden Investitionen – bspw. in Forschung und Entwicklung oder Produktion und Organisationsstruktur – auch die Verzinsungserwartungen der Eigen- und Fremdkapitalgeber zu erfüllen.

Vielfach reichen die im Unternehmen vorhandenen Innenfinanzierungsmöglichkeiten – im Wesentlichen aus dem Umsatzprozess – nicht aus, um Investitionen und Wachstum im benötigten Umfang zu realisieren. Die Außenfinanzierung über Fremdkapital von Banken oder anderen Kapitalmarktinstitutionen und die Außenfinanzierung über Eigenkapital (Ausgabe zusätzlicher Geschäftsanteile oder Aktien an die Gesellschafter) gewinnt an Bedeutung. Durch die verstärkte Bedeutung von Banken-Ratings bei Kreditvergaben, welche ab dem Jahr 2006 aufgrund der Basel-II-Richtlinie noch wichtiger werden, garantiert bspw. Mittelständlern nur ein überschaubares Risiko für die Fremdkapitalgeber eine gesicherte und günstige Mittelbeschaffung. Durch plausible, nachhaltig wertschaffende Strategien lässt sich die Vertretbarkeit des Risikos am besten begründen.

Bei der Strategiebewertung auf Ebene des Gesamtunternehmens sind zunächst die bestehenden Geschäftsfelder und Geschäftsfeldstrategien zu untersuchen. Bei der wertorientierten Unternehmensführung muss das Unternehmen ein Portfolio von werterzeugenden Geschäftsfeldern auf- oder ausbauen und konsequent Geschäftsfelder veräußern, die nicht in wertschaffende Einheiten gewandelt werden können. Dabei kommt es auf eine langfristige Betrachtung an: Ein Geschäftsfeld, das sich aktuell in einer Investitionsphase befindet, wird auf kurze Sicht häufig nicht die von den Eigen- und Fremdkapitalgebern gewünschte Verzinsung erwirtschaften können. Langfristig werden dadurch aber Erfolgspotenziale für die Zukunft aufgebaut. Deshalb wird neben der aktuellen Verzinsung über oder unter der Mindestrendite vor allem auf die erwartete Veränderung in der Zukunft (Deltabetrachtung) Wert gelegt. Entsprechend der Einordnung in das Wertsteigerungsportfolio wird primär in Wertschaffer und Wertvernichter, aber auch in Wertaufholer und Wertabschmelzer unterschieden (vgl. Abb. 7.56).

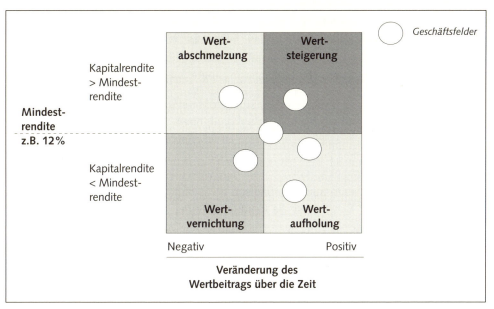

Abb. 7.56: Wertsteigerungsportfolio für Geschäftsfelder

In der wertorientierten Unternehmensführung werden zwei wesentliche Steuerungs- und Bewertungsverfahren unterschieden, auf die wir nachfolgend eingehen (vgl. Currle 2001). Zum einen die quantitative Bewertung von Unternehmenseinheiten, Investitionen, Produktprogrammen etc. in einer Totalbetrachtung über den ganzen Lebenszyklus mittels mehrperiodischen dynamischen Investitionsrechenverfahren. Hier kommt in aller Regel die sogenannte Kapitalwert- oder Discounted-Cashflow-Methode (DCF) zur Anwendung. Zum anderen die periodische Erfolgsbetrachtung von Organisationseinheiten mit Wertbeitragsverfahren. Prominenter Vertreter dieser Verfahren ist das »Economic-Profit«-Konzept.

◆ Die Discounted-Cashflow-Methode (DCF)

Die DCF-Methode ist ein an Ein- und Auszahlungsströmen orientiertes Verfahren. Die mit einer strategischen Entscheidung verbundene Investition wird danach beurteilt, welche Auszahlungen (Investitionssumme und laufende Aufwendungen) heute und in der Zukunft anfallen werden und welche Einzahlungsströme (in der Regel durch Umsätze, Lizenzeinnahmen etc.) dem gegenüber stehen. Die Methode berücksichtigt den Zeitwert des Geldes. Dieser beschreibt die Tatsache, dass eine bspw. erst in drei Jahren anfallende Einzahlung von 1.000 € zum heutigen Zeitpunkt weniger als diesen Betrag Wert ist.

Wäre der Betrag heute bereits verfügbar, so könnte er in den kommenden drei Jahren verzinslich angelegt werden und wäre dann – bei einem Zinssatz von bspw. 5% p.a. – in drei Jahren 1.157 € Wert. Als Zinssatz wird die zuvor bereits genannte Mindestrendite angesetzt. Mit dieser Mindestrendite werden zukünftige Zahlungsströme auf den heutigen Betrachtungszeitpunkt »abdiskontiert«.

Die Mindestrendite errechnet sich aus den Eigen(EK)- und Fremdkapital(FK)-Kosten, die mit ihren jeweiligen Anteilen am Gesamtkapital gewichtet werden. Die vereinfachte Formel lautet:

Mindestrendite = EK-Anteil × EK-Kostensatz + FK-Anteil × FK-Kostensatz

Für den Fremdkapitalkostensatz sind die aktuellen Marktkonditionen maßgebend. Sie ergeben sich z.B. aus Kreditverträgen, Leasingkonditionen oder der gesetzlich definierten Verzinsung für Pensionsrückstellungen. Daran ist erkennbar, dass auch die Pensionsrückstellungen als verzinsliches Fremdkapital zu betrachten sind.

Zur Ermittlung der Eigenkapitalkosten stehen verschiedene Modelle zur Verfügung, allgemein akzeptiert – wenn auch methodisch nicht ohne Kritik – ist das Capital Asset Pricing Model (CAPM). Damit wird die Renditeforderung eines Eigenkapitalgebers unter Beachtung des systematischen Risikos berechnet. Beim Capital Asset Pricing Model entspricht die erwartete Eigenkapitalrendite der Summe aus der Rendite einer risikofreien Anlage (bspw. Rendite langfristiger festverzinslicher Wertpapiere von Emittenten erstklassiger Bonität) und einer sogenannten Marktrisikoprämie, die der Abgeltung des systematischen Risikos einer Aktienanlage in einer bestimmten Branche dient. Dieses kommt im sogenannten Beta-Faktor (b) zum Ausdruck, der angibt, wie stark der Wert einer Anlage im Verhältnis zum Wert des Marktportfolios schwankt und als das Risiko des Wertpapiers relativ zum Marktportfolio interpretiert werden kann. Im Einzelnen wird der geforderte Eigenkapitalkostensatz wie folgt berechnet:

rA	= i + [μ (rM) – i] × bA
rA	= erwartete Rendite eines Investitionsobjektes A
i	= risikofreier Zinssatz
μ (rM)	= erwartete Rendite des Markportfolios
bA	= b-Faktor des Investitionsobjektes A

Die diskontierten Zahlungsströme können im Normalfall nur über einen begrenzten Zeitraum der Zukunft abgeschätzt, das heißt geplant werden. Da Unternehmen und häufig auch Investitionsprojekte eine längere Laufzeit besitzen, muss für den Zeitraum nach dem Planungshorizont eine Annahme über den »Endwert« getroffen werden. Auch hier gibt es unterschiedliche Ansätze, etwa die Abschätzung eines Liquidations-(Verkaufs-)wertes oder die Berechnung einer ewigen Rente auf Basis des letzten geplanten Cashflows. Auf eine Diskussion dieser Ansätze soll hier verzichtet werden. Der Endwert ist ebenfalls zu diskontieren.

Die Ermittlung des Kapitalwertes bzw. Discounted-Cashflow wird in Abb. 7.56b im Anschluss nochmals grafisch veranschaulicht. Der Unternehmenswert bzw. Totalwert einer Investition ergibt sich formelmäßig als:

Unternehmenswert = Cashflow der 1. Periode + Barwerte der Cashflows der Planperioden + Barwert des Endwertes

Der in diesem Zusammenhang oft zitierte Shareholder Value oder Eigentümerwert ergibt sich aus dem Unternehmenswert abzüglich den Anteilen, die den Fremdkapitalgebern zustehen:

Shareholder Value (Eigentümerwert) = Unternehmenswert – Marktwert des Fremdkapitals

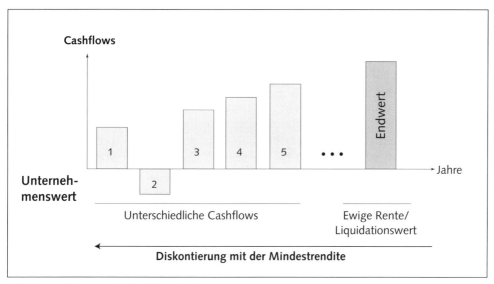

Abb. 7.57: Discounted-Cashflow-Methode

Das Economic-Profit-Konzept

Bereits bei der Darstellung des Wertsteigerungsportfolios in Abb. 7.56 wurde auf den Begriff des »Wertbeitrags« Bezug genommen. Die Methode des Economic Value Added ist das bekannteste Verfahren zur Ermittlung dieses Wertbeitrags. In der laufenden Umsetzung einer Strategie ist die Bewertungsfrage: Wie viel Wert wurde durch die operative Realisierung der Strategie oder z. B. durch einen Geschäftsbereich in der laufenden Periode geschaffen?

Ziel dieser Erfolgskennzahl ist es, aus ökonomischer Sicht die Ergebnisse pro Periode aus dem operativen Geschäft unter Berücksichtigung des betrieblich eingesetzten Vermögens und der Mindestrenditeerwartungen der Fremd- und Eigenkapitalgeber wiederzugeben. Dabei wird die Ergebnisrechung u. a. von handels- und steuerrechtlichen Verzerrungen bereinigt (adjustiert), die betrieblichen Aktiva von sogenanntem »Abzugskapital« (nicht verzinsliches Kapital, auf das wir bereits hingewiesen haben) und nicht bilanzierten Vermögensgegenständen bereinigt. Bei Unternehmen mit hohen Forschungs- und Entwicklungsaufwendungen können diese als Aufwendungen mit Investitionscharakter eingestuft werden. Es erfolgt dann in Ergänzung der handelsrechtlichen Buchführung eine zusätzliche Aktivierung und deren periodengerechte Abschreibung entsprechend der Laufzeit der Produkte. Diese Anpassungen finden sich im adjustierten Ergebnis und dem betrieblich gebundenen Vermögen wieder. Somit ist festzuhalten, das die Berechnung des Economic Profit unternehmensindividuell angepasst werden muss. Bei Anwendung der internationalen Rechnungslegung nach IFRS oder US-GAAP im Unternehmen spielen Adjustierungen fast keine Rolle mehr. Der Hintergrund ist, dass die internationalen Normen sehr stark an Marktwerten und nicht am Vorsichtsprinzip des deutschen Handelsrechts orientiert sind. Damit treten die oben angesprochenen »Verzerrungen« auf die tatsächliche Marktsicht bereits in den ursprünglichen Zahlen der Bilanz und Gewinn- und Verlustrechnung kaum mehr auf. Im Folgenden wird beispielhaft die Berechnung des Economic Profit erläutert.

Der Economic Profit stellt eine absolute Finanzgröße dar und wird als betrieblicher Übergewinn (Wertbeitrag) auf Jahresbasis ausgewiesen. Abb. 7.58 zeigt das Berechnungsschema, das auch als »Werthebelbaum« bezeichnet wird. Hauptkomponenten sind die Gewinngröße und die Kapitalkosten, aus deren Differenz sich der Economic Profit ermittelt:

Economic Profit = Gewinngröße – Kapitalkosten = NOPLAT – (Investiertes Kapital × Mindestrendite)

Die Gewinngröße NOPLAT (Net Operating Less Adjusted Taxes) berechnet sich auf Basis des Ergebnisses, bereinigt um finanzielle Positionen aus nicht betrieblicher Tätigkeit – also nur auf Basis des »Betriebsergebnisses«. Die Größe wird vor Zinsen (die im Verzinsungsanspruch der Mindestrendite bereits enthalten sind) aber nach Steuern ermittelt. Die Kapitalgröße (Kapitalkosten) ist das Produkt aus dem betrieblich gebundenen Vermögen (Investiertes Kapital) und der Mindestrendite.

Das aufgezeigte Berechnungsschema erlaubt den periodenbezogenen Ausweis des Wertbeitrags des Unternehmens oder eines Geschäftsbereiches. Damit kann festgestellt werden, ob ein Unternehmen pro Periode Unternehmenswert mehrt oder mindert, wie Abb. 7.58 darstellt. Ist der Economic Profit positiv, so konnte das Unternehmen aus den betrieblichen Tätigkeiten mehr erwirtschaften als zur Deckung der Eigen- und Fremdkapitalkosten notwendig war. Folglich hat das Unternehmen Mehrwert in dieser Periode geschaffen. Ein negativer Economic Profit dagegen zeigt die Vernichtung von Unternehmenswert an, da die Gesamtkapitalkosten nicht gedeckt werden konnten und die Kapitalgeber mit einer Alternativanlage bei gleichem Risikoprofil eine höhere Rendite erzielt hätten.

Mit den dargestellten Methoden können Strategiealternativen unter dem Aspekt einer wertorientierten Unternehmensführung im Anschluss an die Strategieentwicklung bewertet werden. Das finanzielle Bewertungsergebnis wird ergänzt um qualitative Aspekte wie die Grundsatzentscheidungen für Durchdringung im Kerngeschäft oder Diversifikation. Auf Basis einer ganzheitlichen Bewertung erfolgt die Strategiewahl. Mit der periodischen Erfolgsmessung durch Wertbeiträge kann auch der laufende Erfolg der Umsetzung der Gesamtheit aller Strategien in einem Geschäftsbereich oder Unternehmen verfolgt werden.

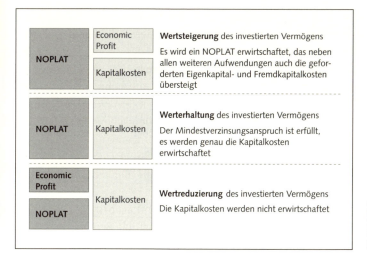

Abb. 7.58: Zusammenhang von Kapitalkosten, NOPLAT und Economic Profit

7.6.2 Wertmanagement und Balanced Scorecard als integrierter Ansatz

Nach der Auswahl des Verfahrens zur Bestimmung der aktuellen und zukünftigen Wertbeiträge als Maßstab der Wertsteigerung des Gesamtunternehmens bzw. einzelner Geschäftseinheiten stellt sich die Frage nach der Beeinflussbarkeit bzw. Steuerung des Wertbeitrages durch strategische und operative Entscheidungen. Dazu haben sich in der Praxis sogenannte Unternehmenswertmodelle in Form von Werthebeln und Werttreibern bewährt.

Zur nachhaltigen Steigerung des Wertbeitrages stehen grundsätzlich drei Werthebel zur Verfügung:

➤ Steigerung von Umsatz und Profitabilität (z.B. durch Kostensenkung oder Umsatzwachstum),
➤ Effizienz des Kapitaleinsatzes und Erhöhung der Kapitalumschlagsgeschwindigkeit (Vorratsmanagement, Forderungsmanagement, Auslastung Anlagevermögen, Stilllegung nicht betriebsnotwendiges Anlagevermögen),
➤ Realisierung von profitablem Wachstum durch Ausweitung von Investitionen.

Um die Verankerung der Wertsteigerung auf der operativen Ebene sicherzustellen, müssen außerdem Werttreiber bestimmt werden, die finanzielle und nicht finanzielle Steuerungsgrößen des Unternehmens mit der Spitzenkennzahl Wertbeitrag verknüpfen und so eine durchgängige wertorientierte Steuerung garantieren.

Zur Überwindung der Lücke zwischen strategischer Planung und operativer Umsetzung hat sich die Balanced Scorecard in der Praxis als pragmatischer Ansatz bewährt. Wir sehen in der Verknüpfung von Wertorientierung und Balanced Scorecard einen integrativen Ansatz zur nachhaltigen Steigerung des Unternehmenswertes durch die Verknüpfung

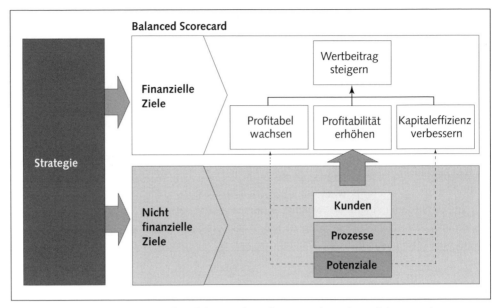

Abb. 7.59: Finanzielle Werthebel und ihre Verknüpfung mit der Balanced Scorecard

der wesentlichen Werttreiber mit der obersten finanziellen Steuerungsgröße Wertbeitrag (vgl. Abb. 7.59).

Die Balanced Scorecard hilft also die entscheidende Frage nach der Beeinflussung der drei wesentlichen Werthebel zur Steigerung des Wertbeitrages zu beantworten. Sie geht über die reine Betrachtung finanzieller Stellhebel hinaus und macht die wesentlichen Werttreiber aus strategischer und operativer Sicht planbar und in Form von Messgrößen und Zielwerten steuerbar. Durch die Beschreibung der wichtigsten nicht finanziellen Handlungsfelder zur Beeinflussung der drei entscheidenden Werthebel im Hinblick auf Kunden und Märkte, interne Prozesse sowie Potenziale wie z. B. Mitarbeiter, Informationstechnologie und Organisationsgestaltung überwindet die Balanced Scorecard die Schwäche rein finanzieller Werttreibermodelle.

Praxisbeispiel

Ein Unternehmen im Automobilsektor erwirtschaftete in einer Division positive EBIT/ Umsatzmargen. Unter Berücksichtigung der Kapitalkosten wurde aber deutlich, dass diese Division nachhaltig den Unternehmenswert reduzierte. Die jährlichen Wertbeiträge waren negativ. Daher entschied sich das Management bei der Strategieformulierung für eine klare Sanierungsstrategie. Dies führte dazu, dass in die Finanzperspektive die Ziele »Reduzierung Anlagevermögen« und »Reduzierung Umlaufvermögen« Eingang fanden. Das Wachstumsziel wurde zugunsten des Margenziels nur dahingehend beachtet, dass der Sanierungskurs lediglich max. 20 % Umsatzeinbußen mit sich bringen durfte, zugleich musste die Division die Verlustbringer eliminieren und die Kennzahl »Gesamtkosten am Umsatz« deutlich senken.

Auf Basis der finanziellen Ziele zur Wertsteigerung identifizierte man im nächsten Schritt strategische Ziele auf Seite der Kunden, des Marktes, der Prozesse und der Potenziale als Werttreiber. Diese strategischen Ziele sollten zu einer nachhaltigen Verbesserung der Wertbeiträge führen. Dazu ein Beispiel: Man stellte fest, dass eine optimierte Logistikführung und Werksbelegung sowohl zur Reduzierung des Umlaufvermögens als auch zu Kostenvorteilen führte. Auf der Marktseite wurde ein Umsatzpotenzial durch die aktive Vermarktung der heute schon angebotenen Systemintegrationsdienstleistungen entdeckt (strategisches Balanced-Scorecard-Ziel: »IT-Dienstleistungen anbieten«).

Abbildung 7.60 dokumentiert die strategischen Ziele in einer Strategy Map. Die Kreise in der Darstellung zeigen an, welches strategische Ziel welche Wertbeitragsveränderung nach sich zog. Die Strategy Map diente in diesem Falle nicht vorrangig der Strategie-Kommunikation, sondern der Darstellung der wesentlichen Werttreiberzusammenhänge.

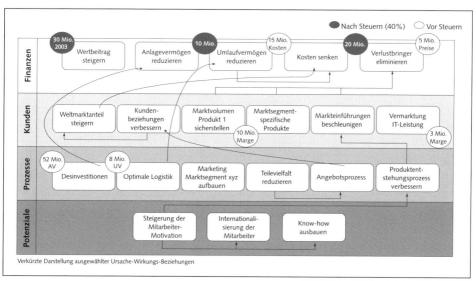

Abb. 7.60: Die Strategy Map beschreibt die Umsetzung der wertorientierten Strategie

Die Auswahl und Festlegung von strategischen Zielen als nicht finanzielle Werttreiber und deren Verknüpfung untereinander schafft ein transparentes Bild über die geplante Beeinflussung der Werthebel und damit über den Weg zur Umsetzung der nachhaltigen Wertsteigerung im gesamten Unternehmen. Innerhalb des integrativen Ansatzes von Wertorientierung und Balanced Scorecard übernehmen die strategischen Ziele die Rolle der Werttreiber aus dem Unternehmenswertmodell und repräsentieren damit die nicht finanziellen Einflussgrößen auf die Werthebel zur Steigerung des Wertbeitrages.

Die Logik, strategische Ziele als langfristige Werttreiber zu betrachten, eröffnet darüber hinaus die Möglichkeit, die Umsetzung der wertorientierten Strategie – und damit den Fortschritt der Wertbeitragssteigerung – anhand von Messgrößen und Zielwerten nachvollziehbar und damit steuerbar zu machen. Je stärker bei der Auswahl der Art der Messgrößen die Möglichkeit einer frühzeitigen Erkennung von Abweichungen gegenüber der Planung genutzt wird, um so größer ist die Einflussnahme bei Abweichungen durch die Auswahl geeigneter Maßnahmen.

Mit der Festlegung von Maßnahmen hinter den strategischen Zielen wird die Brücke zur operativen Umsetzung der wertorientierten Strategie in alle Teilbereiche des gesamten Unternehmens geschlagen. Vergleichbar zu den strategischen Zielen – die im Fall des integrativen Ansatzes zur Verknüpfung von Wertorientierung und Balanced Scorecard die Rolle der langfristigen, strategischen Werttreiber übernehmen – stellen die Maßnahmen hinter den strategischen Zielen die kurzfristigen, operativen Werttreiber dar. Das systematische Zusammenspiel von finanziellen Werthebeln und nicht finanziellen strategischen und operativen Werttreibern gewährleistet eine umsetzungsorientierte Planung und Steuerung des Unternehmens im Hinblick auf eine nachhaltige Steigerung des Unternehmenswertes. Die Integration von Wertorientierung und Balanced Scorecard stellt damit nach unserem Verständnis einen ganzheitlichen Ansatz zur wertorientierten Unternehmenssteuerung dar, dem Wertmanagement.

Darüber hinaus nutzt der Ansatz des ganzheitlichen Wertmanagements durch die Verknüpfung von Wertorientierung und Balanced Scorecard die Möglichkeit, die wertorientierte Strategie in allen Unternehmensbereichen zu verankern. Die Kaskadierung der Balanced Scorecard – ausgehend von einer übergeordneten Balanced Scorecard für das Gesamtunternehmen – auf nachfolgende Geschäftsbereiche und Unternehmenseinheiten bietet die Möglichkeit zur Identifikation der wesentlichen Nutzenbeiträge aller Unternehmensbereiche zur Steigerung des Unternehmenswertes. Die Beschreibung von Werttreibern in den Balanced Scorecards nachgelagerter Unternehmensbereiche vermittelt dem Top-Management Transparenz über die Beiträge von einzelnen Geschäftsbereichen und Unternehmenseinheiten zur nachhaltigen Wertbeitragssteigerung und kann zum integralen Bestandteil der Zielvereinbarung werden.

Nachfolgend seien noch einmal die wesentlichen Vorteile einer Integration von Balanced Scorecard und wertorientierter Führung zusammenfassend genannt (vgl. Michel 1997, S. 285ff.):

➢ Es werden unmittelbar Wertsteigerungspotenziale aufgezeigt, die mittelfristig zu realisieren sind.

➢ Die Bewertung gibt stichhaltige Argumente zum Anstoß wertsteigernder Programme.

➢ Bewertung, Sensitivitätsanalysen und Simulationen zeigen auf, an welchen Stellen die Hebel zur Wertsteigerung liegen.

➢ Durch ein geschlossenes und durchgängiges System von Steuerungsgrößen werden strategisches und operatives Controlling verbunden.

➢ Interne und externe Sichtweise werden verbunden, d. h. Sichtweise des Kapitalmarktes und Renditeforderungen von Investoren werden durch unternehmensinterne Bewertungsansätze und Steuerungsgrößen abgebildet.

➤ Es wird eine fundierte Basis für die Kommunikation mit dem Kapitalmarkt bzw. für die Investor Relations geliefert.

➤ Durch die Messgrößen werden sachliche und objektive Argumente bei strategischen Entscheidungen, strategischer Planung und Performance Measurement geliefert.

➤ Der Einsatz der Balanced Scorecard erschließt Wertsteigerungspotenziale über die gesamte Organisation hinweg.

➤ Der ursprünglich stärker finanziell geprägte Wertmanagementansatz wird durch ein konsistentes und ausgewogenes Konzept der Strategiekonkretisierung und -operationalisierung ergänzt.

➤ Die Balanced Scorecard wird mit Messgrößen gefüllt, die sich systematisch aus der wertorientierten Spitzenkennzahl ableiten lassen. Dadurch erfolgt eine Operationalisierung der Wertorientierung auf breiter Basis.

➤ Die Balanced Scorecard bildet die Grundlage für die Partizipation der Mitarbeiter an der Wertentwicklung des Unternehmens.

Fazit: Die Balanced Scorecard gibt der Wertorientierung die erforderliche »Bodenhaftung«, während das Wertmanagement den für die Balanced Scorecard notwendigen strategischen Vorbau bereitstellt.

7.7   EFQM-Modell und Balanced Scorecard abgestimmt einsetzen

◆ **Das EFQM-Modell und der EQA**

In vielen Unternehmen fanden und finden umfassende Bemühungen zur Qualitätsverbesserung und zur Zertifizierung von Qualitätsmanagementsystemen statt. Eines der fortschrittlichsten europäischen Konzepte ist neben den Qualitätsnormen in Deutschland (DIN EN ISO) auch das Modell der European Foundation for Quality Management (EFQM). Die EFQM lobt den Europäischen Qualitätspreis (European Quality Award (EQA)) als Preis zur Förderung des Qualitätsmanagements (bzw. operativer Business Excellence) seit 1992 aus (vgl. Benz/Becker-Flügel 1997, S. 1ff.).

Im Wesentlichen stellt das EFQM-Modell eine umfassende Systematik zur ganzheitlichen Selbstbewertung, zur kontinuierlichen Verbesserung und für das Benchmarking bereit. Insofern kann man das EFQM-Modell als unterstützendes Instrument eines Total Quality Management (TQM) ansehen. Das Modell beinhaltet einen Vorgehensleitfaden und orientiert sich an einem Kriterienkatalog, der als Bewertungsraster dient. Anhand des Kriterienkatalogs lassen sich die Fortschritte und Ergebnisse im Unternehmen im Sinne des TQM-Gedankens beurteilen und überprüfen.

Eine regelmäßige Selbstbewertung und Selbstüberprüfung – die auch dann sinnvoll ist, wenn man den EQA nicht gewinnen möchte – gehört zum Kern des Modells. Diese erfolgt nach der »RADAR-Logik« über die Elemente Ergebnisse (Results), Vorgehen (Approach), Umsetzung (Deployment), Bewertung und Überprüfung (Assessment and Review). Durch den Prozess der Selbstbewertung hat man die Möglichkeit, Stärken und Schwächen einer Organisation aufzudecken und Verbesserungsprogramme anzuregen. Als Ausgangspunkt fungiert der Kriterienkatalog. Er konzentriert sich nicht allein auf die Bewertung der Produktqualität, sondern analysiert den gesamten Unternehmensbereich. Das EFQM-Modell arbeitet nach dem Ursache-Wirkungs-Prinzip und fokussiert auf zwei große Bewertungsbereiche: zum einen die Befähigerbereiche (Führung, Mitarbeiter, Politik und Strategie, Partnerschaften und Ressourcen sowie Prozesse) und zum anderen die Ergebnisbereiche (mitarbeiterbezogene Ergebnisse, kundenbezogene Ergebnisse, gesellschaftsbezogene Ergebnisse und Schlüsselergebnisse). Zwischen diesen beiden Dimensionen gilt es, bei der Bewertung Kausalbeziehungen zu initiieren. Die Bereiche lassen sich weiter unterteilen in einzelne Subkriterien sowie Qualitätsmerkmale und Messgrößen, die das Unternehmen selbst zu entwickeln hat (vgl. Abb. 7.61).

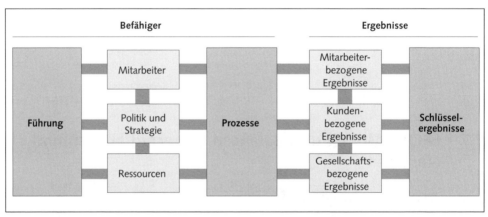

Abb. 7.61: Der Aufbau des EFQM-Modells

◆ **Gemeinsamkeiten und Unterschiede zum Balanced-Scorecard-Ansatz**

Das EFQM-Modell fördert mehrdimensionales Denken, arbeitet mit Perspektiven, verwendet Kennzahlen und verlangt strategische Aktionen. So kann der Eindruck entstehen, dass es sich beim EFQM-Modell und der Balanced Scorecard um zwei rivalisierende Konzepte mit derselben Zielsetzung handelt, zwischen denen man sich entscheiden sollte, um Doppelarbeiten zu vermeiden.

Tatsächlich vertreten beide Konzepte einen umfassenden Geltungsanspruch und versprechen jeweils eine weitreichende Verbesserung der Unternehmensleistung. Bei genauer Betrachtung jedoch erkennt man, dass die beiden Ansätze unterschiedliche Zielsetzungen und Zwecke verfolgen.

Das EFQM-Modell fungiert als Instrument zur Diagnose genauso wie als Selbstbewertungsinstrument. Es sorgt für eine umfassende, regelmäßige und systematische Überprüfung von Tätigkeiten und Ergebnissen eines Unternehmens anhand eines qualitätsorientierten Modells für hervorragende Geschäftsergebnisse. Die Frage »Machen wir die Dinge richtig?« steht dabei im Vordergrund. Das heißt, es wird aus der aktuellen Situation heraus in kleinen Schritten versucht, in allen Bereichen des Unternehmens Verbesserungen zu erzielen. Bildlich gesprochen: Der Motor des Unternehmens soll optimiert werden. Das EFQM-Modell verfolgt im Ansatz einen Kontinuierlichen Verbesserungsprozess (KVP): »Wie können wir in allem, was wir tun, stetig besser werden?«

Die Balanced Scorecard arbeitet dagegen als ein strategieorientiertes Steuerungsinstrument. Sie sorgt für die aktive Steuerung von Geschäftseinheiten in Bezug auf bewusst gesetzte Prioritäten. Die Leitfrage lautet: »Welche ausgewählten Elemente unserer Unternehmensleistung wollen wir in der Zukunft gegenüber unserer Konkurrenz massiv ausbauen, um uns dadurch eine einzigartige Position zu sichern?« Ziel ist es, – vom Management getrieben – größere Veränderungen zu initiieren und umzusetzen, um die Effektivität des Unternehmens zu erhöhen. Das heißt, man gibt die Richtung vor, in die sich das Unternehmen bewegen soll.

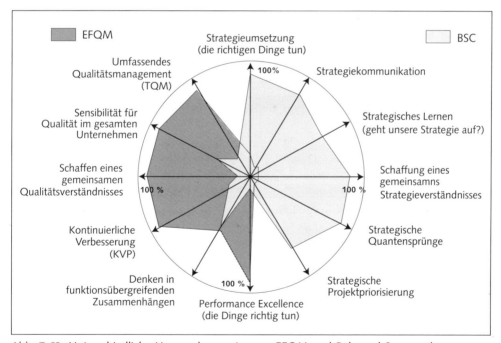

Abb. 7.62: Unterschiedliche Herangehensweise von EFQM und Balanced Scorecard

Diese Überlegungen zeigen deutlich, dass es sich bei EFQM und Balanced Scorecard um zwei komplementäre Modelle zur Unternehmensführung handelt (vgl. Abb. 7.62)! Es geht also weniger um ein »entweder – oder« als vielmehr um ein »sowohl – als auch«. Die

Frage der jeweiligen Nutzung und Anwendung sowie die Möglichkeiten der Vernetzung stehen daher für viele Unternehmen im Vordergrund. Die Stärken und Schwächen von Balanced Scorecard und EFQM als Steuerungskonzepte sind in Abbildung 7.63 und Abbildung 7.64 zusammengefasst.

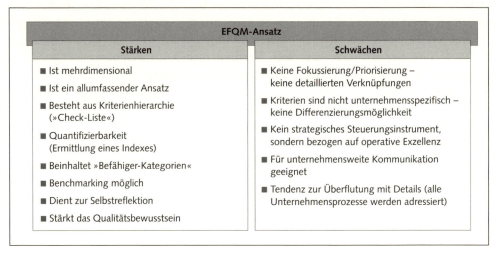

Abb. 7.63: Bewertung des EFQM-Ansatzes als Steuerungskonzept

Abb. 7.64: Bewertung des Balanced-Scorecard-Ansatzes als Steuerungskonzept

Aus diesen Stärken und Schwächen ergeben sich die unterschiedlichen Funktionen und Charakteristika von Balanced Scorecard und EFQM, wie sie Abbildung 7.65 aufführt.

	Balanced Scorecard	EFQM-Modell
Zweck	▪ Setzen und Verfolgung von strategischen Zielen (Steuerung) ▪ Förderung des strategischen Diskurses	▪ Analyse des Status quo ▪ Behebung von Schwachstellen ▪ Bewerbung um den EQA
Inhalte	Die wenigen, entscheidenden Ziele, mit denen man sich gegenüber der Konkurrenz behaupten möchte (**fokussierter Ansatz** der Schwerpunktsetzung)	Umfassende Analyse aller Leistungen im Unternehmen, egal ob es sich dabei um »Basisfaktoren« oder »Leistungsanforderungen« im Sinne der Strategie handelt (**umfassender Ansatz** der Leistungsbeurteilung)
Strategiebezug	Sehr ausgeprägt	Begrenzt auf die Befähiger-Kategorie »Politik und Strategie«
Zuständigkeiten/ Koordinatorenkontrolle (typischerweise)	Unternehmensentwicklung/-planung, Controlling	Qualitätsmanager
Anwendung	Nachhaltige Verankerung in Kommunikation, Planung, Berichtswesen, Zielvereinbarung usw.	Ad-hoc-Analysen, z. B. in Kaizen-Kreisen, Sicherstellung der Umsetzung von qualitätsrelevanten Aktionen
Philosophie	Strategisches Management: »Forcierung unser Alleinstellungsmerkmale, Beibehaltung vernünftiger Standards in allem anderen!«	KVP: »In allem, was wir machen, kontinuierlich besser werden!«

Abb. 7.65: Funktionen und Charakteristika des EFQM- und des Balanced-Scorecard-Ansatzes

◆ **Integration der Ansätze**

Eine Integration beider Ansätze muss unternehmensspezifisch vorgenommen werden. Sie hängt beispielsweise vom Ausbaustand des Total Quality Managements und vom Reifegrad des bestehenden Balanced-Scorecard-Konzepts bzw. des EFQM-Modells ab. Hierbei ist auch zu berücksichtigen, welches der beiden Konzepte im Unternehmen zuerst implementiert wurde. Bei gleichzeitiger Anwendung beider Konzepte gilt es, folgende Gesichtspunkte zu berücksichtigen:

➤ Prozessuale Integration: z. B. durch Terminkoordination in der Weise, dass die Selbstbewertung nach EFQM vor der Strategiefestlegung und Balanced-Scorecard-Überarbeitung erfolgt,

➤ organisatorische Integration: z. B. durch personelle Vernetzung der Teams,

➤ instrumentelle Integration: z. B. durch das Bereitstellen abgestimmter Leitfäden, Kennzahlendefinitionen sowie einer gemeinsamen Datenbasis,

➤ inhaltliche Integration: z. B. durch klare Definition der Schnittstellen, Input-Output-Beziehungen, Anforderungen an das jeweils andere Team, Nutzung der Überdeckungen von Perspektiven und Messgrößen zur Realisierung von Synergien.

Wie eine solche inhaltliche Integration von EFQM und Balanced Scorecard erfolgen kann, stellt Abbildung 7.66 dar. Die Balanced Scorecard berücksichtigt bei der Auswahl der wichtigsten Unternehmensziele all jene strategischen Themen, die sich im Zuge der EFQM-Selbstbewertung herausstellen. Die Selbstbewertung dient somit als ein Inputgeber für die Balanced Scorecard, ähnlich einer Konkurrenten- oder Portfolioanalyse. Kleinere Einzelmaßnahmen, die sich im EFQM-Prozess ergeben, sollte man im Rahmen des operativen Geschäftes durchsetzen und nicht an das strategische System der Balanced Scorecard weitergeben.

Übrigens: Einige Unternehmen, die EFQM und Balanced Scorecard einsetzen, definieren den Gesamtscore aus der Selbstbewertung im EFQM-Modell als Messgröße in der Balanced Scorecard oder setzen sich bestimmte Platzierungsziele bei der Teilnahme am EQA-Wettbewerb.

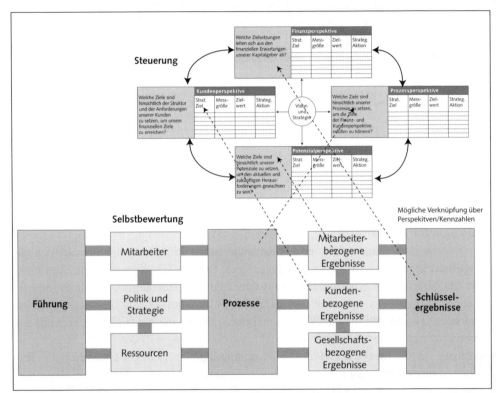

Abb. 7.66: Vernetzung von Balanced-Scorecard- und EFQM-Perspektiven

Praxisbeispiel

Die Unternehmensgruppe *fischerwerke*, der führende Hersteller für Befestigungssysteme, formulierte neben einem massiven Wachstumsziel das strategische Ziel »Gewinn des European Quality Award (EQA)«. Damit erreichte die Geschäftsführung eine entsprechende Mobilisierung der gesamten Organisation.

Explizite Zielsetzungen der Initiative waren:

➤ Qualität in allen Unternehmensbereichen verbessern,

➤ sich am Kriterienmodell der neun EFQM-Perspektiven aus Abbildung 7.61 orientieren,

➤ Unternehmensqualität messen und periodische Selbstbewertung laufend durchführen,

➤ Vergleichbarkeit der eigenen Qualitätsleistung mit anderen Unternehmen (Benchmarking) sicherstellen,

➤ Wettbewerbsvorteil durch den Gewinn des Preises (EQA) und damit durch den Nachweis der Qualitätsleistung schaffen.

Bei den *fischerwerken* erkannte man jedoch schnell, dass das EFQM-Modell nur ein – wenn auch sehr wichtiges – strategisches Ziel darstellte: Zur Realisierung der gesamten *fischerwerke*-Strategie war das Konzept indes nicht hinreichend. Daher entschied man sich, wie bereits erwähnt, für die Balanced Scorecard als Instrument zur Strategieumsetzung.

Das wiederum verlangte nach einer Vernetzung der beiden Konzepte. Die Geschäftsführung verfolgte mit dieser Integration vornehmlich drei Ziele:

1. Die fehlende unternehmensindividuelle Strategieorientierung und -fokussierung des EFQM-Konzeptes sollte ausgeglichen werden.

2. Eine Kennzahlenflut – resultierend aus der Einführung unterschiedlicher Steuerungskonzepte – und eine damit einhergehende Verwirrung sowie mögliche Reibungs- und Motivationsverluste sollte vermieden werden.

3. Die Vorteile beider Ansätze sollten realisiert und die jeweiligen Schwachstellen mit Hilfe einer geschickten Kombination vermieden werden.

Die Sorge, in zwei Projekten (Balanced Scorecard und EFQM) parallel an ähnlichen Ziel- und Messgrößensystemen zu arbeiten, führte zu einer engen Verzahnung dieser Aktivitäten. Das Balanced-Scorecard-Team übernahm die konzeptionell federführende Rolle und sicherte die Strategie- und Zielorientierung des EFQM-Teams. Die Ergebnisse der EFQM-Teams lieferten den Input für den Balanced-Scorecard-Prozess auf Top-Management-Ebene. Die Resultate der EFQM-Teams, welche sich mit Geschäftsprozessen beschäftigten, konnten in ausgewählter Form in die Prozessperspektive der Balanced Scorecard eingehen; das Kundenzufriedenheitsteam aus dem EFQM-Projekt steuerte Ergebnisse für die Marktperspektive bei, das Mitarbeiterzufriedenheitsteam für die Mitarbeiterperspektive.

Das Zusammenspiel der beiden Ansätze bei den *fischerwerken* verdeutlicht Abbildung 7.67:

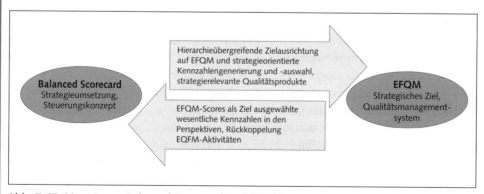

Abb. 7.67: Vernetzung Balanced Scorecard und EFQM

Der Nutzen für die *fischerwerke* aus dieser Verbindung lässt sich in vier Punkten zusammenfassen:

1. Gleichzeitige Verfolgung der strategischen Ziele Wachstum und Qualitätsverbesserung durch ein entsprechend ausgestaltetes Steuerungskonzept.
2. Installation von jeweils nur einem System (Balanced Scorecard auf Top-Management-Ebene, EFQM an der Basis) und damit Vermeidung von Ressourcenverschwendung und Akzeptanzproblemen.
3. Nutzung der weitreichenden EFQM-Aktivitäten als Input und Unterstützung für die Balanced-Scorecard-Anwendung.
4. Schaffung einer (EFQM-)Messgrößenbasis für die Balanced-Scorecard-Anwendung mit der Möglichkeit des »Hochziehens« von EFQM-Messgrößen in das Steuerungskonzept der Balanced Scorecard.

7.8   Die Balanced Scorecard mit Risikomanagement verbinden

7.8.1   Risikomanagement und Corporate Governance

Globalisierung und Dynamisierung von Kapitalmärkten und Wettbewerb sorgen dafür, dass das wirtschaftliche Handeln der Unternehmen immer neuen Gewinnchancen und Verlustgefahren ausgesetzt ist. Die konsequente Berücksichtigung von Chancen und Gefahren, im Folgenden als Risiko bezeichnet, von einem Plan- oder Zielwert (Erwartungswert) abzuweichen, ist für ein effektives Controlling an sich unerlässlich. Die in der Praxis anzutreffenden Maßnahmen zur Risikoberücksichtigung werden dieser Anforderung aber nur unzureichend gerecht. Die Ziele des Risikomanagements (kurz RM) sind demnach die Verbesserung der internen Transparenz, die Schaffung des Risikobewusstseins bei allen Mitarbeitern und die Unterstützung der dezentralen Eigenverantwortung der Unternehmensbereiche (vgl. Franz 2000, S. 51).

Die bisher unzureichende Berücksichtigung von Risiken sowie nicht ausreichende oder fehlende rechtliche Kontrollbestimmungen führten zu einer Verschärfung der Regeln und Empfehlungen zur Corporate Governance (Gesetz zur Kontrolle und Transparenz im Unternehmensbereich KonTraG, Transparenz und Publizitätsgesetz TransPuG, Deutscher Corporate Governance Kodex DCGK, Sarbanes Oxley Act usw.). Herausragend hierbei sind die Bestimmungen zum Risikomanagement, die Unternehmen verpflichten, adäquate Führungssysteme zu implementieren, welche eine Integration von Risikoaspekten vorsehen. Zu beachten ist aber, dass ein den gesetzlichen Anforderungen folgendes Risikomanagement allein die Gefahren, d. h. keine Chancen, betrachtet und eher vergangenheitsorientiert, d. h. nicht antizipativ, ausgerichtet ist. Seit Inkrafttreten des Gesetzes zur Kontrolle

und Transparenz im Unternehmensbereich (KonTraG) im Mai 1998 sind alle Kapitalge-
sellschaften mit amtlicher Notierung verpflichtet, ein Risikomanagement zu implementieren. In diesem Zusammenhang ist der Einsatz von Frühwarn-, Früherkennungs- und
Frühaufklärungssystemen von Bedeutung (vgl. Krystek/Müller 1999, S. 177-183). In den
gesetzlichen Regelungen des KonTraG gibt es aber keinen ausdrücklichen Hinweis, wie
ein Früherkennungssystem ausgestaltet werden kann (vgl. Hahn/Krystek 2000, S. 74-
97), so dass hier Unsicherheit besteht, was die Realisierung in der Praxis angeht. Diese
Situation hat zur Implementierung sehr unterschiedlicher Risikomanagementsysteme geführt, die verschiedene Evolutionsstufen erreicht haben (vgl. Abb. 7.68 und Gräf/Kogler
2001, S. 32-34). Die Palette reicht vom impliziten Risikomanagement, das in Teilaspek-
ten von der bestehenden Unternehmensplanung und weiteren Instrumenten erfüllt wird
(vgl. Abb. 7.68, Evolutionsstufe 1), bis hin zu einem expliziten Risikomanagement mit
quantitativer Risikobewertung sowie Analyse und Simulation der Auswirkungen auf die
Unternehmensziele (vgl. Abb. 7.68, Evolutionsstufe 4).

Charakteristika	Evolutionsstufe 1	Evolutionsstufe 2	Evolutionsstufe 3	Evolutionsstufe 4
Bezeichnung	Impliziertes Risikomanagement	Explizites einfaches Risikomanagement	Explizites systematisches Risikomanagement	Explizites in das Führungssystem integriertes Risikomanagement
Verankerung im Unternehmen	Intuitiv wird risikobewusst gehandelt	Wenigen Mitarbeitern und Führungskräften kommuniziert	Unternehmensweite Information und Integration	Unternehmensweite Information und Integration
Laufende Risikoindikatoren- oder Schadensverfolgung	nein	nein	teilweise	ja
Quantitative Risikobewertung	nein	nein	ja	ja
Maßnahmenplanung und -budgetierung	nein	nein	nein	ja
Analyse und Simulation der Auswirkung auf den Plan-Erfolg	nein	nein	nein	ja
RM-Organisation	kein	RM-Verantwortliche(r)	RM-Verantwortliche(r)	RM-Verantwortliche(r)
RM-Erfahrung	gering	gering	mäßig	hoch

Abb. 7.68: Evolutionsstufen des Risikomanagements

Für unternehmerische Entscheidungen hat das explizite Aufzeigen potenzieller risikobe-
dingter Abweichungen von zu erreichenden Zielvorgaben aus der Strategie den wesentlichen Vorteil, dass keine illusorische Planungszuverlässigkeit suggeriert wird. Hinsichtlich
der wichtigen Planwerte wird individuell entscheidbar, wie sicher bzw. risikobehaftet diese
sind. Bisher besteht diesbezüglich lediglich eine intuitive Vorstellung, die naheliegender
Weise bei den in dem Planungsprozess involvierten Personen durchaus unterschiedlich
ausgeprägt sein kann.

Neben der Schaffung von unternehmensinterner Risikotransparenz wird vor allem aufgrund der Verschärfung der Regelung zur Corporate Governance explizit eine erhöhte

Transparenz gegenüber dem Kapitalmarkt gefordert (vgl. Seibert 2006). Die Änderung der Corporate Governance in Deutschland verlangt den Aufbau eines adäquaten Führungssystems samt Integration von Risikomanagementaspekten mit folgenden Zielsetzungen (vgl. Franz 2000, S. 43):

➢ Durch einen im Unternehmen systematisch verankerten Prozess ein Risikobewusstsein schaffen,

➢ die Transparenz für den Kapitalmarkt steigern,

➢ frühzeitig neue unternehmerische Chancen und Risiken in der strategischen und operativen Planung analysieren bzw. simulieren und damit die Planungssicherheit des Unternehmens verbessern,

➢ analysierte Chancen und Risiken mit im Unternehmen eingesetzten Managementkonzepten wie z. B. der Balanced Scorecard oder dem Wertmanagement verbinden, damit diese Erkenntnisse durchgehend im Führungssystem verwendet werden (Qualitätssicherung des Führungssystems),

➢ das Risikomanagement in die vorhandenen Planungs- und Steuerungsinstrumente integrieren.

Risikoanalyse, -planung und -steuerung sowie -überwachung zählen zu den wesentlichen Prozessschritten beim Aufbau eines integrierten Systems zur operativen Risikosteuerung.

Abbildung 7.69 illustriert die einzelnen Phasen. Parallel zu den beschriebenen Prozessschritten ist eine Risiko- und Systemdokumentation durchzuführen.

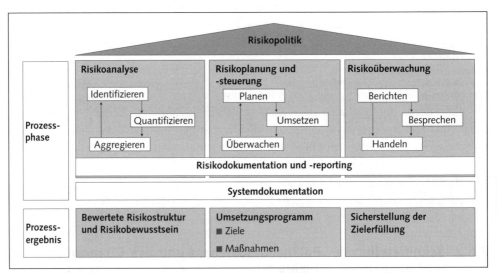

Abb. 7.69: Bausteine eines integrierten Risikomanagements

➢ In der Phase der Risikoanalyse identifiziert zunächst jede betrachtete Steuerungseinheit für zuvor definierte Risikokategorien (bspw. Markt, Leistungsprozesse etc.) potenzielle Risiken, welche vor dem Hintergrund der risikopolitischen Grundsätze relevant sind. In den risikopolitischen Grundsätzen spiegelt sich dabei die Risikoneigung des Managements wider, während die Risikokategorien einen Rahmen zur Risikoidentifikation abstecken sollen.

➤ In einem nächsten Schritt folgt die Bewertung der identifizierten Risiken hinsichtlich Eintrittswahrscheinlichkeit und Schadenausmaß. Die Ergebnisse lassen sich in einer Matrix darstellen. Für jedes Risiko werden im Anschluss Indikatoren bestimmt. Bei der Auswahl von Indikatoren ist darauf zu achten, dass sogenannte Vorlaufindikatoren ausgewählt werden. Sie kündigen das Eintreten eines Risikos frühzeitig an und vergrößern somit den Handlungsspielraum eines Unternehmens.

➤ Im Rahmen der Risikoplanung und -steuerung stellt sich die Aufgabe, ausgehend von der Risikostrategie die Risiken (und damit die Maßnahmen zur Risikoreduktion) zu priorisieren. Die »Planentwicklung« der Risiken, wie man sie nach Durchführung der definierten Maßnahmen prognostiziert, wird in der »Planrisikomatrix« abgebildet.

➤ Analog zu diesem Vorgehen ist es notwendig, die Prämissen, die der Strategie zugrunde liegen, in ihrer aktuellen Entwicklung zu überwachen. Für diesen Zweck empfehlen wir ebenfalls, mit Indikatoren zu arbeiten, die das Eintreten strategierelevanter Ereignisse ankündigen.

➤ Eine effektive Risikoberichterstattung verlangt, dass für die zu berichtenden Risiken und Prämissen explizit die Verantwortlichen, die Berichtsempfänger, das Berichtsintervall und die für die Ermittlung der Daten verantwortlichen Mitarbeiter zu definieren sind. Änderungen in der Bewertung hinsichtlich Eintrittswahrscheinlichkeit oder Schadenausmaß sollten ebenso dokumentiert werden, wie erstmals identifizierte Risiken. Ferner muss man bestimmen, wann auf die Überschreitung eines Frühwarnindikators reagiert wird (Schwellenwerte bzw. Toleranzgrenzen) und welche Steuerungsreaktion erfolgt.

Die vorgestellte Vorgehensweise zum Aufbau eines Risikomanagementsystems wurde bisher ohne deren Implikationen oder Abhängigkeiten zu anderen Elementen eines Führungs- und Steuerungssystems dargestellt. Evident ist hier beispielsweise die notwendige Integration in bestehende Berichtssysteme. In den folgenden Kapiteln soll eine weitere notwendige und sinnvolle Verknüpfung mit der Balanced Scorecard als Instrument der Strategieumsetzung genauer vorgestellt werden.

7.8.2 Schnittstellen der Balanced Scorecard und des Chancen- und Risikomanagements

Jede unternehmerische Entscheidung, welche die zukünftige Entwicklung betrifft, ob strategisch oder operativ, wird unter Unsicherheit getroffen. Dies bedeutet, dass zukünftig alternative Umweltzustände mit Wirkung auf die Unternehmenssphäre möglich sind, von denen einer als der Wahrscheinlichste identifiziert wird. Für alle denkbaren Umweltzustände ergibt sich daraus jedoch eine Eintrittwahrscheinlichkeit von kleiner als 100%. Dieses Maß der Unsicherheit lässt eine Abweichung in eine positive (wünschenswerte) und eine negative (nicht wünschenswerte) Richtung zu. Eine solche positive Abweichung wird auch als Chance bezeichnet, eine negative Abweichung als Risiko (im engeren Sinne). Es ist demnach logisch, beispielsweise bei der Strategiefindung als eine der wichtigsten unternehmerischen Entscheidungen auch Chancen- und Risikoaspekte zu beleuchten. Dies ist in der Praxis auch häufig fest verankert. Hier werden die Chancen und Risiken, sowie die Stärken und Schwächen mit Hilfe einer SWOT (Strengths-Weaknesses-Opportunities-Threats)-Analyse aufbereitet. Aufgrund dieser Informationen werden z.T. Strategieszenarien abgeleitet, mit deren Unterstützung eine risikooptimierte Strategie ausgewählt werden kann.

Bereits in dieser frühen Phase der Strategieformulierung sind demnach Chancen- und Risikoinformationen identifiziert und dokumentiert. Interessant ist die Fragestellung, wie diese Informationen im Rahmen der Strategieumsetzung weiter verfolgt werden können. Eine mögliche Schnittstelle ist der Ansatzpunkt der strategischen Ziele. Ein strategisches Ziel stellt die Formulierung einer für das Unternehmen positiven, anzustrebenden Veränderung dar. Die Realisierung eines strategischen Zieles könnte somit als Chance betrachtet werden. Bei dieser Sichtweise können Risiken als korrespondierende Elemente gesehen werden.

Betrachtet man den Prozess der Erstellung einer Balanced Scorecard (vgl. Kap. 5) und der Implementierung eines Risikomanagementsystems (vgl. Kap. 7.8.1), so fallen weiterhin zwei Gemeinsamkeiten auf, welche sich direkt aus dem Unternehmenszielbezug der beiden Managementsysteme ergeben. Sowohl bei der Balanced Scorecard als auch bei einem Risikomanagementsystem werden Kennzahlen (Messgrößen bzw. Früherkennungsindikatoren) ermittelt und für die Steuerung verwendet. Im Zusammenhang mit der Balanced Scorecard und im Risikomanagement werden Maßnahmen (Aktionen) definiert, welche zur Umsetzung der Ziele bzw. zur Bewältigung der Risiken durchgeführt werden sollen. Eine Integration beider Instrumente setzt demnach bei diesen Schnittstellen bzw. Gemeinsamkeiten an. Es existieren bereits einige Ansätze zur Integration des Risikomanagements in die Balanced Scorecard (vgl. Wurl/Mayer 2001, S. 199-203):

➢ Risikokennzahlen in die Balanced-Scorecard-Perspektiven integrieren,
➢ eine Risikoperspektive in der Balanced Scorecard ergänzen,
➢ eine eigene Risiko-Balanced-Scorecard erstellen,
➢ Risikoaspekte zu den strategischen Zielen der Balanced Scorecard integrieren.

Das einfache Zuordnen von Risikokennzahlen zu den Perspektiven der Balanced Scorecard reicht nicht aus. Dadurch werden die Risiken zwar systematisch gesammelt und transparent gemacht, aber die Wirkungsbeziehungen zwischen den Risiken und die Wirkung auf die strategischen Ziele des Unternehmens bleiben unklar bzw. implizit werden Wirkungen der Risiken nur auf Ziele der jeweiligen Perspektive unterstellt. Eine weitere Möglichkeit besteht in der Erweiterung der Balanced Scorecard um eine eigene Perspektive für das Risikomanagement. Hierbei ist als erheblicher Nachteil zu sehen, dass die zusätzliche Perspektive den intuitiven Beziehungszusammenhang zwischen den vier Perspektiven durchbricht (vgl. Wurl/Mayer 2001, S. 204). Eine dritte Variante ist die vollständig getrennte Erstellung von Scorecards für die unternehmerischen Risiken neben den Scorecards für die Chancen (Balanced Chance- and Risk-Card, vgl. Reichmann/Form 2000, S. 190). Der Bedeutung des Risikomanagements als eigenem Erfolgsfaktor wird in diesem Ansatz explizit Rechnung getragen. Dagegen erweisen sich ausschließlich unreflektierte Chancen-Scorecards in der Phase der Strategierealisierung als nicht geeignet, da die durch die Ungewissheit entstehende Bedrohung nicht entsprechend abgebildet wird. Sie finden eher in der Phase der Strategiefindung in Ergänzung zu Szenarienbetrachtungen Anwendung.

In der Praxis hat sich erwiesen, dass eine Integration von Risikoaspekten in die bestehende Grundsystematik am effektivsten ist, wenn die Risiken (z. B. in Form von Risikokennzahlen) direkt den strategischen Zielen zugeordnet werden. Man erreicht damit eine direkte Wirkungsbeziehung zwischen dem einzelnen Risiko und dem Erfolgsfaktor, der wiederum in direktem Zusammenhang mit einem strategischen Ziel steht. Bei der Erstellung von Szenarien wird die Implikation von allen Risiken auf das jeweilige strategische Ziel aufgezeigt. Diese Transparenz ermöglicht eine wesentlich umfassendere und genauere Einschätzung der Zielwerte. Darüber hinaus wird durch die Integration von Risikoaspekten in die Balanced Scorecard die direkte Verbindung von unternehmerischer Verantwortung und Risikomanagementverantwortung betont. Die Ergebnisse der Risikoidentifikation gehen unmittelbar in die strategische und operative Planung ein.

7.8.3 Früherkennung von Chancen und Risiken mit der Balanced Scorecard

Die im Überblick vorgestellten Ansätze unterscheiden sich stark in Komplexität und Zielsetzung. Es zeigt sich, dass mit dem In-Kauf-Nehmen einer höheren Komplexität zwar gewisse Schwächen vermieden werden können, andererseits damit der prägnanteste Nutzen einer Balanced Scorecard, der eines einfach zu verstehenden und leicht anzuwendenden Steuerungsinstrumentes, zumindest teilweise aufgegeben wird. Eine unternehmensspezifische Lösung ist deshalb immer mit Augenmaß auszuwählen und die Zielsetzungen sollten zu Beginn einer Realisierung klar definiert werden.

Nachfolgend soll von den grundsätzlichen Bemerkungen zu den Möglichkeiten der Integration ausgehend ein pragmatischer Ansatz der Integration von Chancen und Risiken in der Balanced Scorecard vorgestellt werden (vgl. Gleich/Höhner 2002).

Wie in Kapitel 7.8.2 beschrieben, sind Verknüpfungsmöglichkeiten bei einem korrespondierenden Paar von strategischem Ziel und Risiko sowie bei der Ableitung von Messgrößen und Maßnahmen augenscheinlich. An einem Beispiel soll in Abbildung 7.70 der Zusammenhang von strategischem Ziel und korrespondierendem Einzelrisiko verdeutlicht werden.

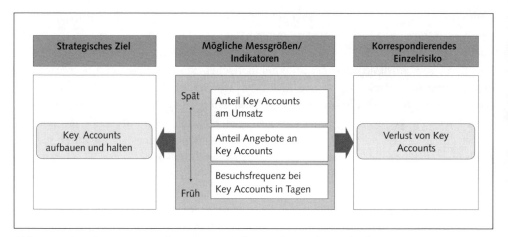

Abb. 7.70: Das Zusammenspiel von strategischen Zielen und Einzelrisiken

Ein strategisches Ziel vieler Unternehmen kann das Aufbauen und Halten von Key Accounts sein. Dieses positiv gerichtete Ziel (Chance) findet seine negative Entsprechung in einem Einzelrisiko »Verlust von Key Accounts«. Zur Messung der Zielerreichung (bzw. als Indikator für das Risiko) können verschiedene Größen identifiziert werden. Der Anteil der Key Accounts am Umsatz ist dabei eher ein Spätindikator, eine Ergebnis- oder Outputgröße. Diese ist als Balanced-Scorecard-Messgröße gut geeignet. Als Früherkennungsindikator für das Risiko ist aber zusätzlich auch ein Frühindikator wie etwa der Anteil der Angebote an Key Accounts oder (noch »früher«) die Besuchsfrequenz bei Key Accounts zu messen. Auch aus Balanced-Scorecard-Sicht ist solch ein Frühindikator im Sinne einer Inputgröße von Nutzen, falls beispielsweise das Augenmerk des strategischen Ziels besonders auf einem frühen Schritt im zugrunde liegenden Unternehmensprozess liegt.

Die Verknüpfung von Maßnahmen aus der Balanced Scorecard und Maßnahmen aus dem Risikomanagement lässt sich folgendermaßen konkretisieren:

Für die einzelnen strategischen Ziele bzw. zur Erreichung der Zielwerte der Messgrößen einer Organisationseinheit sind im Rahmen der Budgetierung Aktionen zu definieren und auszuwählen, welche bewirken sollen, dass die gesetzten strategischen Ziele erreicht werden. Aus Risikosicht sind im Rahmen der Aktionen-/Maßnahmenplanung die ausgewählten Maßnahmen auch auf ihre Risikowirkung zu untersuchen. Eine Maßnahme sollte sinnvoll die Umsetzung eines strategischen Ziels und damit gleichzeitig den Abbau der Eintrittswahrscheinlichkeit und des Schadenausmaßes eines Risikos zum Ziel haben. Andererseits sollten im Rahmen der Maßnahmenplanung auch »Notfallpläne« als Alternativmaßnahmen für das Eintreten eines Risikos erstellt werden. Für diese sollten Verantwortlichkeiten, Aktivitäten und Instrumente vorab festgelegt werden, um den unvermeidbaren Schaden möglichst zu minimieren. Basierend auf den vorgestellten Berührungspunkten von Balanced Scorecard und Risikomanagement, lässt sich der folgende integrierte Prozess ableiten und in einem acht Schritte umfassenden Kreislauf beschreiben.

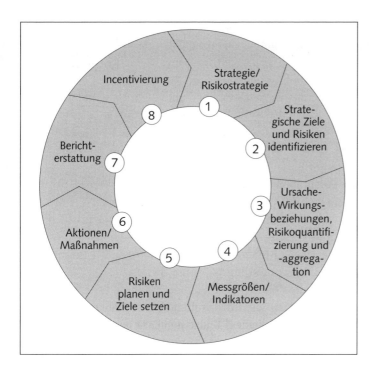

Abb. 7.71: Der integrierte Prozess des Risikomanagements mit der Balanced Scorecard

Die einzelnen Schritte der Erstellung einer Balanced Scorecard sind detailliert in Kapitel 5 dargestellt und werden hier nicht eingehend beschrieben. Lediglich die Verknüpfungspunkte zum Prozess des Aufbaus eines Risikomanagementsystems sollen hier aufgezeigt werden. Wie in Abbildung 7.71 ersichtlich, startet ein Prozessdurchlauf mit einem Check der Strategie der zu steuernden Einheit. In diesem Schritt kann auch festgelegt werden, ob die Einheit generell risikofreundlich oder risikoavers handelt. Die konkrete Risikostrategie wird aber ggf. erst später festgelegt, da die Führungskräfte für eine fundierte Entscheidung zunächst die Ergebnisse der Risikoanalyse abwarten, um danach eine adäquate Strategie festzulegen. Eine beispielhafte Strategie (strategische Stoßrichtung) kann hier den Wachstumspfad eines Unternehmens betreffen.

In einem zweiten Prozessschritt geht es darum, aus der Strategie bzw. den strategischen Stoßrichtungen die Ziele abzuleiten, welche für die Umsetzung der Strategie in die Perspektiven der Balanced Scorecard entscheidend sind. Diese strategischen Ziele können einerseits bei ihrer Unterstützung und Verfolgung einen entscheidenden positiven Einfluss auf die Umsetzung der strategischen Stoßrichtung haben, andererseits können sie oftmals bei Nicht-Verfolgung oder Vernachlässigung zur Verfehlung der Strategie oder sogar zur Gefährdung des Unternehmens führen. In unserem Beispiel der Wachstumsstrategie könnte das oben genannte Gegensatzpaar »Gewinnen und Halten von großen Kunden« als strategisches Ziel und »der Verlust von Key Accounts« als Einzelrisiko zur Anwendung kommen. Die Wachstumsstrategie wird durch das Risiko deutlich gefährdet und auf längere Sicht könnte auch der Fortbestand des Unternehmens gefährdet werden.

Ziel dieses Schrittes ist es, solche Gegensatzpaare für die identifizierten strategischen Ziele zu finden. Dies ist eventuell nicht durchgehend möglich, da es Ziele geben kann, für die es kein korrespondierendes Einzelrisiko gibt, und umgekehrt Risiken, für die es keine Ziele gibt. Beispielsweise gilt dies besonders für die externen Risiken, welche politische, gesellschaftliche oder Gefahren aus Katastrophen beinhalten. Hier sind die Ergebnisse der Zielableitung und der Risikoanalyse auf jeden Fall vollständig beizubehalten. Auch können durchaus mehrere Risiken auf ein Ziel wirken und ein Risiko kann auch auf mehrere strategische Ziele wirken. Hier sind die unterschiedlichen Beziehungen in der Dokumentation (und später im Berichtswesen) festzuhalten.

Es lässt sich leicht argumentieren, dass als Hauptrisikokategorien die Perspektiven der Balanced Scorecard verwendet werden können. Die Risiken sollten unbedingt so kategorisiert werden, wie die Ziele zur Unternehmenssteuerung eingeteilt werden. Aber auch eine »konventionelle« Einteilung der Risiken in beispielsweise finanzielle Risiken, Markt-/Kunden-Risiken, leistungswirtschaftliche Risiken, Risiken der Unternehmensführung und externe Risiken ist als zusätzliche Kategorisierung weiterhin denkbar.

Um beide Systematiken zu integrieren bietet sich die Kategorisierung der Risiken nach den Perspektiven der Balanced Scorecard an, eine weitergehende Risikobeschreibung kann durch Merkmale erfolgen, welche in keinem Zusammenhang zu den Perspektiven stehen müssen.

Ein nächster Schritt ist die Untersuchung der Abhängigkeiten der strategischen Ziele in den Strategy Maps. Dieser Abhängigkeitscheck ist auch bei den Einzelrisiken sinnvoll, um sich gegenseitig verstärkende oder abschwächende Risiken zu erkennen und zu einer aggregierten Gesamtrisikoposition zu gelangen.

Eine wesentliche Konkretisierung der strategischen Ziele und der Einzelrisiken wird mit der Identifikation von Messgrößen bzw. Indikatoren erreicht. Die Messgröße eines strategischen Zieles bildet möglichst vollständig den Umsetzungsgrad des Zieles ab. Dies kann durch die Messung der Wirkung (Outcome) an einem Ergebnis (Output) von Aktivitäten oder, falls das nicht möglich ist, an den eingesetzten Ressourcen (Input) festgemacht werden, wobei die Inputgrößen hier die Umsetzung des Zieles am schlechtesten abbilden können. Die Möglichkeiten Umsatzanteil, Anteil an Angeboten oder Besuchsfrequenz für das strategische Ziel »Gewinnen und Halten von Key Accounts« mag auch hier als Beispiel dienen.

Für eine Messgröße sollten immer Werte erhoben werden können, damit auch ein Zielwert gesetzt und monatlich, quartalsweise oder jährlich abgeglichen werden kann. Die Wirkung von Maßnahmen kann so beurteilt und für die Folgeperioden berücksichtigt werden. Die zur Wahl stehenden Messgrößen sind, wie beschrieben, auch auf ihren Risikosteuerungsaspekt hin zu untersuchen. Die Experten eines Unternehmens könnten beispielsweise feststellen, dass die identifizierte Messgröße »Besuchsfrequenz« ein wesentlicher Indikator für das Risiko des Verlustes von Key Accounts sein kann. Für diesen Indikator ist dann zusätzlich zu einem »positiven« Zielwert ein Schwellenwert zu setzen, bei dessen Unterschreitung ein Risiko eintreten kann. In diesem Fall greift dann ein Eskalationsreporting und Gegenmaßnahmen sind zu ergreifen. Zusätzlich ist zu beachten, dass nicht nur am Symptom der Besuchsfrequenz angesetzt wird, sondern an den Ursachen des Missstandes, da hier der Kern des Risikos liegt. Es ist beispielsweise zu untersuchen, ob die Ansprechpartner noch aktuell bekannt sind, ob keine Besuche gewünscht sind, weil die Produkte nicht mehr gefragt sind usw.

Der nächste Schritt des Prozesses ist es, Zielwerte für die Messgrößen zu setzen und diese im Zielvereinbarungssystem der Führungskräfte (oder aller Mitarbeiter) zu verankern. Die Zielwerte für die Messgrößen gilt es zu harmonisieren, so dass konfliktäre Ziele nicht kontraproduktiv verfolgt werden. Für die Einzelrisiken ist in diesem Schritt festzulegen, wie konkret mit jedem einzelnen Risiko umzugehen ist, also welcher Grad der Risikoverminderung oder -begrenzung angestrebt werden soll. Daraus ableiten lassen sich die Schwellenwerte für die Risikoindikatoren. Ein Schwellenwert gibt dabei Auskunft, ab welchem Punkt spezielle Gegenmaßnahmen zu ergreifen sind bzw. ab welchem Punkt man mit dem Eintritt des Risikos höchstwahrscheinlich rechnen muss. Die Ausprägung dieser Werte ist ebenso eine Expertenschätzung wie die der Zielwerte der Messgrößen und muss mit den dahinter liegenden Maßnahmenbündeln korrespondieren. Es ist beispielsweise nicht sinnvoll, die Schwellenwerte sehr niedrig zu setzen was zu häufigen Warnsignalen führt, auf die aber keine Aktion erfolgt, weil generell ein späterer Eingriff mit dann ggf. umso radikaleren Maßnahmen vorgesehen wurde.

Nachdem Zielwerte gesetzt sind, können Maßnahmen ausgewählt werden, welche die Erreichung dieser Zielwerte sinnvoll unterstützen können. Die Auswahl von alternativen Maßnahmen ist aufgrund ihrer potenziellen Beiträge zu einem strategischen Ziel zu treffen, nicht nur aufgrund ihrer singulären Vorteilhaftigkeit (klassische Investitionsrechnung). Aus Risikogesichtspunkten sind für die Gegensatzpaare aus strategischem Ziel und Einzelrisiko (sowie für die weiteren Einzelrisiken) Maßnahmen, welche das Ziel unterstützen und das Risiko vermindern oder begrenzen, mit besonderer Priorität zu wählen. Im Rahmen der Maßnahmenplanung sind aber auch Notfallpläne für Risikofälle (Unterschreiten der Schwellenwerte für Werttreiber) aufzustellen. Gegenmaßnahmen für eingetretene Risiken sind besonders effektiv, wenn sie kurzfristig greifen können. Hierfür ist eine Vorabplanung äußerst hilfreich.

Mit Beginn der Zielumsetzung in Maßnahmen ist ein funktionierendes Berichtswesen mit Soll/Ist-Abweichungen einsatzbereit zu halten. Eine grafische Anzeige von Abweichungen, beispielsweise über Ampeln, ist dabei hilfreich. Die geeignete technische Plattform ist hierfür auszuwählen. Die Vorteile eines systemgestützten Berichtswesens bei der Entscheidungsfindung im Gegensatz zu einem papierbasierten Berichtssystem liegen speziell in den Zeitvorteilen und der besseren Anwenderorientierung. Die Anwenderorientierung äußert sich beispielsweise in einer Filterung der angezeigten Daten in einem systemgestützten Berichtswesen für einen Anwender oder – noch detaillierter – eines Steuerungsfeldes seines gesamten Verantwortungsbereiches. Diese soll zur Übersichtlichkeit beitragen (vgl. Schindera/Höhner 2000).

Bei einem integrierten Berichtssystem für die Balanced Scorecard und das Risikomanagement sind sinnvollerweise gleiche Ampelsymbole mit gleichen Statusfestlegungen zu wählen. Zusätzlich zu den von der Balanced Scorecard bekannten Symbolen Rot-Gelb-

Grün kann hier beispielsweise aber eine tiefrote Farbe einen unter Risikogesichtspunkten kritischen Status signalisieren. Dieses Symbol zeigt eine kritische Unterschreitung eines Risikoschwellenwertes auf. Ein solches Ergebnis ist gesondert in einem Eskalationsreporting zu behandeln, da die Verfehlung eines strategischen Zieles zu befürchten ist.

Der Schlusspunkt der Implementierung eines integrierten Risikomanagement- und Balanced-Scorecard-Systems sollte im Idealfall die Verknüpfung mit Incentive-Systemen sein, wodurch eine wesentliche Voraussetzung für die zielgerichtete Risikosteuerung geschaffen wird. Über die Zuordnung von strategischen Zielen und deren Messgrößen zu einzelnen Verantwortlichen und das Setzen von Zielwerten ist eine direkte Bewertung der Leistung einer einzelnen Führungskraft oder sogar eines einzelnen Mitarbeiters möglich.

In vielen Unternehmen ist bereits ein Zielvereinbarungssystem und ein variables Vergütungssystem eingerichtet. Dieses auf Messgrößen-Zielwerte umzustellen, ist auch unter Mitbestimmungsgesichtspunkten meist kein Problem. Die Neueinrichtung eines solchen Vergütungssystems ist mit vielen Betriebsräten und Tarifen vereinbar. Positive Erfahrungen anderer Unternehmen können hier viele Befürchtungen entkräften (vgl. Buchner/ Grundler/Höhner/Kogler 2000). Eine Ergänzung der Zielvereinbarung um Risikoaspekte ist hier grundsätzlich anzuregen, da durch die eintretenden Risiken einerseits andere Ziele verfehlt werden können, anderseits direkt Werte vernichtet werden können. Eine Berücksichtigung der Schwellenwerte bei der Feststellung des Zielerreichungsgrades ist hier sicherlich die einfachste Möglichkeit der Integration. Denkbar ist aber auch ein Ziel in Höhe des »abgewendeten« Risikopotenzials, da sich dies in einem zusätzlichen Ertrag oder einer aufzulösenden Rückstellung am Ende der Periode niederschlägt. Praxiserfahrungen hierzu stehen allerdings noch aus.

Der Prozess der Implementierung eines integrierten Balanced-Scorecard- und Risikomanagementsystems ist damit abgeschlossen. Wie der Kreislauf in Abbildung 7.71 aber symbolisiert, folgt danach, wie von der Balanced Scorecard bekannt, der Review- und Pflegeprozess. Sowohl die Ziele als auch die Risiken sowie deren Messgrößen/Indikatoren und Maßnahmen müssen periodisch auf Aktualität überprüft werden.

Der hier dargestellte Prozess stellt den idealen Ablauf dar. In der Praxis hat ggf. schon eine Balanced-Scorecard-Implementierung stattgefunden oder es ist bereits ein Risikomanagementsystem im Einsatz. Bei einer solchen Ausgangssituation ist dann eine Modifikation des bestehenden Prozesses des Planungs- und Berichtssystems vorzunehmen. Der Projektablauf für die Implementierung des hier vorgestellten integrierten Vorgehens umfasst in etwa denselben Zeitraum wie die Implementierung einer Balanced Scorecard ohne Risikoindikatoren, da viele Workshops und Abstimmungsrunden gemeinsam genutzt werden können. Der Dokumentationsaufwand und die Vor- und Nachbereitung durch das Projektteam ist aber höher. Generell ist mit ungefähr drei Monaten für die Konzeption eines Balanced-Scorecard- und Risikomanagementsystems pro zu steuernder Ebene zu kalkulieren. Da in der Praxis in den allermeisten Fällen entweder ein Risikomanagementsystem oder eine Balanced Scorecard vorhanden ist, liegt die Herausforderung vor allem in der Integration der beiden Managementsysteme. Hierdurch wird die Balanced Scorecard um steuerungsrelevante Informationen aus dem Risikomanagementsystem angereichert, wodurch fundiertere strategische und operative Entscheidungen ermöglicht werden. Die Balanced Scorecard enthält jetzt auch Informationen über die Folgen einer Strategieverfehlung und das Risikomanagement wird aus seiner Sonderstellung herausgelöst und in das permanente strategische Management integriert.

7.9 Highlights

➢ Vergessen Sie nicht, dass strategische Aktionen der Balanced Scorecard nur dann stattfinden können, wenn das nötige Geld zur Verfügung steht. In der konsistenten Verbindung von strategischer und operativer Planung liegt nicht nur das Potenzial, die Budgetierung sinnvoll zu »entfeinern«. Sie ist vielmehr ein Muss, damit die Balanced Scorecard dauerhaft als Führungsinstrument lebt und nicht ein Fremdkörper bleibt.

➢ Machen Sie das Berichtswesen für das Top-Management schlanker! Die Balanced Scorecard fördert durch ihren Strategiefokus die notwendige Entwicklung hin zu einem Lean Reporting – nutzen Sie diese Chance!

➢ Die IT-Unterstützung bietet viele Potenziale für die Umsetzung und Verankerung der Balanced Scorecard. Aufgrund der vielfältigen Lösungsangebote und -ansätze sind aber eine strukturierte Aufbereitung der unternehmensindividuellen Anforderungen und eine stringente Planung der Umsetzung Pflicht.

➢ Verknüpfen Sie die Balanced Scorecard unbedingt mit einem Zielvereinbarungssystem! So zeigen Sie Ihren Mitarbeitern, welchen Zielbeitrag sie leisten können und sollen. Damit erhöhen Sie letztlich die Effektivität Ihrer Mitarbeiterführung.

➢ Machen Sie aus Balanced Scorecard und Wertmanagement ein Traumduo! Balanced-Scorecard- und Wertmanagement-Konzepte ergänzen sich hervorragend zur strategischen Steuerung.

➢ Verstehen Sie das EFQM-Modell für Business Excellence richtig! Der EFQM-Ansatz kann die Balanced Scorecard nicht ersetzen, sondern ergänzen. »Stattdessen« ist der falsche Weg – nebeneinander haben beide Ansätze eine große Wirkung.

➢ Und letztlich: Prüfen Sie Ihr altes Managementsystem kritisch! Mit der Balanced Scorecard werden Sie künftig nicht mehr all das benötigen, was sie früher verwendet haben.

8 Balanced Scorecard umsetzen im Public Management

8.1 **Steuerungsprobleme im öffentlichen Bereich mit der Balanced Scorecard lösen**

8.1.1 Wo liegen die Ansatzpunkte für die Balanced Scorecard im öffentlichen Bereich?

8.1.2 Leitbilder und Visionen umsetzen

8.1.3 Produkte und Kennzahlen managen

8.2 **Balanced Scorecard maßschneidern für die öffentliche Verwaltung**

8.2.1 Allgemeiner Anpassungsbedarf der Balanced Scorecard für das Public Management

8.2.2 Der Balanced-Scorecard-Prozess im öffentlichen Bereich

8.3 **Perspektiven und Erfolgsfaktoren**

8.1 Steuerungsprobleme im öffentlichen Bereich mit der Balanced Scorecard lösen

8.1.1 Wo liegen die Ansatzpunkte für die Balanced Scorecard im öffentlichen Bereich?

Die privatwirtschaftlichen Managementprobleme gelten in ähnlicher Form auch für den öffentlichen Bereich. Von den in Kapitel 1 genannten Managementproblemen, die die Balanced Scorecard auslösen, wollen wir im Folgenden fünf Managementprobleme für den öffentlichen Sektor nochmals detailliert betrachten.

◆ **Die Strategie ist umzusetzen – auch eine Herausforderung für die öffentliche Verwaltung**

Gerne wird von Politik und Verwaltung das Argument vorgebracht, öffentliches Handeln sei keine Frage der Strategie. Tatsächlich kann kaum eine öffentliche Verwaltung ihr »Geschäftsmodell« individuell konzipieren, Produkte einstellen, neue auf den Markt bringen und ein spezifisches Kundensegment definieren. Dennoch lässt sich nur schwerlich abstreiten, dass insbesondere im politischen Raum intensiv Strategien diskutiert und formuliert werden. Regierungserklärungen, Koalitionsvereinbarungen, Parteiprogramme, Leitbilder, Agenda-Prozesse und Ähnliches stellen nichts anderes dar als die Dokumentation strategischer Ziele, da sie dazu dienen, künftige Erfolgs- und Differenzierungspotenziale zu identifizieren. Die Senkung der Arbeitslosenquote, die Beschleunigung von Genehmigungsverfahren, die Ansiedlung von High-Tech-Unternehmen – all dies sind tagtägliche Beispiele für strategische Ziele in der öffentlichen Verwaltung. Obgleich zahlreiche Aufgaben der öffentlichen Hand nicht disponibel sind, sondern der Gesetzgeber sie vorgibt, entbindet es die Entscheidungsträger nicht davon, diese Zielvorgaben entsprechend umzusetzen. Auch hier ein populäres Beispiel: Das Gesetz zur Förderung der Stabilität und des Wachstums der Wirtschaft (kurz: Stabilitätsgesetz) aus dem Jahre 1967 verlangt von der Bundesregierung, für ein stabiles Preisniveau, einen hohen Beschäftigungsstand, ein außenwirtschaftliches Gleichgewicht und ein stetiges sowie angemessenes Wirtschaftswachstum zu sorgen. Stellt das magische Viereck etwas anderes dar als eine strategische, wenn auch abstrakte Marschrichtung? Unabhängig davon also, ob die strategischen Ziele frei wählbar oder gesetzlich verankert sind, verfügt der öffentliche Bereich über eine ähnliche Ausgangssituation wie der privatwirtschaftliche: Wie kann die Politik die Realisierung ihrer Strategien steuern? Wie ist die Zielerreichung zu überprüfen und zu messen? Wie macht man die Zusammenhänge zwischen Zielen transparent?

◆ **Kritik an den klassischen Messgrößensystemen**

Die öffentliche Verwaltung besitzt keine vergleichbare Tradition in Bezug auf Kennzahlensysteme wie die Privatwirtschaft. Doch die Einführung der Kosten- und Leistungsrechnung sowie die damit verbundene Definition von Produkten und Kennzahlen bieten über die vorhandenen Haushalts- und statistischen Daten hinaus viele neue Ansätze zur Bildung von Kennzahlen. Diese lösen aber auch eine wahre Datenflut aus. Für diese Datenflut braucht es Instrumente, welche die Informationen adressatengerecht strukturieren, verdichten und dort, wo eine Verdichtung aufgrund der diversifizierten Leistungsstrukturen der öffentlichen Verwaltung nicht möglich ist, die relevanten Kennzahlen in der Vielzahl der möglichen Daten identifizieren und in den strategischen Fokus rücken. Aus Daten müssen auf diese Art auch im Public Management Führungsinformationen werden. »Wo es nicht gelingt, aussagekräftige Wirkungs- und Leistungsinformationen zu liefern, wird sich die Politik nicht überzeugen lassen, von der Input-Steuerung abzurücken« (vgl. Schedler/Proeller 2006, S. 201). Die Herausforderung der kommenden Jahre wird in der Identifikation und Fokussierung auf solche Führungsinformationen liegen. Gleichzeitig muss die Möglichkeit geschaffen werden, von diesen Kennzahlen aus zielgerichtete und detaillierte Analysen durchzuführen. In der Privatwirtschaft hat man erkannt, wie wichtig es ist, den Erfolg und die Effektivität des eigenen Handelns aus verschiedenen Perspektiven zu betrachten. Die öffentliche Verwaltung muss – bei fortschreitendem Ausbau der Kosten- und Leistungsrechnungssysteme – deshalb frühzeitig Ansätze entwickeln, welche die Identifikation solcher Kennzahlen und Steuerungsgrößen erlauben, die eine fokussierte Steuerung ermöglichen und über die reine Finanz- und Kostensicht hinausgehen.

◆ Inhaltliche Aufwertung und Systematisierung des Berichtswesens

Je strategischer das Public Management betrieben wird (und die Formulierung von Visionen, Leitbildern und Agenda-Programmen stellt nichts anderes dar als eine Form politischer Strategie), desto drängender stellt sich die Frage nach der Umsetzung der Strategie. Das Berichtswesen in Unternehmen des privatwirtschaftlichen Sektors gab selten Antworten auf diese Fragen. Im öffentlichen Bereich zeigt sich die Situation noch anspruchsvoller. Zwar existieren viele Kennzahlen und Statistiken, doch sind diese weitgehend ziel- und zweckneutral und zu umfangreich, um eine effektive Steuerung zu unterstützen. Das bestehende Berichtswesen in der öffentlichen Verwaltung besteht meist aus ausführlicher Prosa; die wichtigen Informationen sind für die Entscheidungsträger nur schwer erkennbar. Aus diesen Gründen tut eine institutionalisierte, regelmäßige und fokussierte Berichterstattung als Zugang für die Verwaltungsführung Not. Die strategische Ausrichtung bietet hier die Möglichkeit, auf die strukturierten Daten ziel- und ergebnisbezogen aufzusetzen, ohne die Möglichkeit detaillierter Analysen zu vergeben.

◆ Der Planungsprozess ist auf Zielerreichung und Ergebnisse hin auszurichten

Der Planungsprozess im privatwirtschaftlichen Bereich lässt sich mit dem der Verwaltung nur schwer vergleichen. (Haushalts-)Planung stellt meist einen politischen Verhandlungsprozess dar. Während also private Unternehmen sich derzeit intensiv darum bemühen, ihre Planungsphasen zu verkürzen und zu vereinfachen, muss sich die öffentliche Verwaltung darauf konzentrieren, den Planungsprozess auf Ziele und Ergebnisse hin auszurichten. Das heißt, die strategischen, politischen Ziele sind mit der Ressourcenplanung (Haushalt, Budgetierung) zu verknüpfen. Damit einhergehen muss eine Anpassung der

Planungsprozesse in den Haushalten, um die Planungskomplexität und den damit verbundenen Aufwand in einem vertretbaren Aufwand-Nutzen-Verhältnis zu halten.

◆ Die externe Berichterstattung ist zu verbessern

Externe Berichterstattung (obgleich sie so nicht genannt wird) hat im politischen Raum eine noch größere Bedeutung als im privatwirtschaftlichen Bereich. Während Unternehmen externe Berichterstattung als Kommunikationsnotwendigkeit mit Kapitalgebern und anderen Anspruchsgruppen verstehen, besteht für die öffentliche Verwaltung eine gesetzliche und eine demokratische Pflicht, über die Aktivitäten und Ressourcenvergabe Rechenschaft abzulegen. In der Haushaltsberatung aber findet nur selten eine Verknüpfung zwischen Geldmittelvergabe und den damit verfolgten Zielen und Ergebnissen statt. Für Bürger (als Anspruchsberechtigter der Politik) und Politiker (als Anspruchsberechtigter der Verwaltung) steht die Nach- und Überprüfbarkeit des Handelns im Mittelpunkt des Interesses. Die bisherige Form in der Politik gemacht wird, dient kaum einer Steigerung der Responsivität und damit der Politikzufriedenheit. In den USA wurde dies bereits Anfang der 1990er-Jahre erkannt. Mit dem »Government Performance and Results Act of 1993« (GPRA) sollen Bundesverwaltungen dazu angehalten werden, Wirkungen zu messen, Responsivität gegenüber dem Bürger zu erhöhen und das Leistungsniveau durch Wettbewerb zu steigern (vgl. Horváth 2002). Unter anderem sind eine Verknüpfung von jährlichen Leistungszielen mit der Strategie (§ 306) sowie jährliche »program performance reports« (§ 1116) gesetzlich vorgeschrieben. Bei einem Hearing vor dem US-Kongress betonte der Harvard-Professor Gail Christopher: »GPRA hold great promise in helping Congress and the executive branch ensure that the federal government provides the results that the American people expect and deserve.« Auch in Großbritannien wird mittlerweile in »performance reports« Rechenschaft über Strategie und Zielerreichung abgelegt (vgl. Foreign and Commonwealth Office 2005).

Der kurze Rückgriff auf die einführend genannten Managementprobleme zeigt: Die Herausforderungen, welche die Entwicklung der Balanced Scorecard im privatwirtschaftlichen Bereich notwendig gemacht haben, begegnen uns in ähnlicher Form auch im öffentlichen Sektor. Insofern ist die Anwendbarkeit dieses Managementinstruments bei der Steuerung von Politik und öffentlichen Verwaltungen zu prüfen. Gerade in der öffentlichen Verwaltung, in der finanzielle Zielsetzungen als Rahmenbedingungen und Restriktionen des Handelns und nicht als primäre Ziele zu sehen sind, bietet die Balanced Scorecard die Möglichkeit einer ausgewogenen Darstellung strategischer Zielsetzungen und Messgrößen. Wir sind der Meinung, dass unter Beachtung der Spezifika und bei Anpassung einzelner Aspekte die Balanced Scorecard zudem ein wichtiges Bindeglied in der Modernisierung von Politik und öffentlichen Verwaltungen darstellt. So können zum Beispiel zwei wichtige und oft genutzte Elemente des New Public Management, nämlich Leitbilder und Produkte über die Balanced Scorecard miteinander verknüpft werden. Damit lassen sich Umsetzungs- und Konsistenzlücken vermeiden.

8.1.2 Leitbilder und Visionen umsetzen

Leitbilder und Visionen sind in weiten Bereichen der öffentlichen Verwaltungen entwickelt. Viele Public Manager haben erkannt, dass Modernisierung in den Köpfen beginnt bzw., konkreter, mit der Klärung folgender Fragen starten muss: Wer sind wir? Was bieten wir? Was wollen wir? Welches sind unsere Grundsätze? Wo wollen wir in zehn Jahren stehen? Doch die Formulierung von Leitbildern und Visionen darf kein Selbstzweck sein, sondern muss die Positionierung und die Veränderungsprozesse der Organisation lenken. Gewiss kann das Klären des Selbstverständnisses bereits einen Wert an sich besitzen und einen Beitrag zur Motivation von Mitarbeitern und Anspruchstellern leisten. Doch produktiv nutzen lassen sich Leitbilder und Visionen erst, wenn sie ihren Niederschlag in einer konkreten Strategie und – mittelbar – in entsprechenden Aktionen finden. Notwendig ist also eine Systematik, welche die Übersetzung von Leitbildern in Strategien und von Strategien in Aktionen sicherstellt. Wo diese Systematik fehlt, schweben Leitbilder und Visionen über dem Tagesgeschäft, ohne dieses zu beeinflussen oder gar zu verändern.

Visionen und Leitbilder sind in solchen Fällen zumindest neutral, wenn nicht kontraproduktiv für die Organisation. Denn Leitbild- und Visionsprozesse binden bisweilen erhebliche Ressourcen. Haben sich Mitarbeiter stark in einem solchen Prozess engagiert, wächst automatisch ihre Erwartung an die Wirkung der Prozessergebnisse. Wirkungen aber sind für die Betroffenen am ehesten an konkreten Aktionen und Veränderungen erkennbar. Das bedeutet: Leitbilder und Visionen müssen in Handlungen und Aktivitäten transformiert werden, um der Frustration der Betroffenen vorzubeugen.

8.1.3 Produkte und Kennzahlen managen

Strategie ist Aufgabe des Top-Managements. Übertragen auf das Public Management bedeutet dies: Strategie ist Aufgabe der Verwaltungsspitze bzw. der politischen Entscheidungsträger. Eine Strategie, die von unten nach oben entsteht, besitzt weder eine langfristige Perspektive noch eine nachhaltige, visionäre Zielsetzungsfunktion.

So ist auch die Zielrichtung der Produkt- und Kennzahlenkataloge keine strategische: Produkte stellen das Ergebnis und keineswegs den Treiber eines Leistungsauftrages dar. Anders gesprochen: Der Leistungsauftrag ermöglicht erst ein Produkt – und nicht umgekehrt. Der Leistungsauftrag wiederum resultiert entweder aus gesetzlichen Vorgaben oder basiert auf politischen Entscheidungen. Daran ist die Ableitungsrichtung eindeutig erkennbar: von oben nach unten.

Die Definition von Produkten und Kennzahlen erfolgt mit der Zielsetzung der Steuerung über Outputs. Eine Outputsteuerung wiederum verlangt eine möglichst vollständige Abbildung sämtlicher öffentlicher Leistungen. Doch nicht allen Leistungen kommt ein strategischer Charakter zu. Auch im Bereich der Kennzahlen existieren Indikatoren mit rein diagnostischem Charakter – etwa die Ausbringungsmengen bestimmter Produkte – die nicht strategisch zu bewerten sind, sondern vielmehr der operativen Steuerung dienen. Eine Strategie dagegen zeichnet sich dadurch aus, dass sie fokussiert. Entsprechendes gilt für die Balanced Scorecard als Strategieumsetzungsinstrument.

Gleichwohl können Produkte und Kennzahlen Relevanz für die Strategieumsetzung und für die Balanced Scorecard besitzen. Produkte und Kennzahlen sind zwar nicht per se strategisch, sie können aber strategisch sein. Sollen also Produkte und Kennzahlen bei der Erreichung politischer Ziele einen Beitrag leisten, so muss – auf Basis der Balanced Scorecard – eine Verknüpfung hergestellt werden zwischen der Strategie und denjenigen Produkten und Kennzahlen, welche die Strategie unterstützen. Ist es ein zentrales politisches Ziel im Kultusbereich, den Unterrichtsversorgungsgrad sicherzustellen, entwickelt sich diese Kennzahl für das Produkt »Lehrereinstellung/Bedarfsplanung« zu einer strategischen Messgröße.

Aus unserem Verständnis von Strategie und Balanced Scorecard heraus bleibt festzuhalten: Die strategische Relevanz von vorhandenen Produkten und Kennzahlen erfolgt in Abstimmung mit den strategischen Zielen. Eine solche Identifikation kann bspw. im Rahmen eines Workshops stattfinden. Dabei gilt: Erst top-down die strategischen Ziele festlegen, dann bottom-up die damit korrelierenden Produkte und Kennzahlen auf ihren Strategiegehalt hin untersuchen.

8.2 Balanced Scorecard maßschneidern für die öffentliche Verwaltung

Die Relevanz der strategischen Planung und Steuerung im öffentlichen Bereich ist mittlerweile weitgehend erkannt und akzeptiert. Allerdings wäre es vereinfacht und wenig Erfolg versprechend, die privatwirtschaftlich-geprägte Balanced-Scorecard-Konzeption 1:1 auf den öffentlichen Bereich zu übertragen und das als Patentrezept darzustellen. Wie bereits bei den Zielsetzungen der Balanced Scorecard unterscheiden wir zwischen einem allgemeinen und einem spezifischen Anpassungsbedarf.

8.2.1 Allgemeiner Anpassungsbedarf der Balanced Scorecard für das Public Management

8.2.1.1 Bedeutung der Strategie für den öffentlichen Bereich verstehen

Bereits in Kapitel 1 sind wir auf das Verständnis von Strategie eingegangen und haben uns auf Michael Porter berufen, der Strategie als »das Schaffen einer einzigartigen und werthaltigen Marktposition unter Einschluss einer Reihe differenzierender Geschäftstätigkeiten« (vgl. Porter 1997, S. 48) beschreibt. Legt man dieses Verständnis zugrunde, so bleibt nur die Schlussfolgerung: Strategie und öffentliche Verwaltung haben nichts miteinander gemeinsam. Bereits das Stichwort der »einzigartigen und werthaltigen Marktposition« scheint als Leitmotiv der Strategie für die öffentliche Verwaltung problematisch – angesichts hoheitlicher Aufgabenerfüllung, angesichts eines nur begrenzten Wettbewerbs und angesichts einer eben nicht primär finanzorientierten Ausrichtung.

Fasst man die Definition allerdings weiter und interpretiert Strategie als einen Plan zur Ausrichtung einer Einheit auf die Erzielung nachhaltiger und anhaltender Effekte, ergeben sich zahlreiche Anknüpfungspunkte. Insofern drückt eine Strategie die grundsätzliche Ausrichtung einer Behörde, einer Kommune oder eines öffentlichen Unternehmens aus. Beispiel: »Wir als kommunales Mittelzentrum wollen uns von einer »Schlafstadt« zu einem lebenswerten Wirtschaftsstandort entwickeln.« Oder: »Wir als Polizeidirektion wollen für die Bürger und andere Kunden der erste Ansprechpartner in Sachen Sicherheit sein.«

Häufig verwendet vor allem die Politik Strategien, ohne dass sie den Begriff verwenden würde: Eine Regierungserklärung, eine Koalitionsvereinbarung oder ein Parteiprogramm stellen nur wenig anderes dar als ein Strategiedokument – sozusagen einen Wegweiser in die Zukunft: Wie differenzieren wir uns von den politischen Wettbewerbern? Welche Ziele verfolgen wir kurz-, mittel- und langfristig? Wie wollen wir diese Ziele erreichen?

Allerdings gibt es auch Aspekte, die fern vom traditionellen Strategieverständnis stehen. Denn die Entstehung einer Strategie ist in der Politik und in der öffentlichen Verwaltung ein komplexerer Vorgang als in Unternehmen. Dieser Prozess wird durch drei Faktoren wesentlich beeinflusst:

(1) Bedeutung der Gesetzgebung: Anders als Unternehmen können insbesondere öffentliche Verwaltungen ihre Strategie nur in einem engen Rahmen selbst bestimmen. Der politische Gestaltungsspielraum liegt – jeweils in Abhängigkeit von der Behördenebene – gerade nicht in den gesetzlich vorbestimmten Aufgabenfeldern, sondern bei den freiwilligen Aufgaben. Vor dem Hintergrund knapper werdender Ressourcen besteht hier die besondere Notwendigkeit einer klaren, kundenorientierten und zukunftsfähigen Ausrichtung des Leistungsangebots. Gleichwohl können auch gesetzliche Zielvorgaben strategischen Charakter annehmen, vor allem wenn eine erhebliche Abweichung zwischen Soll und Ist bei der Zielumsetzung festzustellen ist. Während im freiwilligen Bereich auch die Frage des »ob« zur Diskussion steht, muss sich die Strategie bei den Pflichtaufgaben auf das »wie« beschränken, indem die Prozesse zur Leistungserstellung und die Wahrnehmung der Leistungen durch die Anspruchsteller in den Mittelpunkt rücken.

(2) Bedeutung der Anspruchsteller: Strategien haben in der Privatwirtschaft auch die Aufgabe, ein konsistentes und durchgängiges Zielsystem herzustellen. Anders formuliert: Die widerspruchsfreie Ausrichtung aller Aktivitäten an übergeordneten, sich einander ergänzenden Zielen ist zu gewährleisten. Dies ist insbesondere dann notwendig, wenn ein Metaziel besteht. In der Privatwirtschaft wird in diesem Zusammenhang häufig die Wertsteigerung des Eigenkapitals genannt, jedenfalls Resultate in der Finanzperspektive.

Als Metaziele für den öffentlichen Bereich kommen dagegen die Zufriedenheit der Anspruchsteller bzw. die Erfüllung des Leistungsauftrags in Betracht. Diese vermeiden die Konzentration auf Finanzgrößen (was im öffentlichen Bereich falsche Schwerpunkte setzen würde) und integrieren das zentrale Objekt der Leistungsproduktion. Grundsätzlich lassen sich widerspruchsfreie Zielsysteme sowohl in der Privatwirtschaft als auch in der öffentlichen Verwaltung nur sehr schwer erreichen. Ziele, die auf den ersten Blick widersprüchlich erscheinen (bspw. Wachstums- vs. Kostenreduktionsstrategie) stimmt man im privatwirtschaftlichen Sektor häufig über die Zielwerte aufeinander ab. Im politischen Raum stellt sich diese Koordination mitunter komplexer dar, da in der Gruppe der Anspruchssteller selbst (Kunden, Bürger, übergeordnete Institutionen) kein konfliktfreies Zielsystem besteht. Als Kranker möchte jeder Bürger ein optimales Gesundheitssystem – als Mitglied der Krankenversicherung wünscht sich derselbe Bürger aber wahrscheinlich nichts sehnlicher als ein günstiges Gesundheitssystem. Die Politik muss (mehr als die öffentliche Verwaltung) diese Zielkonflikte strategisch verarbeiten, bisweilen dergestalt, dass Widersprüche stillschweigend akzeptiert werden. Die Systematik der Balanced Scorecard derweil macht – im Zusammenhang mit Ursache-Wirkungs-Beziehungen – Konsistenz und gegenseitige Unterstützung der Ziele notwendig. Insofern wird von den politisch Verantwortlichen im Rahmen der Balanced-Scorecard-Erstellung eine Entscheidung verlangt. Hier sind innerhalb des Balanced-Scorecard-Prozesses Konfliktlinien absehbar. Diese entstehen jedoch nicht durch den Balanced-Scorecard-Prozess, vielmehr werden sie durch den Prozess transparent und zum Gegenstand der Diskussion gemacht.

(3) Bedeutung symbolischer Politik: Vor allem im politischen Raum werden häufig Ziele formuliert, die nicht zwingend konkrete Maßnahmen implizieren. Mehr noch, es kann Teil einer politischen Strategie sein, gerade keine Erfolgsmessung zu ermöglichen. Das bedeutet: Eine fixierte Verknüpfung von Zielen und Aktionen meidet man genauso wie eine Dokumentation von Messgrößen und Zielwerten. Genau diese Aspekte stehen zwar konträr zum Vorgehen der Balanced Scorecard. Doch symbolische Politik wird meist ad hoc zu tagesaktuellen Themen betrieben, wohingegen die Balanced Scorecard eine mittel- bis langfristige Perspektive bei der Realisierung politischer Ziele einnimmt. Dementsprechend ist ein häufiges Argument gegen die Balanced Scorecard im politischen Raum zu entkräften: Gewiss muss die Politik auf Phänomene wie Themenkonjunktur reagieren. Dies nimmt den Akteuren allerdings nicht die Möglichkeit, daneben eine Planung mit einer erweiterten zeitlichen Perspektive durchzuführen. Dennoch erfordert allein die Existenz symbolischer Politik bei der Erstellung einer Balanced Scorecard eine offene Diskussion über die Ernsthaftigkeit, mit der bestimmte strategische Ziele verfolgt werden sollen. Wichtig ist: Zu einer Balanced Scorecard gehören strategische Ziele, Messgrößen der Zielerreichung, strategische Aktionen und Zielwerte stets im Verbund. Sie dient mehr dem politischen Management als dem politischen Marketing, weshalb es keine »Phantomziele« in einer Balanced Scorecard geben darf.

In unseren Projekten waren bisher zwei grundsätzliche Auffassungen innerhalb der Verwaltung zu beobachten: Erstens, die Annahme, dass Strategien keine Rolle spielen, da die jeweilige Organisation zu einem zu großen Teil über den gesetzlichen Auftrag determiniert sei und damit kein strategischer Handlungsspielraum bestehe. Und, zweitens, die Meinung, dass aufgrund der politischen Einflussnahme eine längerfristige und verbindliche Ausrichtung im Sinne einer strategischen Veränderung nicht aus Sicht der Verwaltung definierbar und umsetzbar sei.

Die praktische Erfahrung aus den bisherigen Projekten zeigt jedoch, dass ein strategischer Handlungsspielraum nicht nur besteht, sondern dass dieser auch genutzt, interpretiert und konkretisiert werden muss. Dabei tritt in den Bereichen, in denen der gesetzliche Auftrag dominiert, das »wie« der Aufgabenerledigung in den Vordergrund. Bei politischen Vorgaben geht es meist um mehr als die reine Frage der Umsetzung. Das »ob« – als Frage der strategischen Schwerpunkte – hat meist auch die Verwaltungsseite zu beantworten.

So müssen Aufträge wie z.B. Leistungsangebote im Bereich der gesetzlichen Sozialversicherung im Rahmen von Strategieprozessen hinterfragt werden, wenn das eigene Angebot nicht zwingend erforderlich ist für die Erfüllung des Leistungsauftrags. Auch wenn gesetzliche Vorgaben und definierte Rahmenbedingungen für die Mittel existieren, hat die Verwaltung deren zielgerichteten Einsatz auf Grundlage konkretisierter Strategien zu bestimmen.

Erfahrungsgemäß stellen diese Konkretisierungen (sozusagen bottom-up) auch eine wichtige Kommunikationshilfe an der Schnittstelle zwischen Verwaltung und Politik und zwischen Behörden dar.

8.2.1.2 Koordinationsobjekte und -inhalte definieren

Im Zusammenhang mit der Balanced-Scorecard-Erstellung im privatwirtschaftlichen Sektor sind wir bereits auf das Phänomen der Flughöhe eingegangen: Auf einem bestimmten Niveau der Behördenhierarchie oder innerhalb der Behörden kann ein Sachverhalt strategisches Ziel einer Balanced Scorecard sein, auf dem übergeordneten Niveau fungiert derselbe Sachverhalt dagegen als strategische Aktion. Mehr noch als im privatwirtschaftlichen Bereich kommt im Public Management aber nicht nur die Flughöhe, sondern auch die Flugrichtung zum Tragen. Sprich: Je nach Koordinationsobjekten und -inhalten gestalten sich die Balanced Scorecard und ihre Erstellung unterschiedlich.

Was bedeutet dies konkret? Nehmen wir das Beispiel einer Balanced Scorecard für ein Bundesland (die folgende Beschreibung lässt sich analog bspw. für Kommunen anwenden). Hier bestehen vier Optionen für die Koordinationsinhalte:

(1) Koordination des Regierungshandelns: Die Balanced Scorecard dient dann dazu, lediglich die Aktivitäten des Regierungschefs und seines Stabs multiperspektivisch und zielorientiert zu steuern. Hierzu liegen mittlerweile Beispiele nicht nur aus dem angelsächsischen Raum (vgl. Kaplan/Norton 2004a, S. 411 ff.) vor. Auch im deutschsprachigen Raum entsteht eine zunehmende Bereitschaft, sich mit der Konkretisierung von Strategien auch politisch auseinanderzusetzen. So haben wir bereits Projekte begleitet, in denen politische Strategien unter Einbeziehung der Öffentlichkeit erarbeitet wurden, um die Grundlagen für Umsetzung und Berichterstattung zu schaffen.

(2) Koordination des Handelns von Politik und öffentlicher Verwaltung: Die Balanced Scorecard dient dann dazu, die Aktivitäten der Politik und die Aktivitäten der öffentlichen Verwaltung miteinander zu verknüpfen. Isolierte Strategieprozesse innerhalb der Verwaltung sind mittlerweile abgestimmten Vorgehensweisen gewichen, da die Erkenntnis Raum greift, dass verwaltungsintern ein strategischer Interpretationsspielraum zwar gegeben, dieser aber doch im Ergebnis abstimmungsbedürftig ist. So ist die Einbindung der Politik – unmittelbar in die Diskussion oder mittelbar über bestimmte Abstimmungsprozesse – ein wesentlicher Bestandteil der Projektplanung. Die Grenze der politischen Einbindung wird innerhalb der Balanced-Scorecard-Prozesse bei der Erarbeitung der Strategy Map, also der Ursache-Wirkungs-Ketten, gezogen. Weitere Umsetzungsschritte bleiben der Verwaltung vorbehalten.

(3) Koordination des Handelns der Verwaltungen untereinander: Die Balanced Scorecard dient dann dazu, die Aktivitäten der einzelnen Ressorts oder Fachbereiche auf die gemeinsam vereinbarten Ziele hin auszurichten. Kaplan/Norton berichten in Strategy Maps über die Bedeutung der Balanced Scorecard für die Kommunikation und Abstimmung des U.K. Ministry of Defence für die Verhandlungen mit anderen Ressorts und insbesondere die Verhandlungen mit dem Finanzministerium. Auch unsere Erfahrungen weisen auf die Bedeutung der strategischen Schwerpunkte für die Abstimmungsprozesse hin. Denn gerade im öffentlichen Bereich mit seinem diversifizierten Leistungsangebot braucht es eine Fokussierung, um eine gemeinsame Ausrichtung mit überschaubarem Aufwand in effektiver Art und Weise zu bewerkstelligen. Neben der Fokussierung spielt die Sensibilisierung für die Ziele anderer Ressorts und Fachbereiche, für gemeinsame Interessen, aber auch für vorhandene oder drohende Zielkonflikte eine wichtige Rolle für ein effektives Verwaltungshandeln.

(4) Koordination des Handelns verschiedener Behördenebenen: Die Balanced Scorecard dient dann dazu, die Aktivitäten zwischen vorgesetzter und nachgeordneter Behörde oder innerhalb der Behörden konsistent zu gestalten und aufeinander abzustimmen. Wie unter Kap. 8.2.2 weiter beschrieben wird, ist in diesem Bereich ein breiter Erfahrungsschatz vorhanden, der zeigt, dass bei der sogenannten Kaskadierung der Balanced Scorecard die strategische Ausrichtung und das operative Handeln sehr effektiv und mit einem angemessenen Aufwand erfolgen kann.

Es versteht sich von selbst, dass die Balanced Scorecard je nach Definition der Koordinationsinhalte differenziert zu gestalten ist. Koordinationsfunktionen, wie die in Option (4) geschilderten, benötigen andere Perspektiven und andere Erstellungsprozesse als die in Option (2). Empirisch lassen sich noch keine Aussagen über die Konsequenzen unterschiedlicher Koordinationsinhalte für die Erstellung der Balanced Scorecard treffen, da sich die Erfahrungen auf die Option (3) und (4) (zumindest im deutschsprachigen Raum) beschränken. Die Ausgestaltung der Balanced Scorecard darf jedoch keinem starren Schema folgen, sondern muss individuell angegangen und ausgestaltet werden. Wichtig ist: Die Koordinationsinhalte determinieren die Koordinationsobjekte. Denn wer die Strategie verantwortet, muss an der Erstellung der Balanced Scorecard beteiligt sein. Dies hilft nicht nur bei der effektiven Erstellung einer Balanced Scorecard, sondern sichert die Akzeptanz des Instruments über alle Hierarchiestufen hinweg. Zahlreiche Aufgaben nachgeordneter Behörden werden von den Zielsetzungen des jeweils zuständigen Ministeriums bestimmt. Die Strategiehoheit liegt also nicht bei der Behörde allein. Sodann ist es aber notwendig, das Ministerium in die Erstellung einer Balanced Scorecard für die betroffene Behörde mit einzubeziehen.

Praxisbeispiel

Zur Frage, auf welchen politischen Ebenen und Behördenebenen welche Abstimmungsinhalte mit Hilfe der Balanced Scorecard angegangen werden können, liegen verschiedene praktische Erfahrungen vor: Von der Einbindung der Politik in die Entwicklung einer Fachstrategie und deren Umsetzung über die Abstimmung des Handels in einer kompletten Mittelbehörde auf Landesebene oder in einem Dezernat in der Kommunalverwaltung bis hin zur Abstimmung in kleinen Arbeitsbereichen sonstiger Organisationen. Grundsätzlich waren dabei immer folgende Fragestellungen zu klären:

➤ Wie gewährleisten wir den Einbezug der übergeordneten Sicht (Politik, Gesamtbehörde, Aufsichtbehörde)?

Auf allen Behördenebenen muss diese Schnittstelle über ein entsprechendes Gremium abgebildet werden, um die Akzeptanz und Umsetzbarkeit der Strategie sicherzustellen. Je autonomer die betrachtete Organisation, desto einfacher der Balanced-Scorecard-Prozess, da der Großteil der Diskussionen intern geführt werden kann. Zeitliche Verzögerungen durch Abstimmungen an den Schnittstellen lassen sich dadurch minimieren. Im besten Falle kann auf eine Balanced Scorecard der übergeordneten Organisation zurückgegriffen werden. In Abhängigkeit von den konkreten Rahmenbedingungen ist auch ein Einbezug politischer Vertreter in den Prozess der Balanced Scorecard möglich. Hier ist insbesondere die Rollenabgrenzung zu thematisieren. Wir haben in unseren Projekten gute Erfahrungen damit gemacht, politische Vertreter in die strategische Klärung und die Zielableitung einzubinden, die Aufstellung von Messgrößen, Zielwerten und Aktionen jedoch der Verwaltung zu überlassen. So entsteht ein strategischer Konsens, andererseits wird die Verwaltung nicht gegängelt, sondern hat einen klar umrissenen

Handlungsspielraum. Findet eine Einbindung der Politik statt, sollte eine regelmäßige Präsentation und Abstimmung der Zwischenergebnisse vorgesehen werden.

➢ Wie groß ist und auf welche Handlungsfelder bezieht sich unser strategischer Gestaltungsspielraum?

Der Handlungsrahmen der Balanced-Scorecard-Teams ist klar abzustecken. Grundsätzlich gilt, dass Gegenstand der Balanced Scorecard und Handlungskompetenz der Beteiligten insgesamt kongruent sein müssen. Es macht keinen Sinn, Expertenrunden ein politisches Thema über einen Balanced-Scorecard-Prozess konkretisieren zu lassen, wenn die Umsetzungsverantwortung nicht im Kreis der Teilnehmer liegt. Ebenso wenig ist es zielführend, für Teilbereiche der Organisation Themen der Personalentwicklung aufzugreifen, wenn keine entsprechende Kompetenz in diesem Bereich angesiedelt ist.

➢ Kann auf der gewählten Ebene eine alle Perspektiven umfassende Balanced Scorecard entwickelt werden? Wie kommunizieren wir den strategischen Handlungsbedarf in die Gesamtorganisation hinein?

In allen Projekten, bei denen Teilbereiche der Organisation angesprochen sind, begegnet man naturgemäß einem eingeschränkten strategischen Gestaltungsspielraum. Die Prüfung aller identifizierten Ziele auf Umsetzbarkeit und Verantwortlichkeit innerhalb des betrachteten Bereichs ist ein zwingender Punkt im Projektfortschritt. Im Ergebnis entsteht eine Dokumentation von Handlungsfeldern und möglichen strategischen Ausrichtungen, die in eine Balanced-Scorecard-Diskussion auf Ebene der Gesamtorganisation, der übergeordneten Behörden oder der Politik münden müssen.

8.2.2 Der Balanced-Scorecard-Prozess im öffentlichen Bereich

Strukturelle Unterschiede zwischen dem privatwirtschaftlichen und dem öffentlichen Bereich sind vorhanden, aber nicht unüberbrückbar. Im vorangegangenen Abschnitt haben wir solche Differenzen dokumentiert und den notwendigen Anpassungsbedarf dargestellt. Auch im öffentlichen Bereich ist die Balanced Scorecard in das Schalenmodell der Strategie eingebettet. Zur Orientierung dient folgendes Denkmodell, das bereits in Kapitel 4 dieses Buches vorgestellt wurde (vgl. Abb. 8.1).

➢ Die äußere Schale in der Abbildung stellt den Umfeldkontext dar, innerhalb dessen die jeweilige Einrichtung agiert. Wesentliche Elemente dieses Kontextrahmens sind der einer Organisation übertragene bzw. von ihr übernommene Aufgabenbereich, die ihr gegenüberstehenden Kunden und Anspruchsgruppen, etwaige andere Akteure sowie wichtige Entwicklungen dieser und anderer Elemente des Rahmens. Die Einordnung in einen bestimmten Kontext stellt eine der grundlegenden Entscheidungen für die Ausrichtung der Organisation dar. Neuausrichtungen auf dieser Ebene finden für einzelne Einrichtungen jedoch in der Regel sehr selten statt. Daher wird die Beschäf-

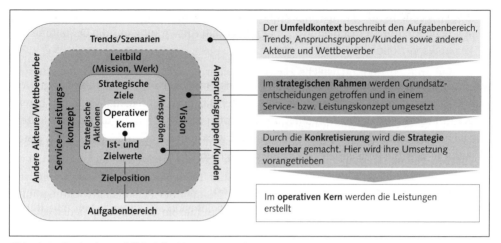

Abb. 8.1: Strategiemodell Public Management

tigung mit den damit verbundenen Aspekten im Sinne einer aktiven Gestaltung für die Mehrzahl öffentlicher und Non-Profit-Einrichtungen Ausnahmecharakter haben.

➤ Der Strategische Rahmen beinhaltet die grundsätzliche Ausrichtung der jeweiligen Behörde oder Einrichtung. Hier sind Konzepte wie Leitbild, Mission oder Vision angesiedelt, in denen Aussagen zur dauerhaften oder langfristigen Zukunftsgestaltung sowie zu den Werten einer Organisation niedergelegt sind. Im Rahmen eines Visionspapiers wird häufig die Frage beantwortet, wie die Organisation in 10, 12 oder 15 Jahren aussehen und arbeiten soll. Das Service- und Leistungskonzept beschreibt, welche Leistungen die Einrichtung ihren Kunden oder Adressaten bereitstellen will und was die konstituierenden Eigenschaften der Leistungserstellung sein sollen. Die Positionierung einer Kommunalverwaltung als »bürgerfreundlicher Dienstleistungsbetrieb« findet z.B. genau auf dieser Ebene statt. Die strategische Ausrichtung setzt daher oft hier an.

➤ In der Schale der Strategiekonkretisierung und Strategische Steuerung wird nun die grundsätzliche Ausrichtung der Verwaltung oder Organisation in konkrete, mittel- und langfristig zu verfolgende Ziele heruntergebrochen. Diskutiert wird dabei zudem, wie die Erreichung dieser Ziele überprüft und gesteuert werden soll. Letztlich wird hier im Zuge der Strategieumsetzung auch die Frage beantwortet, welche strategisch orientierten Aktionen und Projekte erforderlich sind, um die angestrebte Ausrichtung zu realisieren. Hierzu ist es wichtig, die strategischen Aussagen und Richtungsentscheidungen möglichst konkret in Bezug auf die operative Leistungserbringung zu übersetzen und zu konkretisieren. Dies sollte soweit geschehen, dass sich die Gestaltung und das Management des operativen Kerns beinahe nahtlos an die strategische Steuerung anschließt.

➤ Im Operativen Kern findet schließlich das Tagesgeschäft der jeweiligen Einrichtung statt. Seine Planung ist daher nicht strategischer, sondern operativer Natur. Hier wird die Erstellung, Steuerung und Budgetierung der Verwaltungsprodukte und Dienstleistungen betrachtet. Es ist wichtig, zu verstehen, dass die strategische Ausrichtung wesentliche Richtungsentscheidungen beinhaltet, die Auswirkung auf die Gestaltung des Leistungsportfolios und der Produkte haben.

Auf Basis unserer umfangreichen Projekterfahrung entwickelten wir das fünfphasige Horváth & Partners-Modell zur Implementierung einer Balanced Scorecard. Wir haben bereits ausgeführt, dass wir dieses Vorgehen auch im öffentlichen Bereich für sinnvoll halten. Wie sich der Prozess der Balanced-Scorecard-Entwicklung im öffentlichen Bereich gestaltet, wird in den nachfolgenden Abschnitten ausgeführt.

◆ Phase 1: Organisatorischen Rahmen schaffen

Inhaltlich geht es einerseits um die Klärung, für welche Organisationseinheit eine Balanced Scorecard entwickelt wird, andererseits geht es um den grundsätzlichen Aufbau der Balanced Scorecard, d.h. um die Frage, aus welchen Perspektiven sich die Balanced Scorecard zusammensetzt. Die Erstellung und Umsetzung einer Balanced Scorecard wird in der Regel als Projekt organisiert, so dass eine Phase der Projektplanung erforderlich ist.

◆ Phase 2: Strategische Grundlagen klären mit Hilfe der strategischen Analyse

Die Balanced Scorecard dient als Instrument zur Strategieumsetzung. Deshalb müssen zwangsläufig zunächst die strategischen Grundlagen geklärt sein, die mit Hilfe einer Dokumentenanalyse, strukturierten Interviews und im Rahmen von Workshops erarbeitet werden.

◆ Phase 3: Balanced Scorecard entwickeln

Das Kernstück der Strategieimplementierung, nämlich das Entwickeln einer Balanced Scorecard, stellt im öffentlichen genauso wie im privatwirtschaftlichen Bereich einen wichtigen Teil zur Strategieumsetzung dar. Das Entwickeln einer Balanced Scorecard gliedert sich grundsätzlich in fünf Schritte: Erstens, die strategischen Ziele zu konkretisieren, zweitens, diese durch Ursache-Wirkungs-Ketten zu verknüpfen und in einer Strategielandkarte (Strategy Map) übersichtlich darstellen, drittens, geeignete Messgrößen auszuwählen, viertens, auf Basis von Ist-Werten die jeweiligen Zielwerte festzulegen und fünftens, strategische Aktionen zu bestimmen.

◆ Phase 4: Organisation strategieorientiert ausrichten

Kaskadierung bedeutet, die Balanced Scorecard als Steuerungsinstrument innerhalb einer Organisation auf allen Hierarchieebenen zu konkretisieren und zu verbreiten. Ziel ist, alle Bereiche der Organisation auf die gemeinsame Strategie und Zielerreichung auszurichten und deren Beiträge zur Strategieumsetzung herauszuarbeiten.

◆ Phase 5: Kontinuierlichen Balanced-Scorecard-Einsatz sicherstellen

Die Balanced Scorecard kann ihre Effektivität nur dann beweisen, wenn sie angewendet und mit bestehenden Steuerungsinstrumenten verknüpft wird – und zwar dauerhaft.

So müssen z.B. Ziele oder Aktionen aus der Balanced Scorecard in die Zielvereinbarung überführt werden oder die Messgrößen aus der Balanced Scorecard im Berichtswesen verankert werden.

Wenn wir im Folgenden den Balanced-Scorecard-Prozess erläutern, dann gehen wir vornehmlich auf solche Punkte ein, in denen sich der öffentliche Sektor vom privatwirtschaftlichen unterscheidet. Für alle anderen Themen gilt: Was für die Balanced Scorecard des Private Management gesagt wurde, kann für die Public-Balanced-Scorecard nur wiederholt werden (darauf aber wollen wir verzichten und verweisen auf die entsprechenden vorangegangenen Kapitel zu den jeweiligen Fragestellungen).

8.2.2.1 Phase 1: Organisatorischen Rahmen schaffen

Welche Voraussetzungen müssen in der Organisation bestehen, um eine erfolgreiche Balanced-Scorecard-Einführung sicherzustellen?

Bei der Schaffung des organisatorischen Rahmens sind zwei Punkte zu beachten: Zum einen die Bestimmung konzeptioneller Regeln der Balanced Scorecard, die bei allen Einheiten im Rahmen der Balanced-Scorecard-Einführung beachtet werden müssen. Dazu gehören insbesondere die Festlegung der Perspektiven und die Entscheidung, für welche Organisationseinheiten Balanced Scorecards entwickelt werden sollen. Hier gilt der Grundsatz, dass eine klare organisatorische Verantwortung herrschen muss, um eine Balanced Scorecard zu entwickeln. So macht es keinen Sinn, übergreifende Themen zu konkretisieren, ohne die Fachressorts einzubinden, die für die Umsetzung zuständig sein werden.

Das auffallendste Spezifikum der Balanced Scorecard im öffentlichen Bereich ist ihr Aufbau. Hinsichtlich der Architektur der Balanced Scorecard stellt sich die Frage: Welche Perspektiven soll man im öffentlichen Bereich wählen? Tatsächlich kann man für die meisten öffentlichen Verwaltungen eine Dominanz der Finanzperspektive nicht akzeptieren (obgleich das auf gar keinen Fall den Verzicht auf eine Finanzperspektive bedeuten darf!). Wir haben in der Vergangenheit mit unseren Kunden fünf Perspektiven herangezogen. Zusätzlich zu den klassischen vier (Finanzen, Kunden, Prozesse, Mitarbeiter) kommt die Perspektive »Leistungsauftrag« hinzu, die die Frage nach dem politischen und gesetzlichen Auftrag, den eine Verwaltungseinheit zu erfüllen hat, aufgreift (vgl. Abb. 8.2).

Zum anderen gelten für Balanced-Scorecard-Implementierungsprojekte selbstverständlich die Regeln eines bewährten Projektmanagements, d.h. die Festlegung einer Projektorganisation, eines Projektablaufs, die Entwicklung eines Informations- und Kommunikationskonzepts, das Setzen der Methodenstandards und die Beachtung kritischer Erfolgsfaktoren. Aufgrund der starken Einbindung der Führungskräfte kommt dem Projektmanagement in Balanced-Scorecard-Projekten eine zentrale Bedeutung zu.

Wie muss die Workshopgruppe zusammengesetzt sein?

Für einen erfolgreichen Balanced-Scorecard-Prozess mit belastbaren Ergebnissen muss insbesondere die Führungsebene der jeweiligen Organisationseinheit als Machtpromotor

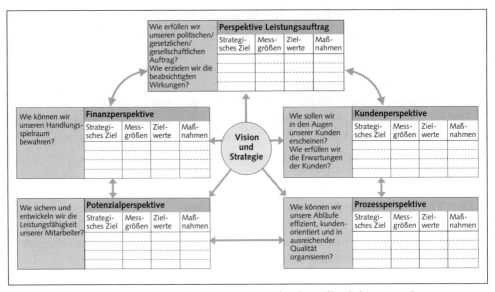

Abb. 8.2: Balanced-Scorecard-Standard-Perspektiven für den öffentlichen Bereich

und letztendlicher Entscheider in die Workshops einbezogen werden. Ansonsten besteht die Gefahr, dass die Workshopteilnehmer ohne die notwendige Rückendeckung agieren und dementsprechend zurückhaltend bleiben, weil sie befürchten, dass die Ergebnisse des Prozesses von der Führung nicht akzeptiert und umgesetzt werden. Ziele, Messgrößen und strategische Aktionen werden dann entweder zu allgemein und unverbindlich formuliert oder weichen von der Vorstellung der Leitung ab. Zusätzlich sind fachliche Experten – meist Führungskräfte der zweiten Ebene – in die Workshops einzubinden.

Als methodische Begleiter – auch im Sinne der Entwicklung weiterer Moderatoren – im Prozess und in der späteren Umsetzung sind zusätzlich die Controller der jeweiligen Organisationseinheit Workshopteilnehmer. Zur Sicherung der Akzeptanz der Mitarbeiter und zur Vermeidung von Gerüchteküchen sollte auch dem Personalrat die Tür zum Balanced-Scorecard-Prozess offenstehen.

Der Teilnehmerkreis – wenn irgend möglich – sollte zehn Personen nicht überschreiten. Aufgrund der Erfahrungen wird folgende Zusammensetzung für die Workshops empfohlen:

➢ Leitung und Stellvertretung der jeweiligen Organisationseinheit,
➢ Führungskräfte der zweiten Ebene,
➢ Controlling,
➢ Moderator, Balanced-Scorecard-Koordinator.

Über den gesamten Prozess ist eine konstante Zusammensetzung der Gruppe zu gewährleisten; Vertretungen stören den Prozess und reduzieren die Qualität der Ergebnisse. Hier ist es insbesondere Aufgabe der Führungskraft des jeweiligen Balanced-Scorecard-Bereichs, ihre Führungsmannschaft zu motivieren und die Bedeutung der Workshops herauszustellen.

Interne Projektmitarbeiter müssen ausreichend Kapazität haben und zeitlich verfügbar sein. Insbesondere bei den teilnehmenden Führungskräften ist die Verfügbarkeit für die Erarbeitung bzw. Abstimmung und Verabschiedung der Balanced Scorecard erfolgskritisch. Eine kontinuierliche personelle Besetzung muss sichergestellt sein.

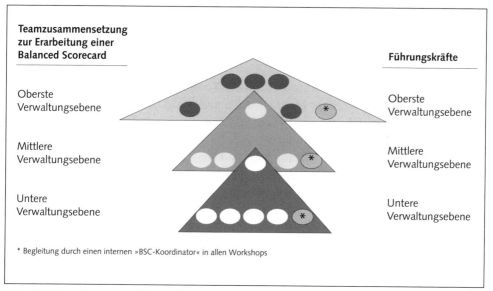

Abb. 8.3: Teambesetzung der Workshops (Beispiel)

Für einen erfolgreichen Balanced-Scorecard-Prozess benötigt man eine methodisch erfahrene, analytisch denkende und im Umgang mit Gruppen routinierte Person, die den Diskussionsprozess moderiert und dafür sorgt, dass die notwendigen Ergebnisse am Ende der Workshops vorliegen. Im Sinne der Effektivität der Workshops ist grundsätzlich ein Moderatorenteam aus zwei Personen sinnvoll, die im Wechsel Moderations- und Dokumentationsaufgaben wahrnehmen. Gerade bei größeren Gruppen ermöglicht das die Konzentration des Moderators auf die Gruppe. Auch wenn man kein Team einsetzen will, sollte man zumindest eine »Assistenz« für die Dokumentation einbinden.

Der Moderator sollte seine Fähigkeiten und Erfahrungen in der Begleitung anderer Prozesse gesammelt haben, bevor er selbst aktiv wird. Daher bietet es sich an, jeweils erfahrene Kollegen mit »Anfängern« in den Moderatorenteams zusammenzubringen. Dadurch entsteht mit der Zeit ein Pool an Personen, die für Folgeprozesse herangezogen werden können.

Der Einsatz externer Moderatoren ergibt Sinn, wenn

➤ Balanced-Scorecard-Prozesse erstmals durchlaufen werden und daher noch eine spezifische Ausgestaltung für die jeweilige Organisation geschaffen werden muss. Der Erfahrungsschatz eines Externen kann helfen, Anfangsfehler zu vermeiden und schnell zu Ergebnissen zu kommen;

➢ wenn die Neutralität und Objektivität eines Externen notwendig ist für eine unbelastete und hierarchiefreie Diskussion. Interne Moderatoren sind hier oft dem Vorwurf von Parteilichkeit ausgesetzt oder aufgrund ihrer hierarchischen Einordnung nicht in der Lage, ihre Moderatorenfunktion umfassend wahrzunehmen. Für Interne kann es auf den oberen Führungsebenen schwierig werden, ihre Moderatorenrolle gegenüber den Führungskräften wahrzunehmen;

➢ wenn man nicht über ausreichende Kapazitäten verfügt, um die Prozesse konsequent zu begleiten.

Welche Aufgaben hat der Balanced-Scorecard-Koordinator?

Die Erfahrung hat gezeigt, dass es einen »Kümmerer« – oder formeller ausgedrückt einen Balanced-Scorecard-Koordinator – geben muss, der das Zusammenspiel aller Beteiligten abstimmt, die Termine koordiniert und die Infrastruktur organisiert. Er begleitet den Balanced-Scorecard-Prozess methodisch und sorgt für die Kommunikation innerhalb des Balanced-Scorecard-Bereichs. In der Umsetzung der Balanced Scorecard ist er verantwortlich für die termingerechte Bereitstellung der Informationen zu den Berichts- und Überarbeitungszyklen, welche er auch organisiert, koordiniert und inhaltlich vorbereitet. Für die Berichte übernimmt er eine Qualitätssicherungsfunktion. Der Balanced-Scorecard-Koordinator überwacht das Umsetzungscontrolling der Aktionen innerhalb des Bereichs. Er unterstützt die Leitung bei der Anbindung der Bereichs-Balanced-Scorecard an übergeordnete Ziele.

Der Balanced-Scorecard-Koordinator und der Moderator können in einer Person vereint sein, jedoch empfehlen wir, zwei unterschiedliche Personen zu benennen, die z.B. gemeinsam den Prozess moderieren.

8.2.2.2 Phase 2: Strategische Grundlagen klären mit Hilfe der strategischen Analyse

Wie können die strategischen Grundlagen im öffentlichen Umfeld geklärt werden?

Das Umfeld der Verwaltung ist mit dem eines Unternehmens am freien Markt nicht 1:1 vergleichbar. Die Verwaltung hat u.a. gesetzlich klar definierte Aufträge zu erfüllen. Aufgrund ihrer Alleinstellung ist sie keinem unmittelbaren Marktwettbewerb ausgesetzt. Viele Fragen klassischer Strategieentwicklung, wie z.B. die Entwicklung von Geschäftsfeldportfolios oder der Aufbau von Unterscheidungsmerkmalen zu Wettbewerbern zur Positionierung, sind für die Verwaltung nachrangig. Zwar ließen sich z.B. für die Stadtentwässerung einer Kommune durchaus Gebührenumsätze heranziehen, jedoch lassen sich auf dieser Grundlage kaum sinnvoll strategische Aussagen generieren. Die Erzielung von Gebühreneinnahmen ist in diesem Fall lediglich Nebeneffekt einer zur Daseinsvorsorge wahrgenommenen Aufgabe. Der Anteil frei wählbarer strategischer Ziele ist in der öffentlichen Verwaltung erheblich geringer als in der Privatwirtschaft.

Andererseits gibt es eine Reihe von Aspekten der Strategieentwicklung, welche auch für die Verwaltung von unmittelbarer Relevanz sind. Dies kann je nach Bedarf und Wunsch der Führungskräfte von der Entwicklung eines Leitbildes über die Durchführung einer strategischen Analyse von Stärken/Schwächen und Chancen/Risiken sowie einer Trend- und Szenarioanalyse bis hin zur Definition strategischer Stoßrichtungen auf Grundlage der strategischen Analyse reichen.

Bevor mit Hilfe der Balanced Scorecard strategische Ziele abgeleitet und in strategische Aktionsprogramme überführt werden, muss die Strategie geklärt werden.

Es muss sichergestellt sein, dass

1. eine gemeinsame Strategie des betrachteten Bereichs vorliegt,
2. die vorliegende Strategie aktuell ist,
3. die Strategie vollständig und weitgehend widerspruchsfrei ist und
4. ein gemeinsames Verständnis der Strategie vorhanden ist.

Grundlage für die Strategie im öffentlichen Bereich sind typischerweise Regierungserklärungen, Koalitionsvereinbarungen und Parteiprogramme. Aus diesen leiten sich in der Regel die Strategien von Behörden und öffentlichen Organisationen ab.

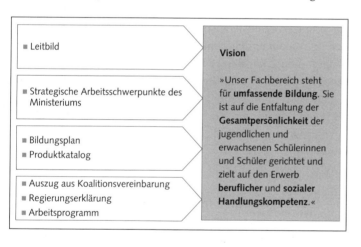

Abb. 8.4: Beispiel der strategischen Klärung im Fachbereich »Berufliche Schulische Bildung« im Kultusministerium

Trend- und Szenarioanalyse

Die Trend- und Szenarioanalyse ist eine Methode, um die langfristigen und übergreifenden Entwicklungen (Trends) zu erfassen und zu erkennen, welche Auswirkungen sie für die jeweilige Behörde oder Einrichtung haben können. Dazu wird zunächst gefragt, welche Trends und langfristigen Entwicklungen erkennbar sind, die für die betrachtete Organisation relevant sein können. In Betracht kommen hier vor allem Entwicklungen auf den Gebieten Gesellschaft, Politik, Wirtschaft, Technologie oder Wissenschaft. Das Erkennen von Trends erfordert regelmäßig einen sehr guten, breiten und gleichzeitig weit in die Zukunft reichenden Überblick über die wesentlichen Rahmenbedingungen. Aussagen zu spezifischen Entwicklungen z.B. für eine Region oder Stadt setzen in der Regel ein hohes Maß an Expertise voraus, über das die wenigsten Organisationen in den eigenen Reihen verfügen. Daher hat es sich in der Praxis bewährt, in dieser Phase auf externes Know-how zurückzugreifen. Dies geschieht beispielsweise durch den Erwerb von Studien, die von spezialisierten Instituten zu bestimmten Themen erstellt werden. In anderen Fällen werden einschlägige Experten in die Analysephase eingebunden. Das Ergebnis ist eine Darstellung möglicher und für die strategische Ausrichtung relevanter Trends. Zumeist sind die dabei formulierten Aussagen noch relativ unspezifisch und lassen keine direkten Schlüsse auf eine geeignete Reaktion im Rahmen der strategischen Ausrichtung zu. So kann beispielsweise aus der Prognose, dass eine Region in der Zukunft mit einem verstärkten Zuzug von Senioren rechnen muss, noch keine schlüssige Strategie abgeleitet werden.

Dazu sind die in der Trendanalyse gewonnenen, unabhängig nebeneinander stehenden Erkenntnisse miteinander und mit der betrachteten Einrichtung in Beziehung zu bringen. Dies geschieht im Rahmen der Szenarioanalyse (vgl. Welge/Al-Laham 1999, S. 294ff.). Die identifizierten Trends und Entwicklungen werden dabei zu konsistenten Szenarien gebündelt (vgl. Abb. 8.5). Es werden sozusagen in sich selbst widerspruchsfreie »Zukunftspakete« geschnürt. In den meisten Fällen werden verschiedene alternative Szenarien gebildet, um unterschiedliche Zukunftsentwicklungen abzudecken. Bekannt ist etwa die Bildung von Worst-Case-, Best-Case- und Realistic-Case-Szenarien. Für jedes der gebildeten Szenarien wird in der sogenannten Folgenabschätzung anschließend diskutiert, welche Auswirkungen sich aus seinem jeweiligen Eintritt auf die Arbeit der eigenen Einrichtung, ihre Leistungsfähigkeit sowie ihr Überleben ergeben würden. Dabei wird unterstellt, dass keine Korrektur- oder Gegenmaßnahmen ergriffen würden. Auf diese Weise entsteht ein Bild davon, wie sich alternativ mögliche, übergreifende Veränderungen des Umfeldkontextes auf die Organisation auswirken würden.

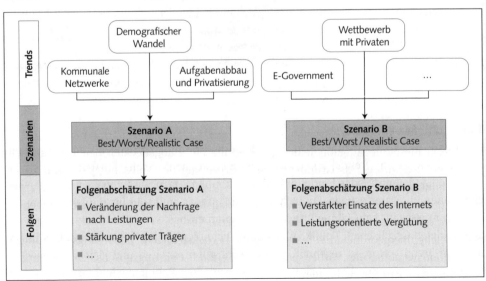

Abb. 8.5: Szenarioanalyse

Strategiecheck und SWOT-Analyse: Wo steht die Organisation?

Auf die Schwierigkeiten von Politik und öffentlicher Verwaltung im Umgang mit Strategie (bzw. exakter: mit dem Begriff der Strategie) wurde zuvor bereits eingegangen. In den Verwaltungen wie auch im politischen Raum existieren häufig strategische Ansätze, ohne dass sie als solche wahrgenommen werden. Welche Konsequenzen für die Implementierung einer Balanced Scorecard lassen sich auf dieser Basis festmachen? Zwei Fragen stehen im Mittelpunkt der Klärung strategischer Grundlagen im öffentlichen Bereich:

➤ *Was* und *welches* sind die Strategien, strategischen Dokumente und strategischen Prozesse?

➤ *Wer* verantwortet die Strategien, strategischen Dokumente und strategischen Prozesse?

Die Bedeutung der Was-Frage ist im öffentlichen Bereich – aufgrund der oftmals fehlenden Thematisierung von Strategie – sicher weitaus größer als in der Privatwirtschaft. Die Balanced Scorecard setzt Strategien um; das bedeutet zugleich: ohne Strategie keine Balanced Scorecard.

Mit Hilfe einer Dokumentenanalyse, strukturierter Interviews und im Rahmen von Workshops können die strategischen Grundlagen geklärt und, wo nötig, entwickelt werden. Das benötigt zunächst die Dokumentation des strategischen Status, also eine Antwort auf die Frage: Was haben und was tun wir bereits, das der Strategiefindung und -definition dient bzw. strategische Elemente enthält? Wie mehrfach betont: Politik und öffentliche Verwaltung arbeiten nicht selten strategisch, verzichten aber häufig auf eine entsprechende Betitelung. Gerade deshalb fordern wir in Projekten immer wieder eine offene strategische Ist-Aufnahme. Beispielsweise führen kommunale Gremien Klausursitzungen durch, die einerseits eine atmosphärisch-persönliche Zielsetzung verfolgen, andererseits aber auch langfristige inhaltliche Themen zum Gegenstand haben. Die Ergebnisse solcher Klausuren besitzen in aller Regel strategischen Charakter und stellen damit eine wertvolle Grundlage im Entwicklungsprozess einer Balanced Scorecard dar.

Der Strategiecheck besteht zum einen aus der Ist-Aufnahme bestehender strategischer Grundlagen und damit der Schaffung einer verlässlichen Basis für die Strategiediskussion und die Implementierung der Strategie. Zum anderen sollten folgende Punkte bzw. Fragen geklärt werden:

➤ Gibt es schon eine verabschiedete Vision und Strategie für die Organisation?

➤ Deckt diese alle Aufgabenfelder ab? Sind die nicht abgedeckten Bereiche strategisch ohne Bedeutung? Als Grundlage zur Überprüfung der Vollständigkeit kann z.B. ein Produktkatalog dienen.

➤ Wurden bereits früher Strategierunden/-klausuren durchgeführt? Welche Ergebnisse kamen heraus, wie wurden diese umgesetzt?

➤ Welche übergeordneten Vorgaben sind zu berücksichtigen? (Regierungserklärung, Koalitionsvereinbarung, Arbeitsprogramm, Leitbild, Führungsgrundsätze, Zielvorgaben für den nachgeordneten Bereich)

➤ Welche Vorgaben sind innerhalb der Organisation zu beachten? (Ergebnisse aus vor-

---

Checkliste zur strategischen Klärung

1. Strategische Grundlagen

- Welche Grundlagen liegen für eine Diskussion der Strategie vor?
    - Leitbild und Grundsätze der Führung und Zusammenarbeit ☐
    - Frühere Strategierunden und Dokumentationen
        - Wurden bereits Mitarbeiterinnen informiert? ☐
        - Fanden bereits Mitarbeiter-/Kundenbefragungen statt? ☐

- Wie ist die Rollenverteilung bei der Strategiebildung?
    - Rolle der Führung/politischer Themen
        - Auch zuständig für interne Ziele wie Prozesse, IT-Ausstattung und Mitarbeiterentwicklung? ☐
        - Gibt es Konflikte um strategische Themen in der Politik und Verwaltungsführung? ☐
        - Wie ist die Rolle der Verwaltung gegenüber der Politik? ☐

- Wie ist die Führungskultur im Hause? _____

- Sind die Kunden eindeutig und unstrittig abgegrenzt? Wer sind diese? _____

- Welche wichtigen Projekte laufen momentan? Welche davon werden als strategisch relevant eingestuft?
    - Projekt 1: Thema und Inhalt, Zeitraum von – bis..., Verantwortliche, Beteiligte, strategische Bedeutung (ja/nein) _____
    - Projekt 2:...... _____
    - Projektkriterien: Laufzeit > 3 Monate, festes Budget, Anfang und Ende... _____

- Wie sieht das aktuelle Berichtswesen aus? _____

- Gibt es bereits bestimmte Schlüsselkennzahlen, mit denen gesteuert wird? _____

...

Abb. 8.6: Beispiel eines Fragebogens zur Durchführung strukturierter Interviews (Auszug)

angegangenen Klausuren, Arbeitsprogramm, Arbeitsschwerpunkte, Leitlinien, Produktplan, Ergebnisse aus diversen Umfragen bei Kunden und Mitarbeitern)

➤ Ist die Strategie bekannt und wird sie von allen Führungskräften und Mitarbeitern gleich interpretiert?

➤ Wie ist die Führungskultur?

➤ Sind die Kunden eindeutig und unstrittig abgegrenzt? Wer sind diese?

➤ Welche wichtigen Projekte laufen aktuell? Welche davon werden als strategisch relevant eingestuft?

➤ Wie sieht das aktuelle Berichtswesen aus?

➤ Gibt es bereits bestimmte Schlüsselkennzahlen, mit denen gesteuert wird?

Aus all diesen Grundlagen muss jetzt eine strategische Grundausrichtung definiert werden. Eine Vision stellt einen zukünftigen Wunschzustand dar. Sie zeigt auf, wohin die Organisation als Ganzes gehen will. Eine Vision soll nach innen begeistern und die Mitarbeiter motivieren. Sie besteht nicht aus Schlagwörtern, sondern aus aneinandergereihten Sätzen. Hilfreich ist, wenn schon ein Vorschlag ausformuliert wird, der dann mit den Führungskräften im Rahmen eines Workshops abgestimmt wird. Dies gibt den Beteiligten die Gelegenheit, ihre Meinungen zu äußern, an den Formulierungen zu feilen und ggf. noch weitere Aspekte einzubringen. Dieses Vorgehen stellt sicher, dass die Vision von den Führungskräften akzeptiert wird.

Inhalte der Vision sind die Antworten auf diese Fragen:

➤ Wer sind wir?
➤ Was bieten wir?
➤ Welches sind unsere Grundsätze?
➤ Wo wollen wir in zehn Jahren stehen?

In folgender Vision des Fachbereichs »Berufliche Schulische Bildung« im Kultusministerium finden sich bereits alle Perspektiven wieder. Dies erleichtert anschließend die Ableitung der strategischen Stoßrichtungen sowie in der Folge die der Ziele.

Unser Fachbereich steht für **umfassende Bildung**. Sie ist auf die Entfaltung der **Gesamtpersönlichkeit** der jugendlichen und erwachsenen Schülerinnen und Schüler gerichtet und zielt auf den Erwerb **beruflicher** und **sozialer Handlungskompetenz**. Wir befähigen zu **lebenslangem Lernen**, qualifizieren für die **Anforderungen der Wirtschaft** und fördern die **gesellschaftliche Integration**.

Unser Fachbereich steht für eine **nachhaltige Verbesserung der Qualität** der von den beruflichen Schulen erbrachten **Dienstleistung** »berufliche Bildung«.

Im Sinne einer effizienten und effektiven Organisation des beruflichen Schulwesens verfolgen wir das Ziel der **Stärkung der Eigenständigkeit der beruflichen Schulen**.

Wir fördern die **Motivation** und die **Zusammenarbeit** der Lehrkräfte, Mitarbeiterinnen und Mitarbeiter unseres Fachbereichs vor allem über eine Delegation von Verantwortung, die gemeinsame Festlegung von Zielen und den Ausbau von Unterstützungssystemen.

Wir stärken das **Bewusstsein**, dass berufliche Bildung sowohl im nationalen als auch im internationalen Kontext eine **zentrale Zukunftsinvestition** darstellt.

Abb. 8.7: Vision des Fachbereichs »Berufliche Schulische Bildung« im Kultusministerium

Die SWOT-Analyse stellt eines der am häufigsten verwendeten, wenn nicht sogar das am häufigsten eingesetzte Verfahren der strategischen Analyse dar. Dies hängt sicherlich damit zusammen, dass sie sehr unkompliziert anzuwenden ist und eine Möglichkeit darstellt, Führungs- und Fachkräfte in einem interaktiven Workshop ihre Einschätzungen austauschen zu lassen.

Konkret wird dabei gefragt, welches die für den Bereich relevanten Stärken (Strengths), Schwächen (Weaknesses), Chancen (Opportunities) und Risiken (Threats) sind, wie diese im Hinblick auf die strategische Entwicklung zu beurteilen sind und welche Konsequenzen sich daraus für den Bereich ergeben können. Gemäß dem Grundkonzept der SWOT-Analyse beziehen sich die Kategorien Stärken und Schwächen dabei auf die internen Aspekte, während Chancen und Risiken externe Faktoren beschreiben sollen. Die SWOT-Analyse hat sich in der Praxis als sehr wirkungsvolles Instrument erwiesen.

Unabhängig davon, welche Methodik zur Ideengenerierung eingesetzt wird, entsteht in dieser Phase keinesfalls eine umsetzbare Strategie. Vielmehr können die entwickelten Ideen nur einen Einstieg in die Formulierung vollständiger und umfassender Strategien bilden. Erforderlich ist es dazu, die Strategie-Ideen auf Basis der Ergebnisse der strategischen Analyse zu bewerten und hinsichtlich ihres Beitrags zur Erreichung der Vision zu beurteilen. Ein bewährtes Raster, um diese Spiegelung an den Ergebnissen einer SWOT-Analyse vorzunehmen, zeigt die abgebildete Matrix zur Ableitung sogenannter Strategischer Stoßrichtungen (vgl. Abb. 8.9).

Stärken/Strengths	Schwächen/Weaknesses
▪ Handlungsorientierter Unterricht ▪ Kooperation mit Dualpartnern ▪ Innovationskraft ▪ Personalqualität und -prozesse	▪ Stellenwert der berufl. Qualifikation ▪ Ansehen/Akzeptanz ▪ Informationstechnologie ▪ Kommunale Schulträgerschaft

Chancen/Opportunities	Risiken/Threats
▪ Kommunikationskultur ▪ Mangelnde Schulleistungskontrolle ▪ Unterfinanzierung ▪ Verantwortungskonzept passt nicht	▪ Fachverantwortung ohne Ressourcen ▪ Wirtschaftsabhängigkeit ▪ Dezentralisierung/Zentralisierung ▪ Mehr »Schwierige SchülerInnen«

Abb. 8.8: Ausgewählte SWOT aus dem Kultusministerium

	Stärken/Strengths	Schwächen/Weaknesses	
Chancen/Opportunties	**SO-Strategie** Nutze deine Stärken, um deine Chancen zu nutzen	**WO-Strategie** Überwinde deine Schwächen, um die Chancen zu nutzen	Aktiv-Strategien
Risiken/Threats	**ST-Strategie** Nutze deine Stärken, um Risiken zu vermeiden	**WT-Strategie** Minimiere deine Schwächen, um damit Risiken zu vermeiden	Reaktiv-Strategien
	Stärkenorientierte Strategien	**Schwächenorientierte Strategien**	

Abb. 8.9: SWOT-Analyse – Matrix zur Ableitung strategischer Stoßrichtungen

In den vier Feldern lassen sich strategische Stoßrichtungen entwickeln, um den Risiken zu begegnen, die Chancen zu ergreifen sowie Stärken zu nutzen und Schwächen zu überwinden.

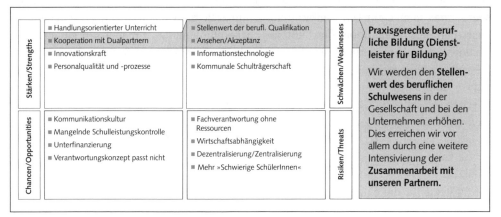

Abb. 8.10: Ableitung strategischer Stoßrichtungen aus der SWOT

8.2.2.3 Phase 3: Balanced Scorecard entwickeln

Eine Balanced Scorecard muss auf einer verlässlichen und aussagefähigen Strategie aufsetzen, damit man nicht »auf Sand« baut. Auch wenn die Klärung der strategischen Grundlagen nicht Teil des Balanced-Scorecard-Prozesses (im engeren Sinne der Strategiekonkretisierung und -operationalisierung) ist, ist sie ein Erfolgsgarant und unabdingbare Voraussetzung für den Prozess. Vision und strategische Stoßrichtungen müssen, bevor man in den Balanced-Scorecard-Prozess einsteigt, definiert sein.

Der Aufbau einer Balanced Scorecard erfolgt über fünf Schritte:

➢ Konkretisierung der strategischen Ziele,
➢ Verknüpfung der strategischen Ziele in einer Strategy Map (Strategielandkarte),
➢ Auswahl der Messgrößen,
➢ Festlegung der Zielwerte,
➢ Bestimmung der strategischen Aktionen.

Die Bearbeitung dieser fünf Schritte stellt auch im öffentlichen Bereich den Kern einer Balanced-Scorecard-Implementierung dar. Das Ergebnis, dargestellt in Tabellen, Ursache-Wirkungs-Darstellungen und Beschreibungen, sorgt für ein einheitliches Verständnis der Strategie und bildet den Ausgangspunkt für ein kontinuierliches Monitoring der Strategieumsetzung.

Wie werden strategische Ziele abgeleitet?

Mit der Definition der Perspektiven ist die Grundlage geschaffen, um die strategischen Ziele aus der Strategie abzuleiten. Eines der größten Probleme liegt bei diesem Schritt in der Fokussierung auf solche Ziele, die tatsächlich die strategische Ausrichtung und Entwicklung unterstützen. Die im Balanced-Scorecard-Konzept verankerte Beschränkung auf rund 20 Ziele, verteilt auf die Perspektiven, hält dem Führungsteam der Verwaltungseinheit immer wieder vor Augen, dass Strategie eben auch die Entscheidung darüber bedeutet, was man nicht tut. Balanced-Scorecard-Ziele sind die wenigen entscheidenden Ziele, von denen der Erfolg der Strategie nachhaltig abhängt – man kann sie auch als die wichtigsten Veränderungsziele bezeichnen. Denn die Balanced Scorecard soll ja nicht ein vollständiges Abbild aller Aktivitäten in der Organisation sein. Sie soll nicht die operativen Controllingsysteme ersetzen. Diese sind weiterhin erforderlich, um das operative Geschäft zu steuern. Ziel der Balanced Scorecard ist, die strategisch bedeutenden Themen und Ziele »herauszufiltern« und über konkrete Kennzahlen messbar und damit auch plan- und steuerbar zu machen.

Wie kann man also sicherstellen, dass die richtigen Ziele in die Balanced Scorecard einfließen? Es muss ein Prüfraster entwickelt werden, durch das alle Ziele laufen, die aus der Strategie für die einzelnen Perspektiven gebildet werden. Dieses Prüfraster besteht – allgemein – aus zwei Fragen:

◆ **Bringt die Verfolgung und Umsetzung dieses Ziels einen Beitrag zu meiner Strategie?**

Ziele, die keinen Beitrag zur Strategie liefern, sind nicht unwichtig. Auch heißt das nicht automatisch, dass diese Ziele nicht zu verfolgen sind. Aber in der Balanced Scorecard haben diese nichts zu suchen, sie sind Bestandteil des operativen Tagesgeschäfts.

Ziele, die die Strategie unterstützen, werden in einem zweiten Schritt auf ihren strategischen Handlungsbedarf geprüft.

◆ **Sind besondere Anstrengungen notwendig, um die Erreichung des Ziels zu ermöglichen?**

Strategisch wichtige Ziele sind natürlich zu verfolgen. Müssen diese aber von der Verwaltungsführung im Detail auf der Balanced Scorecard verfolgt werden, wenn ihre Erreichung bereits hinreichend abgesichert ist und keine Abweichungen vom vorgegebenen Pfad zu erwarten sind? Nein, die Aufmerksamkeit der Führung muss auf solche strategisch wichtigen Ziele gerichtet sein, die besonderer Aktionen und Anstrengungen bedürfen, um sie zu erreichen. Nur so kann sichergestellt werden, dass die Anzahl überschaubar und die Balanced Scorecard als Steuerungsinstrument der Führung bedienbar ist.

Welches ist die richtige »Flughöhe«, d.h. in welchem Detaillierungsgrad sollen die Ziele definiert werden?

Wie bereits erwähnt, kann auf mehreren Ebenen einer Organisation eine Balanced Scorecard erstellt werden. Die Frage nach dem richtigen Detaillierungsgrad ist also in erster Linie eine Frage der Ebenen. Die Herausforderung im Balanced-Scorecard-Prozess liegt darin, auf den einzelnen Ebenen eine jeweils angemessene Balanced Scorecard zu definieren. Denn es gilt: Die strategischen Aktionen der übergeordneten Ebene können Ziele der nächsten Ebene sein. Wir wissen bereits, dass wir auf dem Weg vom Leitbild bis zum Handeln des Einzelnen viele Stufen durchlaufen, bei denen sich der Detaillierungsgrad handlungsorientiert erhöhen muss. Es gilt für die jeweilige Balanced-Scorecard-Ebene zu klären, ob es sich bei einem Vorhaben um ein Ziel oder eine Aktion handelt.

Wie werden Strategy Maps aufgebaut?

Grundsätzlich werden die Strategy Maps im öffentlichen Bereich genauso aufgebaut wie im privaten. Sie zeigen die wichtigsten Zusammenhänge und Abhängigkeiten zwischen den strategischen Zielen innerhalb und zwischen den Perspektiven auf. Das heißt, Ursache-Wirkungs-Beziehungen können zwischen Zielen derselben Perspektive bestehen, aber auch zwischen Zielen unterschiedlicher Perspektiven. Grundsätzlich bauen sie sich von der Lern- und Entwicklungsperspektive ausgehend nach oben bis zur Perspektive des Leistungsauftrags auf. Dadurch machen sie die gegenseitigen Effekte der Zielerreichung klar und zeigen auf, welche Ziele sich gegenseitig unterstützen.

Strategy Maps haben auch einen starken kommunikativen Faktor: Sie schaffen bei der Führungsebene Bewusstsein über die Zusammenhänge und Bedeutung verschiedener Ziele und fördern das gemeinsame Verständnis von der gesamten Strategie. Sie stellen dar, wie die unterschiedlichen Bereiche (Lernen und Entwicklung, Prozesse, Kunden, etc.) zusammenwirken müssen, um die Strategie umsetzen zu können und sie liefern ein Erklärungsmodell für den strategischen Erfolg.

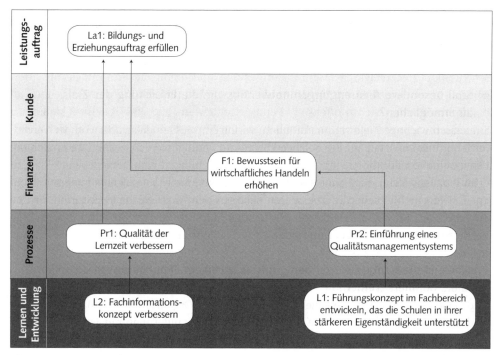

Abb. 8.11: Beispielhafte Strategy Map des Fachbereichs »Berufliche Schulische Bildung« im Kultusministerium (Auszug)

Wenn – wie in obigem Beispiel – die Schulen in ihrer Eigenständigkeit und Selbstverantwortung stärker unterstützt werden, wird sichergestellt, dass ein Qualitätsmanagementsystem mit Selbst- und Fremdevaluation eingeführt wird. Aufgrund dieses Feedback-Prozesses und der Messung bestimmter Qualitätsbereiche wird das Bewusstsein für wirtschaftliches Handeln bei allen Lehrkräften und Mitarbeitern erhöht, was zu dem Ziel beiträgt, den Bildungs- und Erziehungsauftrag zu erfüllen.

Die Relevanz der Strategy Maps für den öffentlichen Sektor wird deutlich, wenn man sich die aktuelle Diskussion um die Output-Orientierung in Erinnerung ruft. Die öffentliche Verwaltung befindet sich auf einem Weg von der Input-Orientierung (getrennte Darstellung von Zahlungsmittelverbrauch und politisch-administrativen Vorhaben und Handlungsfeldern) hin zur Output-Orientierung (Ressourcenverbrauchskonzept und Produktorientierung). Doch erst wenn die Output-Orientierung mit einer Wirkungssicht (Outcome) verbunden ist, kann ein konsequentes Übersetzen von Strategie in Aktion und ein für alle Beteiligten transparentes Verwaltungshandeln möglich sein. Nur die Verknüpfung der Ziele über Strategy Maps erlaubt eine effektive, weil aktionsgestützte Steuerung von Politik und Verwaltung.

Welche Messgrößen sind geeignet und wie wird die Zielerreichung gemessen?

Aus den bisherigen Ausführungen wurde deutlich, dass die Balanced Scorecard kein Kennzahlensystem im Sinne eines verästelten Gebildes ist, das alle Kennzahlen einer Verwaltung in wenigen Top-Kennzahlen verdichten kann. Das wäre einerseits bei der eingangs erwähnten Diversifikation der Kommunen kaum vorstellbar, andererseits ist es aber auch in keiner Weise Anspruch des Instruments Balanced Scorecard. Anspruch ist es aber wohl, den Managementprozess nicht mit Zielen und Aktionen alleine abzuschließen, sondern sehr konkret festzulegen, wie die Zielerreichung und damit die Erfolgsmessung erfolgen soll. Die Bereitschaft zur Definition der Messgrößen und der Zielwerte ist jedoch im politischen Raum, den ein offensiver Parteienwettbewerb und eine intensive Medienberichterstattung kennzeichnet, im Hinblick auf die öffentliche Überprüfbarkeit der Zielerreichung bisweilen gering. Ein solches Vorgehen vermittelt das Bild einer transparenten, demokratischen Politik.

Im Prozess der Balanced-Scorecard-Entwicklung wird für jedes Ziel eine Messgröße und ein Zielwert definiert, den es mit den im nächsten Schritt zu erarbeitenden Aktionen zu erreichen gilt. Alleine die Definition der richtigen Messgröße erfordert ein gewisses Maß an Kreativität und Diskussion, um auch an dieser Stelle einen Konsens über die Richtigkeit der Annahme herzustellen.

Für die Messung der Zielerreichung unterscheiden wir drei Arten von Messgrößen:

➤ **Wirkungsmessgrößen**, die sich klar nach außen richten, d.h. die Wirkung bei den Kunden bzw. Bürgern, also den Outcome außerhalb der Verwaltung messen. Beispiele hierfür wären die Resonanz einer Medienkampagne, der Bekanntheitsgrad einer Einrichtung, die Zufriedenheit der Bürger mit den Produkten und Dienstleistungen einer Kommune.

➤ **Aktivitätsmessgrößen**, die die Leistungsfähigkeit (sog. Output) einer Organisationseinheit darstellen, wie z.B. die Anzahl geführter Beratungsgespräche, die Anzahl durchgeführter Projekte.

➤ **Kapazitätsmessgrößen**, die messen, wie viele Ressourcen (sog. Input, finanzieller Art oder von Mitarbeiterkapazitäten) eine Verwaltungseinheit mobilisiert, um das gewünschte Ziel zu erreichen. Als Beispiele sind hier zu nennen die Anzahl der Beratungsstellen, die Anzahl der Beratungsstunden oder die Finanzmittel.

Mess-größen	Wirkung (Outcome-Kennzahlen)	Aktivität (Output-Kennzahlen)	Kapazität (Input-Kennzahlen)
Inhalt	Beschreibung des Ergebnisses des Leistungsprozesses im Hinblick auf die Zielsetzung	Beschreibung der Leistungsseite im Erstellungsprozess	Abbildung von Kapazitäten oder eingesetzten Ressourcen
Beispiel	▪ Unterrichtsversorgungsgrad ▪ Bürgerbefragung: Zufriedenheitsindex ▪ Wiederholerquote ▪ Durchschnittliche Klassenfrequenz ▪ Krankheitsstand	▪ Anzahl der neuentwickelten Bildungsangebote ▪ Anzahl der Schulen mit Zertifikat ▪ Anzahl ausgefallener Unterrichtsstunden	▪ Menge der eingesetzten Mitarbeitertage ▪ Höhe der aufgelaufenen Sachkosten ▪ Ausgaben für zugekaufte Dienstleistungen ▪ Anzahl der Fortbildungstage

Abb. 8.12: Wie kann die Zielerreichung gemessen werden?

Ist das Ziel zu heterogen formuliert, wird dies im Rahmen der Messgrößendefinition offensichtlich. Dabei stellt sich die Frage, ob das Ziel nicht konkreter zu formulieren ist, oder ob man bei der Messgrößenauswahl nur einen Teilaspekt beleuchtet, der dann repräsentativ für das gesamte Ziel ist. So bildet z.B. die Messgröße »Unterrichtsversorgungsgrad in den Berufsschulen« nur einen Teil des Zieles »Zusammenarbeit mit dem dualen Partner stärken« ab, denn dies ist die Kennzahl, die das Anliegen der Wirtschaft an die beruflichen Schulen darstellt. Eine zusätzliche Messgröße wäre die »Anzahl der Ausbildungsplätze«, jedoch kann dies nur ein Indikator sein, den der Fachbereich heranzieht, da er auf diese Messgröße keinen Einfluss hat.

Die Planung, Steuerung und Kontrolle von Wirkungen öffentlicher Leistungen gehört zu den schwierigsten Controllingaufgaben, da diese Wirkungen aus gesamtgesellschaftlicher Sicht meist nur langfristig und nicht immer eindeutig kausal im Sinne von Ursache-Wirkungs-Beziehungen erfasst werden können. Das Wirkungscontrolling begegnet dieser Aufgabe durch die Verwendung sogenannter Indikatorenrechnungen, die nicht nur eine rein quantitative und daher auch objektive Seite wie z.B. Rechnungsgrößen aufweisen, sondern häufig auch qualitativen und oft auch subjektiven Charakter haben.

Folgende Checkliste kann die Erarbeitung und die Diskussion der Messgrößen unterstützen:

➤ Kann an der Messgröße das Erreichen des gewünschten Zieles abgelesen werden?
➤ Wie gut bildet die Kennzahl das betreffende Ziel ab (Skalierung)?

➤ Kann die Verwaltungseinheit die Messgröße und folglich auch den Zielwert direkt be- eeinflussen?

➤ Wird damit das Verhalten der Mitarbeiter in die gewünschte Richtung beeinflusst?

➤ Ist eine eindeutige Interpretation der Kennzahl möglich?

➤ Ist eine prinzipielle Erhebbarkeit der Messgröße gewährleistet?

Wie können Zielwerte festgelegt werden?

Eine besondere Herausforderung stellt die Definition von Zielwerten dar. Tatsächlich sind Zielwerte, die im top-down getriebenen Strategiekonkretisierungsprozess der Balanced Scorecard entstehen, erfahrungsgemäß mutiger als jene Zielwerte, die durch viele Filter von »Bewahrern« in mehreren Hierarchieebenen bottom-up entstehen. Zielwerte lassen sich bilden, indem man Benchmarks, Ergebnisse aus Kunden- und Mitarbeiterbefragungen und Vergangenheitsdaten verwendet. Erfahrungsgemäß ist es nicht möglich, im Rahmen der Workshops Zielwerte zu definieren. Das liegt einerseits daran, dass einige Messgrö- ßen noch nicht vorhanden sind, andererseits aber auch daran, dass die Messgrößen nicht immer »auf Knopfdruck« verfügbar sind und somit die Istwerte oft manuell erhoben oder berechnet werden müssen. Außerdem ist die Vorgabe von Zielwerten ein klares top-down- Prozedere. Die Zielwerte müssen durch die Leitung der jeweiligen Organisationseinheit festgelegt werden. Da die Zielwerte in der Balanced Scorecard den Führungskräften zu- gleich als Vorgaben für die eigenen Zielvereinbarungen dienen, ist diese Phase von be- sonderer Bedeutung. Es wird empfohlen, die Zielwerte im Anschluss an die Workshops festzulegen und diese dann in die jeweiligen Zielvereinbarungen zu integrieren.

Wie werden strategische Aktionen bestimmt?

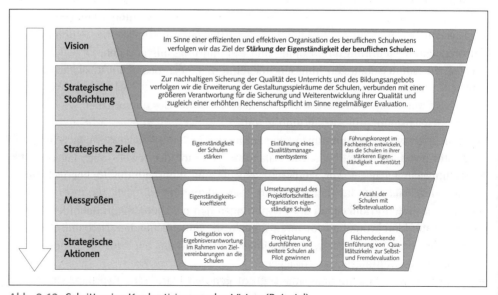

Abb. 8.13: Schrittweise Konkretisierung der Vision (Beispiel)

Auf jeder Ebene der Balanced-Scorecard-Hierarchie geht es darum, geeignete Maßnahmen (üblicherweise »strategische Aktionen« genannt) zu entwickeln, um das selbst gesteckte oder sich aus der Balanced Scorecard der Gesamtorganisation ergebende Ziel zu erreichen.

In dieser Phase des Balanced-Scorecard-Prozesses geht es darum, geeignete Aktionen zu entwickeln, um das strategische Ziel zu erreichen. Sie wirken direkt auf die Messgröße. Aktionen können langfristige Programme oder Initiativen sein, sie haben Projektcharakter. Aus Sicht der Ziele kann man die Aktionen als Arbeitspakete bezeichnen, deren erfolgreiche Bearbeitung die Zielerreichung oder einen Beitrag zur Zielerreichung zur Folge hat. Aktionen werden für einen Zeitraum von maximal einem Jahr definiert.

8.2.2.4 Phase 4: Organisation strategieorientiert ausrichten

Wie kann man die Balanced Scorecard für die nachgeordneten Einheiten konkretisieren?

Die Kaskadierung auf den nachgeordneten Bereich dient dazu, die Umsetzung von Vision und Strategien im Fachbereich zu gewährleisten. Durch die prozessorientierte Ausgestaltung kann mit der Kaskadierung ein wichtiger Beitrag zum strategischen Lernen auf allen Hierarchieebenen geleistet werden. Die Balanced Scorecard findet dann als Kommunikations- und Lerninstrument Anwendung. Es sollte deshalb in einem Fachbereich nicht nur eine Balanced Scorecard, sondern ein ganzes System vernetzter Balanced Scorecards auf den unterschiedlichen Hierarchieebenen geben. Dieses System entsteht im Zuge des sogenannten Herunterbrechens von Zielen und ggf. strategischen Aktionen einer oberen auf nachgeordnete Ebenen.

Die Weitergabe der Balanced-Scorecard-Ziele an die nachgeordneten Einheiten (sei es nachgeordnete Behörden oder Abteilungen und Referate innerhalb einer Behörde) sollte entsprechend der Führungsphilosophie und des Führungsstils erfolgen.

Folgende Voraussetzungen müssen für eine Balanced-Scorecard-Kaskade gegeben sein:

➢ Auftrag durch die übergeordnete Führungsebene: Das Gesamtvorhaben wird von der Fachbereichsleitung beauftragt und getragen.

➢ Strategieentwicklung und -umsetzung auf ministerieller Ebene sind erfolgt: Vision und Strategie des Fachbereichs sowie Balanced Scorecard der jeweils vorgelagerten Verwaltungseinheit liegen vor, sind verabschiedet und innerhalb des Fachbereichs kommuniziert. Zielwerte für den Fachbereich sind definiert.

➢ Da es nach den Erfahrungen der Pilotierungen den nachgeordneten Behörden schwer fällt, ohne klare Vorgaben für ihren Bereich die entsprechenden Ziele und Aktionen zu definieren, müssen Zielwerte in einem ersten Entwurf auch für die Behörden der mittleren Verwaltungsebene vorliegen.

➢ Professionelles Projektmanagement: Dazu gehören klare Verantwortlichkeiten, eine definierte Vorgehensweise einschließlich eines Zeitplans, einheitliche Standards zur

Balanced-Scorecard-Entwicklung und Dokumentation, kontinuierliche Qualitätssicherung und Abstimmung innerhalb des Fachbereichs sowie ausreichend Ressourcen, die seitens des Fachbereichs und der jeweils betroffenen Behörde gestellt werden.

➢ Entlastung der Führungsmannschaft durch Projektorganisation: Die professionelle Organisation der Kaskadierung nach den Regeln des Projektmanagements entlastet die Führungsmannschaft erheblich von administrativen und methodischen Aufgaben. Insbesondere die Standards leisten hierbei einen positiven Beitrag. Das Kernteam übernimmt wieder die Rolle der Vor- und Nachbereitung.

➢ Information und Kommunikation: Eine offene und umfassende Kommunikation an alle Mitarbeiter innerhalb des Fachbereichs und eine frühzeitige Information der beteiligten Einheiten sowie deren aktives Miteinbeziehen in die Balanced-Scorecard-Erstellung der vorgelagerten Ebene fördern eine positive Grundstimmung und steigern die Motivation der Balanced-Scorecard-Teams. Durch die personelle Integration der nachgeordneten Ebene in den Balanced-Scorecard-Erstellungsprozess des Fachbereichs kann der Knowhow-Transfer sichergestellt und das Verständnis für den Prozess erhöht werden.

➢ Eignung der Fachbereiche: Grundsätzlich macht eine Kaskadierung in jedem Fachbereich Sinn. Sobald sich nachgeordnete Behörden an der Fachbereichsstrategie ausrichten und deren Beitrag zur Strategieumsetzung deutlich gemacht werden soll, wird eine Kaskadierung empfohlen. Je höher der Freiraum der nachgeordneten Behörden, d.h. je mehr eigenständige Ziele eine Behörde definieren kann, desto wahrscheinlicher ist eine Kaskadierung.

➢ Haben die nachgeordneten Verwaltungsebenen wenig bis keinen Handlungs- bzw. Gestaltungsspielraum, sind sie also nur »ausführendes« Organ in der Umsetzung der Vorgaben der ministeriellen Ebene, wird empfohlen, keine Kaskadierung in Form einer eigenständigen Balanced Scorecard durchzuführen, sondern ggf. nur strategische Aktionen an die nachgeordneten Behörden weiterzugeben.

Grundsätzlich ist die Balanced-Scorecard-Entwicklung für den nachgeordneten Bereich dieselbe wie für den Fachbereich, mit einem Unterschied: Bezüglich der Kaskadierung der Balanced Scorecard auf die mittlere bzw. untere Verwaltungsebene entfallen die Vorarbeiten für die Klärung der Vision und Strategie. Die Vision und Strategie des Fachbereichs bilden den Rahmen, in dem sich die nachgeordneten Einheiten zu bewegen haben. Sie entwickeln nicht selbständig eine eigene Vision oder Strategie für ihre Einheiten, sondern setzen die »Gesamtstrategie« des Fachbereichs um. Dies erfolgt mit Hilfe der Balanced Scorecard.

➢ Erarbeiten der SWOT in Bezug auf die Vision und Balanced Scorecard der übergeordneten Organisationseinheit, d.h. alle Fragestellungen werden unter dem Blickwinkel betrachtet, welche Stärken, Schwächen, Chancen und Risiken die Behörde hat in Bezug auf die Fachbereichsziele. Zu betrachten ist der heutige »Zustand« der Behörde: Welche Stärken hat die Behörde, um die Fachbereichsziele zu unterstützen; mit welchen Schwächen sieht sie sich konfrontiert etc. Die SWOT ist hier weniger als Instrument zur Strategiefindung, sondern eher im Sinne einer »Standortbestimmung« der betroffenen Behörde zu verstehen, d.h. zur Klärung der Frage, wo diese Behörde zum jetzigen Zeitpunkt in Bezug auf die Fachbereichsziele steht.

➢ Die Ableitung der Ziele erfolgt sehr stringent von den Fachbereichszielen zu den Zielen der Behörde. Die Ziele, die 1:1 übernommen werden müssen, werden direkt in die entsprechende Perspektive der Behörden-Balanced-Scorecard übertragen. Bei den Zielen, die in abgewandelter Form auf Behördenebene übernommen werden können, wird auf Basis der SWOT der individuelle Beitrag der Behörde herausgearbeitet, sei es in Form eines eigenen strategischen Ziels oder in Form einer Aktion.

➢ Je nachdem, wie viele Ziele zu diesem Zeitpunkt bereits formuliert sind, hat die Behörde die Möglichkeit, eigene Ziele auf Basis der SWOT zu definieren. Dieser Gestaltungsspielraum hängt stark von der Führungskultur innerhalb des Fachbereichs ab. Außerdem gilt auch für die Behörde die Einschränkung, maximal 20 Balanced-Scorecard-Ziele zu definieren. Die Ableitung der Ziele erfolgt wieder nach den Kriterien Handlungsbedarf und strategische Relevanz.

➢ Die Erarbeitung der Messgrößen für die übernommenen Ziele reduziert sich auf die Auswahl der vom Fachbereich definierten Messgrößen oder ggf. die Konkretisierung derselben. Des Weiteren müssen für die eigenen Zielbeiträge sowie für die neuen Ziele Messgrößen gefunden werden.

➢ Zielwerte für die nachgeordnete Behörde leiten sich aus den bereits definierten Zielwerten der Fachbereichs-Balanced-Scorecard ab und werden unter Berücksichtigung der Ist-Werte der jeweiligen Behörde definiert. Zielwerte der Behörde werden dann zwischen den Ebenen (Fachbereichs- und Behördenleitung) vereinbart. Es hängt von dem jeweiligen Ziel ab, ob die vom Fachbereich festgelegten Zielwerte für alle nachgeordneten Behörden einheitlich definiert werden, wie z.B. ein Unterrichtsversorgungsgrad von x% für alle Schulen, oder ob der Beitrag der jeweiligen nachgeordneten Behörde zum Fachbereichsziel aufgrund örtlicher Gegebenheiten behördenindividuell ausgestaltet wird, wie z.B. die Bestehensquote der Abiturienten.

➢ Eigene Aktionen müssen auch hier analog zum Vorgehen auf Fachbereichsebene definiert werden.

➢ Die Auswahl der Ziele, für die nächste Ebene und in welcher Form diese kaskadiert werden sollen, ist analog der Vorgehensweise im Fachbereich zu gestalten.

Die Phase der Kaskadierung bedeutet jedoch nicht alleine, das Vorgehen aus Phase 3 bei mehreren nachgeordneten Behörden, Abteilungen, Referaten oder Dezernaten zu praktizieren – und damit vom Nutzen des einheitlichen Strategieverständnisses an vielen Stellen zu profitieren. Die Konkretisierung der Balanced Scorecard führt vielmehr zu einer Qualitätsverbesserung des strategischen Managements, denn

➢ Ziele und strategische Aktionen aus organisatorisch übergeordneten Einheiten können konsequent weitergegeben werden an die Balanced Scorecards untergeordneter Organisationseinheiten. Damit steigt die Wahrscheinlichkeit, dass die strategischen Ziele der gesamten Verwaltungseinheit oder eines Ministeriums erreicht werden.

➤ Ziele und strategische Aktionen organisatorisch nebeneinander stehender Einheiten können durch das Kommunikationsmedium Balanced Scorecard besser aufeinander abgestimmt werden.

8.2.2.5 Phase 5: Wie kann eine Balanced Scorecard dauerhaft in der Organisation implementiert werden?

Würde die Implementierung der Balanced Scorecard mit dem Erarbeiten von strategischen Zielen, Strategy Maps, Messgrößen, Zielwerten und strategischen Aktionen für eine Organisationseinheit enden, wäre nur einmalig eine stärkere Fokussierung auf die Strategie sichergestellt. Entscheidungen und laufende Verhaltensweisen sollen konsequent auf die aktuelle Strategie ausgerichtet sein.

Die Balanced Scorecard ist ein Managementinstrument. Das bedeutet, sie kann ihre Wirkung erst als Teil eines Steuerungssystems vollständig entfalten.

Zur Einbindung der Balanced Scorecard in das Steuerungssystem gehört insbesondere

➤ die Integration der Balanced Scorecard als kontinuierlicher Prozess in die strategische und operative Planung,

➤ die Einrichtung eines Umsetzungscontrollings für die strategischen Aktionen,

➤ die Integration in das Berichtswesen, um eine laufende Verfolgung der Zielerreichung zu erhalten und um eine strategische Ausrichtung des Berichtswesens sicherzustellen,

➤ die Integration in das System der Mitarbeiterführung zur Verankerung der operationalen Ziele und strategischen Aktionen in persönlichen Zielvereinbarungen,

➤ und nicht zuletzt die bereits beschriebene Kaskade.

Die dauerhafte Implementierung der Balanced Scorecard in den Behörden muss zum einen instrumentell über die Einbettung und Verbindung mit der Kosten- und Leistungsrechnung und den (strategisch relevanten) Produkten sowie im Berichtswesen erfolgen. Zum anderen – und fast wichtiger! – bedarf die dauerhafte Implementierung einer organisatorischen Verankerung in der Kommunikations- und Führungskultur. Die Balanced Scorecard wird nur dort mit Leben erfüllt, wo Führungskräfte die strategische Steuerung konsequent über die Balanced Scorecard betreiben. Deshalb empfehlen wir, die Ziele und Messgrößen der Balanced Scorecard in Routinebesprechungen der Führungsebenen eins und zwei als fixen Agendapunkt mit aufzunehmen.

Balanced Scorecard als kontinuierlicher Prozess (Überprüfung und Weiterentwicklung)
Bei der jährlichen strategischen Überprüfung – welche im vierten Quartal stattfinden sollte (idealerweise im November, um dann einerseits die Überarbeitung im nachgeordneten Bereich vorzunehmen, andererseits um die Zielvereinbarung anschließen zu können) – sind die vorliegenden Ergebnisse der strategischen Planung des Vorjahres auf ihre weitere Relevanz für den Fachbereich zu prüfen. Strategische Ziele sind ggf. anzupassen; be-

züglich der Messgrößen und Aktionen ist ein Soll-Ist-Vergleich der Zielausprägung bzw. des Status der Bearbeitung vorzunehmen.

Die Überprüfung kann z.B. im Rahmen einer Strategieklausur stattfinden. Zur Vorbereitung sind folgende Fragen zu klären:

➤ **Vision:** Ist die Vision in allen Punkten weiterhin relevant für die Arbeit des Fachbereichs?

Die Vision stellt das Selbstverständnis und das langfristige Entwicklungsziel des Fachbereichs dar. Sie wird normalerweise für einen Zeithorizont von sieben bis zehn Jahren formuliert. Sie ist deshalb relativ stabil und muss grundsätzlich selten überarbeitet werden. Dennoch ist eine potenzielle Anpassung der Vision vor dem Hintergrund gesellschaftlicher, wirtschaftlicher und insbesondere politischer Entwicklungen zu prüfen. Auch können Änderungen des Fachbereichzuschnitts oder der Kernaufgaben des Bereichs die Vision in Frage stellen.

➤ **SWOT-Analyse:** Geben die Ergebnisse der SWOT-Analyse weiterhin die Situation im Fachbereich wieder?

Mit der Ableitung von strategischen Zielen und Aktionen sollen »Lücken« zwischen der Vision als Zielzustand und dem gegenwärtigen Status geschlossen werden. Die strategische Planung soll demnach der Weiterentwicklung der Potenziale des Fachbereichs dienen. Das bedeutet, dass die Stärken und Schwächen des Bereichs einem Wandel unterliegen, der bei der strategischen Planung berücksichtigt werden muss. Auch das Umfeld des Fachbereichs ist dynamisch, so dass die Chancen und Risiken aus der Umwelt des Fachbereichs kontinuierlich überprüft werden müssen.

Sind bei der Überprüfung der SWOT-Analyse signifikante Änderungen gegenüber dem vorherigen Planungszeitraum zu beobachten, so muss dies zu einer Anpassung des strategischen Zielsystems des Fachbereichs führen.

➤ **Strategische Stoßrichtung und strategische Ziele:** Sind die Stoßrichtungen noch relevant, um die Vision zu erreichen? Gibt es neue strategische Felder, die es zu berücksichtigen gilt? Sind strategische Ziele bereits erreicht?

Werden im Rahmen der Überprüfung der Vision und der SWOT-Analyse signifikante Änderungen beobachtet, so sind strategische Stoßrichtungen und Ziele anzupassen. Strategische Ziele weisen einen vorrangigen Handlungsbedarf auf. Es ist jährlich zu prüfen, ob dieser Handlungsbedarf weiterhin gegeben ist.

➤ **Messgrößen**: Waren die definierten Messgrößen jeweils die richtigen, um den Zielerreichungsgrad zu messen? Konnte die Messgröße einfach erhoben werden? Hat der Fachbereich die Zielwerte erreicht? Haben die nachgeordneten Behörden ihre Zielwerte erreicht? Welchen Beitrag leisten die nachgeordneten Behörden zur Gesamtzielerreichung?

Bei der Überprüfung der Messgrößen ist zunächst zu prüfen, ob die Erhebbarkeit der Messgrößen im abgelaufenen Zeitraum gegeben war. Im nächsten Schritt gilt es, einen Soll-Ist-Vergleich bezüglich der Erreichung des Zielwertes vorzunehmen. Eine Verfehlung des Zielwertes muss Analysen nach dem Grund für die Zielverfehlung nach sich ziehen und ggf. zur Korrektur des Zielpfades oder zur Ableitung von Aktionen führen. Die Balanced Scorecards des nachgeordneten Bereichs sind in Bezug auf ihren Beitrag zur Fachbereichs-Zielerreichung zu überprüfen.

Darüber hinaus ist eine Fortschreibung der Zielwerte derjenigen Messgrößen, die über den Planungszeitraum des Vorjahres hinaus weiterhin Bestandteil der Balanced Scorecard sein werden, vorzunehmen.

➤ **Strategische Aktionen**: Sind alle Aktionen entsprechend der Meilensteinplanung durchgeführt worden? Haben alle den vorgesehenen Zeitrahmen und das Budget eingehalten? Haben die Aktionen ihre Wirkung bzgl. des Zielwerts erfüllt?

Wenn Aktionen nicht beendet werden konnten, so müssen sie fortgeführt werden. Ansonsten sind neue Aktionen zu definieren für den Zeitraum des kommenden Jahres.

Die Balanced Scorecard in das Berichtswesen integrieren – wie lässt sich die Informationsversorgung der Führungskräfte adäquat gestalten?

Die Balanced Scorecard deckt den strategischen Teil des Berichtswesens ab. Dabei stellen sich folgende grundlegende Fragen:

➤ Wird das Berichtswesen durch Einführung einer Balanced Scorecard noch umfangreicher?
➤ Sind zusätzliche, Balanced-Scorecard-spezifische Berichte notwendig?
➤ Wie detailliert und regelmäßig muss berichtet werden?

Führungskräfte sollten sich auf die steuerungsrelevanten Informationen beschränken. Die Kunst besteht in der Art des Umgangs mit Informationen. Dabei sind drei Ebenen zu unterscheiden:

➤ **Analytische Informationen** zur situativen Entscheidungsfindung: Diese Informationen werden ad hoc erhoben und analysiert, um daraus z.B. Entscheidungsvorlagen für das Kabinett zu fertigen oder Berichte, die aufgrund politischer Anfragen erstellt werden müssen, wie z.B. bei der BSE-Krise. Auf vorformatierte Berichte kann man in diesen Fällen verzichten; doch sollte die Information schnell verfügbar sein, wenn sie gebraucht wird.

➤ **Operative Informationen** zur Aufrechterhaltung und Steuerung des laufenden Geschäftes: Hierbei handelt es sich um »diagnostische« Informationen, die, solange sie sich in definierten Toleranzgrenzen bewegen, nur die jeweilige Führungsebene oder die Produktverantwortlichen interessieren sollten. Diese Informationen sind im verwaltungsinternen Berichtswesen enthalten. Werden die Toleranzgrenzen durchbrochen und kann die Führungskraft in ihrem eigenen Bereich nicht gegensteuern, geht die Information an die übergeordnete Führungskraft über. Vorformatierte Berichte (egal ob ausgedruckt oder am Bildschirm angezeigt) sorgen für einen effizienten Prozess der Datenüberprüfung. Sie müssen regelmäßig aber nur einem kleinen Empfängerkreis zur Verfügung gestellt werden. Einzelheiten sind im »Fachkonzept zum landeseinheitlichen verwaltungsinternen Berichtswesen« beschrieben.

➤ **Strategische Informationen** aus der Balanced Scorecard: Dies sind jene wenigen Informationen, die regelmäßig und interaktiv von den Führungskräften diskutiert werden sollten. Diese Informationen geben wesentliche Auskünfte über die Weiterentwicklung oder die Eigenschaften der jeweiligen Organisation und werden auf der Balanced Scorecard abgebildet. Sofern die einzelnen Messgrößen im SAP-System enthalten sind, können auch hier vorformatierte Berichte (Produkt- oder Kostenstellenberichte) herangezogen werden. Sind die Messgrößen noch in keinem System enthalten, müssen diese manuell erhoben und dementsprechend auch die Berichte erstellt werden.

Die Darstellungsmöglichkeiten einer Balanced-Scorecard-Berichterstattung sind folgende:

Ein pragmatischer Ansatz ist z.B., die Strategy Map als Bild heranzuziehen und darauf die Ampelfunktionen je nach Status quo der Messgrößen und der Zielerreichung abzubilden. Die Farbe »Rot« (oder das - Zeichen) bedeutet, dass das Ziel auf keinen Fall zu Jahresende erreicht wird. Hier ist also Unterstützung von übergeordneter Stelle notwendig. »Gelb« (oder das ~ Zeichen) bedeutet, dass die Zielerreichung gefährdet ist, aber bereits Gegenmaßnahmen eingeleitet sind, die eine Zielerreichung zu Jahresende gewährleisten. »Grün« (oder + Zeichen) bedeutet: Kein Grund zur Sorge.

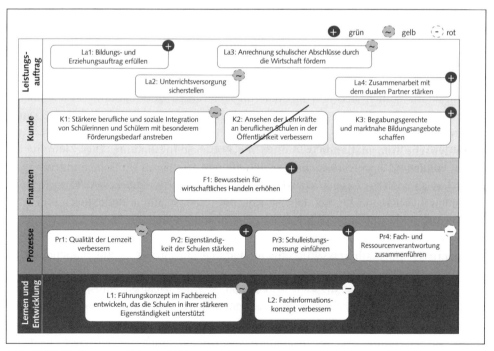

Abb. 8.14: Status einer Balanced Scorecard

Wie lässt sich eine Balanced Scorecard mit einem Zielvereinbarungssystem verbinden?

Ist die Balanced Scorecard für die verschiedenen Verwaltungsebenen entwickelt, darf sie nicht losgelöst von den bestehenden Steuerungsinstrumenten stehen, sondern muss vor allem mit dem Prozess der Zielvereinbarung verknüpft werden. Ziele aus der Fachbereichs-Balanced-Scorecard der ministeriellen Ebene eignen sich für eine Zielvereinbarung zwischen Ministerialdirektor und Fachbereichsleitung, Ziele aus der Balanced Scorecard der mittleren Verwaltungsebene für eine Zielvereinbarung zwischen Fachbereichsleitung und Behördenleitung dieser entsprechenden Ebene. Balanced-Scorecard-Ziele können auch für die persönliche Zielvereinbarung im Rahmen des Mitarbeitergesprächs zur behördeninternen Steuerung genutzt werden, z.B. für die Integration ins Arbeitsprogramm eines Referats auf ministerieller Ebene oder einer Abteilung auf Behördenebene.

Balanced-Scorecard-Ziele eignen sich für die Übernahme in die Zielvereinbarung, wenn sie eines der folgenden Merkmale erfüllen:

➤ Die Ziele unterstützen die politischen Schwerpunkte.
Die Regierungserklärung enthält z.B. folgende Aussage: »*Eine gute Unterrichtsversorgung ist und bleibt unser Hauptanliegen.*« Das Balanced-Scorecard-Ziel »*Unterrichtsversorgung sicherstellen*« aus dem Fachbereich »Berufliche Schulische Bildung« eignet sich für die Zielvereinbarung zwischen Ministerialdirektor und Fachbereichsleitung.

➤ Die Ziele verfolgen produktübergreifende Zielsetzungen.
Produktübergreifende Zielsetzungen sind Ziele, die nicht 1:1 einem Fachprodukt zugeordnet werden können und für mehrere Fachprodukte, Produktgruppen oder -bereiche Gültigkeit haben. So kann das Balanced-Scorecard-Ziel »*Qualität der Lernzeit verbessern*« in eine Zielvereinbarung zwischen Ministerialdirektor und Fachbereichsleitung aufgenommen werden.

➤ Die Ziele lassen sich mit bereits vorhandenen und validierten Messgrößen messen.
  Das heißt auch, dass es bereits Erfahrungswerte gibt, auf Basis derer Zielwerte für
  die kommenden Jahre abgeleitet werden können.
Das Balanced-Scorecard-Ziel »*Bewusstsein für wirtschaftliches Handeln erhöhen*« ist mit Messgrößen hinterlegt, die aus unterschiedlichen EDV-Verfahren automatisch und ohne großen Aufwand – quasi per Knopfdruck – generiert werden.

Bei der Frage, welche Balanced-Scorecard-Ziele nicht für die Übernahme in die Zielvereinbarung geeignet sind, wird auf die Kriterien für die Entwicklung der Balanced-Scorecard-Ziele verwiesen: Sind die Ziele zu abstrakt, sind sie nicht direkt vom Zielvereinbarungspartner beeinflussbar, gibt es keine geeignete Messgröße oder können diese nur mit hohem Aufwand erhoben werden?

Das Ziel »*Fach- und Ressourcenverantwortung zusammenführen*« eignet sich nicht für eine Zielvereinbarung, denn dies kann die Fachbereichsleitung nicht allein beeinflussen.

Bei diesem Ziel spielen viele andere externe Faktoren mit, die realisiert werden müssen, und erst dann kann die Fachbereichsleitung die Budgets weitergeben, sofern sie diese Freiheiten hat.

8.3   Perspektiven und Erfolgsfaktoren

In den letzten fünf Jahren hat die Balanced Scorecard Einzug in verschiedene Organisationen des öffentlichen Bereichs gehalten. So haben unter anderem Bundes- und Landesbehörden, Kommunen und soziale Einrichtungen ihre Strategieumsetzung mit diesem Instrument erfolgreich bewältigt. In vielen Verwaltungsbereichen wurde über die Balanced Scorecard erstmalig ein Kommunikations- und vielleicht auch Reflexionsprozess zu Fragen der Strategie und der strategischen Steuerung in Gang gesetzt. Vertreter verschiedener Hierarchieebenen arbeiten oft erstmals gemeinsam und systematisch an Problemlösungen, Strategie und Umsetzung wurden unter den Perspektiven der BSC beleuchtet. Die Auseinandersetzung mit Fragen der Strategie wurde als wertschöpfend empfunden, die Steuerung der strategischen Umsetzung als zielgerichteter und in der Kommunikation und Auseinandersetzung mit Führungskräften und Mitarbeitern als effizienter. Die Nutzung als dauerhaftes Managementinstrument auf dem Weg zu einer strategieorientierten Organisation ist beschritten.

Dabei kristallisierten sich folgende Erfolgsfaktoren für einen erfolgreichen und nachhaltigen BSC-Prozess heraus:

➤ Die Akzeptanz bei der Führung, also beim Verwaltungsmanagement ist unerlässlich. Immer dann, wenn die oberste Führung der Organisation diese Idee vorbehaltlos unterstützt, wird der Erarbeitung der Balanced Scorecard der notwendige Stellenwert eingeräumt. Strategie ist Aufgabe des Top-Managements. Übertragen auf das Public Management bedeutet dies: Strategie ist Aufgabe der Verwaltungsspitze bzw. der politischen Entscheidungsträger. Eine Strategie, die von unten nach oben entsteht, besitzt weder eine langfristige Perspektive noch eine nachhaltige, visionäre Zielsetzungsfunktion. Wesentlich ist dabei, dass eine Balanced Scorecard organisationsindividuell unter Mitwirkung der Führungskräfte definiert wird, um die Spezifika der eigenen Situation berücksichtigen zu können. Dieser fachliche Input muss für die Erarbeitung der Balanced Scorecard sichergestellt sein. Die Verabschiedung der Balanced Scorecard sollte von höchster Ebene vollzogen werden.

➤ Die Führungskräfte müssen hinter der Balanced-Scorecard-Entwicklung stehen. Der Wille zur Gestaltung und Veränderung muss vorhanden sein. Die Führungskräfte kommunizieren klar die Ziele und den Nutzen der Balanced-Scorecard-Einführung an ihre Mitarbeiter. Da es sich um die Entwicklung eines strategischen Zielsystems handelt, muss die Bereitschaft zu Transparenz und Messbarkeit sichergestellt sein. Die Projekterfahrungen zeigen, dass die BSC-Einführung in aller erster Linie vom Gestaltungswillen und der Konsequenz der verantwortlichen Führungskräfte abhängt.

➤ Eine intensive Kommunikationsarbeit vor und während der Entwicklung einer Balanced Scorecard ist unabdingbar – und zwar gerade auf hoher und höchster Ebene. Akzeptanz lässt sich erreichen, indem die Vorzüge der Balanced Scorecard auf Basis ihrer Funktionen herausgestellt werden.

➤ Das Balanced-Scorecard-Projekt endet nicht mit der Entwicklung, sondern umfasst auch die Umsetzung. Die Balanced Scorecard muss integraler Bestandteil der Management-Agenda werden. In regelmäßigen Abständen berichten die Ziel- und Aktionsverantwortlichen vom Fortschritt im Rahmen der Führungssitzungen. Diese Folgeaktivitäten sind bereits beim Aufsetzen des Balanced-Scorecard-Prozesses zu planen.

➤ Die Balanced Scorecard muss mit dem Zielvereinbarungssystem verknüpft werden, um die Mitarbeiterebene zu erreichen und die Nachhaltigkeit der Ziele sicherzustellen. Über die Zielvereinbarungen werden wichtige Veränderungen auch außerhalb der Aktionen und der Aktionsverantwortlichen in der Mitarbeiterschaft verankert.

Unter Beachtung dieser Erfolgsfaktoren wird die Balanced Scorecard in den kommenden Jahren in vielen öffentlichen Organisationen zu einem wichtigen Managementinstrument werden.

9 Ausblick

Das Konzept der Balanced Scorecard hat sowohl in Wissenschaft als auch in der betrieblichen Praxis zwischenzeitlich einen hohen Reifegrad erreicht, wenngleich die Weiterentwicklung nach wie vor anhält. Beim Einsatz der Balanced Scorecard in immer mehr Unternehmen der unterschiedlichsten Branchen tauchen noch immer Fragen auf, die von den Vätern des Konzeptes – *Robert Kaplan* und *David Norton* – genauso wie von Horváth & Partners und Praktikern angegangen werden:

➢ Wie erfolgt der Einführungsprozess einer Balanced Scorecard möglichst schlank und mit überschaubarem Zeitaufwand, ohne dabei die Diskussion über ein gemeinsames Strategieverständnis zu vernachlässigen?

➢ Wie kann systematisch sichergestellt werden, dass die notwendigen Voraussetzungen aus der strategischen Klärung (Strategieanalyse und -entwicklung) in hinreichender Form vorliegen?

➢ Wie schaffen wir den Spagat zwischen unübersichtlichen, zu detaillierten Ursache-Wirkungs-Ketten und zu abstrakten Darstellungen der Strategy Maps?

➢ Konzentrieren wir uns wirklich auf die wenigen absolut prioritären strategischen Ziele je Organisationseinheit? Der Trend geht hier eher zu 12-15 Zielen und unterschreitet noch das Postulat der »Twenty is plenty«.

➢ Wie kann die Messung der sogenannten Intangibles mit den »weichen« Kennzahlen weiter verbessert werden?

➢ Wie wird die strategiegerechte Ausrichtung der Organisation durch eine umfassende vertikale und horizontale Zielabstimmung (Strategy Alignment) sichergestellt?

➢ Wie erfolgt die Steuerung der laufenden BSC-Anwendung als regelmäßiger Prozess? Wer übernimmt dafür die Verantwortung – zum Beispiel ein sogenanntes »Strategiebüro«?

➢ Wie und zu welchem Zeitpunkt muss eine Anbindung an integrierte professionelle IT-Lösungen erfolgen?

➢ Wie lässt sich die Balanced Scorecard in neuen Anwendungsfeldern – beispielsweise bei der Steuerung großer Projekte – nutzen?

Obgleich das Konzept einen hohen Reifegrad besitzt, der einen erfolgreichen Einsatz in den unterschiedlichsten Organisationen möglich macht, befindet sich die Balanced Scorecard nach wie vor in einer Phase des Lernens. Diese Einschätzung haben wir bereits in der ersten Auflage dieses Buches im Jahre 2000 geäußert – und wir wiederholen sie an dieser Stelle.

Die intensive Auseinandersetzung mit Weiterentwicklungen ist auch als Beweis eines »gelebten Konzeptes« zu verstehen. So diskutieren zum Beispiel regelmäßig 3.400 Anwender im Online-Forum XING in einer eigenen BSC-Themengruppe (Stand: Mai 2007).

Die von uns im Buch geschilderten Implementierungserfahrungen sind denn auch im Sinne eines solchen Lernprozesses zu verstehen: Wir wollen Unterstützung leisten bei der Verbesserung des Konzeptes und seiner Umsetzung.

Richten wir den Blick also weiterhin nach vorne auf einige ausgewählte Herausforderungen:

◆ **Fundierte Strategieklärung sicherstellen**

Traditionell werden Balanced Scorecards in Workshops und Managementdiskussionen erarbeitet. Potenzielle Handlungsfelder, Zielvorschläge oder Meinungen zur SWOT-Analyse werden individuell eingebracht. Im Zeitalter umfassender Research-Möglichkeiten – unter anderem im Internet, über Branchenverbände, Statistiken etc. – ist dies für »gute« Balanced Scorecards nicht ausreichend. In unseren Projekten stellen wir immer öfter fest, dass sich der Aufwand für eine fundierte strategische Analyse, die konsequente Gestaltung der Elemente des Geschäftsmodells und das systematische, datengetriebene Herausarbeiten von Prioritäten lohnt. Je besser die Strategie in ihren einzelnen Elementen beschrieben ist, desto konkreter und unternehmensindividueller lassen sich Ziele für die Balanced Scorecard ableiten. Hier lohnt sich für alle Unternehmen – nicht etwa nur für Großkonzerne – der zugegeben nicht geringe Arbeitsaufwand.

◆ **Gestaltung und Operationalisierung von Strategy Maps**

Strategy Maps haben den Zweck, strategisch relevante Ziele und deren Zusammenhänge grafisch darzustellen. Sie sind der visuelle Ausdruck und emotionale Ankerpunkt des strategischen Zielsystems. Eine Mindestqualität der Darstellung muss daher gewährleistet werden. Leider lässt die inhaltliche Ausgestaltung und visuelle Darstellung in vielen Fällen zu wünschen übrig. Wenn die strategischen Landkarten nur Allgemeinplätze beinhalten, die keine Richtung angeben, so werden sie von den Mitarbeitern nicht ernst genommen. Doch auch korrekte Inhalte verlieren ihre Wirkung, wenn strategische Landkarten überfüllt und unsymmetrisch wirken, aufgrund zu kleiner Schriftgrößen kaum leserlich sind, in farblichen Wildwuchs ausarten und übermäßig viele, kreuz und quer verlaufende »Ursache-Wirkungs-Pfeile« beinhalten.

Dennoch besteht weiterhin die Tendenz, überladene Abbildungen zu entwerfen. Genauigkeit wird vor Kommunizierbarkeit, Verständnis und emotionale Akzeptanz gestellt. Appelle, nur auf die entscheidenden Treiber für die Zielerreichung in den oberen Perspektiven zu fokussieren, haben offensichtlich noch nicht ausreichend gefruchtet. Dies führt dazu, dass Balanced Scorecards immer wieder kein klares strategisches Profil erkennen lassen.

Vor einer unreflektierten Übernahme von veröffentlichten Strategy-Map-Standards für Branchen, betriebliche Funktionen etc. muss an dieser Stelle nochmals gewarnt werden. Diese Beispiele aus der Literatur (vgl. Kaplan/Norton 2004a) sind hilfreich zur Überprüfung, ob etwas Wesentliches vergessen wurde. Für jedes Unternehmen/jede Unternehmenseinheit muss die eigene Strategy Map jedoch unverwechselbare Zielprioritäten enthalten. Ansonsten wird eine Differenzierung im Wettbewerb – und darum geht es am Ende bei der Strategie – nicht möglich sein.

◆ **Messung der Intangibles mit »weichen« Kennzahlen**

Bei der Messung finanzieller Größen kann man auf eine lange Tradition und Erfahrung zurückblicken. Bezüglich der Messung nicht finanzieller Größen stehen wir aber erst am Anfang. Dabei besteht in den verschiedensten Disziplinen – von der Psychologie über die Statistik, das Marketing und die Informatik bis hin zu den Ingenieurwissenschaften – ein reichhaltiger Wissensfundus zu Messmethoden nicht monetärer Fragestellungen. Vor allem in der Potenzialperspektive der Balanced Scorecard ist die Messung der Intangibles unerlässlich.

Die Messung von immateriellen (»weichen«) Faktoren stellt eine fundamentale Herausforderung dar, wie auch die Unzufriedenheit der Praxis mit diesem Thema deutlich beweist. Die Literatur bietet hierzu bereits eine Reihe von Vorschlägen hinsichtlich der Messung von Human-, Informations- und Organisationskapital (Kaplan/Norton 2004, S. 192ff.). In unseren Projekten gehen wir allerdings über die stark mengenmäßig ausgerichtete Messung von Kaplan/Norton hinaus. In der Regel ist bei den »weichen« Kennzahlen eine ordinale Skalierung (z. B. Schulnoten) und subjektive Bewertung von Sachverhalten notwendig. Damit Willkürlichkeit ausgeschlossen wird, sind stets mehrere Beteiligte bei der Kennzahlenermittlung einzubinden und ein sehr streng strukturiertes Vorgehen zu wählen.

Häufig bietet sich auch eine Mischung von Kennzahlen an, was sich am Beispiel der Mitarbeiterqualifikation erläutern lässt: Jährlich oder alle zwei Jahre wird über eine empirische Erhebung (Mitarbeiterbefragung) ermittelt, wie gut sich die Mitarbeiter für ihre Aufgaben im Unternehmen qualifiziert sehen. Jährlich – idealerweise zeitversetzt zur Befragung – ermitteln Führungskräfte mit ihren Mitarbeitern den zielgerichteten Weiterbildungsbedarf über einen Vergleich der Soll-Ist-Qualifikation je Stelle.

Die Herausforderung der Messung des immateriellen Vermögens kann also gut bewältigt werden, wenngleich die Schritte dazu nicht trivial sind.

◆ **Strategiegerechte Ausrichtung der Organisation**

Viele Unternehmen, die die Balanced Scorecard anwenden, haben bei genauer Betrachtung nur eine geringe Anzahl von Balanced Scorecards im Einsatz. Der Einsatz des Ansatzes bringt zwar den beteiligten Einheiten Vorteile, doch liegt der Nutzen eines fragmentierten Einsatzes weit unter dem, den ein flächendeckender Einsatz ermöglicht. Die flächendeckende Anwendung von Balanced Scorecards ist aber unweigerlich mit der Herausforderung einer vertikalen (Unternehmen versus Bereiche) und horizontalen (Bereiche untereinander) Zielabstimmung verknüpft. Ein Balanced-Scorecard-System muss in sich schlüssig sein. Das bedeutet:

➤ Konflikte zwischen Zielen aufdecken und lösen,
➤ gleichartige Ziele auch gleich benennen,
➤ Messgrößen abstimmen, so dass übergeordnete Zielwerte erreicht werden (insbesondere in den Perspektiven Finanzen und Kunden),
➤ strategische Aktionen einer gemeinsamen Priorisierung auf Basis eines einheitlichen Kriterienkataloges unterziehen, damit begrenzt verfügbare Budgets ihrer »strategieoptimalen« Verwendung zugewiesen werden.

Wie aber stellt man die Berücksichtigung übergeordneter Zielsetzungen sicher, ohne durch zu strikte Regeln die Abbildung der jeweils für die Unternehmenseinheit spezifischen Strategie in der Balanced Scorecard zu verhindern? Wie und wann werden über mehrere Ebenen zusammenhängende Balanced Scorecards aktualisiert, wenn sich unterjährig etwas gravierend verändert? Insbesondere Kapitel 6 beschreibt einige Lösungsansätze zu diesen Fragen. Eine weitere Vertiefung ist jedoch unumgänglich.

◆ Ein Strategiebüro zur Unterstützung der Balanced-Scorecard-Anwendung

Während der Balanced-Scorecard-Einführung besteht in aller Regel eine Projektorganisation, die Steuerungsaufgaben wahrnimmt. Wie aber sieht es aus, wenn die BSCs existieren und im laufenden Managementprozess »gelebt« werden müssen? Die Forderung nach einem »Mr. BSC« oder einer »Mrs. BSC« ist Legende, doch in der Praxis reicht es nicht aus, jeder Einheit die alleinige Verantwortung für die Balanced Scorecard zu übertragen. Insbesondere bei einer Kaskadierung des Konzeptes über mehrere Ebenen fallen eine Vielzahl von übergeordneten Steuerungsaufgaben an:

➤ Sicherstellung der Datenbereitstellung und Kommentierung für das laufende BSC-Berichtswesen, Organisation von Rückmelde- und Eskalationsprozessen.

➤ Organisation und Ablaufsteuerung von Managementsitzungen, in denen der BSC-Fortschritt besprochen wird; Verfolgung der dort vereinbarten korrektiven Aktionen zur Statusverbesserung.

➤ Steuerung der jährlichen BSC-Überarbeitung im Rahmen des Planungsprozesses.

➤ Steuerung von unterjährigen BSC-Anpassungen aufgrund außergewöhnlicher Ereignisse und der dadurch erneut notwendigen vertikalen und horizontalen Zielabstimmung.

➤ Definition der Priorisierungsmethodik und Entscheidungsvorlagen zu strategischen Aktionen, deren Prüfung und Moderation des Prozesses der Mittelzuweisung durch das Top-Management.

➤ Überprüfung, ob die Ergebnis-, Kosten- und Investitionswirkungen der genehmigten strategischen Aktionen zur Erreichung der in den BSCs festgelegten Zielniveaus ausreichen werden.

➤ Zusammenfassung von Aktionsvorschlägen unterschiedlicher Einheiten zu »strategischen Programmen« und deren übergeordnete Steuerung unter Berücksichtigung von Abhängigkeiten und zur Vermeidung von Konflikten innerhalb der Programme.

Die Liste wichtiger Steuerungsaufgaben ließe sich noch fortführen. Nach unseren Erfahrungen ist es für eine dauerhaft erfolgreiche und intensive Anwendung unerlässlich, dass sich eine Stelle der laufenden Pflege des Systems Balanced Scorecard annimmt. Je nach Anzahl der Balanced Scorecards im Unternehmen und der Steuerungskomplexität kann diese Aufgabe eine oder mehrere Personen bis zu 50% ihrer Jahresarbeitszeit beschäftigen. Die Einrichtung eines »Strategiebüros« für diese Aufgaben ist in jedem Fall empfehlenswert. Ob dieses Strategiebüro eine eigene organisatorische Einheit bildet oder sich als »Dauerprojektorganisation« zum Beispiel im Bereich Unternehmensentwicklung oder Controlling befindet, ist nicht entscheidend. Die entsprechenden Personen müssen

vor allem mit den notwendigen Kompetenzen von Seiten der Unternehmensführung ausgestattet werden, um ihre Aufgabe wirkungsvoll erfüllen zu können. Der Nachholbedarf
der Praxis zu diesem Thema ist jedenfalls groß.

◆ **Adäquate IT-Lösungen sind eine lohnende Investition**
So faszinierend mehrperspektivische Balanced-Scorecard-Reports sind, so schwer tun sich
viele Unternehmen bei ihrer Erstellung. Vor allem ein effizientes Einholen der Daten ist ein
nicht selten unterschätztes Problem. Es liegt in der Natur der Sache, dass die Daten der
Balanced Scorecard aus unterschiedlichen Bereichen des Unternehmens stammen. Wenn
alle Daten elektronisch verfügbar wären, wäre dies nicht weiter problematisch. Da dies
in der Regel aber nur teilweise der Fall ist, führt dies zu der Notwendigkeit eines koordinierten Verfahrens der Datensammlung durch klar benannte Aufgabenträger. Dies gilt
nicht nur für Istwerte der Kennzahlen sondern auch für Stati der Maßnahmen. Wir wissen, wie viele Balanced Scorecards genau an diesem Prozess scheitern. Hoher manueller
Aufwand der Datenbeschaffung und -pflege bei den Verantwortlichen in den Einheiten
aber auch im »Strategiebüro« sind Gift für eine erfolgreiche Daueranwendung!

Dabei gibt es durchaus Möglichkeiten, diesen Prozess zu vereinfachen und zu beschleunigen. Dazu zählen z. B. automatisch erzeugte E-Mails mit einer standardisierten Form
der Informationsabfrage bei den jeweiligen Verantwortlichen oder die automatisierte Da-
tenanlieferung aus Vorsystemen. Auf der Nutzerseite erleichtern personalisierte Cockpits
mit den wichtigsten Daten für die jeweilige Führungskraft die Akzeptanz deutlich – auch
dies ist ein Erfolgsfaktor.

Leider wird in der Praxis die Investition in eine passende IT-Lösung noch viel zu häufig
gescheut, wenngleich die Zufriedenheit mit dem Status quo eher gering ist. Glücklicher-
weise gibt es eine Vielzahl von IT-Lösungen unterschiedlicher Preisklasse und Ausbaustufe am Markt, die hier eine Hilfestellung versprechen (vgl. Kap. 7.5). Für deren Auswahl
sollte die Passung zu der im Unternehmen vorherrschenden IT-Plattform ein Argument
sein. Noch wesentlicher ist allerdings, dass die konzeptionellen Anforderungen an den
im jeweiligen Unternehmen gewählten BSC-Einsatz gut abgebildet werden. Führen Sie
daher einen fachlich fundierten Auswahlprozess durch und lassen Sie sich nicht von Ver-
sprechungen einzelner Anbieter blenden!

Die Investition in eine adäquate IT-Lösung bedeutet Mehraufwand über die Konzepti-
onsphase hinaus – sie hilft aber wesentlich, dass sich die Kosten der Konzeption nicht
im nachhinein als verloren herausstellen, weil die Balanced Scorecard nicht überlebt.

Die aufgeführten Weiterentwicklungsbedarfe des Balanced-Scorecard-Konzeptes weisen
darauf hin, dass das Potenzial der Balanced Scorecard als strategisches Zielsystem noch
nicht ganz ausgeschöpft ist. Die empirischen Ergebnisse zeigen allerdings, dass die Zufriedenheit mit der Balanced Scorecard generell sehr hoch ist und dass ihre Bedeutung
für die Anwender in der Zukunft eher noch zunehmen wird.

Voraussetzung ist, dass Unternehmen das Gedankengut der Balanced Scorecard konsequent auf ihre Bedarfe ausrichten. Die Chancen dafür stehen gut.

Empirische Studie

Von den Studienteilnehmern der Balanced-Scorecard-Studie-2005 (vgl. Horváth & Partners 2005b) wurde mit überwältigender Zustimmung der Nutzen des Konzeptes bestätigt.

Ein ähnliches Bild ergibt sich hinsichtlich der subjektiven Einschätzung des Pay-backs der Balanced-Scorecard-Einführung, der als deutlich höher als der damit verbundene Aufwand bewertet wird (vgl. dazu Abbildungen 1.25 und 1.28).

Im Ergebnis urteilen 93 % der Studienteilnehmer, dass die Balanced Scorecard auch in den kommenden drei Jahren für ihr Unternehmen noch eine große Bedeutung haben wird. Das Konzept aufgeben möchte ganz offensichtlich keines der Unternehmen.

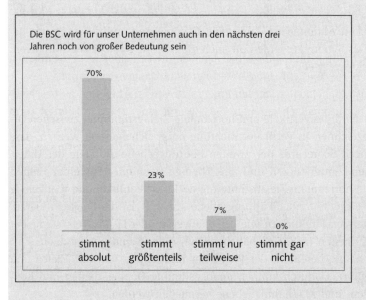

Abb. 9.1: Bedeutung der Balanced Scorecard in den nächsten drei Jahren (n=110)

Glossar

Aktionen, Strategische

Strategische Aktionen (Initiatives) dienen zur Erreichung der strategischen Ziele im Rahmen der Balanced Scorecard. Sie können einzelne Maßnahmen, Maßnahmenbündel, verschiedenste Arten von Projekten sowie Aufgaben umfassen. Sie unterscheiden sich teilweise erheblich in den erforderlichen Realisierungsaufwendungen. Daher müssen notwendige Budgets zu ihrer Realisierung explizit eingeplant werden. Zur Differenzierung und Bearbeitung der strategischen Aktionen ist daher eine Gruppierung und differenzierte Behandlung erforderlich. Als Synonym werden oft auch die Begriffe strategische Initiativen, Maßnahmen oder Projekte verwendet.

Alignment

Als Strategic Alignment wird die vertikale und horizontale Zielabstimmung zwischen Organisationseinheiten bezeichnet. In vertikaler Richtung muss sichergestellt werden, dass die Ziele auf den Balanced Scorecards der zweiten Führungsebene die Ziele der Unternehmens-BSC hinreichend unterstützen und alle Themen in mindestens einer Einheit aufgegriffen werden. Die horizontale Zielabstimmung deckt Zielkonflikte und mangelnde Abstimmung zwischen Einheiten einer Führungsebene auf. Z.B. ist die Frage zu klären, ob die intern unterstützenden Funktionen wie Personalwesen oder IT die Zielsysteme der am Markt agierenden Einheiten (z.B. Geschäftsbereiche) hinreichend unterstützen.

Das Alignment wird häufig bereits in der Phase der Erarbeitung von BSC-Zielen und Strategy Maps durchgeführt. Dadurch können unabgestimmte Doppelarbeiten und Konflikte auf der Messgrößen- und Maßnahmenebene vermieden werden.

Ausrichtung der Organisation, Strategieorientierte

Eine strategieorientierte Ausrichtung der gesamten Organisation erfordert meistens, dass man sich nicht nur auf eine Unternehmens-BSC beschränkt. Die Ausrichtung klärt einerseits die Frage wie tief, d. h. auf wie vielen Führungsebenen einer Organisation Balanced Scorecards erarbeitet werden sollen. Dieses Herunterbrechen über die Führungsebenen wird als »Kaskadierung« bezeichnet. Zum anderen wird die Frage geklärt, in welcher Breite der Organisation Balanced Scorecards eingesetzt werden sollen – z.B. nur für wenige am Markt agierende Einheiten oder auch für viele/alle internen Funktionsbereiche. Dieses Ausrollen in der Breite der Organisation wird als »Roll-out« bezeichnet.

Als Ergebnis der strategieorientierten Ausrichtung der Organisation liegt ein System von Balanced Scorecards für die einzelnen Unternehmenseinheiten auf verschiedenen Hierarchieebenen vor.

Balanced Scorecard

Die Balanced Scorecard (BSC) ist ein aus der Strategie abgeleitetes – kein Strategie-formulierendes – sich auf wenige wettbewerbsentscheidende Ziele konzentrierendes strategisches Steuerungskonzept. Den Balanced-Scorecard-Ansatz zeichnet aus, dass Ziele, Messgrößen und strategische Aktionen jeweils einer konkreten Betrachtungsweise, der sogenannten Perspektive, zugeordnet werden. Die Zuordnung zu den Perspektiven soll ein einseitiges Denken bei der Ableitung und Verfolgung der Ziele verhindern. Stattdessen werden durch das Denken in und das Verknüpfen von Perspektiven die wesentlichen Zusammenhänge hinsichtlich des strategischen Zielsystems dokumentiert. Sie ist in erster Linie ein Vehikel zur Umsetzung von Strategien. Dies geschieht über den Aufbau eines Sets ausgewogener strategischer Ziele. Diese Ziele leiten sich aus Vision, Mission und dem Geschäftsmodell ab – sie gelten damit als die entscheidenden, strategierelevanten und erfolgskritischen Ziele des Unternehmens. Um die Zielerreichung planen und verfolgen zu können, werden diesen Zielen entsprechende finanzielle und nicht finanzielle Messgrößen sowie die Soll- und Ist-Werte dieser Messgrößen gegenübergestellt. Strategische Aktionen zu den einzelnen Zielen sollen die Zielerreichung sicherstellen. Jede strategische Aktion erhält Termin- und Budgetvorgaben sowie personifizierte Zuständigkeiten.

Strategische Ziele sowie deren Messgrößen, Zielwerte und strategische Aktionen stehen nicht losgelöst nebeneinander. Vielmehr sind sie durch Ursache-Wirkungs-Beziehungen eng miteinander verknüpft. Die Identifikation und Darstellung der strategisch relevanten Beziehungen ist eine wesentliche Leistung des Ansatzes. Dadurch entsteht die »Strategy Map« (oder strategische Landkarte) als übersichtliches, leicht kommunizierbares Zielbild. Erst die Verknüpfung der Ziele beschreibt die Strategie vollständig – im Gegensatz zu einem Sammelsurium unverbundener Kennzahlen. Vielmehr ist der Aufbau einer BSC ein über einen interaktiven Kommunikationsprozess sukzessives und permanent fort- und weiterzuentwickelndes Vorgehen.

Die Balanced Scorecard kann zum Grundpfeiler eines modernen strategischen Managementsystems ausgebaut werden. Sie ermöglicht dem Unternehmen und seinen Organisationseinheiten eine ganzheitliche Ausrichtung. *(Literaturempfehlung: Kaplan/Norton (Hrsg. 1997))*

BSC-basiertes Anreizsystem

Ein BSC-basiertes Anreizsystem besteht aus den Elementen Zielvereinbarungssystem und einer darauf abgestimmten monetären und nicht monetären Vergütung. Im Vergleich zu Zielvereinbarungssystemen, die nicht mit der Strategie des Unternehmens verbunden sind, unterstützt ein BSC-basiertes Anreizsystem ein umfassendes Erreichen der Unternehmensziele. Ziel eines BSC-basierten Anreizsystems ist es, das Verhalten von Tausenden von Mitarbeitern aller Ebenen auf die Unternehmensziele zu synchronisieren.

European Foundation for Quality Management (EFQM)

Um die Aktivitäten der Unternehmen hinsichtlich der Verbesserung ihrer Management- und Geschäftsprozesse zu unterstützen, wurde 1988 von führenden westeuropäischen

Unternehmen die European Foundation for Quality Management (EFQM) gegründet. Ziel der EFQM ist es, die Position westeuropäischer Unternehmen im Weltmarkt auf zwei Wegen zu verbessern: Die Akzeptanz von umfassendem Qualitätsmanagement als Strategie für globale Wettbewerbsvorteile zu beschleunigen, und in den Unternehmen den Nährboden für verbesserungsorientierte Vorgehensweisen zu schaffen. Zu diesem Zweck wird jährlich der European Quality Award (EQA) ausgeschrieben. *(Literaturempfehlung: Horváth & Partner (Hrsg. 1997))*

Geschäftsfeld, Strategisches

Strategische Geschäftsfelder können z. B. anhand einer bestimmten Produkt-Markt-Kombination gebildet werden, etwa bei Vorliegen gemeinsamer Kunden, gemeinsamer Wettbewerber oder gemeinsamer Distributionswege. In Abgrenzung zum strategischen Geschäftsfeld stehen das Produkt (Output der Gesellschaft, der an einen externen Empfänger gerichtet ist) und das Segment (Unterteilung des strategischen Geschäftsfeldes nach homogenen Gruppen von Kunden, die aufgrund charakteristischer Merkmale ähnlich bearbeitet werden müssen). Für jedes Segment muss eine separate Strategie erarbeitet werden.

Zu unterscheiden ist hierbei das strategische Geschäftsfeld von der strategischen Geschäftseinheit. Unter dem strategischen Geschäftsfeld verstehen Ansoff/McDonnell (1996) »An area of business (SBA strategic business area) opportunity defined by a distinctive demand-technology life cycle curve«, und unter einer strategischen Geschäftseinheit »A unit (SBU strategic business unit) of the firm which is responsible for strategic development of one or more SBAs«.

Geschäftsmodell

Geschäftsmodelle beschreiben den Zusammenhang zwischen den wesentlichen konzeptionellen Gestaltungsparametern (»Strukturelementen«) einer Strategie. Es handelt sich dabei um ein System von Grundsatzentscheidungen zur Funktionsweise einer Organisation. Das Produktsortiment kann dabei genauso zum Geschäftsmodell zählen wie z. B. Zielkunden, Vertriebskanäle, Kooperationspartner oder die Fertigungsstandorte. Elemente von Geschäftsmodellen sind also Wesensmerkmale einer Organisation, zu denen grundsätzliche »Ja/Nein«-Entscheidungen notwendig sind (z. B. bieten wir unsere Leistungen im Internet an? Produzieren wir auch in China? Wählen wir »billig« als Werbebotschaft?)

In unserem Verständnis unterscheiden sich Geschäftsmodelle deutlich von Zielsystemen. Geschäftsmodelle enthalten keine Ziele sondern geben (gemeinsam mit Vision, Mission und Werten) den Rahmen vor, in dem die Erreichung spezifischer Ziele angestrebt wird. Welche Ziele konkret erreicht werden müssen, um die Vision erreichen zu können, ist Inhalt des strategischen Zielsystems.

Geschäftsmodelle können im Ist beschrieben werden, aber auch als Soll-Zustand (»Zukünftiges Geschäftsmodell«).

Handlungsfeld, Strategisches

Handlungsfelder sind Aufgabenbereiche, die besondere Berücksichtigung zur Schließung der Lücke zwischen Ist-Position des Unternehmens/Geschäftsfelds und strategischer Positionierung (Ziel-Position) finden müssen. Beispiele: Marktzugang, Leistungsportfolio, Mitarbeiter, Preis, Kosten, Qualität etc.

Handlungsoptionen, Strategische

Auswahl von Möglichkeiten, wie das jeweilige Handlungsfeld bearbeitet werden kann. »Each company faces a huge number of options as to how it can deploy its resources to compete in the market place. For example, a company may opt to: compete on product quality, move into new foreign markets, acquire a competitor, compete on delivery times, enter a new market segment, diversify into other businesses, stop producing the product, exit the market, rationalise the product line, increase the product line« (vgl. Turner 1990, S. 2). Wird eine der Möglichkeiten über einen Strukturierungs- und Bewertungsprozess ausgewählt, wird die diese Handlungsoption als strategisches Ziel bezeichnet. *(Quelle: Turner 1990)*

Kaskadierung

Siehe »Ausrichtung der Organisation, Strategieorientierte«.

Messgrößen

Die Messgröße (Kennzahl, Key Performance Indicator) zeigt die Zielerreichung von strategischen Zielen an. Die Messgröße bestimmt, wie die Zielerreichung gemessen werden soll und wird im Rahmen des Balanced-Scorecard-Prozesses definiert. Bei der Auswahl der Messgrößen gilt es sowohl die Darstellung der Zielerreichung als auch die damit erreichte Verhaltensbeeinflussung zu berücksichtigen. Dabei wird zwischen Messgrößen unterschieden, die bereits im Unternehmen als Kennzahlen vorliegen und solchen, die erst implementiert werden müssen.

Mission

Missionen beschreiben, welchen Auftrag eine Organisation für die Gesellschaft erfüllt bzw. erfüllen möchte. Missionen klären somit die Existenzberechtigung von Organisationen. Sprachlich entsprechen Missionen Aussagen wie »Wir sind...«, »Unser Auftrag ist...«. Missionen geben somit einen Rahmen vor, mit welchen Inhalten sich eine Organisation beschäftigen sollte – und mit welchen nicht.

Performance Measurement

Unter Performance Measurement wird der Aufbau und Einsatz meist mehrerer Kennzahlen verschiedener Dimensionen (z.B. Kosten, Zeit, Qualität, Innovationsfähigkeit, Kundenzufriedenheit) verstanden, die zur Beurteilung der Effektivität (»die richtigen Dinge tun«) und Effizienz (»die Dinge richtig tun«) der Leistung und Leistungspotenziale unterschiedlicher Objekte im Unternehmen, sogenannter Leistungsebenen (z.B. Organisationseinheiten unterschiedlichster Größe, Mitarbeiter, Prozesse), herangezogen werden. (*Literaturempfehlung: Gleich 1997*)

Perspektive

Perspektiven sind ein Denkraster, das gewährleistet, dass an alle wesentlichen Aspekte des Geschäftes in einem ausgewogenen Verhältnis gedacht wird. Sie werden daher idealerweise schon vor oder während des Strategiefindungsprozesses festgelegt. Generell sind sie unternehmensspezifisch zu bestimmen. In einer Vielzahl von Fällen kann jedoch auf die sog. Standardperspektiven Finanzen, Kunden, Prozesse und Potenziale zurückgegriffen werden. Beim Arbeiten mit den Perspektiven sollte auf die Ausgewogenheit als Grundprinzip der Balanced Scorecard geachtet werden.

Planung, Operative

Die operative Planung ist primär eine Zielerreichungsplanung – sie baut auf der strategischen Planung auf. In ihr werden die von der Unternehmung kurz- und mittelfristig zu erstellenden Leistungs- bzw. Produkt- und Dienstleistungsprogramme (im Rahmen des strategischen Leistungsprogramms) nach Art und Menge auf der Basis gegebener Potenziale bzw. Kapazitäten und die zur Realisierung dieser Programme (Ziel bzw. Zielbündel) erforderlichen Aktionen (Operationen) in den einzelnen Bereichen der Unternehmung geplant. (*Literaturempfehlung: Hahn 2001*)

Planung, Strategische

Strategische Planung ist ein informationsverarbeitender Prozess zur Abstimmung von Anforderungen der Umwelt mit den Potenzialen des Unternehmens in der Absicht, mit Hilfe von Strategien den langfristigen Erfolg eines Unternehmens zu sichern. (*Literaturempfehlung: Bea/Haas 2001*)

Marktorientierte, strategische Planung ist ein managementbetriebener Prozess, bei dem die Ziele und Ressourcen des Unternehmens an die sich ändernden Marktchancen angepasst werden. Die strategische Planung bezweckt, die verschiedenen Geschäftseinheiten und Produktgruppen des Unternehmens so zu gestalten und auch umzugestalten, dass sie in ihrer Gesamtheit angemessene Gewinne und ein zufriedenstellendes Wachstum hervorbringen. (*Literaturempfehlung: Kotler 2006*)

Positionierung, Strategische

»Der Kern von strategischer Positionierung besteht darin, Tätigkeiten zu wählen, die sich von denen der Rivalen unterscheidet« (vgl. Porter 1997, S. 48.). Die strategische Positionierung beschreibt den Zustand des Unternehmens in 3-5 Jahren hinsichtlich der gewählten Positionierungskriterien, bspw. Produkt, Markt, Kunden. Porter unterscheidet dabei die variantenbezogene Positionierung, mit der Wahl von Produkt- und Servicevarianten, die bedarfsbezogene Positionierung unter Berücksichtigung von spezifischen Kundengruppenbedürfnissen sowie die (kunden-)zugangsbezogene Positionierung abhängig vom Kundenzugang. (*Literaturempfehlung: Porter 1997*)

Prozesse, Strategische

Strategische Prozesse im Sinne der Balanced Scorecard sind Prozesse, die zur Erreichung der Kunden-, Finanz- und Potenzialziele im Hinblick auf die strategischen Stoßrichtungen besonders berücksichtigt werden müssen. Sie werden als strategisch bezeichnet, wenn sie sowohl eine hohe Wettbewerbsrelevanz als auch Handlungsnotwendigkeit aufweisen. Sie werden in der Prozessperspektive der Balanced Scorecard mit entsprechenden Zielformulierungen abgebildet.

Prozessmanagement

Ziel des Prozessmanagements ist es, Abläufe insbesondere in den sogenannten indirekten Bereichen zu optimieren, Qualitätsverbesserungen zu erreichen, Verwaltungskosten zu reduzieren und die Produktivität im Verwaltungsbereich zu steigern.

Grundlage des Prozessmanagements ist ein neues Verständnis der Verwaltung. Als zentrales Merkmal der Verwaltungsarbeit wird der Umgang mit Daten und Informationen gesehen. Diese Tätigkeit ist jedoch nicht auf einen Funktionsbereich beschränkt, sondern durchdringt alle Bereiche eines Unternehmens. Die Aufgabe der Verwaltung in diesem Zusammenhang ist es, die Durchführung aller Leistungsprozesse im Unternehmen zu gewährleisten. Im Vordergrund steht hierbei also nicht die institutionale, sondern die prozessuale Betrachtung des Verwaltungsgeschehens. (*Literaturempfehlung: Horváth/Reichmann 2002*)

Risikomanagement

Die Ziele des Risikomanagements (kurz RM) sind die Verbesserung der internen Transparenz, die Schaffung des Risikobewusstseins bei allen Mitarbeitern und die Unterstützung der dezentralen Eigenverantwortung der Unternehmensbereiche (vgl. Franz 2000, S. 51). Risikoanalyse, -planung und -steuerung sowie -überwachung zählen zu den wesentlichen Prozessschritten beim Aufbau eines integrierten Systems zur operativen Risikosteuerung. Insbesondere vor dem Hintergrund der Corporate Governance und der Einführung des Gesetzes zur Kontrolle und Transparenz in Unternehmen (KonTraG) sowie den einschlägigen Regelungen für Finanzdienstleister (BASEL II, Solvency) kommt dem Risikomanagement eine immer höhere Bedeutung zu.

Roll-out

Siehe »Ausrichtung der Organisation, Strategieorientierte«

Strategie

Eine Strategie ist das beabsichtigte oder sich ergebende, über einen längeren Zeitraum konsistente Verhaltensmuster einer Organisation, mit welchem sie ihre grundlegenden Ziele erreichen will (vgl. Greiner 2004, S. 37).

Das Verständnis einer Strategie als konsistentes Verhaltensmuster betont die Tatsache, dass eine Strategie auf die Ausrichtung einer Vielzahl von Einzelhandlungen wirkt. Sie entstehen nicht nur auf der Grundlage rationaler Planungen, häufig führen Zufälligkeiten, Opportunitäten, Ideen einzelner, usw. zu unerwarteten neuen Handlungen, die, wenn erfolgreich, wiederum als beabsichtigtes Verhalten für die Zukunft festgehalten werden können (»emergente« Strategien).

Konstituierend für eine Strategie ist, dass das Verhalten über einen längeren Zeitraum in sich schlüssig bleibt. Die Aneinanderreihung einzelner Handlungen, bei denen kein Zusammenhang, kein Konzept erkennbar ist, ist somit keine Strategie.

Der Begriff der »Organisation« (nicht der des »Unternehmens«) ist bewusst gewählt. Es geht nicht nur um die Vorgehensweise des Unternehmens als Ganzes (Unternehmensstrategien). Strategien können auf jeder Ebene der Organisation gebildet werden. Dies zeigen Begriffe wie Beschaffungsstrategie, Marketingstrategie, Geschäftsbereichsstrategie, Verhandlungsstrategie usw. Strategien auf nachgelagerten Ebenen der Organisation sollten dabei eine Konkretisierung der Strategien der übergeordneten Ebenen darstellen.

Aus unserer Sicht setzen sich Strategien aus zwei, voneinander klar unterscheidbaren Gestaltungsparametern zusammen: dem strategischen Rahmen und dem strategischen Zielsystem. Während der strategische Rahmen Strukturelemente wie Vision, Mission und Geschäftsmodell umfasst, entspricht das strategische Zielsystem den Inhalten der Balanced Scorecard. In diesem Sinne sind Balanced Scorecards Bestandteil der Strategie.

Strategischer Rahmen

Der strategische Rahmen umfasst die strukturellen Grundsatzentscheidungen der Organisation. Dazu zählen zunächst die grundlegende Zielrichtung (Vision), der Auftrag der Organisation (Mission) und das zugrunde liegende Wertesystem. Von besonderer Bedeutung sind zusätzlich grundsätzliche Entscheidungen hinsichtlich des Aktivitätensystems der Organisation, dem Geschäftsmodell: Welche Märkte sollen bedient werden, welche nicht? Welche Vertriebskanäle wollen wir nutzen, welche nicht? Welches Image wollen wir, welches nicht? Die Inhalte eines so verstandenen strategischen Rahmens unterliegen in der Regel nur selten kurzfristigen Veränderungen. Veränderungen im strategischen Rahmen sind mit großen strategischen Entscheidungen verbunden, z. B. die Formulierung einer neuen Vision, dem Eintritt in ein neues Geschäftsfeld oder einer umfassenden Neupositionierung.

Strategisches Zielsystem

Das strategische Zielsystem beschreibt, welche grundsätzlichen Ziele zu erreichen sind, damit die Vision erreicht werden kann. Zum Zielsystem gehören verbale ausformulierte strategische Ziele und die Klärung ihres Zusammenhanges, Messgrößen, Zielwerte und strategische Aktionen. Im Sinne der Balanced Scorecard gilt es dabei, das Augenmerk nicht nur auf finanzielle Ziele zu legen, sondern auch auf relevante Ziele der Kunden-, Prozess- und Potenzialperspektive.

Strategy Maps

Ursache-/Wirkungs-Zusammenhänge zeigen die Verbindungen zwischen den strategischen Zielen innerhalb einer Balanced Scorecard über die verschiedenen Perspektiven hinweg auf. Diese zeigt, bei welchen Aspekten in den Balanced-Scorecard-Perspektiven Finanzen, Kunden/Markt, interne Prozesse und Potenziale aus heutiger Sicht die größte Aufmerksamkeit des Managements und ein besonderer Ressourcenbedarf erforderlich ist und welche Zusammenhänge dabei zugrunde gelegt wurden. Die Gesamtdarstellung der Ursache-/Wirkungs-Beziehungen werden Strategy Maps genannt. Die Strategy Map stellt ein Instrument zur Beschreibung und Kommunikation der Strategie dar. Bei der Erstellung ist darauf zu achten, dass nur strategisch beabsichtigte Beziehungen ohne Redundanzen abgebildet werden. Dies erhöht die Übersichtlichkeit und die Aussagekraft der Darstellungen. Die Strategy Map wird auch als »strategische Landkarte« oder »Zielbild« bezeichnet. (*Literaturempfehlung: Kaplan/Norton 2004*)

Stoßrichtung, Strategische

Unter der strategischen Stoßrichtung verstehen wir die Art und Weise, mit der es dem Unternehmen gelingen soll, die gewünschte strategische Position zu erreichen. Sie gibt richtungsweisende Impulse, die im Unternehmen umgesetzt werde müssen, um auf den strategisch gewünschten Kurs zu kommen. Sehr oft findet sie sich in Slogans wie beispielsweise »Mehr Norm-, weniger Sonderfertigung«, »Vom Bauunternehmer zum Infrastrukturdienstleister«, »Ganzheitliches Angebot und Cross-Selling« wieder. Sie ist das Ergebnis der Strategieentwicklung und ist für die Erstellung der Balanced Scorecard der Ausgangspunkt. Die strategische Stoßrichtung enthält eher prozessorientierte Aspekte der Strategie, die dann mit Hilfe der Balanced Scorecard ausgestaltet und konkretisiert werden können.

Vision

Eine Vision ist der konzentrierte Ausdruck über den angestrebten Zustand der Unternehmung. In diesem Sinne sind Visionen Zukunftsbilder, welche beschreiben, was eine Organisation langfristig erreichen will.

Gute Visionen sind knapp formuliert (nicht mehr als zwei Sätze) und geben Organisationen Kraft und Ausrichtung. Häufig beginnen Sie mit Formulierungen wie »Wir werden...«, »Wir wollen...«.

Eine Vision zu formulieren, welche die Organisation begeistert und ihr Kraft gibt, ist ein lohnenswertes, wenn auch schwieriges Unterfangen. Etwas einfacher, und daher häufig als Substitut für Visionen verwendet, sind Zielpositionen. Zielpositionen sind nicht so qualitativ formuliert wie eine Vision, sondern legen ihren Fokus eher auf quantifizierte Aussagen, häufig in Relation zum Wettbewerb. Eine Zielposition ist z. B.: Wir gehören bis zum Jahr 2017 zu den führenden Unternehmen im Firmenkundengeschäft mit einem Gesamtumsatz von 800 Mio. Euro.

Visionen haben eine
- ➤ impulsgebende Funktion,
- ➤ Orientierungs- und Ordnungsfunktion,
- ➤ Integrationsfunktion und
- ➤ erfolgsfördernde Funktion.

Um als schöpferische Kraft zielsetzend und zielorientierend wirken zu können, muss dabei eine Vision

➤ weitreichend und weitblickend sein,

➤ eine gestalterische Kraft besitzen mit auch gesellschaftlicher Implikation und vor allem auch

erreichbar sein.

Wertorientierung

Wertorientierung bedeutet die konsequente Ausrichtung der Planung und Steuerung des Unternehmens an der kontinuierlichen Steigerung des Unternehmenswertes. Der Unternehmenswert ist Ausdruck der Bewertung der ökonomischen Erfolgsaussichten des Unternehmens aus Sicht der Investoren.

Wertmanagement

Unter Wertmanagement oder wertorientiertem Management werden folgende Aspekte subsumiert:

➤ Wertorientiert rechnen, durch Auswahl und Implementierung eines geeigneten Verfahrens zur Bestimmung aktueller und zukünftiger Wertbeiträge und Aufbau eines Unternehmenswertmodells in Form von Werthebel-/Wertbeitragsbäumen.

➤ Wertorientiert handeln, durch die wertorientierte Gestaltung von Beteiligungsportfolios, die Ausrichtung der Strategieumsetzung auf quantitative Zielsetzungen zur Erreichung der Wertsteigerung (Target Setting) und auf operative Aktionsprogramme zur Wertsteigerung (Wertsteigerungsprogramme).

➤ Wertorientiert führen, durch die Einbindung der wertorientierten Balanced Scorecard in bestehende Planungs- und Steuerungsinstrumente und Verknüpfung der Zielwerte mit den Anreizsystemen.

Ziele, Strategische/Zielwerte

Strategische Ziele grenzen sich zu operativen Zielen durch eine hohe Wettbewerbsrelevanz und eine hohe Handlungsnotwendigkeit ab und sind einer Balanced Scorecard zugeordnet. Sie werden aus der strategischen Stoßrichtung über die grundsätzlichen Fragen für die jeweiligen Perspektiven der Balanced Scorecard festgelegt. Bei ihrer Ableitung ist eine Differenzierung zu strategischen Aktionen und Maßnahmen erforderlich.

Der Zielwert (Target) gibt den Sollwert für die Zielerreichung an und operationalisiert somit das strategische Ziel. Zielwerte werden für vorher festgelegte Strategiehorizonte (bspw. ein Jahr, drei Jahre, 5 oder x Jahre) festgelegt.

Autorenverzeichnis der 4. Auflage

Hauptautoren

Dr. Michael Currle ist seit 2001 bei der Horváth & Partners-Beratungsgruppe tätig. Er ist Principal im Competence Center Strategisches Management & Innovation. Dort leitet er seit 2003 das Team »Strategieoperationalisierung und Wertmanagement« mit Produktverantwortung für Balanced Scorecard und Wertmanagement in der Horváth & Partners-Gruppe. Er berät weltweit Unternehmen schwerpunktmäßig zu den Themen Strategische Steuerung, Balanced Scorecard und Wertorientiertes Management sowie Strategisches Controlling. Daneben ist er seit mehreren Jahren als Hochschuldozent, Seminarleiter und zertifizierter Planspiel-Trainer tätig. Vor seiner Tätigkeit bei Horváth & Partners war er als Projektmanager »Wertmanagement« in einem IT-Systemhaus sowie als wissenschaftlicher Mitarbeiter am Lehrstuhl Controlling der Universität Stuttgart tätig. Im Jahr 2002 promovierte er zum Thema »Performance Management für IT-Services«.

Dr. Bernd Gaiser ist Sprecher des Vorstands der Horváth AG, Stuttgart, der Holdinggesellschaft von Horváth & Partners. Seine Beratungserfahrungen in den vergangenen 20 Jahren liegen auf den Gebieten Strategisches Management, Prozessmanagement und Controlling. 1996 war er als Gastwissenschaftler an der »Geburtsstätte« der Balanced Scorecard, der Harvard Business School, tätig und hat sich dort u. a. mit den Erfahrungen zur Balanced Scorecard in den USA auseinandergesetzt. Er ist er Lehrbeauftragter an den Universitäten Hohenheim und Klagenfurt. Dr. Gaiser ist Autor zahlreicher Veröffentlichungen und Referent bei nationalen und internationalen Kongressen.

Dr. Oliver Greiner ist Partner bei Horváth & Partners und Leiter des Competence Centers Strategisches Management & Innovation. Er trat 1997 dem Unternehmen bei und bekam früh die Möglichkeit, Projekte zum Strategischen Management im Allgemeinen und der Balanced Scorecard im Speziellen begleiten zu dürfen. Er zählt zu den Pionieren der Balanced Scorecard in Deutschland und gehört mit über 50 Implementierungen zu den erfahrensten Anwendern des Konzeptes. Seit dem Jahr 2000 ist er Leiter des Competence Center Strategisches Management, 2002 übernahm er zusätzlich die Verantwortung für das Beratungsfeld Innovation. In den Jahren 2003/04 baute er als Geschäftsführer der spanischen Landesgesellschaft die Beratungsaktivitäten von Horváth & Partners im spanischen Markt auf. Die Strategieberatung prägte Dr. Greiner mit innovativen Lösungen zum Strategischen Management wie der musterbasierten Strategieentwicklung und der Geschäftsmodellanalyse über das »7-K«-Modell. 2004 promovierte er zum Thema »Strategiegerechte Budgetierung«.

Mitautoren

Jens Gräf ist seit 1999 bei Horváth & Partners. Er ist Principal im Competence Center Controlling am Standort Stuttgart. Dort ist er verantwortlich für die Weiterentwicklung von innovativen Reporting- und Risikomanagementlösungen. Er hat zu diesem Thema zahlreiche Fachartikel und Buchbeiträge verfasst und ist Seminarleiter im Rahmen der Horváth Akademie. An der Fachhochschule Würzburg ist Jens Gräf seit 2002 als wissenschaftlicher Lehrbeauftragter zur strategischen Unternehmenssteuerung tätig.

Walid Mehanna ist Managing Consultant bei Horváth & Partners in Stuttgart. Im Competence Center IT-Solutions begleitet er die Auswahl und Einführung von IT-Lösungen für integrierte Strategie-, Planungs- und Steuerungsprozesse. Parallel hierzu promoviert er an der Universität Stuttgart zum Themenkomplex Business Intelligence.

Mathias Paul war bis 2006 Managing Consultant bei Horváth & Partners im Competence Center Strategisches Management & Innovation in Berlin. Er begleitete weltweit Projekte zu den Themen Balanced Scorecard und strategiegerechte Ausrichtung der Organisation. Seit 2006 ist Herr Paul Projektleiter in der Konzernstrategie der Deutschen Bahn AG und unter anderem verantwortlich für die Gestaltung des Strategieprozesses im DB-Konzern.

Prof. Dr. Kerstin Seeger war bis 2006 als leitende Beraterin bei Horváth & Partners in Düsseldorf im Competence Center Strategisches Management & Innovation tätig. Ihre Beratungsschwerpunkte lagen auf den Gebieten Strategische Steuerung, Balanced Scorecard und Anreizsysteme. Sie war die Autorin der Horváth & Partners-Studien zu strategieorientierten Anreizsystemen. Seit 2006 ist sie Professorin für Strategisches Management und Unternehmensführung an der Europäischen Fachhochschule (EUFH). Prof. Seeger arbeitet weiterhin mit Horváth & Partners auf freiberuflicher Basis zusammen.

Stefan Tobias ist Consultant bei Horváth & Partners in Stuttgart im Competence Center Controlling. Seine Beratungsschwerpunkte sind Controlling, insbesondere Reporting und Risikomanagement.

Barbara Wöhler ist Senior Project Manager und seit 1999 bei Horváth & Partners in München tätig. Ihre Beratungsschwerpunkte liegen auf den Gebieten der Strategischen Steuerung und des Personalmanagements, zuerst im privatwirtschaftlichen Umfeld und seit 2002 schwerpunktmäßig im Bereich der öffentlichen Verwaltung. Vor dieser beruflichen Etappe war sie im strategischen Personalmanagement der Schweizer Großbank UBS in Basel tätig.

Tim Wolf ist seit 2005 Consultant bei Horváth & Partners in Stuttgart. Im Competence Center Strategisches Management & Innovation liegen seine Produktentwicklungs- und Beratungsschwerpunkte in den Bereichen Strategieprozessgestaltung, Balanced Scorecard und strategisches Kompetenzmanagement.

Literaturverzeichnis

Basisliteratur von Kaplan und Norton

Kaplan, R. S. (1998), Innovation Action Research: Creating New Management Theory and Practice, in: Journal of Management Accounting Research, 10. Jg., 1998, S. 89–118

Kaplan, R. S./Norton, D. P. (1992), The Balanced Scorecard – Measures that drive Performance, in: Harvard Business Review, 70. Jg., Nr. 1, 1992, S. 71–79

Kaplan, R. S./Norton, D. P. (1993), Putting the Balanced Scorecard to work, in: Harvard Business Review, 71. Jg., Nr. 5, 1993, S. 134–147

Kaplan, R. S./Norton, D. P. (1996a), Using the BSC as a Strategic Management System, in: Harvard Business Review, 74. Jg., Jan/Feb, Nr. 1, 1996, S. 75–85

Kaplan, R. S./Norton, D. P. (1996b), The Balanced Scorecard: Translating Strategy into Action, Boston 1996

Kaplan, R. S./Norton, D. P. (Hrsg.) (1997), Balanced Scorecard: Strategien erfolgreich umsetzen. Aus dem Amerikanischen von P. Horváth, Stuttgart 1997

Kaplan, R. S./Norton, D. P. (2000), The strategy-focused organization, how balanced scorecard companies thrive in the new business environment, Boston 2000

Kaplan, R. S./Norton, D. P. (Hrsg.) (2001), Die strategiefokussierte Organisation. Führen mit der Balanced Scorecard. Aus dem Amerikanischen von P. Horváth und D. Kralj, Stuttgart 2001

Kaplan, R. S./Norton, D. P. (2004a), Strategy Maps, Converting intangible assets into tangible outcomes, Boston 2004

Kaplan, R. S./Norton, D. P. (2004b), Strategy Maps, Der Weg von immateriellen Werten zum materiellen Erfolg. Aus dem Amerikanischen von P. Horváth und B. Gaiser, Stuttgart 2004

Kaplan, R. S./Norton, D. P. (2006a), Alignment: How to apply the balanced scorecard to corporate strategy, Boston 2006

Kaplan, R. S./Norton, D. P. (2006b), Alignment: Mit der Balanced Scorecard Synergien schaffen. Aus dem Amerikanischen von P. Horváth, B. Gaiser und D. Steffens, Stuttgart 2006

Basisliteratur von Horváth & Partners

Currle, M./Schwertner, K. (2005), Ausrichtung der Prozesse an der Unternehmensstrategie, in: Horváth & Partners (Hrsg.), Prozessmanagement umsetzen, Stuttgart 2005

Gaiser, B./Greiner, O. (2002), Strategische Steuerung: Von der Balanced Scorecard zur strategiefokussierten Organisation, in: Controlling Fortschritte – Festschrift zum 65. Geb. von Péter Horváth, München 2002, S. 193–222

Gaiser, B./Horváth, P./Vogelsang, P. (2006), Quo vadis Balanced Scorecard? Implementierungsverfahren und Anregungen zur Weiterentwicklung, in: Hahn, D./Taylor, B. (Hrsg.), Strategische Unternehmensplanung – Strategische Unternehmensführung, Berlin 2006, S. 151–171

Gaiser, B./Wunder, T. (2004), Strategy Maps und Strategieprozesse. Einsatzmöglichkeiten, Nutzen, Erfahrungen, in: Controlling, 16. Jg., Nr. 8–9, 2004, S. 457–464

Greiner, O. (2004), Strategiegerechte Budgetierung, München 2004

Greiner, O. (2006), Musterbasierte Strategieentwicklung, in: Controlling, 18. Jg., Nr. 11, 2006, S. 611–612

Horváth, P. (1999a), Das Balanced Scorecard-Managementsystem – das Ausgangsproblem, der Lösungsansatz und die Umsetzungserfahrungen, in: Die Unternehmung, 54. Jg., Nr. 5, 1999, S. 303–319

Horváth & Partner (Hrsg.) (2000), Früherkennung in der Unternehmenssteuerung, Stuttgart 2000

Horváth & Partners (Hrsg.) (2004a), Studie »100 x Balanced Scorecard« 2003, Ergebnisbericht, Stuttgart 2004

Horváth & Partners (Hrsg.) (2005b), Balanced Scorecard Studie 2005, Ergebnisbericht, Stuttgart 2005

Horváth & Partners (Hrsg.) (2006a), Studie »Best Practice Anreizsysteme« 2006, Ergebnisbericht, Stuttgart, 2006

Kipker, I. (Hrsg.) (2003), Balanced Scorecard in Sparkassen, Stuttgart 2003

Wunder, T. (2005), New Strategy Alignment in Multinational Corporations, in: Strategic Finance, 4. Jg., Nr. 11, 2005, S. 35–41

Ergänzende Literatur

Albert, K. (1983), The Strategic Management Handbook, New York 1983

Al-Laham, A. (1997), Strategieprozesse in deutschen Unternehmungen, Wiesbaden 1997

Ansoff, H. I./McDonnell, E. J. (1996), Implanting Strategic Management, 2. Aufl., New York 1996

Bach, N. (2006), Analyse der empirischen Balanced Scorecard Forschung im deutschsprachigen Raum, in: Controlling & Management (ZfCM), 50. Jg., Nr. 5, 2006, S. 298–304

Bange, C./Marr, B./Dahnken, O./Narr, J./Vetter, C. (2004), Balanced Scorecard Werkzeuge, 19 Performance Management Werkzeuge im Vergleich, Würzburg 2004

Banker, R. D. et al. (2000), An empirical Investigation of an Incentive Plan that Includes Nonfinancial Performance measures, in: The Accounting Review, 75. Jg., Nr. 1, 2000, S. 65–92

Baum, H.-G./Coenenberg, A. G./Günther, T. (2007), Strategisches Controlling, 4. Aufl., Stuttgart 2007

Baur, M. (2002), Der BSC Roll-out: Erfahrungen in der Praxis, in: Controller Praxis, o. Jg., Nr. 9, 2002, S. 1–22

Bea, F. X./Haas, J. (2001), Strategisches Management, 3. Aufl., Stuttgart 2001

Bendl, H. (2003), Neuausrichtung der strategischen Planung mit der Balanced Scorecard im Anlagenbau, in: Horváth, P./Gleich, R. (Hrsg.), Neugestaltung der Unternehmensplanung, Stuttgart 2003, S. 578–581

Benz, C./Becker-Flügel, J. (1997), Einführung, in: Horváth & Partner (Hrsg.), Qualitätscontrolling: Ein Leitfaden zur betrieblichen Navigation auf dem Weg zum Total Quality Management, Stuttgart 1997, S. 1–17

Bernhard, M. G. (2001), Softwarelösungen realisieren – Die Umsetzungsphase beginnt, in: Bernhard, M. G./Hoffschröer, S., Report Balanced Scorecard, Düsseldorf, 2001, S. 293–307

Binder, B./Sürth, P. (2002a), Strategieentwicklung und Balanced Scorecard, in: Controller Magazin, 27. Jg., Nr. 4, 2002, S. 359–364

Binder, B./Sürth, P. (2002b), Zusammenwirken der Instrumente strategischer Vorbau zur Strategieentwicklung und Balanced Scorecard zur Strategieimplementierung – dargestellt am Beispiel ETO Nahrungsmittel, in: Controller Magazin, 27. Jg., Nr. 7, 2002, S. 18–22

Bischof, J. (2002), Die Balanced Scorecard als Instrument einer modernen Controlling-Konzeption. Beurteilung und Gestaltungsempfehlungen auf der Basis des Stakeholder-Ansatzes, Wiesbaden 2002

Buchner, H./Grundler, C./Höhner, M.-A./Kogler, S. (2000), Die Balanced Scorecard in die Führungs- und Steuerungssysteme integrieren am Beispiel der Unternehmensgruppe fischerwerke, in: Horváth & Partner (Hrsg.), Früherkennung in der Unternehmenssteuerung, Stuttgart 2000, S. 309–347

Coners, A./Ceynowa, K./Grob, H. L. (2003), Management universitärer Informationsdienste mit der Balanced Scorecard – Ein Projekt der Deutschen Forschungsgemeinschaft, in: Controlling, 15. Jg., Nr. 9, 2003, S. 475–480

Currle, M. (2001), Wertmanagement und Performance-Measurement. Konzepte, Kritik und Weiterentwicklungen, in: bilanz & buchhaltung, Nr. 6, 2001, S. 229–233

Currle, M./Lusebrink P. (2003), Strategische Prozesse verbessern – Mit der BSC gemeinsam Strategien finden und umsetzen, in: QZ Qualität und Zuverlässigkeit, 48. Jg., Nr. 12, 2003, S. 1178–1182

Deutsche Bank (1999), Geschäftsbericht 1998, Frankfurt am Main 1999

Epstein, M./Manzoni, J.-F. (1997), The Balanced Scorecard and Tableau de Bord: A Global Perspective on Translating Strategy into Action, Fontainebleau 1997

Eschenbach, R./Eschenbach, S./Kunesch, H. (2003), Strategische Konzepte: Management-Ansätze von Ansoff bis Ulrich, 4. Aufl., Stuttgart 2003

Ernst & Young (Hrsg.) (1997), Measures that Matter, Boston 1997

Fink, C. A. (2003), Prozessorientierte Unternehmensplanung: Analyse, Konzeption und Praxisbeispiele, Wiesbaden 2003

Fink, C. A./Grundler, C. (1998), Strategieimplementierung im turbulenten Umfeld – Steuerung der Firma fischerwerke mit der Balanced Scorecard, in: Controlling, 10. Jg., Nr. 4, 1998, S. 226–235

Fink, C. A./Heineke, C. (2002), Die Balanced Scorecard mit dem Zielvereinbarungssystem verbinden, in: ZfO Zeitschrift Führung + Organisation, 71. Jg., Nr. 3, 2002, S. 155–167

Fink, C. A./Heineke, C. (2004), Zielvereinbarungssysteme auf der Basis von operativen Werttreiberhierarchien und Balanced Scorecards – Notwendigkeit, Anforderungen und Vorgehen einer Integration, in: Bramsemann, R. (Hrsg.), Kennzahlengestütztes Controlling, Münster 2004

Foreign and Commonwealth Office (UK) (2005), Autumn Performance Report 2005, London 2005

Franz, K.-P. (2000), Corporate Governance, in: Dörner, D./Horváth, P./Kagermann, H. (Hrsg.), Praxis des Risikomanagements: Grundlagen, Kategorien, branchenspezifische und strukturelle Aspekte, Stuttgart 2000, S. 41–72

Fry, J. N./Killing, J. P. (1986), Strategic Analysis and Action, Scarborough/Ontario 1986

Gaiser, B. (1997a), International Perspectives: German Cost Management Systems, in: Cost Management, 11. Jg., Nr. 5, 1997, S. 35–41

Gaiser, B. (1997b), German Cost Management Systems (Part 2), in: Cost Management, 11. Jg., Nr. 6, 1997, S. 41–45

Gaiser, B. (1999), Mit Wissen wachsen: Balanced Scorecard – »Spielkarte« für Strategien, in: Absatzwirtschaft, 42. Jg., Nr. 1, 1999, S. 34–36

Gaiser, B. (2004), Strategische und operative Steuerung verbinden, in: Horváth, P. (Hrsg.), Werte schaffen – Werte managen, Bonn 2004, S. 35–52

Gaiser, B. (2006), Strategiekonformes Verhalten in Organisationen – Zur Deckung von persönlich

Erwünschtem und strategisch Gewolltem, in: Horváth, P. (Hrsg.), Wertschöpfung braucht Werte – Wie Sinngebung zur Leistung motiviert, Stuttgart 2006, S. 155–168

Gaiser, B./Greiner, O. (2003), Strategiegerechte Planung mit Hilfe der Balanced Scorecard, in: Horváth, P./Gleich, R. (Hrsg.), Neugestaltung der Unternehmensplanung, Stuttgart 2003, S. 269–297

Gaiser, B./Greiner, O. (2004), Anbindung der operativen Planung an die strategische Planung mit der Balanced Scorecard, in: Horváth & Partners (Hrsg.), Beyond Budgeting umsetzen, Stuttgart 2004, S. 123–146

Ga*iser, B./Horváth, P.* (2000), Implementierungserfahrungen mit der Balanced Scorecard im deutschen Sprachraum – Anstöße zur konzeptionellen Weiterentwicklung, in: BFuP Betriebswirtschaftliche Forschung und Praxis, 54. Jg., Nr. 1, 2000, S. 17

Gaiser, B./Kaplan, R. S. (2002), Interview: Zehn Jahre Balanced Scorecard, in: QZ Qualität und Zuverlässigkeit, 47. Jg., Nr. 9, 2002, S. 872–874

Gaiser, B./Kaufmann. L. (1997), Strategische Ziele in konkreten Kennzahlen darstellen, in: Blick durch die Wirtschaft, 40. Jg., Nr. 184, 1997, S. 3

Gaiser, B./Kaufmann, L. (1998), Verankerung der Strategie im Tagesgeschäft – Vordringen des Konzepts der »Balanced Scorecard«, in: Neue Zürcher Zeitung, Nr. 16, 1998, S. 27

Gaiser, B./Landauer, W. (2001), Strategien müssen auch gelebt werden, in: Bernhard, M. G./ Hoffschröer, S. (Hrsg.), Report Balanced Scorecard, Düsseldorf 2001, S. 75–88

Gleich, R. (1997), Stichwort »Performance Measurement«, in: DBW Die Betriebswirtschaft, 57. Jg., Nr. 1, 1997, S. 114–117

Gleich, R. (2001), Das System des Performance Measurement, München 2001

Gleich, R. et al. (Hrsg.) (2002), Controllingfortschritte. Festschrift zum 65. Geburtstag von Prof. Dr. Péter Horváth, München 2002

Gleich, R./Höhner, M.-A. (2002), Früherkennung von Chancen und Risken mit der Balanced Scorecard, in: Pastors, P. M. (Hrsg.), Risiken des Unternehmens vorbeugen und meistern, Mering 2002, S. 135–166

Gomez, P./Probst, G. (1999), Die Praxis des ganzheitlichen Problemlösens, 3. Aufl., Bern 1999

Gräf, J./Kogler, S. (2001), Risikomanagement: Umsetzung im Mittelstand, in: Der Controlling-Berater, Nr. 6, 2001, S. 29–56

Greiner, O. (2005), Balanced Scorecard für Champions, in: InfoInsight Impulse für mittelständische Unternehmen, Nr. 2, 2005, S. 19–21

Hahn, D. (2001), PuK, Wertorientierte Controllingkonzepte, 6. Aufl., Wiesbaden 2001

Hahn, D./Krystek, U. (2000), Früherkennungssysteme und KonTraG in: Dörner, D./Horváth, P./Kagermann, H. (Hrsg.), Praxis des Risikomanagements, Stuttgart 2000, S. 74–97

Henderson, B. D. (1986), Logic of Business Strategy, New York 1986

Henderson, B. D. (1990), Geht es um Strategie – schlag nach bei Darwin, in: Harvard Business Manager, 12. Jg., Nr. 3, 1990, S. 1–3

Heinzelmann, M./Wehrle, A. (2004), Reporting und strategische Steuerung im Profifußball, in: Controlling, 16. Jg., Nr. 6, 2004, S. 349–354

Hinterhuber, H. (2004), Strategische Unternehmensführung, II. Strategisches Handeln, 7. Aufl., Berlin 2004

Hope, J./Fraser, R. (2003), Beyond Budgeting, Wie sich Manager aus der jährlichen Budgetierungsfalle befreien, Stuttgart 2003

Hornung, K./Mayer, J. H. (1999), Erfolgsfaktorenbasierte Balanced Scorecards zur Unterstützung einer wertorientierten Unternehmensführung, in: Controlling, 11. Jg., Nr. 8–9, 1999, S. 389–399

Horváth, P. (1995), Controlling und Führung, in: Kieser, A. (Hrsg.), Handwörterbuch der Führung, 2. Aufl., Stuttgart 1995, S. 211–226

Horváth, P. (Hrsg.) (1996), Controlling des Strukturwandels, Stuttgart 1996

Horváth, P. (Hrsg.) (1997), Das neue Steuerungssystem des Controllers, Stuttgart 1997

Horváth, P. (1999b), Richtig verstanden ist Balanced Scorecard das künftige Managementsystem, in: Frankfurter Allgemeine Zeitung, Nr. 200, 1999, S. 29

Horváth, P. (Hrsg.) (1999), Controlling und Finance, Stuttgart 1999

Horváth, P. (2000), Leistungserfassung und Leistungsmessung im neuen öffentlichen Rechnungswesen, in: Budäus, D. (Hrsg.), Leistungserfassung und Leistungsmessung in öffentlichen Verwaltungen, 2. Norddeutsche Fachtagung zum New Public Management, Wiesbaden 2000, S. 31–45

Horváth, P. (Hrsg.) (2000), Strategische Steuerung: Erfolgreiche Konzepte und Tools in der Controllingpraxis, Stuttgart 2000

Horváth, P. (Hrsg.) (2001), Strategien erfolgreich umsetzen, Stuttgart 2001

Horváth, P. (Hrsg.) (2002), Performance Controlling – Strategie, Leistung und Anreizsysteme effektiv verbinden, Stuttgart 2002

Horváth, P. (2006), Controlling, 10. Aufl., München 2006

Horváth, P. (Hrsg.) (2006), Controlling und Finance Excellence, Stuttgart 2006

Horváth, P./Gleich, R. (1998), Die Balanced Scorecard in der produzierenden Industrie, in: ZWF Zeitschrift für wirtschaftlichen Fabrikbetrieb, 93. Jg., Nr. 11, 1998, S. 562–568

Horváth, P./Gleich, R. (2000), Controlling als Teil des Risikomanagements, in: Dörner, D./Horváth, P./Kagermann, H. (Hrsg.), Praxis des Risikomanagements, Grundlagen, Kategorien, branchenspezifische und strukturelle Aspekte, Stuttgart 2000, S. 99–126

Horváth, P./Gleich, R. (2003), Neugestaltung der Unternehmensplanung, Innovative Konzepte und erfolgreiche Praxislösungen, Stuttgart 2003

Horváth, P./Gleich, R./Voggenreiter, D. (2007), Controlling umsetzen, 4. Aufl., Stuttgart 2007

Horváth, P./Kaufmann, L. (1998), Balanced-Scorecard – ein Werkzeug zur Umsetzung von Strategien, in: Harvard Business Manager, 20. Jg., Nr. 5, 1998, S. 39–48

Horváth, P./Kühnle, B. (2002), Using the Balanced Scorecard for implementing political strategies: Flavor of the month or all-time favorite? The case of a German »Bundesland«, in: Performance Measurement and Management 2002, Papers from the Third International Conference on Performance Measurement and Management, Boston 2002, S. 257–264

Horváth, P./Mayer, R. (2003), X-Engineering – Ohne Balanced Scorecard und Performance Measurement nicht wirksam, in: Controlling, 15. Jg., Nr. 7–8, 2003, S. 373–377

Horváth, P./Michel, U. (1999), Wie die Balanced Scorecard ein wirkungsvolles Wertmanagement unterstützt, in: Zahn, E./Foschiani, S. (Hrsg.), Maßgeschneiderte Strategien – der Weg zur Alleinstellung im Wettbewerb, Stuttgart 1999, S. 23–43

Horváth, P./Möller, K. (2004), Intangibles in der Unternehmenssteuerung, München 2004

Horváth, P./Reichmann, T. (2002), Vahlens Großes Controlling Lexikon, München 2002

Horváth & Partner (Hrsg.) (1997), Qualitätscontrolling: Ein Leitfaden zur betrieblichen Navigation auf dem Weg zum Total Quality Management, Stuttgart 1997

Horváth & Partner (Hrsg.) (1998), Prozesskostenmanagement: Methodik und Anwendungsfelder, 2. Aufl., München 1998

Horváth & Partners (Hrsg.) (2004b), Beyond Budgeting umsetzen, Erfolgreich planen mit Advanced Budgeting, Stuttgart 2004

Horváth & Partners (Hrsg.) (2005a), Prozessmanagement umsetzen, Stuttgart 2005

Horváth & Partners (Hrsg.) (2006b), Das Controllingkonzept – Der Weg zu einem wirkungsvollen Controllingsystem, 6. Aufl., München 2006

Horx, M. (1998), Auf der Suche nach Verbündeten, Nomaden der Neuzeit (9), in: Der Standard, 06.11.1998

Kano, N. (1993), A Perspective on Quality Activities in American Firms, in: California Management Review, o. Jg., Nr. 1, 1993, S. 12–31

Kaufmann, L. (1997), Balanced Scorecard, in: ZfP Zeitschrift für Planung, 8. Jg., Nr. 4, 1997, S. 421–428

Kemper, H.-G./Mayer R. (2002), Business Intelligence in der Praxis, Bonn 2002

Kipker, I. (2004a), Strategiedefizite und Strategieführerschaft bei deutschen Kreditinstituten, in: Christians, U. (Hrsg.), Bankstrategien. Erfolgreiche Umsetzung mit der Balanced Scorecard, Berlin 2004, S. 15–28

Kipker, I. (2004b), Strategisches Management in Genossenschaften. Erfolgreiche Ansätze zur Strategieentwicklung und Strategieumsetzung mit der BSC, Wiesbaden 2004

Kipker, I./Diemer, H./Purtz, F. (2002a), Die Ausrichtung zu einer modernen Vertriebsorganisation mit Hilfe der Balanced Scorecard, in: Betriebswirtschaftliche Blätter, 51. Jg., Nr. 5, 2002, S. 216–220

Kipker, I./Diemer, H./Purtz, F. (2002b), Kommunikationsstrategien für Balanced Scorecard, in: Betriebswirtschaftliche Blätter, 51. Jg., Nr. 6, 2002, S. 285–286

Kipker, I./Diemer, H./Purtz, F. (2002c), Den Wandel strategisch managen / Der Nutzen der BSC in der S-Finanzgruppe, in: geldinstitute, 33. Jg., Nr. 5, 2002, S. 16–18

Kipker, I./Koppe, M./Seegers A. (2002), Entwicklung einer Balanced Scorecard für die Vermögensberatung, in: Betriebswirtschaftliche Blätter, 51. Jg., Nr. 4, 2002, S. 214–215

Kipker, I./Reuter, T. (2003), Ein Partner auf vielen Ebenen – Die Balanced Scorecard kann Volksbanken und Raiffeisenbanken effektiv auf die Sprünge helfen, in: bankinformation, Nr. 8, 2003, S. 20–21

Kipker, I./Siekmann A./Wildhagen, E. (2003a), Schlankes Planungs-, Steuerungs- und Berichtswesen mit der BSC, in: Betriebswirtschaftliche Blätter, 52. Jg., Sonderausgabe, 2003, S. 1–17

Kipker, I./Siekmann A./Wildhagen, E. (2003b), Nutzen, Verbreitung und Erfolgsfaktoren bei der Auswahl von BSC-Software, in: Betriebswirtschaftliche Blätter, 52. Jg., Nr. 3, 2003, S. 161–163

Kipker, I./Siekmann A./Wildhagen, E. (2003c), Balanced Scorecard – Wie man die richtige Software auswählt!, in: geldinstitute, 34. Jg., Nr. 1–2, 2003, S. 16–19

Kipker, I./Siekmann A./Wildhagen, E. (2003d), Balanced Scorecard im Marktfolgebereich, in: Banken & Sparkassen, 11. Jg., Nr. 3, 2003

Kipker, I./von Chiari, L. (2004), Balanced Scorecard als Managementsystem für den Organisierten Karneval – Anwendbarkeitsprüfung der BSC in Non Profit Organisationen, in: ControllerMagazin, 29. Jg., Nr. 1, 2004, S. 36

Kotler, P. (2006), Marketing-Management: Strategien für wertschaffendes Handeln, 12. Aufl., München 2006

Krause, G. (1998), Turn Your Strategy Into Action. in: zbp-aktuell, o. Jg., Nr. 1–2, 1998, S. 17

Krugmann, B./Jost, M. (2006), National-Gruppe: Neue Strategie, angepasste Strukturen und wertorientierte Führung, in: Horváth & Partners (Hrsg.), Performance Management in der Praxis, Zürich 2006, S. 91–116

Krystek, U./Müller, M. (1999), Frühaufklärungssysteme. Spezielle Informationssysteme zur Erfüllung der Risikokontrollpflicht nach KonTraG, in: Controlling, 11. Jg., Nr. 4–5, 1999, S. 177–183

Kunz, G. (1999), Ziele partnerschaftlich vereinbaren – ein Weg zum Erfolg, in: Harvard Business Manager, 21. Jg., Nr. 2, 1999, S. 79–88

Kurfess, V./Töpfer, A. (1999), Das Kunststück, profitabel zu wachsen, in: Harvard Business Manager, 21. Jg., Nr. 2, 1999, S. 20–27

Lipe, M. G. et al. (2000), The Balanced Scorecard: Judgemental Effects of Common and Unique Performance Measures, in: The Accounting Review, 75. Jg., Nr. 3, 2000, S. 283–298

Madauss, B. J. (2000), Handbuch Projektmanagement, 6. Aufl., Stuttgart 2000

Marr, B. F/Neely, A. (2003), Balanced Scorecard Software Report, Centre of Business Performance, Cranfield School of Management, 2003

Mayer, R./Ahr, H. (2000), Translating Strategy into Action. Strategieimplementierung mit der BSC in Versicherungsunternehmen, in: Zeitschrift für die gesamte Versicherungswissenschaft, Band 89, Jg. 2000, Heft 4, S. 673–688

Mayer, R./Polifka, J. (2002), Konzept der Balanced Scorecard zur strategischen Steuerung und technischen Realisierung am Beispiel der Deutschen Bank, in: Kemper, H.-G./Mayer, R. (Hrsg.), Business Intelligence in der Praxis, Bonn 2002, S. 231–248

McNamee, P. B. (1985), Tools and Techniques for Strategic Management, Oxford 1985

Mercuri International (1998), Entwicklung und Umsetzung von Marketingstrategien, Studienergebnisse, Meerbusch 1998

Michel, U. (1996), Shareholder Value Management – Neue Aufgaben für das globale strategische Controlling, in: Horváth, P. (Hrsg.), Controlling des Strukturwandels, Stuttgart 1996, S. 79–107

Michel, U. (1997), Strategien zur Wertsteigerung erfolgreich umsetzen – Wie die Balanced Scorecard ein wirkungsvolles Shareholder Value Management unterstützt, in: Horváth, P. (Hrsg.), Das neue Steuerungssystem des Controllers, Stuttgart 1997, S. 273–286

Mintzberg, H. (1987), Crafting Strategy, in: Harvard Business Review, 65. Jg., Nr. 7, 1987, S. 66–75

Mintzberg, H. (1999a), Strategy Safari, Wien 1999

Mintzberg, H. (1999b), The Strategy Process, London 1999

Müller-Stewens G./Lechner C. (2005), Strategisches Management, 3. Aufl., Stuttgart 2005

Mountfield, A. (2004), Balanced Scorecard: Another animal for the zoo?, in: Meyer, C./Pfaff, D. (Hrsg.), Jahrbuch für Finanz- und Rechnungswesen, Zürich 2004, S. 169–203

Mountfield, A./Hörhager, K. (2006), ABB Schweiz – Strategieumsetzung mit der Balanced Scorecard, in: Horváth & Partners (Hrsg.), Performance Management in der Praxis, Zürich 2006, S. 21–36

Nittel, A./Greiner, O. (2000), Strategische Impulse durch die Balanced Scorecard – Erfahrungen bei Austrian Airlines, in: Horváth, P. (Hrsg.), Strategische Steuerung: Erfolgreiche Konzepte und Tools in der Controllingpraxis, Stuttgart 2000, S. 83–105

Niven, P. R. (2006), Balanced Scorecard Step-by-Step: Maximizing Performance and Maintaining Results, 2. Aufl., New York 2006

Osterloh, M./Frost, J. (2006), Prozessmanagement als Kernkompetenz, 5. Aufl., Wiesbaden 2006

Pfaff, D. et al. (2000), Balanced Scorecard als Bemessungsgrundlage finanzieller Anreizsysteme – Eine theorie- und empiriegeleitete Analyse der resultierenden Grundprobleme, in: Betriebswirtschaftliche Forschung und Praxis, 52. Jg., Nr. 1, 2000, S. 36–55

Piller F. T. (1997), Kundenindividuelle Produkte von der Stange, in: Harvard Business Manager, 19. Jg., Nr. 3, 1997, S. 15–26

Porter, M. E. (1980), Competitive strategy: Techniques for analyzing industries and competitors, New York 1980

Porter, M. E. (1987), From competitive advantage to corporate strategy, in: Harvard Business Review, 65. Jg., Nr. 3, 1987, S. 43–59

Porter, M. E. (1996a), Wettbewerbsvorteile: Spitzenleistungen erreichen und behaupten, 4. Aufl., Frankfurt/Main 1996

Porter, M. E. (1996b), What is Strategy? in: Harvard Business Review, 74. Jg., Nr. 6, 2000, S. 61–78

Porter, M. E. (1997), Nur Strategie sichert auf Dauer hohe Erträge: Im Brennpunkt, in: Harvard Business Manager, 19. Jg., Nr. 3, 1997, S. 42–58

Porter, M. E. (1998), Competitive Strategy: Techniques for analysing industries and competitors, New York 1998

Prahalad, C./Hamel, G. (1990), The Core Competence of the Corporation, in: Harvard Business Review, 68. Jg., Nr. 3, 1990, S. 79–91

Preuss, P. (2003), IT-gestützte Balanced Scorecard-Systeme, Wiesbaden 2003

Rappaport, A. (1998), Creating Shareholder Value: a guide for managers and investors, New York 1998

Reichmann, T./Form, S. (2000), Balanced Chance- and Risk-Management, in: Controlling, 12. Jg., Nr. 4–5, 2000, S. 189–198

Römer, M./Wöhler, B. (2003), Steuern statt treiben lassen – Strategisches Management: Was leistet das Steuerungsinstrument Balanced Scorecard?, in: der gemeinderat, 46. Jg., Nr. 10, 2003, S. 16–17

Römer, M./Züfle, H.-P. (2005), Strategische Steuerung einer gemeinnützigen Konzernorganisation – Von der diakonischen Einrichtung zu einem modernen diakonischen Unternehmen, in: Horváth, P. (Hrsg.), Organisationsstrukturen und Geschäftsprozesse wirkungsvoll steuern, Stuttgart 2005, S. 329–344

Rucci, A. J. (1998), The Employee-Customer-Profit Chain at Sears, in: Harvard Business Review, 76. Jg., Nr. 1, 1998, S. 83–92

Rummler, G. A./Brache, A. P. (1995), Improving Performance: How to Manage the White Space on the Organization Chart, San Francisco/California 1995

Samtleben, M./Müller, A./Hess, T. (2005), Unterstützung der Balanced Scorecard durch Informationstechnologie: eine Bestandsaufnahme für den deutschsprachigen Raum, in: Zeitschrift für Controlling und Management (ZfCM), 49. Jg., Nr. 6, S. 400–407

Schedler, K./Proeller, I. (2006), New Public Management, 3. Aufl., Stuttgart 2006

Schiemann, W. A./Lingle, J. H. (1999), Bullseye! Hitting Your Strategic Targets through High-Impact Measurements, New York 1999

Schindera, F./Höhner, M.-A. (2000), Mehrdimensionale Navigation, in: Controlling, 12. Jg., Nr. 1, 2000, S. 37–44

Schweitzer, M./Wagener, K. (1999), Geschichte des Rechnungswesens, in: v. Lingenfelder, M. (Hrsg.), 100 Jahre Betriebswirtschaftslehre in Deutschland, München 1999, S. 49–71

Schuppisser, S./Berlinger, L. (2006), Strategisches Performance Management/Balanced Scorecard bei der Züricher Kantonalbank, in: Horváth & Partners (Hrsg.), Performance Management in der Praxis, Zürich 2006, S. 241–258

Seibert, U. (2006), Bekanntmachung des »Deutschen Corporate Governance Kodex«, in: elektronischer Bundesanzeiger AT39 2006 B1, 06/2006

Simon, H. (1998), Die heimlichen Gewinner: die Erfolgsstrategien unbekannter Weltmarktführer (Hidden Champions), 5. Aufl., Frankfurt/Main 1998

Simons, R. (1998), Levers of Control: how managers use innovative control systems to drive strategic renewal, Boston 1998

Sprenger, R. K. (2002), Mythos Motivation: Wege aus einer Sackgasse, 17. Aufl., Frankfurt 2002

Treacy, M./Wiersema, F. (1995), Marktführerschaft: Wege zur Spitze, Frankfurt/Main 1995

Treacy, M. (1997), The discipline of market leaders: choose your customers, narrow your focus, dominate your market, Boston 1997

Turner, I. (1990), Managing Strategy, Book 3, Strategic Options, Henley Management College 1990

Universität Eichstätt (2001), Studie Balanced Scorecard in der Unternehmenspraxis, in: Bilanz-buchhalter & Controller, Nr. 2, 2001, S. 34–37

Weber, J./Schäffer, U. (1998), Balanced Scorecard – Gedanken zur Einordnung des Konzepts in das bisherige Controlling-Instrumentarium, in: ZfP Zeitschrift für Planung, 9. Jg., Nr. 4, 1998, S. 341–365

Weber, J./Schäffer, U. (2000), Balanced Scorecard & Controlling. Implementierung – Nutzen für Manager und Controller – Erfahrungen in deutschen Unternehmen, 3. Aufl., Wiesba-den 2000

Weise, F./Kühnle, B. A. (1999), Strategieorientiert Planen und Steuern, Von der Vision zur Aktion mit Balanced Scorecard (Teil I), in: Neues Verwaltungsmanagement, 12/1999, Ab-schnitt C3.13, S. 1–34

Weise, F./Wöhler, B. (2003), Eine Balanced Scorecard entwickeln (Teil III), in: Neues Verwal-tungsmanagement, Berlin 2003, C 3.32, S. 1–54

Welge, M. K./Al-Laham, A. (1992), Planung: Prozesse – Strategien – Maßnahmen, Wiesba-den 1992

Welge, M. K./Al-Laham, A. (1999), Planung: Prozesse – Strategien – Maßnahmen, 2. Aufl., Wiesbaden 1999

Wöhe, G. (2005), Einführung in die Allgemeine Betriebswirtschaftslehre, 22. Aufl., München 2005

Wurl, H.- J./Mayer, J. H. (2001), Balanced Scorecards und industrielles Risikomanagement. Möglichkeiten der Integration, in: Klingebiel, N. (Hrsg.), Performance Measurement & Ba-lanced Scorecard, München 2001, S. 179–213

Wunder, T. (2004), Transnationale Strategien – Anwendungsorientierte Realisierung mit Balan-ced Scorecards, Wiesbaden 2004

Stichwortregister

ABC-Analyse 130 f
Abstimmungsprozess 250 ff
Anreizsystem 21 f, 273, 276 ff, 283, 304 ff, 311 f, 315, 318, 320, 322, 348, 428

Balanced Scorecard
- Architektur der 241, 393
- Herunterbrechen der 240, 243, 283, 313, 334, 427
- Implementierung der 2, 10 f, 14 f, 27, 33, 76, 88 f, 109, 112, 156, 165, 207, 238 f, 241, 243, 273, 278, 287, 334, 376, 392 f, 399, 403, 412
- Integration der 273, 275, 278, 285 f, 295, 358, 363, 365, 369 f, 376, 412
Balanced-Scorecard-Konzept 43, 54, 60, 166, 168, 175, 183, 239, 240 f, 277, 363, 404, 423
Basisanforderungen 131 ff, 135
Benchmarking 178, 186, 214 ff, 246, 344, 359, 365
Berichterstattung 16, 325, 334, 381 f, 388, 415
Berichtswesen 2, 16, 79, 85, 100, 102, 219, 241, 273, 277 f, 283, 317, 324, 326 ff, 332, 336 f, 344, 346, 348, 374 f, 377, 381, 393, 400, 412, 414 f, 422
Budget(s) 39, 43, 122, 146, 223, 285, 290, 296, 300, 333, 414, 417
Budgetierung 20, 85, 92, 223, 276 f, 289 ff, 293, 296 ff, 340, 344, 372, 377, 381, 391
Business Process Reengineering 90

Controlling 10, 12, 15 f, 21, 63, 76, 85, 94 ff, 101, 107 f, 150, 175, 190, 204, 215, 240 f, 258, 276, 283, 287, 299, 323 f, 332 f, 346, 358, 366, 394, 404
Controllingsystem 54, 76, 92, 108, 168, 175 f, 211 f, 214, 218

Dialoggruppe(n) 101
Dokumentenanalyse 126, 134, 136, 141, 392, 399
Dynamik 318, 347

EDV 148, 201, 213, 416
EFQM-Modell 85, 277, 359 ff, 363 ff, 377
European Foundation for Quality Management (EFQM) 85, 359, 428 f
European Quality Award (EQA) 359, 364, 429
externe Faktoren 47, 54, 187, 401, 417

Financial Accounting 204
Finanzperspektive 40 f, 43, 49 f, 138, 159 f, 163, 179 ff, 185, 188 ff, 196, 210, 214, 220, 224 f, 288, 290, 301, 309, 356, 385, 393
Flughöhe 140, 171 f, 387, 404
Früherkennung 371
Früherkennungssystem(e) 54, 367

Geschäftsfeld 89, 98 f, 116, 138, 142, 280, 350 f, 429
Geschäftsmodell 112, 116, 119 f, 127 ff, 136 f, 139 ff, 242 f, 286, 380, 428 f, 433
Geschäftsprozess(e) 3, 89, 130, 275, 365, 428

Handlungsfeld 40, 43, 127 ff, 139, 159 ff, 288 f, 332, 356, 390, 406, 430
Handlungsoption 99, 103, 159 ff, 164, 184, 430
Herunterbrechen 80, 104, 238, 239, 242, 248, 256, 280, 348, 409
Hierarchie 49, 65, 140, 409
Hierarchiestufe(n) 89, 240
Hockeystick-Planung 284

Ideengewinnungsprozess 139
Informationstechnologie (IT) 70, 84, 138, 243, 271, 336, 356, 427
Informationsversorgung 322, 414
Innovationsperspektive 42 f
Interview(s) 77, 79, 126, 134, 136, 146, 392, 399, 400
Intranet 103
Investor(en) 16, 347 f, 350, 359, 435
IT-Lösung 336, 338 ff, 342, 344 ff, 419, 423
IT-Unterstützung 32

Kaskadierung 122, 237 ff, 246, 248, 251,
253, 276, 293, 305, 336, 358, 388, 392,
409 ff, 422, 427, 430
Kennzahl(en) 5, 26, 32, 34, 59, 103, 106,
114, 129, 209 ff, 233, 254, 285, 297, 301,
326 f, 329, 343 f, 349, 357, 360, 370,
380 f, 383 f, 404, 406 ff, 419, 421, 423,
428, 430
Kennzahlensystem(e) 209, 380, 406
Kommunikation 47, 51, 57, 80 f, 88, 93 ff,
97, 101, 103, 105 f, 109, 122, 140, 187,
191 f, 201, 241, 246 f, 275, 282, 286, 291 f,
305, 319, 331, 359, 388, 396, 410, 417, 434
Kommunikationskonzept(e) 75, 264, 346,
393
Komplexität 47, 76, 97, 207, 217 f, 239, 243,
269, 306, 371
Konsensbildung 140, 176
KonTraG 366 f
Koordinationsinhalt(e) 387, 389
Koordinationsobjekt(e) 387, 389
Kosten- und Leistungsrechnung (KLR) 380,
412
Kostenführerschaft 70 f, 79, 150
Kundenbegeisterungsmodell 130 f, 133, 135,
165, 168
Kundenerwartung(en) 116, 121, 131, 134 f,
168, 316
Kundenperspektive 40 f, 50, 68, 133, 138,
181 ff, 185, 188 ff, 198, 211, 220, 224, 277,
288, 301, 309, 433

Leistungsanforderung(en) 131 ff, 168
Leistungsauftrag 383, 386 f, 393, 405
Leistungsportfolio 124, 128, 136, 159, 430
Leitbild 181, 279, 280, 380 ff, 391, 397, 399,
405
Lernen 3, 6, 16, 18, 266, 276 f, 405, 409
– Double Loop Learning 140, 277
– Single Loop Learning 276

Management by Exception (MbE) 168, 325
Management- und Steuerungssystem(e) 71,
84 f, 274 f, 277 f
Managementsystem 2, 5 f, 21, 60, 74, 76,
83 ff, 107 f, 275, 278, 336, 339, 344 f, 370,
376 f, 428
Marktbearbeitung 135
Marktchancen 135
Marktpotenzial(e) 134, 135

Marktrisiken 134
Matrixorganisation 89
Messgröße(n)
– -auswahl 2, 59, 81, 202, 284, 332, 407,
430
– -implementierung 203, 209
Messgrößensystem(e) 15 f, 57, 275, 365
Mission 103, 115, 117 ff, 122, 127, 134, 137,
139, 141, 428 ff, 433
Mitarbeiterführung 85, 273, 303 f, 377, 412
Multiplikator(en) 103, 240, 269
Multiplikatorenkonzept(e) 91

Non Financial Accounting 16, 204

Öffentliche Verwaltung 380 ff, 384 ff, 399,
406
OLAP 341
operative Planung 223, 368
Organisation 2, 5, 12, 19, 32, 35 f, 39, 57,
79 f, 83 ff, 88 f, 91 f, 94 f, 101, 108, 114 ff,
128, 130, 137, 139, 169, 209, 237 ff, 242 f,
250, 252, 255 ff, 266, 269, 275 f, 284 f,
325, 337, 348, 359 f, 364, 383, 387, 389 ff,
393, 395, 397 ff, 404, 410, 412, 415, 417 ff,
421, 427, 429 f, 432 ff
Organisationsstruktur(en) 89 f, 142, 241 ff,
253, 350

Pay-back 32 f
Performance Index 233 f
Performance Measurement 2, 15, 359, 430
Perspektive(n) 3, 27, 40 ff, 48 ff, 57 f, 62,
67, 75 f, 78 f, 80, 101 f, 133, 136, 138,
156 ff, 173,
177 f, 187 ff, 223 f, 233, 243, 286, 290,
293, 301, 329, 343, 360, 363, 370 f, 373 f,
381, 383, 386, 389 f, 392 f, 401, 403 ff,
411, 417, 428, 431, 433, 435
PEST-Analyse 139
Pilotierung 90 f, 93, 241, 243
Planung 2, 6, 19, 77, 85, 94, 97, 101 f, 114,
122, 175, 214 f, 217, 223, 226, 229, 273,
281, 284 ff, 293 ff, 297 ff, 308, 337, 340,
344, 347 f, 358, 377, 381, 386, 391, 407,
432, 435
– operative 15, 17, 21, 85, 277 f, 284, 285,
288 ff, 293 ff, 298, 300, 303, 371, 377, 412,
431
– strategische 15, 17, 34, 85, 217, 223, 278,

284 ff, 289, 291, 293 ff, 303, 355, 359, 368, 371, 377, 384, 412 f, 431
Planungsprozess 17, 286 ff, 290, 293 ff, 299 f, 367, 381 f, 422
Planungssystem 238, 273, 284 f, 298
Portfolio 99, 113, 124, 128, 135 f, 200, 350
Portfoliotechnik 19
Positionierung 7, 46 f, 54 f, 68, 98 f, 119, 128, 161, 181, 383, 391, 396
Potenzialperspektive 40, 42, 51 f, 138, 160, 179, 184 f, 188 f, 205, 207, 213, 215, 221, 245, 277, 282, 288, 309
Prämissencontrolling 141
Priorisierung 21, 32, 76, 79, 81, 93, 161, 222, 226 ff, 290, 324, 329
Produktportfolio 113, 135, 218
Projektablauf 75, 88, 97, 101, 105, 376, 393
Projektmanagement 97, 109, 229, 240, 344, 346, 393, 409 f
Projektorganisation 75 f, 88, 93 ff, 101, 259, 393, 410, 422
Projektteam(s) 93, 95, 107 f, 135 f, 148, 151 f, 196, 229, 250 f, 257, 279 ff, 283, 335, 376
Prozesskosten 302
Prozesskostenrechnung 291
Prozessmanagement 256, 432
Prozessperspektive 41 f, 43, 51, 76, 138, 159, 179 f, 183, 185, 189 f, 207, 212, 221, 224, 246, 277, 309, 365, 432 f
Prozesstreiber 94 f, 108, 176 f, 227
Public Management 381, 383 f, 387, 417

Qualitätsmanagement 13, 359, 429
Qualitätsperspektive 43
Qualitätssicherung 229, 254, 258, 368, 410

Referenz-Balanced-Scorecard(s) 52, 62
Reorganisation 90, 142 f, 145, 239
Reporting 16, 50, 287, 289, 317, 330 f, 335, 346
Reportingsystem 207, 219
Ressourcenfokus 135
Risikomanagement 85, 366 ff, 375, 377, 432
Risikomanagementsystem(e) 367, 369 f, 376, 377
Roll-out 74 f, 83 f, 91, 93, 97, 165, 237 ff, 241 ff, 246 ff, 251, 254, 256 ff, 262 ff, 266, 269, 283, 333 f, 342, 427, 432
Schwellenwert(e) 214, 218 f, 327, 369, 374 ff

Selbststeuerung 316 f, 335
Sensitivitätsanalyse(en) 358
Shareholder-Orientierung 142
Shareholder Value 49, 353
Softwarelösung(en) 273, 336 f, 344
Spartenorganisation 89
Stakeholder 43, 350
Stakeholder-Ansatz 43
Standardisierung 51, 103, 151, 178, 183 f, 199, 201, 249, 254 f
Steuerungssystem(e) 122, 240, 278, 348, 369, 412
Story of Strategy 54, 95, 98, 195 ff
Stoßrichtung 98 f, 103, 140, 280, 397, 401 ff, 413
Strategieaktualisierung 98 f
Strategiebeitrag 104, 230, 239, 248, 250
Strategiebewertung 122, 350
Strategie-Check 79, 126 f, 129, 399
Strategieentwicklung 18, 40, 79, 96, 99, 101, 113 f, 121 ff, 129, 139 f, 293, 354, 396 f, 409, 434
Strategiefindung 19, 311, 370 f, 399, 410
Strategieklärung 261
Strategiekommunikation 15, 17, 27, 80, 103, 192, 319
Strategieprozess 15, 19, 79, 121, 123, 129 ff, 432
Strategieumsetzung 3, 16, 19 ff, 34, 39, 41 f, 59, 65, 80, 96, 102, 114, 157, 169, 199, 222, 229, 239, 242 f, 250, 253, 256 f, 285, 286, 304, 318, 320, 327 f, 330 ff, 365, 369 f, 384, 391 f, 403, 410, 417, 435
Strategieumsetzungskompetenz 15, 20, 275
Strategiewahl 354
strategische Aktion 2 ff, 9, 20, 48, 65 ff, 76, 79, 84, 103 f, 116, 122, 139, 156, 161, 165, 171, 176, 179, 184, 186, 205, 209, 222 ff, 235, 239, 241, 245 ff, 249, 251, 255, 275, 277, 279, 282, 286, 289 f, 295, 301, 317 f, 328, 360, 377, 386 f, 392, 394, 408 ff, 414, 427 f, 433
strategische Analyse 125, 130 f, 136, 140
strategische Grundlagen 98 f, 130, 286, 331, 392
– Klärung der 98, 111 ff, 141, 396
strategische Positionierung 145, 183, 430 f
strategische Stoßrichtung 2, 7 f, 79, 103, 122, 126, 134, 136 f, 139 f, 153 f, 373, 403, 413, 432 f, 435

strategische Ziele 3 f, 44, 47, 49 ff, 57, 59, 63, 96, 101, 113, 116, 137, 140, 154, 156 ff, 161 f, 164, 168, 171, 173, 175 ff, 179, 184 f, 187, 202, 205, 208, 214, 222, 239, 244, 247, 263, 277, 279, 280 ff, 289, 292 f, 301, 305, 309, 311, 318 ff, 330 f, 333, 344, 347, 357 f, 366, 370 ff, 376, 380, 386, 397, 403, 412 f, 428, 433, 435
– Ableitung der 2, 113, 130, 157 f, 280
strategische(s) Geschäftsfeld(er) 89, 98 f, 129, 241
strategischer Rahmen 115 f, 141, 244, 433
strategisches Management 38 f, 47
Strategy Alignment 80, 84, 89, 97, 194, 244, 250, 252 f, 419, 427
Strategy Map 4, 5, 7, 52 ff, 57, 80 f, 84, 95, 112, 122 f, 137, 156, 160, 170, 176, 179, 186 ff, 201 f, 226, 233, 235, 244, 247, 251 ff, 260 ff, 268, 275, 280 f, 289, 341, 357, 374, 388, 392, 403, 405 f, 412, 415, 419, 420, 427 f, 433 f
SWOT-Analyse 130, 131, 133, 139, 399, 401 f, 413
symbolische Politik 386
Szenario 99
Szenarioanalyse 397 f

Total Quality Management (TQM) 37, 359, 363
Turbulenz 303

Unternehmensstrategie 20, 76, 115, 134, 170, 253, 256, 275, 320, 322, 433
Ursache-/Wirkungs-Beziehung(en) 5, 81, 186 f, 189, 191, 194, 197 f, 235, 386, 405, 407, 434
Ursache-Wirkungs-Kette(n) 5, 53 f, 56, 170, 184, 187, 191 f, 195 f, 198, 201, 388, 392

Vergütungssystem 271, 306, 311, 321, 376
Vision 2 f, 6, 20, 34, 44, 56, 103, 113, 115 ff, 120, 122, 127, 134, 137, 139, 140 f, 146, 276, 381, 383, 391, 399 ff, 408 f, 410, 413, 428 f, 433 ff
Vorstudie 88, 90 f, 93, 109

Wachstumsziel(e) 34, 42, 49, 50, 180, 356, 364
Wertmanagement 85, 272 f, 278, 348, 355, 358 f, 368, 377, 435
Wertmanagement-Ansatz 189, 227
Wertorientierung 347 ff, 355, 357 ff, 435
Wertschöpfungskette 35, 70 f, 90, 92, 130, 151, 159
Wettbewerbsarena 115 f, 121
Workshop 77, 94 f, 98 f, 101, 108, 126, 134 ff, 138, 141, 158 f, 162, 172, 177, 187 f, 195 f, 198, 214, 223, 249 ff, 257 f, 262, 266, 334, 376, 384, 392, 394 f, 399 ff, 408

Zielkonflikte 53, 63 f, 253, 386, 388
Zielsystem(e) 92, 115 f, 120, 122, 125, 128 f, 131 f, 137 ff, 146, 157 f, 173, 176 ff, 181, 184, 189 f, 210, 222 f, 227, 233, 246 f, 250 ff, 263, 289 f, 314 f, 336, 386, 413, 417, 427 ff, 433
– ausgewogene (s) 3, 5, 44, 57
Zielvereinbarung 102, 122, 173, 176, 219, 242, 254, 268, 277, 279, 281, 283, 285, 297 f, 305 f, 308, 310 ff, 318 ff, 331, 358, 376, 393, 408, 412, 416, 418
Zielvereinbarungssystem(e) 100, 214, 238, 241, 247, 304, 306, 308, 310 ff, 318, 375 ff, 416, 418, 428
Zielwertverläufe 217, 218

Die Horváth & Partners-Gruppe

Horváth & Partners ist eine unabhängige, international tätige Managementberatung mit mehr als 300 hochqualifizierten Mitarbeitern. Mit Büros in Deutschland, Österreich, der Schweiz, Rumänien, Ungarn, Spanien und USA ist Horváth & Partners in sieben Ländern vor Ort präsent. Darüber hinaus begleiten wir unsere Kunden weltweit.

Wir helfen unseren Kunden – Großunternehmen und großer Mittelstand aus Industrie, Dienstleistung und Handel sowie öffentliche Organisationen – ihre Leistung (Performance) nachhaltig zu verbessern.

Unser spezieller Beratungsansatz gewährleistet, dass sich Lösungen aus den Feldern Strategisches Management und Innovation, Prozessmanagement und Organisation sowie Controlling zur Steigerung der Gesamtperformance ineinander fügen. Dabei begleiten wir unsere Kunden von der betriebswirtschaftlichen Konzeption bis hin zur Realisierung und maßgeschneidertem Training. Für die IT-Umsetzung wählen wir unabhängig die besten Spezialisten und steuern verantwortlich den Realisierungsprozess.

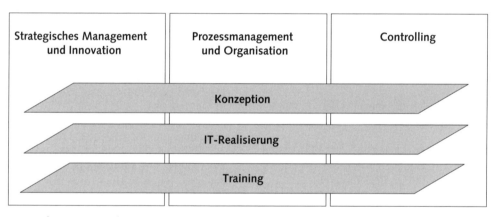

Der Performrmance-Architect-Ansatz von Horváth & Partners

Durch unsere Branchenexpertise erarbeiten wir branchenspezifische Lösungen und sind zugleich in der Lage, kreativ querzudenken und Erfolgskonzepte branchenübergreifend zu transferieren. Unser wissenschaftlicher Ursprung, unsere innovationsfördernde Kultur und soziale Kompetenz sind die Grundlage für außergewöhnliche und trendsetzende Lösungen, die unseren Kunden echte Wettbewerbsvorteile verschaffen.

Wir wurden 1981 in Stuttgart als IFUA Institut für Unternehmensanalysen gegründet und haben uns 1989 in Horváth & Partner umbenannt. Mit seinen Partnern machte der Mitbegründer des Controllings und unser Namensgeber Univ.-Prof. Dr. Dr. h.c. mult. Péter Horváth das Unternehmen dazu, was es heute ist.

Was für uns neben allen fachlichen Erfolgen das Wichtigste ist? Der faire, teamorientierte und partnerschaftliche Umgang miteinander. Wir pflegen echte Partnerschaft mit unseren Kunden und Mitarbeitern – jeden Tag.

Gemeinsam mit unseren Kunden wollen wir noch viel bewegen. Wir freuen uns darauf.

Horváth & Partner GmbH, Rotebühlstraße 121, D-70178 Stuttgart
Telefon: +49 (711) 6 69 19-0
info@horvath-partners.com, www.horvath-partners.com